U0921046

2017
中国机械工业集团年鉴

CHINA NATIONAL MACHINERY
INDUSTRY CORPORATION
YEARBOOK

机械工业出版社
China Machine Press

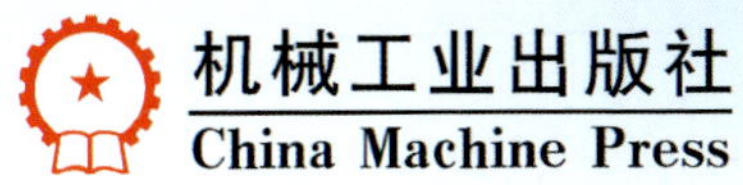

《中国机械工业集团年鉴2017》设置重要文献、集团公司发展概况、子公司发展概况、规章制度选编、荣誉汇编、重大经营项目汇编、大事记、附录和国机集团形象展示等栏目，集中反映了2016年国机集团的发展情况，详细记录了国机集团及其主要子公司的战略布局、生产发展、产品产量、市场销售、科技成果及新产品、标准与质量、基本建设和技术改造，以及国机集团和员工个人所获得的荣誉等情况。

《中国机械工业集团年鉴》主要读者对象为政府决策机构、机械工业相关企业决策者，从事市场分析、企业规划的中高层管理人员以及国内外投资机构、贸易公司、银行、证券、咨询服务部门和科研单位的机电项目管理人员等。

图书在版编目（CIP）数据

中国机械工业集团年鉴．2017/中国机械工业集团公司编．--北京：机械工业出版社，2018.1

（中国机械工业年鉴系列）

ISBN 978-7-111-58792-7

Ⅰ．①中… Ⅱ．①中… Ⅲ．①机械工业－工业企业－中国－2017－年鉴 Ⅳ．①F426.4-54

中国版本图书馆CIP数据核字(2017)第320751号

机械工业出版社（北京市西城区百万庄大街22号 邮政编码 100037）

责任编辑：赵 敏

编　　辑：万鲁信 肖春华 魏素芳 董 蕾

美术编辑：刘 青

北京宝昌彩色印刷有限公司印制

2017年12月第1版第1次印刷

210mm×285mm•30印张•60插页•791千字

定价：480.00元

凡购买此书，如有缺页、倒页、脱页，由本社发行部调换

购书热线电话（010）68326643、88379812

封面无机械工业出版社专用防伪标均为盗版

编辑说明

一、《中国机械工业集团年鉴》(以下简称《国机集团年鉴》) 创刊于2010年，由中国机械工业集团有限公司(简称国机集团)主管、主办，《国机集团年鉴》编委会编纂，机械工业出版社编辑出版。

二、《国机集团年鉴》是一部全面记载国机集团改革与发展的大型资料性、工具性年刊。《国机集团年鉴》2017版主要记载上年国机集团在新常态下的改革、创新和发展情况。

三、《国机集团年鉴》坚持面向市场、面向读者，提供准确、翔实的数据、信息和资料，忠实地反映国机集团和国机人上年度取得的新发展、新进步、新成就和新风貌。

四、《国机集团年鉴》2017版内容设置重要文献、集团公司发展概况、子公司发展概况、规章制度选编、荣誉汇编、重大经营项目汇编、大事记、附录和国机集团形象展示九个部分，数据截至2016年12月31日。

五、本年鉴在编纂过程中得到了国机集团总部各职能管理部门和子公司的大力支持和帮助，在此深表谢意。

七、由于水平有限，难免出现错误及疏漏，敬请批评指正。

中国机械工业集团年鉴编辑部

2017年12月

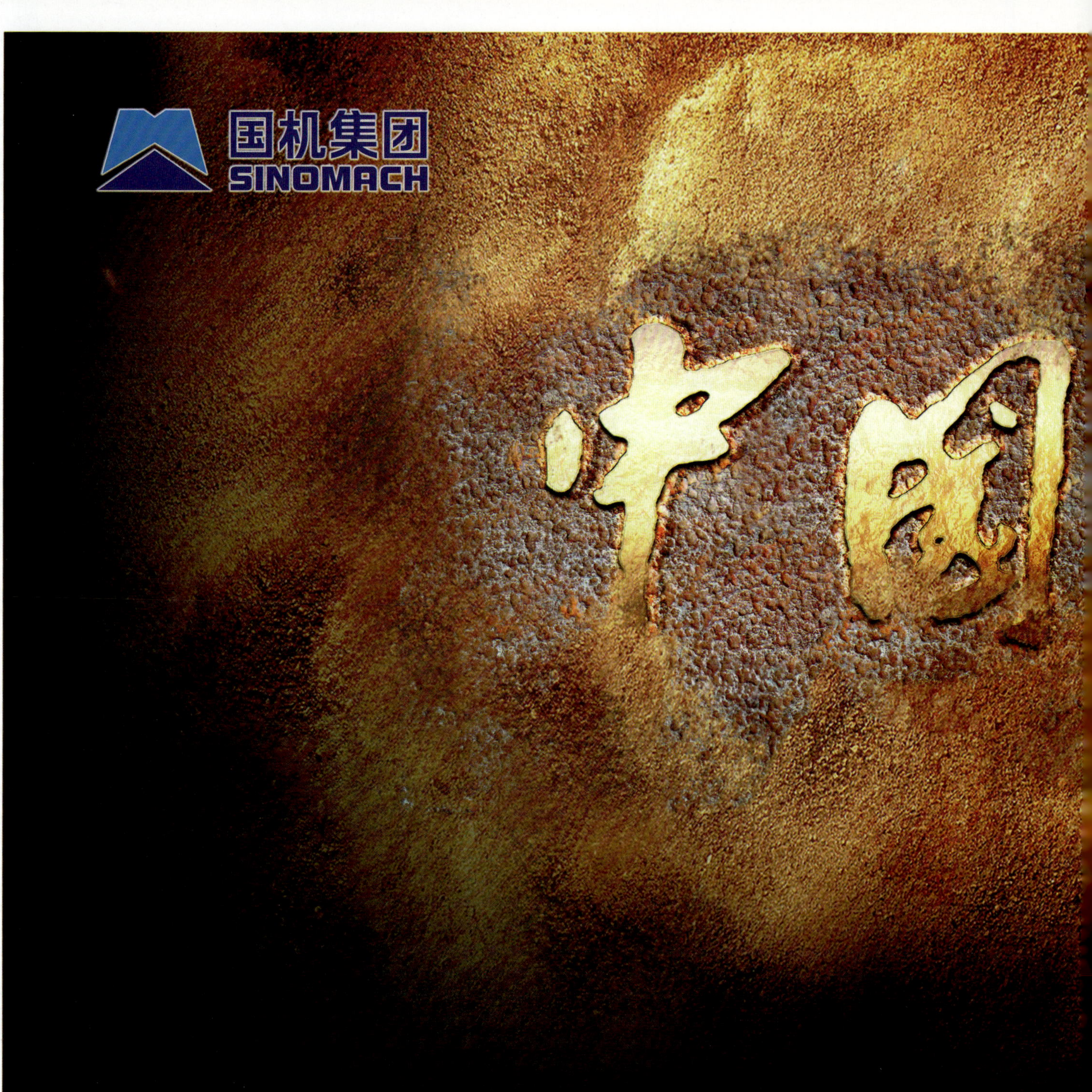

涅槃重生 再鑄辉煌

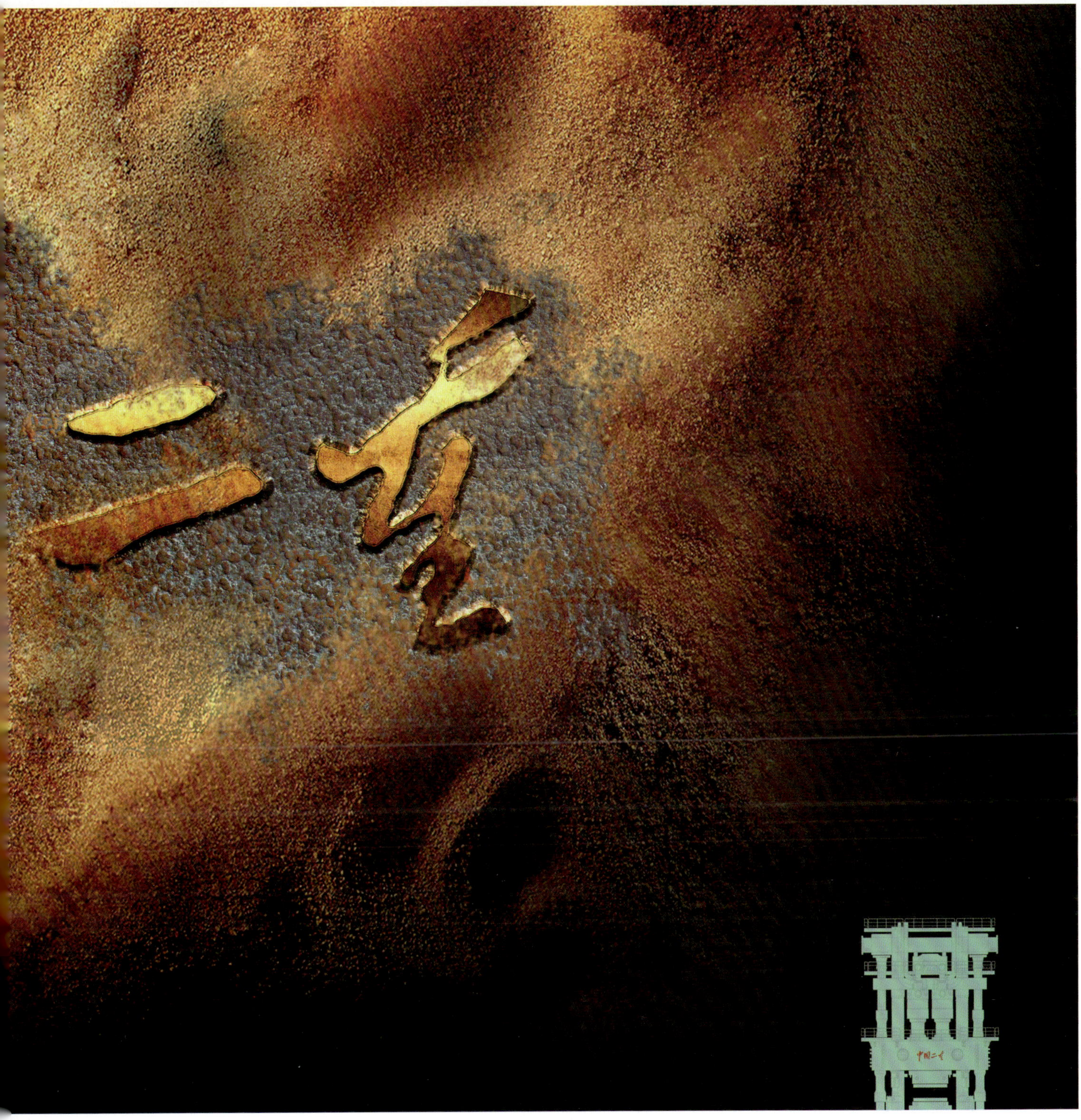

领导工作掠影

2016年2月23日，任洪斌董事长赴四川省广元市朝天区调研扶贫工作，与贫困村民围坐交谈。

2016年2月24日，任洪斌董事长看望慰问中国二重检测中心困难党员梁全伟。

2016 年 4 月 17 日，任洪斌董事长出席 B20 第一联合会议。

2016 年 6 月 29 日，任洪斌董事长和董事会领导调研西青基地。

2016 年 2 月 2 日，石柯书记到济南铸锻所走访慰问。

2016 年 3 月 28 日，石柯书记到河南省淮滨县调研当地纺织企业。

2016 年 3 月 28 日，石柯书记到河南省淮滨县调研扶贫工作，并慰问贫困户倪泽键的父亲。

2016年4月25日，石柯书记参观2016（第十四届）北京国际汽车展览会。

2016 年 3 月 15 日，徐建总经理赴河南省固始县调研扶贫工作。

2016 年 4 月 7 日 ，徐建总经理在中国一拖调研。

2016 年 5 月 18 日，徐建总经理代表国机集团与中国二重、中国重型院签署项目合同。

2016年6月1日 ，徐建总经理在大连市会见大连市长肖盛峰。

2016 年 3 月 22 日，孙德润副总经理在天津电气院调研。

2016 年 6 月 6–12 日，孙德润副总经理出席 CMIC– 萨雷奥合同签字仪式。

2016 年 4 月 7 日，曾祥东副总经理在中国农机院现代农装公司生产基地调研。

2016 年 6 月 1−4 日， 曾祥东副总经理率队参观德国亚琛工业 4.0 工厂。

2016 年 3 月 3 日，骆家駹总会计师赴上海拜会上海证券交易所徐明副总经理。

2016 年 3 月 22 日，骆家駹总会计师到中汽零部件调研。

2016 年 3 月 4 日，谢彪副总经理在蓝科高新调研。

2016 年 4 月 22 日 谢彪副总经理在中国重机调研。

2016 年 3 月 24 日，丁宏祥副总经理调研桂林电科院。

2016 年 6 月 23 日，丁宏祥副总经理出席首届“中国国际高端材料与先进制造协同创新博览会暨高峰论坛”新闻发布会。

2016 年 2 月 2 日，纪委书记王克伟到成都工具所调研并看望困难职工。

2016 年 3 月 16−19 日，纪委书记王克伟率团巡查中国重机柬埔寨市场项目。

2016 年 1 月 22–24 日，刘敬桢副总经理拜会伊朗水电资源开发公司（IWPC）。

2016 年 6 月 22–26 日，刘敬桢副总经理参加第十三届中国国际机床工具展览会。

中国机械工业集团年鉴编辑工作人员

主　编

石 柯　中国机械工业集团有限公司　党委书记、副董事长

执行主编

从 容　中国机械工业集团有限公司　党委工作部部长

执行副主编

周 龙　中国机械工业集团有限公司　党委工作部企业文化处处长

编　辑

刘 维 于雪娟 肖晓帆 楼明慧

撰稿人

（按姓氏音序排序）

白 桦　蔡 玲　陈 曦　程思榕　丁 珺　董 杰　段 婷　杜 彬
冯 涛　郭晋峰　胡 波　皇艳蕾　纪 然　姜 楠　李 娟　李 宁
李 阳　李炫极　李晶晶　刘 凯　刘 维　刘立群　刘雅芬　隆 薇
楼明慧　吕克文　罗兴康　马 君　马芷菡　全啸林　宋 晔　宋燕舞
苏晓秋　孙东方　孙玉峰　王宝成　王东善　王鹏妍　王巍娜　王旭萌
韦 彬　肖晓帆　杨 雪　于雪娟　岳 昕　岳 恒　张 韧　张福华
张青春　张秋娜　詹晓红　赵 思　赵国君　周 洁

目 录

第一篇 重要文献

第二篇 集团公司发展概况

第三篇 子公司发展概况

第四篇 规章制度选编

第五篇 荣誉汇编

第六篇 重大经营项目汇编

第七篇　大 事 记

第八篇　附　录

第九篇　国机集团形象展示

CONTENTS

Chapter I. Important Literatures

Chapter II. Development Overview of SINOMACH

Chapter III. Development Overview of Subsidiaries

Chapter IV. Selections of Rules and Regulations

Chapter V. Honors

Chapter VI. Key Projects

Chapter VII. Chronicle of Events

Chapter VIII. Appendices

Chapter Ⅸ. SINOMACH Image Display

第一篇

重要文献

锐意进取　真抓实干
奋力开创国机集团发展新局面

——在国机集团 2017 年工作会议上的讲话

任洪斌

（2017 年 1 月 14 日）

这次会议的主要任务是：认真贯彻落实党的十八大及历次全会、中央经济工作会议、中央企业负责人会议精神，总结 2016 年及过去 20 年工作，分析面临的形势，安排 2017 年工作，坚持稳中求进，着力改革创新，实现提质增效，奋力开创集团发展新局面。关于党的建设、党风廉政建设和反腐败工作，集团另有会议进行部署，这里就不再重复。下面，我讲三点意见。

一、过去一年的工作和二十年的基本总结

刚刚过去的 2016 年，面对复杂严峻的国内外环境和艰巨繁重的改革发展稳定任务，集团各级领导班子和广大干部职工坚决贯彻党中央、国务院的决策部署，认真落实国资委工作要求，努力践行创新、协调、绿色、开放、共享五大发展理念，始终坚持稳中求进总基调，积极应对经济下行压力，生产经营、企业管理、党的建设等各方面工作取得明显成效，实现了“十三五”的良好开局。2016 年完成营业收入 2 148.2 亿元、利润总额 86.6 亿元，上缴税费 135.5 亿元，利润创历史新高，全面完成国资委考核目标任务。

2017 年是集团成立 20 周年。20 年来，国机人不忘初心，百折不挠，上下求索，全面贯彻落实科学发展观，加快转变发展方式，提高发展质量和效益，在应对激烈市场竞争中把握发展机遇，在深化改革重组中释放改革红利，在强化责任担当中激发企业发展活力，坚定搞好国有企业的信心，走有质量增长的发展道路，理直气壮做强做优做大国有企业，战胜了一个又一个困难，集团的活力、控制力、影响力、国际竞争力、抗风险能力明显增强，实现了跨越发展、和谐发展、科学发展，为经济社会发展作出了积极贡献，国机人自豪地交出了一份满意的答卷，创造出了无愧于历史、无愧于时代、无愧于党和人民的骄人业绩。

国有资产大幅增值。20 年来，集团综合实力大幅提升，资产规模增长 19 倍，营业收入增长 23 倍，利润总额增长 82 倍，年均利润复合增长率达到 26%。累计向国家交纳税费近 1 000 亿元。连续 8 年获得国资委年度业绩考核 A 级。大幅实现了国有资产的保值增值。

企业改革不断深化。不断深化体制机制改革，积极建立适应现代市场经济要求的企业制度。集团层面已建立了具有自身特色的公司法人治理结构，为实现长远发展目标奠定了坚实的体制机制基础。所属企业主要经营性资产和核心业务实现了公司化运营，多数建立了规范的现代企业制度，9 家企业实现了上市，近 60% 的资产已进入上市公司。推进内部重组、压缩管理层级、减少法人单位等工作不断实现新进展，完成主辅分离、辅业改制，逐步剥离企业办社会的职能，厂办大集体改革有效推进。通过改革，集团资本结构实现了重大调整，超过 70% 的资产实现了混合所有制经营，用有限的国有资本融合、带动了大量的社会资本，扩大了国有资本的控制力、影响力。

科技创新成果丰硕。一大批具有重要影响力的科技成果涌现，一批产业化程度高的名牌产品进入市场，一批重大科技项目获得国家奖励。累计获得省部级以上科技成果奖励 3 555 项。其中 42 个项目获得国家科学技术奖，有 2 项获国家科技进步奖一等奖，1 项获国家技术发明奖一等奖，37 项获国家科技进步奖二等奖，2 项获国家技术发明奖二等奖，获奖项目年均增长 10.7%。累计获得授权专利 9 038 项，其中发明专利 2 126 项，授权专利年均增长 21.9%。科技投入从 2001 年的 2.4 亿元增加到 2016 年的 48 亿元，累计科技投入达到 386.8 亿元，年均增长 23.8%。累计主持及参与制（修）订国际、国家、行业标准 8 711 项，其中国际标准 18 项、国家标准 3 120 项，制（修）订标准数量年均增长 11.7%。围绕集团产业技术领域，打造了各类代表行业水准的研发与服务平台近 300 家、国家级研发与服务平台 156 家，形成了以国家级科研创新平台为核心、省部级和行业科研与服务平台为支撑的科技创新体系。

企业管理日益提升。持续探索建立了适合集团特点的管控体系，不断完善管理制度，优化管理流程，调整管理要素。战略管理、投资管理、全面预算管理、安全生产管理、全面风险管理、信息化管理不断加强。管理层级和管理链条进一步压缩，内部调整各级企业 300 多户，组织结构更加优化。市场化经营机制有效加强，激励约束机制进一步完善，协同效应得到更好发挥。商业模式创新步伐加快，“互联网 +”行动案例以及股权激励、员工内部创业等新模式不断涌现，企业发展呈现出新的生机活力。

中国二重浴火重生。实现中国二重扭亏脱困是国家交给集团的一项战略任务。几年来，中国二重积极推进供给侧结构性改革，果断实施主动退市，有效推进债务重组，着力降低经营成本，加快盘活存量资产，不断革新体制机制，有力推进转型升级，各方面工作取得了历史性突破。2016 年，中国二重实现营业收入 78.12 亿元、利润总额 5.25 亿元，胜利实现三年扭亏脱困目标，已初步恢复“造血”功能，逐渐步入良性发展轨道。

资产结构日益优化。坚持在快速发展中推进结构调整，在结构调整中加快科学发展。集团先后与一批中央企业、地方企业实现了外部联合重组，产业链、价值链不断完善强化，资产结构呈现新格局。内部重组有效实施，开展了 60 多个项目，涉及二级企业 80 多家，减少直管子公司 40 余家，重组资产超过 800 亿元，集团整体竞争力有效提升。坚持有进有退，有所为有所不为，先后清理关闭各级企业 400 多户，资产质量得到改善，资产使用效率有效提高。积极拓展新业务，加大战略性新兴产业布局投资力度，着力提高金融业务对集团产业的支持力度，业务布局结构进一步优化。

国际化经营屡创佳绩。集团全面贯彻落实国家“走出去”战略，积极利用两个市场、两种资源，“走出去”早、发展速度快、业绩贡献高、影响力大。海外业务从一般贸易、设备成套，到工程总承包、海外投资运营，再到境外并购逐步发展，成为行业国际化经营的探索者和引领者。在“全球 250 家最大国际承包商”“国际工程设计企业 225 强”排名中始终名列前茅。20 年来，完成了 1 200 余项海外交钥匙工程。业务领域覆盖电力、交通、港口码头和船舶、工厂建设、通信、建材、汽车等多个工程领域，业务链条涵盖工程项目开发及投融资、工程规划、勘察、设计、施工、设备成套、运维管理等完整产业链。一批重要工程项目，如土耳其艾伦电站、委内瑞拉中央电厂、赤道几内亚输变电工程、阿根廷铁路、缅甸蒂洛瓦船厂、中白工业园等，都是所在国具有重大影响、关系国计民生的重大项目。目前，集团涉外业务收入占整体收入 60% 以上，处于中央企业和行业企业的前列。

人才队伍建设成效显著。坚持以人为本，大力实施人才强企战略，在不同时期制定和实施人才队伍建设规划，以能力建设为主题，以优化结构为主线，以战略型出资人代表、领军型经营管理人才、复合型党群人才、创新型科技人才、专家型技能人才等“五支人才队伍”建设为重点，稳步推进各类人才的培养和引进，人才队伍的数量和质量明显提升，为集团业务发展提供了坚实的人才保障。截至2016年底，集团从业人员超过11万人，1人当选中国科学院院士，3人当选中国工程院院士，2人荣获中国青年科技奖，1 058人享受国务院政府特殊津贴，26人入选“新世纪百千万人才工程”国家级人选，1人荣获中华技能大奖，此外，集团拥有18名全国技术能手、2名“千人计划”专家、5名“万人计划”专家。

品牌形象和社会影响力大幅提升。集团与多个省、市、自治区和中央企业、金融机构、跨国公司开展战略合作，实现合作共赢，为促进经济社会发展发挥了重要作用，得到了各个方面的广泛认可和好评。高度重视生产关系对企业发展的影响，连续多年发布社会责任报告，传播公司理念和文化，树立了负责任的央企形象。秉承绿色发展理念，积极推动节能减排，着力实现低碳发展，努力实现经济效益与社会效益、生态效益的统一，资源节约、环境友好型企业形象得到彰显。多项管理实践成果荣获国家级企业管理现代化创新成果一等奖、二等奖。在实现自我发展的同时，集团在行业中发挥了积极的作用，为我国机械行业发展作出了应有的贡献。

企业文化深入人心。持续推进企业文化建设，通过各级工会、共青团等群众组织，开展具有企业特点的文化活动，营造和谐的文化氛围，使员工在活动中接受教育、提高技能、增强意识，激发了干事创业热情，员工对企业的归属感、自豪感明显增强。集团逐渐积淀形成具有自身特点的“和”文化，对集团发展引导作用日益加强。确立“建设价值国机、创新国机、绿色国机、责任国机、幸福国机，成为具有国际竞争力的世界一流企业”愿景，明确“引领机械工业发展，推动人类社会进步”使命，凝练“合力同行，创新共赢”核心价值观，形成“不畏艰难，务实行动，争取胜利”丹棱精神。集团企业文化已逐渐为广大员工认同和弘扬，员工精气神全面提振，成为推动企业发展的强大动力。

党的建设不断加强。集团党委牢牢把握发展方向，发挥党组织的领导核心和政治核心作用，发挥国有企业的政治优势，不断增强企业的核心竞争力。集中开展保持共产党员先进性教育活动、深入开展实践科学发展观活动、创先争优活动，解决了一些影响和制约集团科学发展的突出问题。全面从严治党有力推进，有效开展党的群众路线教育实践活动、“三严三实”专题教育和“两学一做”学习教育活动。党的思想建设不断加强，通过上党课、专题讲座、汇报会等多种形式，组织广大职工学习中国特色社会主义理论体系，及时传达贯彻党的全会精神，有针对性地开展职工思想教育，坚定职工理想信念，提高理论素养，增强大局意识。党的组织建设持续深化，完善集团企业党建工作领导体制，不断推进建设企业党组织与法人治理结构协调运行的党建工作机制。党风廉政建设全面加强，构建和完善惩治预防腐败的制度体系，建立经营风险和道德风险防范机制，深入细化落实党风廉政建设责任制体系，完善“三重一大”等制度体系建设，全力抓好中央巡视组指出问题的整改落实和移交问题线索的处置，开展有关问题的专项清理和专项整治。

20年来，集团走过了从无到有、从小到大、从弱到强的不平凡历程。集团20年的历史，是一部自力更生、艰苦奋斗、无私奉献的创业史，是一部与时俱进、开拓创新、追求卓越的发展史，是一部不辱使命、振兴产业、矢志报国的爱国史。20年辉煌成就，离不开党中央、国务院及国资委的正确领导，离不开社会各界的支持和帮助，更离不开付出艰苦努力、拼搏奉献的全体干部职工。借此机会，我代表集团，向长期以来大力支持集团发展的各位领导和各界朋友致以诚挚的感谢！向付出辛勤劳动的广大员工和员工家属致以崇高的敬意！向各个时期为集团改革发展做出重要贡献的老领导、老专家、老同志致以崇高的敬意！

回顾总结20年，集团之所以取得辉煌成就，关键在于我们做到了六个“始终坚持”。

1. 始终坚持党的领导

集团始终把党的建设作为头等大事，充分发挥党组织领导核心和政治核心作用，认真贯彻落实党的路线、方针、政策和党中央的各项决策部署，把党建优势、政治优势、组织优势转化为企业的竞争优势，切实增强领导干部的政治意识、大局意识、核心意识和看齐意识，树立正确的业绩观，不断改进工作作风，提高工作质量，促进企业发展。集团各级党组织不断加强党的思想建设、组织建设、作风建设、制度建设和反腐倡廉建设，落实从严治党要求，把党建工作融入企业发展中心，围绕中心服务大局，为集团改革发展提供坚强政治保障。

2. 始终坚持战略与文化引领

思路决定出路，战略决定未来，文化引领发展。在纷繁复杂的经济和行业环境中，注重顶层设计、加强战略谋划、把握正确方向，是企业实现持续健康发展的先导条件。集团坚持服务于国家战略，将国家和社会需要与集团发展紧密结合。成立初期，集团就深入开展宏观与行业环境以及集团内部资源与问题的研究，及时制定了十年发展战略。其后，根据内外部形势的变化，适时进行完善调整，使发展战略更加符合客观实际和国家社会需求，更好实现了可持续发展。20年来，集团业务定位由“一体两翼”到“三大主业”，又进一步形成“四轮驱动”新格局，主业之间更好地实现了协同发展。新的历史阶段，集团以前瞻性的战略思维、超前的战略眼光，提出了有质量增长的发展理念，进行了建设“五个国机”、二次创业、再造海外新国机等战略部署，战略发展做到了与时俱进。战略实施过程中，集团的企业文化、品牌建设等“软实力”始终发挥强大的导向、约束、凝聚、激励及辐射等先导作用，已经成为集团竞争力的不竭源泉，鼓舞和引领一代又一代国机人再接再厉、永续辉煌。

3. 始终坚持创新驱动

创新是引领发展的第一动力，是企业生存和发展的关键所在、生命所在。站在世界高技术和产业革命的前沿，唯有不断创新，才能占据未来竞争的制高点，获得更多的发展机会，为社会创造更大的价值。集团不断点燃创新的火花，坚定不移推进理念创新、技术创新、管理创新、商业模式创新。在加强技术与产品创新方面，注重提升原始创新能力和集成创新能力，形成具有国际先进水平、具有自主知识产权的技术和产品。创新在企业实践中产生无穷的创造力，成为企业发展的不竭动力。

4. 始终坚持改革开放

实践证明，改革开放是企业实现持续健康发展的必由之路和重要支撑。集团紧紧抓住国有企业改革的主线，适时开展公司制股份制改革、三项制度改革、董事会试点改革、供给侧结构性改革、混合所有制改革等，现代企业制度基本建立，广大干部职工的积极性、主动性和创造性得到有效调动和发挥，企业发展的动力和活力不断增强。开放是时代的呼唤，坚持开放发展是集团的显著特征。集团秉持国际化发展的理念，统筹利用两个市场、两种资源，积极实施“走出去”战略，着力再造海外新国机。广泛开展国际合作与交流，发展空间有效拓展，市场化、国际化经营水平不断提升，国际竞争力不断增强。集团合作伙伴众多，业务合作领域广泛，合作层次和水平持续提升，实现了合作共赢发展。

5. 始终坚持资源优化配置

实现资源优化配置、挖掘资源最大价值是集团的不懈追求。多年来，为了完善产业链、强化价值链，集团充分发挥资源优化配置的积极作用，开展了一系列内外部联合重组。在每一个重组案例中，集团都积极有效推进战略、文化、管理、人力资源和资产等多方面的整合，实现融合发展，做到善用资源、高效配置资源，使资源发挥更大效用。坚持存量资产和增量资产调整相结合，优化产业结构；坚持做强做优主业，各企业结合自身实际，积极处置低效无效资产，化解过剩产能，淘汰低端业务，减少法人层级，实施人员分流，使资源发挥了更大作用、产生了更高效益。

6. 始终坚持人才队伍建设

企业发展的关键在领导，核心在人才，根本在队伍，集团始终坚持把人才队伍建设作为支撑发展的关键所在。20 年来，始终坚持以人为本、以才兴业，坚持尊重知识、尊重人才，把高素质人才队伍建设作为企业可持续发展的首要任务。通过持续优化人才结构、实施重大人才专项、创新完善人才工作机制，培养和造就了数量众多、布局合理、素质优良的人才队伍，为集团发展提供了较充足的智力支持和人才保障。

成绩是前进的起点，差距是发展的潜力。在回顾总结成绩的同时，我们不能忽视集团发展中存在的问题，与世界上先进的跨国企业相比还有较大差距。业务多元化发展，但业务协同创新的潜力还没有充分挖掘；科研院所较多，但技术创新综合优势还没有得到充分发挥；制造业务发展取得进步，但高端装备制造能力尚未有效形成；企业改革不断深化，但体制机制还不能更好适应未来发展需要等。对于这些问题，我们要高度重视，认真加以解决。

二、把握形势变化，落实责任要求

“明者远见于未萌，智者避危于无形。”我们要密切关注面临的内外部环境变化，保持清醒头脑，科学分析研判，及时把握机遇，积极迎接挑战，牢牢把握主动权。

（一）加强形势研判

不久前召开的中央经济工作会议，深刻分析了当前和今后一段时期国内外经济形势，明确了今年经济工作的总体要求、宏观政策取向和重点任务。当前，我国经济保持平稳健康发展，缓中趋稳，稳中向好，经济运行保持在合理区间，质量和效益提升，结构继续优化，改革开放取得新突破。但国际国内经济形势依然复杂严峻，仍然存在不少突出矛盾和不确定性。

世界经济仍处于深度调整阶段。全球经济复苏仍不稳定，增长形势不确定性上升。全球经济潜在增长率下行、金融市场脆弱性加大、贸易保护主义兴起、民粹主义抬头、美国经济政策随着政府更替而前景不明朗、英国脱欧进程影响难以确定、日本经济尚未摆脱日元升值、通缩压力等因素的拖累，地缘政治风险、难民危机、大国政治周期、恐怖主义等不可预见性风险和多样化的挑战更加复杂严峻。IMF 对今年全球经济增速的预测数据不断变化，最新的只有 2.8%。

我国经济进入一个“结构升级、方式转变、动力转换”的新时期。我国经济继续处于长周期的底部，国内产能过剩和需求结构升级的矛盾仍然突出，经济增长内生动力不足。一些领域金融风险显现，局部地区困难增多，改革发展的难度、经济下行的压力依然较大。经济运行仍有不少突出矛盾和问题，市场需求疲弱、投资增长内生动力不足的局面难有明显改观，地区分化、行业分化趋势难以很快扭转。传统动能提升和新动能培育受资金、技术、人才及资源环境制约较多，这些因素对国有企业发展形成了较大挑战。

机械工业进入了推进转型升级攻坚战的关键阶段。机械产品内需市场短期内依然维持疲软态势，机械工业主要服务的钢铁、煤炭、电力、石油、化工等行业普遍处于产业结构的深度调整期，能源装备短期内需求难以大幅增长。我国外贸传统竞争优势继续弱化，新的竞争优势尚未形成，产业发展面临“两头挤压”，机械工业对外贸易、对外合作、资本配置都面临新的更为复杂多变的形势。

与此同时，“中国制造 2025”“十三五”国家战略性新兴产业发展规划、“互联网 +”等各项战略深入推进，“强基工程”“智能制造”等专项以及重大技术改造升级工程陆续实施；国家继续扎实推进以人为核心的新型城镇化，促进农民工市民化；深入实施西部开发、东北振兴、中部崛起、东部率先的区域发展总体战略以及京津冀协同发展、长江经济带发展战略；“一带一路”和国际产能合作带动装备制造业出口不断增长，出口产品技术含量、附加值不断提高，外贸稳增长调结构相关政策持续落地生效，这些都将对机械工业的发展起到明显的带动作用，对机械行业企业产生利好。预计今年我国机械工业将继续保持平稳增长，增长速度低于去年，但仍高于全国工业和制造业增速。

2017 年，我们对经济形势的复杂性、严峻性，既要保持清醒认识，又要坚定信心，增强定力，迎难而上，做到识别早、判断准、行动快，及时科学加以应对。

（二）落实责任要求

事业发展，关键在人。习近平总书记对国有企业领导人员提出了“对党忠诚、勇于创新、治企有方、兴企有为、清正廉洁”的要求，我们必须向这 20 字标准看齐，不断增强政治意识、大局意识、核心意识、看齐意识，在工作中做到“集团一盘棋、上下一条心、工作一股劲”，以百折不挠的意志、脚踏实地的行动，践行二次创业，不断推进集团持续健康发展。

1. 强化责任，勇于担当

始终牢固树立担责、负责的意识，真正做到“在其位、谋其政、行其权、尽其责”。始终带着“如履薄冰、如临深渊”的责任感，“逆水行舟、不进则退”的危机感，“破釜沉舟、背水一战”的紧迫感，以履职尽责的新作为打开新局面。在难题面前敢闯敢试、敢为人先，在矛盾面前敢抓敢管、敢于碰硬，在风险面前敢于作为、敢于担责，以担当精神为追求，履职尽责，凝心聚力，自觉行动，发挥表率。

2. 问题导向，狠抓落实

“知者行之始，行者知之成。”问题意识是推动企业改革发展的开端，要坚持问题导向，奔着问题去，跟着问题走。培养主动发现的眼光，找准“有的放矢”的靶子，从问题入手，抽丝剥茧，查找根源，做到对症下药。以钉钉子精神抓落实，做到一分部署，九分落实。把抓落实的责任扛起来，必须谋划要实，分工要清，协调要勤，考核要严，确保各项工作果断、及时、有力、有效地推进。完善抓落实的工作机制和办法，把责任压实、要求提实、考核抓实，推动工作落地见效。

3. 坚守底线，风清气正

不断增强“四个意识”，守住底线，堂堂正正做人，清清白白做事。持之以恒落实中央八项规定精神，坚守高尚情操和敬畏之心的“两道防线”，坚持做到法律、纪律、政策和道德四条底线不可违、不可踩、不可碰、不可犯。保持廉洁自律，坚守正道、弘扬正气，坚持以信念、人格、实干立身，襟怀坦白、一身正气、光明磊落。坚持公开、公平、公正原则，营造风清气正的良好氛围，形成积极向上，干事创业的精神追求。

4. 辩证思维，科学发展

充分运用辩证方法观察和处理问题，正确分析矛盾，在对立中把握统一、在统一中把握对立，克服极端化、片面性，真正掌握行业发展规律、企业发展规律，妥善处理各种重大关系，以辩证思维推动各项工作迈上新台阶。牢固树立科学发展观，抓住发展这个第一要务，以人为本，统筹兼顾，处理好局部和全局、当前和长远、重点和一般的关系，在权衡利弊中趋利避害，作出最为有利的战略抉择，通过辩证的思维、科学的方法、有效的作为，不断促进集团全面协调可持续发展。

三、抓好五项重点工作

2017 年是实施“十三五”规划的重要一年，是供给侧结构性改革的深化之年，也是推进集团改革发展具有重要意义的一年。今年集团工作的总体要求是：全面贯彻落实党的十八大及历次全会、全国国有企业党建工作会议、中央经济工作会议、中央企业负责人会议精神，坚持稳中求进工作总基调，牢固树立和贯彻落实新发展理念，适应把握引领经济发展新常态，发扬丹棱精神，践行二次创业，以改革创新为动力，以提高发展质量和效益为中心，以实施集团“十三五”规划为抓手，进一步推进供给侧结构性改革，持续强化创新驱动，着力加强风险管控，努力推进瘦身健体提质增效，积极培育发展新动能，不断增强企业活力、控制力、影响力、国际竞争力、抗风险能力，全力完成全年目标任务，奋力开创发展新局面，为把集团建成世界一流企业作出新的更大贡献。

集团董事会确定的2017年集团利润总额目标为：确保实现85亿元、争取实现88亿元。围绕今年目标任务，需要重点抓好以下几方面工作：

（一）着力抓好发展第一要务

1.全力完成生产经营目标任务

稳增长是今年的中心任务，必须尽早采取切实有效措施，多渠道多途径发力，切实抓好发展第一要务，尽最大努力，争取最好结果。

一是大力拓展市场。牢固树立市场意识，不等不靠。加强对经济周期性、规律性的研究和市场形势的分析研判，根据形势和市场变化适时调整经营策略。熟悉竞争对手的变化情况，优化营销网络渠道，以客户为中心，深耕细作目标市场，采取差异化营销策略，抓好大项目的签约与生效。海外项目要强化属地化经营，发挥专业化优势，融入当地文化，实现项目的滚动开发与执行，努力增加市场份额。

二是强化激励约束。发挥考核分配的杠杆作用，突出效益导向，把实现稳增长目标作为对经理层的考核重点，所属企业要量化细化全年生产经营目标任务，深挖潜力、自我加压，确保完成承担的目标任务。要把工作抓实抓细，制定可量化、可操作、可考核的工作方案，完善财务预算、考核分配紧密联动的推进机制，确保任务层层分解、责任层层落实，切实做到目标到岗、任务到人。严格按照目标任务完成情况兑现考核奖惩，真正把考核落到实处。

2.进一步深入推进中国二重改革振兴

中国二重要继续传承和发扬改革脱困精神，务实行动、精准发力，在深化改革、产品开发、市场拓展、管理提升、平台构建等方面下功夫，不断增强自我发展能力，真正步入良性发展轨道，实现可持续发展。集团各级领导、各所属企业要一如既往支持中国二重的改革振兴工作。

一是继续夯实基础管理，深化内部改革。巩固和扩大近年来中国二重在质量、成本、交货期、服务等专项提升工作中取得的成果，加强过程质量控制，强化制造全过程成本管控，推广项目管理制，推行项目全过程、产品全周期服务。

切实转变各级干部职工的思想观念，进一步强化市场意识、客户导向和依靠自我发展的理念；完善内部体制机制，建立科学合理、有效适用的考核激励机制，进一步激发内在活力；加强人才队伍建设，完善人才队伍建设的长效机制，持续培养技术、管理、操作等骨干人才，采取多种方式培育急需的专业人才队伍。

二是继续深耕国内外市场，加快转型升级。坚持“长短结合、新老结合”的营销思路，在确保合同质量基础上，不断提升传统市场的占有率；尝试采用“技术+金融”“品质+服务”等新的营销模式，进一步占领国内外市场空间；充分利用好集团海外营销平台，加强与集团所属企业的协同，加快把传统优势产品推向国际市场，加快向设备成套、项目总包转型。继续强化长线产品开发，积极推进传统优势产品的技术升级，占领技术制高点，巩固和扩大市场占有率，进一步发挥在国家重大技术装备领域的引领作用；把握国家产业政策和国内外技术变革趋势，通过多种途径、多种方式，在能源、环保、军工等领域做好先进技术的引进和培育开发，开辟新的业务领域。

三是继续加快平台构建，有效推进资源整合。按照集团发展战略和业务布局，抓紧搭建国机重装新平台。整合集团重大装备领域制造、总包、贸易和研发方面的优势资源，完善链条，形成合力，力争尽快重新上市。相关企业要以打造国机重装新平台为契机，充分发挥产业链优势，强化创新驱动，积极推进传统产业转型升级，加快培育战略性新兴产业，着力打造国内综合实力最强、集科工贸于一体的高端重型装备板块，为集团发展高端制造业和现代制造服务业发挥支撑作用，为提升我国重大技术装备行业国际竞争力发挥积极作用。

3. 大力压缩成本费用

继续加大力度严控成本，压缩费用。既要强化全员、全要素、全过程成本管控，更要突出重点，创新成本费用管控方式和机制，增加刚性支出弹性，确保营业成本增幅低于营业收入增幅。严控采购成本，规范管理，健全机制。严控人工成本，严格落实考核分配制度，坚持将考核结果、经济效益与企业负责人薪酬、企业工资总额紧密挂钩；对企业员工总量要加强控制。严控资金成本，大力压降“两金”规模。继续推动资金集中管理，改善资本结构，降低融资成本。

4. 进一步实施质量发展战略

习近平总书记在中央经济工作会上指出：“全面提高产品和服务质量是提升供给体系的中心任务。只有低质产能才会过剩，顺应市场需求不断更新换代的产能不会过剩。”李克强总理也曾指出：“中国装备的生命在于质量，这是我们获得全球认可的根本保证。”这些指示都把产品的质量放到了更加突出的位置，必须引起我们的高度重视。

要树立质量第一的强烈意识，下大力气抓全面提高质量工作。集团上下要在前几年质量提升取得成绩的基础上，进一步大力实施质量发展战略，深入开展“质量提升行动”，不断提高产品质量、工程质量和服务质量，依靠质量创造市场竞争优势。

一是提高质量管理水平。建立健全质量管理体系，加强全员、全过程、全方位的质量管理。严格按标准组织生产经营，严格质量控制，大力推广先进技术手段和现代质量管理理念方法，广泛开展质量改进、质量攻关、质量比对、质量风险分析、质量成本控制、质量管理小组等活动。积极应用减量化、资源化、再循环、再利用、再制造等绿色环保技术，大力发展低碳、清洁、高效的生产经营模式。

二是加快质量技术创新。把技术创新作为企业提高质量的抓手，切实加大技术创新投入，加快科技成果转化，注重创新成果的标准化和专利化。积极应用新技术、新工艺、新材料，改善品种质量，提升产品档次和服务水平，研究开发具有核心竞争力、高附加值和自主知识产权的创新性产品和服务。

三是加强质量文化建设。牢固树立质量是企业生命的理念，弘扬诚实守信、持续改进、创新发展、追求卓越的质量精神，推进先进质量文化建设，提升全员质量意识，努力形成追求质量、崇尚质量、关心质量的良好氛围，不断提升企业质量文化的软实力。

（二）着力深化企业改革

2017 年是我国全面深化改革向纵深推进的关键一年。推进供给侧结构性改革，引导经济朝着更高质量、更有效率、更加公平、更可持续的方向发展，是当前和今后一个时期我国经济工作的主线，也是集团改革工作的主线。要结合集团自身实际，按照“1+N”改革文件要求，积极稳妥推动有关改革工作落地见效。

1. 进一步建立完善现代企业制度

进一步完善公司法人治理结构。按照规定把党建工作总体要求纳入公司章程，实现加强党的领导与完善公司治理的有机统一。大力推进规范董事会建设，将董事会、经营层的职权范围、决策事项和权限具体化、规范化、程序化，加快形成权责对等、运转协调、有效制衡的运行机制。

进一步深化内部“三项制度”改革。加大干部人事工作改革力度，适时扩大授权范围，积极推进试点企业董事会选聘经理层工作，进一步理顺集团所属企业干部管理层级；完善综合考核评价体系，强化日常动态管理，形成干部能上能下、人员能进能出的机制和氛围；坚持组织考察与竞争性选拔相结合、促进人才脱颖而出的长效机制建设。建立健全与劳动力市场基本适应、与经济效益和劳动生产率挂钩的工资决定和正常增长机制，切实做到收入能增能减和奖惩分明，充分调动广大干部职工积极性。

探索建立以容错为关键的宽容宽松机制。改革会有风险，要允许试错、宽容失败。要为干事创业创造条件、优化环境，为想做事、能做事、做成事的干部提供发展平台和空间，切实为担当者担当、为负责者负责、为干事者撑腰。对于改革创新项目因客观因素未实现预期目标，在考核评价和经济责任审计时不作负面评价。积极营造想改革、谋改革、善改革的浓郁氛围，为企业改革创新保驾护航，真正让干部干事创业无后顾之忧。

2. 进一步做好瘦身健体提质增效工作

瘦身健体提质增效是推动供给侧结构性改革的重要抓手。要认真落实国务院国资委关于中央企业瘦身健体的工作要求，压缩管理层级、减少法人单位，不断提高集团管控能力和运行效率。

加快低效无效资产清理，积极处置“僵尸企业”和开展特困企业专项治理，确保完成集团三年“压减”目标任务。加快剥离企业办社会职能和解决历史遗留问题，积极推进厂办大集体改革、“三供一业”分离移交工作，为减轻企业负担、深化企业改革创造有利条件。加强亏损企业治理，推动亏损企业做好业务整合、冗员分离、债务重组、清产核资等工作，努力止住“出血点”。相关所属企业要加快落实工作方案，集团要抓好有关检查考核工作。

加强企业内控体系建设，规范企业运行程序。以风险为导向，以安全高效为目标，以流程优化和有效执行为重点，加快建立和完善内控体系，切实提高企业经营管理水平和风险防范能力。持续提高内部控制信息化水平，切实做到全面控制、执行有效。

3. 进一步稳妥推进混合所有制改革

混合所有制改革是国企改革的重要突破口。要按照完善治理、强化激励、突出主业、提高效率的要求，以混合所有制改革试点为契机，积极探索建立真正市场化的机制。积极引入民资、外资、股权投资基金、机构投资者等各类社会资本参与集团混合所有制改革，实现股权多元化，提高国有资本活力、影响力和控制力。根据国家改革政策和集团有关规定，按照国资委推进员工持股试点部署安排，抓好集团员工持股试点改革工作，探索积累可复制可推广的有益经验，为未来扩大试点改革范围创造有利条件。

（三）着力强化创新驱动

创新驱动是国家重大战略，是新常态下发展的新引擎。要按照“加强科技创新，促进转型升级，提升增长质量”的思路，着力强化创新驱动，有效支撑集团发展再上新台阶。

1. 持续加大科技研发投入

积极探索和建立科技投入与战略投资、资本市场融资、风险投资基金、企业债券、保险基金的有效融合方式，筹集科技发展资金。强化研发投入的绩效评价和激励机制，发挥考核导向作用。积极争取政府资金支持，发挥工贸公司的资金优势，加大技术研发投入，为业务转型升级提供技术支撑。

2. 不断完善科技创新体系

继续打造国家级研发平台，结合国家科技计划基地和人才专项、“中国制造 2025”制造业创新中心规划，遴选重点技术领域，力争新布局若干家国家级研发平台。围绕集团“十三五”科技规划的重点技术集成专项，探索成立若干家重点技术集成协同创新平台，支撑集团大型工程整体解决方案能力提升。

3. 加强重点关键技术与产品研发

以国家战略为指引，围绕集团重点技术领域及方向，瞄准市场，大力推进基础共性技术、关键技术研究，加快新产品开发，强化技术集成。组织联合攻关影响集团发展的重大技术瓶颈、关键核心技术问题，以及集团确定的战略性新兴产业技术、重大技术集成或整体解决方案。针对企业层面的重大技术瓶颈、关键核心技术、基础共性技术、前瞻性技术，以及市场导向的重点新产品、新技术，以重点研发攻关项目的形式支持企业进行研发。加快成果转化，努力向高端化、智能化、绿色化、服务化转型发展，向产业链、价值链中高端迈进。

4. 强化科技人才培养与激励

大力实施集团“科技百千万人才工程”，打造更高水平科研队伍。针对现有人才队伍基础，努力打造由集团高层次人才、企业高层次人才、科技研发人员三个层次组成的科技人才队伍。不断完善科技人才评价机制，对科技人才评价要突出中长期目标。认真探索股权、期权、分红等激励措施，提高科研人员成果转化收益分享比例。

（四）着力抓好资源整合

抢抓本轮经济周期中资产价格较低以及国家深化改革、大力推进央企重组整合的契机，以做强做优做大核心主业、提高竞争优势为目的，围绕集团“十三五”发展规划，进一步落实资本运营规划，持续推进资源整合。

1. 继续推进内部资源整合

根据资本运营总体规划，对于集团内部资源整合项目，已经完成的，要加强后期整合工作的监管，适时开展项目后评价；正在实施的，要进一步加快实施进度；尚未开始的，要在综合评估环境条件的基础上，尽快着手实施。

2. 适时推进海外并购

集团和所属企业要积极吸纳外部资源，积极稳妥地加大海外并购工作的力度，做好企业发展资源要素分析，认真对目标企业进行尽职调查，注重风险控制，进行科学决策，推动集团产业链、价值链向高端迈进，实现转型升级。

3. 积极推进对外联合重组

利用集团在我国机械工业的综合优势，加强与中央企业、地方国资委、优质民营企业的联系沟通，充分利用各种渠道、多种方式、有效途径，积极推进与中央企业、地方企业的联合重组，完善集团产业链条，促进集团主业发展。

（五）着力再造海外新国机

树立全球化的战略思维，拓展宽广的国际视野，立足全球配置各类资源，借势国家战略，加强战略谋划，不断提升集团国际化经营水平和层次。

1. 在落实国家战略中发展国际业务

继续在承担国家战略任务、配合经济外交大局方面发挥央企作用，扩大国际产能和装备制造合作，积极参与“一带一路”项目建设，稳步开展国际化经营，提升国际竞争力。

结合集团自身资源优势、行业资源整合能力和所承担的责任使命，以提升“一带一路”沿线国家工业化水平为着力点，重点研究并抢抓沿线国家工业化、城市化建设过程中的市场机会，积极承担相关国家企业的技术升级与改造项目，通过多种方式参与沿线国家国有企业的改革与产业升级。积极开展周边国家互联互通、中非产能合作及非洲“三网一化”建设，主动承担政府援助项目，促进所在国经济社会发展。

2. 推动国际业务转型升级

发挥现有业务优势，巩固壮大集团传统国际工程承包、进出口贸易等业务；推动所属企业加强海外市场的区域化、属地化建设，精耕细作，实现对市场的深度开发；研判国际业务的新格局、新变化、新趋势，继续加大商业模式的创新与升级，推进EPC+、产业园区建设等业务的新发展；注重拓展海外绿地投资、特许经营等项目，适时开展以获取境外先进技术、高端人才、战略资源、品牌渠道为目的的兼并收购和股权合作；利用好新的技术手段，探索发展跨境电商、“互联网+”业务模式；落实国家战略，推进农业“走出去”，集成集团在“三农”方面的资源，把握海外农业市场巨大的发展空间，做强做大集团农机装备板块。

加快国际业务的统筹布局，积极推进集团国际业务协同发展，促进制造、研发和工贸等企业进一步对接，加强海外分支机构管理，有效发挥和放大集团海外营销网络的整体功效，不断提升业务协同水平。

3.防范国际化经营风险

严控风险，稳健经营。把风险管控意识贯穿于生产经营的全过程周期，科学分析、切实把握好国际业务方向选择、市场时机选择、担保融资、新项目新业务执行等多方面可能发生风险的环节。充分认识、把握和遵循国际化经营规律，吸取企业“走出去”的有益经验和深刻教训，完善全面风险防控机制。针对国际化经营中的政治、经济、法律、文化等风险，做好安全风险防范和应急预案制定等工作，确保国际业务实现安全、稳健、健康发展。加快培育具有国际视野、熟悉国外经营环境和国际商业规则的专业人才队伍，提高跨国经营管理水平与风险管控能力。

最后，我要再次重点强调安全稳定工作。安全稳定工作责任重于泰山。所属企业要严防重特大安全事故发生，高度关注信访稳定工作，防止发生不稳定事件。各级领导干部要多走访慰问弱势群体和困难职工，切实帮助解决一些实际困难，切实维护好企业和社会的和谐稳定。

同志们，“百舸争流，疾行者先。”回望过去20年，集团走过了艰难而辉煌的历程；展望未来，美好的前景等待我们去开创。新的一年目标已经确定，任务艰巨，责任重大。让我们紧密团结在以习近平同志为核心的党中央周围，进一步增强使命感、责任感，振奋精神、铆足干劲，迎难而上、锐意进取，不断开创集团改革发展的新局面，以优异成绩迎接党的十九大胜利召开！

在国机集团2017年工作会议上的总结讲话

石 柯

（2017年1月15日）

经过大家两天来的共同努力，集团2017年工作会议即将完成全部议程，顺利结束。这次会议是集年度工作会、党建工作会、20周年庆典活动、党风建设和反腐败工作会、领导班子年度考核会于一体的综合性会议，是在迎接党的十九大胜利召开、集团走过20年奋斗历程、深入践行二次创业、满怀信心踏上新征程的关键时刻召开的一次非常重要的会议。会议以全面贯彻落实近期党中央和国务院国资委一系列重要会议精神，持续推进集团做强做优做大为主线，坚持问题导向，突出精准发力，明思路、促改革、谋发展，既是一次回顾与展望的大会，也是一次思想动员会、工作部署会、责任落实会，对集团今后一个时期的改革发展具有重要的指导意义。

会上，任洪斌董事长作重要讲话，饱含深情地回顾了集团20年奋斗历程，总结提炼了集团20年发展的体会和思索，对集团过去一年取得的主要成绩给予充分肯定，对当前面临的形势进行了深刻分析，进一步明确了集团“十三五”战略规划下的重点工作，吹响了国机集团20年后再出发的号角；徐建总经理代表经理层，对2016年的工作进行了全面总结，部署和安排了2017年的具体工作；王克伟书记围绕贯彻落实中纪委十八届七次全会精神，结合集团纪委工作，作了党风廉政建设和反腐倡廉工作报告；我在党委工作报告中重点围绕加强集团党的领导和党的建设，就如何瞄准目标、找准差距，认真落实全面从严治党主体责任提出了具体要求。监事会寻寰中主席应邀出席会议并全程指导，在肯定集团所取得成绩的同时，对集团未来发展寄予了殷切期望和美好期待。

会议期间，我们还举办了“铸就大国重器打造百年国机”主题论坛、以“我与国机共成长”为主题的演讲比赛和征文活动、“光荣与梦想”国机集团20周年成果展等系列活动，热烈而简朴地庆祝了集团成立20周年。与会人员围绕本次会议主题主线、集团领导报告，结合本企业实际，展开了深入讨论。与会人员一致反映，这次会议务实高效，集团领导的报告体现了党的十八届六中全会、中纪委十八届七次全会、国企党的建设工作会议、中央经济工作会议和国资委工作会议的精神，体现了加强党的领导、坚持新发展理念的要求。特别是任董事长报告中概括的“主要成绩”实事求是，集中反映了集团发展规模和效益的重大跨越，20年来致力于振兴民族装备制造业所取得的突出成就，反映了集团广大干部员工20年来团结奋斗、顽强拼搏的精神风貌。报告中的“体会和思索”体现了集团站在历史与未来的交汇点，不忘初心，在继承中创新，在创新中变革，在变革中不断前行的意志和担当。报告中明确的“全年工作思路”，目标明确、重点突出，切合实际，有创新，很务实，非常鼓舞人心。与会人员纷纷表示，尽管2017年工作任务艰巨，压力很大，但是在集团领导班子的带领下，有信心、有能力克服前进道路上的各种困难。会后将迅速传达贯彻此次会议精神，把集团既定的工作目标和任务逐级分解下去，以各个小目标的完成来确保集团大目标的实现。

会议期间，集团还与所属企业签署了经营目标责任书，表彰了一批先进单位和在科技创新等方面业绩突出的优秀企业。可以说，会议开得很好、很成功，达到了认清形势、统一思想、振奋精神、明确目标、落实任务的目的。在此，我代表集团党政班子向两天来对集团一系列活动、会议给予大力支持的各位代表表示衷心的感谢！向为会议、活动成功举办召开付出辛劳的工作人员表示诚挚的谢意！

下面，围绕本次会议精神的贯彻落实，我强调四点意见。

一、贯彻落实好这次会议精神，要注重统筹兼顾，抓住改革这个“牛鼻子”

这次会议上，我们共同回顾了国机集团不断追求、不懈探索的20年。从任董事长昨天给我们演示的一个个感人的瞬间、一幅幅生动的画面、一组组骄人的数据，我们不难感受到，这中间始终贯穿着一条主线，就是持续深化改革。

2017年，恰逢《中共中央、国务院关于深化国有企业改革的指导意见》颁布实施的第3年，距实现2020年国有企业改革目标任务只剩下3年的时间了。可以说，当前国企改革正处于行至半程、战到中盘、承前启后的关键时期。同样，对于我们国机而言，改革任务异常艰巨繁重，且迫在眉睫。

这次会议上涉及改革的内容之多，谈及改革的话题之深，都是前些年的工作会所无可比拟的。从加快推进无效资产处理、切实解决历史遗留问题的基础性改革，到扎实推进集团内外部资源整合、优质资产证券化的升级性改革，再到着力推进混合所有制、资本投资运营规划的探索性改革，加之建立现代企业制度、激发人才活力、推进扭亏脱困等关键环节和重点领域的改革。可以说，2017年的改革涉及到集团运行管理的方方面面，力度之大、范围之广、触及之深，都是前所未有的。因此，我们集团各级领导干部务必要强化改革意识，带头做改革的坚定支持者、有力推动者和积极参与者，坚持问题导向，抓住主要矛盾，通过关键点的突破“牵一发而动全身”，力求达到“一落子而满盘活”的效果。要把握好推进时序，有先有后，有所侧重，要先改熟悉领域，再改陌生领域；先改容易的领域，再改难度大的领域，不能眉毛胡子一把抓。要正确处理好改革、发展、稳定三者之间的关系，既要加大改革的力度，又要注意改革的节奏，处理好改与稳、急与缓的关系。既要加快改革的进程，又要按客观规律办事，遵循市场规律、企业发展规律，统筹兼顾，把握好改革的力度、进度和改革对象的承受度，充分调动各方积极性，确保集团各项改革平稳有序推进。

二、贯彻落实好这次会议精神，要促进转型升级，抓好发展这个第一要务

这次会议的分组讨论中，很多企业的领导都谈到一点，就是目前无论是国内兄弟企业，还是国外同行业企业，都在加快产业转型升级、产品结构和产能布局调整，有的已取得较大成功。值得注意的是，他们在实施调整的同时，效益仍在连续增长，走的都是一条“在发展中促转变，在转变中谋发展”的道路。我们的一些传统优势产业、产品领域，包括贸易、工程总包等领域，都受到了不小的冲击，未来面临的挑战将更加严峻。这说明我们一些领导干部的忧患意识、危机意识是到位的。

这次会议将促进转型升级作为集团落实供给侧结构性改革、增强经济发展可持续性的重要途径，其目的就是要求我们所属企业都要提高认识，把本企业作为推进供给侧结构性改革的主体，一方面坚持练好“内功”，提质增效，增强有效供给的能力；另一方面坚持创新驱动，积极培育发展新动力，持续创造竞争新优势，不断增强集团的活力、影响力和抗风险能力。特别是依靠新技术、发明专利，通过创新、研发联通投资，由资本带动制造，进而形成产业是未来企业大的发展方向。我们各级领导干部必须一以贯之地贯彻创新发展理念，大力实施创新发展战略，既要做到“顶天”，即努力突破和掌握核心技术、关键技术，也要做到“立地”，即打通科研转化为现实生产力的通道，加快转型升级，推动集团发展不断迈上新台阶。

三、贯彻落实好这次会议精神，要突出问题导向，抓牢党建这个主体责任

关于党建工作，在昨天召开的党建工作会上，我重点围绕贯彻落实党的十八届六中全会精神、全国国有企业党的建设工作会议精神，已经对2017年和今后一段时期集团加强和改善党的领导、党的建设工作作出部署和安排。核心内容就是对照习总书记的重要讲话精神、对照《条例》和《准则》的基本要求，坚持问题导向，主动查找本企业和党员领导干部本人自身存在的差距和不足，制定出整改措施，拿出路线图、时间表，落实主体责任和第一责任人的责任，从严从实加强和改进党的建设工作，全面落实从严治党的新理念、新要求、新举措。

在这里，我再重点强调两点：一是党建工作责任的落实。加强党建工作，首先必须落实责任。不明确责任，不落实责任，不追究责任，从严治党是做不到的。集团各级党组织要切实履行好管党治党的主体责任，把抓党建作为主业主责，党委书记作为企业党建工作第一责任人，要在其位谋其政，班子其他成员也要抓好分管领域党建工作，履行好“一岗双责”，形成以责任传导压力、以压力推动落实，上下贯通，层层负责的主体责任链条，同时要逐步健全能定责、可追责的考核机制，实现以责促行、以责问效。近年来，集团党委实行了党建考核评价结果与企业领导班子绩效挂钩，在这次会议上，还专门安排了各二级企业党委书记、纪委书记向集团党委、纪委述职，都是强化和推进党建工作主体责任落实的具体措施。二是要高度重视基层党组织建设。基层党组织状况往往是反映全面从严治党水平的“晴雨表”。从2016年“两学一做”学习教育开展过程中集团对基层党组织建设情况的排查结果可以看出，党的建设弱化、淡化、虚化、边缘化“四个化”的问题在我们基层党组织不同程度的存在，这些问题都需要我们各级党组织引起高度重视，坚持问题导向，逐一对应，细化分解，责任倒逼，立行立改，切实推动集团党的建设得到根本加强。

四、抓提前抓主动，平稳有序推进，扎实做好岁末年初各项工作

2017年目标已经明确，任务已经下达，关键是抓落实见成效。各所属企业、各部门要把深入学习贯彻本次会议精神作为当前一项重要任务来抓。特别是围绕这次会议明确的全年各项重点工作任务，集团各级领导干部一是要立足于抓早、早抓，力争在2017年一季度开好局、起好步，为全年工作打下良好的基础；二是要着眼于抓实、实抓，各所属企业、各部门要结合自身实际，及时将会议确定的各项目标任务进行层层分解、落实责任，尽快制订务实管用的措施办法，精心谋划部署好全年工作，自觉将认识和行动统一到集团的部署和要求上来；三是要着力于抓重点、重点抓，2017年各项任务纷繁复杂、千头万绪，各级领导干部要进一步理清思路、找出头绪，在复杂的事务中抓住重点，在纷繁的工作中抓住关键，以抓重点抓关键带动全局发展，力求事半功倍。

本次会议上，各小组召集人就大家昨天讨论情况进行了汇报，大家站在集团的高度，结合自身企业所处的行业发展态势，为集团深化改革、持续发展提出了许多建议和意见。集团办公厅要组织总部各部门，结合工作会上提出的任务目标，对分组讨论中大家提出的意见、建议进行认真梳理，提出解决清单，明确责任部门和责任人，明确阶段目标，加强督查督办，并将落实情况及时反馈给相关企业，主动为企业提供最优质的服务。

岁末年初，同志们回去以后，还要抓好三件事：

一要抓好安全质量工作。年底，广大干部职工沉浸在节日气氛中，而生产任务依然十分繁重，这个时候往往是安全质量事故多发阶段，因此切不可掉以轻心，不能有丝毫的麻痹和松懈。节日期间，各单位主要领导要带头加强值班，切实担负起安全质量第一责任人的职责。

二要抓好保密稳定工作。保密这根弦始终不能放松，必须高度重视，常抓不懈。同时，要集中开展矛盾纠纷排查，最大限度地做好疏解工作，切实维护社会和谐稳定。

三要关心职工生活。各级领导干部要主动联系群众、关心和帮助困难员工，将企业改革发展成果惠及每一位员工；要注重全面深入了解生活困难党员、老党员和老干部情况，要组织慰问节日期间坚持工作的干部员工，实现走访慰问工作全覆盖。总之，确保广大干部员工过一个欢乐祥和的春节，为全面实现2017年经营目标和迎接党的十九大胜利召开创造一个和谐稳定的环境。

新春佳节很快就要到了，我代表集团党政班子向大家拜个早年，并通过你们向各单位全体职工拜年。祝大家身体健康、工作顺利、阖家欢乐！在新的一年中取得更大成绩！

深化改革 提质增效
推进国机集团持续稳健发展

——在国机集团2017年工作会议上的报告

徐 建

（2017年1月14日）

今年是集团成立20周年。20年来，在党中央、国务院的坚强领导下，在各级领导的亲切关怀下，在广大干部员工的共同拼搏下，集团从小到大，从量变到质变，经历无数风风雨雨，走过了一条敢于探索、敢于突破、敢于创新的发展之路，进入了世界500强中游，值得我们共同骄傲和庆贺。

根据会议安排，我向大会作2017年度工作报告。

一、2016年工作总结

2016年，在严峻的外部形势下，国机集团深入贯彻党的十八大和十八届历次全会以及中央经济工作会议、中央企业与地方国资委负责人会议精神，落实董事会决策部署，紧紧围绕提质增效、瘦身健体的总体要求，坚定信心、沉着应对，圆满完成了全年各项目标任务，实现了“十三五”良好开局。

（一）生产经营保持平稳发展

2016年，集团实现营业收入2 148.2亿元；实现利润总额86.6亿元，完成国资委考核目标的230%，完成董事会考核目标的102.5%、董事会争取目标的99%；实现EVA30.4亿元，完成国资委和董事会考核目标的10.5倍，再创历史新高。

1. 市场开拓有序推进

2016年，国机集团把市场开发摆在更加重要的位置，突破传统思维，顺应市场变化，千方百计，抢抓机遇，促进合同签约和生效。积极实施重点联系企业制度，实现年初到所属企业调研全覆盖，连续三次召开了集团经营运行会，两次召开所属企业沟通交流会，认真分析、科学研判市场形势，研讨新常态下增速降低、产业结构调整带来的市场需求变化，合理制定经营策略，抢抓细分市场领域。

积极落实国家“一带一路”、周边国家互联互通等战略部署，集中力量，重点跟踪。进一步拓展海外业务，大力推进国际产能和装备制造合作，多个项目取得实质性进展。中国重机新签老挝煤电项目，合同额21亿美元；中国浦发新签白俄罗斯钾肥厂项目，合同额16.7亿美元；CMEC新签伊拉克巴士拉650MW燃机联合循环电站扩建总承包项目，合同额10亿美元，为再造海外新国机奠定了基础。

中国机床积极拓展俄罗斯市场，桂林电科院“走出去”在印度、巴西等寻求发展机遇，均初见成效；国机智能借助集团搭建新的科研平台，获得了地方政府的大力支持；中国中元结合自己的医院设计特长，积极探索和发展养老产业；苏美达集团着力打造自主品牌，推进销售渠道多元化，目前自主品牌门店数量突破500家，全面拓展多元化发展。

2016年，集团实现新签合同额439亿美元，同比增长13.1%，其中，境外合同同比增长

57.6%。新签合同额的向好回升，为未来几年经营业绩的稳定增长，打下了良好的基础。

2. 国际化经营不断拓展

按照任洪斌董事长“再造海外新国机”的战略要求，集团大力推进国际化经营，海外业务收入占集团的整体比重逐年上升。

中工国际在国家“一带一路”战略的带动下，沿线国家的业务机会明显增多，签约额呈现快速增长态势，增长速度远高于其他地区。中白工业园有序推进各项建设工作，目前已入园企业8家，签署意向协议的企业30余家。其中招商局、新筑股份两家入园企业已开工建设。中白两国有关领导多次视察项目现场，对项目工作给予高度评价，中白工业园已成为推动“一带一路”战略实施的重要项目。

CMEC建立了新加坡区域中心和迪拜区域中心，全力加速工程承包业务的区域化和属地化进程，充分利用海外融资、采购及渠道等方面的优势，整合区域优质资源，加强与产业链上领先企业的合作，为向高端市场进军做好准备；中国重机进一步加强BOT项目的运营管理和风险管控，实现安全生产和发电任务双目标；中国中元积极推进与白俄罗斯国家设计院的重组工作，开创了国际化经营的新局面。

3. 模式创新不断加快

2016年，集团及所属企业不断加快推进业务模式创新步伐，加大业务结构调整，优化市场布局，竞争力显著提升。CMEC利用新加坡区域中心，与新加坡腾飞公司签署合资协议，共同开发印度、马来西亚、印尼、缅甸等国家的工业园项目。中国海航积极实施核电“走出去”战略，签订了巴基斯坦卡拉奇核电站取排水工程项目，合同额3.2亿美元。苏美达集团推进面向终端应用侧的新能源全产业链经营模式，牢固建立和实施“产品、设备、工程贸易+EPC+项目转让与运营+分布式”的业务组合，提升了差异化经营能力。

积极探索“互联网+”背景下的营销模式创新，整合线上线下营销资源，着力提高互联网在市场开拓中的应用水平，助力传统产业开拓新市场。CMEC西麦克跨境电商运行良好；中工电商平台架构已初具雏形。

4. 降本增效深入开展

集团积极推进所属企业在控制成本、提高效率、增加效益上下功夫，切实将管理提升与开源节流、实现精细化管理相结合，降本增效成效显著。如中国二重严格落实任洪斌董事长对采购业务“约法三章”的要求，定期组织降本增效及存货盘活专题会，牢固树立全员节约、降本增效的思想；完善成本管理体系与管理机制，持续压缩非生产性支出，落实成本管控责任。国机汽车通过精细化管理提升经营效益，将4S店67个主要业务流程规范化、标准化，通过信息化系统对业务流程进行管控，节省了成本费用。

5. 扭亏减亏持续深入

一是严格实施《亏损企业专项治理工作方案》，进一步梳理亏损子企业，分门别类，有针对性地采取减亏控亏措施。对长期亏损、扭亏无望的企业，坚决重组或关停；对产品无竞争优势、市场前景不明朗、与主业发展方向不符的亏损企业，果断转型或退出。二是对亏损企业，一企一策制定年度减亏控亏具体目标，明确路径、措施和方法，综合采取债务重组、业务整合、冗员分流、强化管理等措施，逐步实现亏损企业改革脱困。三是落实责任，将减亏控亏目标、措施分解到人，责任落实到人，并作为绩效考核与奖惩任免的重要依据。国机重工围绕扭亏目标，通过加强市场开拓、扩大出口、促进业务转型发展、优化产品结构，实现了营业收入的增加；通过控制“两金”，盘活存量资产和长期闲置资产，实施资源优化配置，提升了资产运营效率和效益。按照全级次统计，集团亏损面为26.2%，同比下降1.4个百分点；亏损额合计30.1亿元，比上年减亏36.2亿元。

6. 质量工作取得较大进步

坚持以提升质量管控能力为重点，不断完善考核机制，加大执纪追责力度；全面推行质量激励制度，加大质量参与收入分配力度；深入推进特殊过程确认及规范化管理，有效提升预防控制能力；完善新模式下的供方质量管理制度，促进供方提高质量保障能力，产品质量状况得到明显改观。中国二重通过工艺创新和生产流程优化等方式突破技术瓶颈，完成了我国首套自主设计的尺寸最大、质量要求最为苛刻的 CAP1400 核电汽缸产品；责任废品损失率由 2015 年的 1.26% 下降到目前的 0.33%，顾客满意度得到了进一步提升。

（二）中国二重改革振兴取得重要进展

1. 市场营销力度不断加大

一是强化经营订货。针对国内、国际两个市场，结合不同业务板块的实际情况，采取差异化营销策略，提升经营能力。二是强化业务协同。与一批中央企业签订了战略合作协议，建立了长期共同发展的长效机制，积极争取业务协同订单，稳定了市场。三是疏通瓶颈环节，优化生产组织管理，提高质量、成本、交货期、服务管控能力，主动与用户协商，加快暂停项目的协调。四是明确考核目标。通过制定考核办法，加大追责力度，确保了销售合同完成率的稳步提高。近期，中国二重分别与恒力石化签订 6 台加氢反应器的供货合同，与浙江石化签订 10 台渣油加氢反应器制造合同，合同额总计近 13 亿元。2016 年，中国二重完成营业收入 78.1 亿元，同比增长 56%；实现利润总额 5.2 亿元，扭亏为盈，增利 5.7 亿元，实现了质的飞跃。

2. 资产盘活调整有序进行

按照集团审定的资产盘活方案，镇江公司股权转让工作全面完成，目前正积极推进土地、厂房等资产的盘活工作。围绕 8 万 t 模锻压机及航空锻压业务，与中航工业签署模锻产业合作协议，万航公司股权划转协议已获国资委批复同意。完成国机资产对中国二重成都工程中心的收购工作，正加快推进市场化运营。组织推进中国二重废钢废料等积压存货、低效无效固定资产的清理处置工作，持续优化资产结构。

3. 内部管理改革不断深化

在干部管理方面，实施干部竞聘上岗，建立干部任期制，从严考核推进干部精简压编，健全干部激励约束机制。

在成本管控方面，建立成本预算和执行分析例会机制，定期检查通报指标完成情况。持续推进并强化精益成本核算，做好目标成本考核及合同评审管理。深化采购和外协管理，对公司采购、外协的招标和比价行为进一步全面规范。通过建立激励机制，切实提升成本费用控制能力，降本效果明显。

在货款回收方面，积极实施精准催收、立体催收策略，强化货款回收。按照“定责任、定目标、定措施、定时间”的原则，统筹谋划、单独施策，落实责任到团队及个人，加大对长账龄、大额度账款的精准催收力度；通过三方抹账、协同收款、债权转移、以物抵债、股权偿债等多种方式，实现全方位立体催收，推动了全年目标任务的落实。

4. 科研开发扎实推进

制定科研项目管理办法，对集团重点监管的项目签订合同，明确阶段目标和责任人，实施季度会议检查和不定期现场检查相结合，有效推进长线产品落地，取得了阶段性成果。其中，核电锻件材料取得关键突破，已完全掌握中核华龙一号蒸汽发生器全套大锻件关键技术；主管道产品已实现批量订货，成为国内唯一拥有第三代核电所有堆型主管道制造能力、并且实现订货的制造商；成功试制新一代发动机整体叶盘锻件，填补了我国 700℃用高温合金模锻件空白；民用航空锻件研制方面，形成国内外多点开花的局面，完成了 C919 大型客机等国家战略性产品关键模锻件的试制，成功进入欧洲市场。依托产品研发成果，中国二重全年累计新增订单近 6 亿元。

（三）创新驱动成效显著

1. 科技创新再结硕果

2016 年，集团围绕全面部署和落实“十三五”规划，以强化统筹引领、完善创新体系、组织协同攻关、推进中国二重长线产品研发等措施为抓手，扎实开展科技创新工作，实现了新的突破。集团共获得省部级和全国行业性以上各类优秀成果奖 258 项，其中科学技术奖 80 项，勘察设计咨询奖 133 项；申请专利 1 605 项，其中发明专利 659 项；授权专利 1 332 项，其中发明专利 517 项。主持或参加标准制定 769 项，其中国家标准 241 项。科技投入比为 2.23%。

作为国资委遴选的三家中央企业之一，“中国机械工业集团科技创新工程”项目获得国家科技进步奖二等奖。中国农机院的高温及超高温涂层材料技术与装备，获国家技术发明奖一等奖。中国二重万航模锻公司被推荐为民品配套突出贡献奖集体奖获奖单位。中国一拖发布我国首台无人驾驶拖拉机，引起行业轰动。

2. 创新平台建设和双创工作不断加强

在国家级科技创新平台方面，中国电器院产业技术基础公共服务平台、苏美达工程研究中心、中汽工程国家工程实验室、广州机械院与重庆材料院国家企业技术中心等 6 家平台获批建设。在双创工作方面，积极引导所属企业开展不同形式的双创工作。天津电气院智能电气众创空间、中汽工程智能制造机器人众创空间、中国一拖“东方红”劳模工作室、中国电器院创业孵化机制、中装集团中机高科工业 4.0 孵化器项目等双创平台先后组建并已开始运行。

3. 重大科技项目稳步推进

发挥集团平台作用，先后组织了“国家重点研发计划”等 8 批次 35 项国家项目的申报，获得国拨资金近 2 亿元。在科技非实体方面，组织行业内优势企业和高校，组建项目团队，牵头申报项目，其中“新型节能环保农用发动机开发”“棉麻智能高效收获技术与装备研发”等 2 个项目获批。组织申报了“农机装备智能制造创新方法系统性应用研究与示范”项目，是国资委推荐申报创新方法专项中唯一获批的项目。组织中国一拖等五家所属企业凝练了“北斗卫星导航系统作业机械精准控制应用示范工程”项目，完成了项目建议书和可行性研究报告的上报。

（四）企业改革有条不紊

1. 积极推动改制工作

完成了林海集团的公司制改造；先后启动了中国联合、中国自控、中国汽车零部件、天工院等全民所有制企业的公司制改造工作。

密切跟踪员工持股改革试点工作进展。结合集团实际情况，研究出台了《员工持股试点暂行办法》，为下一步改革明确了方向和操作规范。把握机遇，及时启动了中国电器院员工持股改革试点申报工作，中国电器院被国资委批准为中央企业员工持股 10 个试点企业之一，目前已全面启动各项工作。

2. 加快解决历史遗留问题

全面推进“三供一业”分离移交工作，制订了“国机集团‘三供一业’分离移交工作方案”，进一步规范资产划转、业绩认定、国有资本金申报等相关工作流程。在试点省市先行的基础上，同步推动非试点省市有关企业“三供一业”分离移交工作。目前已完成总体进度的 30%，涉及资金 6 亿元，获得财政补助资金 2.5 亿元。全面完成了厂办大集体改革职工安置工作，集团 6 户企业被纳入地方棚户区改造计划。

（五）资本运营深入发展

1. 外部并购重组稳步推进

在外部重组方面，积极推进国机集团与恒天集团的重组工作，目前已上报国资委。完成上海工锅所重组方案的制定及集团内部决策程序，待地方国资委批复后，正式上报国务院国资委审批。积极推动对西电集团等中央企业的重组工作，有关文件已上报国资委。此外，还有一批中央及地方国有企业，正在积极沟通协商中。

在海外并购方面，集团累计对外并购投资约1.6亿元人民币。其中，苏美达机电公司并购德国美特萨公司，顺利获得德国顶级汽车品牌一级供应商资质，迅速进入德国整车配套市场。苏美达轻纺公司收购美国BB公司股权，以便更好地利用BB公司的营销渠道、品牌及客户资源、产品研发能力等，整合轻纺公司供应链资源，增强企业竞争力。中汽工程并购德国菲诺巴公司100%股权，将公司业务延伸到轻质汽车零部件加工领域，获得一级供应商资质及轻量化发展的技术能力，促进了业务转型升级。

2. 资源整合有序开展

一是积极推进重大装备、农业装备业务板块的资源整合。完成国机重装重组前的资产调整、审计评估等准备工作，推进粮食作物收获机械业务资源整合工作，取得了实质进展。二是加快推动科研院所业务资源的优化配置。推进了中国中元与北起院的重组，积极构建物流等专业化板块，促进双方业务发展。加快推进精工板块资源整合项目，形成了轴研科技资产重组及配套融资方案，并获得国资委预审核同意和轴研科技董事会审议通过，资产评估报告已提交国资委审核。进一步推进了苏州电加工重组进入国机智能，股权收购工作已基本完成。三是着力实施展览业务等要素资源整合工作。以中汽国际为平台，完成了展览业务板块的整合及股改前期准备工作。

3. 资本运作持续实施

CMEC重组中国成套顺利完成。履行了集团对资本市场的承诺，解决了同业竞争问题，进一步提升CMEC的竞争力。苏美达集团的重组上市圆满完成。苏美达集团整体注入常林股份，正式登陆资本市场，开启了新的发展阶段。中国一拖股权结构调整顺利实施。通过股权置换，实现了中国一拖金融股东的退出，简化了中国一拖股权结构，为集团农业装备业务板块资本运作奠定了良好的基础。上市公司再融资取得历史性突破。通过国机汽车非公开发行再融资、常林股份重组项目配套融资等，获得外部融资资金25.7亿元，为推动企业可持续性发展创造了有利条件。通过优质资源向上市公司集中，以资源聚集、重点支持的方式做强做优上市平台，集团资产证券化率达52.76%。

4. 资产清理稳步推进

根据国资委关于处置“僵尸企业”、开展特困企业专项治理工作要求，组织开展了“僵尸企业”的申报及信息统计工作，组织有关企业制定了“僵尸企业”、特困企业处置治理实施方案，明确方案措施、工作计划和任务目标。目前，集团已与国资委签订处置治理专项工作目标责任书，并与涉及处置治理专项工作的所有二级企业签订了考核目标责任书。根据国资委要求，集团需处置“僵尸企业”24户、治理特困企业26户，涉及资产140亿元、债务120亿元。2016年，集团完成了国资委督导的1户“僵尸企业”、2户特困企业和企业自行处置的4户“僵尸企业”、4户特困企业的专项治理工作，全面实现计划内任务目标。济南铸锻所改革脱困总体实施方案，已经党委常委会讨论通过。

5. 压减专项积极推进

根据国资委关于“压减”专项工作的总体部署，集团积极组织制定“严控投资新设企业及压减管理层级、法人户数工作方案”，上报了“压减”专项工作计划，明确了目标任务、具体对象、工作措施和完成时间，为后续推进“压减”专项工作奠定基础。同时积极沟通，争取上级理解支持和政策空间，为后续缓解集团“压减”工作压力创造条件。根据工作方案，计划三年内减少存量法人企业194户，目前已压减存量企业44户。

（六）风险管控能力持续增强

1. 全面风险管理体系建设

一是大力推进《国机集团全面风险管理办法》的实施，通过专题培训、具体指导、专项备案的方式，逐级建立风险问责机制，落实风险责任，风险管控体系实现了全覆盖。二是针对经营风险、债务风险、“两金”风险、投资风险、法律风险等重点风险领域开展分类监控，深化纵向监控，提高了预警效果。三是结合决算批复、“两金”清收、风险管理等工作不断督促企业细化关键内控措施，强化了执行力度。

2. 严格控制投资风险

制定了《投资项目后评价管理办法》，将投资项目后评价工作制度化、常态化。密切关注企业内外部环境的变化，指导企业把握投资节奏，适时调整投资方案。中国重型院、国机重工、中装集团等多个投资项目因市场前景不明、潜在风险大、后续投入资金难以落实等原因，企业主动调减投资规模，或终止项目执行，规避了投资风险。持续推进投资项目后评价工作，扩大企业自查自评项目范围，并选取了一拖黑龙江现代农业装备基地和中国福马宁夏振启 30MW 光伏电站两个项目，进行独立的后评价工作，提高了管理水平。

3. 积极防范财务风险

针对“两金”规模持续增长、风险隐患加大的状况，全力开展“两金”清理专项行动。一是组织召开“瘦身健体”专题工作会，并先后多次组织开展“两金”管理及清收经验交流。二是制定“两金”专项考核方案，明确目标、落实奖惩。三是深入分析调研“两金”问题突出企业，督促强化清收力度，努力完成目标。四是组织所属企业全面对账，识别风险隐患，落实清收责任，维护收款权益。中国海航通过多方努力，与盘锦市人民政府达成和解协议，收回拖欠款项 5.8 亿元，切实防范了风险，有力地维护了企业利益。

4. 深入开展审计稽查

组织实施 25 个主要审计项目，涵盖集团二级企业及其分支机构 104 家，审计资产 920 亿元，披露重要事项 185 项，提出审计意见 233 条，基本做到对被审计单位重要子公司、重大投资、重要资产、重要经营管理活动的审计全覆盖。完成集团年度内部控制评价报告，评价发现控制缺陷 465 项，其中重要缺陷 49 项、一般缺陷 416 项，集团整体风险可控。实施 2016 年高风险投资业务检查，组织对国机财务、国机资本、国机资产、中国一拖财务公司的股票、债券、货币基金、银行理财产品、短期信托产品等投资高风险业务，对苏美达、CMEC 远期结汇情况，以及对中国浦发、中工国际、中国海航等单位存在的房地产投资高风险业务，进行专项检查。

5. 不断提高法律服务

结合集团五年法制工作实施方案，针对集团法律管理工作中存在的突出问题和薄弱环节，采取切实有效措施，努力创新工作手段。建立健全合规审查机制和制度，逐步加强对企业经营活动的合规审查，强化了重大事项法律风险防范事前评估、事中控制和事后监督改进，保障法律风险防范覆盖项目全过程，打造“法治国机”。不断提升法律顾问队伍素质，深化改善法律工作体系。加强法律纠纷案件管理和处理力度，努力挽回、减少经济损失。

6. 坚定推进监察工作

组织召开反腐倡廉建设工作会议，开展制度建设专项检查，加强海外巡查工作，开展党风廉政建设责任制落实情况检查，加强廉洁文化建设，切实把党风廉政建设和反腐败工作与集团抓改革、保增长同部署、同实施、同检查，坚定不移地推进党风廉政建设和反腐败工作。

（七）企业管理水平进一步提高

1. 战略管理持续推进

加强战略研讨交流，召开集团“互联网 +”、科研院所发展、国际化经营、汽车业务协同创新等专题研讨会，组织开展“国机集团科研院所发展对策研究”“国机集团战略管控”课题研究，取得了良好的效果。科学制定战略规划，完成了集团“十三五”发展规划、集团 2016—2018 年三年滚动规划的编制工作，努力发挥战略引领作用。强化战略管控，加强对集团二级企业战略规划的审核工作，18家企业的战略规划通过集团董事会授权的董事会常务委员会进行质询审核。推进对外战略合作，与广东省、湖南省、中国石油、中国航发、中广核集团、中保投等十余家单位签署了战略合作协议。

2. 人力资源管理不断优化

制定实施了国机集团人才队伍建设规划，开展了国机集团第3批首席专家和首席技师等多层次人才的选拔推荐工作，充分激发人才队伍活力，努力打造一支高素质的干部人才队伍，为集团发展提供了坚强的人才保障。

扎实开展所属企业领导班子建设，加强干部管理，从严干部监督。强化薪酬激励与集团总体战略、经营目标的联动关系。积极推进试点所属企业董事会授权工作，在原有10家试点企业的基础上，新授权5家企业。进一步理顺集团所属企业干部管理层级，明确已被重组为三级的企业和已被托管的原二级企业，领导班子管理权限交由集团所属二级企业。不断扩大干部挂职交流范围，积极推进集团和国家机关、地方政府以及集团系统内的干部交流，力争实现协同合作，共赢发展。

积极推进总部组织机构优化调整和岗位竞聘工作，重塑总部核心职能，形成了七大职能部门和五大事业部的组织架构。在此基础上，通过全员竞聘，实现企业内部管理人员能上能下、员工能进能出、收入能增能减，增强总部干部职工队伍活力和竞争力，提升了总部管理与服务水平。

3. 财务管理进一步强化

一是深化资金管理。加强与银行“总对总”战略合作，授信规模超过3 000亿元，集团融资能力进一步增强。积极申请国有资本经营预算，争取国家财政资金支持，再次申请到19亿元。资金集中结算量首次突破1万亿元大关，资金集中度超过70%。财务公司向成员单位办理贷款、贴现的规模达到150亿元，节约年度财务费用3亿元。支持所属企业发行债券、定向增发等多渠道融资，集团资金结构更趋合理、稳健。二是强化产权评估管理。先后完成CMEC与中国成套重组、苏美达集团上市等内外部资源整合重组涉及的近100个评估项目的审核备案，确保评估工作的公开、公平、公正，有效维护了国有资产权益。三是深化全面预算管理应用。通过强化预算执行分析监控预警、专项费用管控等措施，集团成本费用占营业收入比重呈逐年下降趋势，同时严格总部费用管控，持续提升集团全面预算管理水平。四是持续完善优化财务信息系统，确保集团800余家单位1 500个账套的正常使用和需求支持，财务信息报送质量显著提升，获得财政部“2016年度财务信息管理先进单位”称号。

4. 信息化管理水平有效提升

一是积极参与国资委国资监管信息化系统方案设计工作，进一步明确了集团今后信息化优化提升的重点。二是启动了基于云计算理念的新一代信息化基础设施和信息安全保障体系建设，持续推进集团网站群、信息集成管理平台、协同办公群、可视化指挥调度系统的扩建、升级和优化，为有效降低综合成本、提高协同水平、支撑业务创新提供了良好的保障。三是依托信息化手段，积极开展电子商务，在智能制造、智能建筑、智能物流、智能检测等方面涌现出一批“互联网+”商业模式案例，进行了有益的探索。

5. 安全生产工作力度加大

一是编制实施《国机集团安全生产规划》，确定集团安全生产“十三五”规划目标、主要任务和保障措施。二是完成《安全生产责任目标考核办法》等一批集团安全生产管理制度的修订，进一步规范安全生产工作。三是部署开展9次安全生产大检查、互查和专项检查活动，加强安全监督检查，排查治理安全隐患。四是印发《工贸行业较大危险因素辨识与防范指导手册》，强化重大危险源点安全管理。五是建立集团境外重大项目、高风险国家项目安全管理计划备案制度，强化境外安全风险管理，加大境外重点项目管控力度。集团荣获国务院安委会办公室“全国安全生产月优秀组织单位”称号，中国一拖荣获“全国安全生产月活动先进单位”称号。

6. 企业文化、品牌和社会责任工作取得积极成效

一是积极开展企业文化活动。通过品牌宣传广告语征集、创新文化征文、工业机器人技能大赛、“和谐国机杯”乒乓赛、国机 20 周年征文等主题活动，营造了良好的文化氛围。集团推荐的中国一拖《福莱格车架厂企业文化建设初探》论文，荣获国资委三等奖。二是加强队伍建设。通过举办企业文化经验交流现场会、品牌战略高级培训班等，提高了文化队伍建设能力。三是切实履行社会责任。发布了年度社会责任报告，获得了中国社科院的最高评级五星级，提升了集团品牌影响力。中工国际承建的厄瓜多尔金融管理平台项目，工程质量可靠，经受了地震考验，得到厄瓜多尔国家政府和人民的高度赞誉。集团相继荣获全国企业文化建设优秀单位、机械行业“十二五”企业文化建设示范单位等荣誉。

特别是在落实党中央关于“精准扶贫”工作方面，集团主要领导分别带队到定点扶贫地区考察调研，为精准扶贫“谋局落子”。精心选派了 6 位同志到定点扶贫地区开展工作，1 名同志援藏挂职，2 名博士服务团成员分别赴新疆、贵州挂职锻炼。

2016 年，在党中央、国务院的坚强领导下，经过国资委、监事会的悉心指导和帮助，依靠董事会的科学决策、党委政治核心作用的充分发挥、各企业负责同志的努力拼搏，以及广大员工的辛勤工作，集团在艰难情势下保持了良好发展，分别列“世界 500 强企业”第 293 位、“全球 250 家最大国际承包商”第 23 位、“国际工程设计企业 225 强”第 58 位、“中国企业 500 强”第 62 位、“中国机械工业百强”首位，获得国务院国资委中央企业业绩考核 A 级。在此，我代表经营班子，向各级领导、向各位企业负责同志及广大员工表示衷心的感谢！

在总结成绩的同时，我们更要清醒地认识到，经过 20 年的持续快速增长，集团发展进入了调整期，发展中的一些问题和矛盾不断显现，面临着严峻的挑战。一是部分企业和业务下滑的局面没有改变，未来业绩增长缺乏保障。二是传统业务转型缓慢，适应市场变化的能力不足，而新业务还处于培育之中，难以支撑经营业绩增长，产品结构、产业结构、资产结构亟须调整。三是集团各业务板块发展出现明显分化，装备制造板块与工贸、科研院所板块之间的业务协同支撑效果不明显，业务协同与预期还有一定差距。四是部分企业处于困难和亏损状态，亏损面较大，资产负债率居高不下。五是去产能、处置“僵尸企业”和特困企业治理任务还十分艰巨。要实现二次创业、再造海外新国机的宏伟目标，我们必须高度重视这些问题，切实采取措施加以改进。

二、2017 年工作部署

2017 年，集团发展面临的国内外环境依然严峻复杂。

从国际看，2017 年世界经济仍将处于艰难复苏进程中。美国经济有望继续温和复苏，新兴经济体的作用继续上升，亚洲国家增长相对较快；新技术革命有力推动着全球经济结构调整，信息技术和其他技术深度融合，各类新型供给能力迅速形成。但影响全球经济复苏的复杂性、不稳定性、不确定性因素依然较多。发达经济体总需求不足和长期增长率不高现象并存，新兴经济体总体增长率下滑趋势难以得到有效遏制，呈现复苏乏力态势。

从国内看，一方面，政府陆续推出了一系列稳增长、调结构、促转型的宏观经济政策，经济运行稳定的态势在持续，推进的力度在加大，新的动能在成长，经济形势总的特点是缓中趋稳、稳中向好，经济运行保持在合理区间，质量和效益逐步提高。另一方面，我国经济运行存在较大

的下行压力，产能过剩和需求结构升级矛盾突出、经济增长内生动力不足、金融风险有所积聚、部分地区困难增多、生态环境恶化等问题没有根本缓解，在一定程度上都影响着经济社会的健康发展。经过20年的快速发展，集团又站在了一个新的历史起点，正处于深化改革、转型升级、实现可持续发展的关键时期。我们要密切关注经济形势，切实加强研判，保持清醒头脑，审时度势，牢牢把握主动权。

根据集团董事会的部署安排，2017年集团经理层考核指标为：利润总额确保目标85亿元，争取目标88亿元。若考虑恒天集团重组因素，利润总额确保目标110亿元，争取目标120亿元。

结合国内外环境变化和集团自身发展状况，2017年集团经营工作的总体思路是：全面贯彻党的十八大和十八届三中、四中、五中、六中全会精神，牢固树立和贯彻落实创新、协调、绿色、开放、共享的发展理念，深入贯彻党中央、国务院决策部署，全面落实中央经济工作会议精神和国资委有关要求，坚持稳中求进的总基调和有质量的增长，大力推进二次创业，深化企业改革，优化资源配置，狠抓企业管理，促进转型升级，确保国机集团各项事业平稳健康发展。

（一）着力抓好生产经营，全力以赴推进稳增长工作

1. 加大市场开发力度

一是坚持以市场和客户为中心，针对国内外不同市场，实行差异化营销策略，紧盯大项目签约、生效。二是进一步加强对国际市场的研究和分析，深入了解所处行业的国际市场动态，熟悉国际竞争对手的发展变化，积极拓展本行业和自身产品的营销网络渠道。三是加强属地化经营，发挥专业化优势，在目标市场深耕细作，融入当地市场和文化，实现项目的滚动开发与执行。四是提升自身的产品质量和国际化服务能力，为市场开拓打好基础。

2. 创新业务经营模式

工程承包业务要逐步延伸业务价值链，创新业务模式，积极开展“EPC+”业务，即EPC+规划、EPC+投资、EPC+运营、EPC+园区开发、EPC+资源产品等，促进业务覆盖更多利润环节，不断提升企业价值创造能力。

及时关注BOT、IPP、PPP、次主权担保等相关模式的案例及政策，积极研究、借鉴国际上的一些先进企业及项目经验。加大对国家“走出去”“一带一路”等战略性政策导向和举措的研究，强化对重点领域和市场的开发力度。

深入贯彻“互联网+”行动计划的战略要求，依托比较优势，以两化融合为抓手，加快传统产品的升级换代和新兴业务的培育发展，推进商业模式创新。稳步推进工业4.0在集团装备制造板块的实施，助力企业的转型升级。

3. 大力开展协同经营

探索和完善板块协同发展机制。不断加强集团内外部业务协同，力争实现重点项目有所突破。通过召开业务对接会、经验交流会等多种形式，实现各板块的业务协同和资源共享。以项目为抓手，积极组织协调集团内企业与其他兄弟央企的交流与合作，实现优势互补、合作共赢。挖掘集团内相关科技研发资源与中国二重技术合作的新切入点。

4. 进一步强化降本增效

既要采取综合措施，强化全过程成本费用管控，也要建立降本增效责任制。严控采购成本，规范管理，健全机制，提高集中采购比例。严控人工成本，严格落实考核分配制度，坚持考核结果、经济效益与企业负责人薪酬、企业工资总额紧密挂钩。严控资金成本，大力压降“两金”规模，推动资金集中管理，改善资本结构，提高直接融资比重，降低综合融资成本。加强财务预算管理，从经营、生产、管理各环节落实预算的刚性要求。加强应收账款过程管控，严控应收账款和存货规模。加强库存管理，盘活可用备件，提

高流动资产周转率。

（二）全面实施创新驱动，着力提升发展质量

1. 加强技术研发

充分发挥集团技术开发基金的作用，围绕集团“十三五”重点技术集成专项，制订整体解决方案，开展大项目协同攻关，带动集团产业技术升级，为培育未来经济增长点奠定技术基础。发挥集团平台作用，协调内外资源，积极组织重点项目申报，开展联合攻关。加强对重点项目的专项检查，抓好在执行项目的跟踪管理工作，进一步落实责任制，确保重点项目顺利实施。扎实推进中国二重长线产品研发，加大中国二重争取国家各类项目的工作力度。做好“十三五”军品配套规划和重点专项的研究和前期准备工作。

2. 加大质量工作力度

围绕改进质量技术、提升质量水平，广泛开展学习先进质量管理方法的活动。推动企业在内部营造重视质量、追求卓越的良好氛围。制定质量损失统计与管理办法，为质量损失评价和管控提供依据，实现质量损失统计方法的规范化和标准化。促进企业集中开展质量攻关活动，切实解决实际质量问题。研究制定集团产品质量卓越精品制造行动计划。

3. 培育发展战略性新兴产业

积极贯彻落实“中国制造 2025”的总体要求，结合集团实际，聚焦高档数控机床和机器人、航空航天装备、海洋工程装备、节能与新能源汽车、电力装备、农业机械装备等重点领域，不断优化转型升级的方向和重点项目，推动集团向全球高端装备制造企业迈进。抢抓机遇，主动探索健康产业、文化服务业等未来发展潜力较大的新兴产业，积极培育新的业务增长点。

（三）深入开展企业改革，有效激发发展活力

1. 稳妥推进混合所有制和员工持股改革

继续推进所属企业混合所有制改革，确保完成中国电器院员工持股试点改革。在总结经验基础上，研究遴选符合条件的企业进行混合所有制改革，为扩大试点改革范围创造有利条件。继续推进所属企业公司制改造，完善现代企业制度，力争按照中央的改革目标，全面完成公司制改革，为资本运作和产业融合创造有利条件。

2. 加快低效无效资产处理

进一步建立健全层级压减和低效无效资产清理工作的体制机制，明确目标任务，层层落实责任，确保方案落地。加大盘活优化资产存量的工作力度，对长期亏损、前景不明的项目，切实采取有效措施，最大限度地减少损失。围绕做强做优做大目标，坚持问题导向，找准企业发展的差距和制约因素，瘦身健体、提质增效，不断增强企业的控制力和抗风险能力。加快非主业资产、低效无效资产的处置，集中资源、攥紧拳头，实现企业更好更快的发展。

3. 切实解决历史遗留问题

紧紧抓住企业剥离办社会职能的机遇期，加大力度推动社会职能分离移交和解决历史遗留问题。按照“三供一业”分离移交工作方案，加强年度计划的落实，加大跟踪指导和督导力度，切实解决重点难点问题，在物业管理移交工作上，要有所突破。各所属企业要加强组织领导，力争到 2018 年底前完成“三供一业”分离移交协议签订工作。

（四）进一步加快资源整合，不断优化资源配置

1. 加强内外部资源整合

继续深化内部整合。推动实施资本运营总体规划，开展多层次资源整合，进一步加快国机重装、国机农装、国机精工、国机展览等板块整合步伐。完善重组整合全过程管理，强化对部分重组项目的后评价工作，着力形成规范的全过程管理机制。对已经实施的重组项目，建立定期报告制度。

加大外部重组力度。做好集团与恒天集团重

组方案批复后的后续跟进和融合工作。着眼集团产业链的关键环节和高端资源，持续推进外部并购和资源引进工作。动态跟踪并购目标，不断加强与目标公司的沟通，适时开展尽职调查，稳步推进后续工作。进一步加强与中央企业、地方国企、优质民企的联系，着力推动基础较好的企业加入集团。按照“再造海外新国机”的战略要求，通过海外并购，优化战略布局、完善产业链条，充分利用国际国内“两种资源、两个市场”。

2. 推进上市和再融资工作

按照资本运营规划和集团内外部重组的需要，继续推动优质资源向上市公司集中，着力打造成长性良好、细分行业领先的精品上市公司；鼓励发展前景好、成长速度较快的创新型企业登录创业板、新三板等资本市场，形成以上市公司为旗舰的业务板块发展格局。继续推进轴研科技的重大资产重组，完成国机精工的资源整合；适时启动相关上市公司的资源整合，进一步提高资产证券化水平。

充分利用资本市场，具备条件的上市公司可根据投资需求和资本市场行情谋划再融资方案，满足企业发展的资金需求。加强上市公司市值管理，采取有力措施，扩大上市公司经营规模，提升盈利能力，完善公司治理，确保上市公司良性运转，进一步提升集团上市公司在资本市场的地位。

3. 加快退出机制建设

根据国家“三去一降一补”等供给侧结构性改革的相关政策，加大力度做好处置“僵尸企业”、特困企业治理和“压减”专项工作，主动做好“减法”。按照处置治理专项工作目标责任书，督促指导所属企业落实目标考核责任，2017 年确保完成国资委督导的 6 户僵尸企业、1 户特困企业的处置治理任务。持续推进减少法人企业、压缩管理层级专项工作，坚决退出连续多年亏损且扭亏无望的企业。制定“压减”工作考核办法，将“压减”工作总体目标和各年度量化目标分解到所属企业，并纳入企业负责人业绩考核和领导班子综合评价，确保 2017 年完成压减集团法人企业 8% 的目标。

（五）不断强化风险管控，推动企业稳健发展

1. 完善全面风险管理体系

在各所属企业和主要业务单元，建立健全风险监控预警体系，保障主要风险可见、可控、在控。持续完善重点领域内控措施，重点推动企业完善“两金”管理、合同管理、投资管理、资金管理、工程项目管理等重点环节的内部控制措施。建立风险责任体系，在业务前端形成良好的风险识别、风险评估和风险应对机制。通过查找不足、重点督导、专项评价的方式，促进企业弥补短板，提高风险防控能力。

2. 防控投资风险

规范投资决策程序和管理制度，严格遵守“三重一大”决策制度。进一步推进集团投资管理制度体系建设，加强对所属企业投资管理的业务培训，提高企业自我风险防范意识和专项风险的预判能力。继续推行投资主体责任制，签署重大投资项目目标考核责任书，加强投资项目的监督和考核。进一步引导企业树立资金成本和投资风险意识，把控投资节奏，适时调整投资方案。严控投资方向，从严控制企业办公大楼等类型的建设投资，防止给企业后续发展带来巨大的潜在风险。继续开展投资后评价工作，将投资管理的薄弱环节和共性问题作为重要的风险领域予以关注。

3. 防控财务风险

在当前复杂的环境下，各所属企业要将经营创现能力作为生命线，切实防范资金风险。一是严格执行集团资金集中结算规定，将能归集和可归集的资金尽可能归集到财务公司。上市公司应继续努力与股东及监管机构沟通，最大限度提高资金集中限额。二是加强融资风险管理，及早介入项目前期筹划，增强资金管控能力和风险防范能力。三是继续做好负债常态化管理，合理控制

债务规模，持续优化企业资本结构，做好企业带息负债管控工作，避免局部风险引发系统风险。四是严格担保管理，严禁对集团外担保，对现已形成的对外担保到期必须解除；严控内部担保规模，对非全资子企业担保必须以股权比例责任为限，对连续亏损且扭亏无望的子企业提供的担保，必须要提前做好风险隔离。五是继续推行“两金”目标管理，加强存量清理力度，提高增量控制能力，力争“两金”周转效率得到明显提升。

4. 加强审计稽查

加大督促被审计单位存在问题的整改检查力度，对审计中发现的重要问题进行全过程跟踪。合理调配审计资源，将审计重点放在管理水平低、控制风险能力弱、经营困难的企业，切实帮助企业提升管理水平和风险防范能力。继续加大对集团海外工程及投资的审计力度，促进管理规范，风险可控。持续对所属企业重大投资及重大项目，重要亏损企业的审计监督力度。提升对派驻二级企业监事会的服务水平，拓展沟通渠道，强化对二级企业内审机构的指导督促，充分发挥派驻监事会及二级企业内审机构对所属企业的实时监督促进作用。继续做好与国家审计署的沟通、协调和汇报工作，配合集团监事会做好专项审计。

5. 加强法律服务

加强企业合规管理体系建设，尽快建立合规管理制度体系，编写统一的诚信合规手册，制定统一的合规管理规范。坚持“全覆盖、零死角、层层落实、责任到人”的原则，加快构建依法治企管理体系。继续推动企业法律顾问制度建设再深化，进一步完善企业法律顾问制度。重点针对章程和规章制度执行情况、合同履行情况、案件处理情况等开展专项检查。探索建立法律与审计、纪检、财务等部门的协同监督工作机制，努力提高监督效能。

6. 加强效能监察

围绕廉洁风险防控重点，对重大投资项目、重要工程项目、大宗物资设备采购招投标和资产处置管理开展效能监察；围绕提质增效，对成本费用控制、资金管理、产品质量管理、安全生产管理开展效能监察；围绕改进工作作风、维护职工群众利益，对职工群众关心的热点、难点问题开展效能监察，促进企业健康运行。

（六）持续深化企业管理，全面提高管理能力

1. 加强战略投资管理

一是强化集团总部的战略引擎作用。对于在初创期、需要较长孕育期且企业自有资源有限、独立承担实力不足的项目，要发挥集团总部的资源配置能力和综合优势，积极投入资金和资源，大力培育新的业务增长点。二是正确处理好发展与控制、“压减”和新增的关系，平衡好聚焦主业与探索新领域的关系，优先保证对发展具有重要意义的重大投资项目的投入，优先实施对优化业务结构、促进转型升级具有重要影响的投资项目，推进产业布局向产业链高端发展。同时，严禁新设五级及以下企业，严禁设立无实际经营内容的空壳公司，从严控制经营预期效果对企业贡献不大、盈利能力不高的新增企业，严格限制产能过剩行业和非主业投资，做到能不投就不投，能合并就合并。三是建立完善有进有退的投资管理机制。围绕集团主业，支持优势业务、具有市场前景的业务和战略性新兴产业的发展，适时退出不具有竞争优势和持续发展能力的业务；定期评估和分析已投资项目，持有或增持有盈利能力和市场竞争力的高价值资产，减持或退出缺乏竞争力的低价值投资，实现有进有退。

2. 加强人力资源管理

进一步加大人才队伍建设力度。围绕集团新的五年人才队伍建设规划，以“十百千”人才工程，80、90英才工程，国际化人才工程等作为切入点，提高不同类型、层次人才规模，通过不同系列人才的选拔，逐步明晰人才发展的通道，为集团发展奠定坚实的人才基础。

进一步深化干部选拔任用制度改革。严格任

前沟通、任后备案的工作程序，进一步规范相关工作流程，推动授权董事会选聘经理层工作规范有序进行。按照深化国有企业改革的有关精神，对所属企业主要领导任职情况进行全面梳理，逐步落实“董事长、党委书记原则上由一人担任”的要求。

进一步完善干部交流机制。完善制度流程，加强机制保障，使干部交流工作科学化、制度化、常态化。推进所属企业建立健全管理岗位竞聘机制。

进一步完善薪酬考核制度。根据集团工资总额预算管理办法，完善企业内部工资总额和职工收入水平的双重调控，加强工资总额联动机制的实施，实现“效益涨、工资涨，效益降、工资降”的目标。

3. 加强财务管理

努力完善成本管理。不断健全成本费用预算管控体系，明确成本费用管控主体，落实成本费用管控责任；细化成本分类和定额标准，加强与先进企业对标，认真查找管理短板，从严控制各类开支规模。加强全面预算管理。紧密围绕创新驱动、结构调整、深化改革、瘦身健体、提质增效等重点任务，统筹当期效益与长远发展，兼顾稳增长、调结构和控风险关系，不断提高资产运营和资源配置效率。强化资产管理工作。进一步强化“两金”管理，明确职责分工，细化清理方案，加强对账、清收等各环节的基础管理，压降存量，严控增量，努力提高资产运营效率，及时盘活资金，降低坏账风险和存货损失。全面清查长期股权投资情况，对长期亏损、长期无分红、与主业无协同的投资要加快清理，着力防止资产的过度分散和无序扩张，切实提升资产的控制力和运营效率。切实加强产权基础管理工作，严格、规范办理产权登记和评估管理工作，切实维护国有资产权益。

4. 推进信息化建设

一是满足“再造海外新国机”的需要，加快推进集团信息化基础设施建设。推进国机集团云计算体系建设，完善集团主数据中心、灾备数据中心建设，启动海外数据中心和海外网络的规划建设，有效解决基础设施建设共性问题，降低集团基础设施建设整体投入。二是结合集团总部“大部制”改革的推进，通过信息化手段强化集团化管控能力，推动重点应用系统建设。完成集团协同办公系统升级和信息集成管理平台改造；加快集团全球网站群建设推广；完善视频会议系统建设，全面覆盖二级企业及重要三级企业；启动集团统一邮件系统建设。三是强化信息化支撑能力，更好地服务集团主业发展。加强对智能制造、智能建筑、工程管理、智能检测、电子商务等领域研究，推动各业务板块的商业模式创新、主营业务能力升级，增强可持续发展能力。四是适应不断加强的网络与信息安全监管要求，统筹考虑集团各级企业信息防护。组织信息安全专业培训与全员宣贯，开展重点企业信息安全专项检查，为信息化管理、互联网条件下的创新提供高效、安全的支撑保障。

5. 强化安全生产管理

一要做好各级企业“十三五”安全生产规划的具体实施工作计划，分解规划目标，细化落实各项主要任务和保障措施，确保规划的真正落地。二要按照“党政同责、一岗双责、齐抓共管、失职追责”和安全生产责任“五落实五到位”的要求，部署开展安全生产责任落实情况的专项检查，进一步健全安全生产责任制。三要加大重大危险源的管控力度，逐一落实集团《重大危险源监督管理办法》规定的各项工作要求，保证集团重点监控的重大危险源始终处于在控可控状态。四要切实推进企业安全文化建设工作，要求所属企业编制安全文化建设达标认证的工作计划或实施方案，进一步改善集团安全环境。五要继续加强安全生产宣传、教育和培训工作，重心下移，把培训重点放在基层生产作业人员的岗位风险辨识、制度规程要求、安全操作技能、防护用品佩戴、事故应急措施、自救互救逃生等方面，塑造安全员工。六要加强境外安全风险管理，组织召开境外安全管理经验交流研讨会，提高所属企业境外安全管理的整体能力，建立健全境外项目全过程安全风险防控机制和安全保障体系。

6. 加强企业文化和品牌建设

大力推进文化宣传，切实把文化融合与解决实际问题结合起来。加强文化融合研究，正确处理文化共性与个性的关系，促进文化认同，增强集团凝聚力。要加快健全品牌管理体系，着力打造 SINOMACH 品牌，提升品牌影响力。注重品牌形象传播，综合运用公益活动、广告等多种形式，提高集团知名度和美誉度。继续做好年度社会责任报告编制发布工作，充分展示集团在科技创新、节能环保、员工关爱、生产安全、企业公民等方面的履责成效。

同志们，新的一年、新的征途，任务艰巨、责任重大。让我们更加紧密团结在以习近平同志为核心的党中央周围，在党中央、国务院的坚强领导下，在监事会的督查指导下，认真贯彻落实集团党委和董事会的决策部署，紧密依靠全体职工，坚定信心，振奋精神，开拓创新，扎实苦干，奋力完成集团全年目标任务，以优异的成绩迎接党的十九大胜利召开！

第二篇

集团公司发展概况

经济运行概况

【发展综述】

2016年，面对复杂严峻的国内外环境和艰巨繁重的改革发展稳定任务，国机集团坚决贯彻党中央、国务院的决策部署，认真落实国资委工作要求，努力践行创新、协调、绿色、开放、共享五大发展理念，始终坚持稳中求进总基调，积极应对经济下行压力，生产经营、企业管理、党的建设等各方面工作取得明显成效，实现了“十三五”的良好开局。

2016年，国机集团全年完成营业收入2 141.6亿元、利润总额86.7亿元，上缴税费95.5亿元，利润创历史新高，全面完成国资委考核目标任务。国机集团连续第九年保持国务院国资委中央企业业绩考核A级，并蝉联“中国机械工业百强”首位，连续第六年入选“世界500强企业”，列第334位。

【主要指标】

2016年，国机集团积极应对经济下行压力，多措并举，利润总额比上年增加5.3亿元，增幅6.4%，创历史新高。2016年国机集团主要经济指标见表1。

表1 2016年国机集团主要经济指标

	2015年	2016年	比上年增长（%）
资产总额（亿元）	2 600.8	2 720.2	4.6
所有者权益（亿元）	786.4	863.6	9.8
营业总收入（亿元）	2 204.7	2 141.6	-2.9
利润总额（亿元）	81.4	86.7	6.4
净利润（亿元）	59.4	60.5	1.8
归属母公司所有者的净利润（亿元）	46.5	33.4	-28.2
科技支出投入（亿元）	46.2	49.8	7.8
利税总额（亿元）	178.8	182.2	1.9
应交税金总额（亿元）	105.3	110.5	4.9
全员劳动生产率〔万元/（人·年）〕	20.2	26.2	29.7
净资产收益率（%）	8.9	7.3	-1.6
总资产报酬率（%）	4.4	4.1	-0.3
国有资本保值增值率（%）	107.2	105.2	-2.0
经济增加值	42.59	43.55	2.3

注：2015年数据为2016年审计调整后比较报表数据

【中国二重改革振兴工作】

通过采取一系列措施，中国二重业务布局、资产质量、运行机制不断优化，运营成本、负债水平、人员规模回归合理。2016年度，中国二重实现营业收入82.9亿元、利润总额5.33亿元，新增订货额86亿元，经营净现金流由负转正，初步恢复“造血”功能，用户、供应商对企业的信心明显提振，职工对未来的发展充满信心，工作主动性、积极性、责任心进一步提高。

一是中国二重改革振兴办公室继续认真做好组织协调等工作。组织召开中国二重改革振兴领导及工作小组会议和有关专项会议，对中国二重改革振兴领导及工作小组会议决策事项执行情况进行梳理。二是认真做好与国务院国资委等上级部门的沟通，按照要求先后向中组部、国务院办公厅、国务院国资委等上级部门及有关领导上报中国二重改革振兴工作进展和专项工作情况，为中国二重改革振兴做好服务及对外宣传工作。三是继续协调推进中国二重成都工程中心资产盘活工作，并协助研究资产盘活方案涉税事项，计划在年内完成资产盘活工作。四是组织开展对 CMIC 资产进行调整及重组注入中国二重重装可行性的论证，并配合完成国机重装重组项目的资产调整剥离工作，以及推进中国二重废钢废料等积压存货的清理处置工作。

2016 年，依托长线产品研发成果，中国二重已累计新增销售订单约 6 亿元；持续开展质量提升专项工程，产品质量稳步提升，企业废品损失率由 2015 年的 1.26% 降至 0.14%；合同执行边利率较 2015 年提高了 20 个百分点，合同完成率从 2015 年的不到 50% 提高到 93.4%，大大改善了企业市场形象。

【主要领导变化】

2016 年国机集团领导情况见表 2。2016 年国机集团二级子公司名录见表 3。

表 2　2016 年国机集团领导情况

姓名	职务
任洪斌	董事长、党委副书记
石　柯	党委书记、副董事长
徐　建	董事、总经理、党委副书记（2016 年 6 月任党委副书记）
孙德润	党委常委、副总经理
曾祥东	党委常委、副总经理、装备制造事业部总经理 (2016 年 12 月任事业部总经理）
骆家駹	党委常委、总会计师、金融投资事业部总经理 (2016 年 12 月任事业部总经理）
谢　彪	党委常委、副总经理
丁宏祥	党委常委、副总经理、贸易服务（含汽车、展览）事业部总经理 (2016 年 12 月任事业部总经理）
王克伟	党委常委、纪委书记
刘敬桢	党委常委、副总经理、工程承包事业部总经理 (2016 年 12 月任事业部总经理）
陈学东	总工程师、科研院所事业部总经理 (2016 年 12 月任事业部总经理）
王　强	总法律顾问
苏维珂	职工董事、工会主席
王锡岩	纪委副书记
孙　淼	董事会秘书（2016 年 4 月任职）

表3　2016年国机集团二级子公司名录

序号	企业名称	序号	企业名称
1	中国机械设备工程股份有限公司	19	中国第二重型机械集团公司
2	中工国际工程股份有限公司	20	中国一拖集团有限公司
3	中国福马机械集团有限公司	21	江苏苏美达集团有限公司
4	中国海洋航空集团有限公司	22	中国浦发机械工业股份有限公司
5	中国地质装备集团有限公司	23	中国联合工程公司
6	中国机械工业建设集团有限公司	24	中国汽车工业工程有限公司
7	中国机床总公司	25	机械工业第六设计研究院有限公司
8	中国重型机械有限公司	26	沈阳仪表科学研究院有限公司
9	中国自动化控制系统总公司	27	合肥通用机械研究院
10	中国国机重工集团有限公司	28	甘肃蓝科石化高新装备股份有限公司
11	国机财务有限责任公司	29	洛阳轴研科技股份有限公司
12	国机汽车股份有限公司	30	天津电气科学研究院有限公司
13	中国汽车工业国际合作有限公司	31	中国电器科学研究院有限公司
14	国机资产管理公司	32	国机智能科技有限公司
15	中国农业机械化科学研究院	33	济南铸造锻压机械研究所有限公司
16	中国中元国际工程有限公司	34	重庆材料研究院有限公司
17	国机集团科学技术研究院有限公司	35	中国重型机械研究院股份公司
18	国机资本控股有限公司	36	桂林电器科学研究院有限公司

注：以上名录统计口径仅适用于干部管理

董事会运行情况

2016年，国机集团董事会坚持规范运行、审慎决策，不断提高决策的效率和科学性。面对复杂严峻的国内外环境和艰巨繁重的改革发展任务，国机集团董事会坚决贯彻落实党中央、国务院决策部署，坚持稳中求进的总基调，深入推进供给侧结构性改革，加快结构调整，促进转型升级，推动国机集团改革发展各项事业迈上新台阶。

【机构设置】

2016年，国机集团董事会成员有8人。其中，外部董事4人（京外董事1人），非外部董事4人（含职工董事1人），分别为：董事长任洪斌，副董事长、党委书记石柯，董事、总经理徐建，外部董事张来亮、吴晓根、高福来、盛世英，职工董事苏维珂。

国机集团董事会下设常务委员会、提名委员

会、薪酬与考核委员会、审计与风险管理委员会四个专门委员会。其中，薪酬与考核委员会、审计与风险管理委员会全部由外部董事组成；提名委员会中外部董事占多数，由党委书记担任主任；常务委员会延续第一届董事会上外部董事关于党委书记和总经理进入常务委员会以提高工作效率的提议，由两名外部董事和三名非外部董事组成。同时，为确保外部董事意见在常务委员会得到充分尊重，经请示国资委同意，国机集团董事会常务委员会议事规则规定：在出现外部董事意见一致，而因委员占少数意见不能被采纳的特殊情况，常务委员会的决议以外部董事的意见为准。

根据公司章程和董事会工作制度，国机集团设立董事会办公室，主要负责集团董事会的日常事务。同时，办公厅、战略规划部、人力资源部、资产财务部、审计稽查部、法律事务部、经营发展部等部门分别作为董事会各专门委员会的支撑部门，协助专门委员会开展工作。

【制度建设】

国机集团根据《公司法》等法律法规和国务院国资委一系列指导文件，不断健全完善公司治理各项制度和运行规则，形成包括公司章程、董事会工作制度等8个治理文件以及分类授权、决议落实、议案管理、高管考核等配套文件的制度体系，全面系统规范董事会的议事规则、运作流程和决策程序，为董事会规范运行、科学决策提供制度保证。

2016年，国机集团认真贯彻落实全国国有企业党的建设工作会议精神，把加强党的领导与完善公司治理有机统一，明确和落实党组织在公司法人治理结构中的法定地位，并对公司章程进行相应修订，使党组织发挥作用组织化、制度化、具体化。

【日常运行】

2016年，国机集团董事会按照《公司法》和国务院国资委关于建设规范董事会工作的相关要求，坚持规范高效运行，深入开展考察调研，完善考核机制，加强决议落实跟踪，不断提高董事会运行效率和效果，有力推动集团重大决策和生产经营的顺利开展。

1．坚持规范运行，不断提高决策效率 2016年，国机集团董事会严格遵守公司章程和相关公司治理文件，不断提高决策效率，共召开董事会会议12次，审议表决议案43项，听取各类汇报9项。从会议情况看，国机集团董事会审议讨论的议案主要为机构人事、重组改制、投资融资、基本制度、规划计划等事项，充分体现了董事会关注重大事项的决策重心。

董事会各专门委员会共召开10次会议，其中，薪酬与考核委员会6次、审计与风险管理委员会4次，共听取和审议议题19项。各专门委员会既有所侧重，又相互衔接，涵盖了集团董事会关注的各个层面，形成了董事会工作的有机整体。国机集团外部董事坚持分工不分家，各专门委员会会议一般都邀请非委员外部董事列席会议，有利于促进外部董事相互之间的意见沟通和工作交流，充分吸收各位外部董事的智慧和贡献。

此外，根据董事会授权，2016年共完成董事长授权审批事项7项。

2．密切联系实际，深入开展考察调研活动 国机集团董事会把考察调研作为常抓不懈的一项重要工作，深入了解集团及所属企业发展现状，为董事会科学决策提供有力支撑。2016年，国机集团董事会围绕国机集团改革发展重大问题开展专题考察调研，取得了良好效果。

针对国机集团所属科研院所发展不平衡的情况，国机集团董事会把科研院所作为2016年的调研重点，全年共计对7家科研院所进行了调研。2016年5月，国机集团董事会在合肥专题召开科研院所发展座谈会。集团董事和派出外部董事围绕院所发展定位、市场成果转化、人才培养与激励、混合所有制改革等主题，与所属科研院所负责人进行了深入交流，为推动科研院所改革发展提出重要意见和建议。

根据中央关于加强国有企业混合所有制改革、稳妥推进员工持股试点工作的政策精神，国机集团董事会将所属科技型企业的员工持股试点工作作为2016年的一项重点调研工作。针对所属中国电器科学研究院科技人员激励机制不足、技术骨干流失的情况，董事会调研组专程赴中国电器科学研究院深入了解企业实际情况，听取企业有关员工持股的总体思路和初步方案，为国机集团董事会研究中国电器科学研究院的员工持股方案，并最终被国资委确定为中央企业员工持股10家试点企业之一，打下良好的工作基础。

3．完善考核机制，加强对经理层的监督考核 2016年，国机集团董事会严格按照有关制度要求，结合企业实际情况，继续组织专门会议听取高管人员季度、年度工作情况述职，加强董事会对经理层工作的过程监督和指导支持，充分发挥考核评价与工作督导的联动作用。

同时，为加强高管考核的针对性和有效性，国机集团董事会结合企业改革发展实际，在原有绩效合约考核内容的基础上，适时增加考核维度，完善考核评价体系。2016年，董事会在年中根据国资委加强“两金”清理专项工作要求，特别增加对经理层“两金”清理工作专项要求，全面推动国机集团“两金”清理工作的进度和效果，有效提升国机集团的发展质量，对国机集团完成“保增长”任务起到了促进作用。

4．重视决议落实，进一步加强决议落实监督检查 国机集团董事会高度重视决议落实监督检查工作，在一贯坚持“全面检查、全程跟踪”工作要求的同时，不断细化和完善跟踪检查机制，提高决议落实监督检查工作效果。在做好决议落实日常跟踪、定期报告工作的基础上，2016年，国机集团董事会按照闭环管理的原则，进一步完善重大变化、终止执行议案再决策程序，切实做到每项议案慎终如始、程序完整、权责统一。

5.完善治理结构，推动所属企业董事会规范运作 国机集团持续推进所属企业公司制改革，各级企业中按照《公司法》注册的达90%以上。通过改制，推动企业建立规范董事会，形成股东会、董事会、监事会和经理层各司其职、各负其责、协调运转、有效制衡的公司法人治理结构，为企业发展提供制度保障。

国机集团建立向所属企业派出外部董事制度，通过派出外部董事依法行使股东权利，在参与企业重大决策中贯彻集团战略意图，加强对企业运行的监督，防止内部人控制。同时加强对派出外部董事的考核评价与日常管理，形成以日常管理为基础、年度述职与任期综合考评相结合的工作机制，有效推动外部董事恪尽职守、履职尽责。2016年1月，国机集团召开派出外部董事述职交流会，组织集团派出外部董事报告个人履职情况，交流工作体会，并对任职企业的发展、所属企业董事会建设以及派出外部董事履职管理等工作提出意见和建议。

对董事会运作规范且外部董事过半数的所属企业，国机集团进一步下放投融资审批权限，逐步落实董事会选人用人自主权。同时，加强对所属企业董事会建设的规范和指导，强化对授权企业董事会运作的过程监督，必要时对授权作出适当调整，做到“高效运作”与“有效管控”的动态平衡。

【决策效果】

2016年，国机集团董事会着力增强工作主动性，加大学习、创新和改革力度，充分发挥战略引领作用和科学决策职能，在深化改革、战略管控、风险防控、文化建设等方面取得了明显成效。

1．坚持改革方向，大力推动国企改革各项部署落地实施 党的十八大以来，党中央、国务院提出一系列深化国有企业改革的政策和要求。2016年，国务院国资委出台7个专项配套文件，国企改革“1+N”“四梁八柱型”改革文件体系基本完成。国机集团董事会紧密跟踪各项改革精神和政策要求，并结合国机集团实际，认真研究落实举措，积极推动中央和国务院国资委关于国企改革的决策部署在国机集团落地实施，在推进供给侧结构性改革、混合所有制企业员工持股试点等方面取得了明显成果。

针对2016年改革事项多、任务紧的情况，国机集团董事会在严格遵守董事会运行规则的前提下，将专项汇报会与临时董事会相结合，在董事会召开之前先行安排专项汇报会，提前对有关复杂议题进行沟通和研讨，使各位董事提前了解议案信息，并对完善议案提出意见和要求，提高了决策的科学性和议事效率，确保重大改革工作能够及时推进落实。

2. 加强战略引领，进一步明确发展方向、目标和路径 国机集团董事会高度重视企业发展战略研究，强化战略引领作用，正确把握战略方向，确保企业实现持续健康发展。

按照中央关于中央企业做强做优、培育具有国际竞争力的世界一流企业的要求，国机集团董事会在全面分析内外部经济环境与集团自身发展现状的基础上，明确装备研发与制造、工程承包、贸易与服务、金融与投资四大主业定位，形成“四轮驱动”的新业务发展格局。2016年，国机集团董事会审议通过《中国机械工业集团有限公司“十三五”发展规划（2016—2020）》，加强创新引导，注重培育企业核心竞争力，为未来五年国机集团的发展指明了方向和路径。

国机集团董事会高度重视战略实施工作。在审议通过集团“十三五”发展规划之后，一方面，加强集团战略的宣贯工作，让集团上下各级企业都能够充分了解集团的战略定位和战略方向；另一方面，加强对所属企业战略规划的审查与管理，确保所属企业的战略规划与集团总体战略保持协同一致和相互支撑。2016年，国机集团董事会对中国二重等8家重要子企业的“十三五”发展规划进行质询审核，有效确保集团战略规划的落地实施。

3. 注重风险管理，有效防控企业经营风险 国机集团董事会认真贯彻落实国务院国资委有关管理要求，稳步推进各项工作，积极构筑覆盖国机集团系统的全面风险管理体系并全面开展风险及内控管理工作。按照董事会关于强化风险管理、加强风险问责、跟踪风险事件的要求，董事会高度关注集团所属企业可能发生的风险事项，加强日常调研，关注处理进展，有效防范企业经营风险。在2015年针对重点海外工程风险事项开展专项审计工作的基础上，审计与风险管理委员会在2016年年初提交了专项报告并要求经理层具体落实、全面整改。至2016年底，上述重点海外工程风险事项所涉及的风险问题已基本得到解决。

2016年，国机集团董事会继续加强风险防控工作，对集团所属企业出现的风险事项及时作出风险提示和工作要求。董事会审计和风险管理委员会结合国务院国资委《部分中央企业经济责任审计发现主要问题情况的报告》，要求经理层结合报告所提示的部分央企在审计过程中发现的风险事项，在集团进行排查并召开专门会议对排查情况进行分析研究，提出整改意见和要求。董事会对于风险管控工作的高度重视，为国机集团防范风险、减少和避免日常经营工作中的风险损失起到了有效的事先防范、事中控制的作用。

4. 董事会文化建设取得新成果 国机集团董事会把董事会治理实践与国机“和”文化互相融合，逐渐培育形成以“分担分享的责任文化”“客观公正的求实文化”“平等包容的民主文化”“开放透明的互信文化”为特征的“和实”董事会文化。

2016年4月，国机集团题为《中央企业以提升科学决策水平为核心的董事会建设》成果报告荣获“国家级企业管理现代化创新成果”一等奖，这是对国机集团多年来持续深入推进规范董事会建设的充分肯定。

主业经营

【经济运行情况】

2016年，在严峻的外部形势下，国机集团深入贯彻中央经济工作会议、中央企业与地方国资委负责人会议精神，落实董事会决策部署，努力践行创新、协调、绿色、开放、共享五大发展理念，始终坚持稳中求进总基调，积极应对经济下行压力，较好地完成了全年主要目标任务。2016年营业收入同比下降2.9%，降幅较上一年收窄；利润总额创历史新高，经济增加值（EVA）全面超额完成国务院国资委全年考核目标和董事会争取目标。

一、主要指标

2016年国机集团各项主要经营指标完成情况见表1。

2016年国机集团获得的各项评比主要排名情况见表2。

2016年国机集团新签合同额和合同成交额见表3、表4。

表1　2016年国机集团各项主要经营指标完成情况

序号	指标名称	金额	增幅（%）
1	营业总收入（亿元）	2 142	-2.9
2	利润总额（亿元）	86.7	6.4
3	经济增加值（亿元）	43.55	2.3
4	进出口总额（亿美元）	102	-0.5
	其中：出口额（亿美元）	63	3.3
	进口额（亿美元）	39	-6.5
5	新签合同额（亿美元）	439	13.1
6	合同成交额（万美元）	405	2.4

表2　2016年国机集团获得的各项评比主要排名情况

评选单位	评比项目名称	名次
国际工程新闻记录	ENR全球250家最大国际工程承包企业	31
国际工程新闻记录	ENR全球225强国际工程设计咨询企业	64
中国对外经济贸易统计学会	中国对外贸易企业500强	20
中国企业联合会	中国企业500强	72
中国机械工业联合会	中国机械工业百强	1
世界财富500强	美国《财富》杂志	334

表 3 2016 年国机集团新签合同额

业务类别	2016 年（万美元）	2015 年（万美元）	同比增长（%）
工程成套	2 103 599	1 243 752	69.1
设计咨询	115 858	125 343	-7.6
进出口贸易	673 750	668 098	0.9
国内贸易	1 301 600	1 638 791	-20.6
研发生产	194 575	205 226	-5.2
合 计	4 389 382	3 881 210	13.1

表 4 2016 年国机集团合同成交额

业务类别	2016 年（万美元）	2015 年（万美元）	同比增长（%）
工程成套	1 571 760	1 113 847	41.1
设计咨询	111 088	125 366	-11.4
出口贸易	719 338	702 310	2.4
国内贸易	1 411 168	1 735 810	-18.7
研发生产	237 536	279 360	-15.0
合 计	4 050 890	3 956 693	2.4

二、主业及构成

国机集团围绕“装备制造业”和“现代制造服务业”两大领域，由三大主业进一步拓展为“机械装备研发与制造、工程承包、贸易与服务、金融与投资业务”四轮驱动，为全球 170 多个国家和地区提供专业化服务。国机集团的经营特点是规模大、覆盖面广、研发能力强，在众多领域具有影响力，如所属中国二重的重型设备加工能力、中国一拖的大中型拖拉机产品、中国农机院的农牧机械研发能力、以 CMEC 和中工国际为代表的国外承包工程业务、国机汽车的汽车贸易服务、苏美达集团的机电产品贸易等，均在业界位居前列。集团所属众多科研院所更是站在行业领域技术研发、技术标准的制高点，起着引领行业技术发展的重要作用。

（一）装备研发与制造

1.2016 年发展概述 在国内经济进入新常态、机械工业行业下行压力不断加大的形势下，企业结构调整与转型升级的任务迫在眉睫。国机集团装备制造板块积极贯彻落实国务院国资委和集团的各项要求，加快推进供给侧改革和“瘦身健体”、提质增效，有序推进中国二重改革振兴、农机板块整合、国机重工扭亏脱困、装备制造企业结构调整和转型升级等工作，实现利润总额大幅增长，总体保持平稳态势。

2. 装备制造企业变化情况 国机集团先后于 2016 年 5 月、6 月完成了对中国二重所属万航公司、镇江公司的股权购买工作。股权转让后，国机集团持有万航公司 52.78% 股权、镇江公司 100% 股权。

中国一拖于 2016 年 8 月与中国农机院所属现代农装签署洛阳中收增资扩股协议。增资后，中国一拖持股 65%，现代农装持股 35%。

3. 2016 年经营情况 2016 年 8 月，中国一拖与中国农机院所属现代农装签署洛阳中收增资扩股协议，并于 9 月份开始对洛阳中收并表。为客观反映国机集团装备制造板块的经营情况，现按照不含洛阳中收和含洛阳中收两个口径进行分析。

不含洛阳中收，截至 2016 年年底，国机集团装备制造板块实现营业收入 231.42 亿元，同比增长 3.58%；实现利润总额 7.95 亿元，同比增长 211.80%，超额完成年度考核目标；实现经济增加值 2.84 亿元，同比增长 139.48%。在营业收入小幅增长的情况下，利润总额和经济增加值同比增幅较大，装备制造板块整体实现扭亏为盈。2016 年度装备制造板块（不含洛阳中收）主要经营指标完成情况见表 5。

表 5　2016 年度装备制造板块（不含洛阳中收）主要经营指标完成情况

序号	指标名称	2016 （万元）	2015 年 （万元）	同比增长 （%）	年度考核值 （万元）
1	营业收入	2 314 199	2 234 276	3.58	
2	利润总额	79 451	−71 066	211.80	19 950
3	经济增加值	28 369	−71 856	139.48	

含洛阳中收，截至 2016 年年底，国机集团装备制造板块实现营业收入 234.48 亿元，同比增长 2.58%；实现利润总额 5.23 亿元，同比增长 159.43%，实现扭亏为盈；实现经济增加值 4215 万元，同比增长 105.75%。2016 年度装备制造板块（含洛阳中收）主要经营指标完成情况见表 6。

表 6　2016 年度装备制造板块（含洛阳中收）主要经营指标完成情况

序号	指标名称	2016 年 （万元）	2015 年 （万元）	同比增长 （%）	年度考核值 （万元）
1	营业收入	2 344 786	2 285 836	2.58	
2	利润总额	52 335	−88 055	159.43	19 950
3	经济增加值	4 215	−73 264	105.75	

2016 年度，在国机集团装备制造企业中，中国二重和国机重工的营业收入、利润总额、经济增加值三项指标同比均呈现出不同程度的上升，中国一拖各项指标出现回落，中国福马营业收入和经济增加值有所下降，利润总额同比上升。营业收入方面，中国二重增幅较大，同比增长 36.25%，中国一拖和中国福马有所下降，同比降幅分别为 9.84% 和 35.35%，国机重工和中装集团同比基本持平；利润总额方面，除中国一拖同比有所下降外，其余企业均呈现增长态势，其中，中国二重受营业收入大幅增长和相关资产处置的影响，同比增加 57 448 万元，国机重工同比增加 98 901 万元，实现扭亏为盈；经济增加值方面，除中国一拖、中国福马和中装集团较上年同期下降外，其余企业均呈现不同程度的增长，其中国机重工增幅最大，同比增长 89.88%，中国二重同比增长 41.34%，中国福马同比下降 44.50%，中国一拖和中装集团由盈转亏。

国机集团先后于 2016 年 5 月、6 月完成了对中国二重所属万航公司、镇江公司的股权购买工作，中国二重不再对万航公司和镇江公司合并报表，以下将两公司的经营情况作单独分析：

万航公司：2016 年度，万航公司实现营业收入 7.97 亿元，同比增长 13.13%；实现利润总额 73 万元，完成年度目标，实现扭亏为盈；实现经济增加值 977 万元，同比下降 81.40%。2016 年万航公司经营指标完成情况见表 7。

表 7 2016 年万航公司经营指标完成情况

序号	项目	目标值	2016 年	2015 年	同比增长（%）	目标完成率（%）
1	营业收入（万元）	100 000	79 717	70 462	13.13	79.72
2	利润总额（万元）	-4 100	73	-1 296	扭亏为盈	
3	经济增加值（万元）		977	5 254	-81.40	

镇江公司：2016 年度，镇江公司实现营业收入 2.61 亿元，同比增长 2.94%，超出年度目标 6 126 万元；亏损 10 825 万元，同比减亏 19 777 万元；实现经济增加值 -12 563 万元，同比减亏 41.48%。2016 年度镇江公司任务量依然不饱满，闲置资产较多，运营压力较大（每年设备折旧费用约 9 000 万元）。针对闲置设备，镇江公司通过退货、变卖、公司内调配或处置等方式进行专项清理，以避免资金占用，减少损失。码头的验收以及取得经营资质等工作也在加紧开展。2016 年度镇江公司经营指标完成情况见表 8。

表 8 2016 年度镇江公司经营指标完成情况

序号	项目	目标值	2016 年	2015 年	同比增长（%）	目标完成率（%）
1	营业收入(万元)	20 000	26 126	25 379	2.94	130.63
2	利润总额(万元)	-13 600	-10 825	-30 602	减亏 19 777	超出目标值 2 775
3	经济增加值(万元)		-12 563	-21 469	41.48	

4. 2016 年重要工作

（1）强化战略引领。着力做好规划与行业分析，以《国机集团“十三五”发展规划》为指引，结合装备制造企业实际，各企业做好“十三五”规划，并加强供给侧结构性改革，化解过剩产能，按照务实、有效、试点先行的原则，结合行业特点和企业实际，稳步推进工业 4.0 在国机集团装备制造板块的实施，助力企业转型升级。

（2）立足传统优势产业，加快转型升级。深入贯彻“中国制造 2025”战略和“互联网 +”思维，按照国机集团制定的《装备制造优化产品业务结构实施方案》和《推动制造与服务融合、传统产业与现代产业融合实施方案》，不断加强对各企业在产品结构调整、制造和服务融合、传统产业和信息技术融合三方面工作的指导、跟踪和落实。

一是不断优化产品结构，开拓新兴业务，打造具有核心优势的高附加值产品。中国二重通过建立两级研发管理与制度体系、健全研发项目管理模式，科技创新工作取得新突破，与国机集团及中国重型院签订了“40 万 t/a 粉煤分质高效开发利用技术试验示范项目”等 18 项国机集团立项研发资助合同。中国一拖高压共轨国Ⅲ整机和国Ⅳ整机、180 ～ 230 马力（1 马力 =735.499W）无级变速拖拉机开发等产品有序推进实施，“新型节能环保农用发动机开发项目”列入国家重点研发计划“智能农机装备”专项；研制的东方红 -LW4004 无级变速重型轮式拖拉机亮相国家“十二五”科技创新成就展，得到了国家领导人的高度肯定，该产品在无级变速传动系统、智能化控制管理系统等重型拖拉机核心技术方面实现了突破，填补了多项国内技术空白，可实现全程范围的连续速度精确控制，有力推动了我国农机行业技术进步；东方红 LF954—C 无人驾驶拖拉机搭载配备了自动转向系统、雷达及视觉测量系统、远程视频传输系统等信息和控制系统，亮相

2016年中国国际农业机械展览会，引发行业轰动。国机重工积极拓展开发环卫领域产品，进一步开展了餐厨垃圾车的研制，已完成5立方餐厨垃圾的样机试制，启动了清洗车、清扫车的研制工作，并结合环卫工程项目研制了区域环境综合治理远程监测运维系统，系统已进入调试阶段。中国福马开发设计了56in（1in=0.025 4m）制浆盘磨机，研究年产10万t制浆生产线方案，热磨机向造纸领域延伸；砂光机向非木质领域拓展成功，金属砂光机实现销售；通过技术引进、合资合作等方式研发的林木采育机已在广州林区试用，标志着福马顺利进入森林种植采伐机械领域；探索连续压机向其他领域延伸；完成了宽城埃菲生20MW光伏电站项目的并网，建立了福马特色的林业新能源产业链。中装集团采用GPS+BD2、姿态传感器、远程控制系统等先进技术成功研发组合式海底地震仪收放系统，逐步开拓海洋勘探应用领域；重点研发电驱动顶驱式岩心钻机（XD20/30/40DB-TD）和电驱动立轴式岩心钻机（XY-6/7/8DB），开发并完善GK-3/4/5系列钻机和多工艺配套解决方案，智能化井场装备形成模块化、系列化的GSTAR系列产品群；着眼长远培育战略性新兴业务，“页岩气产业发展和技术装备对策研究报告”的资料搜集工作在持续进行。

二是创新业务模式，着力推动制造和服务融合，实现服务增值。中国一拖“新型轮式拖拉机智能制造新模式应用项目”“装备复杂零部件个性化快速定制智能制造新模式项目”“农机装备智能工厂平台化制造运行管理系统标准制定和试验验证项目”被列入工信部和财政部2016年智能制造综合标准化与新模式应用项目；在淘宝、阿里巴巴东方红旗舰店实现配件销售，推进制造业和服务业融合。国机重工持续推进三维虚拟装配、动态仿真及关键性能分析等高端应用，深化PDM、ERP等系统与产品研发过程的深度融合，构建基于产品全生命周期的协同平台。中国福马成立了连续平压线生产技术服务团队，参与得力项目现场调试，积累了经验，开始向现代制造服务业转型。

三是着力推进传统产业和信息技术深度融合，助力智能制造。中国一拖深化制造执行系统（MES）、资产设备管理、采购管控等信息化应用，实施了核心网络升级改造，不断拓展信息系统应用的广度和深度，被河南省工信委确定为河南省智能制造试点示范单位、河南省互联网与工业融合创新示范企业。国机重工积极推进生产制造智能化，各企业新建数字化车间，完成总装流水线数字化终端部署，与自动化设备联网，以总装车间为中心逐步推进实施MES系统，实现远程工艺控制。中国福马林海集团通过实施各类信息化管理系统，理顺了企业的业务流程，降低了库存投资，提高生产效率30%以上，林海集团入选全国两化融合管理体系贯标试点企业。

（3）积极推进农业装备业务资源整合。三大粮食作物收获机械业务资源整合取得实质性进展。在完成洛阳中收、中机南方审计评估工作的基础上，形成了“三大粮食作物收获机械业务资源整合实施方案”并经国机集团总经理办公会审议通过；中国一拖和中国农机院积极履行内部程序，2016年8月10日，中国一拖和中国农机院签署了洛阳中收增资扩股协议，中国一拖对洛阳中收现金增资1.95亿元，增资后，中国一拖持股65%，现代农装持股35%；9月，中国一拖与现代农装商定中机南方托管协议，现代农装将所持中机南方55.42%股权对应的表决权和管理权委托给中国一拖，完成了洛阳中收的股权重组、中机南方的业务托管，农业装备业务的资源整合迈出了重要一步。

（4）多措并举增效益，实现国机重工扭亏脱困。积极推动“国机重工扭亏脱困方案”的落地，加快国机重工瘦身转型工作，积极化解企业经营风险，努力保持企业稳定局面。参与企业年初、年中经营分析会，密切关注企业经营现状，认真分析工程机械行业形势，督促国机重工瞄准亏损点，制订针对性措施；加快推进国机重工“十三五”规划和科技规划的制定，做好战略引领；积极配合完成常林股份与苏美达的重组；紧抓降本提质增效，控制“两金”，盘活存量资产和长期闲置资产实施资源优化配置。

（5）助力中国二重改革振兴。按照中国二重改革振兴方案的总体安排，为实现中国二重2016年扭亏脱困的总体目标，重点做好8万t模锻压机、镇江公司资产盘活、二重生产经营改善等方面的工作：

一是完成8万t模锻压机生产线资产股权转让，并与中航工业签署了模锻产业合作协议和万航公司股权无偿划转协议，并获国资委审批通过。①完成了股权转让和业务托管工作。2016年5月，国机集团以现金方式出资5.99亿元（对应8万t模锻压机资产包注资额度），协议收购中国二重所持有的万航公司部分股权，股权转让后，国机集团持股52.78%，中国二重持股47.22%，业务由中国二重代管。②推进国机集团与中航工业双方合作。积极向国资委、国防科工委汇报请示，并针对未来实施债转股向国家开发银行信贷管理局进行专题汇报，寻求各方政策支持，双方已完成内部决策程序并签署了模锻产业合作协议和万航公司股权无偿划转协议。在向国资委多次汇报的基础上，与中航工业、中国二重、国机集团相关部门多次沟通，形成了《中国二重航空模锻业务板块整合做强方案》《中国航空工业集团公司 中国机械工业集团有限公司模锻产业合作协议》并经国机集团总经理办公会、董事会审议通过；2016年9月6日，国务院国资委在中航工业总部召开中央企业产业合作座谈会，国机集团董事长任洪斌与中航工业总经理谭瑞松在国务院国资委领导的见证下，正式签署了《中国航空工业集团公司与中国机械工业集团有限公司模锻产业合作协议》；10月17日，国机集团与中航工业签署《关于万航公司股权无偿划转的协议》；11月24日，国机集团将关于无偿划转中国第二重型机械集团德阳万航模锻有限责任公司49%股权项目的正式材料上报国资委产权局审核；12月9日，获国资委正式批复。

二是镇江公司资产盘活工作。①完成了镇江公司100%股权转让和托管工作。2016年3月，完成了镇江公司的评估，以2016年2月29日为基准日，镇江公司净资产评估价值为25.82亿元，镇江公司在北交所公开挂牌转让，挂牌价格为25.82亿元；5月，签订了《股权转让协议》《产权交易合同》和《托管协议》；6月，国机集团支付交易价款25.82亿元，完成了国有产权登记变更和工商变更手续，同步修订镇江公司章程。②积极寻求内外部合作，盘活现有资产，强化内部管理，完善功能，发挥存量资产效益，推动企业生产经营能力提升，确保实现全年经营目标。加大“完善功能1.27亿投资项目”建设力度，除倒班宿舍因牵涉土地变性问题延期外，其余项目2016年10月底全部完成；积极推进与GE、哈电集团的合资合作，共同将镇江公司打造成重型燃气轮机研发制造基地，并制定可研方案。

三是成都大楼资产盘活工作。按照中国二重改革振兴领导及工作小组第五次会议的要求，按照“先将资产注入公司，后实施股权转让”的操作路径，推进成都工程中心进场挂牌交易的相关工作。2016年10月，二重重装完成将成都工程中心土地房产作为出资注入成都物业公司的全部手续，并完成房产和土地权属文件的变更，具备了转让条件；12月1日二重重装在北交所正式进入成都物业公司100%股权转让挂牌阶段，12月25日意向受让方开始办理签订交易合同、办理资金结算等手续，12月30日取得交易凭证，完成成都工程中心的交易工作。

四是生产经营工作。与中国二重一起就加强生产管理、严控生产成本、提升产品质量、保证交货期限、催收应收账款、做好客户服务等工作进行研究交流，共同制定了相应改进措施，取得一定的效果。①质量提升方面，中国二重加强质量管理体系建设和完善监管机制，将经济责任制中业绩工资与质量考核分配挂钩；推进技术质量攻关，实现了420～700t钢锭级核电转轴的稳定生产，国内市场占有率达80%以上；通过工艺创新和生产流程优化等方式突破技术瓶颈，完成了首套我国自主设计的尺寸最大、质量要求最为苛刻的CAP1400核电汽缸产品。2016年6月份国务院国资委综合局副局长刘源一行对中国二重质量管理及产品质量进行专题调研时，对中国二重质量提升方面取得的成绩表示肯定。②合同交货期方面，制定“销售合同完成率考核办法”，通过强化对业务单元（子公司）“内部生产计划、内部合同、外协合同、采购合同”的执行监管，引导业务单元（子公司）逐步提高4个方面的完成率，完成“2016年销售合同完成率≥90%的年度目标”。③应收账款方面，制定并下发应收账款、坏账回收专项经济责任书，每月统计、分析各单位收款完成情况，长账龄、大额度账款单独施策、统筹谋划，按“定责任、定目标、定措施、定时间”的原则落实到责任团队及个人，精准催收。三方抹账、协同付款、债权转移以及以物抵债、股权偿债等多种方式全方位实施，立体催收。

（6）强化内外部协同，积极开拓市场。协调组织国机集团相关所属企业前往黑龙江农垦总局等单位寻求业务合作；组织国机集团所属装备制造企业到中石油装备分公司、宝鸡石油机械有限公司、宝鸡石油钢管有限责任公司进行业务对接；协调万航公司与赛峰集团的业务合作；积极推进中国一拖、国机重工与潍柴动力的业务合作，提高企业的市场份额；组织中国一拖与中国农机院在营销渠道、应收清欠、采购等方面的协同，发挥优势，实现共赢。

5. 装备制造行业发展趋势

（1）机械工业经济运行形势。2016年机械工业经济运行形势：①机械工业增加值增速高于工业平均水平，呈现逐月攀升的态势，全年同比增长9.6%，比上年增速提高4.1个百分点，高于同期全国工业增速3.6个百分点。②主营业务收入增速提升。2016年机械工业累计实现主营业务收入24.55万亿元，同比增长7.44%，比上年同期提高4.12个百分点，高于同期全国工业2.53个百分点。从全年走势看，增速逐月提升且始终高于同期全国工业平均水平。③利润总额继续增长。2016年机械工业实现利润总额1.68万亿元，同比增长5.54%，高于上年同期3.08个百分点。与此同时，机械工业多数产品的产量也保持增长——在国家统计局公布的64种主要机械产品中，产量实现增长的有41种，占比为64.1%；产量下降的有23种，占比为35.9%。产量增长的产品占比较上年提高了36个百分点。

（2）重型机械行业。2016年，机械行业继续延续趋稳的走势，主要经济指标保持小幅上升。投资增速下行，发展后劲不足。从趋势来看，机械工业固定资产投资增速始终处于回落下行的通道，与固定资产投资相关的产品下降明显，能源装备制造业（能源探测、钻采设备制造、能源转换设备、能源输送储存等）主营业务收入低速增长，利润总额、固定资产投资增速进一步放缓。由于重型机械行业主要集中于传统的固定资产投资和能源装备制造领域，行业企业产出指标继续呈下降趋势，形势仍不乐观。

（3）农业机械行业。2016年，国家农机购置补贴资金237亿元，总量与上年基本持平，农机购机补贴执行“缩范围、降定额、促敞开”政策。受农作物物价格持续低迷、农机购机补贴额度减少、国三切换造成用户购机观望等不利因素影响，拖拉机、小麦收获机、玉米收获机等产品需求均出现了不同程度的下滑。2016年农机工业增加值增速为7.7%，比上年下降0.7个百分点，增速下滑明显。主要农机产品的产量有升有降，拖拉机和收获机等继续下降，农副产品加工机械等有大的增长。据国家统计局统计，全年生产大型拖拉机 62 979 台，比上年下降 18.92%；生产中型拖拉机 566 914 台，比上年下降 6.59%；生产小型拖拉机 1 355 299 台，比上年下降 2.85%；玉米收获机产量 95 033 台，比上年下降 24.17%；饲料收获机械产量增长 5.02%；零部件产量增长 6.26%；农副食品加工机械产量增长 11.98%。

从市场情况看，一是受国三切换政策影响，部分区域 2015 年四季度提前购机，透支了部分春季市场需求。冬麦区 2016 年市场总量同比下降约 7%。二是市场竞争加剧，一线品牌开展促销活动，抢抓市场机遇；二三线品牌采取“以小标大”低价抢占市场。三是购机观望情绪浓厚，受单台补贴额度普遍调减、地方补贴累加政策的不确定性（减少或取消补贴额度），导致经销商销售积极性受挫，用户购机成本上升，用户购机观望现象加重。四是市场需求结构发生变化。冬麦区 100 马力（1 马力 =735W）及以上四驱拖拉机产品销量占比明显提升；中轮拖产品行业销售大幅下滑。

从竞争态势看，中国一拖大中拖市场保持行业领先优势；雷沃重工、江苏沃得在收获机械市场保持行业领先优势。同时，大轮拖市场需求呈现水田型产品销量增长、旱田型产品销量下滑、动力换挡等高端农机需求快速增长的态势；小麦机补贴差额催生市场需求进入“大喂入量”时代；玉米收获机受玉米种植遇“冷”影响，主销产品销量大幅下跌；水稻收获机继续保持增长态势。

从非道路柴油机行业看，玉柴在巩固配套小麦机和玉米机优势的前提下，加大了开发配套拖拉机的力度；潍柴加大了开发配套拖拉机和玉米机的力度；云内动力采用低价竞争策略，在配套小型装载机厂，市场占有率大幅提升。

（4）工程机械行业。经历了 5 年的深度调整，工程机械行业仍在低谷中徘徊。回顾 2016 年与我国工程机械行业相关的政策措施，“一带一路”和“供给侧改革”、“铁公基”和“房地产”、“城镇化”和“中国制造 2025”意义重大。随着各项改革政策的逐步落地，2016 年，经济发展呈“L 型”发展模式，触底趋势日趋明显。从历史数据来看，工程机械需求量与 GDP、固定资产投资规模、城镇化率的关系密切。行业销售规模随着城镇化率的提升逐步加大。作为和宏观经济紧密相关的工程机械行业，也在寻求筑底，但仍面临困局。

（5）林业机械与动力机械行业。2016 年，全地形车行业仍以出口欧美为主。美国经济有所复苏，但欧元区国家普遍增长乏力，总体需求疲软。全年行业总体出口金额下降超过 10%。摩托车行业受电动车和汽车等替代品冲击大，产品同质化竞争严重，行业全年产销约 1 880 万辆，同比下降 12%。新能源汽车行业持续向好，国家加大扶持力度。“大力发展和推广以电动汽车为主的新能源汽车，加快建设城市停车场和充电设施”被明确写入政府工作报告。人造板行业中，密度板市场依然处于低迷徘徊，刨花板市场回升加快。设备制造企业恶性竞争的环境没有改变，产能过剩、相互压价的情况更趋严重。

（6）地质勘探行业。由于近几年地勘行业不景气，行业内一些民营企业已关闭，连云港黄海机械有限公司也转型投入其他行业的制造。我国矿勘市场受全球矿业市场需求疲软的影响，没有回升的趋势，国内传统地勘装备市场持续下滑。

地勘行业孕育着新的市场机遇。一是国家根据调结构、转型升级、建设美丽中国的需要，加大了对清洁能源勘查开发的支持力度，油气资源的勘查开发越来越受到重视，“天然气、煤层气、页岩气”的开发将为全国矿产勘查工作注入新的活力。二是国家为推进生态文明建设，加大了对自然生态系统和环境的保护力度，围绕环境保护、环境治理的地质勘查工作需求将逐步增长，“水文地质、环境地质、灾害地质”的勘察将是新的行业增长点。三是国家正在协调推进新兴工业化、信息化、城镇化和农业现代化，积极实施的京津冀协同发展、长江经济带等重大区域发展战略和国家发展战略将为地勘行业发展带来新的机遇。

（二）工程承包

1. 2016 年发展概况 2016 年国机集团工程承包业务实现营业收入 573.2 亿元，同比增加 10.4 亿元，增幅 1.8%，板块收入占国机集团全部营业收入的 26.8%，毛利率为 17.0%，同比增长 1.5 个百分点。CMEC 交通运输等工程毛利率较高以及中工国际在手执行项目毛利率较高等因素提升了该板块整体毛利率水平。

2016 年，国机集团境外承包工程完成营业额 40 亿美元，占全部完成营业额的 66.9%。境外承包工程新签合同额 94 亿美元，占国机集团工程承建总合同额的 91.1%。

截至 2016 年年底，国机集团在手执行工程成套（含船舶）及设计咨询项目 12 569 个，合同金额 564.4 亿美元。其中境外项目 687 个，合同总金额 409.4 亿美元；在手执行的优惠贷款项目 7 个，合同金额 17.4 亿美元。2016 年国机集团在手执行对外工程承包项目情况见表 9。

表 9 2016 国机集团在手执行对外工程承包项目情况

合同金额	＞1 000 万美元	＞5 000 万美元	＞1 亿美元
项目数量（个）	530	168	90
合同总金额（亿美元）	496.5	413.7	357.6
其中：境外项目（个）	227	123	76
境外项目合同金额（亿美元）	402.3	375.1	339.6

2. 主要工程领域 主要工程领域未发生重大变化，依然集中在电力、交通、房建等行业。其中电力行业仍为国机集团传统工程项目的优势行业，工程领域 2016 年合同金额为 227.7 亿美元，占全体项目合同金额 55.62%。各行业正在执行合同金额的分布情况见表 10。

表 10 各行业正在执行合同金额的分布情况

序号	行业	合同金额（亿美元）	占境外合同总金额的比重
1	电力工程建设	227.7	55.62
2	交通运输建设项目	45.2	11.04
3	房屋建筑项目	32.3	7.89
4	水利建设项目	24.8	6.06
5	工业建设项目	22.6	5.52
6	制造加工设施建设项目	13.6	3.32
7	石油化工项目	9.7	2.37
8	废水（物）处理项目	2.1	0.51
9	通讯工程建设	0.6	0.15
10	其他	30.8	7.52
	合计	409.4	100.00

3. 主要区域和国别市场 从项目所处国别地区看：上述境外项目分布在 115 个国家和地区， 南美市场减少（石油持续价格低迷），东南亚、南亚份额增加（一带一路），非洲、中亚等市场稳步开展，其中合同金额较大的国家有委内瑞拉、阿根廷、伊拉克、安哥拉、尼日利亚等。部分国别正在执行合同金额的分布情况见表 11。

表 11　部分国别正在执行合同金额的分布情况

序号	国别	正在执行 合同金额 （万美元）	占境外合同 总金额比重 （%）
1	委内瑞拉	429 005	10.5
2	阿根廷	247 000	6.0
3	伊拉克	238 975	5.8
4	安哥拉	207 307	5.0
5	尼日利亚	182 107	4.4
6	科特迪瓦	177 345	4.3
7	老挝	175 830	4.3
8	印度尼西亚	172 510	4.2
9	赤道几内亚	145 400	3.6
10	土耳其	132 190	3.2
11	白俄罗斯	131 714	3.2
12	柬埔寨	112 349	2.7

4. 非实体经营　2016 年，非实体经营新签约安哥拉卡宾达基础设施二期项目，合同金额 1.64 亿美元。在手执行项目 10 个，合同金额 44.95 亿美元。

2016 年度新签 1 亿美元以上的合同项目见表 12，2016 年度在手执行 1 亿美元以上的项目见表 13。

表 12　2016 年度新签 1 亿美元以上的合同项目

上报单位	项目名称	国别	行业领域	合同类型	签约日期	生效日期
中国电力工程有限公司	巴西 SOL DO FUTURO 光伏电站项目	巴西	电力工程建设	设计 / 采购 / 施工 (EPC)/ 交钥匙 (Turn-key)	2016-12-23	2017-1-1
中国机械设备工程股份有限公司	科特迪瓦电网发展和改造项目	科特迪瓦	电力工程建设	设计 / 采购 / 施工 (EPC)/ 交钥匙 (Turn-key)	2016-4-6	2016-12-31
中国机械设备工程股份有限公司	巴基斯坦塔尔煤田 II 区块二期 TEL 1×330MW 坑口燃煤电站	巴基斯坦	电力工程建设	设计 / 采购 / 施工 (EPC)/ 交钥匙 (Turn-key)	2016-12-29	2017-1-1
中国机械设备工程股份有限公司	尼日利亚乌托拉谷天然气处理厂项目	尼日利亚	电力工程建设	设计 / 采购 / 施工 (EPC)/ 交钥匙 (Turn-key)	2016-11-10	2017-1-1
中国机械设备工程股份有限公司	加纳贝因 180MW 联合循环燃气电站项目	加纳	电力工程建设	设计 / 采购 / 施工 (EPC)/ 交钥匙 (Turn-key)	2016-11-5	2017-1-1
中国机械设备工程股份有限公司	委内瑞拉中央电厂 400kV 变电站新建项目	委内瑞拉	电力工程建设	设计 / 采购 / 施工 (EPC)/ 交钥匙 (Turn-key)	2016-11-1	2016-11-1

（续）

上报单位	项目名称	国别	行业领域	合同类型	签约日期	生效日期
中国机械设备工程股份有限公司	伊拉克西卡拉乔水泥厂项目	伊拉克	工业建设项目	设计/采购/施工(EPC)/交钥匙(Turn-key)	2016-10-12	2017-1-1
中国机械设备工程股份有限公司	伊拉克巴士拉燃机联合循环电站扩建项目	伊拉克	电力工程建设	设计/采购/施工(EPC)/交钥匙(Turn-key)	2016-10-12	2016-10-31
中国机械设备工程股份有限公司	尼日利亚阿比亚州奥玛500MW单循环燃机电站项目	尼日利亚	电力工程建设	设计/采购/施工(EPC)/交钥匙(Turn-key)	2016-10-14	2017-1-1
中国机械设备工程股份有限公司	安哥拉甘德拉布罗水厂（三期）	安哥拉	水利建设项目	设计/采购/施工(EPC)/交钥匙(Turn-key)	2016-8-31	2017-1-1
中国机械设备工程股份有限公司	安哥拉Lauca输变电项目	安哥拉	电力工程建设	设计/采购/施工(EPC)/交钥匙(Turn-key)	2016-6-14	2017-1-1
中国重型机械有限公司	老挝色贡煤电一体化项目	老挝	电力工程建设	设计/采购/施工(EPC)/交钥匙(Turn-key)	2016-3-17	2017-2-1
中国浦发机械工业股份有限公司	印尼二期自备电厂新建工程	印度尼西亚	电力工程建设	工程总承包类其他	2016-3-1	2017-1-1
中国浦发机械工业股份有限公司	文莱PMB石油化工项目	文莱	工业建设项目	工程总承包类其他	2016-3-1	2017-1-1
中国重型机械有限公司	南俄4（Nam Ngum4）水电站	老挝	电力工程建设	工程总承包类其他	2016-3-30	
中国重型机械有限公司	老挝沙拉湾－色贡（旺尚村）500kV高压输变电项目	老挝	电力工程建设	工程总承包类其他	2016-3-30	
中国机械设备工程股份有限公司	南苏丹水泥厂及自备电站项目	非洲其他国家(地区)	其他	设计/采购/施工(EPC)/交钥匙(Turn-key)	2016-6-30	
中工国际工程股份有限公司	赞比亚马宁加至姆维尼伦加公路升级改造项目	赞比亚	交通运输建设项目	设计/采购/施工(EPC)/交钥匙(Turn-key)	2016-7-26	
中国机械设备工程股份有限公司	肯尼亚KIPETO风电项目	肯尼亚	电力工程建设	设计/采购/施工(EPC)/交钥匙(Turn-key)	2016-1-24	
中国电力工程有限公司	国家电网发展和改造项目	科特迪瓦	电力工程建设	工程总承包类其他	2016-3-1	
中工国际工程股份有限公司	斯里兰卡玛度鲁河右岸发展项目商务合同	斯里兰卡	其他	设计/采购/施工(EPC)/交钥匙(Turn-key)	2016-10-1	
中工国际工程股份有限公司	乌兹别克800t平板玻璃生产及深加工项目	乌兹别克	制造加工设施建设项目	设计/采购/施工(EPC)/交钥匙(Turn-key)	2016-12-1	

（续）

上报单位	项目名称	国别	行业领域	合同类型	签约日期	生效日期
江苏苏美达集团有限公司	古里水电站一号厂房增容改造项目	委内瑞拉	电力工程建设	工程总承包类其他	2016-3-1	
中国浦发机械工业股份有限公司	白俄罗斯斯拉夫钾肥项目	白俄罗斯	工业建设项目	工程总承包类其他	2016-3-1	
中国机械设备工程股份有限公司	肯尼亚输变电项目	肯尼亚	电力工程建设	设计 / 采购 / 施工 (EPC)/ 交钥匙 (Turn-key)	2016-5-24	
中国机械设备工程股份有限公司	老挝乌江水电站二期输变电项目	老挝	电力工程建设	设计 / 采购 / 施工 (EPC)/ 交钥匙 (Turn-key)	2016-3-29	

表 13　2016 年度在手执行 1 亿美元以上的项目

上报单位	项目名称	国别	行业领域	合同类型	签约日期	生效日期
国机集团 / 中国机械设备工程股份有限公司	科特迪瓦电网发展和改造项目	科特迪瓦	电力工程建设	设计 / 采购 / 施工 (EPC)/ 交钥匙 (Turn-key)	2016-4-6	2016-12-31
国机集团 / 中国电力工程有限公司	科特迪瓦国家电网发展与改造项目	科特迪瓦	电力工程建设	设计 / 采购 / 施工 (EPC)/ 交钥匙 (Turn-key)	2012-9-6	2016-12-28
中国机械设备工程股份有限公司	委内瑞拉中央电厂 400kV 变电站新建项目	委内瑞拉	电力工程建设	设计 / 采购 / 施工 (EPC)/ 交钥匙 (Turn-key)	2016-11-1	2016-11-1
中国机械设备工程股份有限公司	斯里兰卡阿塔纳水厂项目	斯里兰卡	水利建设项目	设计 / 采购 / 施工 (EPC)/ 交钥匙 (Turn-key)	2013-5-1	2016-11-1
中国机械设备工程股份有限公司	伊拉克巴士拉燃机联合循环电站扩建项目	伊拉克	电力工程建设	设计 / 采购 / 施工 (EPC)/ 交钥匙 (Turn-key)	2016-10-12	2016-10-31
中国机械设备工程股份有限公司	老挝 230kV Namxam HPP-Houamuang 输变电项目	老挝	电力工程建设	设计 / 采购 / 施工 (EPC)/ 交钥匙 (Turn-key)	2015-5-25	2016-10-31
中国重型机械有限公司	老挝南俄 4（Nam Ngum 4）水电站项目	老挝	电力工程建设	设计 / 采购 / 施工 (EPC)/ 交钥匙 (Turn-key)	2015-10-22	2016-9-8
中国重型机械有限公司	老挝沙拉湾 - 色贡（旺尚村）500kV 输变电项目	老挝	电力工程建设	设计 / 采购 / 施工 (EPC)/ 交钥匙 (Turn-key)	2014-1-22	2016-5-3
中国机械设备工程股份有限公司	巴基斯坦塔尔 2×330 MW 燃煤电站项目	巴基斯坦	电力工程建设	设计 / 采购 / 施工 (EPC)/ 交钥匙 (Turn-key)	2014-9-10	2016-4-1
中国机械设备工程股份有限公司	巴基斯坦塔尔年产 380 万 t 煤矿项目	巴基斯坦	其他	设计 / 采购 / 施工 (EPC)/ 交钥匙 (Turn-key)	2014-9-10	2016-4-1

（续）

上报单位	项目名称	国别	行业领域	合同类型	签约日期	生效日期
中工国际工程股份有限公司	乌兹别克 PVC 生产综合体建设项目	乌兹别克斯坦	石油化工项目	设计 / 采购 / 施工 (EPC)/ 交钥匙 (Turn-key)	2014-8-19	2016-3-2
国机集团 / 中国机械设备工程股份有限公司	喀麦隆雅温得 SANAGA 水处理厂	喀麦隆	水利建设项目	设计 / 采购 / 施工 (EPC)/ 交钥匙 (Turn-key)	2010-12-14	2015-12-29
中国重型机械有限公司	柬埔寨国家电网 230kV 西南环网输变电工程项目（一期）	柬埔寨	电力工程建设	设计 / 采购 / 施工 (EPC)/ 交钥匙 (Turn-key)	2015-3-10	2015-12-14
中国机械设备工程股份有限公司	澳大利亚阿斯创唐纳德锆钛矿砂厂建设项目	澳大利亚	工业建设项目	设计 / 采购 / 施工 (EPC)/ 交钥匙 (Turn-key)	2015-6-5	2015-10-30
中工国际工程股份有限公司	厄瓜多尔政府金融管理平台建设项目	厄瓜多尔	房屋建筑项目	设计 / 采购 / 施工 (EPC)/ 交钥匙 (Turn-key)	2015-9-10	2015-10-19
中工国际工程股份有限公司	中白工业园一期起步区基础设施项目	白俄罗斯	房屋建筑项目	设计 / 采购 / 施工 (EPC)/ 交钥匙 (Turn-key)	2015-5-1	2015-9-28
中国电力工程有限公司	泰国 TPI PP 150MW 电站项目	泰国	电力工程建设	设计 / 采购 / 施工 (EPC)/ 交钥匙 (Turn-key)	2015-3-15	2015-9-2
中工国际工程股份有限公司	玻利维亚钾盐厂项目	玻利维亚	工业建设项目	设计 / 采购 / 施工 (EPC)/ 交钥匙 (Turn-key)	2015-7-13	2015-8-15
中国联合工程公司	安索阿特吉州西蒙玻利瓦尔市巴塞罗那及新埃斯帕塔州马里尼奥市波拉马尔 4 512 套住宅、市政规划及基础设施建设项目	委内瑞拉	房屋建筑项目	设计 / 采购 / 施工 (EPC)/ 交钥匙 (Turn-key)	2015-7-21	2015-7-21
中工国际工程股份有限公司	埃塞俄比亚瓦尔凯特糖厂项目	埃塞俄比亚	工业建设项目	设计 / 采购 / 施工 (EPC)/ 交钥匙 (Turn-key)	2013-6-10	2015-6-19
中国机械设备工程股份有限公司	塞尔维亚 KOSTOLAC-B 电站二期项目	塞尔维亚	电力工程建设	设计 / 采购 / 施工 (EPC)/ 交钥匙 (Turn-key)	2013-11-20	2015-5-25
中工国际工程股份有限公司	委内瑞拉中西部电网扩建之科赫德斯州项目	委内瑞拉	电力工程建设	设计 / 采购 / 施工 (EPC)/ 交钥匙 (Turn-key)	2014-12-5	2015-4-14
中国机械设备工程股份有限公司	SOYO I 联合循环电厂建设及安装项目	安哥拉	电力工程建设	设计 / 采购 / 施工 (EPC)/ 交钥匙 (Turn-key)	2014-8-22	2015-3-31
中工国际工程股份有限公司	伊朗大不里士省 2 号输水管线项目	伊朗	水利建设项目	设计 / 采购 / 施工 (EPC)/ 交钥匙 (Turn-key)	2010-10-12	2015-2-17

（三）贸易与服务

1.2016 年贸易业务整体情况 贸易与服务业务是国机集团传统主业之一。国机集团综合贸易业务涉及机械、汽车及零配件、电子、船舶、轻工、纺织、农业产品等众多领域，营销体系完善，市场范围广阔，贸易渠道畅通，经营规模较大，形成了以机电设备、汽车等为主导的产品多元化、贸易多样化、市场全球化的格局。2016 年，国机集团在中国进出口 500 强企业排名中名列第 16 位，是中国机电产品出口、国外先进技术和产品引进的骨干企业，中国机械工业最大的进出口贸易企业。国机集团近 3 年进出口总额见表 14，国机集团近 3 年一般贸易额见表 15。

表 14 国机集团近 3 年进出口总额

年份	2014	2015	2016
进出口总额（万美元）	1 239 644	1 023 143	1 017 781
国机汽车（万美元）	166 457	122 908	103 090

表 15 国机集团近 3 年一般贸易额

年份	2014	2015	2016
一般贸易（万元）	5 767 804	6 432 736	7 071 613
汽车贸易与服务（万元）	8 974 604	6 513 254	4 959 551
合计（万元）	14 742 407	12 945 990	12 031 165

2016 年，国机集团总贸易额约 1 203.1 亿元人民币，进出口总额 101 亿美元。其中贸易额超过百亿元的企业有 2 家，分别是苏美达集团和国机汽车。贸易额超过亿元的企业有 13 家，其中 CMEC 贸易额超过 10 亿元人民币。剩余 5 家企业贸易额在亿元以下。

2. 国机集团贸易业务特点

（1）国机集团所属企业贸易业务规模大，集中度高。国机集团贸易业务主要集中在国机汽车、苏美达集团和 CMEC3 家企业，其贸易额合计约 1 104 亿元，占集团贸易额的 91.8%。

（2）贸易产品种类多，市场分布广。各企业贸易业务的产品多、市场广，产品包括钢材、船舶、粮食、汽车整车进出口和化工原料，及电气设备、太阳能设备、锻件等综合性机电产品，市场覆盖北美、非洲、亚洲、欧洲和澳洲。

（3）贸易业务以大宗商品贸易和进口服务贸易为主。根据所属企业上报情况，国机集团贸易业务的主体是大宗商品贸易以及进口服务贸易。以集团贸易额最大的 3 家企业为例，国机汽车 2016 年整车进口及服务贸易额约为 457.3 亿元，苏美达集团 2016 年大宗商品贸易（含船舶）和进口贸易额合计约 437.2 亿元，CMEC 大宗商品贸易（含船舶）和进口贸易额合计 69 亿元。

（4）贸易形式以代理进出口和自营进出口为主。进出口贸易的大部分产品均是通过第三方采购或客户指定货源的形式进行，这种贸易形式以提供渠道和服务为主。

3. 国机集团贸易业务面临的形势

（1）贸易业务面临的环境形势。2016 年以来，世界经济仍然低迷，结构性和周期性问题相互交织，不稳定、不确定因素增多，总体呈增长低、通胀低、贸易与投资增速低、负债高的“三低一高”局面。发达经济体有效需求不足，复苏步伐放慢，贸易保护、“逆全球化”和民粹主义思潮升温，世界经济仍处于危机后的深度调整阶段。国内经济运行总体平稳，稳中有进，好于预期，增长速度在全球主要经济体中位居前列。这对贸易业务的发展既是机遇也是挑战。

国机集团拥有的有利条件是：国家“走出去”、国际产能合作战略的持续推进，“一带一路”倡议的深入实施，使得支持产品出口的政策，尤其是金融政策力度不断加大，各种服务体系不断完善；全国装备制造业产品出口结构不断优化，逐步由劳动密集型的低附加值产品向中高附加值产品提升，品牌影响逐步扩大，带动作用与溢出效应逐步增强；贸易业务转型升级步伐加快，以技术、品牌、质量、服务为核心的外贸竞争优势正在形成。跨境电商、市场采购贸易、外贸综合服务企业等外贸新业态保持快速增长。

与此同时，也面临着挑战：世界经济不景气，贸易保护主义抬头，国家与区域间的贸易摩擦不断发生；老牌机电产品制造强国强化实体经济，对本国制造业的支持力度加大，全球市场竞争更加激烈；外贸传统竞争优势继续弱化，产业发展面临发达国家和其他发展中国家的“双头挤压”。

【经营管理】

2016 年，在严峻的外部形势下，国机集团较好地完成了全年主要目标任务，顺利打赢了 2016 年“增长保卫战”，实现决算利润总额 86.7 亿元，超额完成国资委 75 亿元确保值和 85 亿元争取值的稳增长任务目标。

1. 国资委对集团公司的考核 2016 年，国机集团面对严峻的经营环境，不断增强整体实力，社会影响力持续提升，连续 9 年荣获国资委中央企业业绩考核“A”级企业，并继续蝉联中国机械工业百强首位；位列 2016 年“全球 250 家最大国际工程承包商”第 31 位；位列“国际工程设计企业 225 强”第 64 位；2016 年再次入选世界 500 强，列第 334 位。

2. 国机集团对所属企业的考核 按照集团公司《全资、控股企业主要负责人经营业绩考核暂行办法》和《“经营管理指标”考核实施细则》的规定和要求，依据企业 2016 年度财务决算和相关指标完成情况，在相关部门的配合下，国机集团资产财务部对所属企业 2016 年度经营业绩考核完成情况进行了核算，并将相关核算结果下发所属企业进行核对及确认，在核算完成后，按照国机集团相关工作流程和规定，将核定结果提交人力资源部。

3. 内部合作 2016 年，国机集团内部合作平台进一步得到加强，各子公司之间沟通交流进一步加深，参与内部合作的企业 36 家。内部合作新签合同额 38.44 亿元人民币，完成额 23.91 亿元人民币，较上年有所增加。

【国际化经营】

1. 境外资产情况 截至 2016 年底，国机集团境外企业资产总额 187.4 亿元，同比增加 44.9 亿元，增长 31.6%。

2. 境外投资情况

（1）年度境外投资新增情况。2016 年，国机集团共完成境外投资 14.2 亿元。

（2）新增投资国别和行业分布。从境外投资区域分布来看，主要集中在亚洲和北美洲，分别完成投资 6.7 亿元和 3.9 亿元，占所有境外投资 48% 和 28%，欧洲和港澳地区分别占 14% 和 10%。从境外投资行业来看，2016 年度，国机集团境外投资主要集中在电力能源、大宗商品贸易、产业园建设、制造业等行业。

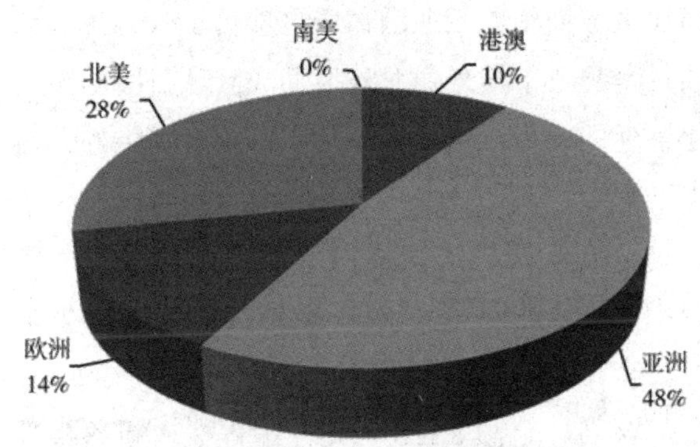

2016 年完成境外投资地域分布

3. 境外承包工程业务开展情况 （详见“工程承包”板块）

4. 承担中国政府援助项目情况 国机集团整体援外业务主要包括援外培训和援外项目。

（1）援外培训开展情况。援外培训项目主要由国机集团所属中国农机院组织举办。2016 年度，国机集团共成功执行 5 期中国政府委托的援外人力资源培训班项目，共招收了来自亚洲、非洲、欧洲、拉丁美洲、大洋洲 33 个国家的 150 名代表来华参加培训；培训内容涉及农业机械、农业工程与农产品加工技术、农机使用与维修、免耕和灌溉技术以及农机化官员研修等领域，培训语种为英、法两种语言。

通过举办援外培训项目，国机集团坚持不懈地宣传中国的核心技术和设备、现行标准以及发展经验，并有针对性地了解和掌握参与国的发展现状和需求，以获得有价值的市场信息，在此基础上成功实施了多项国际合作项目，带动了国内农机行业走向国际大市场；同时树立大国形象，为国家外交、科技和经贸交流合作服务，达到了国际援外培训的预期目的，为国家的援外事业作出积极贡献。

（2）援外项目开展情况。国机集团援外项目主要为通过承揽商务部援外项目进行参与，主要参与企业有中设集团、中国中元、中机六院、中国一拖等。

2016 年 10 月 14 日，国机集团所属中设集团援俄罗斯中白工业园输变电项目正式完工。该项目是商务部援外司对外援助成套项目实施本土化管理的项目，资金来源是中国政府提供的无偿援助资金。

2016 年国机集团所属两个工程设计院所企业中国中元和中机六院在援外业务领域奋力前行。全年设计板块新签援外设计咨询类合同 19 个，合同总金额 3 128 万元；工程板块新签援外工程项目管理及监理类合同 27 个，合同总金额 1.33 亿元。项目涉及四大洲的 29 个国家，其中孟加拉国、阿富汗、尼泊尔、柬埔寨、巴基斯坦、老挝、斯里兰卡、吉尔吉斯斯坦 8 个“一带一路”沿线国家。中国中元和中机六院发挥自身优势，结合地域性与功能性，严格依据我国援外的规章制度，力争打造成为当地标志性建筑景观的精品工程。

中国一拖作为我国农业机械装备制造领域的龙头企业，非常重视并积极参与国家各种援外活动，提供的产品和服务受到了受援国的高度认可和赞赏，2016 年参与了援助尼泊尔和东帝汶农机产品项目。

5. 其他国际化经营业务开展情况 根据集团领导提出的赋予非实体经营项目新内涵的要求，国机集团努力尝试扩展非实体经营范围，国机集团创新非实体经营模式。

2016 年，国机集团完成非实体经营项目立项 16 个，已立项仍在跟踪项目 40 个，总计 237 亿美元，涉及 8 家所属企业。在已立项的非实体项目中，出现了 BOT、PPP 等项目模式，突破了原来非实体项目工程总承包的单一模式，丰富了非实体项目内涵。

6. 国际化经营的主要做法 国机集团借势国家“走出去”发展战略，抓住“一带一路”机遇，创新国际化经营业务模式，持续提升国际化经营质量和层次，努力推进海外新国机建设。积极发挥海外工程承包的优势，延伸产业链条，把握核心环节，提升增值能力。及时整合多方资源打造投融资平台，取得积极成效。

（1）从战略上高度重视提升国际化经营水平。国机集团在国际化经营方面取得的成果与战略关注是密不可分的，这充分说明国机集团及所属企业的战略与“走出去”战略、国资委五年纲要规划高度的一致性，以及自身战略方向的有效性。国机集团在 2016 年规划中提出了“再造个海外新国机”的新发展蓝图。所属企业以中设集团为例，中设集团高度重视战略规划工作，确定了工程承包、贸易及投融资三大业务板块，并以此为基础深度调整业务机构，为实现产业链一体化、业务多元化发展打下牢固基础；抓住国家“一带一路”政策机遇，在巴基斯坦塔尔煤电一体化等项目上成功实践了投资拉动 EPC 战略，初步找到了提升企业核心竞争力的途径，把住了工程承包业务突破发展瓶颈的脉门；同时积极打造新加坡、迪拜等海外区域中心，以此深入推进公司海外区域化、属地化，为实现跨国公司目标打下基础。中设集团建立了新加坡区域中心和迪拜区域中心，全力加速工程承包业务的区域化和属地化进程，充分利用海外融资、采购及渠道等方面的优势，整合区域优质资源，加强与产业链上领先企业的合作，为向高端市场进军做好准备。

（2）强化国际化经营管理制度建设。为进一步深入推进国际化经营，着眼于完善体系、提高效率、防范风险，加强了制度建设，各企业对业务管理制度及流程进行了梳理、重置，针对不同业务制定完善了一批管理制度。

在2016年底组织机构调整的基础上，国机集团及所属企业管理体系得到了进一步完善。例如，所属企业逐步形成项目工作动态监管体系；完成对各事业部核心市场深度开发规划、经营现状和问题的调研；为强化技术管理能力，建立支持团队，协助业务部门开展项目前期工作。

（3）在开展对外直投业务过程中，始终将风险防控放在第一位。国机集团全面梳理投资管理工作流程，完善投资决策程序，细化投资管理制度。在投资风险防控方面，进一步加强对重大投资项目的前期调研，深入了解、充分论证项目的关键控制点和风险点，完善投资方案和风险防控措施。从投资项目与战略契合度、项目假设条件的真实性、资金筹措可行性和企业抗风险能力等方面严格把关，加强项目甄选，有效控制投资风险。利用投资信息集成管理平台，及时把握集团投资进展情况，有效实现动态监控，加强对投资项目的监督与考核。推动企业间关于投资管理工作的沟通与交流，帮助和引导所属企业完善投资决策程序，构建覆盖全集团的投资管控体系。

（4）业务模式不断创新升级，适应市场发展变化需求。2016年，国机集团及所属企业不断加快推进业务模式创新步伐，加大业务结构调整力度，优化市场布局，竞争力显著提升。中设集团利用新加坡区域中心，与新加坡腾飞公司签署合资协议，共同开发印度、马来西亚、印度尼西亚、缅甸等国家的工业园项目。中国海航积极实施核电“走出去”战略，签订了巴基斯坦卡拉奇核电站取排水工程项目。苏美达集团推进面向终端应用侧的新能源全产业链经营模式，牢固建立和实施“产品、设备、工程贸易+EPC+项目转让与运营+分布式”的业务组合，提升了差异化经营能力。积极探索“互联网+”背景下的营销模式创新，整合线上线下营销资源，着力提高互联网在市场开拓中的应用水平，助力传统产业开拓新市场。中设集团西麦克跨境电商运行良好，中工电商平台架构已初具雏形。

（5）积极深入推进区域化、属地化经营，提升国际化经营水平。国机集团高度重视海外营销网络建设，截至2016年年底，国机集团总部和所属23家二级企业共设立境外企业（包括子公司、联营公司）和分支机构（代表处）246家。其中，境外企业（子公司、联营公司）109家，分公司和代表处137家。这些分支机构涉及85个国家和地区。与此同时，国机集团和所属企业进一步推进区域化战略，如CMEC以区域化经营为目标的新加坡区域中心已成功注册，迪拜区域中心正在积极筹建，这些都有力支撑了集团业务的发展。

国机集团各企业积极研究区域市场，在“深耕”区域市场方面取得一系列成绩。中设集团新签约项目中80%以上来自于区域市场。由于有项目依托，属地化工作取得阶段性成果，当地分包、采购及当地雇员比重进一步加大，一些企业正在积极探索建立海外员工制度及加大当地分包力度的新途径。

【节能减排】

1.2016年国机集团全年能源消费和主要污染排放指标 能源消费总量60.368 0万t标准煤，万元产值（可比价）综合能耗0.191 2t标准煤，万元营业收入（可比价）综合能耗0.004t标准煤，万元增加值（可比价）综合能耗0.216t标准煤，SO_2排放量566.27t，COD排放量85.35t。

2.顺利完成“十三五”节能减排发展规划的制定和下发 国机集团于2016年正式启动“十三五”节能减排规划编制工作，于下半年向所属企业发送《中国机械工业集团有限公司节能减排规划（2016-2020年）》（国机经〔2016〕446号）。

3.完成对所属企业2015年节能减排指标的考核工作 根据《中国机械工业集团有限公司节能减排工作考核暂行规定》，国机集团在2016

年上半年完成了对所属 39 户二级企业 2015 年度节能减排专项工作的目标绩效考核工作，其中，考核结果为优秀的企业 12 家 、良好的 15 家、合格的 11 家、不合格的 1 家。

4. 认真组织好所属企业共同参与节能宣传周活动 围绕 2016 年节能宣传周“节能领跑 绿色发展”的活动主题和全国低碳日“绿色发展 低碳创新”的活动主题，编制行之有效、特色鲜明的活动方案。在节能宣传周活动具体开展中，确立了“带头履行节能减排低碳的社会责任，深入开展创建节约型企业活动”的指导思想，企业及时部署、层层贯彻，做到了全员动员、积极参与，认真开展了节能减排工作的全面自查。此外，还依托国机集团节能减排宣传网站（网址为 www.sinomach-jnjp.com），发挥网络平台作用，大力宣扬节能环保重要性，同时开展节能减排相关政策和制度的学习等活动。

【安全生产】

2016 年，国机集团认真学习贯彻习近平总书记、李克强总理关于安全生产的重要指示精神，贯彻落实全国安全生产电视电话会议和中央企业安全生产工作会议精神，切实落实国家安全生产的工作部署，牢固树立红线意识，严格落实安全责任，进一步完善党政同责制度，大力推进安全文化建设，有效防范安全风险，全面完成年度各项工作任务。全年未发生较大级及以上安全生产事故，持续保持安全生产平稳态势。

1. 国机集团领导高度重视安全生产，多次研究指导安全生产工作 通过党委常委会议、专题会议等，研究安全生产工作、传达中央企业安全生产工作会议精神，传达习近平总书记、李克强总理对“11·24”特大事故的重要指示批示精神和全国安全生产电视电话会议精神，部署开展安全生产相关工作。

2. 编制完成国机集团安全生产规划，统筹谋划集团“十三五”期间安全生产工作 国机集团编发实施《中国机械工业集团有限公司安全生产规划（2016—2020 年）》，通过对国机集团“十二五”期间安全生产工作的回顾，分析总结集团安全生产工作的有利条件、发展机遇和亟待解决的问题，提出国机集团安全生产“十三五”规划目标。

3. 进一步完善安全生产管理制度，继续深化安全生产标准化建设 国机集团不断完善安全生产管理制度和操作规程，规范管理，持续改进安全生产工作。国机集团总部 2016 年制修订 5 项安全生产管理制度。截止到 2016 年年底，集团有 140 家企业通过安全生产标准化达标认证，其中，安全生产标准化一级企业 2 家、二级企业 76 家、三级企业 62 家。

2016 年，国机集团荣获中国安全生产协会 2016 年全国安全管理标准化示范班组创建活动“优秀组织单位奖”，国机重工常林股份有限公司钳工三班、济南铸锻所开卷线班荣获全国安全管理标准化示范班组创建活动“示范班组奖”。

4. 进一步加大安全培训力度，积极推进安全文化建设 2016 年国机集团分别举办“安全检查与隐患排查治理工作经验交流讲座”“国机集团境外公共安全管理培训讲座”；编制印发 2011—2015 年《国机集团生产安全事故及安全突发事件汇编》《中国企业安全文化建设研究报告》和《中国企业安全文化建设典型案例》；组织制作“国机集团安全文化宣传教育片”，供所属企业学习借鉴；将所属企业安全文化建设达标纳入集团年度安全生产责任目标的考核。

5. 精心组织、大力开展“安全生产月”和“安全生产万里行”活动 在 2016 年安全生产月活动中，国机集团紧紧围绕“强化安全发展观念，提升全民安全素质”活动主题，结合企业实际，开展了内容新颖、形式多样、员工广泛参与的安全生产月活动。

一是大力开展安全生产宣传教育培训，全面提升全员安全素质和技能。国机集团组织开展“6·16”全国安全生产宣传咨询日活动，举办

“守护生命”安全知识大赛，开展事故警示教育活动，参加安全文化精品网上博览会活动。据统计，在安全生产月期间，国机集团共组织项目经理培训 1 678 人次、班组长培训 4 702 人次、特种作业人员培训 4 979 人次、三级安全教育培训 17 968 人次、应急培训 21 756 人次、其他安全培训 37 931 人次，参加安全知识竞赛 17 559 人次，制作安全宣传展板 2 838 块。

二是大力开展安全生产隐患排查和专项治理，全面消除安全事故隐患。国机集团及所属企业以安全生产月活动为契机，结合“开展安全隐患曝光行”等活动安排，深入开展安全生产大检查和专项整治活动。在安全生产月期间，集团共检查施工项目 425 个、生产车间 612 个、办公区域 463 个、其他 148 个，排查出一般隐患和重大隐患 5 174 项，完成整改 5 170 项，列入治理计划 4 项。

三是大力开展应急预案演练，全面提升应急处置能力。根据 2016 年国机集团应急管理工作重点和本单位应急管理情况，按照“应急预案演练周”活动安排，国机集团立足企业实际，突出重点，对各类预案进行实战演练，特别加强了境内外总承包项目现场和生产车间的专项预案和现场处置方案演练。在“安全生产月”期间，集团共组织综合应急预案演练 116 个，参演人数 8 505 人次；专项应急预案演练 401 个，参演人数 18 613 人次；现场处置方案演练 298 个，参演人数 8 061 人次。

国机集团等 6 家中央企业荣获 2016 年全国安全生产月活动“优秀组织单位”称号，中国一拖荣获“先进单位”称号，受到国务院安委会办公室通报表扬。

6. 加大安全生产监督检查力度，深入排查治理安全隐患 2016 年，国机集团共 9 次部署开展安全生产大检查、互查和专项检查活动，集团总部 13 次派出检查组对 16 家所属企业的 28 个境内外生产作业现场和工程承包项目现场开展安全生产监督检查。集团还组织存在职业危害的企业对集团《职业卫生管理办法》各项规定的落实情况开展专项检查。

国机集团全年共排查安全生产隐患 27 671 项，完成隐患整改 27 515 项，整改率达 99.44%。

7. 强化重大危险源安全管控，加强应急管理工作 印发《工贸行业较大危险因素辨识与防范指导手册》，发布“国机集团重大危险源管控清单”，制定专项方案和控制措施，建立安全监测监控体系，进一步完善应急预案并进行应急培训和演练。同时，定期开展专项检查，严控集团重大安全风险。截至 2016 年底，国机集团共编制综合应急预案 419 个、专项应急预案 1 482 个、现场处置方案 977 个，应急预案总数同比增加 199 个，开展应急演练 1 979 次。

8. 强化境外安全风险管理，加大境外重点项目管控力度 举办国机集团境外公共安全管理培训讲座，邀请专家分析讲解国际安全形势、热点国家的安全问题和加强境外安全风险管控的具体措施。建立国机集团施工分包或劳务分包单位安全生产“黑名单”制度，并定期公布“黑名单”，建立国机集团境外重大项目、高风险国家项目安全管理计划备案制度，全年 5 次发布境外安全预警通知。

9. 从严考核，确保实现集团年度安全生产责任目标 在 2016 年度考核中，41 家所属企业年度考评结果是：26 家优秀、11 家良好、3 家合格、1 家不合格。

2016 年，国机集团安全生产工作取得了一定成绩，安全形势保持平稳，安全生产风险总体上做到了可控和在控。

科技发展

【2016 年度发展情况】

2016 年是深入贯彻党的十八大和十八届三中、四中、五中、六中全会精神，落实党中央国务院关于加快实施创新驱动发展战略、加快国家创新体系建设的决策部署，推进实施“十三五”规划以及国机集团“十三五”发展战略和科技规划的开局之年。本年度，国机集团认真落实国务院国资委工作要求，努力践行创新、协调、绿色、开放、共享五大发展理念，围绕国家和国务院国资委对科技工作提出的新要求，以及努力建设“五个国机”的目标，本着“加强科技创新，促进转型升级，提升增长质量”的发展思路，通过以强化统筹引领、完善创新体系、组织协同攻关、推进中国二重长线产品研发等措施为抓手，扎实开展科技创新工作，集团科技创新工作取得了显著成效和良好业绩。

2016 年，国机集团获得省部级和全国行业性以上各类优秀成果奖 352 项，其中科学技术奖 82 项（含国家技术发明奖一等奖 1 项、国家科技进步奖二等奖 1 项），勘察设计咨询奖 178 项。申请专利 1 766 项，其中发明专利 711 项；授权专利 1 453 项，其中发明专利 509 项。登记软件著作权 101 项。主持或参加标准制修订 739 项，其中国际标准 3 项、国家标准 221 项。截至 2016 年底，国机集团累计拥有专利 10 171 项，其中发明专利 2 276 项；获得省部级（全国行业性成果奖）以上各类成果 7 212 项，其中，国家科学技术奖 181 项。

由国机集团申报的“中国机械工业集团科技创新工程”项目获国家科技进步奖二等奖，中国农机院参与完成的“高温 / 超高温涂层材料技术与装备”获国家技术发明奖一等奖。中国二重万航模锻公司被推荐为民口配套突出贡献奖集体奖获奖单位。

【科研成果产出情况】

2016 年科研成果产出情况情况见表 1。

表 1 2016 年科研成果产出情况

序号	成果名称	数量（项）
1	省部级以上各类成果奖	352
	其中：国家科学技术奖	2
	科学技术奖（含国家科技进步奖）	82
	勘察设计咨询类奖	178
	其他	92
2	申请专利	1 766
	其中：发明专利	711
3	授权专利	1 453
	其中：发明专利	509
4	制修订标准	739
	其中：国际、国家标准	224
5	发表论文	2 316
6	软件著作权登记	101

【有关政策、规划的制修订】

1. 制定《中国二重长线产品研发项目管理暂行办法》 长线产品研发是中国二重改革振兴的重要举措，是中国二重构建自身造血功能、促进技术产品结构调整和优化升级、实现可持续发展的必然途径。为推进中国二重长线产品技术研发，提升中国二重长线产品工作服务质量，规范中国二重长线产品研发项目的管理程序，有效促进中国二重改革振兴与转型升级，国机集团研究制定了《中国二重长线产品研发项目管理暂行办法》。该办法对集团重点监管的项目签订合同，明确阶段目标和责任人，实施季度会议检查和不定期现场检查相结合，有效推进长线产品落地。

2. 制定《中国机械工业集团有限公司技术开发专项经费管理办法》 为进一步推动国机集团科技进步，鼓励和促进科研开发、科研平台能力建设、科技成果转化工作，加速科技创新步伐，国机集团在暂停实施科技发展基金项目申报3年后，于2016年研究制定了《中国机械工业集团有限公司技术开发专项经费管理办法》。办法对所属企业开展重大科技专项、重点研发项目以及新建国家级研发平台进行支持，项目经费采取“资本收益抵扣”“视同考核利润”“费用化支持”相结合的方式进行支持。

3. 制定《中国机械工业集团有限公司国机质量奖管理办法》 为树立追求卓越、崇尚质量的价值导向，大力推动国机集团实施质量发展战略，不断提高产品质量、工程质量和服务质量，有力支撑集团转型升级和持续健康发展，把质量打造成为国机集团新的优势，国机集团研究制定了《中国机械工业集团有限公司国机质量奖管理办法》。国机质量奖是国机集团在质量领域授予各所属企业、项目和个人的最高荣誉，每年评选一次，国机质量奖包括企业奖、项目奖和个人奖三类奖项，其中项目奖分为产品奖、工程奖和服务奖。

【科技创新体系及平台建设】

2016年，国机集团共申请省部级以上科研与服务平台30余家，其中国家级平台9家。在国家级科技创新平台建设方面有新的突破：合肥通用机械研究院与中国电器科学研究院有限公司产业技术基础公共服务平台、江苏苏美达集团有限公司国家地方联合工程研究中心、中国汽车工业工程有限公司参与建设国家工程实验室、广州机械科学研究院有限公司与重庆材料研究院有限公司国家企业技术中心等8家平台获批建设。截至2016年年底，国机集团拥有国家工程技术研究中心7家、国家工程研究中心3家、企业国家重点试验室6家、国家工程实验室6家、国家企业技术中心10家、国家级技术创新联盟7家、国际合作基地4家、博士后工作站17家、国家生产力促进中心6家、国家级质检中心22家、全国标准化委员会58家(其中分会15家)。国机集团国家级科研及服务平台数量超过130家，标志着国机集团在相关技术领域处于科技创新优势地位，将在推动行业的技术进步、探索构建产学研合作的长效机制、带动中小企业创新发展、提升产业核心竞争力等方面发挥更大的作用。

在推进省部级研发及科技服务平台建设方面，中国机械设备工程股份有限公司“海绵城市建设集成技术湖南省工程研究中心”、中国联合工程公司“陕西省能源环境与建筑节能工程技术研究中心”、中国电器科学研究院有限公司“广东省服务机器人检测工程技术研究中心”以及中国电力工程有限公司“燃煤多污染物控制工程技术研究中心”等15家省部级科研平台获批建设，涉及工程建筑、检测服务、节能环保等领域，进一步夯实了技术创新与产业发展基础。

2016年新获批的省部级以上科技创新及服务平台见表2。

表 2 2016 年新获批的省部级以上科技创新及服务平台

序号	科技平台名称	单位名称
国家工程研究中心		
1	稀土永磁无刷电机开发制造技术国家地方联合工程研究中心（江苏）	江苏苏美达集团有限公司
国家工程实验室		
2	挥发性有机污染物污染控制技术与装备国家工程实验室	中国汽车工业工程有限公司
国家级企业技术中心		
3	广州机械科学研究院有限公司国家企业技术中心	
4	重庆材料研究院有限公司国家企业技术中心	
国际标准化技术委员会		
5	ISO 国际铸造机械技术委员会（技术委员会编号：ISO/TC306）	济南铸造锻压机械研究所有限公司
工业产品质量控制和技术评价实验室		
6	工业（电动汽车及零部件）产品质量控制和技术评价实验室	中国电器科学研究院有限公司
产业技术基础公共服务平台		
7	合肥通用机械研究院	
8	中国电器科学研究院有限公司	
9	洛阳西苑车辆与动力检验所有限公司（国家拖拉机质量监督检验中心）	
省部级科研及服务平台		
10	海绵城市建设集成技术湖南省工程研究中心	中国机械设备工程股份有限公司
11	电站大数据工程技术研究中心	中国电力工程有限公司
12	燃煤多污染物控制工程技术研究中心	中国电力工程有限公司
13	陕西省能源环境与建筑节能工程技术研究中心	中国联合工程公司
14	中联西北院筑梦空间	中国联合工程公司
15	中联西北院－西安交大能源环境与建筑节能联合研发中心	中国联合工程公司
16	天津市企业技术中心	中国汽车工业工程有限公司
17	面向过程工业安全的通用机械与承压设备行业科技服务试点	合肥通用机械研究院
18	面向质量与可靠性的通用机械产业技术基础公共服务平台	合肥通用机械研究院
19	广东省服务机器人检测工程技术研究中心	中国电器科学研究院有限公司
20	广东省装备腐蚀控制工程技术研究中心	中国电器科学研究院有限公司
21	广东省家用电器智能制造成套装备工程技术研究中心	中国电器科学研究院有限公司
22	机械工业工业机器人系统技术工程研究中心	国机智能科技有限公司
23	机械工业装备润滑智能检测重点实验室	国机智能科技有限公司
24	机械工业双向拉伸薄膜成型工程技术研究中心	桂林电器科学研究院有限公司

【科技投入】

通过充分利用国家支持自主创新方面的有关税收优惠政策、集团科技发展基金引导、争取国家项目与资金支持等多种有效途径，2016 年度国机集团科技投入达到 49.82 亿元，占集团主营业务收入（2 141.61 亿元）的 2.3%，其中科技型企业科技投入达到 28.12 亿元，占其主营业务收入的 6.9%；集团研发投入达到 28 亿元，占集团主营业务收入的 1.3%，其中科技型企业研发投入达到 16.5 亿元，占其主营业务收入的 5.6%。

【重大事件和重要工作】

1. 获得 2 项国家科学技术奖 2016 年，国机集团申报的“中国机械工业集团科技创新工程”项目获国家科技进步奖二等奖，中国农机院参与完成的“高温 / 超高温涂层材料技术与装备”获国家技术发明奖一等奖。

（1）项目名称：中国机械工业集团科技创新工程。项目通过实施创新工程，开创性地建立了“‘三个层面、九大领域’一体化研发体系”“‘贸易反哺科技’为牵引的多元化、持续性投入机制”“‘五位一体’的多维度、多层次激励机制”“‘五项举措，五种途径’的产业发展模式”，形成了“市场导向、技术引领、业务协同、创新发展”的科工贸金紧密结合的格局。新建立 37 家国家级研发平台，打造了一支高水平的人才队伍，在农机装备、重型冶金等九大领域突破了一大批关键技术，取得了大批国际先进、替代进口、填补空白的具有自主知识产权的科技成果，创新能力和综合实力显著提升，产业结构得到优化升级，实现了企业的快速发展，为推动我国机械工业的技术进步做出了重要贡献。

（2）项目名称：“高温 / 超高温涂层材料技术与装备”。要提高发动机推重比，提高涡轮前进口温度是重要途径之一，将低热导率的陶瓷材料涂覆于高压涡轮叶片的表面所形成的热障涂层，可以有效地降低叶片表面的温度，提高涡轮前进口温度。但是一直以来，只有乌克兰和德国在这方面有自主生产能力。项目填补了我国在高压涡轮叶片领域的众多空白，研制生产了具有我国自主知识产权的涂层制备关键设备，保障了航空发动机叶片的长寿命和高可靠性。项目研究成果已经在我国高性能航空发动机上获得批产应用。

2. 完成《国机集团“十三五”知识产权规划》研究与编制 按照国务院国资委要求以及企业发展内在需要，完成了《国机集团“十三五”知识产权规划》（以下简称《规划》）的研究与编制工作。《规划》通过总结国机集团“十二五”期间知识产权发展所取得的成绩、经验，针对国内外形势、集团知识产权发展面临的形势和问题，特别是对当前世界知识产权发展存在的突出问题进行深入分析，科学研判行业知识产权发展趋势和市场环境变化，以贯彻党的十八大和十八届三中、四中、五中全会精神，落实创新驱动发展战略，加快国家创新体系建设的决策部署为指引，依据集团发展战略，进行前瞻部署和顶层设计。提出国机集团“十三五”期间工作思路、目标、重点工作和举措，将有效指导国机集团知识产权发展，不断提高技术创新能力与核心竞争力，加快结构调整与转型升级，为实现集团有质量增长和建设创新型企业集团提供有力支撑。

3. 推进中国二重长线产品研发相关工作 为优化中国二重自身产品结构，提升可持续发展能力，国机集团将加快长线产品开发作为中国二重改革振兴的一项重要措施。2016 年，国机集团以推动中国二重长线产品落地为目标，积极发挥中央企业间的协同效应，与中国中核、东方电气等单位进行产品对接，并取得阶段成果，累计实现新签合同额 5.92 亿元。其中，核电锻件材料取得关键突破，已完全掌握中核华龙一号蒸汽发生器全套大锻件关键技术；主管道产品已实现批量订货，并已成为国内唯一拥有第三代核电所有堆型主管道制造能力且实现订货的制造商；成功完成国内首件东汽公司民用发电 G50 重型燃机透平机 IN718 高温合金轮盘锻件研制生产，并成功试制新一代发动机 GH4169D 整体叶盘锻件，填补了我国 700℃用高温合金模锻件空白；民用航空锻件研制方面形成国内外多点开花的局面，完成 C919 大型客机等国家战略性产品关键模锻件试制，并成功进入欧洲市场。

4. 开展科技奖励工作 完成 2016 年“中国机械工业集团科学技术奖”的评审与奖励工作。根据《中国机械工业集团科学技术奖励办法》，组织完成了 2016 年集团科学技术奖的申报、评审、报批、公告、奖证制作、奖金拨付等工作，共奖励项目27项，其中特等奖1项、一等奖3项、二等奖8项、三等奖15项，奖励个人200余人。

2016年度中国机械工业集团科学技术奖获奖项目见表3。

表3 2016年度中国机械工业集团科学技术奖获奖项目

序号	项目名称	完成单位	主要完成人
特等奖（1项）			
1	3 000kN/7 500kN·m超大型锻造操作机研制	中国重型机械研究院股份公司、江苏国光重型机械有限公司、燕山大学、西安交通大学、重庆大学	张营杰、张国方、胡洪、权晓惠、卫凌云、范玉林、赵永生、赵升吨、罗远新、房志远、许文娟、冯东晓、牛勇、王勇勤、张高亮、徐坤和、王宏亮、孔祥东、范淑琴、苏振华、王刚、严兴春、李靖祥、赵延治、闫军、张文学、江岳鹏、徐伟明
一等奖（3项）			
序号	项目名称	完成单位	主要完成人
1	东方红-LF2204轮式拖拉机	中国一拖集团有限公司、第一拖拉机股份有限公司、洛阳拖拉机研究所有限公司	薛志飞、冯春凌、王东青、贾方、王洪斌、徐书雷、赵子龙、姜斌、杨志波、郭振杰、王兴伟、吴利谦、杨根定、陈树声、刘涛
2	机场行李系统关键技术研究与应用	中国中元国际工程有限公司	王捷、邸明、谷晓阳、赵新、赵小玲、卢风禄、李刚、涂聃娜、师清木、王先、李腾达、张绍杰、肖院花、李志辉、沈利华
3	620℃超（超）临界火电机组大型关键铸件研制及产业化	二重集团（德阳）重型装备股份有限公司	宁德林、王平、杨晓兵、肖章玉、牟成海、张汝斌、邓琴、梁向方、谢军虎、刘显有、张川、查文俊、李连龙、贺代宇
二等奖（8项）			
序号	项目名称	完成单位	主要完成人
1	树脂切割片及钹型砂轮数字化车间和智能物流系统智能化成套装备	机械工业第六设计研究院有限公司、广东创汇实业有限公司	赵新力、杨沛杰、张昌杰、化银锋、刘建华、黄韬、郭杰、刘亮、宋玉峰、李超
2	生态友好型粉末涂料及聚酯树脂研究与产业化	中国电器科学研究院有限公司、广州擎天材料科技有限公司	张捷、高庆福、刘亮、李勇、程里、顾宇昕、彭浩民、胡百九、许振阳、罗绵生
3	高效光伏并网发电系统关键技术及产业化研究	天津电气科学研究院有限公司、江苏苏美达集团有限公司、天津天传新能源电气有限公司	章晓斌、蔡济波、王建峰、郭培健、楚子林、芮春保、王国建、张立强、董钺、田野
4	电容器用幅宽4.8m双向拉伸聚酯薄膜生产线研制	桂林电器科学研究院有限公司	刘亮、黄永生、马云华、杨正昊、李雪明、韦有共、黄建津、邢利欣、冯勇刚、秦承斌
5	镀锡板高速精整机组关键工艺及装备研发与应用	中国重型机械研究院股份公司	张康武、张江安、李剑、孙亚波、刘渭苗、徐长安、李宏伟、冯沙、岳国富、靳恩辉
6	大型液力变速器与湿式制动驱动桥研发及产业化项目	常林股份有限公司	廖晓明、包振义、陈浙金、黄朝晖、戴德兴、刘伟倩、吴培贤、何春、吴光耀、张弥
7	高性能铂铱合金电极材料及元件	重庆材料研究院有限公司	吴保安、刘庆宾、唐会毅、陈德茂、汪建胜、王云春、罗维凡、陈小军、罗凤兰、张栋
8	青特集团有限公司青特工业园驱动桥项目	中国联合工程公司	蒋峻、陈波、李浩、周丹诚、徐雯露、孙宇芳、曾友林

（续）

三等奖（15项）			
序号	项目名称	完成单位	主要完成人
1	汽车纵梁柔性制造数字化车间	济南铸造锻压机械研究所有限公司、一汽解放青岛汽车有限公司	李永刚、刘学真、叶福军、李志申、赵加蓉
2	三峡升船机螺母柱研制	二重集团（德阳）重型装备股份有限公司	余小兵、宁德林、史苏存、尹代萍、丁祖国
3	超低排放燃煤发电示范工程（岚山集中供热项目）	中机国能电力工程有限公司	苏引平、武春霖、韩臻、梁天生、闫辉
4	华电青岛环保技术有限公司火力发电厂脱硝催化剂生产项目	中国联合工程公司	孟凡强、郭杭锋、高春昱、范力军、王新强
5	海底管道悬跨和偏移安全评估技术	合肥通用机械研究院、挪威船级社（中国）有限公司、中国石油化工股份有限公司管道储运有限公司	董杰、曲成巍、杨文新、潘建华、柳晓东
6	人造宝石级金刚石核心装备的研究开发及产业化	郑州磨料磨具磨削研究所有限公司	王孝琪、陈亦工、潘薇、张跃亭、韩辉
7	绿色工业建筑评价体系研究	机械工业第六设计研究院有限公司、中国海诚工程科技股份有限公司、重庆大学	李国顺、张家平、许远超、尹运基、李百战
8	大型风力发电装备关键密封件研发及产业化	广州机械科学研究院有限公司	彭兵、王勇、肖风亮、王欢、方丽娟
9	转角大运量脱挂索道关键技术研究	北京起重运输机械设计研究院	姜红旗、闫登华、里鑫、李越秀、温新婕
10	锻造车间余热回收利用系统	机械工业第六设计研究院有限公司	刘勇、李龙雨、李飞、忽宝民、钟顺林
11	五轴数控异形化纤精密拼花喷丝孔智能电火花加工技术及设备	苏州电加工机床研究所有限公司	叶秋琴、朱宁、叶军、吴国兴、庄昌华
12	高性能难变形工模具钢板高效精密矫直工艺及装备的研究与应用	中国重型机械研究院股份公司、东北特钢集团大连特殊钢有限责任公司模具钢分公司	赵西韩、周文浩、刘磊、王仕杰、魏朝盛
13	东方电气集团东方锅炉股份有限公司大型一炉四用台车式热处理炉项目	中国联合工程公司	张家新、杨应凯、卢娇、杨晓卿、唐九林
14	密闭式立体动态好氧发酵反应系统	中机华丰（北京）科技有限公司	吴德胜、孙跃飞、赵明杰、赵景华、李辉
15	薄壁不锈钢洁净管道施工技术	中国机械工业第二建设工程有限公司	郝荣文、占元、张东荣、洪伟、覃兆仲

2016年度推荐国机集团特等奖项目"3 000kN /7 500kNm超大型锻造操作机研制"为2017年度国家科技进步奖候选项目。

5. 国家项目的申报、管理和重大项目的实施工作

（1）编制国机集团2016年科技项目综合计划。截至2015年年底，国机集团所属企业正在执行的国家及集团重点项目332项（总投资127.1亿元），其中国家重点项目266项（总投资91.5亿元，国拨资金20.2亿元），集团重点项目66项（总投资35.6亿元）；2015年新增项目49项（总投资10.82亿元，国拨资金3.24亿元），验收结题项目85项。

（2）国家资金补助项目的申报工作。积极争取与承担各类国家项目，2016年度累计获批国家项目68项，新增国拨资金2.74亿元。其中，由国机集团组织申报的项目获批5项，新增国拨资金13 121万元。

（3）国家项目管理工作。按照国家项目主管部门要求，加大推进项目实施进程，做好项目实施过程中的梳理和调整，大批重大项目稳步推进，取得良好成效。2016年先后完成122项国家项目的验收，其中，由集团组织验收的48项，为项目交付使用、发挥效益、规范运营，提供了保障。

6. 科技非实体工作 积极牵头申报国家项目。国家科技计划改革后，于2016年首次启动"国家重点研发计划"项目申报，面对新的政策变化、新的指南方向和重点任务，结合国机集团"科技非实体"的工作部署，充分发挥集团平台作用，精心组织集团内外优势单位形成申报团队，牵头申报"新型节能环保农用发动机开发""棉麻智能高效收获技术与装备研发""煤热解气化分质转化清洁燃气关键技术"3项国家重点研发计划项目，其中"新型节能环保农用发动机开发""棉麻智能高效收获技术与装备研发"两项目获批，争取到国拨资金6 200万元。

7. 集团科技发展基金工作

（1）继续做好基金项目管理。在国机集团拟对"三金"进行整合的情况下，科技发展基金已于2014年停止立项审批。针对2014年之前已批准且正在执行和已验收并处于考核期的项目，继续加大管理力度，做好项目执行管理和推广应用考核，2016年度共完成48个项目的执行考核（其中28个项目完成验收工作）和65个项目的推广应用情况考核。

（2）《国机集团科技发展基金项目》简报工作。为了进一步加强对科技发展基金项目的跟踪管理，及时掌握科技成果推广应用的情况，力争较全面地评估科技发展基金对带动科技投入、引导科技创新的作用，通过每半年编制一期《国机集团科技发展基金项目》简报，将基金项目的总体实施情况、基金项目科研成果的推广应用情况，客观、全面地反映出来。到2016年年底已编制22期科技基金简报（2016年完成第21、22期的编制）。

8. 集团专利及软件著作权奖励工作 依据国机集团《知识产权管理办法》和《关于全面加强科技创新工作的实施意见》规定，国机集团对所属单位的授权专利和软件著作权实行一次性奖励支持。自该项支持措施实行以来，国机集团申请专利由2007年的338项增长到2015年的1 625项，授权专利由2007年的205项增长到2015年的1 415项，年平均增长27%；2015年软件著作权登记数量达100项。国机集团申请专利、授权专利以及软件著作权登记数量得到快速增长，该项支持措施对集团知识产权工作发挥了积极的引导和促进作用。2016年按工作计划，组织完成了2015年度授权的专利资料的申报，经审查，国机集团所属35家单位共获得授权专利1 415项，其中，发明专利425项、实用新型专利935项、外观设计专利55项，共登记软件著作权100项。

2015年度国机集团所属单位授权专利和软件著作权情况见表4。

表 4 2015 年度所属单位授权专利和软件著作权奖励情况

（以授权发明专利数量排序）

序号	单 位 名 称	授权专利与软件著作权数量（项）				
		发明专利	实用新型专利	外观设计专利	软件著作权	合计
1	中国重型机械研究院股份公司	82	140	0	3	225
2	洛阳轴研科技股份有限公司	51	33	0	1	85
3	合肥通用机械研究院	34	7	0	3	44
4	重庆材料研究院有限公司	25	20	0	0	45
5	中国农业机械化科学研究院	24	65	4	2	95
6	中国联合工程公司	19	39	0	6	64
7	中国电器科学研究院有限公司	18	34	12	14	78
8	桂林电器科学研究院有限公司	17	7	0	0	24
9	中国第二重型机械集团公司	16	13	0	0	29
10	中国国机重工集团有限公司	14	51	5	2	72
11	江苏苏美达集团有限公司	14	18	2	0	34
12	中国一拖集团有限公司	12	121	23	0	156
13	甘肃蓝科石化高新装备股份有限公司	12	30	0	0	42
14	济南铸造锻压机械研究所有限公司	10	25	0	0	35
15	沈阳仪表科学研究院有限公司	9	21	0	0	30
16	中国汽车工业工程有限公司	8	14	0	0	22
17	广州机械科学研究院有限公司	8	12	0	5	25
18	国机集团科学技术研究院有限公司	8	0	0	7	15
19	中国地质装备集团有限公司	6	34	0	5	45
20	中国福马机械集团有限公司	5	40	5	0	50
21	中工国际工程股份有限公司	5	23	0	8	36
22	中国海洋航空集团有限公司	5	1	0	0	6
23	机械工业第六设计研究院有限公司	4	23	0	21	48
24	天津电气科学研究院有限公司	3	38	2	6	49
25	国机精工股份有限公司	3	36	0	0	39
26	中国中元国际工程有限公司	3	10	0	3	16
27	中国机械设备工程股份有限公司	3	5	0	8	16
28	中国机械设备工程股份有限公司中国电力工程有限公司	3	0	0	0	3
29	成都工具研究所有限公司	2	6	0	0	8
30	中国机械工业建设集团有限公司	1	4	0	0	5
31	中国机械工业集团有限公司（总部）	1	0	0	0	1
32	中国浦发机械工业股份有限公司	0	55	0	0	55
33	北京起重运输机械设计研究院	0	9	2	2	13
34	苏州电加工机床研究所有限公司	0	1	0	1	2
35	中国自动化控制系统总公司	0	0	0	3	3
总计		425	935	55	100	1 515

9. 标准资助工作 根据国机集团《标准制修订工作资助实施办法》，2016 年继续对 26 家所属企业的 473 项标准进行资助。其中编制国际标准 3 项、国家标准 132 项、行业标准 335 项、国家级工法 3 项。2016 年度所属单位获标准资助情况见表 5。

表 5 2016 年度所属单位获标准资助情况

序号	单位名称	制修订标准数量（项）
1	北京起重运输机械设计研究院	18
2	成都工具研究所有限公司	10
3	甘肃蓝科石化高新装备股份有限公司	4
4	桂林电器科学研究院有限公司	66
5	国机智能科技有限公司	5
6	合肥通用机械研究院	58
7	机械工业勘察设计研究院	2
8	济南铸造锻压机械研究所有限公司	57
9	洛阳轴研科技股份有限公司	26
10	沈阳仪表科学研究院有限公司	12
11	苏州电加工机床研究所有限公司	6
12	天津电气科学研究院有限公司	9
13	天津工程机械研究院	7
14	长春机械科学研究院有限公司	11
15	郑州磨料磨具磨削研究所	3
16	中国包装和食品机械总公司	23
17	中国第二重型机械集团公司	14
18	中国电器科学研究院有限公司	43
19	中国机械工业集团有限公司	1
20	中国机械工业建设集团有限公司	3
21	中国农业机械化科学研究院	46
22	中国农业机械化科学研究院呼和浩特分院	5
23	中国一拖集团有限公司	12
24	中国中元国际工程有限公司	2
25	中国重型机械研究院股份公司	14
26	重庆材料研究院有限公司	16
总计		473

10. 落实重大技术装备财税补贴政策 继续用好国家重大技术装备进口税收政策，组织中国一拖、国机重工、现代农装等单位认真编制政策落实情况，并提出 2016 年的免税需求，经工信部、财政部、海关总署、税务总局等四部门联合审批，2016 年度共获得 1 252 万美元免税额度。

落实首（台）套重大技术装备保险补贴政策。组织中国福马申报了“BPY74265 宽幅人造板连续压机成型压制系统”“58in 大型热磨制浆系统”两套装备的保费补贴，获得补贴 133 万元。

【质量与资质工作】

（一）质量管理

1. 管理体系运行

（1）为进一步了解国机集团所属企业对总部各部门服务满意度水平，国机集团体系管理办公室按照集团总部质量管理体系和《中国机械工业集团有限公司顾客满意度评价实施办法》的要求，结合国机集团总部部门年度考核办法的规定，组织进行了国机集团总部 2016 年服务满意度调查工作。满意度调查表随国机集团工作会通知下发全部所属企业，根据回收统计结果，共收回有效调查表 46 份，总有效项数为 2576 项。经测算，国机集团总部 2016 年服务满意度为 95.32 分。

（2）为深入贯彻国机集团 2016 年工作会议精神，落实国机集团董事会和总经理办公会关于强化质量控制的各项工作部署，进一步掌握集团各所属企业的质量管理现状，找出在质量管理和质量技术应用方面存在的问题，2016 年度对国机集团所有职能部门向所属企业进行满意度调查。本次调查共发出问卷 40 份，回收有效问卷 40 份，各个统计维度得分情况如下：一是从集团总体得分情况看，平均得分为 54.5 分，说明集团的总体的质量管理水平和意识还有待进一步提升；二是从各类型所属企业得分情况看，装备企业得分最高，平均得分 69 分，资产、财务类企业得分最低，平均得分仅 32 分；三是从各个调查模块的得分情况看，领导作用、关注顾客、资源保障和持续改进方面做得相对比较好，但是在成果奖励和供方管理两个方面需要进一步加强。

（3）为更好地落实体系管理评审会议提出的“充分发挥内审平台作用，促进国机集团总部各项管理体系和专项检查工作的融合，提高工作效率”的要求，2016 年结合国机集团制度专项检查工作方案，由科技发展部、资产财务部和监察室三个部门共同开展了国机集团总部四标管理体系、内控体系和制度专项的联合检查工作。

2016 年 7 月 28 日，国机集团召开管理体系 2016 年管理评审会议，会议由徐建总经理主持，管理者代表曾祥东副总经理在大会上作了集团公司《2015—2016 年度管理体系运行报告》。集团总部各部门负责人、内审员参加了会议，会议针对集团总部体系和管理工作提出了改进建议。徐建总经理在总结讲话中着重强调了集团的发展对总部管理和服务提出了更高要求，总部各部门要对体系工作给予高度重视，把体系工作和集团管理有机结合起来，大力推进提质增效，主动适应新形势，不断创新管理方法和管理模式，打造价值总部和创新总部，切实发挥好总部的战略引领作用，将“二次创业”“再造海外新国机”的战略部署落到实处。

2. 质量月工作 作为重点联系企业，国机集团一直积极配合国家质检总局做好开展全集团“质量月”活动，在“质量月”活动中要求所属企业结合自身工作内容及特点，通过丰富多彩的形式加大对质量知识和理念的普及和宣传力度，将质量主体责任意识融入企业文化里，落实在经营管理活动中。以“全国质量月”活动为契机，各所属企业根据自身业务特点，广泛开展宣传教育活动，普及质量知识，有针对性地开展质量管理体系相关主题的宣传和培训工作。开展产品、项目质量管理的监督检查，提高质量过程控制能力。围绕改进质量技术、提升质量水平，广泛开展学习先进质量管理方法的活动。推动企业在内部营造重视质量、追求卓越的良好氛围。

3. 2016 年质量管理大事记

5 月 12 日，接受通标标准技术服务有限公司（SGS）对国机集团总部社会责任管理体系进行监督审核。

5 月 4 日至 6 日，体系管理办公室与资产财务部联合举办 2016 年度内审和内部控制检查工作培训。

6月6日至7日，国机集团总部四标一体化管理体系内审、内控体系联合检查。

7月14日，印发《中国机械工业集团有限公司国机质量奖管理办法》。

7月28日，国机集团总部四标一体化管理体系管理评审。

8月3日至4日，接受中国船级社质量认证公司对国机集团总部质量、环境和职业健康安全管理体系进行换证审核。

11月10日至11日，接受通标标准技术服务有限公司对国机集团总部社会责任管理体系进行换证换版审核。

（二）资质管理

1.2016年资质管理工作 2016年，国机集团总部质量处继续对集团所属企业各类企业资质以及部分个人资格进行管理。共审核上报各类企业资质144项，包括甲级资质103项、丙级资质41项。特别是中国中元、机械六院和中国农机院三家单位，在集团的组织下积极参与商务部组织的援外实施企业资格公开招标，在全国近200家竞争对手中获得了包括项目管理、可行性研究、检查验收等多个类别的9项资质，为国机集团工程建设企业承接援外项目、积极开拓国际市场奠定了良好的资质基础。中汽工程的工程设计综合甲级资质积极组织申报。作为注册登记机构，继续承担设备监理工程师的新注册、延续、变更登记工作。上报率和上报通过率均为100%。

2. 2016年资质管理大事记

1月16日，《住房城乡建设部关于核准2016年度第一批建设工程企业资质资格名单的公告》（中华人民共和国住房和城乡建设部公告第1029号）中，国机集团所属中工武大设计研究有限公司获批电力行业（变电工程）专业甲级、电力行业（送电工程）专业甲级资质。

1月27日，根据商务部公布的《关于部分类别援外项目实施企业资格招标中标单位名单》，经国机集团审核上报商务部的5家所属企业多个类别的9项资质成功中标，为国机集团工程建设企业承接援外项目，积极开拓国际市场奠定了良好的资质基础。

3月30日，《关于批准2016年第五批建设工程企业资质资格延续的通知》（建市资函〔2016〕41号）中，国机集团所属机械工业勘察设计研究院有限公司的市政行业（排水工程）专业甲级、市政行业（道路工程）专业甲级、建筑行业（建筑工程）甲级资质延续获批。

6月6日，《住房城乡建设部关于核准2016年度第五批建设工程企业资质资格名单的公告》（中华人民共和国住房和城乡建设部公告第1127号）中，国机集团所属中国机械工业第二建设工程有限公司获批建筑工程施工总承包壹级资质。

7月21日，《关于公布第一批建筑业企业资质换证名单的通知》（建市资函〔2016〕85号）中，国机集团所属中国机械工业建设集团有限公司等14家所属企业的26项资质成功换证。

8月15日，《中华人民共和国国家发展和改革委员会公告》（2016年第17号）中，经国机集团组织、审核申报的122项工程咨询单位资格资质获得国家发展改革委批准，其中，甲级资质91项、新申请资质14项。

8月17日，《中华人民共和国国家发展和改革委员会公告》（2016年第18号）中，苏美达国际技术贸易有限公司获得甲级资质，中工国际招标有限公司获得预备级资质。

8月29日，《住房城乡建设部关于核准2016年度第十批建设工程企业资质资格名单的公告》（中华人民共和国住房和城乡建设部公告第1284号）中，国机集团所属中工武大设计研究有限公司获批水利行业乙级资质。

9月30日，《住房城乡建设部关于核准2016年度第十一批建设工程企业资质资格名单的公告》（中华人民共和国住房和城乡建设部公告第1319号）中，国机集团所属中工武大设计研究有限公司获批公路行业（公路）专业乙级资质。

10月21日，《住房城乡建设部关于核准2016年度第十二批建设工程企业资质资格名单的公告》（中华人民共和国住房和城乡建设部公告第1327号）中，国机集团所属中国机械工业第四建设工程有限公司获批建筑工程施工总承包壹级资质。

12月12日，《住房城乡建设部关于核准2016年度第十三批建设工程企业资质资格名单的公告》（中华人民共和国住房和城乡建设部公告第1385号）中，国机集团所属中联西北工程设计研究院有限公司获批环境工程设计专项（水污染防治工程）甲级资质。

12月15日，《关于批准2016年第二十一批建设工程企业资质资格延续的通知》（建市资函〔2016〕131号）中，国机集团所属中元国际（上海）工程设计研究院有限公司的建筑行业（建筑工程）甲级资质成功延续。

【新产品开发】

2016年，国机集团新产品开发经费支出15.6亿元，开展新产品开发578项，完成新产品新技术427项，新产品销售收入161.5亿元，其中出口为46.2亿元。在技术转让方面，2016年技术转让收入为2.47亿元，其中专利转让与授权收入达到6 105万元。

【军品配套专项工作】

（一）基本概况

1. 军品配套科研项目 2016年，国机集团结合各相关企业专业优势和特点，共组织完成5批军品配套科研、进口替代和“十三五”规划项目的申报、答辩等工作，获批13项，是集团公司成立以来年度获批军品配套科研项目数量最多的一年。全年在研军品配套科研项目28项，其中“十二五”规划项目5项、“十二五”年度项目23项，完成验收和批复8项，项目整体在研制周期内进展情况基本顺利。

通过承担军品配套科研项目，研制了一批关键配套产品，突破了一批关键技术，取得了阶段性研究成果。已经完成验收的8个项目取得预期研究成果，其中3个泵、阀项目所形成的产品已实现装机应用，获得用户单位高度评价；2个轴承项目通过主机考核试验；3个金属材料和电缆项目向用户单位提交了样品试用并通过考核，满足使用要求。

2. 国防固定资产投资项目 2016年，国机集团所属6家配套企业承担的国防军工固定资产投资在建项目共11项，其中研制保障条件建设项目7项、生产能力建设项目3项、基础研发条件建设项目1项。全年组织完成1个研制保障条件建设项目和2个生产能力建设项目的现场验收，配合有关部门完成了5个研制保障条件建设项目的竣工财务决算和审计工作。

3. 批产品生产 2016年，国机集团所属13家企业共完成35大类、980个品种的基础机电产品（轴承、波纹管、传感器、模锻件、铸锻件、测温元件、机、泵、阀、特种电机等）、整机（机场保障车辆和特种电源车等）和特种材料（特种合金、测温、贵金属电极、高中低压触头、绝缘和密封材料等）的生产和供货，完成4个型号飞机的相关载荷谱测试工作。全年基础机电产品实际完成供货近30万余件 / 台（套 / 支），全年机场保障车辆和特种电源车辆等整机产品实际完成供货170辆（台），特种合金、测温、贵金属电极、高中低压触头、绝缘和密封等特种材料实际完成供货300余吨。

（二）军工业务重点工作

1. 基础性管理工作 根据国家主管部门对军品配套项目的管理要求以及国机集团军工业务管理的需要，加大了军品配套科研项目和固定资产投资项目的管理和监督检查力度。科研项目采用问题单位重点项目定点跟踪，严格按照年度计划和节点进度监督检查，及时协调指导有关执行过程中出现的问题，确保研制项目按期完成；固定资产投资项目实施初期采用指导加培训的方式加强项目的组织实施，项目中期采用季报和实施计划综合监督、节点落实，项目后期采用月报制度细化管理，根据项目的审计和验收计划，下发通知指导和提醒企业按期完成节点任务和实施过程中的注意事项等，取得良好效果。

2. 年度工作计划 按时完成全年在研军品配套科研项目执行情况半年报告，固定资产投资项目执行情况季报、月报，军品配套项目月度审计执行情况月报，军品配套科研项目工作计划以及国拨资金预算计划、审计计划、验收计划等年度工作计划的上报工作。

3. 建设项目中期检查 按照国家主管部门的工作安排和有关要求，国机集团积极组织所属有关单位进行在建项目的自查工作，并配合地方国防工办完成中国二重德阳万航模锻有限责任公司、洛阳轴研科技股份有限公司等两家配套企业的 3 个在建项目的年度中期现场检查工作。根据检查与自查情况，组织所属相关企业针对检查中发现的问题认真进行整改，按时提交了整改报告和有关资料。

（三）重大活动

2016 年 10 月 19 日至 11 月 2 日，中央军委装备发展部、教育部、工业和信息化部、国防科工局、全国工商联在北京联合主办了“第二届军民融合发展高科技成果展览”，中科院所属科研院所、教育部直属高校、民口配套企业等 162 家单位参加了展览。开展当天，习近平、李克强、张德江、俞正声、张高丽、刘云山、王岐山等政治局常委及部分在京的政治局委员参观了展览，军委范长龙、许其亮及全体军委委员也于同日参观了展览。

作为国家重要的军品配套企业之一，国机集团组织二重万航、洛阳轴研科技、合肥通用院、重庆材料院、沈阳仪表院、广州机械院、北仪厂奥地公司等 7 家单位携 12 种产品参加了展览，集中展出了国机集团所属单位近年来在军民融合领域取得的最新成果，展示了国机集团的形象，扩大了影响，收获了商机。展会准备期间，中央军委装备发展部部长张又侠上将、国防科工局张克俭副局长亲临国机集团展台检查指导；展览开幕后，中央军委有关部门、各军兵种、国家发改委、教育部、工业和信息化部、国防科工局、全国工商联、部分央企的领导以及相关行业专家参观了国机集团展台。

资本运营

【外部重组】

（一）尽快推进中央及地方国有企业加入国机集团

2016 年，国机集团充分利用集团在机械工业的综合优势，加强同国务院国资委及地方政府的沟通联系，加快推进中央企业及优秀地方国有企业加入集团，进一步完善集团产业链条，促进集团主业发展。

1. 初步完成恒天集团重组工作 2016 年 11 月 10 日，国机集团与恒天集团签署重组协议。11 月 11 日，国机集团与恒天集团重组方案正式上报国务院国资委。

2. 重组上海电气上海工锅所 完成了重组方案的制定及国机集团内部审议决策程序，该重组事项已获得上海市国资委的同意。待获得上海市国资委正式批复后，将履行上报国务院国资委相关手续。

（二）积极开展海外并购

2016 年，国机集团所属企业开展的境外并购共 3 项，投资总额约 1.6 亿元人民币，涉及汽车零部件制造、纺织服装行业。

1. 德国 Metalsa 公司项目 苏美达机电公司通过并购德国 Metalsa Hainichen 公司 95% 股权的方式，在短时间内获得德国顶级汽车品牌一级供应商资质，进入整车直接配套市场。

2. 美国 BB 公司 75% 股权项目 轻纺公司在 2013 年投资参股 BB 公司的基础上，于 2016 年收购其余 75% 股权，以控制 BB 公司的营销渠道、品牌及客户资源、产品研发能力等。

3. 德国 FINOBA 公司 100% 股权及相关不动产项目 中汽工程通过并购德国 FINOBA 公司获得了汽车轻合金零部件的制造技术，积极顺应了新能源汽车对汽车轻量化需求的大趋势，加快业务转型升级。

【内部重组】

（一）上市公司资本运作

1. 落实承诺，顺利完成 CMEC 重组中国成套 根据重组方案，CMEC 出资约 5.3 亿元收购中国成套全部股权，履行了国机集团对资本市场的承诺，解决了同业竞争问题。

2. 突破重点，圆满完成苏美达集团重组上市 在国机集团领导的精心指导和亲自推动下，经过各方共同努力，克服了重组中的重重困难，解决了常林股份职代会、国务院国资委审批、证监会审核、股东大会审议等重大环节中遇到的问题，通过资产置换，将苏美达集团全部资产整体注入常林股份。苏美达集团于 10 月下旬正式登陆资本市场，集团 300 多亿资产进入上市公司，圆满完成重组工作。

3. 创造新高，上市公司再融资取得历史性突破 通过国机汽车非公开发行、常林股份重组苏美达项目配套融资等，获得外部融资资金约 26 亿元，为推动企业可持续性发展创造了条件。轴研科技非公开发行注入国有资本金工作已落实到位。此次非公开发行股价原计划不高于 14 元/股，实际认购价格 8.05 元/股，国机集团股比由 41.07% 增加至 43.25%。

4. 创新模式，顺利实施中国一拖股权结构调整 在与中国一拖金融股东多次沟通后，研究制定了中国一拖股权结构调整方案，金融股东以减资方式退出，减资对价为中国一拖持有的一拖股份 A 股股票。金融股东退出后，中国一拖成为国机集团、洛阳国资公司共同持股的公司。中国一拖历经多年由“债转股”形成的历史遗留问题得到彻底解决。

（二）集团内部业务资源整合

1. 展览业务板块整合 牵头完成了展览业务股改前的全部工作。在剥离中机国际所属 5 家产权（或股权）瑕疵企业后，完成各整合资源的审计评估及备案工作，并以“作价入股”的方式引进 CMEC、中国机床以及国机资本作为战略投资人。

2. 中国中元和北起院实施重组 牵头推进中元与北起院重组工作，正在推进产权、工商变更登记手续，后续将依据各自业务优势进行内部资源整合及组织结构调整工作。

3. 国机重装资源整合 完成选聘中介机构、尽职调查、瑕疵资产规范、审计、评估等一系列前期基础工作，以及初步的引进战略投资者可研报告和资产重组预案。跟踪相关动态，做好战略投资者的引进工作。

4. 精工板块资源整合 完成选聘中介机构、尽职调查、资产梳理、股权收购、审计、评估以及托管成都工具所、轴研科技托管国机精工等一系列前期工作，项目可研报告于 2016 年 8 月 1 日获得国务院国资委预审核通过，资产重组及配套融资预案于 8 月 5 日经轴研科技董事会审议通过。

5. 智能板块资源整合 在开展尽职调查、审计、评估等一系列工作的基础上，推进完成了苏州电加工重组进入国机智能的相关工作。

6. 继续推进长春机械院股改及新三板挂牌 完成了长春院尽职调查、资产规范、审计评估等工作。

7. 继续推进合肥院与中通公司重组 组织签署了合肥院托管中通公司的股权托管协议，合肥院全面接管中通公司。

【改制工作】

1. 密切跟踪“十项改革试点”进展，确定改革试点单位 研究出台了《员工持股试点暂行办法》，为下一步改革明确了方向和操作规范。及时启动中国电器院员工持股改革试点申报的相关准备工作，指导中国电器院拟订改革初步方案，制定资产调整和处置、利润分配等方案。在试点名额有限、竞争激励的情况下，由于国机集团领导高度重视和支持、准备工作扎实，中国电器院顺利被列为央企 10 个改革试点之一，改制基础工作稳步开展，资产调整完成（包括股权调整与处置、利润分配等），战略投资者基本确定（已签订框架协议），选聘了中介机构，启动审计和评估。

2. 精干主业，积极推进中国二重的辅业剥离改制 在国机集团的推动下，中国二重在资产清查和模拟预评估工作基础上，形成了万安、万路、万信三家辅业公司的改革思路，按照改制条件的成熟度，重点推进万路公司改制，通过资产调整和处置，确定了资产范围，制定了改制实施方案。中国二重按照集团要求再次完善了改制方案，组织开展了职工出资参与改制意愿的调查摸底工作。

3. 深化改革，努力推动部分企业改制 按照重组时间要求，按时完成了林海集团的公司制改制；先后启动了中国自控、中汽零、中国联合、天工院等企业的公司制改制工作。经过一年的努力，除个别企业因存在土地处置障碍影响工作进展外，大部分企业的资产清查和处置、资产范围界定、审计评估等基础工作基本完成。

【投资工作】

1. 严格投资项目审核与备案 2016 年，国机集团完成审批及备案投资项目共 104 项，涉及投资总金额 83.6 亿元。其中集团审批项目共 22 项，投资总金额 52.4 亿元；集团备案投资项目 82 项，投资总金额 31.2 亿元。2016 年，国机集团实际完成投资总额为 186.9 亿元，完成年初计划的 82%。其中，固定资产投资完成 61.1 亿元，比上年同期增加 7.4 亿元，完成年初计划的 46%；长期股权投资完成 125.8 亿元，比上年同期增加 58.3 亿元，完成年初计划的 130%。在投资总额中，境内投资为 172.7 亿元，境外投资为 14.2 亿元。按业务板块分，机械装备研发与制造类企业完成投资 20.7 亿元，比上年同期下降 22%；工程承包类企业完成投资 30.8 亿元，比上年同期下降 4%；贸易与服务类企业完成投资 97.1 亿元，比上年同期增长 133%；投资与金融类企业完成投资 38.3 亿元，比上年同期增长 84%。

2016 年，有多个投资项目因市场前景不明或潜在风险大或后续投入资金难以落实等原因，企业或主动或与集团沟通后调减投资规模或终止执行。调减投资项目主要包括：中国重型院新区建设项目压缩投资规模，由原计划 8.7 亿元调整至 4.97 亿元；国机重工洛阳重工产业园基地建设项目调减投资规模，项目调整后总投资由 10.8 亿元缩减至 7.3 亿元；中国联合所属三院缓建科研办公基地项目；农机院主动终止中机西南设立压缩机生产基地项目；中装集团重庆地质装备产业园项目调减投资规模，项目批复总投资为 3.5 亿元，中装集团拟对原项目方案进行压缩，投资规模下调至 2.9 亿元；国机重工所属天工院投资建设工程机械高新技术研发中心项目调减投资规模。

2. 持续推进投资项目后评价工作 根据集团领导的要求和部署，2016 年，国机集团继续开展部分重大投资项目后评价工作，扩大企业自查自评项目范围。经集团领导批准，选取了一拖黑龙江现代农业装备基地一期项目和中国福马宁夏振启光伏发电有限公司 30MW 光伏电站项目，聘请中国中元和中国联合两家咨询单位作为咨询单位进行独立的后评价工作。评价报告评审于 12 月底前完成。国机集团对后评价的结果进行总结，通过不同类型项目的对比分析，总结经验、吸取教训，举一反三，加强对今后同类投资项目的风险规避，保障企业持续健康发展。

3. 进一步推行投资主体责任制，签署重大投资项目目标考核责任书 通过与所属企业法人代表或主要经营领导签署项目目标责任书，加强对企业投资项目的监督和考核，落实投资风险管控责任。2016 年，国机集团持续推进该项工作，分别与苏美达、中汽工程和中国重型院等企业的 6 个重大投资项目（涉及投资规模约 15.8 亿元）签署了投资目标考核责任书。项目责任书中明确投资项目达产后，预计实现的营业收入与利润等相关考核指标，在签订项目责任书的过程中，企业主动对投资项目盈利预测进行重新测算，促使投资项目经济预测指标更趋于理性和实际。

4. 响应“压减”号召，严控新增法人企业

（1）从“清理存量、严控增量”两个方面推进“压减”工作。国机集团要求所属企业从严控制新增法人企业，严禁新设五级及以下企业，严禁设立无实际经营内容的空壳公司，从严控制经营预期效果对企业贡献不大、盈利能力不高的新增企业，严格限制产能过剩行业和非主业投资，做到能不投就不投，能合并就合并。以此确定拟设立公司的准入标准、条件以及未来三年新设公司的数量上限。

（2）尝试设定投资主体的准入门槛。鉴于个别企业实施了与其管理能力和债务风险承担能力不匹配的投资，加剧经营困难，为增强企业抵御风险能力，国机集团尝试对投资企业设定准入门槛，将企业的盈利能力和偿债能力作为审核企业能否具备投资能力的两个重要指标，确保企业健康、安全和可持续发展。2016 年国机集团固定资产投资完成情况见表 1，2016 年国机集团股权投资完成情况见表 2。

表 1 2016 年国机集团固定资产投资完成情况 （单位：万元）

	计划投资总额	完成投资总额	按投资方向划分		按项目阶段划分		到位资金	按资金来源划分		
			主业	非主业	新开工	续建		自有资金	贷款	其他
境内	1 294 535.21	583 732.96	577 687.74	6 045.22	205 514.66	378 218.30	591 778.80	350 813.72	232 670.60	8 294.48
境外	19 305.00	27 129.49	27 129.49		27 129.49		27 129.49	27 129.49		
合计	1 313 840.21	610 862.45	604 817.23	6 045.22	232 644.15	378 218.30	618 908.29	377 943.21	232 670.60	8 294.48

表 2 2016 年国机集团股权投资完成情况 （单位：万元）

	计划投资总额	完成投资总额	按投资方向划分		按资金来源划分		
			主业	非主业	自有资金	贷款	其他
境内	70 1778.02	1 143 123.81	1 142 983.21	140.60	1 062 582.23	5 885.17	74 656.41
境外	269 157.13	115 070.22	115 070.22		104 993.18	10 077.04	
合计	970 935.15	1 258 194.03	1 258 053.43	140.60	1 167 575.41	15 962.21	74 656.41

【资产管理】

1. 全面启动“三供一业”分离移交工作

（1）明确工作目标，制定工作指南。“三供一业”分离移交工作以加强重点项目跟踪指导、规范工作流程、强化政策宣传、摸清工作底数、建立工作机制、落实补助资金为工作目标，积极推动各项工作。在认真研究政策、深入分析集团涉及企业现状、借鉴兄弟央企经验的基础上，制订了《国机集团“三供一业”分离移交工作方案（讨论稿）》，规范了无偿划转、业绩认定、国有资本经营预算申报等相关工作流程，同时完善国有资本金申报体系，规范申报文本，为国机集团全面推进“三供一业”分离移交工作奠定基础。

（2）取得显著工作成效。国机集团涉及“三供一业”分离移交工作的企业共 57 户，涉及水电气热及物业管理分离移交项目 167 项，初步估算“三供一业”分离移交费用总额 20.25 亿元，涉及家属区职工约 6.44 万户。2016 年，依照完成项目及签约项目资金数额为统计标准，“三供一业”分离移交工作约完成总体进度的 26%，涉及资金 5.23 亿元。水电气热的分离移交推进较快，完成总体进度的 46%，物业移交完成总体进度的 0.85%。其中，重点企业中国二重、中国一拖的水电气热的分离移交协议已全部签订。

2016 年，国机集团获得国务院国资委“三供一业”国有资本经营预算资金 2.5 亿元，可用来支付 2012 年至 2014 年企业已投入资金约 1.58 亿元，极大地缓解了部分企业后续工作的资金压力。

2. 积极推进所属企业棚户区改造 及时跟踪国机集团 8 户企业棚户区改造工作情况，对重点项目进行调研和指导，完成了 2016 年国机集团棚户区国有资本经营预算资金申请工作。

3. 厂办大集体改革职工安置工作基本完成 国机集团所属厂办大集体企业职工安置工作除沈阳仪表院外已基本完成。原张探厂厂办大集体改革工作基本完成，在职职工和退休职工共计 654 人安置工作已全面完成，企业清算基本完成。

【其他专项工作】

（一）稳步推进“僵尸企业”及特困企业处置治理专项工作

1. 组织申报并审定企业名单 2016 年 4 月下旬以来，根据国务院国资委关于处置“僵尸企业”、开展特困企业专项治理有关工作要求，国机集团组织所属企业开展了“僵尸企业”的申报及信息统计工作。经国务院国资委两上两下最终审定，国机集团未来三年需处置“僵尸企业”24 户、治理特困企业 26 户，涉及资产 140 亿元、债务 120 亿元。其中，国资委挂牌督导的“僵尸企业”12 户、特困企业 6 户。

2. 组织制定处置治理实施方案 结合国务院国资委的要求及所属企业的实际情况，国机集团制定统一的方案模板和编制要求，组织涉及处置治理专项工作的所属企业抓紧制定“僵尸企业”、特困企业处置治理实施方案，要求企业明确方案措施、工作计划和任务目标，并细化制定人员分流安置方案及维稳预案，通过对所属企业上报方案进行审查，对方案的操作路径、关键问题提出有关意见和建议。

3. 强化工作督导和业务指导 启动处置治理专项工作后，通过相关企业调研，逐一分析每一户“僵尸企业”及特困企业处置治理中面临的困难、问题及风险。在方案推进过程中，通过建立专项工作联系人机制和工作微信群，定期与企业进行沟通，了解工作推进的进展情况，并及时反馈国资委的有关要求，解释人员分流安置等政策情况。

4. 及时了解和争取国务院国资委的政策支持 结合所属企业提出的有关问题，与国资委改组局、评价局、收益局等有关部门保持密切联系，多次赴国资委了解处置治理专项工作的评价标准、考核要求以及人员分流安置等支持政策，并及时向国资委有关部门反映个别企业面临的实际困难和问题。

按照国务院国资委的有关要求，国机集团已与国资委签订考核处置治理专项工作目标责任书，并与涉及处置治理专项工作的所有二级企业签订了考核目标责任书，并起草了专项工作业绩考核相关文件。按照要求，2016 年度计划处置完成、国资委挂牌督导的“僵尸企业”1 户、特困企业 2 户。其中，国资委督导的“僵尸企业”——阜阳轴承有限公司，拟采取破产清算方式处置，职工安置方案已经职代会审议通过，但由于地方政府因素面临破产立案存在障碍问题，经与国资委沟通协调，拟采用提前完成2017年度任务、确保完成户数的方式解决；2家特困企业，将按照计划完成考核目标。

（二）积极推进压缩管理层级、减少法人户数专项工作

1. 全面部署，组织企业开展自查及梳理工作 根据国资委关于“压减”专项工作的总体部署，国机集团下发了《关于报送所属企业严控投资新设企业及压减管理层级、法人户数工作方案的通知》，加强“压减”专项工作的政策宣贯，要求所属企业做好各级企业的自查剖析，并梳理核实法人企业户数的真实情况。

2. 逐一约谈，组织制定“压减”专项工作计划 在与各二级企业逐一约谈、逐户梳理的基础上，国机集团组织二级企业上报“压减”专项工作计划，要求各企业明确未来三年拟“压减”的目标任务、具体的“压减”对象、采取的方式、计划完成的时间，为后续按照清单法推进“压减”专项工作奠定基础。通过两下两上、重点跟踪，各所属企业经梳理核实，截至2016年5月末，国机集团全级次所属企业超过1 000户，按照集团“压减”专项工作部署，各企业计划未来三年减少存量法人企业194户，2017年、2018年、2019年上半年计划分别减少75户、54户和22户。

3. 积极沟通，争取上级理解支持和政策空间 在“压减”专项工作推进中，国机集团进一步加强与国务院国资委改革局的沟通，多次就遗漏企业基数调增、“压减”工作标准、新设企业压力及企业在“压减”中面临的实际困难等问题向国资委有关部门反映，争取得到理解和支持。经过努力，国资委有关部门基本认可国机集团“压减”专项工作基数从875户以漏登补报方式调整至972户，为后续缓解集团“压减”工作压力创造条件，同时正在抓紧研究专项工作完成标准等方面的问题。

4. 加强督导，论证“压减”专项工作保障空间 2016年，国机集团所属企业累计“压减”存量企业44户。结合国资委提出的“压减”法人户数20%的目标，国务院考虑到后续业务新增企业的压力，国机集团以资产规模（资产1 000万元）、收入规模（收入500万元）、盈利水平（三年累计盈利，三年平均利润10万元）、人员规模（5人）等为标准，对所属企业中资产、业务规模小、盈利水平差、人员较少的企业再次进行梳理，并组织有关企业进行约谈，对不符合条件的企业逐一讨论，分析进一步“压减”的可行性，建议企业研究论证扩大“压减”工作计划，以保障集团完成“压减”专项工作各阶段的目标。

（三）认真做好资产优化调整专项工作

1. 中国二重改革振兴专项工作 一是二重改革振兴办公室继续认真做好组织协调等工作。组织召开中国二重改革振兴领导及工作小组会议和有关专项会议，对二重改革振兴领导及工作小组会议决策事项执行情况进行梳理。二是认真做好与国务院国资委等上级部门的沟通，按照要求先后向中组部、国务院办公厅、国资委等上级部门及有关领导上报二重改革振兴工作进展和专项工作情况，为二重改革振兴做好服务及对外宣传工作。三是继续协调推进二重成都工程中心资产盘活工作，并协助研究资产盘活方案涉税事项。四是组织开展对CMIC资产调整及重组注入二重重装可行性的论证并配合完成国机重装重组项目的资产调整剥离工作，以及推进二重废钢废料等积压存货的清理处置工作。

2. 济南铸锻所改革脱困专项工作 一是济南铸锻所改革脱困领导小组办公室做好组织协调等工作。组织召开济南铸锻所改革脱困领导小组专题会议，并组织或参与济南铸锻所的现场调研。二是与济南铸锻所共同研究论证改革脱困方案。按照集团领导的要求，多次与济南铸锻所有关领导讨论济南铸锻所改革脱困方案，就方案措施、

实施路径及有关风险应对等提出有关意见和建议。三是配合济南铸锻所做好扬州捷迈破产方案的论证及推进工作。

3. 其他资产调整专项工作 组织协调国机汽车、国机资产开展中汽进出口重组遗留问题处理方案的论证工作，并提出有关意见和建议；完成了长电零部件股权注入中机国际、轴研科技转让高铁轴承业务资产、一拖福莱格转让永为机械 48.6% 股权等 20 余项产权处置及调整事项。

综合管理

【战略管理】

1. 科学制定战略规划 完成了国机集团"十三五"发展规划、国机集团 2016—2018 年三年滚动规划的编制工作，开展完善《国机制造 2025》的研讨交流，努力发挥战略引领作用。各所属企业结合集团"十三五"发展规划，科学谋划各自企业战略规划。

2. 加强战略规划审核 国机集团加强对二级企业战略规划的审核工作，除经过战略规划部审核外，其中 18 家企业的战略规划需要通过集团董事会授权的董事会常务委员会进行质询审核。已完成对国机汽车、中国二重、国机智能、中汽国际、国机财务、中国福马、中国建设、中国中元、中国一拖、中国联合、中国电器院等一批企业战略规划的审核或初步审核工作。

3. 抓好规划任务目标分解落实 按照国机集团发展规划，结合 2016 年工作会部署，根据新形势、新任务，分解落实集团高管人员、总部职能部门年度重点工作任务，参与完成 2016 年经理层工作任务指标分解工作，落实了集团高管人员个人绩效合约文本等。

4. 强化战略管控 按照国机集团董事会新要求，集团直接管理的二级子公司都需要制定本企业的战略规划。战略规划部积极督促所属企业根据集团要求编制好"十三五"发展规划，所属企业结合新形势、新要求，重新制定完善本企业发展规划，提出做强、做优、做大的新目标、新任务和新举措。

5. 加强战略研讨交流与宣贯 适应国机集团发展的现实需要，积极加强战略研讨、宣贯与合作交流工作。召开国机集团战略研讨会、"互联网 +"研讨会、科研院所发展座谈会、国际化经营战略座谈会、汽车业务协同创新研讨会等会议，取得非常好的效果。

例如，国机集团"互联网 +"研讨会，深入研讨了"互联网 +"给企业带来的机遇和挑战，分析了国机集团"互联网 +"发展现状，进一步明确了国机集团"互联网 +"发展方向和路径等，部署了有关工作，有力促进了国机集团"互联网 +"的发展。

国机集团汽车业务协同创新研讨会，围绕"协同、合作、创新、发展"的主题，梳理业务现状、积极沟通信息，总结成绩、分析不足，在加大新能源汽车全产业链业务投资力度和能力培育等方面形成了共识，会议内容丰富、研讨深入，将对国机集团汽车业务发展起到巨大的推动与引领作用。

6. 推进对外战略合作 进一步推进对外战略合作，不断促进合作共赢，对外战略合作取得实际成果。已经签署的协议逐步推进落地；新的合作不断开启，与广东省、湖南省以及中国石油、中国航发、中广核集团、中保投等十余家单位签署了战略合作协议；与四川省、青岛市以及航天科工、敦煌网、宏泰集团等企业进行了深入接洽交流。

【信息化】

1. 持续深化信息系统建设和应用

（1）依托信息集成管理平台，以优化业务管理流程、提升精细化管理水平为目标，升级外事审批系统、审计管理信息系统、经营管理系统、董事会管理系统、科技信息管理系统、军工数据报送系统；新开发青年志愿者信息系统。项目执行过程中，强化项目立项申请、需求确认、变更管理和上线申请等各环节的规范化运作，在验收阶段引入功能、性能和安全测试，通过整改和回归测试工作，不断提升软件项目管理的专业化、体系化水平，保障信息系统上线后的稳定性和安全性。

（2）启动国机集团网站群建设二期项目。2016年国机集团所属76家企业申请加入集团网站群平台建设，涉及中文、英文、小语种和手机网站共计175个。通过国机集团网站群建设，一是进一步落实中央网信办、公安部等四部门《关于加强国有企业互联网网站专项整治工作方案》要求，持续加强网站群安全防护和数据保障能力，2016年度网站群运行实现“零”安全事件。二是大幅度提升集团各级企业官网整体设计水平，规范了国机集团互联网网站VI视觉标准。

（3）搭建集团全球协同办公平台。2016年依托集团私有云平台，搭建集团全球协同办公云平台，实现系统和管理模式向各企业快速、标准化复制。一是支持公文在各企业内部“一次录入，多次流转”。二是强化公文管理的文件督办、催办要求，实现对电子文件办理时效性的精确管理。三是完善移动审批功能，实现基于手机端适配的文件在线审批。针对移动APP在互联网环境下使用的特点，采用链路加密和强验证措施，确保用户登录安全，数据传输完整、保密。

2. 加强信息化基础设施建设 一是扩建集团专网。新开通国机集团总部到中联西北院、机勘院等6家重点三级企业的专网线路，为集团重要信息系统向下延伸、覆盖提供高效、稳定、安全的网络基础。二是依托新开通专网，新建成中联西北院、机勘院等6家重点三级企业视频会议分会场，通过视频会议系统实现集团总部与各企业、各级企业间在线会议、商务洽商。三是加快集团灾备数据中心建设，持续提升信息化条件下企业重要数据保护和核心业务系统连续性保护能力。四是启动集团海外网络的规划和设计，通过搭建国机海外网络、海外数据中心，助力集团对境外工程项目、投资项目的精细化管理。

3. 加强网络与信息安全保障能力建设 一是落实公安部重要信息系统等级保护要求，加强网络安全基础设施建设，保障国机集团重要信息系统安全稳定运行。2016年7月，国机集团纳入国家网络与信息安全信息通报机制成员单位进行管理。二是完善网络安全保障体系建设。修订网络安全应急预案，开展信息安全应急演练，强化重要活动期间网络安全保障能力建设。圆满完成G20峰会、第三届世界互联网大会期间网络安全重保任务。三是开展网络安全培训，提升全员网络安全技能和意识。随着互联网环境的日益复杂化，2016年，针对集团型企业的网络安全攻击日趋频繁，协调国家网络安全信息通报中心、中国互联网应急中心等单位处置部分企业突发网络安全应急事件。

4. 持续开展软件正版化工作 一是健全软件知识产权保护长效机制。组织所属企业开展以办公软件、操作系统为主的软件集采工作。二是开展软件培训，挖掘软件资产使用新价值。三是聘请软件知识产权顾问，协同集团法律事务部门化解知识产权法律风险，不断提升企业识别和应对软件知识产权风险的能力。

【人力资源管理】

2016年，国机集团认真贯彻落实中组部、国务院国资委的相关规定和工作要求，紧密围绕集团发展战略，科学制定新的五年人才队伍建设规划，逐步完善干部选拔任用工作程序，加大干部交流力度，不断优化薪酬激励体系，充分激发人才队伍活力，努力打造一支高素质的干部人才队伍，为集团发展提供了坚强的人才保障和智力支持。

1. 制定颁布《中国机械工业集团有限公司人才队伍建设规划（2016—2020年）》（以下简称《人才规划》） 为全面实施“人才强企”战略，实现国机集团业务结构优化升级、经营业绩持续增长、社会价值显著提升、行业地位巩固加强的目标，制定并颁布了《人才规划》。《人才规划》提出，以全面推进人才理念转型、结构转型、能力转型和机制转型为主线，以深化人才发展体制机制改革为动力，以高层次人才队伍建设为重点，统筹推进，努力打造符合国机集团发展要求的“五型”人才队伍，构建具有国机集团特色的“三化”人才工作机制。即：培养和集聚一批规模适度、结构合理、能力突出、素质优良的战略型出资人代表、领军型经营管理人才、复合型党群人才、创新型科技人才、专家型技能人才，积极构建市场化、国际化、科学化的人才工作机制。依托“十百千”人才工程、“80、90英才工程”、“国际化人才工程”等三大人才工程，关键岗位继任计划、科技领军人才计划、专业骨干人才计划、技能大师人才计划等八大计划，提升人才发展质量，优化人才队伍结构，增强人才队伍能力，持续改善人才工作机制与环境，充分激发人才队伍的活力与激情。

2. 优化工作程序，推进企业领导班子建设

（1）按计划推进所属企业行政领导班子和党委换届考核及有关专项考核工作，扎实推进所属企业领导班子建设。组织完成所属企业行政换届14家，开展专项考核4家。根据中组部《关于在“两学一做”学习教育中对基层党组织按期换届情况进行专项检查的通知》要求，对所属企业党委换届情况进行摸底，积极推动所属企业党委换届工作，完成党委换届4家。同时，不断完善国机集团干部选拔任用工作程序，结合国机集团干部管理实际，进一步规范动议酝酿环节，明确了干部选拔任用工作酝酿小组的参加人员、主要研究事项及具体工作程序。

（2）在科学选配领导班子方面，注重抓好三个关键点。一是紧密结合国机集团改革发展进程，及时提供人力保障。为促进中国二重改革振兴工作，从进一步优化班子结构、搭建平台、汇聚各方力量推动中国二重加快恢复自身造血功能的角度出发，对中国二重的领导班子进行了调整。二是注重加强对所属企业领导班子的动态管理，及时规避风险。三是针对所属企业班子成员年龄结构老化、退休等情况，及时充实班子力量，优化结构，增强班子战斗力。组织完成所属企业和总部干部任免457人次，其中任职253人次，涉及提任26人、免职204人次。列入集团干部管理序列的领导干部281人（所属企业干部259人，集团总部干部22人）；截至2016年11月底（全员竞聘前），集团总部共127人。

3. 加大干部人事工作改革力度

（1）积极推进试点企业董事会选聘经理层副职。结合所属企业行政领导班子换届考核，积极推进试点所属企业董事会授权工作，进一步严格干部选用标准，严格任前沟通和任后备案程序。扩大授权范围，对所属企业董事会构成、运行情况以及企业近三年业绩情况进行分析，在原有10家试点企业的基础上，新授权5家企业董事会选聘经理层副职。

（2）进一步理顺国机集团所属企业干部管理层级。在对国机集团所属企业干部管理层级现状进行分析的基础上，提出根据所属企业股权关系进行干部管理权限的调整，已被重组为三级的企业和已被托管的原二级企业，领导班子管理权限交由集团所属二级企业。

4. 推动干部挂职交流，落实精准扶贫 积极推进国机集团和国家机关、地方政府以及集团系统内的干部交流，特别是根据党中央关于“精准扶贫”相关工作要求，国机集团主要领导亲自带队到定点扶贫地区考察调研，为精准扶贫“谋局落子”，切实激发所属企业和总部员工参与扶贫工作的热情和责任。根据扶贫工作需要，结合干部培养锻炼实际，国机集团总部和所属企业精心选派素质过硬、专业对口、能力突出的交流干部到扶贫县开展工作，选派3名干部分别到河南省固始县、淮滨县和四川省广元市朝天区挂职，助力当地脱贫；选派河南扶贫地区驻村第一书记人选2人，联系对接四川广元朝天区向中国农机院派出挂职干部。同时，国机集团还选派了1名同志援藏挂职，2名博士服务团成员分别赴新疆、贵州挂职锻炼。通过干部交流，交流干部的思维得到转换，视野得到拓宽，能力得到锻炼，发展得也更为全面。

5. 优化调整国机集团总部组织机构 为进一步落实《中共中央 国务院关于深化国有企业改革的指导意见》，更好地贯彻2016年中央企业“提质增效”要求，结合国机集团成立20周年这一历史节点和发展现状，重新审视企业价值与使命，从集团的神经中枢——总部改革入手，国机集团历时近一年对总部机构进行全面梳理，通过机构调整重塑总部核心职能，形成七大职能部门和五大事业部的组织架构。在此基础上，通过全员竞聘，实现企业内部管理人员能上能下、员工能进能出、收入能增能减，增强总部干部职工队伍活力和竞争力，提升总部管理与服务水平，从而带动和推动全集团的强身健体。国机集团在开展总部竞聘工作的同时，还开展集团总部与所属企业之间的干部交流和部分所属企业处级及以上高管岗位的公开竞聘，力争通过上下联动，激发总部活力，培养管理能力突出、生产经营实践经验丰富的复合型领导干部。

6. 助力中国二重改革振兴 根据国机集团对中国二重改革振兴工作的统一部署和国机集团领导对中国二重完成“双超”目标的要求，将中国二重领导班子的调整和考核作为重点工作。一是对中国二重的领导班子进行调整，推动中国二重规范董事会建设，完善决策体制，支持中国二重改革振兴。二是指导制定经理层考核办法，落实高管责任，确保考核有效实施，通过拉开薪酬差距等方式激励班子成员完成年度目标。同时，继续协助做好减员分流相关工作。

7. 发挥考核导向作用，优化完善薪酬体系

（1）董事会对经理层的考核突出“定量化”指标。董事会对经理层的考核定量指标进一步增多，特别是经理层的重点工作任务类指标，不仅有宏观定性阐释，还有具体明确的考核目标值，更加体现业绩导向。同时，根据年度重点工作任务，将“两金清理”有关要求加入集团高管考核指标，从而更加有效地推动该项工作任务的落实。

（2）所属企业领导干部考核突出信息的系统分析。根据《国机集团所属企业领导班子和领导干部综合考核评价办法》，充分运用信息系统，对考核数据进行系统分析，关注与“德”相关的指标得分，关注得分为极值的指标，还按照板块对同类型企业的考核得分情况进行对比分析。通过任期经济责任审计、年度经营业绩考核、签订年度经营目标责任书等方式，确保所属企业领导班子的运行质量。同时，在年度先进单位、单项奖评选中，综合考虑企业年度经营业绩考核、任期考核得分，国机集团年度重点工作推进程度，落实国机集团“提质增效”目标的力度和贡献度等各种因素，不断提升评选结果的科学性和公认度。

（3）总部BSC业绩考核指标突出战略导向。为进一步明确国机集团战略导向，增强对国机集团总部年度重点工作任务的执行力，在确定年度总部各部门绩效指标时，实现了高管考核指标和年度重点工作任务的全覆盖，充分体现了任务导向、降低成本、提质增效的核心要求。

（4）不断完善工资总额预算管理，强化效益联动机制和日常监控。根据国机集团总体效益情况，不断细化和完善效益与工资总额的联动机制，指导企业按照经济效益完成情况对工资总额作出预算安排，根据工资总额与效益同向变动的原则，严格按照企业实现利润预算核定当年工资总额预算，完善企业内部工资总额和职工收入水平的双调控。密切关注企业效益增长与工资总额增长匹配关系，强调“效益涨、工资涨，效益降、工资降”，建立覆盖全部企业，贯穿事前、事中和事后各环节的内部管控制度和流程。

8. 促进多层次人才队伍建设 继续开展“千人计划”“万人计划”、享受政府特殊津贴专家、中央企业创新人才推进计划、国机集团第三批首席专家和首席技师等多层次人才的选拔推荐工作，努力为各类人才成长拓展提升空间。国机集团系统有 3 位同志入选“万人计划”专家，3 位同志当选全国技术能手，2 位同志有望入选“千人计划”专家。

9. 加强领导干部监督 一是做好领导干部个人有关事项报告工作。2016 年，国机集团系统共 3 334 人上报个人有关事项。在此基础上，组织开展随机抽查和重点抽查工作，按照随机抽查比例不低于 10% 的要求，国机集团系统随机抽查 360 人，重点抽查 483 人。同时，指导企业严格落实“凡提必核”要求，对拟提任人选、拟列入后备干部人选个人有关事项报告重点核查，督促企业做好抽查结果的比对、处理报备，有效落实从严管理、从严监督干部的工作要求。二是做好领导干部人事档案专项审核工作。对集团管理的 320 余份干部档案进行梳理和检查，严格按照审核登记、汇总分析、调查核实、组织认定等步骤检查重要信息，规范、稳妥地处理相关问题。同时，指导所属企业认真开展人事档案审核工作，在细致做好档案审核工作的同时，切实维护干部人事档案工作的严肃性和公信力。

【财务管理】

2016 年，国机集团财务工作继续以“做强做优”“实现有质量的增长”战略目标为引领，以“夯基础、控风险、创效益、促发展”为工作宗旨，持续推进“六大体系，一套标准”工作，着重打造财务价值创造能力。

一是深化资金管理体系。与银行“总对总”战略合作进一步深化，授信规模超过 3 000 亿元，国机集团可归集资金集中度达到 86.2%。

二是深化全面预算管理应用。积极响应集团部署，落实国机集团经营重点任务，推动经营提质增效。

三是优化财务核算管理体系。国机集团获得财政部“财务信息管理先进单位”称号和国资委财务快报先进企业称号；对 38 家二级企业逐户下达年度决算批复，督促企业系统整改经营管理问题；针对覆盖 800 家单位的管理跨度，持续优化财务系统，强化信息质量考评，加快信息发布速度，为集团决策提供有效的支撑。

四是强化资产管理体系。出台下发了《国机集团产权登记管理暂行办法》，进一步提升了各企业产权登记的及时性、规范性和完整性。严把评估报告质量关，有效发挥评估的价值衡量和价值监督功能，协助推进资源重组整合工作的顺利开展，有效维护了国有权益。

五是强化集团财会队伍建设。财务队伍素质持续提升，开展多种形式的专题研讨和内部学习交流，组织了会计人员专题培训。

【审计稽查】

2016 年，国机集团紧密围绕“二次创业”和“再造海外新国机”的发展战略和经营部署，以风险和问题为导向，以发现风险、查找问题、促进发展为目标，统筹把握创新、改革、发展三大主题，推进审计工作向风险管控、价值创造转变。

1. 拓展广度和深度，发挥审计的监督和增值功能 按照国家审计署、国务院国资委关于加强企业内部审计工作规定要求，国机集团内部审计涵盖业务内容范畴持续加大，已经从传统的总部审查、财务收支审查、基本经济业务审查扩展到对所有重要分支机构、重要资产、重大投融资事项、重大经营管理活动的审计全覆盖；从传统的事后审查逐步扩展到事前、事中、事后全覆盖；对企业运转全过程的日常参与程度不断提高，风险管控的关口持续前移。2016年，国机集团审计稽查部共审计涵盖集团二级企业及其分支机构104家，审计资产920亿元，披露重要事项185项，提出审计意见233条，有效发挥了审计的监督和增值功能。

2. 加强对境外资产的审计力度 随着国机集团近年走向海外步伐的逐步加快，投资经营项目逐年增加，对海外投资的公司和项目的监督管理显得越来越迫切。国机集团审计稽查部逐步提高对海外项目审计频率，加大审计力度，重点对海外投资项目执行的投资效益、海外资产安全及海外工程的施工、建造、大宗材料设备采购、大型设备的物流运输、佣金支付、设计勘察、项目后期运行维护管理的分包业务、项目经济效益情况等进行审计。

3. 加强对所属单位内部审计工作的管理和规范 2016年，审计稽查部按照国家审计署、国务院国资委关于加强企业内部审计工作规定要求，在做好对国机集团所属企业审计的同时，加强所属企业内部审计管理工作，充分发挥二级公司审计部门对其子公司审计监督作用。2016年，国机集团各二级公司审计工作力度明显加大，全年审计公司、项目达292户，披露重要事项1 088个，下达审计意见1 101条，加强了子公司内部控制和风险防范工作。

4. 加强国机集团所属企业监事会管理工作 2016年，审计稽查部下发了《国机集团关于所属企业监事会工作指导意见》（国机审〔2016〕16号），进一步明确审计稽查部归口管理监事会工作。对内设监事会职责、工作形式及企业配合服务、监事会主席工作述职等作了明确的要求；充分发挥外派监事会的作用，围绕加强和改进外派监事会制度这一核心目标，强化监督，防止国有资产流失，完善国有资产管理体制，完善现代企业制度，监督所属企业董事会和经理层依法依规履职。

5. 做好审计结果跟踪检查工作 审计稽查部在做好2016年度审计工作的同时，加大对2016年审计中发现问题的跟踪落实整改力度，重点对中国一拖、中汽国际、成都工具所、中国农机院、中机六院、国机汽车、沈阳仪表院、天津电气院、中国电器院、中国二重、国机集团科学研究院、中汽工程、中国重型院、苏美达集团等单位审计意见整改落实进行专项检查。

6. 做好与国家审计署的沟通协调工作 审计稽查部与国家审计署企业审计司建立了沟通协调机制。按照企业审计司要求，提供相关资料，汇报审计工作开展情况。2016年配合国家审计署哈尔滨特派办对哈电集团审计到CMEC了解情况工作。

【法律管理】

2016年，国机集团在全面完成国务院国资委“2012—2014三年法治工作目标”的基础上，坚持国资委提出的央企努力实现“再深化、再提升、再创辉煌”的法治工作目标，继续推动实施法治建设五年规划。

1. 处理日常法律事务

（1）日常法律事务工作。审查合同255份，审核授权书41份，处理工作联系单事务93项、签报事务95项，参与国机集团质量体系、内部控制、规章制度联合检查工作；参与重大决策事项法律审查，为国机集团展览业务整合、国机智能重组、精工板块整合和国机重装重组等项目选聘法律服务中介机构，确定律师工作内容并协助律师开展投资、并购、重组项目初期尽职调查等有关工作。

（2）完善法律信息管理系统。2016年对法律管理信息系统商标管理模块功能进行完善和优化，完成对国机集团及所属企业商标全面更新统计工作。

2. 参与重大项目法律审查 就中白合资公司章程修改出具法律意见书；修改中国二重与中航工业合作协议并提出法律意见；审核安哥拉比耶省供水项目、喀麦隆水厂项目、伊朗钢厂项目等项目合同及内外保函，审核、修改科特迪瓦国家电网发展和改造项目三方协议、牙买加项目佣金协议、印度尼西亚煤炭运输综合体项目合作框架协议等。

各所属企业法律部也积极参与各项重大复杂项目法律审查并取得良好成绩。江苏苏美达集团公司法律事务部参与海外投资并购项目，协助业务部门成功完成旗下轻纺公司对美国 BB 公司的两轮投资收购及机电公司收购德国汽车配件公司等；中国机械设备工程股份有限公司深入开展“一带一路”工程项目建设法律服务工作，该公司法律部门荣获享有“法律行业奥斯卡”美誉的“In-House Community 年度全球工程类最佳公司法务团队大奖”，成为该奖项设立以来第一家获此殊荣的中央企业。此外，该公司法律与风险管理部下设出口管制办公室获得 WORLD ECR 评选的最佳出口内控合规团队奖。

3. 重大法律纠纷案件管理 2016 年，法律事务部加强重大纠纷案件管理工作：一是确立重大法律纠纷案件专人督办机制，对金额在 1 000 万元以上、对企业影响巨大的重点案件实施全程跟踪，对所属企业案件予以全力支持；二是以“加强所属企业案件管理”为重点，通过调查问卷、现场调研、自查报告等方式加强法律纠纷备案管理及重大案件督导工作。

国机集团总部重大案件管理：就菲铁仲裁案建立小事记录、大事商量，时时联系、及时报告的案件管理机制，取得仲裁案 21 项、初裁事项全部胜诉的良好开端。首先，建立案件跟踪档案，对案件进展情况进行详细记录；其次，对于案件的重大节点事件，召开案件专题讨论会予以深入研究，工作小组统一意见后及时报请集团领导批复；再次，与律师团队保持紧密联系，随时交换意见，沟通信息；最后，案件的每一项重大进展或出现的重要事件均通过报告及时反馈给领导层，实现部门间密切配合，形成菲铁仲裁案工作组与律师团队紧密协商的工作局面。

国机集团所属企业重大案件监督：重点跟踪国机重工马泰克案，组织召开仲裁案件研讨会，听取案件进展情况汇报，就下一步仲裁策略提供意见和建议；协助国机重工收集证据资料，包括调取集团总部的评审流程、规章制度，办理档案室提档手续，协助收集法律法规等；督促国机重工及时上报书面报告，及时汇报案件进展。就 CMEC 圣淘沙船舶代理纠纷执行案致函江苏省高院；就天工院改制前遗留案件提供法律咨询意见；就苏美达技术公司钢材仓储案件向国务院国资委汇报；就深圳中机大楼查封案派专员赴深圳了解情况。此外，密切跟踪上海浦发化工品案、中地装保兑仓案、中设国贸与中海油原油贸易案等重大案件进展。

4. 加强法治宣传、法治培训

（1）制定法治工作实施方案。根据国务院国资委的要求，2015 年，国机集团制定《中国机械工业集团有限公司五年法治工作实施方案》（简称《实施方案》），并要求各所属企业参照集团制定的方案和规划拟定适用于本企业的《实施方案》。2016 年 7 月，国机集团法律事务部派专人赴所属企业抽查《实施方案》执行情况并在集团法律工作会上总结各企业法治建设情况。

（2）开展题材丰富的法律专题培训。国机集团法律事务部以“国机法律讲堂”为主线开展企业法律顾问业务培训工作。集团各级所属企业根据本企业特点开展法律培训，如：针对破产案频发，组织专业破产律师做“加强客户动态评审，防范客户破产风险”的专项培训；针对韩进海运破产，第一时间组织物流及法务人员交流座谈，了解海运货物情况，请资深物流人员分享应急处理经验。

（3）利用新媒体进行法治宣传。建立“国机法律集结号”微信群，发布最新法律法规，转发各类法律文章，讨论各类法律议题；就不同项目和案件建立各类微信工作群，使业务、财务、法务人员在同一群中交流工作，接受咨询、分享经验。

【企业文化与品牌建设】

1. 开展国机集团品牌形象宣传广告语征集活动 2016年4月，国机集团开展了品牌形象宣传广告语征集活动，得到社会各界的热烈响应和广泛参与，参赛者来自全国各行各业，充分体现了社会各界对国机集团的关注以及对活动的支持。按照公开、公平、公正的原则，经过专家组的多轮评审，从报送的1453篇作品中，评选出一等奖2名、二等奖2名、三等奖4名、优秀奖4名。本次活动充分展现了国机集团阳光、正面的品牌形象，进一步提升了国机品牌知名度。

2. 开展国机集团创新文化论文征集活动 2016年5月，按照国务院国资委相关要求，为推进国机文化建设，国机集团开展了以“创新文化”为主题的论文征集活动。经过初评和专家评审，从报送的115篇论文中选出优秀论文，其中：一等奖6篇、二等奖10篇、三等奖20篇。中设集团、中国农机院、中国一拖、苏美达集团荣获优秀组织奖。这些获奖论文涉及文化创新、品牌创新、工匠精神等内容，为继续推进企业文化建设的研究和实践，发挥了重要的推动作用。

3. 开展国机集团成立20周年主题征文活动 2016年10月，为生动记录国机集团成立20年来走过的不平凡历程，国机集团开展了“同行20年”主题征文活动。经过专家组评审，从报送的征文中选出：一等奖10篇、二等奖20篇、三等奖30篇、优秀奖60篇。中设集团、中国二重、中汽工程、中机六院、中国一拖、沈阳仪表院、中国海航荣获优秀组织奖。获奖文章多角度、多层次地反映了国机集团自成立以来的发展历程、精神风貌和坚实足迹，十分具有纪念意义。

4. 举办国机集团首期品牌战略与品牌管理研修班 2016年8月22—26日，国机集团首期品牌战略与品牌管理研修班在中国大连高级经理学院举行。本期研修班以提升国机集团品牌管理能力为目标，旨在深入领会习近平总书记关于“由中国制造向中国创造转变，由中国速度向中国质量转变，由中国产品向中国品牌转变”的指示要求，增强品牌管理人员品牌管理意识，学习品牌管理知识与方法，提升品牌管理能力。研修班围绕宏观经济发展环境、品牌战略、品牌管理、品牌危机应对四个部分展开，涵盖品牌定位、品牌塑造、品牌传播、品牌国际化、品牌维护等重点内容，通过以专题讲座为主，辅以案例教学、分组讨论和结构化研讨等方式，增强品牌意识，提升品牌管控能力，真正掌握能运用于品牌营销实战的策略与方法。国机集团总部及所属企业50多名品牌管理人员参加了研修班。

5. 举办国机集团企业文化建设经验交流会 2016年10月25—26日，国机集团企业文化建设经验交流会在南京召开。与会者围绕国务院国资委对于企业文化建设的相关要求，以及任洪斌董事长关于加强国机文化传播的指示要求，进行了深入交流。苏美达集团、国机汽车、中国二重、中国一拖、中汽工程、国机智能等所属企业分享了在企业文化建设方面的好经验和好做法。中粮集团贸易有限公司党群工作部部长高兆受邀作为嘉宾在会上分享了中央企业文化建设经验，国机集团对创新文化论文征集活动的获奖单位和个人进行了颁奖。

6. 出版《国机文化与品牌》杂志 2016年，《国机文化与品牌》杂志创刊七周年，累计出版杂志28期，刊发文章数百万字。杂志以其鲜明的风格和丰富的内容，展现了国机集团企业文化和品牌建设的发展脉络，讴歌了广大员工倾其心力、积极探索的主人翁精神，展示了集团企业文化建设取得的成绩和国机集团日新月异的变化，传承了国机文化风采，提升了国机品牌价值。7

年间，国机集团向国资委、集团总部、所属企业、利益相关方发放杂志数万册，为推进国机集团企业文化建设和提升集团品牌影响力，发挥了积极作用。

7. 荣获 2016 年度全国企业文化建设优秀单位 2016 年 11 月 12—14 日，由中国企业文化研究会主办的“深入推进企业文化创新，迎接第四次工业革命 —— 中外企业文化 2016 峰会”在广西南宁召开。本次中外企业文化峰会围绕贯彻中央关于企业改革转型、“中国制造 2025”等精神，分析新一轮工业革命中中国企业面临的挑战与机遇，研讨创新企业文化的思路、方法、模式，总结推广新时期企业转型发展的典型经验。来自全国各地的近 700 名中外企业代表参加了会议。会上，国机集团荣获 2016 年度全国企业文化建设优秀单位。

【履行社会责任】

1. 社会责任报告首获中国社科院五星级评级

2016 年 10 月 25 日，国机集团 2015 年社会责任报告在南京发布。与之前的报告相比，这份报告在内容上增加了“中国制造：国机的责任与担当”的责任专题和“海外公益”等重要社会责任议题；在形式上则通过多用数据、图表和讲故事的形式，提高了报告的可读性。整个报告从编制内容到形式，都充分体现了国机集团国际化和专业化的特点。该报告获得了中国社科院企业社会责任研究中心的最高评级 —— 五星级。作为中国企业社会责任领域唯一的国家级研究机构，其评级标准非常严格，获评五星级报告不仅是对国机集团 2015 社会责任报告的嘉奖，更是对国机集团多年来履责成效的充分肯定。

2. 开展“美丽海外国机 —— 国机集团社会责任影像志”活动

2016 年 11 月，国机集团开展了“美丽海外国机 —— 国机集团社会责任影像志”活动，以直观的影像方式，表明国机集团在海外坚持负责任运营，寻求合作共赢的理念、实践和成效。活动依据影像及影像所反映的社会责任实践挑选出数十张国机集团海外项目的优秀图片，参与了中国对外承包工程商会主办的“美丽海外中国 ——‘一带一路’中国企业社会责任影像志”评选活动，获奖作品均入选《美丽海外中国 ——“一带一路”中国企业社会责任影像志》大型画册。

3. 荣获金蜜蜂 2016 优秀企业社会责任报告 · 领袖企业奖

2016 年 12 月 1 日，第九届中国企业社会责任报告国际研讨会在上海召开，《国机集团 2015 年社会责任报告》获评“金蜜蜂 2016 优秀企业社会责任报告 • 领袖企业奖”。国机集团已连续发布 7 份社会责任报告，报告编制水平在中央企业社会责任报告行列居于领先地位。组委会专家评审团对内地在 2016 年 11 月前发布的 1328 份企业社会责任报告进行了系统评估，仅 14 家企业的社会责任报告脱颖而出，获评“领袖型企业”奖项。

【宣传工作】

1.《国机集团报》出版发行工作 《国机集团报》2016 年全年完成编辑出版 22 期（200 个版），折合标准期 25 期，总字数近 70 万字，总发行量 20 余万份。

2016 年办报工作呈现以下几个特点：

（1）紧贴集团大事，传达工作会精神。报纸密切关注国机集团重点事件、重要节点，比如二重扭亏脱困、精准扶贫、提质增效、再造海外新国机、丹棱精神、“两学一做”等重点主题报道。及时开启了“再造海外新国机”“二重改革进行时”两个系列化专题的报道，其中“再造海外新国机”做了 3 期，“二重改革进行时”做了 5 期。另外，在“五四”“七一”“年中工作会”“集团乒羽赛”“B20 峰会”等重要时间节点，配合集团党委要求，做了 6 期特刊，特刊数量超过往年。

(2)坚持做好“电灯泡漫画”和“改革故事汇”栏目。“电灯泡漫画”和“改革故事汇”作为报纸的品牌栏目，一直是每期报纸的重点。2016年，分别刊登11幅漫画作品、11篇故事，除特刊之外，正常刊基本做到了每期必登。这些漫画作品主题涉及合同管理、资金管理、“两学一做”等，以生动多样的形式针砭时弊、传递正能量。同时，“电灯泡”形象已经深入人心，国机集团微信、工作会、乒羽赛等大型活动也开始广泛使用该形象。“改革故事汇”继续挖掘企业改革中的好故事，北起院、中国重型院、国机资产、中国福马等公司以讲故事的形式反映企业在改革创新中的做法。该栏目继续保持好稿率100%的高水准。

(3)做好常规新闻的图形化、条目化编辑。继续保持对制图和条目化的要求，2016年共制图约80幅，每期约3幅制图。图表让读者第一时间获取新闻亮点，调动阅读兴趣。报纸还加大了图片的使用量，平均每个版至少有3张图片，图片数量较往年有较大增长。

(4)加强制度建设，夯实报纸管理。为规范工作流程，增进任务下达的严肃性，对部分重点工作实施工作单制度。2016年共发放15次任务单，编辑部基本能按时间节点完成任务。继续实施对编辑工作量的考核，由以前的按季度填写，改为半年填写。形成日常审核单69份，撰写年终责任编辑考核报告3份，编辑部整体考核报告1份。通过这些手段，提升了编辑工作的责任心，增强了报纸质量的控制。为激励通讯员工作热情，报纸继续实施评报制度。月度会专门设立评报环节，从每期报纸中评选“好稿件”“好策划”“好版面”，2016年1—11期，累计评选出好稿件22篇、好策划5个、好版面9个，并对好作品进行表彰。

(5)多种形式加强发行及稿酬管理工作。为让报纸最快速地到达读者手中，2016年所有二级企业的报纸由平邮改成快递投寄；对关心报纸的老干部采取单独快递寄送的方式，对部分老干部采取集团交换的方式，确保万无一失。在稿酬发放上，改邮局汇款为网上汇款，既便捷又能确保每家单位及时收到。

2. 对外宣传工作 2016年，围绕中国二重改革振兴工作和“一带一路”建设，国机集团先后主动组织、参与了多次中央重量级媒体参与的报道活动。主流媒体、战略合作媒体等累计发稿46篇次，各类品牌广告和形象广告15幅次，总发稿字数20余万字。

(1)重大事件宣传报道情况。2016年，国机集团参与中宣部“一带一路”大型报道。稿件刊发于《人民日报》、中央电视台、中央人民广播电台、《经济日报》等中央主流媒体，在一定时间段内形成规模效应，转载量均达百余篇次。完成中央电视台两个摄制团队“一带一路”纪录片对国机集团所属企业承建中白工业园、斯里兰卡项目、柬埔寨达岱水电站等项目的拍摄采访组织配合工作，以讲故事的方式展示国机集团海外工程项目。

邀请多家媒体记者参会报道国机集团2016年工作会。新华社、《人民日报》《科技日报》、光明网、人民网、环球网等十余家媒体原发报道，30余家网络媒体跟进转载。

2016年3月以来，中央纪委网站连续发布多篇以“倒逼改革 促进发展”为主题的长篇独家文章，介绍中国机械工业集团等数家央企在巡视过后的巨大发展变化，引发广泛关注。文章被新浪、网易、今日头条、人民网、新华网、共产党员网等20余家网络媒体转载。

2016年9月3—5日，在G20峰会期间，作为二十国集团工商界（B20）基础设施工作组主席，国机集团董事长任洪斌接受了新华社、中央电视台、中央人民广播电台、《经济日报》和《第一财经》等11家媒体的采访，介绍了基础设施工作组向G20提出的政策建议，及国机集团海外业务发展情况，并分享了国机集团在跨国基础设施建设方面的经验。报道被新浪、搜狐、网易等网络媒体转载 60 余篇次。

（3）媒体战略合作。2016 年，国机集团继续开展与机电工业杂志、英才杂志、《机电商报》的战略合作。利用这些平台，持续开展日常动态新闻报道、深度专题采访报道、品牌传播等宣传活动。据粗略统计，2016 年，在战略合作媒体发稿 12 篇，字数超过 7 万字；广告 10 篇；大型活动现场宣传 4 次。在集团组织或参与的重要报道活动中，这些战略合作媒体都以专题长稿形式对国机集团进行了报道。

3. 舆情管理工作 2016 年，国机集团继续加强对重点子公司和重点领域的舆情监测管理工作。针对所有百度网页、百度新闻、360（好搜）新闻、搜狗，数字报、所有认证蓝 V 微博账号和微信公众号进行全面监测。每季度提交一份季度舆情监测报告，对每季度的舆情情况进行全面的数据分析，并根据舆情情况提出合理化建议。2016 年，国机集团舆情整体向好，没有出现负面舆情。

4. 集团官方微信运营 2016 年，国机集团官方微信公众号发送 247 次，合计 958 条。用户量为 14 726 名，其中 2016 年新增 6 267 名，较 2015 年增长近 74%。点击量达到 74.4 万次，较 2015 年增长 149.3%。最高单篇阅读量 2.56 万次。

2016 年，国机官方微信公众号影响力不断提升。在中国新媒体大数据权威平台——清博指数的统计中，国机集团官方微信公众号位居央企一级榜第 49 名。

2016 年微信工作具有以下四个创新点：①形式创新。2016 年共制作视频 20 条、多媒体动态页面 9 次、纯音频 2 次、动态沙画 1 次、图片相册 1 次。②漫画形象塑造。国机电灯泡漫画形象配合采用国机集团内部员工真实配音，制作了“灯泡君侃国机”系列动画。同时创作灯泡君专属表情包 10 幅，在集团内部推广。通过努力，国机电灯泡的形象在国机集团内部深入人心。③直播和微信群互动。在国机集团首届机器人技能大赛上，连续两天的现场图文 + 视频直播广受好评，线上观看达 5 789 人次。在乒羽赛和运动会现场建立微信群，举办赛事随手拍活动，发布服务信息，为运动员和工作人员提供交流平台。④策划举办丰富的线上线下活动。中秋节推出“说出你的思念，我们就是你的快递员”活动。针对电商发展迅猛的情况，微信在 2016 年“双十一”前夕推出“国机购物节”，持续一周进行国机集团电商的线上展卖。CMEC 和苏美达提供的商品基本销售一空。汽车方面，据国机汽车提供的数据显示，通过看到国机集团购物节页面咨询的有 134 人次，实际成交 5 台车。此举既宣传了国机集团子公司的电商平台，也提升了国机集团微信公众号的用户黏度。2016 年“国机购物节”期间，相关微信累计阅读量近 2 万次。

5. 网站建设和信息发布 2016 年，国机集团官方网站等电子媒体信息发布量稳中有升，专题宣传持续提升影响力。截至 2016 年 11 月底，国机集团内、外部网站及手机网共发布信息 3 975 条次，较上年同期增长 6.96%。国机集团官网共发布信息 1 380 条次，其中集团动态 370 条次、子公司动态 500 条次，专题类发布 510 条次，新闻动态稿件发布量较上年同期（1 362 条次）增长 1.3%。

对国机集团中、英文网站进行持续改进优化，网站的宣传功能得到全面提升。策划制作“两学一做”“丹棱精神”“院士风采”“中国二重改革振兴攻坚战”等专题，配合国机集团党政经营重大专题事项进行重点宣传，持续提升宣传效果和影响力。2016 年国机集团官网累计点击量 1 300 余万次，工作日日均点击量超过 4.5 万次。

6. 英文杂志编辑出版 2016 年，《SINOMACHE TODAY》继续提高制作水平，共完成 4 期杂志出版工作，采编文字量共计 5.5 万余字。英文杂志紧跟国机集团对外主流议题，针对“一带一路”相关项目建设、B20 峰会、中欧峰会等重要选题进行了专题报道。此外，英文杂志 2016 年专门设立“国机人在海外”栏目，报道国机人在海外项目中的工作以及生活状态，不仅贴近一线展现了海外国机人风采，更通过“小人物”的细节再现反映出国机集团积极开拓海外市场的超凡能力与品牌价值。

2016年，英文杂志注重通过管理创新提升内容质量，探索出特约记者模式，即将主要对外贸易的子公司通讯员纳入英文杂志的编辑、出版工作中，并定期召开杂志编辑会，探讨各子公司在对外贸易发展，特别是践行“一带一路”倡议中的发展情况。此举既体现出国机集团在开展对外贸易时的新思路、新趋势，又实现了各子公司海外业务的定制化报道与传播，取得良好效果。

7. 举办国机集团2015年发展成就展 2016年1月19日—21日，在国机集团工作会期间，举办了国机集团2015年发展成就展。展览以图文形式，展示国机集团各单位2015年度在深化企业改革、落实集团二次创业和海外新国机建设战略、中国二重振兴、科技创新、转型升级、党建等方面的突出成绩和发展亮点。国机集团总部新闻处快速反应，在最短时间内完成组稿、设计和布展工作，展览内容简明突出、形式美观庄重，取得了对内凝心聚力、对外扩大影响的良好效果。

党 建 工 作

【党组织基本情况】

截至2016年12月31日，国机集团共有党组织1 937个，其中党委152个、党总支113个、党支部1 672个；共有党员42 631人，其中在岗党员27 542人、离退休党员13 413人、女性党员10 697人，在岗工人党员27 542人，35岁及以下党员11 813人。

【切实加强党的领导，完善从严治党工作机制】

加强党的领导和党的建设，是中央对国企党建的总要求，也是国机集团党建工作的大方向。国机集团党委紧紧围绕全面从严治党要求，大力加强和改进国机集团党的建设。

1. 深入学习贯彻中央精神，强化从严治党的责任意识 国机集团党委把学习贯彻十八届五中、六中全会精神、全国国有企业党建工作会议精神和习近平总书记系列重要讲话精神作为全年重点任务，突出抓好各级领导班子和党员干部学习教育，用中央精神武装头脑、指导实践、推动工作。国机集团以党委中心组学习和党委常委会议为主要载体，及时传达学习中央精神；通过举办所属企业党委书记、党工部长、基层党组织书记集中轮训等形式，组织各级领导干部围绕习总书记系列重要讲话精神开展集体学习和专题研讨，进一步强化全面从严治党的责任意识。

2. 完善公司治理，旗帜鲜明加强党的领导 国机集团党委严格落实《关于在深化国有企业改革中坚持党的领导 加强党的建设的若干意见》和全国国有企业党建工作会议精神，及时对集团公司章程进行修订，明确集团党委把方向、管大局、保落实的重要作用，明确党委在“三重一大”事项中的职责任务和议事程序。国机集团各所属企业也按照中央精神和集团要求，初步完成了公司章程的调整修订，将企业党组织内嵌到公司治理结构中，让各级党组织和党组织书记理直气壮抓党建。

3. 明确党建责任，推动工作落实 国机集团党委积极推动从严治党各项工作的落实，2016

年年初召开党建工作会议，对从严治党工作进行整体安排部署；年中举办所属企业党委书记培训和专题座谈会，及时了解从严治党工作和党建重点任务进展情况；年底组织所属企业党委书记述职评议考核，总结和检查基层党建工作履职尽责情况。国机集团党委常委分别做好分管领域的党建工作，在分管单位讲党课，到联系企业开展调研，对企业党建工作进行督促指导。国机集团各所属企业党委（总支）也切实履行起党建工作主体责任，将从严治党要求落实到党建各项工作中。

4. 健全党建制度，完善操作环节 在推动落实国机集团《贯彻落实全面从严治党要求的实施意见》《各级党委党建责任清单》的基础上，国机集团党委根据新形势和新任务的要求，修订完善党委会议制度，健全党委议事决策机制；细化完善党建工作基础性制度，进一步完善党建工作程序和规则。

5. 推动督促检查，探索评价机制 围绕落实从严治党要求和加强党建基础工作，国机集团党委派出 4 个检查组，分赴 7 个城市 16 家所属企业开展党建工作专项检查，和党委书记、党工部长沟通，与基层党组织书记座谈，深入了解企业党建状况和制度执行情况，以检查促整改，以督促抓落实，进一步推动全面从严治党要求的贯彻落实。

【深入开展“两学一做”学习教育，严格党内政治生活】

国机集团各级党组织认真贯彻中央部署要求和党委工作安排，把开展“两学一做”学习教育作为 2016 年党建工作的一条主线，采取有力措施，全面推进各项工作。

1. 精心组织、加强领导 2016 年 2 月中央印发学习教育方案后，国机集团党委即组织制定实施方案，明确成立由董事长、党委书记任组长的领导小组。4 月份中央和国资委召开学习教育座谈会后，集团召开全系统动员部署会，正式启动学习教育工作，随后印发学习教育通知和工作计划安排，分 3 个专题 13 项安排，逐月明确“学”的主题和“做”的举措，对党委、党支部分层次细化实施要求。各级党组织在 5 月 1 日前后全部完成动员部署工作，把从集团总部到基层单位的所有党支部、全体党员都有效组织调动起来。

2. 以上率下，示范带动 国机集团党委始终坚持在学习教育中发挥示范带动作用，2016 年共组织中心组集体学习 5 次、党委常委会各类专题学习研讨 7 次，深入学习党章党规和系列讲话。在学习教育动员部署和“七一“纪念活动中，国机集团党委书记两次在全集团范围内作党课报告。国机集团领导班子成员也在领导班子集中学习研讨的基础上，分别建立联系点，到所在党支部或联系点讲党课、抓落实。2017 年 1 月 6 日，国机集团党委以中央政治局民主生活会为标杆，召开 2016 年度民主生活会，聚焦“四个合格”开展党性分析，对照《准则》《条例》深入查找问题，严肃认真开展批评和自我批评，得到国务院国资委领导和中央督导组充分肯定。

3. 创新方式，增强效果 国机集团各级企业党组织普遍通过学习研讨、专题培训、知识测试等多种方式，促进党员逐字逐句学党章党规、学系列讲话，利用集团网站、微信群等及时发布学习内容、工作动态。各级党组织普遍开展主题党日活动，重温入党誓词。有的单位开展亮身份、亮业绩活动，组织引领党员立足岗位作贡献；有的单位通过党委中心组领学、党员自学、专家辅学、讲党课践学、研讨交流学、主题体验学等“六学”，使党员教育入脑入心；有的单位围绕学习教育主题，连续开展了创意党课展评、“我身边的共产党员”征文比赛等活动，巩固学习效果；有的单位开展系列有奖知识答题活动，吸引党员积极参与学习教育。很多单位通过微信群、QQ 群等微平台，创建支部微信公众号，推动党建工作微课堂，确保学习无死角、教育全覆盖。

4. 督导推进，从严把关 国机集团党委成立了 4 个督导组，采取听取所属企业党委书记、党工部长汇报，与基层党组织书记座谈，检查中心组学习记录、支部会议记录等形式，对所属企业开展“两学一做”学习教育情况进行现场调研和工作指导。2016年年底，结合所属企业党委书记述职评议考核工作，听取各企业“两学一做”学习教育的经验做法和工作成效。有的单位每月对学习教育进行阶段总结，根据支部学习教育开展情况，按好、中、差三类区分排序，鼓励先进、鞭策落后，促进“两学一做”在基层支部中扎实开展。

5. 学用结合，推动工作 国机集团学习教育始终坚持两手抓两促进，带着问题学、针对问题改，力求见实效。从“两学一做”学习教育一开始，国机集团党委就明确提出“干事创业守规矩，共筑国机新辉煌”的主题，把学习教育与贯彻落实全面从严治党要求的各项部署结合起来，与完成中央企业“创新驱动、结构调整、开放合作、深化改革、提质增效、加强党建”六大任务结合起来，与做好集团改革发展各项工作结合起来。在学习教育中，国机集团党委不断强化党的领导，通过修订完善各级企业公司章程，发挥各级党委把方向、管大局、保落实的重要作用，明确党委在“三重一大”事项中的职责任务和议事程序。国机集团党委还着力加强基层党组织建设，扎实推进党员组织关系集中排查、党代表和党员违纪违法未给予相应处理情况排查清理、基层党组织按期换届专项检查、党费收缴工作专项检查等各项工作。国机集团党委还坚持把学习教育与深化企业改革、推动经营发展紧密结合起来，领导班子带头深入企业一线调研指导，推动重大项目、重点工作向前推进。

6. 正面引导，营造氛围 国机集团党委充分运用报刊、网络、微信等媒体，通过新闻报道、设立专栏、消息发布等形式，加强正面宣传和舆论引导。开展纪念建党95周年活动，回顾党的光辉历程，广泛开展“两优一先”评选表彰和事迹宣传，举办“我与国机共成长”演讲比赛，营造学先进、赶先进、创一流的良好氛围，引导激励广大党员、党务工作者和基层党组织立足岗位、发挥作用。

“两学一做”学习教育开展以来，国机集团党员理想信念进一步坚定，“四个意识”进一步增强，宗旨意识进一步强化，整体作风进一步好转，有力促进了集团改革发展各项工作。

【持续深入推进党的建设，加强党委书记抓党建述职评议考核】

国机集团所属企业党委书记述职评议考核工作由集团党委统一负责，党委工作部、党委组织部分头实施，从2016年12月中旬启动，到2017年2月基本完成。

1. 加强组织领导，明确责任分工 为做好所属企业党委书记抓党建述职评议考核工作，国机集团党委会同党委组织部、党委工作部深入学习中央关于加强企业党的建设的重要论述、全国国有企业党建工作会议精神以及国务院国资委述职评议考核工作动员部署会议精神，专题研究制定了《国机集团党委关于开展2016年度所属企业党委（总支）书记抓党建述职评议考核工作的实施方案》，对考核范围、述职内容、方法步骤和具体工作作出具体安排，并对各所属企业党委（总支）进行动员部署。

2. 开展专项检查，摸清党建底数 结合2016年度工作安排，由国机集团党委牵头，党委工作部、党委组织部、办公厅和纪检办公室共同组成4个检查组，分别对所属企业党建工作情况进行了专项检查与调研，覆盖面达到所属企业总数的50%以上。专项检查以听取所属企业党委书记、纪委书记、党委工作部长汇报，与基层党支部书记座谈，检查党委会议、中心组学习和支部研讨记录等形式，对党建工作开展和落实情况进行检查和调研，发现经验，查找不足，并向所属企业党委（总支）进行了初步反馈。党建工作专项检查与调研的结果作为述职评议考核的重要依据，分送集团党委常委参阅。

3. 逐级审核把关，确保述职质量 为准确反映所属企业党建工作成效和问题，国机集团党委对所属企业党委书记撰写述职报告提出明确要求，从履行党建责任等6个方面细化述职内容，从深入调查研究、突出问题导向、集体研究讨论等方面规范述职报告的形成过程，并严格限定成绩经验的篇幅，要求着重分析存在的突出问题，提出解决问题的办法措施。国机集团党委对所属企业提交的述职报告进行严格审核把关，及时提出修订调整意见，聚焦问题，深入剖析，明确方向，确保每一份述职报告的质量。

【落实党建工作重点任务，夯实企业党建基层基础工作】

从具体问题抓起，以点上突破带动面上提高，是党的十八大以来全面从严治党的鲜明特色。2016年中央就基层党建布置了若干重点任务，国机集团党委紧紧围绕重点任务开展工作，不断筑牢党建工作基础。

1. 开展党员组织关系集中排查，完善党员日常管理 对在京单位党员组织关系进行了全面梳理排查，进一步加强和完善各级企业党员管理、党员发展、组织接转等基础工作。

2. 开展党费收缴工作专项检查，严格党费管理 根据中央统一要求，国机集团党委按照党组织隶属关系开展了党费收缴工作专项检查，经过充分的政策宣传，发挥党员领导干部示范作用，适时进行抽样检查，坚持分类指导推动工作，积极稳妥地完成了专项检查工作任务。国机集团党委还研究制定了《关于党费收缴、使用和管理的实施细则》，从制度上完善党费管理各个环节，进一步推动工作制度化、规范化。

3. 改进工作流程，严格党员发展 国机集团党委制定年度党员发展计划，组织开展了入党积极分子培训和党员发展工作培训，介绍和宣传基层单位党员发展对象成熟度考核的经验做法，改进工作方法，规范发展流程。其中2016年度入党积极分子培训班，在京单位（含集团总部）119人参加了培训。2016年实际完成发展党员在京企业116名，全系统共460名。

4. 推动党建创新，丰富平台载体 国机集团党委积极推动基层党组织书记示范培训和沟通交流，将党建工作交流与企业业务交流结合起来，在强化党建工作的同时，推动业务协同配合。2016年共举办4期基层党组织书记培训班，参培人员达300人。

5. 强化典型引路，发挥党员先锋模范作用 国机集团党委组织了“一先两优”评选，选树表彰了集团50个先进基层党组织、72名优秀共产党员、48名优秀党务工作者，营造学习模范、赶超先进、争当典型的浓厚氛围。

6. 积极推动境外党建，加强党员思想阵地建设 境外工程项目众多是国机集团业务特点，国机集团高度重视境外党建工作，努力做到业务项目发展到哪里，党的组织和党的工作就覆盖到哪里。

7. 推动基层党组织按期换届工作 国机集团党委对所属基层党组织换届情况进行了全面的梳理排查，发现未按期换届的所属企业基层党委20个、党总支1个、党支部29个。通过督促整改，已有28个基层党组织完成换届工作。

【党内政治生活】

国机集团党委严格按照集体领导、民主集中、个别酝酿、会议决定的议事规则，积极参与企业重大问题决策，充分发挥党组织的政治核心作用和审核把关作用。2016年，国机集团党委共召开常委会18次，其中涉及重大问题决策的7次，涉及重要干部任免的13次，涉及重大项目决策的2次。国机集团党委还研究修订了集团党委会议制度，将“三重一大”事项明确列为常委会研究决策的主要内容，并对“三重一大”的具体范围和议事程序作出明确规定，从制度层面进一步明确了党委在企业决策中的职责权限，并做好所属企业党委中心组学习和党员领导干部民主生活会监督检查工作。

【党内年报数据统计工作】

完成党内年报数据统计工作。2016年填报2015年党内统计年报工作历时一个半月，高效优质地完成了36张报表、900多项指标、近1万个统计数据的填报工作。在国务院国资委2016年党内统计年报审核结果通报中，国机集团又一次被评为“全优报表单位”。另外，还完成了春节慰问老党员和困难党员工作以及党内统计、党费汇集公示上缴、党员手续接转等日常党务工作。

【强化政治纪律和政治规矩，推动党风廉政建设和反腐败工作】

坚持把纪律挺在前面，聚焦主业主责，持之以恒落实中央八项规定精神，将党风建设和反腐败工作与集团改革发展同步推进。

1. 强化“四个意识”，严明党的政治纪律和政治规矩 国机集团抓住“关键少数”，通过集中学习、专题研讨等形式，不断锤炼党员干部的党性修养。

2. 持续抓好中央八项规定精神的贯彻落实，坚决防止“死灰复燃” 国机集团与领导干部签订《廉洁承诺书》，重要节假日及时进行提醒，开展了“四风”问题整治情况“回头看”，严查顶风违纪行动，巩固已有成果。

3. 落实责任担当，增强监督执纪问责震慑效应 国机集团围绕降本增效、发现违规违纪问题，重点开展了采购业务巡查、海外项目巡查工作。同时严格执纪问责，惩处违纪违规行为。

【纪检监察】

1. 严明政治纪律，增强“四个意识”

（1）抓党员干部的思想政治建设，保持政治自觉。国机集团纪委把树立“四个意识”作为对党员干部的党性要求和维护党的政治纪律的刚性约束，作为各级党委、纪委能否担负起主体责任和监督责任、保证党的路线方针政策在企业贯彻落实的先决条件，通过开展警示教育、专题研讨学习等形式，不断锤炼党性，严明政治纪律，坚决做到在思想上、政治上、行动上与以习近平同志为核心的党中央保持高度一致。

（2）抓“关键少数”，强化以上率下。国机集团紧紧围绕对党忠诚、履行管党治党政治责任、遵守党的六大纪律，加强对党员领导干部尤其是企业主要负责人、部门负责人的监督，确保政令畅通。国机集团领导班子和班子成员注重发挥表率作用，按照全国国有企业党的建设工作会议精神和党的纪律要求，做到向党中央看齐，向习近平总书记看齐，向党的理论和路线方针政策看齐，向党中央决策部署看齐，做党风廉政建设的推动者和执行者，一级做给一级看，一级带领一级干。许多企业党委、纪委也通过工作约谈等形式，给党员领导干部特别是主要负责人提要求，强化政治定力和党性意识。

2. 明确责任清单，推动主体责任落实

（1）贯彻上级精神，全面部署工作。2016年年初，国机集团对十八届中央纪委六次全会、中央企业党风建设和反腐败工作会议精神作了认真传达学习，坚持把贯彻落实中央关于党风廉政建设和反腐败一系列指示精神融入集团改革发展，与生产经营和年度重点业务工作同部署、同要求，组织召开国机集团党风建设和反腐败工作会，总结工作，对全年工作任务作出安排，对如何履行好“两个责任”提出明确要求，总体把握集团党风廉政建设和反腐败工作大局。

（2）明确责任目标，坚持抓早抓小。国机集团制定了各级党委责任清单，明确党委书记是党风廉政建设第一责任人，分管领导是分管领域党风廉政建设直接负责人，所分管部门、重点联系企业领导班子发生严重违法违纪案件或班子建设出现重大问题的，分管领导承担相应责任。国机集团与所属企业签订经营目标责任书的同时，集团党委分别与集团领导班子成员、各所属企业领导班子和总部部门负责人签订了年度《党风廉政建设责任书》，把有关要求立于文书，将党风廉政建设责任落实情况纳入考评范围。

国机集团领导班子成员对重点联系企业及分管部门负责人开展了工作约谈，增强“一岗双责”意识，树立“严”和“实”的作风形象。各所属企业注重强化机制保障，层层分解任务，明确工作重点，压实并传递党风廉政建设责任。

（3）加强教育培训，建设廉洁文化。国机集团纪委利用各种培训机会对党员干部进行党规党纪教育培训，辅导学习《党章》及《廉洁自律准则》《纪律处分条例》《党内监督条例》《问责条例》等党内重要法规。要求自觉践行《准则》《条例》和集团“五坚持、五反对”，守住纪律底线，加强党性修养，传承“诚信、包容、卓越”国机精神和优良作风，使廉洁自律准则内化于心、外化于行。

将“两学一做”学习教育融入廉洁文化建设，采取各种途径和方式营造“崇廉尚洁”氛围。国机集团每月初及重大节假日定时向总部员工及所属企业领导干部发送廉洁提示短信，传达上级组织关于党风廉政建设有关要求，对党员干部常提醒、常要求、常爱护。

3. 持续落实八项规定精神，坚决整治“四风”

（1）踩着不变的节奏抓落实。国机集团坚持每个重要节假日前发通知强调、发短信提示，一个节点一个节点坚守，驰而不息，不打折扣、不留余地、不做妥协。管住重要环节，严禁公款吃喝、公款送礼、公款旅游、公车私用等行为，要求各级党员领导干部和全体党员牢记“两个务必”，坚持理想信念宗旨“高线”，守住纪律“底线”，增强抵御各种不良诱惑的“免疫力”。

（2）落实监督，持续巩固已有成果。国机集团管理的领导人员都签订《廉洁承诺书》，要求兑现承诺。开展了“四风”问题整治情况“回头看”，巩固和拓展工作成果。各企业纪检监察机构也按照工作要求，普遍开展了对落实中央八项规定精神情况的监督检查，对违背中央八项规定精神现象和“四风”问题线索认真调查，及时通报。2016 年 6 月份，国机集团纪委对中机中联工程有限公司公车私用问题进行了调查，责成中机中联党委、纪委作了严肃处理。

4. 加强监督检查，落实责任担当

（1）开展中国二重采购业务监督检查。为认真落实国机集团改革振兴中国二重工作部署，促进降本增效，国机集团成立专项检查组赴中国二重跟踪全年采购业务深入开展了监督检查，得到中国二重各级领导的重视和积极配合。检查组认真贯彻任洪斌董事长“约法三章”指示精神，将重点跟踪抽查和督促中国二重自查相结合，实现对各采购单位和各种采购形式抽查范围的全覆盖，全年抽查采购合同数占比 58.14%，抽查合同涉及采购金额占比 90.05%，对发现的问题不回避、不遮掩，督促整改，对有关问题线索依照干部管理权限落实转办，分清责任，严肃追责。中国二重共下发追责通报 19 份，处理相关责任人 91 人次（诫勉处理 2 人、诫勉谈话 9 人、提醒谈话 7 人、试岗 1 人、降低工资岗级 1 人、调离岗位 1 人、通报批评 42 人次、经济处罚 59 人次），其中处理中层以上领导人员 45 人次。通过监督检查，层层落实责任，查处违规行为，中国二重采购管理和监督工作得到了显著改进，招标采购率大幅度提升，物资采购和外协成本大幅度下降，为中国二重降本增效、扭亏脱困作出了贡献。

（2）开展中国海外项目巡察工作。为持续落实中央专项巡视后续整改工作，国机集团纪委先后对中国重机、中工国际和中国电工共 3 个海外项目运作管控情况进行检查。通过现场走访项目管理人员、召开座谈会及查阅有关资料，对被检查项目进行较全面的了解，对海外工程项目“一岗双责”的落实情况、内部控制与风险防范情况，以及防范项目廉洁风险有关环节的管控、中央八项规定精神落实情况进行了检查，就如何深化集团海外项目管控作了初步探讨，对进一步落实海外工程项目“一岗双责”、强化项目控制与风险防范提出了改进要求。

（3）把好干部选拔任用政治关和廉洁关。按照《国机集团全资、控股企业领导干部管理办法》和上级有关要求，纪委书记参与重要干部选拔任用过程，纪检监察部派人员参与干部考察过程，实行干部选拔工作纪实制、个人有关事项报告“凡提必核”等规定。干部聘用方案在提交党委常委会讨论前征求集团纪委及纪检监察部党风廉政意见，对拟提任干部人选一律公示，防止“带病提拔”和选人用人不正之风。2016年，国机集团纪委向党委组织部回复“党风廉政情况”函23件、94人次。

（4）对党风廉政建设责任制落实情况开展抽查。国机集团纪委依据《国机集团党委关于落实党风廉政建设主体责任的意见（试行）》《国机集团纪委、监察室关于落实党风廉政建设监督责任的意见（试行）》《党风廉政建设责任书》的要求，对中国重机、中国自控、国机资产、北起院、蓝科高新、中国重型院、桂林电科院等7家所属企业党风廉政建设责任制落实情况进行了重点抽查，把贯彻落实中央精神和集团党风廉政建设工作部署纳入检查重点。从检查的情况看，各家企业普遍对落实“两个责任”给予了重视，党员领导干部“四个意识”得到强化，同时也反馈了工作中的一些问题和不足，并立即督促整改提高。

（5）对集团总部和所属企业制度建设情况开展了专项检查。按照国机集团防范管控风险工作的安排，组织集团总部各部门和所属企业对各自归口的制度建设情况进行了全面梳理，形成制度清单和自查整改报告。国机集团成立专项检查组，与内控体系运行检查相结合，围绕监督制约、规范用权、提高制度执行效能等方面，对部分单位有关制度建设情况进行了重点抽查，对存在的管理漏洞研究提出改进意见建议，督促整改，从而进一步完善管理规程，强化制度的执行力，促进企业管控水平不断提升。

5. 严格执纪问责，惩处违纪违规行为

（1）认真开展信访举报和问题线索处置工作。按照“件件有着落，事事有回音”的要求和五项处置标准及时、规范办理，做到责任到位、措施到位。2016年国机集团纪委收到信访件198件，完成问题线索处置190件次，其中，拟立案24件，初核66件，谈话函询43件，了结57件，暂存0件。

（2）依规依纪开展纪律审查工作。国机集团纪委以党的“六大纪律”为尺子，严肃查处违规违纪问题，维护党规党纪的严肃性，对管党治党主体责任缺失、监督责任缺位的严肃追责，同时在实际工作中注重把握和落实习近平总书记提出的“三个区分开来”。按照查办腐败案件以上级纪委领导为主的要求，对所属企业纪委办案加强督促和指导，防止瞒报、漏报和不按规定及时报告。截至2016年底，国机集团各级纪委立案27件，处分34人（党纪处分29人，政纪处分11人，双重处分11人），其中集团纪委立案3件、结案2件（党纪处分2人），还有1件在调查中。此外，还依规协助中央纪委驻商务部纪检组、中国进出口银行纪委、司法机关等组织开展案件调查工作。

6. 推进纪检监察队伍建设，保障监督执纪工作需要

（1）贯彻执行中央和国资委党委、中央纪委驻国资委纪检组关于纪委领导干部人选提名考察办法。2016年，国机集团纪委根据工作需要，依据上级有关精神和《国机集团所属企业纪委书记、副书记及监察机构正职提名考察办法（试行）》（以下简称《办法》），完成所属企业5名纪委书记、1名副书记的提名和考察，推动《办法》的落实，努力适应新形势下纪律检查体制改革要求。

（2）加强纪检监察业务培训，强化监督执纪素质。围绕认清国有企业纪律审查工作形势与任务、学习运用《纪律处分条例》和《问责条例》等规定、把握运用“四种形态”、掌握企业信访和纪律审查程序与方法、应用和操作案件管理 4.0 系统等内容，国机集团举办了纪检监察业务培训班，所属企业 60 余名纪检干部参加培训。分批次选派集团总部和所属企业 13 名纪检监察干部参加中国纪检监察学院及其北戴河分院各期培训。不断加强党性修养，锤炼过硬作风，改进方法技能，加强纪检监察业务素质和监督执纪能力建设。

（3）组织开展企业党风廉政建设和反腐败课题研究及论文征集工作。国机集团各企业纪检监察机构和同志们按照集团纪委的要求，认真总结落实中央关于纪检监察体制机制创新成果的经验和体会，针对企业纪检监察工作面临的形势和任务进行探索，积极开展课题研究和论文撰写工作。在企业选送的基础上，国机集团纪委推荐 42 篇论文参加了中国监察学会机械分会论文交流和评选活动，其中获得一等奖 5 篇、二等奖 14 篇、三等奖 22 篇。

【共青团和青联工作】

截至 2016 年 12 月，国机集团共有 35 岁以下青年 34 066 人，团员 14 012 人，团组织 658 个，专、兼职团干部 1 779 人。

2016 年，国机集团团委在集团党委和中央企业团工委的领导下，充分发挥团青组织的引领带动作用，贯彻落实集团“二次创业”和“再造海外新国机”的战略思想，积极践行“丹棱精神”，紧紧围绕企业中心任务，大力加强青年思想引导，努力服务青年成长成才，组织青年建功立业，主动在促进融合、凝聚力量、培育文化等方面发挥作用，顺利完成了全年工作任务。

1. 充分发挥团青组织的引领带动作用 通过召开国机集团团组织负责人会议、“践行丹棱精神 我与国机共进”主题征文、“改革创新 青年先行”活动、“践行社会主义核心价值观 争做向上向善好青年”活动和青联学习行动，以形式多样的活动载体，组织青联委员和广大团员青年深入理解国机集团工作会精神，学习国机集团“十三五”发展规划，号召大家积极践行“丹棱”精神，紧跟形势发展，做集团改革发展的生力军。

2. 组织召开青年座谈会 2016 年五四青年节期间，国机集团党委书记石柯发出“青春逐梦正当时”的寄语；国机集团团委组织召开青年座谈会，任洪斌董事长、石柯书记、刘敬桢副总经理和苏维珂主席与 30 余名青年员工和团干部代表进行交流座谈，激发了广大团员青年的热情和激情，增强了他们投身集团改革发展的决心和信心。

3. 创新载体服务青年 2016 年，国机集团举办在京企业单身青年联谊活动，协办“青春央企读书会”，召开在京企业项目现场青年座谈会，聚焦青年成长成才关键点，不断创新载体服务青年。

4. 深化集团青年志愿服务品牌 国机集团通过接收少数民族大学生到企业暑期实习、为新疆农村基层团组织“青年之家”建设提供捐助、参加第三届中国青年志愿服务项目大赛等载体，促进集团系统内青年志愿服务活动常态化，彰显国机集团的良好形象。

5. 受表彰情况 2016 年，国机集团 2 个青年集体获得全国级表彰；集团团委对 65 名个人、76 个集体进行了表彰奖励。

6. 举办团干部培训班 2016 年 5 月 15—20 日，国机集团团委在井冈山全国青少年教育基地举办团干部培训班，所属企业 52 名团干部代表参加了培训。根据年轻团干部较多的实际情况，培训班有针对性地安排课程，培训采用理论课程、现场与体验教学相结合的形式，进一步加深了学员对于井冈山精神的理解和对于团青工作的认识，为提升团干部的实践能力，做好团干部梯队建设打下基础。

7. 加强对团干部的协管工作 2016 年，国机集团共对 5 家所属企业团组织换届进行了批复。

8. 增补青联委员 2016 年，国机集团根据集团青联构成需要，增补 3 名优秀青年代表为青联委员。

9. 编发五四特刊 2016 年，国机集团通过编发五四特刊，弘扬五四精神，宣传先进典范；积极推进宣传阵地建设，全年共计编发《国机集团青年通讯》11 期，弘扬国机青年文化，营造良好团建宣传氛围。

【精神文明建设、统战及军转干部、防范邪教工作】

（1）传达贯彻中央统战工作会议精神和《中国共产党统一战线工作条例（试行）》，部署各企业落实有关精神。根据中央统一战线工作领导小组部署，2016 年，国机集团在全系统范围内组织开展贯彻落实中央关于统一战线一系列重大决策部署自查工作；根据国务院国资委统战部开展国有企业统战工作调研的要求，及时梳理总结党的十八大以来国机集团统战工作开展情况，总结经验、分析问题、查找不足、督促落实，为进一步强化统战工作的实效性打下坚实的基础。

（2）完成中工国际入选《中央企业精神文明建设群英谱》稿件的组稿工作，宣传典型，弘扬正能量，进一步推动精神文明创建活动引向深入。

（3）开展迎八一主题活动，走访慰问在京困难军转干部代表。

（4）完成军转干部数据年报统计工作，并及时做好排查梳理工作，在重大节日及敏感日，督促有关在京企业排查不稳定因素。

（5）根据国务院国资委防范办要求，完成重点人士解脱的认定工作；积极做好宣传教育工作，向企业发放光盘、宣传画和书籍等，部署做好防范邪教工作。

（6）2016 年，国机集团被邀请参加中央企业与青岛市国有企业统战工作座谈会，会上向地方统战部门及兄弟企业做了经验交流，进一步拓宽了统战工作思路。

（7）继续加强与统战代表人士的联系，两节期间开展短信祝福和慰问活动，上门走访京归侨侨眷代表。

（8）组织召开国机集团出席全国两会代表座谈会，国机集团党委常委与全国两会代表见面座谈，加强与统战代表人士的沟通联系。

（9）2016 年 8 月，国机集团召开京津委员工作会议，学习传达集团上半年工作会议精神，总结侨联组织上半年的工作情况，并对下一步集团侨联工作计划进行了研讨。

（10）根据中央企业侨联部署，国机集团对系统内从事侨联工作 20 年以上 6 名工作者进行了统计和推荐工作。这 6 名同志被授予证书，进一步鼓舞了侨联工作者的工作热情。

【老干部管理工作】

（1）根据中组部通知要求，组织开展 2016 年度离退休干部年报统计工作。截止到 2016 年年底，国机集团共有离休干部 864 人、退休干部 19 635 人，其中在京 4 208 人、党员 8 044 人。

（2）根据中央部署，围绕纪念中国工农红军长征胜利 80 周年主题，国机集团对土地革命战争时期的老同志进行统计，并为他们办理了纪念章申领及补助发放工作，切实将中央对老红军的关心关怀、将集团的敬意和慰问传递到他们心中。

（3）在国机集团成立二十周年之际，召开重阳节集团老领导、老同志座谈会，集团董事长、党委副书记任洪斌，党委书记、副董事长石柯及职工董事、工会主席、党委工作部部长苏维珂出席会议，并与 20 名老领导、老同志代表亲切交流，回顾发展历程，听取意见建议，充分体现了国机集团尊老、敬老、重老的优良传统。

（4）在经济下行、企业离退休人员费用负担严重的形势下，国机集团积极向财政部申请离休干部医药费补助，2015—2016 年度共有 21 家困难企业获得 1 054 万元的补助资金。

（5）根据部分困难企业的申请，国机集团提前办理了离休干部津补贴补助资金拨付，帮助企业减轻了费用负担，确保困难企业离休干部医药费和津补贴及时发放。

（6）进一步加强离退休党建工作，组织老干部开展“为党的事业增添正能量”活动，为各企业离退休党支部订阅《学习参考》，丰富了老干部的政治文化生活。

（7）2016 年 10 月，国机集团总部退休支部组织召开支部会议，开展支委换届工作，选举产生新一届支部委员，进一步完善了基层组织建设。

（8）聚焦老同志关心的问题，办理医疗证、定点医院变更等事宜，协调有关部门出台总部退休人员体检调整方案，完成在京副省部级医疗待遇离休干部的体检组织工作，为老同志看病就医提供了便利。

（9）在国机集团总部退休人员服务方面，开展了医药费报销、学习资料发放、收缴党费、组织体检、协助管理领导干部护照以及生日、节日祝福等工作，全力为他们提供周到细致的服务。

【工会工作】

2016 年，国机集团工会在国机集团党委和上级工会的正确领导下，以党的十八届五中全会、中央群团工作会议精神为指导，深入学习贯彻习近平总书记系列重要讲话精神，按照国机集团党委和上级工会的部署，在所属各级工会组织的大力支持下，开拓创新，锐意进取，积极履行工会职能，充分调动和发挥工会会员的积极性和创造性，有效推动了国机集团各项工作的创新发展。

1. 学习贯彻中央精神方面 通过组织工会干部培训等方式，国机集团深入学习贯彻落实中央群团工作会议精神及习近平总书记有关工会工作的讲话精神，坚定走中国特色社会主义工会发展道路，准确把握和坚持企业工会工作的方向和重点。通过学习执行《工会法》等法律法规以及《中国制造 2025》等产业发展指导文件，不断提升企业工会工作的规范性、针对性和成效性，使国机集团工会工作始终沿着正确的方向向前开展。

2. 规范工会组织建设 国机集团工会指导所属企业推进工会组织建设。2016 年，国机集团工会先后研究批复中地装、北起院等部分企业工会完成换届选举工作，同时，对各单位推进工会组织建设给予了及时必要的指导和支持。

3. 加强工会干部自身队伍和职工队伍建设

（1）组织国机集团劳模评选和表彰。2016 年 4 月 26 日，国机集团隆重召开了劳动模范和先进集体表彰大会，对 20 名劳动模范及 20 个先进集体予以表彰，分别授予“国机集团劳动模范”“国机集团先进集体”光荣称号。本次评选和表彰活动极大地鼓舞了广大职工的工作干劲，激励国机集团干部职工积极进取，再创佳绩。

（2）多管齐下加强职工素质教育。一是首次组织“送培训到基层”活动。2016 年 5 月，国机集团工会及女职工委员会在中国一拖举办了首期工会女工委员培训班，来自集团所属企业的 40 余名女工委员及中国一拖部分基层女工委员共 70 人参加了培训。培训现场讲授女工工作政策、实务及女性心理学实践运用等培训课程，为推动国机集团女工工作的创新发展、更好地维护广大女职工的合法权益发挥了积极作用。

二是在女职工中开展“双比双争”巾帼建功竞赛活动。为贯彻落实党的十八大和习近平总书记系列重要讲话精神，引领广大女职工立足岗位，建功立业，为国机集团二次创业、再造海外新国机作出更加积极的贡献，国机集团工会及女职工委员会针对女职工组织开展比素质、比贡献，争创“巾帼示范岗”、争当“巾帼岗位明星”（简称“双比双争”）的女职工竞赛活动，以激发女职工工作的积极性、主动性和创造性，不断提升女职工的职业素养和技能水平。

三是继续组织国机集团班组长培训班。2016 年 5 月和 9 月，国机集团工会举办了第四期、第五期优秀班组长培训班，共有来自各所属企业一线的 98 名优秀班组长参加培训。培训期间，国机集团工会组织第四期学员前往北汽越野车生产基地，学习该企业先进的班组管理经验，两期培训受到学员们的广泛好评。

四是继续参加国务院国资委组织的职工技能网络培训。2016 年 6 月，国机集团工会转发了国务院国资委《关于做好中央企业班组长岗位管理能力资格认证远程培训第八期报名工作的通知》，所属多家企业积极响应。企业的班组长利用网络课堂的便捷平台，掌握了班组长管理知识，提升了管理水平和综合素质。

五是积极参加上级单位组织的职工技能培训。2016 年，国机集团工会向上级单位争取机会和资源，推荐 3 名所属企业职工参加国务院国资委组织的赴德国数控机床操作技能培训，推荐 1 名职工赴美国参加工业自动化和机器人专业提升培训、2 名职工参加中央企业优秀班组长面授培训。

4. 职工经济技术创新

（1）举办工业机器人技能大赛。2016 年 11 月，由国机集团工会主办、国机智能承办的国机集团首届“国机智能杯”工业机器人技能大赛在广州举行，所属 10 家企业派出 13 支代表队参赛，5 家单位派出观摩队伍到现场观摩学习，合计有 150 余人参会。本次工业机器人大赛不但成为国机集团的工匠们交流切磋技艺、展示企业技术力量的一次盛会，也成为凝聚国机力量、开启国机智能新征程的誓师大会，对促进国机集团工业机器人操作技能的切磋交流，提升国机集团在“智能制造”领域的品牌知名度和社会影响力发挥了积极的作用。

（2）国机集团创新工作室。2016 年，国机集团工会选择在国机集团荣获 2015 年全国劳模称号的 5 位同志所在企业试点首批创新工作室，并以这 5 位同志的姓名命名。2016 年完成 4 家创新工作室的验收工作，并分别给予 10 万元工会创新资金支持。

5. 职工关爱帮扶方面

（1）深入基层“送温暖”。2016 年春节前夕，国机集团工会工作人员陪同集团领导分别前往北京、成都、德阳等地，看望慰问所属企业困难职工及患病职工，将慰问金和集团爱心基金亲手交到他们手中，带去了集团领导、集团工会以及国机大家庭全体职工的关爱和温暖。

（2）组织爱心基金收缴及申报、发放。2016 年完成了“国机爱心日”职工捐款的收缴工作，共收到职工捐款 503.8 万元，并完成 2015 年底爱心基金的发放工作。2016 年年中，针对 2016 年高考新入学的困难职工子女及患病职工，经集团爱心基金管委会审议，共向 54 名所属企业职工（或职工子女）发放爱心基金 54.6 万元，其中助学金 19.6 万元，患病救助金 35 万元；11 月中旬，国机集团工会正式启动年底爱心基金的申报工作，申报范围包括困难职工、高校就读的困难职工子女及患病职工，12 月 15 日前完成申报。每年两次的爱心基金申报及发放，较大程度上缓解或解决了部分困难职工家庭在资金方面的迫切需求，对切实保障职工利益发挥了积极作用。

（3）坚持做好女职工工作。2016 年“三八”国际劳动妇女节前夕，国机集团工会、女职工委员会共同组织在京单位女工开展健步走活动，活动得到了广大女工的积极响应，350 余名女工参加了健步走活动；集团工会和女工委员会发出倡议，倡议有条件的企业中开展“妈咪屋”建设，关心怀孕和哺乳期女工的健康，为她们提供更多的关爱。

6. 职工文体活动方面

（1）组织“我与国机共成长”演讲比赛。为庆祝国机集团成立 20 周年，国机集团工会在 2016 年下半年组织举办了“我与国机共成长”演讲比赛活动。共有 28 家单位的 78 名选手报名参赛。初审入围的 34 名选手分为 4 个巡讲组，分赴京内外 9 个城市的 13 家企业开展巡讲活动。

（2）举办第四届“和谐国机杯”职工乒乓球、羽毛球比赛。由国机集团工会主办、CMEC 承办的国机集团第四届“和谐国机杯”职工乒乓球、羽毛球比赛于 2016 年 9 月 24 日在北京残疾人奥林匹克运动管理中心隆重举办。本届乒羽赛共有包括国机集团总部和所属二级企业在内的 41 家代表队参加，运动员 500 余名，合计 800 人到会，是国机集团历届乒羽赛参赛单位最全、参赛人员最多、组织规模最大的一届，受到了广大职工的普遍赞扬。

第三篇

子公司发展概况

中国机械设备工程股份有限公司

【基本概况】

中国机械设备工程股份有限公司（以下简称CMEC），于2011年1月18日由中国机械设备进出口总公司通过整体改制更名，于2012年12月21日在香港上市。CMEC成立于1978年，是中国第一家大型工贸公司，由中国机械工业集团有限公司控股。CMEC在国内外设47家附属公司、31家驻外代表处。截至2016年底，职工3 777人、中级以上职称1 839人（高级职称745人）。

2016年，世界经济复苏艰难，外部整体环境严峻。CMEC坚持创新驱动发展，积极适应经济发展新常态，抓住“一带一路”建设和“供给侧结构性改革”战略机遇，保持各项业绩平稳健康发展。总体运营稳定，经营情况良好，盈利水平稳中有升。资产质量持续优化，现金流充足；资产负债率远低于集团控制标准；存货周转率高于行业良好值。荣获“国机集团十大贡献企业奖”“中国证券金紫荆奖——最具品牌价值上市公司专项奖”“年度全球工程类最佳公司法务团队大奖”等殊荣。此外，董事长孙柏荣获“最具影响力上市公司领袖”大奖。

【主要指标】

资产总额474.52亿元，全年营业收入210.17亿元，利润总额27.84亿元。成本费用占主营收入比重86.14%，EVA12.18亿元，净资产收益率14.12%。完成进出口总额21.62亿美元，其中贸易板块完成进出口总额7.91亿美元。国际工程承包业务新成交项目34个，成交额34.53亿美元。签约待生效项目总额151.97亿美元，未完成合同量总额89.15亿美元。工程承包业务实现营业收入123.85亿元，占公司营业收入的58.9%；实现毛利28.11亿元，占毛利总额的79.3%。主要经济指标完成情况详见表1。

表1　CMEC2016年主要经济指标

项　目	2015年	2016年	同比增长（%）
资产总额（万元）	4 223 242.80	4 745 227.90	12.36
净资产（万元）	1 420 141.60	1 537 555.30	8.27
营业收入（万元）	2 075 736.40	2 101 723.60	1.25
利润总额（万元）	277 676.30	278 393.00	0.26
技术开发投入（万元）	70 918.12	86 773.05	22.36
利税总额（万元）	82 298.94	94 342.01	14.63
EVA值（万元）	131 416.84	121 835.87	-7.29
全员劳动生产率〔万元/（人·年）〕	86.96	123.13	41.59
净资产收益率（%）	15.03	14.12	减少0.91个百分点
总资产报酬率（%）	6.97	6.14	减少0.83个百分点
国有资产保值增值率（%）	115.46	115.04	减少0.42个百分点

【重大决策及重大事项进展】

1. 扩展海外工程承包业务模式及新业务领域 ①海外工程承包业务模式扩展取得阶段性成果。参股的巴基斯坦塔尔煤电项目，于4月实现融资关闭并正式开工，标志境外投资业务实现零的突破。②开拓海外工业园区等新型业务领域。与新加坡腾飞公司合作的印度金奈工业园区完成在国机集团的备案工作。

2. 整合资源，加大协同力度 ①完成中成套收购。5月16日完成中成套资产重组工作。随着中成套的整体进入，扩大国际工程业务领域，开拓独具特色的农业板块业务。②板块协同工作取得进展。工程承包和贸服板块积极推动，形成板块间业务的协同发展机制，并形成《板块协同指导意见》初稿。两板块间业务协同取得进展，如中设装备为第三事业部塞尔维亚电站二期项目提供履带行走系统、中设湖北与第五事业部在哈萨克斯坦市场的业务合作等。③成立设计咨询管理部。4月，组建设计咨询管理部，作为设计咨询板块的归口管理部门，重点负责设计咨询板块的发展与创新管理，主要工作职责是作为纵向专业化管理和横向协调管理的支撑平台。④深化区域化、属地化经营。区域化方面：新加坡、迪拜2个公司组建完毕。对这2个公司采取“特区式管理”，在财务、投融资等方面给予支持，全力加速工程承包业务的区域化和属地化进程。属地化方面：各事业部均根据自身情况，展开不同程度的尝试。白俄罗斯、塞尔维亚、安哥拉等市场已在现场就地设计、就地采购、与本地企业合作等方面向前迈出了一大步。⑤深化国际合作，推动全球市场拓展。7月，与GE续签战略合作协议，并在个别项目上与GE建立排他合作关系。通过与GE的战略合作，成功签约肯尼亚KIPETO风电、尼日利亚奥玛单循环燃机电站等项目。此外，还与国际知名设计咨询公司——沃利帕森签署了战略协议。⑥基建工作进展顺利。5个大楼的基建工作进展顺利。总部综合楼实现主体结构封顶，长沙中设广场完成竣工验收并入驻，深圳中设广场于12月26日竣工，上海中设广场即将竣工、西安项目动工建设。

【市场开拓、业务进展情况】

1. 工程成套业务“夯实基础，创新开拓”，成效显著 秉承“夯实基础，创新开拓”指导思想，一方面加大传统市场开拓力度，另一方面努力开拓新市场，创新投融资模式，拓宽融资渠道，积极开展国际合作，完善产业链条。①市场开发佳绩频传。大项目推进实现突破。新签约项目呈现强劲上升势头，金额在3亿美元以上的项目7个，包括老挝乌江电站II期输变电项目、伊拉克巴士拉燃机联合循环电站扩建项目、安哥拉拉乌卡输电系统项目、尼日利亚奥玛单循环燃机电站项目等；新生效项目3个：老挝南纳恩输变电项目、伊拉克巴士拉燃机联合循环电站扩建项目、安哥拉拉乌卡输电系统项目。新市场开拓获得进展。在非洲，签署肯尼亚第一个400kV输变电项目；在中东，签署以色列特拉维夫巴特亚姆市新足球场项目；在西亚，签署伊朗贾拉尔联合循环电站项目，这是重新进驻伊朗市场的首个EPC项目。新领域开拓凸显成效。在成熟的电力能源市场不断开拓细分领域。在风电领域，签署肯尼亚KIPETO风电项目；在太阳能领域，参与马尔代夫1.5MW太阳能IPP项目，签订执行协议、购电协议。②投融资模式持续创新。投资拉动EPC模式取得实质性突破，巴基斯坦塔尔煤电项目落地执行。在稳固发展出口买方信贷业务的同时，重启出口卖方信贷业务，并研究设计卖贷项目再融资方案。老挝、伊拉克等6个项目以此模式推进。此外，成立专项工作组以尽快完成首个卖贷再融资项目的落地。③项目执行整体良好，社会效益大幅提升。执行项目96个，总规模约178.7亿美元。项目执行情况总体平稳，未发生重大安全事故，注重履行社会责任，大幅提升品牌美誉度和知名度。在完工项目方面：共有老挝孟聘沙拉湾输变电项目、委内瑞拉中央电厂6号发电机组项目、土耳其SILOPI二期燃煤电站项目、乍得恩贾梅纳90kV环城输变电线路项目、巴基斯坦TENAGA风力发电项目等5个项目取得完工证书。委内瑞拉中央电厂6号发电机组项目提前83天完成可靠性运行测试，有效缓解了委内瑞拉缺电限电现状，顺利取得PAC，荣获“国机质量奖”。巴基斯坦TENAGA项目是CMEC在海外承揽的第一个风力发电EPC总承包项目，该项目严控质量，积极履行社会责任，获得各界高度好评。在执行项目方面：有一批项目受到高度关注并取得良好进展。例如，喀麦隆巴富萨姆和林贝体育场项目，于4月迎来非洲足联的考察并通过验收。其他项目均进展顺利。④板块化管理持续深入。不断加强完善项目管理制度体系建设，EPC项目全生命周期制度体系基本形成，管理制度已覆盖项目主要阶段和关键环节；定期召开工程承包板块管理研讨会；鼓励创新，对科研孵化等创新探索给予必要资金支持；加强板块融合，结合中电工、中成套的整合，推进工程承包类子公司管理体系的科学性、适应性建设。

2. 贸易与服务业务总体向好，转型升级取得进展 贸易与服务板块完成营业收入60.25亿元，同比下降2.06%。实现毛利0.99亿元，同比下降9.15%。完成进出口总额7.91亿美元，同比下降4.06%。贸易与服务业务以固化经营模式、提升盈利能力为方向，加大转型升级力度，持续推进板块化管理体系改革；落实国机集团“互联网+”相关政策，积极进行跨境电商等新业务模式探索；稳妥推进实业化投资，不断提高一站式综合服务能力，向综合服务商转变；深化与地方政府合作；加大品牌建设力度；加大与国机集团及其他业务板块合作，在积极发展业务的同时，严格把控风险，取得一定效果。①核心业务发展平稳。贸服板块高端铸锻件、中设电气、新能源、纺机零部件等四大核心业务进一步明确发展方向，并形成具有各自特色的发展模式，智能计量业务积极探索转型。实业化投资稳步向前。中设装备投资的山西中设华晋铸造有限公司和中设装备（江苏）精工机械制造公司运行良好；与重材院合资成立国机金属公司；与二重在久益电铲项目等多项业务上开展合作。中设工程机械与国机集团下属的天津电气科学研究院共同出资收购三源建筑（天津）电气有限公司的工作有序推进。②贸易业务海外区域化经营探索取得进展。中设装备公司正在建设澳大利亚区域综合中心，通过缩短供应链环节，直接为最终用户提供铸锻件配件销售。中经东源在以泰国为中心的东南亚地区深耕多年，拥有良好的客户及社会关系，初步形成项目梯度开发态势，积极探索在泰国市场开发房地产项目。中设国贸的加勒比海核心市场开发取得效果。其中，库拉索学校屋顶光伏电站总包项目中标并签约，库拉索建材供货项目签订框架协议。③政府合作趋向务实。不断深化与银川、驻马店等地方政府的合作，搭建贸易增值服务平台，通过提供供应链贸易服务与融资服务，从而实现CMEC属地化“一站式”贸易增值服务。④服务业务稳中求进。招标业务较上年爆发式增长，委托金额同比增长469%，中标金额同比增长390%；展览业务持续拓宽服务领域，不断追求个性服务和增值服务，紧紧围绕业务经营目标打造精品项目，继续保持行业领先地位。

3. 设计咨询业务 随着设计咨询管理部的成立、子战略制定工作的启动，设计与咨询业务本着搭平台、促协同、谋发展的工作目标，积极搭建管理架构，不断加强与其他板块间的业务对接与合作；积极推进板块内企业间的市场协作，不断强化科研与技术创新能力。①规模与盈利能力显著增强。中机国际、机勘院的营业收入和盈利能力均有显著提升。中机国际营业收入同比增长15.36%，利润同比增长27.64%；机勘院营业收入同比增长8.35%，利润同比增长40.77%。②科技创新能力持续强化。4月，中机国际成立“海绵城市技术研究中心”，并在9月获批成为“海绵城市建设集成技术湖南省工程研究中心”，这是湖南省首家在海绵城市建设领域的省级工程研究中心，为中机国际在该领域研究方面抢占了先机。机勘院完成多个国家及省级重大专项研究项目，其中1项获陕西省科技进步奖二等奖。建立中国—安哥拉岩土工程科技合作示范基地，并筹划成立地下空间研究院，积极研究综合管廊等地下工程项目。此外，机勘院郑建国总工程师荣膺“全国工程勘察设计大师”称号，至此，机勘院有4位专家获此殊荣，居全国同类单位前列。③对核心业务的支撑作用有所提升。中机国际提供前期技术咨询服务近50项，包括国内外技术和商务考察、技术方案编制、投标报价、技术评审等；为斯里兰卡普特拉姆电站等项目提供常驻现场技术服务。机勘院集中优势力量做好公司海外业务的技术支撑，为安哥拉索约电站、巴基斯坦塔尔煤电等项目的桩基施工提供专业化和常驻现场的技术服务，并以海外办事处为支点，不断加大与公司及其他工程承包企业的合作。

【管理经验】

打造关键管理体系，支撑市场开拓和业务发展。工程承包板块狠抓制度落地，细化管理，提高管理的专业化和精细化程度，制定项目现场标准化文件（SHE）的试点工作进展顺利，技术开发基金制度资助对象进一步精准化等。投融资逐步完善制度建设，加强投前、投中体系化建设；搭建海外投融资平台；在各事业部、中电工、中成套配置投融资客户经理，强化对业务的专业支撑。财务管理针对汇率影响进行相关财务分析，提升财务支撑能力。促进财务职能前移，防控财税风险，加强区域中心财务管理。规范流程，深化集团化财务管理体系。荣获“国机集团财务信息管理先进企业一等奖”。法律管理深入贯彻“法律先行”理念，实现法律职能的逐步前移。在现有国际律师库基础上，搭建完成核心市场、重要市场律师资源库，完善法律需求服务网络。不断提高管控水平，加大对业务支撑力度。完善制度体系，多渠道推进制度落地。建立健全督查督办工作机制，持续优化各类审批流程。完善薪酬管理体系，加强干部队伍建设，人力资源管理体系日臻完善。风险管理体系有效运行，全年未发生重大风险事件。强化安全意识，落实安全责任，被集团评为2016年度安全生产A级单位。

【信息化工作】

2016年是CMEC信息化建设的标准规范建设年。加强数据标准建设工作，深化企业在业务和管理系统的应用深度，加强信息安全、信息基础等方面工作力度。

在信息标准化方面：主数据平台正式投入运行。完成组织、人员、客户、供应商、项目、合同、物料等7个主题域涉及的13个系统之间的数据对接调试，生效记录数近5万条，累计变更次数5 000多次。

深化系统应用方面：完成第一阶段财务系统改造，确保新老系统平滑升级的同时，为下一阶段提升财务管控水平、加强境外机构的财务管理奠定基础；通过统一用户管理系统的正式运行，逐步规范组织和人员管理机制，提升办公效率，完成新增和升级应用系统的数据对接工作；采购管理平台正式上线运行，系统覆盖CMEC全部在执行项目和新签约项目，有力保障采购管理的高效合规；开通微信邮件，完成邮件系统优化升级工作，保证微信邮件和海外邮等功能稳定上线。

在信息基础方面：加强网络管理、安全管理、服务器虚拟化等建设；完善计算机类的资产统一管理和维护；加强正版软件管理工作，加大国产办公软件的使用推广；加强各系统日常运维、日常备份、系统状况巡检、流程优化等规范管理力度，并结合公司制度和流程优化工作，逐步进行审批链调整，完成系统优化。

【企业文化】

企业文化建设和品牌建设稳步推进。通过多种渠道弘扬“多元·创新·包容”企业文化；同时，出台“品牌VI视觉识别手册”，成功举办泰国品牌展，品牌价值提升。

发挥13个文体协会作用，组织羽毛球、足球等比赛，举办首届“最美中设人”演讲比赛。受国机集团工会委托，成功组织第四届“和谐国机杯”乒羽赛并取得佳绩，为CMEC赢得荣誉。

【社会责任】

高度重视社会责任能力建设，加强与利益相关方的沟通，参与行业协会、同行企业和专业机构之间的交流合作，增强社会责任管理人员和从业人员的意识和能力，深化社会责任管理，为企业的发展打下坚实基础。截至2016年年底，走访调研26家企业，参与国内外各类社会责任国际论坛、国际峰会等大型社会责任研讨会、交流会30场。

组织为内蒙古贫困群众“送冬衣”扶贫济困活动，干部员工共捐献棉衣、棉被1 146件，其中全新棉被145件。

社会责任工作获得利益相关方高度评价，其中CMEC履行企业社会责任实践案例入选《2015金蜜蜂责任竞争力案例》。此外，还荣获多项荣誉：《WTO经济导刊》颁发的“金蜜蜂2016优秀企业社会责任报告•海外责任信息披露奖”“金蜜蜂•海外履责奖”。在中国对外承包工程商会组织举办的“美丽海外中国”活动中，用一系列图像展示“在海外负责任运营，实践合作共赢理念”取得的成效，荣获“最美中国海外项目奖”“主题类－和谐与繁荣优秀奖”“主题类－绿色与自然三等奖”“最具人气奖”等。

【党建工作】

发挥党群优势，为CMEC经营发展保驾护航。通过强化警示教育、强化党课教育、强化成果测试、强化岗位落实等“四强化”，提升了中设集团“两学一做”学习教育实效。在各级党团组织开展“发展战略与‘一带一路’头脑风暴”“在战略引领下奋进”主题实践活动。同时，制定《CMEC在建工程项目巡查巡检暂行管理办法》。

中工国际工程股份有限公司

【基本概况】

中工国际工程股份有限公司（简称中工国际）隶属国机集团。成立于2001年5月，2006年6月在深圳证券交易所挂牌上市，是中国股市实施全流通股改后第一家获准发行新股(IPO)的公司。核心业务有国际工程总承包、海内外投资和贸易，具有丰富的国际工程总承包管理经验。完成近百个大型交钥匙工程和成套设备出口项目，业务范围涉及亚洲、非洲、美洲和东欧地区，业务领域涵盖工业工程、农业工程、水务工程、电力工程、交通工程、石化工程及矿业工程等。完成的项目获得所在国家业主的广泛认可和好评。拥有广泛的信息获取渠道和高效的管理团队，拥有长期而稳定的战略合作伙伴和良好的融资能力。

【主要指标】主要指标完成情况详见表1。

表1　中工国际2016年主要经济指标

项　目	2015年	2016年	同比增长（%）
资产总额（万元）	1 984 041.53	1 878 562.97	−5.32
净资产（万元）	643 664.31	762 432.73	18.45
营业收入（万元）	811 994.05	806 615.30	−0.66

（续）

项　目	2015 年	2016 年	同比增长（%）
利润总额（万元）	109 055.09	144 994.05	32.95
技术开发投入（万元）	31 102.16	30 146.53	-3.07
利税总额（万元）	121 867.84	164 213.38	34.75
EVA 值（万元）	62 357.16	80 166.80	28.56
全员劳动生产率〔万元 /（人·年）〕	40.82	78.24	91.67
净资产收益率（%）	16.20	17.52	增加 1.32 个百分点
总资产报酬率（%）	5.96	7.53	增加 1.57 个百分点
国有资产保值增值率（%）	120.65	121.51	增加 0.86 个百分点

【改革改制】

深化事业部改革，加强对境外机构和子公司管理。成立事业部经营管理小组，公司各职能部门派专人与事业部进行对接，进行职能支持工作，帮助事业部制定完善内部管理制度。不断完善中工国际运营体系管理，建立定期汇报制度，定期召开各事业部及子公司运行分析会。严格规范驻外代表处月报报送工作，各子公司月报报送系统正式上线。深入开展重点市场梳理、属地化专题研究，推进属地化经营。拟订《员工外聘管理办法》，为未来属地化公司人力资源管理奠定基础。

【市场开拓】

国际工程承包行业呈现平稳增长趋势，“一带一路”国家战略落实有力，给中国对外承包工程企业带来机遇和动力。然而，专业化大型公司竞争优势显著，其他专业公司以及市场新进入者数量众多，给公司市场开发带来的压力不断加大。为把握政策红利，实现业绩增长，中工国际积极参与各类高访活动及高层论坛，推动项目签约及生效工作。

新签合同额 17.70 亿美元。在伊朗、菲律宾、斯里兰卡、肯尼亚、赞比亚、埃塞俄比亚、厄瓜多尔、白俄罗斯、乌兹别克斯坦等传统市场，在签署新项目合同的同时，并签订了多个项目的补充合同，实现项目滚动开发。在喀麦隆市场首次实现项目签约。此外，中工国际首次承接中国政府援外项目，成为中国援建厄瓜多尔乔内医院项目的唯一总承包单位。新签项目中，合同金额超过 1 亿美元的项目包括斯里兰卡玛度鲁河右岸发展项目（4.75 亿美元）、赞比亚西北省公路升级改造项目（2.73 亿美元）、伊朗矿业设备采购项目一期（1.27 亿美元）、伊朗化工项目（1.25 亿美元）、乌兹别克斯坦 800t 平板玻璃生产及深加工项目（1.06 亿美元）。12 月底，在手合同余额 83.21 亿美元，为后续的业务发展奠定了坚实基础。

签约伊朗丙烯丙烷脱氢项目，合同金额 1.25 亿美元，项目内容为建设年产丙烯 45 万 t 的丙烷脱氢项目，合同工期 24 个月。赞比亚西北省公路升级改造项目，合同金额 2.73 亿美元，项目内容为改扩建赞比亚西北省 214km 沥青标准公路，合同工期 36 个月。斯里兰卡玛度鲁河右岸发展项目，合同金额 4.75 亿美元，项目内容为建设总长 83km 的输水渠道、6 座水库、3 座水厂及其他配套工程，合同工期 48 个月。伊朗矿业设备采购项目，合同金额 1.27 亿美元，项目内容为矿山开采机械设备供货，合同工期 24 个月。乌兹别克斯坦 800t 平板玻璃生产及深加工项目，合同金额 1 亿美元，项目内容为建设多条玻璃生产线及玻璃深加工基地，合同工期 30 个月。

【重大决策】

1. 中白工业园项目　中白合资公司组建新一届股东会和董事会，完善组织机构。完成国机集团、中工国际向合资公司增资工作，增强了中白合资公司的开发实力。成立中白合资公司北京代表处，招商力量加强。

招商方面：依托国家部委、地方政府及行业协会资源搭建招商平台，全年组织四川发改委、山东省政府、黑龙江省政府等在内约170家单位298人考察。组织、协助举办多场推介会，洽谈对接项目25个，主动策划招商项目14个。截至2016年年底，入园企业7家，意向企业30家，招商引资呈现积极向好的态势。

入园企业有4个工程项目动工，总投资1.48亿美元。一是招商局集团投资建设的中白商贸物流园一期工程，建设规模10万m^2物流设施，包括71 000m^2的仓储、21 000m^2的交易展示中心、6 300m^2的商务中心（完成80%）；二是成都新筑的超级电容器项目作为首个生产性项目正在建设中；三是中白合资公司投资的12 500m^2园区综合办公楼主体工程完工，进入装修阶段；四是中白合资公司投资的8 000m^2标准厂房主体工程完工，进入装修阶段。

2. 沃特尔水技术股份有限公司 沃特尔公司调整市场策略，加大电力、煤化工行业的市场开发力度，推进新业务领域的BOT、PPP工作。提升管理能力，多管齐下降成本。探索资本市场多元融资渠道，为下一步工作奠定基础。开发多项新工艺，资质信誉得到进一步提高。4月，在阿联酋首都阿布扎比举行的第十届全球水峰会上，沃特尔公司承建的华能集团长兴电厂脱硫废水“零排放”项目获得年度全球最佳工业水处理项目大奖。该项目的获奖，是对正渗透高浓盐水“零排放”技术的充分肯定，也是中工国际水务板块的一个突出成果。

3. 老挝万象新世界项目 项目经营取得良好效果。别墅租赁实际入住43套，别墅项目出租率保持在75%以上；商业街项目累计出售6套、累计出租面积达可租售面积的70%，多家餐饮、娱乐品牌进驻，出租部分约50%的商铺开业，夜市逐步启动，商业气氛正在形成。东昌酒店实现盈利。

东盟峰会期间，东昌酒店和别墅项目成功接待中国、柬埔寨、印度、马来西亚、新加坡、菲律宾等国政府首脑和代表团，为老挝政府举办东盟峰会做出了重大贡献，受到老挝政府及相关国家政府官员的一致好评，收到老挝外交部和中国驻老挝大使馆的感谢信。

4. 中工投资管理有限公司 中工投资完成合资基金管理公司成立，并筹备基金发行工作，初步搭建了投融资业务平台。同时，中工投资围绕公司“三相联动”战略，与各事业部跟踪多个海外投资项目，取得进展。中工投资还积极做好资金管理工作，多方探索有保障收益的财务性投资项目，成功中标华电水务增资扩股项目，取得业务突破。

5. 中工水务有限公司 6月24日，中工水务有限公司正式成立。中工水务确定了“重点区域领先，大项目优先”开发思路，整合行业优势资源，重点布局四川、湖北、湖南、新疆等重点市场，跟踪数十个国内水务PPP项目。12月1日，中标吉首市小型农田水利、中小型水库建设PPP项目，总投资估算为8.87亿元。中工水务还积极与中工武大、沃特尔等子公司开展合作，联系外部金融机构，探索多种融资渠道，走产融结合道路。成都、邳州2个水厂正常运行，邳州水务二期扩建工程于年初开工并于6月竣工，8月正式投产并开始实现收益。成都水务三期扩建方案获当地政府批准通过。

【重大项目进展】

1. 斯里兰卡延河农业灌溉项目 合同金额1.5亿美元，重点推进土建工作，土建部分完成90%，工程承包额累计完成1.4亿美元。

2. 伊朗沙珐如德水电站项目 合同金额2.38亿美元，重点进行坝体开挖工作和辅坝的混凝土浇筑工作，工程承包额累计完成1.38亿美元。

3. 伊朗大不里士输水管线项目 合同金额2.94 亿美元，完成 11 批次货物出运工作，工程承包额累计完成 1.27 亿美元。

4. 孟加拉帕德玛水厂项目 合同金额 2.9 亿美元，完成初步设计、厂区和增压泵站的试桩等工作，设备出运完成 36%，工程承包额累计完成 7 400 万美元。

5. 赞比亚公路项目 合同金额 1.8 亿美元，项目收到业主的竣工验收证书，正式进入质保期。

6. 玻利维亚糖厂项目 合同金额 1.76 亿美元，11 月 8 日，项目通过临时验收测试，获得临时验收证书，工程承包额累计完成 1.72 亿美元。

7. 埃塞俄比亚糖厂项目 合同金额 6.47 亿美元，完成一期施工图设计工作，设备出运完成 80%，土建部分完成 20%，工程承包额累计完成 2.62 亿美元。

8. 委内瑞拉比西亚联合循环电站项目 合同金额 8.49 亿美元，3 号机组获得业主颁发的最终接收证书，12 月获得全厂辅助系统（BOP）最终接收证书。截至 2016 年 12 月 31 日，3 台机组性能稳定，运行状况良好，累计发电量超过 5.5 亿 kW · h，工程承包额累计完成 8.47 亿美元。

9. 委内瑞拉农副产品加工设备制造厂工业园项目 合同金额 5.12 亿美元，重点进行装饰装修、水电气及设备安装收尾调试工作，工程承包额累计完成 5.03 亿美元。

10. 委内瑞拉灌溉项目 合同总金额 6.34 亿美元，项目整体处于收尾阶段。

11. 委内瑞拉中西部电网扩建之科赫德斯州项目 合同金额 2.24 亿美元，重点完成项目设计、部分设备出运，工程承包额累计完成 4 300 万美元。

12. 厄瓜多尔医院建设群项目 合同总金额 4.66 亿美元，项目进入收尾阶段，工程承包额累计完成 3.68 亿美元。

13. 厄瓜多尔政府金融管理平台大楼建设项目 合同金额 2.42 亿美元，重点完成土建和钢结构安装工作，钢结构安装完成 98%，工程承包额累计完成 1.66 亿美元。

14. 玻利维亚钾盐厂项目 合同金额 1.78 亿美元，施工图设计完成 95%，主要建筑物基础施工完成，工程承包额累计完成 5 000 万美元。

15. 尼加拉瓜油料分配厂项目 合同金额 1.84 亿美元，4 月 18 日，项目获得业主竣工验收证书，标志项目圆满完成，工程承包额累计完成 1.84 亿美元。

16. 白俄罗斯 40 万 t 纸浆厂项目 合同金额 7.69 亿美元，重点开展调试工作，完成系统带料调试以及商品浆的投料试生产，工程承包额累计完成 6.87 亿美元。

17. 中白工业园一期市政基础设施建设项目 合同金额 2.21 亿美元，完成道路路面硬化、场站施工等工作，并分批移交业主，工程承包额累计完成 7 877 万美元。

18. 乌兹别克斯坦 PVC 生产综合体建设项目 合同金额 4.4 亿美元，9 月项目正式开工，完成初步设计文件的转化工作，工程承包额累计完成 1 494 万美元。

【产权制度改革】

自国资委 2011 年 7 月颁布并施行《中央企业境外国有产权管理暂行办法》以来，严格执行此办法，为加强出资企业产权登记管理，及时、真实、动态、全面反映产权状况，制定《中工国际国有资产产权管理实施细则》内部制度。并按照《国机集团国有资产产权管理规范指引》的相关规定，履行并完备各种境外国有产权管理程序，采取专人管理及各职能部门配合的方式，落实到户，管理到户，同时在执行中不断完善与补充，取得较好成效。

【经营管理】

国家“一带一路”战略持续深入推进，给海外工程承包企业带来巨大机遇。为更好地把握市场机遇，促进项目的签约和生效，确保整体经营指标的完成，中工国际采取了以下经营管理措施：

1. 战略体系逐步完善，运营管理持续提升 召开战略质询会，对2016年的战略重点工作进行部署。召开战略研讨会，围绕公司工程承包主业、投资和贸易业务进行深入研讨，明确发展思路。制定2017—2019年战略，明确未来3年的发展方向、目标和实施路径。开展对外承包工程行业趋势、北美工程承包市场和并购等专题研究，推出“智汇中工”企业微信号，为中工国际决策提供参考。不断夯实运营管理工作，召开事业部经营汇报会，推行事业部月度办公会、经营分析会、大项目开发和执行会等汇报机制。在各事业部成立经营管理小组，为中工国际的稳定运行提供保障。

2. 系统优化人力管理体系，持续提升人才竞争力 不断优化人力资源管理体系，完善人才激励机制，对关键岗位核心骨干人员实施有侧重的激励政策，完成年度薪酬调整工作。完善事业部利润考核新方案。完成中工国际首次限制性股票注销回购及解锁工作。

加强人才引进和培养工作。推进干部队伍建设，完成年度中高层管理干部聘任和员工双选工作。加大招聘力度，全年引进各类人才104名，其中高端人才14人。组织“赢在中层”职业经理人、明星业务员、驻外总代表、项目经理、内部讲师等有针对性的培训。开展“永葆激情，落实战略”年度企业文化系列工作，以企业文化助力公司发展，凝聚人心。

3. 加强项目执行管理，优化项目管理体系 编制完成《中工国际项目前期策划及执行项目风险监控管理办法》《中工国际采购管理办法》等管理制度，加强对项目开发、项目采购和项目执行各环节的管控，促进项目管理的精细化和规范化。定期组织召开重点项目月例会，同时将日常汇报、项目评价、现场检查及典型项目复盘等措施相结合，提高对项目风险的监管力度。召开“携手中工 共创未来”中工国际第二届合作伙伴交流大会。完成合作伙伴评级工作。完成项目管理系统微信审批、系统升级等信息化工作。

4. 完善财务体系建设，全面提升管理能力 推进财务管理制度的建设和完善。重点加强对重大项目和子公司的财务支持力度，提供多样化的财务服务。制定《中工国际外派子公司财务总监工作规范》，全面提升境外财税风险防控能力。多种途径加强资金管理，实现增加资金收益，降低资金风险的目标。强化财务内部管理，荣获国机集团2016年度“财务信息管理先进企业”二等奖。

5. 构建多元融资模式，持续提升业务支持 通过多渠道、多形式开拓融资途径，推进融资方案的落实与合同生效工作。创新融资思维，实践多元化融资模式，创新探索向银行招标等融资取得方式，力争为大型复杂项目的市场开拓提供有力融资支持。发挥核心优势，夯实专业能力，根据国别特点和项目实际，有针对性地设计融资方案，保证了项目的成功开发与生效实施。

6. 技术支持凸显优势，文档管理不断夯实 发挥技术支持部的专业优势，从项目开发阶段开始严格把关技术和报价方案，从源头规避风险。项目执行阶段全力参与设计方案审查，方案优化、技术谈判等工作，防范技术和成本风险。推进公司内部知识共享，强化文控管理系统应用工作，规范大型复杂项目文档管理。

高新技术企业资质维护方面：获3项发明专利证书和2项发明专利授权通知书，其中1项实现了公司项目管理方面发明专利零的突破。建立研发投入核算体系，及时对技术性收入和研发费开展动态统计分析。

7. 法律保障坚实有力，风险管理有效推进 中工国际法律部门充分发挥专业职能，直接参与一系列重大项目的开发和对外谈判，加强对项目执行过程的法律支持。加强对分子公司法律事务的管理，严格把控业务风险。加强合同评审管理，完成合同评审工作，参与中工国际投资并购和新业务开发，处理各类诉讼和非诉争议，保障公司的合法权益，为公司各类业务的健康发展保驾护航。

为推进公司风控体系的顺利实施，发布新版《全面风险管理与内部控制手册》，编制新的风险图谱，加强对重大风险方案的制订并督促信息化管控。开展中工武大诚信、老挝代表处等专项审计工作。

8. 持续深化品牌建设，全面提升信息披露水平 借力中工国际成立 15 周年上市 10 周年契机强化新闻宣传，全面提升公司品牌美誉度。通过样本、宣传片、对外展览等方式加强公司形象宣传，推进品牌建设工作。完成 KOA 系统财务功能开发和 4 家子公司财务信息化工作，确保财务数据的完整性和准确性，有力支持业务开展。完善信息化安全和操作流程管理，完成网络安全改造二期项目，为健全信息安全体系奠定坚实基础。

及时、准确、完整的完成年报、中报、季报、临时报告等信息披露工作，在深交所信息披露考核中结果为 A，连续 6 年获得深交所信息披露考核最高评级。加强投资者关系管理工作的力度，得到广大投资者和监管部门认可，荣获第十二届中国上市公司董事会“金圆桌奖”、优秀董事会奖和董事会价值创造奖。

【党建工作】

1. 贯彻落实党的十八届六中全会和全国国有企业党建工作会议精神 7 月，中工国际党委特邀北京产业经济研究中心主任、北京市委宣讲团专家、中央电视台财经频道特约评论员张一平教授，就习近平总书记系列重要讲话精神进行宣讲与解读，并对当前国家经济形势、“一带一路”等进行全面分析，对“两学一做”学习教育进行讲解。认真落实全国国有企业党的建设工作会议精神，把党建工作写入公司章程，明确中工国际党委在公司治理结构中的法定地位。

2. 开展“两学一做”学习教育，落实全面从严治党要求 4 月 28 日，中工国际党委召开“两学一做”学习教育动员部署会。启动部署会后，公司党委及时为广大党员配备相关的学习材料，指导各党支部开展学习教育，开展 3 个专题的学习研讨，将“两学一做”学习教育不断引向深入，解决党员队伍在思想、组织、作风、纪律等方面的问题，确保全面从严治党在基层落地生根，把每一个基层党组织都建设成坚强的战斗堡垒。

3. 深入海外项目现场党建调研，开展系列党员学习教育等活动 中秋、国庆节期间，党委书记赵立志带队赴非洲四国项目现场进行海外党建工作调研，并为海外党员讲授党课，警示广大党员干部不碰“底线”，不越“红线”，筑牢反腐思想防线，做一名合格的共产党员。

4. 围绕中心，服务大局，推进企业发展保证党建工作有效落实 一是推动中工国际党委切实履行党建主体责任。中工国际党委研究制定党建责任清单，并对照责任清单内容，逐一落实。二是制定和实施中心组学习和民主生活会计划，落实中心组学习制度，结合党的群众路线教育实践活动和“三严三实”专题教育活动，召开领导班子“三严三实”专题民主生活会。三是组织党费收缴专项检查工作。四是分别开展党员组织关系排查和统战工作自查两项任务，完成《中工国际统战工作自查报告》。

5. 利用各种载体开展党组织活动 发挥党员模范带动作用。一是“七一”期间，中工国际党委组织全体在京党员参观北京市爱国主义教育基地——“没有共产党就没有新中国”纪念馆，重温红色历史，追忆光辉历程，加深对党的热爱和忠诚。二是各海外党组织以中工企业文化、履行海外社会责任、践行国机“丹棱精神”为主要内容，贯穿海外核心业务为目标，充分发挥一个基层党组织就是一个战斗堡垒的作用，组织参与多项海外社会公益活动。厄瓜多尔发生 7.8 级强震，厄瓜多尔党小组在震后第一时间积极加入援震工作，党小组组长杨谅秉持“党员就是要带头挑战困难，并且把战胜困难的信心传递给整个队伍”态度，不顾大震后 2 700 次余震的危险，带领海外党小组全员默默地在“赤道之国”传递着中国暖流，树立了中工国际的品牌形象。

6. 做好党风廉政建设和纪检监察工作 一是以“四风”问题整治情况“回头看”为契机，认真梳理和自查党的群众路线教育实践活动整改情况，巩固教育实践活动和“三严三实”专题教育成果。二是落实“一岗双责”，将反腐倡廉建设纳入企业中心工作总体部署，加强对党风廉政建设和反腐败工作的统一领导。层层签订“廉洁承诺书”，全面形成党委统一领导，党政齐抓共管，班子成员对分管单位和主管部门负责，部门负责人对部门成员负责的三级网络责任体系，逐级强化党政主要领导主体责任。开展公司招投标、中标公示和半年一次的项目评价的监督工作，以及问题反映线索排查、职务消费等专项治理工作。

【企业文化】

继续加强企业文化的宣贯活动，全年组织46次“永葆激情落实战略”——企业文化宣贯交流会，国内外累计500余人参加，使公司的文化理念更加深入人心，切实发挥了文化先行的重要作用。此外，中工国际特别注重对青年员工的人文关怀和企业文化的熏陶，通过组织青年员工知识讲座、爱国参观活动、运动友谊赛、青年联谊会等一系列活动，为青年员工带入公司、贡献智慧与力量营造了良好的氛围，提供了有益的指引。

【信息化建设】

1. 加强信息安全管理工作 全面梳理信息化相关工作，重点整理和加强信息化安全相关管理和操作及审批流程，同时调整相关应急预案技术方案，并同步修订4个相关制度，确认和绘制信息化管理流程、完善文档手册和修订控制矩阵，进一步规范和加强公司信息安全管理工作。

根据财务日常管理工作需求，在OA系统中开发保函管理模块和汇率信息发布门户，实现保函信息录入、修改和数据汇总统计等；迁移旧版OA系统数据到现有KOA系统中，完成数据校验、类型整合和权限划分，实现全部公文在一个系统下的查找和借阅。同时，为OA系统整体升级和档案信息化做准备，保证数据的完整性和准确性。

2. 建设项目文档管理系统二期 完善功能项目文档管理系统二期，实现项目文档借阅，通过客户端完成项目文档的浏览、查看、搜索、批量上传及批量下载功能，并可实现项目文档的借阅共享。在客户端试运行期间，可在“职能部门—技术支持部—技术知识管理”下体验借阅流程。

3. 财务信息化工作 完成中工、中农机、中凯华和中凯国际4家公司财务南北软件9个账套全数据整合工作，实现统一登录、统一查询、分权管理。确保财务数据的完整性、准确性和可用性，确保财务数据统计查询和保存年限符合国家相关要求。

4. 子公司网站建设和迁移工作 推动完成中农机新网站建设工作。2016年年初中农机根据现有业务模式重新整理网站栏目和内容建设新版网站进行业务和品牌的推广，电脑版和手机版同步上线；完成中工物流网站迁移到集团网站群，并根据业务需要调整和完善相关栏目和内容，中英文双语言于11月底上线；提高网站的稳定性和安全性。

5. 数据安全建设工作 中工国际采用EMC数据备份方案，实现所有应有系统、数据库、虚拟化文件全自动集中完全和增量备份。保障公司数据完整性的同时，大大提高备份安全级别和备份效率，并保留部分重要业务系统原有备份方式，每天备份到本机，确保重要业务系统数据还原高可用性和缩短数据恢复的时间。

【社会责任】

重视社会责任工作，将社会责任落到实处。结合中工国际业务特点，深入了解项目当地人民亟待解决的难题，因地制宜，形成具有公司特点的捐赠捐助方案。

4月，赞比亚穆巴拉—纳孔德公路项目组代表中工国际向穆巴拉市政府捐赠爱心基金及印有中工国际标志的服装；4月，厄瓜多尔发生7.8级强震，分公司立即通知波多维耶霍医院建设项目组参与该市的救援工作，第一时间调集挖掘机、装卸车、吊车、装载车抵达市中心，由当地消防统一部署进行救援，救出生还者 3 名，并捐助大量物资送达多个受灾点，举行了集体献血活动；5 月，斯里兰卡出现近一周的特大暴雨天气，导致境内多省发生洪水、山体滑坡、泥石流等灾害，斯里兰卡分公司和延河农业灌溉项目组响应中国驻斯里兰卡使馆、斯里兰卡灌溉局号召，向受灾地区捐款 100 万卢比，以帮助灾民渡过难关，重建家园；7 月，白俄罗斯遭受暴风雨袭击，国机集团和中工国际立即伸出援助之手，参与到灾区抢险工作中，并分别向明斯克州政府捐款 10 万美元和 5 万美元；11 月，中工国际斯里兰卡分公司向斯里兰卡延河农业灌溉项目所在地的 2 所小学捐赠共计 30 套课桌椅，60 套学生书包、文具等教学用品；11 月，公司玻利维亚乌尤尼钾盐厂项目组代表公司向项目所在的大河村社区捐赠包括施工费、材料费总计折合 154 000 玻利维亚诺（约合人民币 152 672 元）。

雪中送炭的情谊尤为珍贵，多种多样的捐赠活动增进了项目组与项目所在国、社区和人民的友谊，彰显了中工国际热心公益、关注当地社区建设的优良传统，在海外树立了良好的中国公司的形象。

中国福马机械集团有限公司

【基本概况】

中国福马机械集团有限公司（以下简称中国福马）前身是林业部林业机械公司，成立于 1979 年，总部位于北京。1994 年，公司被列为国务院百家建立现代企业制度试点单位之一。1999 年 1 月与国家林业局脱钩，划归中央企业工委管理。2003 年，成为国务院国资委监管的中央企业。2007 年 11 月，与中国机械工业集团有限公司重组，成为中国机械工业集团有限公司的全资子公司。2010 年年底以来，根据国机集团关于工程机械业务重组的总体部署，中国福马所属工程机械企业和业务与国机集团其他工程机械业务进行重组。现所属二、三级企业 19 家，其中 11 家为直接管理的二级企业，林海股份公司在上海证券交易所上市。现拥有林业装备、动力装备，以及车辆、工程与贸易三大主业。

作为中国最大的国有林业机械制造企业和木材综合加工设备集成商，中国福马研制的中高密度纤维板、刨花板、水泥刨花板、石膏刨花板成套设备，人造板二次加工成套设备，木地板加工设备等，在原料制备、刨花制备、纤维制备、铺装、热压、砂光等关键工段、关键设备都具有独到的技术特色和优势，处于国内行业领先水平，在市场中享有较高声誉。

中国福马是国内最大的林业机械开发制造与贸易企业和重要的动力机械制造企业，也是全国最大的摩托车发动机定点生产企业之一。通用汽柴油机、小型发电机组、摩托车发动机及摩托车、助力车、特种车辆等在国内外用户中树立了良好的形象；草坪修剪机、割灌机、风力灭火机、油锯等营林采伐和园林机械，以及带锯条、圆锯片、锯链、导板、各种木工成型铣刀等林木工具和刃具，技术性能及质量均处于行业领先水平。

中国福马在新能源领域积累了丰富的利用太阳能和生物质发电工程项目的建设经验，依托林业行业背景优势，以推广光伏发电与沙漠治理相结合、光伏组件贸易与 EPC 工程总包互补的运行模式，组织开拓以沙地大型地面光伏电站建设、贸易为主的工程贸易业务，可有效地兼顾生态效益和经济效益。

中国福马以产品出口、工程总承包等业务方式，成功进入欧洲、南美洲、非洲、东南亚等地的国家和地区，成为国内外客户放心的合作伙伴。

【主要指标】 主要经济指标完成情况详见表 1。

表 1　中国福马 2016 年主要经济指标

项　目	2015 年	2016 年	同比增长（%）
资产总额（万元）	318 702	319 917	0.38
净资产（万元）	140 500	143 462	2.11
营业收入（万元）	245 799	200 118	-18.58
利润总额（万元）	2 839	3 043	7.19
技术开发投入（万元）	7 067	5 765	-18.42
利税总额（万元）	9 167	9 189	0.24
EVA 值（万元）	-6 684	-7 602	-13.73
全员劳动生产率〔万元 /（人·年）〕	12.70	9.99	-21.34
净资产收益率（%）	1.46	-0.22	下降 1.68 个百分点
总资产报酬率（%）	2.21	2.12	下降 0.09 个百分点
国有资产保值增值率（%）	99.69	103.42	增加 3.73 个百分点

【改革改制】

1. 开展福马木业调整退出工作　完成对天津林美锯业有限公司的清算工作；启动泰州雅马哈动力有限公司清理工作。为降低福马木业长期亏损对中国福马经营效益的负面影响，实施“福马木业调整退出”。制定调整退出方案，按照方案开展资产处置工作，完成中国福马内部关联企业的资产回收工作。

针对林美公司市场竞争能力弱连续亏损的现状，对其进行清算工作，工商注销手续办理完毕。

按照国机集团加大清理调整五层企业的要求，启动对泰州雅马哈动力有限公司的清理工作。

2. 对林海股份进行资产重组，落实整体上市战略目标　经国机集团批准，启动对上市公司林海股份资产重组的相关工作。至 2016 年年底，完成资产重组涉及的审计、评估等工作，公司重组评估报告上报有关部门审核和备案。

【重大决策与重大项目进展】

1. 广东开平“年产 18 万 m^3 MDF 项目”　该项目为中国福马向开平五联人造板有限公司提供年产 18 万 m^3 MDF 项目工艺设备总包供货及安装工程服务。主生产线设备 2015 年 10 月开始陆续发往开平项目现场，2016 年 11 月一次性通过达标达产验收。该项目是在总结得力项目销售经验的基础上，成功采取买方信贷销售的第二单，积累了融资销售和项目管理经验。

2. 天津厂搬迁及异地建厂项目　天津厂自 2014 年实施整体搬迁，按照天津厂改革调整的总体方案和搬迁计划，2016 年完成锅炉房及职工餐厅基础设施的建设工作；完成带锯生产线的技术改造工作；完成人员分流阶段性工作。实现了工厂搬迁的平稳过渡和生产经营工作的顺利开展。

3. 镇江中福马“退城进区”项目　镇江中福马为优化资源配置，降低两地运行成本，实行“退城进区”整体搬迁。10 月与镇江市土地收储中心签订土地收储协议，收到 50% 的搬迁补偿款。镇江中福马制订“退城进区”搬迁工作总体安排，各项工作按计划实施。

【市场开拓】

1. 动力机械板块保持持续增长的良好势头　林海集团大力推广 M 系列特种车辆等重点新产品，欧美及东南亚市场销量明显增长；林海美国公司通过本地化销售拓展市场，形成39家网点的销售网络，中南美市场逐步打开；通过召开林海摩托车及动力战略研讨会、插秧机经销商座谈会，组织参加广交会等各种营销活动，加强网站、微信公众号建设等，特种车辆新开发15个国家新市场、22家新客户，林海品牌摩托车，插秧机配套动力、消防水灌车等销售量取得较大增长，扩大了产销规模，提升了自主销售能力。

通过召开新能源汽车战略研讨会，逐步明确新能源汽车战略定位、实现路径和重点突破方向，与知名厂商合作的电动物流车功能样车进入试制阶段。完成神舟401、神舟501两款低速电动车的上市销售，初步形成高中低档电动车的产品布局。

2. 人造板机械板块在保持稳定经营的基础上，抢抓机遇，加强市场开拓 苏福马公司抢抓刨花板市场回暖机遇，拼抢合同，全年新增有效合同额超4亿元；新签7条刨花板成套生产线及多个配套、改造项目，突破连续压机主机厂商的围堵，保持砂锯线的市场主导地位。镇江中福马公司抓住用户改进升级机会，积极推广新型磨机，形成一定示范效应。中国福马顺利组织薄板配套8ft（1ft=0.304 8m）砂锯线和仓储系统出口交付、中航项目调试服务、孟加拉生产线的安装工作，签订在肯尼亚和迪拜的生产线等项目，实现化工原料、板材等集团外产品的销售。利用已销售油磨线示范效应，新签3条金属油磨线；努力在非木质行业拓展磨机的市场应用，成功签订烟梗盘磨机。

3. 海外工程项目取得进展，木材贸易业务起步 海外项目开发不断推进，参与南非美森耐公司商业救援案，积累了海外并购的经验；与南非FX公司签署合作备忘录，推动成立南非合资公司，以贸易带动海外开发项目的落地，启动公司设立工作；开展南非刨花板及4.5MW发电厂设备总包项目、加蓬中密度板厂总包项目及林业开发合作项目、老挝胶合板设备总包项目等的调研和磋商，进一步推动项目进展。上海公司涉足原木进口业务，木材贸易业务起步，取得可喜经验。

【科研成果】

申请专利35项（发明专利12项）、授权专利31项（发明专利15项）、软件著作权2项，发明专利比例大幅上升。

1. 连续压机入选国机集团十大科技创新成果 连续压机是国家“863计划”项目课题，该项目的“BPY74265宽幅人造板连续压机成型压制系统”经国家科技部、环保部、商务部和质检总局联合认定为“2014年度国家重点新产品”，2016年入选国机集团20年十大科技创新成果。

2.“砂光锯切生产线”项目获国机质量奖 12月13日，国机集团发布2016年度国机质量奖授奖决定：中国福马“砂光锯切生产线”项目获得“国机质量奖”项目奖。“国机质量奖”是国机集团在质量领域授予各所属企业、项目和个人的最高荣誉。“砂光锯切生产线”项目获国机质量奖，充分证明该项目在质量水平、创新能力、效益等方面取得了突出成绩。

3. 连续压机获首台（套）重大技术装备保险补偿 7月5日，财政部下达2016年工业转型升级“中国制造2025”资金支持首台（套）重大技术装备保险补偿机制试点通知：集团公司开平项目连续压机产品获得首台（套）重大技术装备保险补偿133万元。这是中国福马连续压机产品在得力项目成功获得首台（套）重大技术装备保险补偿基础上，再次获得首台（套）保险补偿。

4.《连续平压式热压机》行业标准获批发布 7月27日，国家林业局发布2016年第17号公告，中国福马作为第一制定单位编制的《连续平压式热压机》（LY/T 2730—2016）行业标准获批发布，新标准于2016年12月1日起实施。该标准的发布，填补了连续平压式热压机行业标准的空白，对规范产品生产、提升产品质量、推进人造板装备“连续平压式热压机”的有序高效发展具有重要意义。

5.“基于ATV车辆的大排量电喷发动机自主研发与产业化”项目获中国机械工业集团科学技术奖三等奖 12月13日，国机集团发布中国机械工业集团科学技术奖奖励决定：中国福马“基于ATV车辆的大排量电喷发动机自主研发与产业化”项目获该奖项的三等奖。该项目最大功率、升功率、最大扭矩、油耗、排放等达到国内外同类产品先进水平；排放达到欧美法规要求，并接近国外同类产品先进水平，优于国内同类产品水平。2013—2015年，项目新增销售额4.74亿元。项目终端产品（整车产品）主要出口（约占90%），在法国、意大利、德国、俄罗斯、瑞典、加拿大、澳大利亚、南非等国家实现大批量销售；在国内森林消防领域实现规模化销售。

【产权制度改革】

完成对天津林美锯业有限公司的清算工作；启动泰州雅马哈动力有限公司清理工作和福马木业的调整退出工作。

对林海股份进行资产重组，落实整体上市的战略目标。

【管理经验】

1. 战略与投资管理水平进一步提升 制定中国福马“十三五”发展规划纲要；召开“十三五”新能源汽车战略研讨会，明确新能源汽车业务重点和发展方向；召开林业新能源（光伏）业务研讨会，明确中国福马林业新能源业务的战略定位和发展路径。

2. 质量管理及信息化建设进一步推进 召开质量改进工作会议，制订质量短板改进计划，持续提高产品质量。林海集团制订专项工作计划目标并下发2016年1号文，促进质量提升。苏福马公司厘清责任边界，固化工作流程，全面提升装箱质量。镇江中福马公司结合新产品试制，对主关键的下料、进货、机加工等过程开展实物质量抽查整改，并在“质量月”举办生产现场实物展，推动质量提升。

依据信息化行动计划，制定“两化融合”重点任务并推进落实。深化信息系统应用，PLM系统项目管理模块上线运行，实现PLM全流程管理；OA系统在合同管理模块上线运行后，根据各部门使用情况进行优化、调整、维护，为公司经营起到保障作用；加强信息安全工作，对总部和苏州两地数据及存储设备进行安全检查，完成总部无线局域网的搭建，提高总部无线接入安全性；开展虚拟化平台建设，提高信息系统的工作效率；建立中国福马电话会议系统，提升工作效率。中国福马所属林海集团入选国家级“两化融合”管理体系贯标试点企业。

3. 强化财务、资产管理和内部审计 按季度对全面预算执行情况进行跟踪、监控和分析；按照压降“两金”工作的要求，摸清情况、制定专项考核方案，分解落实控制目标并跟踪检查，确保“两金”压降工作目标的实现；配合国机集团完成中国福马任期经济责任审计工作，并组织落实整改工作；开展逾期应收账款专项效能监察工作。

4. 做好安全生产管理工作 坚持年度安全生产大检查制度，开展多种形式的安全生产宣传教育活动和安全知识培训。各子企业以落实安全生产“一岗双责、党政同责”为主线，落实各级各岗位人员的安全生产责任，全年未发生安全生产责任事故，安全生产形势总体保持稳定。

5. 法律、内控、全面风险管理加强 配合国机集团完成对宁夏振启30MW光伏电站项目的后评价工作；组织对天津厂处置资产的复查工作；对保一集团、埃菲生公司进行实地资信调查，完成得力、森森、建丰、阿尔及利亚项目等的客户资信调查，担保条款商谈，法律顾问审核咨询工作；组织开展7次重大项目执行监督检查；组织集团公司内控制度自我评价；制定中国福马全面风险管理办法，开展公司范围内招投标自纠自查。

6. 持续创新人力资源开发与培训 重点加大在线培训力度，进一步规范课程体系。为了总结评估2015年在线培训工作并为下一步工作打好基础，2016年5月对在线培训的效果进行调研。调研内容包括选课情况、内容深度、对工作的帮助或能力的提升等，参加调研人数148人，反馈97人，总体评估情况较好。全年举办“中国福马管理能力提升班”、中国福马专业骨干人才及青年英才、总部处级及以下员工等3个类别的在线培训班级，必修课程全部由中国福马教育培训专家咨询组进行配课。子企业充分利用在线培训的优势，举办管理类、营销类、生产运营类等培训，扩大培训面，提高在线培训平台的使用率，在中国福马范围内进一步推广使用在线学习平台。

中国福马总部组织参加内外部培训29项，包括领导干部的境外培训、中青年干部的行动学习等管理知识培训，科技管理、风险管控、市场开拓等专业知识培训，新员工培训等，还组织了商务合同知识竞赛。培训内容紧密结合企业发展实际，重点突出，为企业发展提供基础保障。

强化人才的选拔、使用及管理工作。经各单位推荐、审核、审议等，共评选出中国福马第二批专业骨干人才95人、青年英才61人；按年度对中国福马第四届技术带头人进行考核、奖励。年初总部竞聘中有2名80后年轻骨干经竞聘上岗被聘任为事业部副总经理；子企业也积极选聘各类优秀人才，建立机制让优秀人才脱颖而出，如林海集团为加快技师、高级技师队伍的培养，出台技师、高级技师竞聘实施办法，并选拔出高级技师2名、技师53名。

7. 强化制度建设 制定规章制度5项：①中国福马机械集团有限公司高管联席会议议事规则（暂行）。②中国福马机械集团有限公司总部离退休职工住宅供暖费、物业费补贴（暂行）办法。③中国福马机械集团有限公司因公出国（境）人员审查暂行办法（试行）。④中国福马机械集团有限公司全面风险管理办法。⑤人造板机械板块业务分工协作问题的实施意见。

修订规章制度1项：中国福马集团公司总部员工薪酬管理办法（修订）。

【党建工作】

围绕中心、服务大局，全面开展“两学一做”教育活动，精心策划、周密部署、务实开展，取得可喜成效。开展“我心中的十三五”建议征集活动，收到意见和建议882条，为集团公司“十三五”规划编制提供了很好的参考建议。

精神文明建设成果丰硕。在国机集团“劳动模范”“一先两优”评选中，获得多项表彰；在国机集团第四届“和谐国机杯”乒乓球和羽毛球比赛中，获羽毛球团体第8名、羽毛球女子单打第4名。

党风廉政建设稳步推进，各级党委（支部）担负起党风廉政建设的主体责任，纪委担负起监督责任，构建了集团公司风清气正的廉洁文化。

加强监督检查，进一步促进企业堵塞漏洞、完善管理、规范运营，为集团公司生产经营提供了保障。

中国福马总部及各直属企业共发展党员13名。

【社会责任】

在2016年“国机爱心日”募捐活动中，中国福马1 969人捐款116 366元。

中国福马获得国机爱心基金资助27人次，共获资助131 000元，其中23人获得困难职工资助、3人获得困难职工子女助学资助、1人获得大病救助。福马爱心基金发放1 000元，资助1人。林海集团公司职工救助互济会开展救助1次，救助10人次，发放救助金6.9万元。

6月23日下午，江苏盐城市阜宁县、射阳县部分地区遭受龙卷风冰雹严重灾害。6月27日，林海集团公司组织开展“两学一做见行动、我为灾区献爱心”活动，号召公司党员把支援灾区作为开展“两学一做”学习教育的具体实践，积极向灾区献爱心捐款。此次活动公司共收到捐款29 100元。

林海集团公司结对帮扶薄弱村泰兴市新街镇梅家庄村，按照帮扶计划为梅家庄村提供8万元帮扶资金、给10户困难村民提供1万元慰问金。

10月28日，林海集团公司联合泰州市中心血站组织无偿献血活动，共有100多名员工参加献血活动。苏福马公司组织义务献血活动，总献血量9 000余mL。

苏福马公司与高新区镇湖街道新桥村签订结对帮扶协议，定期走访慰问困难群众。

中国海洋航空集团有限公司

【基本概况】

中国海洋航空集团有限公司（以下简称中国海航）1999年9月在国家工商局登记注册，前身是海军所属的中国海洋航空公司，主营通用航空、海洋运输和国际贸易等。1999年，根据党中央关于军队不再经商办企业的决定，经国务院批准，原海军直属的3家企业、4个地区企业管理局及所属共68家企业并入中国海洋航空公司，成立中国海洋航空集团公司，由海军移交中央企业工委管理；2003年，归由国务院国有资产监督管理委员会管理；2007年12月，与中国机械工业集团有限公司重组，成为其全资子公司；2013年12月，中国海航本级完成公司制改制，更名为中国海洋航空集团有限公司。

公司主营业务为工程成套、国际经贸、航运航空、酒店旅游、区域开发及研发制造。总部设在北京，子公司及分支机构主要分布于中国沿海地区。在工程建设方面：中国海航大力培育发展水工工程，拥有5个总承包或专业承包一级资质、9个二级资质，集港口与航道、建筑与装饰、市政公用、设备成套等于一体，施工建设能力雄厚，工程管理经验丰富，以过硬的实力完成大批国内外港口、码头、道路、桥梁、清淤疏浚、工业与民用建筑等国家或地区重点项目。国际经贸业务涉及工业成套设备、医疗设备、电子设备、建筑材料等领域，客户分布于50多个国家和地区。拥有外派劳务权，可向世界各国和地区外派海员、渔工及各类技术劳务人员。航空航运方面：作为最早获得通用飞行资质的企业，中国海航参股的中国中海直有限责任公司，为海洋石油勘探开发提供直升机专业飞行服务；所属3家航运公司拥有油船和散杂货船，可承运原油、矿石、煤炭、散杂品及各类集装箱等货物。具有区域开发的有关资质和能力；所属出租车公司、国际旅游企业及分布在沿海城市的数十家宾馆，可为社会各界提供优质服务。在研发制造方面：拥有2家制药企业，研制生产80余类中、西药品，设有企业博士后科研工作站，获国家高新技术企业认定；自主研发的铜铝焊接技术具有国际领先水平，并荣获“世界博览会银奖”“中国专利金奖”等奖项。

注重建立质量、环境、职业健康安全管理体系，陆续通过ISM规则认证，GMP认证，ISO9001、ISO14001及ISO18001等认证。截至2016年12月31日，有员工2 832人。

2016年，面对错综复杂的宏观经济形势，中国海航全力稳增长，沉着应对各种困难和挑战，在不断深化管理和严控系统风险的同时，抓市场、促经营，内外并重，改革创新，聚焦重点难点，生产经营总体保持平稳，营业收入和利润指标逆势增长。

【主要指标】

截至2016年12月31日，公司拥有资产总额40.84亿元，负债总额33.51亿元，少数股东权益0.22亿元，归属于母公司所有者权益7.11亿元。中国海航2016年主要经济指标见表1。

表 1 中国海航 2016 年主要经济指标

项 目	2015 年	2016 年	同比增长（%）
资产总额（万元）	528 345.01	408 419.31	-22.70
净资产（万元）	72 847.03	73 367.57	0.71
营业收入（万元）	378 880.76	428 913.35	6.38
利润总额（万元）	2 123.45	2 144.67	1.00
技术开发投入（万元）	1 900.51	2 715.97	42.91
利税总额（万元）	13 823.55	15 093.88	8.80
EVA 值（万元）	-3 523.12	-3 569.51	-1.32
全员劳动生产率〔万元 /（人·年）〕	11.08	12.40	11.91
净资产收益率（%）	1.21	-0.04	下降 1.25 个百分点
总资产报酬率（%）	1.41	1.25	减少 0.16 个百分点
国有资产保值增值率（%）	101.57	102.08	增加 0.51 个百分点

【改革改制】

深化企业改革工作有序推进，探索推动混合所有制改革。年初成立混合所有制改革工作领导小组和办公室，着手开展相关工作。一是拟制《中国海航股权重组方案》，推进中国海航整体改制。二是广泛对接，与意向合作方共同拟定“中海总局混改合作协议”，为推进混改工作奠定基础。三是所属今辰药业有限公司股权转让实施混合所有制改革获国机集团批准，并积极推进。四是中国海航分别以 1 元收购控股公司中海航凯姆莱（北京）船舶管理有限公司 3 位自然人股东 49% 股权，使其由混合制形式变为国有独资企业。

【重大决策】

1 月 27 日，中国海航董事会四届四次会议审议通过《中国海洋航空集团有限公司发展战略规划（2016—2020）》。

12 月 15 日，中国海航四届董事会审议通过“中海航凯姆莱（北京）船舶管理有限公司‘中意’轮处置方案”。

12 月 6 日，中国海航董事会讨论通过“上海海虹所属今辰药业有限公司股权转让事宜”。

【重大项目】

积极参与“一带一路”建设，贯彻国机集团“践行二次创业，再造海外新国机”号召，所属中海工程建设总局正式签约并实施第一个国外工程总承包项目——巴基斯坦卡拉奇 K2/K3 核电站取排水工程，合同金额 3.22 亿美元。该项目是中国自主知识产权的 ACP1000 核电机组第一个海外出口项目的配套海工工程，开启了中国海航独立承担海外工程项目的新篇章。项目执行过程中，中海工程建设总局不断提高自身管理和技术水平，勘察设计阶段得到业主的高度肯定和赞扬。

【市场开拓】

工程成套业务：中海工程建设总局签订巴基斯坦卡拉奇 K2/K3 核电站取排水工程合同，各项工作稳步推进；同时，国内工程项目新签合同大幅提高，全年国内项目新签订合同 144 份，合同额 39.59 亿元，同比增加 92.55%。

酒店旅游业务：深挖内部潜力，探寻新业务。广东新海俊发展有限公司中标巴基斯坦卡拉奇 K2/K3 核电站营地服务项目；积极与中国机械国际合作有限公司对接，推进“上海国际消防与应急产业展览会”合作项目。中海国际旅行社有限公司成功开发贝加尔湖旅游新线路。

【产品销售】

研发制造业务：所属青岛海青机械总厂成功研制新型“扩径异径螺纹连接管”，并获 2 项国家实用新型专利授权，7月得到格力公司订单，此款产品年度合同额约5 000万～8 000万元。所属今辰药业有限公司按照“一区一策”思路，制定部分单品种奖励政策和阶段性促销政策，产品销售稳中有升。所属天龙制药有限公司多管齐下，加大营销力度，拓展医院渠道，参加药品招标，实现营收增长。“乐珠”滴眼液系列销量维持快速增长，全年销售8 100件，同比增长30%，其中精装版乐珠春节后陆续在江苏、浙江、福建等地上市，并抢占高端市场，实现销量近30万盒。

区域开发业务：所属海南榆海实业发展公司下大力气推进房地产项目“去库存”，加大宣传推介力度，加强销售技能培训，推出前期认筹活动。全年销售房屋180套，累计完成销售1 122套。

【科研成果】

所属制药企业研发投入2 746.8万元；所属天龙制药有限公司获得2项发明专利，取得莫西沙星临床批件，盐酸奥洛他定滴眼液立项研究。所属青岛海青机械总厂完成铜铝焊接新技术工艺方案3种，改进两方面焊接设备性能，完善焊接流水线上多个设备的功能，创新2项异径管材加工方法。

【管理经验】

1. 经营管理方面 在坚持“稳健经营，和谐发展”经营思想的基础上，按照“做优增量，盘活存量，有效减量”原则，加强对重大项目、重大遗留问题、重要风险点的处理和管控，从全局上把握企业发展方向，促进重点工作顺利完成。

“两金”清理取得实效。按照国机集团要求，中国海航上下联动，全面开展“两金”专项清理工作。强化“两金”存量压降和增量控制的动态监控，及时发现清理工作中的重大问题。所属企业迅速响应，认真落实，确保任务目标和工作责任层层分解。辽宁盘锦BT项目欠款纠纷圆满解决，5.8亿元全部到账，极大地缓解了中国海航本级及所属中海工程建设总局的资金压力，为全面完成年度工作任务打下坚实基础。中国海航荣获国机集团2016年“两金清理突出贡献奖”。

稳健经营，严控风险。董事会明确重大项目担保贷款管理、重大项目实施管理，以及“两金”压控等相关规定和原则，持续加强风险管控和预警，全面梳理排查生产经营风险并强化责任落实。针对海外项目，要求必须从源头做好风险防范，明确责任，确保企业持续健康发展。此外，推动企业完善合同管理、项目管理等重点环节的内部控制措施；加强任期责任审计及重大项目、重点工程等方面的专项审计和审计整改情况的监督检查。

2. 企业文化及品牌 围绕“中国海航企业文化建设规划”有关内容，企业文化建设继续以完善机制、传播文化、打造品牌为重点。

——制度建设持续完善。从经营发展实际需求出发，在全面风险管理、内部控制管理、法律管理、合同管理、档案管理、国家秘密保护等方面共制定、修订10余项规章制度；同时，全系统深入推进体系建设，加强精细管理，产品质量提升、用户评价良好。

——宣传工作成效显著。门户网站及手机网站全新上线，创新官方微信订阅号传播形式，宣传视角侧重一线，榆海·万泉河畔的项目营销、青岛海青机械厂的科技创新、新乡领海国际酒店的招租推广、上海东海华庆的“三次经营”等主题宣传，取得“聚焦发展重点、分享创新经验”的良好效果。

——文化活动精彩纷呈。组织在京企业员工成立摄影、书画、瑜伽、乒乓球、羽毛球等兴趣小组。举办主题摄影大赛、登山比赛、青年座谈会、各类培训讲座、献爱心等形式多样的活动，丰富文化生活，调解工作压力，分享成长感悟。积极参加国机集团第四届“和谐杯”乒羽赛，荣获乒乓球领导干部组单打第4名和乒乓球男子组单打第1名；参与国机集团“创新文化”主题论文征集活动，推进创新文化建设，1人获三等奖、3人获优秀奖；在国机集团“同行20年”主题征文活动中获优秀组织奖，同时 2 人获二等奖、1 人获三等奖、3 人获优秀奖。

——中国海航所属上海海虹今辰药业有限公司是安徽省创新型企业和国家重点支持的高新技术企业，秉承“良药报天下，今辰为人民”的企业理念，以药品质量为立业之本，以诚信经营为行为准则，坚持走品牌发展之路，荣获 2016 年度安徽省质量奖。

【党建工作】

1. 以上率下，开展“两学一做”学习教育活动 动员部署及时周密、学习教育形式多样、规定动作认真做实的同时，着眼于将党章党规与学习习近平总书记系列重要讲话精神相结合，用系列讲话精神武装头脑、指导实践、推动工作。坚持支部书记承担主体责任，从严从实抓教育，领导干部以身作则，率先垂范，与经营工作统筹兼顾，重视学用结合，助力企业提质增效。此外，深入开展多项自查自纠工作，就“失联”党员、党组织关系、党组织换届和党费收缴情况进行全面排查，完成党费补缴 189 万元。

2. 强化根基，抓好党建基础工作 从全局着眼，为各企业统一制定“党建责任清单”，明确 11 项重点工作，并制作“任务台历”摆在党组织负责人案头，督促其逐条按期落实。加强“一岗双责”制度落实，明确集团领导班子履职要求，制定党委、纪委负责人述职考核办法，以及“中共中国海洋航空集团有限公司委员会会议制度”，提高党建工作科学化、制度化、规范化水平。

3. 夯实基础，推动基层党组织建设 严格按照上级要求，完成将党建工作列入企业章程的修订变更工作。指导基层组织换届，完成总部机关 4 个党支部的换届选举，同时对所属企业党组织任期情况进行摸底调查，为下一步工作奠定基础。全年召开 3 次子公司党委（支部）书记、相关部门负责人参加的党建工作座谈会，分析基层党组织建设存在问题，探讨新形势下工作的方式方法。

4. 多措并举，推进党风廉政建设和反腐败工作 分解党风廉政建设和反腐败工作主要任务，划分廉政责任具体内容，领导班子成员签字背书。制订“中国海航党风廉政建设责任制考核办法”，构建“年初部署、年中督查、年底考核”工作机制。各级党委纪委重视宣传教育的引领作用，通过讲党课、观看警示纪录片、征文等活动树立勤廉导向。以问题为导向，强化执纪问责，深入查处违法违纪案件，办结国机集团纪委转办案件 3 起、自收举报案件 2 起。同时，针对苗头性、倾向性问题，突出抓早抓小，约谈 2 家企业党政一把手和纪委书记，谈话 33 人。

【社会责任】

1. 员工发展 加大培训工作力度，以中国海航大讲堂的方式，就工程项目管理、营改增、远东地区项目开发、公司治理及董事会建设等内容分别组织专题培训，累计培训 300 人次，同比增长 20%；同时完成国机集团领导干部和专业学习培训 23 批次，同比增长 35%。积极推行竞争上岗、择优聘用的人才选用机制，以公开、公平、公正为原则，组织总部及在京企业共 5 个岗位的竞聘工作，为全面实施竞聘上岗奠定基础。

2. 安全生产 严格落实安全生产责任制，逐步完善“党政同责、一岗双责、失职追责”安全生产责任体系，强化监督检查和隐患排查。所属各级单位共举办培训班 132 个，开展综合性安全生产检查 82 次，发现安全生产隐患 601 项，投入整改资金 598.79 万元。同时，所属沿海企业及在建项目受台风影响 7 次，均在第一时间启动相关应急预案，有效降低了损失，确保安全无伤亡。中国海航连续第 7 年被国机集团评为安全生产工作 A 级。

中国地质装备集团有限公司

【基本情况】

中国地质装备集团有限公司（以下简称中装集团）成立于1987年，前身是原地质矿产部中国地质机械仪器工业公司，1999年并入国机集团，成为国机集团所属全资子公司。其产品涵盖地质勘探的主要流程。从地面地球物理勘探，到地质钻探、取岩心，再到井中探测，以至于矿产的化学分析。产品主要包括物探仪器、钻探机械、钻探工具、分析仪器等。产品的应用领域覆盖地质、冶金、有色、煤炭、石油、核工业、国防、建筑、水利水电、交通、环保等行业，总生产能力和市场占有率处于国内地质装备制造行业前列。

中装集团作为全国最大的地质专用设备的生产企业，近些年跻身于行业技术发展前沿，并发挥着引领和带头作用，在经济总量不断提升，经济效益不断提高的同时，充分发挥了大型国有企业应该承担的行业主力军的作用，承担了相应的社会责任。

中装集团作为中国地质装备制造行业的龙头企业，多项产品为国内外首创：在地质机械领域，研发生产了国内首台全电驱电控岩心钻机、首台立轴式岩心钻机、首台变量泥浆泵、首台机械动力头式基础工程施工钻机；在地质仪器领域，研发生产了世界首台全自动双道氢化物发生原子荧光光度计、唯一采用直流塞曼技术背景的原子吸收分光光度计、亚洲唯一的高精度石英弹簧重力仪。其磁力仪和绳索取心钻具等产品居国内领先水平。中装集团有20多项产品获得国家银质奖，50多个产品获得省部级优质产品奖和科技成果奖，其主导产品在国内地质装备市场占主导地位，直接服务于多项国家重点建设项目。

近年来，中装集团积极拓展新的经营领域，实施“走出去”战略，充分发挥企业自身在行业内优势，延伸产业链，拓展工程承包和贸易业务，构建外贸经营平台。先后成功承担50多项国家技术创新项目和重点新产品开发项目，有多项产品运用于国家重点建设项目中。

拥有地质装备行业唯一一家“国家认定企业技术中心”，建有中国唯一，并具国际先进水平的超低磁实验室和电子测试实验室，担负关键技术装备的研究、开发、试验工作。有5家下属企业获得省级科技创新企业称号。与国土资源部、国家地调局，以及一些大专院校、科研院所保持长期紧密合作关系，在产品发展方向和技术创新等方面，得到大力支持和具体指导。

中装集团牵头申报的“深部地质矿产勘查产业技术创新战略联盟”，被国家科技部列入第三批联盟试点单位。中装集团是国家级工程实践教育中心和“中国矿业联合会地质与矿山装备分会”的理事长单位。

总部现设8个职能部门，下属11家子全资子企业、1家控股公司、1家全资机构、1家参股子公司。

【主要指标】 截至2016年底，资产总额142 045.60万元，比上年增加11 940.31万元，增幅9.18%。主要经济指标完成情况详见表1。

表 1　中装集团 2016 年主要经济指标

项　目	2015 年	2016 年	同比增长（%）
资产总额（万元）	130 105.29	142 045.60	9.18
净资产（万元）	57 347.96	61 822.89	7.80
营业收入（万元）	46 804.33	47 011.88	0.44
利润总额（万元）	1 611.44	1 686.16	4.64
技术开发投入（万元）	3 843.56	4 456.41	15.94
利税总额（万元）	6 321.01	6 896.23	9.10
EVA 值（万元）	850.30	-5.21	-100.61
全员劳动生产率〔万元 /（人·年）〕	8.20	6.74	-17.80
净资产收益率（%）	2.91	2.36	减少 0.55 个百分点
总资产报酬率（%）	1.69	1.68	减少 0.01 个百分点
国有资产保值增值率（%）	102.99	107.80	增加 4.81 个百分点

【重大决策与重大项目】

1. 张家口地质装备产业园项目　在老厂土地盘活方面：张探公司与债权方达成和解，在完成老厂区土地解封的基础上，与张家口市桥东区人民政府签署“征地拆迁补偿协议”，确保了在风险可控基础上的土地最大收益。在新厂区建设方面：张探公司根据国家“去产能”政策和新常态下地勘市场的变化，对新厂区建设规模进行大幅压缩，建设用地面积由 20hm^2 压缩到约 9.7hm^2。

2. 重庆地质装备产业园综合项目　在两厂土地盘活方面：重探厂土地盘活工作进入实质性阶段。重探厂与保利（重庆）投资实业有限公司确定采取 PPP 模式共同开发老厂土地，签订棚改项目合作协议。重仪厂与通用地产重庆有限公司签订合作框架协议，采用“享老 + 医疗 + 教育”的健康地产模式作为开发方向，最大限度地发挥土地价值。在产业园建设方面：B 区 7.3hm^2 土地主要用于重探、重仪两厂的搬迁改造自用，根据新常态下地勘市场变化，压缩建设规模，并积极争取国家“地球深部探测重大科技项目”中“深地探测仪器装备国家级产业化示范基地”项目的落户。在 B 区建设工程中，指挥部与中机高科层层落实责任，制定“产业园建设项目优化管理方案”，建立组织架构和保障系统，加强项目管理与控制，强化合同管理、资金支付，加强工程材料设备控价和招标管理的监督，通过实施百日工程，加快了联合厂房一、仪器总装厂房及工业孵化楼的施工进度。

【市场营销】

1. 市场开拓　一是夯实传统市场。海光公司从国家标准制定入手，抓住食品安全新标准颁布契机，把处于国内领先水平的液相色谱 - 原子荧光联用仪作为重要增长点，该联用仪自推出后一直供不应求，签订销售合同近 5 000 万元，占全年合同额的 30%；奥地公司保持并拓展军品市场，电子重力仪顺利通过军方检验测试，ADG-006 首批产品通过专家评审，保住了数十台套的海相磁探仪大修订单；重探厂巩固水电传统市场，抓住部分投资项目上马的机遇，销售回升，销售主机 245 台套，形成 1 600 万元的销售收入。二是大力开辟新市场。衡探公司以工勘市场、非开挖、水利等基础设施建设领域作为发力点，工勘市场销售收入占销售总额 75%，配套销售 1 200 万元，非开挖配套泵等产品销售同比增长 10%；重探厂根据用户需求，及时对老产品进行改良改进，拓展新的市场空间；重仪厂加大工程类产品市场开拓力度，抓住国家水文监测测井的机遇，电法、测井仪器销售中的 70% 用于工程勘察和水文监测。

2. 生产、销售分析 3个主机企业共完成营业收入16 492.5万元，同比下降5.7%。2个仪器企业共完成营业收入19 050万元，同比增长13.2%。工具企业无锡公司完成营业收入5 862.8万元，同比下降3.6%。中研院完成营业收入3 056.8万元，同比增长14.8%。

钻机产品：完成销售收入5 232.2万元，上年同期为5 927.0万元，同比下降11.7%。抽油杆产品：完成销售收入1 344万元，同比下降55.3%。泥浆泵产品：完成销售收入4 372万元，同比增长7.4%。物探仪器：完成销售收入3 857万元，同比下降0.3%。分析仪器：完成销售收入8 361万元，同比增长34.0%。工具及超硬材料产品：完成销售收入7 244万元，同比下降2.7%。

【科技创新】

1. 钻探机械板块产品推进电传动钻机系列化，巩固行业技术引领地位 中研院与衡探公司成功研制XD-40DB变频顶驱转盘钻机；衡探公司成功研制HD-600型海洋工程勘察钻机；张探公司完成SPC1000水井钻机样机试制；重探厂完成KDY-50型全液压坑道钻机试制；衡探公司BW600/10、BWF-450/8等泥浆泵产品完成技术升级，主要易损件活塞使用寿命从120小时提高到400小时以上。

2. 物探仪器板块产品向中高端迈进 奥地公司自主研发的ZSM-6型全自动高精度电子重力仪精度达到20微加，工作稳定；重仪厂完成15项研发任务，其中DZD-8多功能直流电法仪、DUK-4分布式高密度电法仪、MIS-60A多路电极转换器（集中式高密度）投产。

3. 分析仪器板块产品加强关键部件和核心技术研究，拓展应用领域 海光公司在保持原子荧光产品投入的同时，加大原子吸收产品的研发投入，研制的GGX-830火焰－石墨炉原子吸收一体机预计2017年投放市场；为解决产品同质化，降低生产成本，对产品型号进行梳理，优化产品外观和主机结构设计，推进产品的多样化。

4. 钻采工具板块产品提升性能，扩大应用领域 无锡公司完成双差动、全射吸两种结构的绳索液动潜孔锤钻具现场试用，产品定型并量产；张探公司成功开发斜齿式刮蜡扶正杆并批量生产。

【改革改制】

1. 厂办大集体改革工作取得阶段性成果 完成厂办大集体725名在职和退休职工的安置，清偿历史拖欠职工费用，167名在职职工妥善移交地方失业局；完成资产清查、接管，完成主要财务、人事档案的移交工作；妥善处置厂办大集体变现资产，对债权、租金进行清收；分批次完成各大集体企业工商注销工作。

2. 开展“僵尸企业”专项治理工作 编制“僵尸企业”专项治理工作预案，申请国有资本金预算支持。抓住张探公司被纳入国资委挂牌督导的“僵尸企业”有利契机，推动张探公司改革，为实现转型升级，促进健康发展奠定基础。张探公司制定“去产能脱困发展安置职工方案”，先期采取多种渠道分流安置职工。

3. 开展“瘦身健体”专项工作 一是明确压缩管理层级、减少法人户数工作要求，确定中装集团压降专项任务，明确进度目标。二是贯彻落实国务院和国资委推进供给侧结构性改革的要求，根据中装集团十三五规划纲要目标，制定颁布“中装集团主辅分离及物业管理意见”。为加快分析仪器和物探仪器板块发展，依据国机集团批复，启动北仪厂主辅分离工作，提升海光公司、奥地公司的主体地位。为做优做强职工大学，解除衡探公司对衡阳职大的托管。

4. 企业内部改革取得成效 总部调整优化职能部门组成，制定总部薪酬制度改革方案；衡探公司将2个配套分公司合并，精简机构，降低成本，以“绩效考核”为导向，优化经营承包激励机制，推行“保消耗保工资”运作模式，承揽外来加工业务，减少亏损；重探厂根据搬迁改造发展需要，梳理业务流程，优化组织架构，整合精简管理部门和生产车间，制定相适应的薪酬体系、绩效评价与考核体系。

【管理经验】

1. 编制十三五规划纲要，狠抓落实 一是编制《中装集团“十三五”发展规划纲要》。二是加强规划纲要的宣传贯彻工作。集团领导主持召开纲要宣传贯彻视频会，讲解纲要内容；总部职能部门深入所属企业召开纲要宣传贯彻座谈会，解决企业规划制定的困难和困惑。

2. 抓好经营管理 一是分析研判经营形势，动态跟踪发展态势。面对日趋严峻的经营环境，开展所属企业调研，敏锐捕捉企业发展中苗头性、倾向性和警示性问题，及时提出解决办法，强化措施执行。二是强化经营考核。明确任务分工，严格考核奖惩，与各企业负责人签订经营目标考核责任书、重点工作项目考核责任书，保证主要经营指标的完成和重点工作项目的顺利推进。

3. 推动品牌建设与质量提升 一是强化中装集团品牌。编制中装集团 VI 系统框架内容。二是加强中装品牌宣传。完成 2016 年中国国际矿业大会参展工作，并荣获中国国际矿业大会颁发的“最佳贡献”奖。三是结合“十三五”提质增效的总体目标，强化质量管理，开展质量月活动，全力提升产品质量，废品损失金额、废品损失率和三包赔偿金额均同比下降 10% 以上。

4. 加强科技管理

（1）加强科技项目申报与管理，争取发展资金。一是积极准备国家重点研发计划项目的申报，参与前期指南编制修订工作。二是举全公司之力参与“深地”国家重大科技项目筹划。集团战略与科技管理部积极参加国家级产业化基地部分立项材料的编制。完成项目立项阶段的专家论证。三是争取北斗卫星导航示范专项支持，积极与国机集团、国家北斗办进行接触，完成项目立项可研报告的多轮修改和专家论证。四是承担的国家“863”专项、重大科学仪器专项，均按进度要求取得阶段性成果，完成项目中期检查。

（2）加强创新平台建设，促进成果转化。一是发挥盟主作用，组织绿色智能地质装备产业论坛，邀请专家、学者就地质装备产业的定位和发展方向进行深入探讨，明确产品技术发展方向；组织电传动钻机现场交流会、智能地质装备座谈会，探讨智能地质装备的合作研究与开发。二是加大对外合作力度，推进成果转化。中装集团总部与武汉地大召开科技成果转化会，推动联盟内部的科技成果转化，联合申报国家自然科学基金委重点项目；重仪厂与成都理工大学、东华理工大学、中国地质科学院地球物理化学勘察研究所等单位开展 X 荧光测井仪、LQC- Ⅱ型三维电阻率采集系统等技术产品化研究；由国机集团科技发展基金支持的“深部勘探机械化井口作业装置”项目成果转化效果显著。

（3）加强创新制度建设，保证研发工作取得实效。重仪厂制定 6 项完整的技术研发制度，为企业研发管理、研发人才引进提供制度保证，清晰工作职责，项目管理更加可控，研发效率大幅提高，全年完成 15 项研发项目；海光、奥地公司成立机械、电子、软件、方法应用等专业技术组，实行项目垂直管理，各专业组之间采用横向联合的办法，打通内部沟通渠道，收到良好效果；中装集团申请专利 17 项，其中发明专利 6 项；授权专利 43 项，其中发明专利 6 项。

5. 开展“两金”压减专项工作 制定“中装集团所属企业 2016 年度‘两金’专项清理考核方案”；各所属企业排查“两金”存量，加强“两金”基础管理，完善“两金”管理制度，落实责任人和奖惩方案。衡探公司加大对存货的利用和处理，期末存货较期初下降 17%。中装集团整体一年以上应收账款较上年下降 10%。

6. 完善公司治理结构 将中央企业党建工作要求纳入两级企业章程，完成中装集团总部章程和部分所属企业章程的修订工作，明了党组织在公司法人治理中的地位和作用。

7. 强化财务管理 一是加强专项资金管理。制定“中国地质装备集团有限公司专项资金管理办法”，加强两个园区资金管理，规范专项资金收支行为，保障专项资金安全运行。二是加强项目融资管理。合理安排筹资金额、筹资渠道、筹资方式，控制资金成本。三是加强资金集中度管理。各企业严格执行国机集团资金集中结算规定，截至2016年12月底，达到73%的资金集中度，获得国机集团好评。四是加强预算管理。建立适用中装集团的预算编制模板，按照“全面预算管理办法”要求，完成预算调整、编制、预报工作。五是加强税收筹划。成立“两园区的重点项目”税收筹划组，制定详细的工作计划，为合理实现减免税备案提前做好准备工作。

8. 优化人力资源管理 一是加强总部人才队伍建设。本着“精简、高效”原则，完成总部管理部门调整，精简管理机构和人员编制，明确部门职能和岗位职责，领导分工和部门职能更加清晰。二是规范人才交流管理，制定“中装集团人才交流管理办法”。三是推进“3项制度”改革，对薪酬制度、激励机制和劳动用工进行调研，重点推行并组织实施全员考核工作。四是强化职工培训。借助国机集团在线教育平台开展总部全员和各所属企业骨干岗位人员在线学习。

9. 加强风险管控 一是开展全面风险体系建设。制定“全面风险管理办法”，形成中装集团全面风险管理的体系，使全面风险管理有章可循。整体提高管理人员的识别风险、评估风险、控制风险和责任追究意识，形成以行政处分、经济处分为主要手段的失责必问机制，强化对有关负责人的责任担当要求。建立和完善战略规划流程、预算规划流程、风险管控流程、资金管理流程、绩效管理流程、人力资源管理流程等6个管控流程，加强风险管控。二是加强审计稽查。制定“中装集团关于加强集团内部审计工作的意见”，把审计整改意见落实情况纳入对企业负责人年度考核。三是加强法律服务。全中装集团依法治企意识进一步提高，总部加强对所属企业法律工作的指导与服务，张探项目、重庆项目等重大决策、重大项目和重大合同基本做到了提前咨询法律意见，张探公司保兑仓案件后续处理工作取得积极进展。

10. 加强安全生产工作 落实国机集团关于自然灾害防控、重特大事故防控、危险源识别等要求，督促企业加强安全生产隐患排查和整治工作，修订“生产安全事故隐患排查治理办法”，开展相应工作，安全生产管理工作水平提升，连续保持国机集团安全生产A级水平。

【党的建设】

中装集团党委落实党的十八大及十八届历次全会精神，深入学习习近平总书记系列重要讲话，发挥政治核心作用，围绕中心任务，推动企业改革发展、转型升级各项工作，为中装集团经济的平稳运行提供了坚强的政治保证、思想保证和组织保证。

1. 围绕中心，服务大局，落实从严治党措施 按照全面从严治党要求，落实从严治党具体措施。开展党建、纪检工作调研，全面了解所属企业党建纪检工作状况和全面从严治党措施落实情况，形成调研报告逐个反馈，要求所属企业限期拿出整改计划。一是加强对所属企业党建工作的领导和指导力度，形成科学的党建工作格局。二是严格党内政治生活，健全党组织有效参与决策的体制机制。落实民主集中制，执行“集体领导、民主集中、个别酝酿、会议决定”原则，规范董事会、党委会、总经理办公会议事规则和“三重一大”事项决策程序。完善现代企业制度条件下发挥党组织政治核心作用的实现形式，处理好党组织与法人治理结构的关系，进一步明确党组织参与企业重大问题决策的内容、方法和途径。既保证党组织的意见在企业重大问题决策中得到尊重和体现，又维护董事会对企业重大问题的统一决策权。建立对任免干部党委进行酝酿并提出意见、纪委参与干部提任考核的程序。三是健全党内制度，开展制度专项检查工作，修订完善党内多项制度。四是发挥党组织的政治优势。加强党的路线方针政策，以及企业改革发展决策部署的宣传教育。密切关注党员干部思想动态，定期开展思想状况分析和研判。围绕中装集团重大决策和部署的实施，党委主要负责人直接参与思想政治工作，把广大党员、职工的思想和行动统一到实现企业发展的各项任务目标上来。

2. 开展“两学一做”学习教育 2016 年 4 月底，启动“学党章党规、学系列讲话，做合格党员”“两学一做”学习教育工作，制定“两学一做”学习教育计划，确定“两学一做”学习教育的重点内容，以问题为导向，明确通过“两学一做”对全体党员、总部及所属企业中层以上党员干部重点解决的问题。采取“个人自学、专题学习讨论、党组织负责人讲党课、领导班子其他成员分别作专题讲课、召开党支部专题组织生活会”等方式组织学习教育。开展党员组织关系集中排查、民主评议党员等工作。开展“立足本职岗位，做合格共产党员”主题活动，召开基层党支部经验交流会等，形成较好的学习氛围，党员意识普遍提高。

各所属企业党委以中心组等形式组织集中研讨，强化学习效果。结合学习党章党规，开展“重温入党誓词”主题党日活动、党内知识竞赛活动等，创新党内教育形式，形成各具特色的支部工作方法，在解决一些党员宗旨观念淡薄、党的意识淡化的问题方面收到较好效果。

3. 落实党风廉政建设主体责任、监督责任 全面落实党风廉政建设的主体责任和监督责任，将反腐倡廉建设放在更加突出的位置，将党风廉政建设和业务工作同部署、同落实、同检查、同考核。党委书记作为党风廉政建设第一责任人，对党风廉政建设重要工作亲自部署、重大问题亲自过问、重点环节亲自协调、重要案件亲自督办。党委书记与领导班子成员及所属企业党委负责人签订“党风廉政建设责任书”。领导班子其他成员根据分工，履行“一岗双责”，对职责范围内的党风廉政建设负主要领导责任，加强对分管部门和所属企业领导干部的教育、管理和监督。健全中装集团纪委班子，配备专职纪委书记。各级纪委协助党委加强党风建设和组织协调反腐败工作，召开所属企业纪委书记、纪检监察部门负责人会议，传达有关精神，布置纪检监察工作，履行组织协调、监督检查、执纪和问责责任，督促检查各单位落实惩治和预防腐败工作任务，开展日常监督检查，严肃查处腐败案件。

加强党的纪律教育，在领导干部中开展学习党章党规、准则条例；开展示范教育、警示教育和岗位廉政教育，实现廉政教育常态化。通过专题会议、宣传栏、内部简报、微信群等形式，对党员干部进行党纪教育。严格执行请示报告制度、个人重大事项报告制度。坚持领导班子成员每年在职代会进行述职述廉和评议工作。坚持谈话制度，开展领导人员任前廉政谈话 14 人次，领导人员教育提醒谈话 35 人次，领导干部诫勉谈话 2 人次。

严格落实中央八项规定，持之以恒反对“四风”。开展领导班子“四风”问题整治情况“回头看”工作和制度建设执行情况专项检查。深入落实中央“八项规定”精神不放松，一个节点一个节点抓，持续释放执纪必严的强烈信号，巩固作风建设成果。通过“回头看”，中装集团较好地落实国机集团党风建设各项制度，严格执行中央八项规定精神，各级领导带头改进工作作风，主动接受干部职工和上级组织的监督，把狠刹“四风”与健全长效机制紧密结合起来，有力地推动了工作作风的转变。

4. 加强企业党组织建设，将党建工作纳入企业章程 贯彻全国国有企业党建工作会议的重要精神，领会习总书记的重要讲话内容，不断提高党员领导干部对加强国有企业的党建工作重要性的认识。把加强党的领导和完善公司治理统一起来，将党建工作纳入企业章程。章程中明确了党建工作的总体要求，将党组织的机构设置、职责分工、工作任务明确纳入企业的管理体制、管理制度、工作范围，为企业党建工作的开展提供了制度保障。

加强党的组织建设，制定所属企业党委进行换届选举的工作计划，完成5家企业党委的换届选举工作。通过党委换届，完善企业党委领导的体制机制，健全党组织有效参与决策的途径。

5. 各所属企业党建工作亮点 中研院党委根据员工来自不同单位、文化不同的特点，加融合工作。在党委换届选举工作中，广泛征求各方面意见，严格按照组织程序，召开换届选举党员大会，为中研院的发展提供了组织保障。

张探公司派3人进驻扶贫点实施扶贫指导，给予扶贫点具体帮助。精准扶贫工作受到省市组织部的一致好评。

衡探公司结合“两学一做”学习教育，加强党员干部思想政治教育，深入学习党章党规和习近平总书记系列重要讲话，要求每位党员和每个支部做到“有笔记、有心得、有记录”；创新学习形式，建立党员学习微信群，精选发布学习内容，党员自由讨论交流，发表意见，打造“三微一说”党建精品，即微平台聚心，微党课凝心，微典型向心，说感受交心。

重探厂创新干部管理方式，坚持中层以上干部述职述廉活动并接受职工评议。建立基层评议、中层互评、高层打分点评的干部考评体系，并将考评结果进行排名通报，结合目标责任制考核形成最终考核考评结果，与年终绩效挂钩，对激发干部的工作热情起到了积极的促进作用。

北仪厂党委纪委开展“四风”整治“回头看”工作，对企业有关费用支出、企业负责人履职待遇、会议文电、公务用车、“小金库”及其他党纪党规执行情况进行逐条逐项检查，并采取建台账、列清单、定时限、划责任等措施，持续深入推进党风廉政建设。

重仪厂党委与各党支部签订“党风建设和反腐倡廉工作责任书”，与班子其他成员签订“一岗双责责任书”。在“两学一做”学习教育工作中，组织党员和关键岗位人员到重庆市廉政教育基地参观学习，进行警示教育。重仪厂党委被沙区经信委评为“先进基层党组织”“基层示范党组织”。

无锡公司在“两学一做”学习教育中，各党支部围绕企业生产经营，开展各具特色的学习教育活动。在无锡公司开展“体现党员价值，争做优秀员工”活动，有效地激发了党员创先争优的热情。

中机高科临时党支部以开展“两学一做”学习教育为契机，围绕产业园建设重点工作，对全体党员干部提出“我担当、我负责、不推诿、不扯皮”12字党建工作方针。成立以党员为主要工作人员的项目监督管理、造价控制、风险控制领导小组，按照“一看、二干、三管住、四控制”的具体要求践行党员工作12字工作方针，党员的先锋模范作用得到充分体现。

6. 群团工作得到加强 为了加强企业民主管理，健全组织机构，2016年8月，中装集团召开第一届职工（会员）代表大会，选举产生中装集团第一届工会委员会和工会经费审查委员会，选举产生中装集团职工董事、职工监事。各级群团工作围绕中心服务大局，在推动岗位建功、强化人文关怀、促进青年成长、丰富职工生活、提升服务能力等方面做了大量的卓有成效的工作。组织各类企业评先工作，树立各类典型，营造积极向上的氛围。开展多种形式的文化娱乐活动，起到了凝聚人心的作用。

7. 企业文化建设取得新的进展 结合十三五发展规划的编制，以国机集团的“和”文化为引导，凝练提出“和·实”文化，制定十三五时期的中装集团企业文化发展规划。通过“和·实”文化的打造，形成中装集团及所属企业文化和谐共融，思想息息相通，业务互为补充，共同协调发展，达到和谐共荣。遵循“诚信、创新、共赢”的核心价值观，实现中装集团“资源环境装备领跑者”愿景。

中国机械工业建设集团有限公司

【基本概况】

中国机械工业建设集团有限公司（中国建设，SINOCONST）前身是始建于 1953 年中国机械工业建设总公司，是中国成立最早的大型国有施工企业之一。注册资金 6.7 亿元。具备住建部批准的工程施工总承包特级资质、建筑行业设计甲级资质、商务部批准的对外经营权和 AAA 级资信等级。通过 ISO9001 质量管理体系、ISO14001 环境管理体系和 GB/T28001 职业健康安全管理体系审核认证。现有 15 个全资子公司、4 个工程事业部、19 个分公司、8 个参股公司和 1 所国家示范性技师学院。员工总数 1 万余人，其中各类专业技术人员 3 000 多人。

改革开放以来，中国建设积极面向国际市场，适时调整经营结构，全面创新管理机制，在全球 40 多个国家和地区承建一大批具有重要影响的工程建设项目，在国际工程承包与项目管理方面积累了丰富的经验，形成了为业主提供从经济技术咨询、项目规划设计、技术设备成套、项目施工管理到人才技术培训、产品达产达标的一揽子服务的竞争优势。

与国内外的科研院所、知名企业和金融机构建立全方位、深层次的战略合作关系。以市场为导向，以创新为动力，着力提升市场营销、项目管理、技术工程和资本运营“四个能力”，重点打造电力工程、交通工程、市政环保工程、钢结构工程、工业工程和公共与民用建筑“六大业务板块”，主要经济技术指标连续多年保持持续快速增长。

【主要指标】

资产总额 64.13 亿元，全年营业收入 70 亿元，利润总额 11 760 万元。中国建设 2016 年主要经济指标见表 1。

表 1　中国建设 2016 年主要经济指标

项目	2015 年	2016 年	同比增长（%）
资产总额（万元）	627 144.11	641 315.25	2.26
净资产（万元）	94 481.90	97 515.26	3.21
营业收入（万元）	673 762.11	700 254.10	3.93
利润总额（万元）	11 066.32	11 760.00	6.27
技术开发投入（万元）	10 361.08	10 503.41	1.37
利税总额（万元）	23 250.96	25 261.74	8.65
EVA 值（万元）	1 583.33	2 042.28	28.99
全员劳动生产率〔万元 /（人·年）〕	12.93	13.47	增加 0.54 个百分点
净资产收益率（%）	8.37	7.50	减少 0.87 个百分点
总资产报酬率（%）	3.95	3.86	减少 0.09 个百分点
国有资产保值增值率（%）	108.82	108.58	减少 0.24 个百分点

【重大决策及重大事项】

1. 宣布有关任命 8月10日，国机集团党委书记石柯到公司宣布：徐衍林任中国机械工业建设集团有限公司董事长（法定代表人），免去刘敬桢董事长、中国机械工业建设集团有限公司董事职务；副总经理杨传良主持中国机械工业建设集团有限公司经理层工作，免去徐衍林中国机械工业建设集团有限公司总经理职务。

2. 完成组织机构与薪酬改革 推进总部组织机构优化调整和管理岗位竞聘工作，重塑总部核心职能，突出优化和强化职能管理部门“要素支持、项目支撑、事务服务”职能及“专业指导、执行监督、风险管控”功能，增强总部干部职工队伍活力和竞争力，提升总部管理与服务水平。总部改革事业部机构，使其更能适应当前国内外经济形势和市场环境的变化，更好地支持集团“四五战略”的执行。

改革薪酬制度，建立将员工岗位、职称、技能、绩效等归为一体的兼顾岗位价值、激励性的薪酬体系，充分体现高能、高效、高收入的特性。中机设计对公司整体架构进行深度调整，将设计部变更为自主经营、独立核算的分公司，本部作为公司的战略中心、管理中心、资金中心和决策中心，履行“建体系、定规则、控运行、重服务、评效果”管理职能。

3. 与中信建设签署战略合作协议及白俄综合体施工合同 10月24日上午，与中信建设签署战略合作协议，双方领导出席签署仪式。签署仪式前，中信建设董事长陈晓佳会见中国建设徐衍林董事长一行，双方就深化合作、寻求新经济形势下共同发展等问题进行交流，中国建设董事长徐衍林与中信建设董事长陈晓佳，代表双方签署战略合作协议；副总经理杨传良与中信建设总经理陶扬，代表双方签署白俄罗斯酒店商务办公综合体项目施工合同。

4. 印尼 AWAR-AWAR 2X350MW 电站通过 168 小时试运行 7月4日，印尼 AWAR-AWAR 2X350MW 电站项目 2# 机组 168 小时试运行圆满完成。印尼 AWAR-AWAR 电站项目部全体干部员工牢记大局，通过精心的组织和科学的安排，顶住压力，克服困难，顽强拼搏，最终实现 2# 机组通过 168 小时试运行目标，为公司赢得了尊严和荣誉。

5. 发布“四五”战略规划 2016年是“四五”战略规划的开局之年，中国建设积极谋划企业未来发展，在完成总规划的基础上，总部各部门、子公司积极行动，制定分战略与子规划，明确发展定位、目标、方向和举措，推动集团发展战略和年初工作会议部署有效落实，发挥战略引领作用。在企业发展会上，就在新常态下如何继续深化改革和创新、如何运用 PPP 模式撬开大市场等问题进行深入研讨。通过深入研讨对战略进行动态管理。

【市场开拓】

1. 巩固传统优势业务板块，做好老客户维护工作 继续与中信建设合作白俄罗斯商务运动场中心综合体项目；中国三安签约山东齐河醇源牧场总承包项目；中机四建再次承接奇瑞捷豹路虎年产 7 万辆乘用车改扩建项目、中机二建实施襄阳九州汽车有限公司 10 万套新能源汽车零部件（一期）工程，巩固汽车板块优势；中机五建拓展国外项目，跟进海螺集团水泥市场，承接缅甸 MCL2X20MW 燃煤自备电站项目。

2. 公共民用和基础设施板块稳步推进 中机四建在市政项目上加大力度，承接毕节七星大道机场至东关段新建工程，中机二建中标宜昌市东站人行天桥工程、宜昌市军路公路项目。

3. 海外区域市场开发不断加强 完善海外市场经营布局，签约哈萨克斯坦 2X660MW 电站项目、阿尔及利亚 1 226MW 燃气联合循环电站项目。澳门公司深耕细作澳门市场，成功签约上葡京钢结构工程项目，同时不断加大对东南亚市场的开拓；中机二建加大对以玻利维亚分公司为中心的南美市场的开发，跟进以北汽为代表的境外工厂建设项目。

4. 深化国机集团内部合作 与中工国际签订乌兹别克斯坦PVC项目，成功签约国机集团重庆地质装备产业园项目，中标CMEC科特迪瓦输变电项目，累计合同签约额4.7亿元。

5. 开拓PPP市场和战略合作 为加强政府和社会资本合作（PPP）项目的跟踪开发，实现企业战略任务落地，中国建设成立的PPP项目工作组深入项目开发一线，收集项目信息，对PPP项目进行甄别、筛选和跟踪，加强与政府、资方、合作方等沟通与协调；与香港新福港、江西火电、武船重工、中国创投、光大证券签订战略合作协议，在资源共享、项目投融资和产业链协同方面互通有无、互惠互利、携手发展。所属单位高度重视合作发展，中机二建与中国成套工程有限公司、中国自动化控制系统总公司、中海航集团上海国际货运有限公司签署战略合作协议，设计并开发集团协同合作平台；与国机集团下属单位合作，用于项目信息资源的共享，该平台顶层设计基本完成，进入试运行。轴承公司与NTN（中国）投资有限公司签署战略合作协议，加强国际业务合作，积极拓展市场空间。

5. 全系统重点工程项目进展有序，平稳推进 越南高平钢厂项目作为中国建设第一个一手EPC工程通过最终验收；印尼2×350MW电站项目2#机组于7月4日完成168小时试运行，实现既定目标；广州萝岗区线坑村改造项目工程一期工程交付，二、三、四期现进行全面收尾阶段，五期六栋楼封顶；伊拉克卡尔巴拉14万桶/天精炼项目工程累计完成产值11 809.16万元，占总工作量的11.85%；白俄罗斯吉利汽车生产线项目完成总工作量的95.05%，涂装车间、KD库、焊装、总装车间主要单体土建基本完成；上葡京酒店裙楼西翼钢结构工程施工进入高峰期，加工制作钢结构约18 000t，钢结构完成安装11 000t；孟加拉帕德玛水厂项目工程现场振冲试验、CFG试桩和机修间混凝土灌注桩工作全部完成，VF+CFG方案业主获得批准，现场准备工作全面展开；印尼年产10万t原镍铁/镍生铁高炉冶炼项目——工程高炉一号线相关系统全线贯通；埃塞俄比亚瓦尔凯特糖厂项目开始锅炉本体钢构安装；烟台龙海家园项目14栋主楼、幼儿园、社区服务中心等辅楼结构主体全部完成，装饰装修进入尾声。

【产权制度改革】

1. 利用国家清理僵尸、瘦身健体的政策，推动低效无效资产处置与盘活 中机重工对资产、资金进行盘点清理，推动土地、房产等资产确权工作，对高成本的银行贷款资金进行置换，同时积极挖掘本身的潜力，停止亏损的制造业务，逐步清理安置冗余人员，通过租赁现有场地设备获取收益，取得较好效果。中机一建、德阳技师学院“三供一业”分离工作有序开展；德阳技师学院成功取得财政补贴。中机钢构选择交通便利的物资存放车间作为置换，将公司本部的加工厂和办公楼1～4层对外出租，以达到资源的合理利用；在瘦身健体工作方面，对7家属于“压减”范围内的子公司形成了处置意见。

2. 资本运营工作持续推进 中机重工与中国船舶重工集团武船投资控股公司签署意向框架协议，重组事宜有序推动。中国三安所属三源建筑（天津）电气有限公司与CMEC、天传所重组的框架协议基本确定；中机四建（深圳）电力工程有限公司运营情况良好，相继取得大亚湾核电站、岭澳核电站、阳江核电站的维修合同，市场开发成效显著。

3. 做好内部资源整合工作 完成邛崃水质净化公司工程与水务分立的方案确定及实施前的准备工作，确保分立顺利进行；制定“德阳技师学院的改制方案”，改制工作有序展开。

【科技创新】

1. 加强技术管理制度创新，增强中国建设技术工程能力 中国建设通过启动技术工程战略规划的编制工作，明确技术工作方向和“四五”业务板块技术攻关、BIM技术全专业多维度大范围高深度的应用、项目全周期全要素全专业的系统集成和优化、提升建筑行业设计能力和增强市政环保工程设计能力，以及培养关键专业技术梯队人才等5项重点工作，以实现科技成果数量和质量提高、工程项目技术含量提高、科技人员水平素质提高、技术工程能力提高和工程产品质量提高。中机工程推进和落实高新技术企业认定工作，通过河南省科技厅和财税部门组织的审核，待国家科技部批准。

2. 打造专业技术工作室，提升工程优化能力 土建工作室适应管理模式的变革，发挥技术人员工作的积极性，参与孟加拉水厂和白俄罗斯综合体基坑支护、桩基施工管理。在白俄罗斯吉利汽车厂项目的施工中，配合项目部优化围墙和室外管架的设计，加快施工进度，降低了费用。BIM工作室加速推进BIM技术在工程项目中的实际应用，参与伊拉克米桑油田项目投标、东港污水处理厂项目建模、科特迪瓦批发市场项目设计规划方案和临建方案建模；完成《中国建设集团建筑信息模型（BIM）交付标准》的建筑结构部分及设备部分2本分册；完成公司施工资质的换证和电力工程施工总承包资质增项的申报。同时，为推动基础设施建设领域的业务开拓，积极筹备增项公路工程施工总承包资质。

3. 提升工程质量和服务品质，建精品工程，落实集团化贯标审核工作 中国建设承建工程质量保持稳定，全系统累计完成验收鉴定的单位工程108个，一次交验合格率100%；未发生重大质量事故；合同履约率100%；顾客满意度97.66%。全面完成集团化审核和OPI测评工作。开展以“强化质量管理，推动质量提升，弘扬工匠精神，提升质量效益”为主题的质量月活动。获得中国施工企业管理协会全国优秀QC小组奖5项、中国工程建设焊接协会全国优秀焊接工程奖3项，其中1项为一等奖。获全国安装之星奖1项。中机工程番禺34-1CEP海上平台建造项目荣获“国机质量奖”工程项目奖。

4. 科研成果显著，企业标准编制工作稳步进行 中国建设保持科技创新发展投入的整体规模，依托承建的大中型重点工程项目开展技术攻关，在施工技术领域取得多项科技创新技术成果，特别是在建筑工程、市政基础设施建设、电站建设、化工石油项目、冶金项目、汽车产业园建设、压力容器与管道焊接等课题领域取得一批成果。授权实用专利4项，受理实用新型专利7项；推荐申报省部级工法参与国机集团工法评审6项。组织集团公司科技进步奖评审活动。推荐申报省部级科技奖7项。中机工程“狭小空间内的大型镍铁冶炼设备安装施工技术”荣获中国施工企业管理协会科技创新成果二等奖，中机二建“薄壁不锈钢洁净管道施工技术”荣获2016年度“中国机械工业集团科学技术奖”三等奖。筹备组织第一届经营工程科技工作会议，推荐6项技术交流主题，涵盖施工设计优化、BIM技术、民用建筑施工、传统工业项目安装技术等专业领域。

【管理经验】

1. 加强项目管控

（1）加强工程报价及项目成本审核。中国建设成立“工程项目经济审核委员会”，强化对项目投标及成本管理的指导与监督，编制《项目预算及成本管理办法》《国际工程估价指南》，督促事业部进行标前或签约前的项目成本效益分析，固化模版，以利于项目预算报价内部定额的日积月累，在注重市场开发的同时，强调项目经营效益。中机二建成立项目管理能力提升小组，履行监督检查职能。中机四建重点推进项目成本精细化管理工作，建立合同用工、分包商及物资供应商黑白名单试行制度。澳门公司通过上葡京项目与香港项目管理团队的深度合作，探索一套适合澳门公司自身发展的项目运营本地化的方法。

（2）强化在建项目执行过程的精细化管理。对原有《工程月报》内容进行调整，增加项目人、机、料等资源消耗的成本数据统计，完善项目收付款统计，强化项目成本与进度的匹配分析，并且深入开展重点项目的季度成本分析，努力实现由经验型向科学型的项目管理转变，逐步提升项目控制管理水平。

（3）建立企业经营业务行为评价制度。规范全系统各经营单位及其经营人员行为，对到期借款不归还、违规用章、恶劣法律诉讼影响、人员证照借用违规、农民工上访等经营问题频出的企业，实行经营业绩考核减分措施，逐步完善信用动态监管评价体系，提高业务办理水平，降低集团公司管理风险。

（4）促进集中采购与上网采购。颁布中国建设采购管理办法，将采购管理纳入年度经营业绩考核，规范全系统采购管理；推广采购电子商务平台的应用，配合做好系统流程及人员授权的开发调整，鼓励子公司使用平台实施采购业务。

2. 人力资源管理成果显著

（1）结合国机集团对人才发展战略的整体要求，完成《中国机械工业建设集团有限公司人才队伍建设规划（2016—2020）》，成为“打造四支人才队伍、实施五项人才计划”等工作行动纲领和核心人才队伍建设的蓝图。

（2）完成部分所属公司行政领导班子的换届考核、新班子任命，以及班子增补人员考察及建议方案，做好人才配置与储备。

（3）制定“总部薪酬管理办法”“总部绩效管理办法”“总部业务职务序列管理办法”等人力资源管理制度，提升人力资源管理规范化水平。

(4)完善培训培养体系,创新培训方式方法,提高人才培养的系统性、针对性和实效性，企业生产经营所需的各类执业资格证、从业资格证等持证上岗人员培训等69次，参加人员434人次，其中对全系统工程造价人员组织脱产学习月余，并对培训效果跟踪调查，写出评估分析报告，分析了成绩及不足，为提升培训工作水平提供了依据。

3. 夯实财务基础管理

（1）拓宽融资渠道。结合中国建设业务发展，特别是PPP项目等新项目模式提出的多元化融资的需求，探索与金融机构的合作，研究发行公司债券、中长期信托资金、资产售后回购，以及应收账款保理等多渠道、多方式的长短期融资模式

（2）积极应对“营改增”，为企业经营生产做好税收筹划。起草《“营改增”后增值税会计处理手册》《“营改增”后税务工作手册》，制定《出口退税业务流程及规范》；中机五建被合肥市国税局评定为外贸出口企业信用一类管理企业，提高了企业退税款的办理效率。

（3）强化“两金”管理和专项清理，防控资金风险。通过“两金”专项管理工作，完善应收账款的对账机制，细化了清理方案。

（4）全面预算管理工作逐步完善不断提高，在发挥预算的精细化管理、合理资源配置、有效防范风险等方面成效显现 .

（5）财务管理能力提升，升级优化财务管理系统，建立财务分析模型，编制《公司财务绩效考评办法》，对进一步提升全系统财务管理能力起到积极推动作用。

4. 审计工作扎实推进

（1）防范风险，降本增效，审查项目的合理性、合规性、效益性，对可能存在的风险点，提出评审意见。中机一建将提高项目管理效益和加强项目内部监控相结合，在实施审计过程中做好工程的事中审计、后续审计和完工审计 .

（2）立足管理提升，提高成本管控能力，围绕公司战略目标和公司年度经营安排，全面评估，编写《中国建设2015年全面风险管理报告》。中机四建制定“项目竣工绩效审计工作流程”，进一步提高审计工作的针对性、有效性，提高了审计成果的利用程度。

（3）强化监督，核实家底，通过任期经济责任审计，客观评价经营者的业绩，增强经营者的经济责任意识，进一步强化对权力运行的制约和监督，发挥经济责任审计从源头上预防的重要作用。

5. 法律支撑作用凸显

（1）及时响应国家政策，围绕新业务模式的开展，编制《PPP 法律法规汇编》《国内 PPP 项目开发指引》等一系列文件，参与多次 PPP 项目法律法规审核及策划会，为公司承接 PPP 项目保驾护航。

（2）针对常规业务、重大经营决策、重大投资、重大担保，以及重大并购等活动中，所遇到的法律风险编制防范指引，以提高全员法律风险意识，避免不必要的纠纷和损失。

（3）通过法律授课，提高公司生产经营人员的法律意识。针对性地组织国家新颁布法律法规、国机集团内部典型案例的学习和宣传，针对在工作中普遍遇到的法律实务问题，结合与集团公司经营息息相关的法律法规进行培训，同时邀请律师与业务人员进行授课及交流，营造全员参与防控法律风险的氛围。

6. 信息化建设全面落地

（1）视频会议和项目远程监控系统建设成效初显。视频会议系统已覆盖总部、所属单位及分公司等 14 个会场，项目远程监控系统覆盖了广州萝岗、烟台龙海家园、合肥通用研发中心大楼、洛阳京都肿瘤医院共 4 个项目，编制发布《项目现场视频监控建设指引》。

（2）完善综合管控系统，巩固综合管控系统的建设成果，取得国家版权局颁发的 6 项“计算机软件著作权登记证书”，为公司积累了技术成果。集团英文主页得到有效管理，主页内容的更新已形成机制，起到了对外宣传窗口的作用，助力企业的营销活动；公司邮箱系统得到升级和改进，容量和可靠性得到提高。中机一建的广联达“梦龙”项目管理系统和中机五建的“工程建设企业一体化管理解决方案”的上线运行，较好地提高了项目管理管控水平和款项支付的效率。

7. 安全生产与节能减排工作态势平稳

各单位按照“十三五”规划要求，强化“红线”意识，坚持“党政同责、一岗双责、失职追责”责任制，加强事前防范，严格安全检查和隐患排查治理，狠抓各项措施的落实，未发生较大及以上生产安全责任事故，安全生产状况稳定趋好。

（1）以“安全生产月”活动为契机，利用简报、宣传栏、电子屏幕、局域网等媒介，开展安全生产宣传教育、“安康杯”知识竞赛等活动，为有效防范和遏制生产安全事故提供文化氛围和舆论支持。

（2）加强企业生产安全事故应急演练管理，完善应急体系建设，提升事故灾难应急救援能力和水平。

（3）组织所属各单位开展分包单位不良记录排查、认定，对纳入“黑名单”的分包单位，实行分包“一票否决”制。

（4）推行境外重大项目、高风险国家项目安全管理计划备案制度，进一步规范境外工程项目安全管理，预防控制境外安全风险 .

（5）建立完善企业安全生产标准化制度体系和组织体系，开展安全生产标准化自评，第三方标准化考评达到合格标准。中机五建荣获“机械制造企业 AAAAA 安全诚信企业”称号。

（6）加大节能减排宣教力度，各在建工程项目推行绿色文明施工，广州市萝岗区线坑村改造项目通过第三批“全国建筑业绿色施工示范工程”最终验收，成为中国建设第一个全国绿色施工项目；各单位施工现场应用建筑信息模型（BIM）技术，建立各专业模型，合理协调各阶段工作，缩短工期、提高质量、节省投资，减少浪费，实现对施工进度、人力、材料、设备、质量、安全、场地布置等要素进行动态管理。

8. 企业品牌与文化建设持续推进

（1）结合“四五发展战略规划”，编制企业文化分战略，明确企业文化建设工作方向和工作任务。

（2）策划系列活动，找抓手、抓典型，组织活动，推动文化建设。开展向德阳安装技师学院梁有庆老人学习，召开“真诚、执着、创造、奉献”主题座谈会，并在全系统开展“敬业、创造、奉献，我与企业共成长”主题征文比赛。

（3）参加国集团组织的“探访丹棱精神”、有奖征文、体育比赛等活动，展现中国建设风采。海南公司秉承中国建设“承担社会责任，回报社会”企业理念，成立海南省志愿者协会“中机海南公司志愿服务队”，践行企业社会责任。

（4）强化“一网两微”媒体建设工作，加强更新频率，主动挖掘新闻素材，丰富宣传内容，全面、真实、准确地反映公司各领域的基本面貌和发展情况。

【党建工作】

认真开展党建工作，深入贯彻党的十八大和十八届三中、四中、五中、六中全会精神，以习近平总书记系列重要讲话精神为指导，扎实开展“两学一做”学习教育，紧紧围绕全面加强企业党的建设，落实管党治党责任主线，以制度建设为抓手，切实发挥基层党组织战斗堡垒作用和党员先锋模范作用。在党的制度建设、组织建设、思想建设、惩防体系建设和群团工作方面开展工作，推动公司党建工作上台阶，为实现“四五规划”良好开局提供坚强保障和有力支撑，主要体现在：

1. 加强领导，明确职责，确保党委主体责任落实 年初，中国建设党委召开专题会议，研究和部署2016年全系统的党建重点工作；制定《中国建设2016年党建工作计划》（中机建党〔2016〕7号），将责任层层分解落实。按照党建工作“一岗双责”要求，把党建工作与经营生产工作同安排、同部署。公司党委修订中国建设党委组中心学习制度，印发《2016年度党委中心组学习计划》（中机建党〔2016〕8号），并按照学习计划实施，修订公司《党员党费收缴使用管理办法》。所属单位党组织也对各自党建工作进行安排部署，认真开展基层党建工作，落实“三会一课”制度，确保主体责任落实。

2. 加强学习，提高党的理论水平和思想道德素质

（1）组织党委中心组学习。按照《2016年度党委中心组学习计划》（中机建党〔2016〕8号），组织专题理论学习。全年组织4次党委中心组（扩大）学习活动，中国建设领导班子成员11人次结合相关主题做学习交流或讲党课。各基层党组织和总部各支部坚持“三会一课”制度，开展支部组织生活和学习。所属企业按照公司自身实际组织中心组学习。

（2）开展多种形式的党员教育活动，保持党员思想上的纯洁性。把主题学习教育与日常教育相结合，把集中学习与分散自学相结合，用党的理论武装头脑。总部在“七一”组织“缅怀革命先烈、践行两学一做、努力创先争优”主题党日活动，组织新入党党员宣誓和党员重温入党誓词活动，增强党员党的意识、党员意识。各单位也举办了丰富多彩的活动。

3. 开展“两学一做”学习教育 4月28日，中国建设党委及时召开“两学一做”学习教育动员会，对全系统深入、扎实开展“两学一做”学习教育进行动员、安排和部署。印发《学党章党规、学系列讲话、做合格党员学习教育实施方案》，下发《“两学一做”学习教育资料汇编》《习近平总书记系列重要讲话读本》《中国共产党的九十年》等学习资料。所属各单位按照中国建设党委的要求和地方党组织的工作部署，先后召开会议及时传达“两学一做”学习教育会议精神，对本单位学习教育的开展工作进行部署安排。集团公司党委对所属各单位、总部各支部“两学一做”学习教育开展情况进行督导检查。

4. 狠抓反腐倡廉工作，全面落党风廉政责任制 中国建设党委持之以恒反对“四风”，身体力行恪守中央“八项规定”，严格落实党委主体责任和纪委监督执纪责任，加强党风廉政宣传教育工作，提升党员和领导干部的纪律和规矩意识。年初，中国建设党委与15家所属单位党组织负责人签署“党风廉政建设责任书”，建立和健全对各级领导干部的监督约谈机制。中国建设领导与所属单位负责人、本部中层以上干部开展廉政提醒谈话共21人次、纪律提醒谈话13人次。

5. 夯实基层组织建设，推进基层党建工作 中国建设党委坚持把基层党建作为中国建设党建工作的重要内容，坚持“三会一课”制度，以组织建设为重点，坚持基层党建工作围绕中心，服务大局。中国建设党委对所属基层组织党建工作情况进行检查。中机一建海外项目部支部组织学习，对口联系领导到会指导。中机二建把党建工作覆盖到区域所有的项目上，山东支部书记杨宏获评国机集团“优秀党务工作者”。中国三安对党员实行属地化管理，人调到哪里，组织关系就落在哪里。中机四建开展基层党支部分类定级工作，让评级靠后的支部增强竞争意识，让评级先进的支部在推动生产经营、服务职工群众上起标杆示范作用。中机工程以各分公司及其所在区域为主要单位设立基层党组织开展活动，并根据情况变化及时调整。

6. 抓好群团工作，搭建沟通平台，营造和谐氛围 中国建设党委加强对群团工作的领导。工会加强制度建设，修订《中国机械工业建设集团有限公司工会总部经费使用管理实施细则》，开展女性健康讲座。公司团委召开“五四”青年座谈会，开展拓展训练，重视大学生入职培训，关注新入职大学生的工作学习生活和适应状况。

【社会责任】

1月，配合西城区街道办事处，组织全体员工开展“冬衣送暖”捐赠活动，向四川省阿坝州贫困山区捐赠冬衣200多件。3月5日，总部开展“学雷锋献爱心”活动，为扶贫基金注入捐款共40 600元。组织全系统在职困难职工申请国机集团“爱心基金”4人次，申请金额共4 000元。

参与国机集团精准扶贫工作，协助接待德阳安装技师学院80多名贫困学生来京拓展活动有关工作，为国机集团精准扶贫作出积极贡献。

中国机床销售与技术服务有限公司

【基本概况】

2016年，中国机床销售与技术服务有限公司（简称中国机床销售）领导班子换届，梁枫任销售公司董事长兼总经理，董刚、韩家兴、吴放为销售公司副总经理。新班子上任伊始，制定公司2017—2020年战略规划，将平台化和实体化发展作为公司转型升级的方向，将公司建设成为知名的具有国际竞争力的中国机床工具行业的综合服务商，将公司的业务发展方向定位为以提供机床行业和智能制造方面整体方案、设备成套领域总承包、机械类产品进出口贸易和技术服务、提供机床跨境云平台和大数据为主业，大力发展机床工具领域及其该领域以外的业务，坚持整合资源、稳妥开展、高端服务的发展思路，在传统专业领域不断做专做强，创新贸易模式，推动贸易升级，不断提高业务竞争能力和增值服务提供能力，并以此为依托继续拓展新的业务领域，为客户提供全方位的解决方案。

2016 年，是中国机床销售在机床行业整体性结构调整，面临巨大下行压力的一年；也是克服困难加大力度开拓海外市场，加快“走出去”步伐并取得可喜成效的一年。莫斯科代表处正式在俄罗斯登记注册成功，俄罗斯的展览业务及机床贸易合作不断增多。

【主要指标】

截至 2016 年 12 月 31 日，中国机床销售合并范围内共完成经营收入 98 307.2 万元，完成利润总额 83.9 万元，EVA 实际完成值 -754 万元。完成进出口总额 14 585 万美元，其中进口 767 万美元、出口 13 818 万美元。中国机床销售 2016 主要经济指标见表 1。

表 1　中国机床销售 2016 年主要经济指标

项目	2015 年	2016 年	同比增长（%）
资产总额（万元）	89 309.78	62 658.22	-29.84
净资产（万元）	9 850.94	9 719.22	-1.34
营业收入（万元）	130 440.58	98 307.21	-24.63
利润总额（万元）	688.28	83.92	-87.81
技术开发投入（万元）	0.00	0.00	
利税总额（万元）	1 802.85	1 850.81	2.66
EVA 值（万元）	-763.00	-767.75	0.62
全员劳动生产率〔万元 /（人・年）〕	-139.77	-81.05	42.01
净资产收益率（%）	6.04	-1.36	减少 7.40 个百分点
总资产报酬率（%）	0.52	0.11	减少 0.41 个百分点
国有资产保值增值率（%）	106.26	98.64	减少 7.62 个百分点

【改革改制】

为落实国机集团关于打造国内展览领军企业的发展战略，实施国机集团资本运营总体规划，加速推进集团展览业务资源的优化配置，国机集团于 2015 年下半年至 2016 底，实施展览资源整合工作。2016 年 12 月 12 日，国机集团下发《关于同意中国汽车工业国际合作有限公司实施重组增资暨股权收购的批复》，同意中汽国际公司以增资的方式，向中国机床销售收购所持有的国机展览 100% 的股权，最终，公司对中汽国际出资 3 082.51 万元，持股比例 8.07%。

【重大决策与重大项目进展】

2013 年初，与乌克兰签订的通信设备成套出口项目，合同总额 30 亿元。合同执行期间，因受到乌克兰政局持续不稳的影响，经与业主方沟通，将当前的交货期调整为 2013 年至 2017 年度。2015 年度该项目顺利实际发货 11.35 亿元，2016 年度实际发货约 8.3 亿元，剩余货物将于 2017 年执行完毕。

中国机床销售于 2013 年初与乌克兰签订的通信设备成套出口项目，合同总额 30 亿元。合同执行期间，因受到乌克兰政局持续不稳的影响，经与业主方沟通，目前的交货期调整为 2013 年至 2017 年度。2015 年度，该项目顺利实际发货 11.35 亿元，2016 年度，实际发货约 8.3 亿元，剩余货物将于 2017 年执行完毕。

【市场开拓】

（1）探索创建中国机床工具行业云平台，最终将市场开拓工作延伸至全球的每一个目标市场。

根据目前国内、国际经济发展的现状，尤其是机床行业面临中低端产品产能严重过剩，急待开辟新的输出渠道，以缓解行业结构性调整所带来的下行压力，同时，充分发挥公司在行业内的知名度、品牌影响力等优势，借力国家“一带一路”的战略构想和“互联网 +”的战略部署，大力提升自身经营能力，中国机床总公司确定了向平台化发展的创新思路，即面向国际机床行业创立打造一个国家级的、权威专业性的、跨境跨界的，集信息、产品、展览、服务、销售及解决方案等为一体的行业电子商务平台 -- 中国机床工具行业云平台。

“机床云平台”的构想是：依靠“互联网 +”为做强制造业服务。打造国家级的、权威专业性的、跨境跨界的，集信息、产品、展览、服务及销售为一体的行业电子商务平台。作为中国机床行业的贸易龙头企业，从国家层面和行业高度引领中国机床工具企业，服从服务于国家发展战略，从根本上实现发展对接，国内外行业对接，国内外项目对接。建立研发、供需（国内外）、产能、产品、配套、物流、培训、展览以及售前售后服务的全维度信息通道。实现全行业范围内闲置产能信息发布和共享，库存制品信息共享，系统及功能配套件调剂信息共享，各种解决方案信息发布及共享，各类服务资源共享。减少重复生产，重复研发，使资源利用最大化，时间利用最大化。在此基础上，运用大数据为机床定制化生产系统提供依据，这也是实现“中国制造 2015”的基础。

“机床云平台”旨在将（境内外）制造商、供应商，服务商和用户等通过“云”点点相连，从而打通机床行业自身和对外联系的脉络，把各自为战的一盘散沙通过“云”贯穿（聚集）起来，加速信息流通，减少资源浪费。通过“云”的连接，有效提高全行业经济效益和社会效益。为机床制造企业及其用户，打造永远免费的信息高速公路。使机床云平台成为宏观政策行业信息的发布平台，新技术新产品的展示平台，境内境外各行各业需求的对接平台，连接机床产业链的开放平台，创新带动行业发展的成长平台，助力商务共赢的价值平台。

（2）继续大力推进俄罗斯市场的开拓工作。

中国机床拟订了以市场为契机，以展会为平台，以高端机床产品为导向，全面进入俄罗斯以汽车、冶金、电力、矿业等为主的各生产制造领域的俄罗斯市场开发战略，在赢得市场份额的同时，希望能够以机床产品为龙头，通过不断推进销售和售后服务渠道的建设，打造中国机械类产品出口俄罗斯市场的桥头堡，从而将更多的国产中高端机床、机电产品引入到这个潜力巨大的市场。在前期取得初步成效的基础上，为进一步加大开拓力度，提升开拓成效，中国机床决定引入跨境电子商务的模式，同时加大投入，适时建立与俄方的合资企业以及机床 4S 中心，具体为：

1）建立“服务贸易平台和电子商务网络”

①争取将“中国机床销售技术服务和备件中心”项目列入当地政府的重点项目建设，以取得更多政府层面的各项支持。

③依据国务院 19 号文的有关规定，充分利用现有专项鼓励资金政策和服务出口零税率或免税政策，加速服务出口进程。

③建立俄语区国际电子商务营销网络，同期设立机床批发展示中心，使之成为电子商务的“实体”。

2）创建俄罗斯机床品牌，实现本土化制造。

①寻找俄罗斯合作伙伴建立股权多元化的机床制造企业，实施集成制造。

②利用俄罗斯本土品牌的优势向俄周边国家和地区推进产业链的延伸。

③寻求中俄双方政府对创建俄罗斯品牌，实现本土化制造的支持。

3）推动境外经贸合作区建设。

以俄图拉州作为开拓俄机床市场的根据地，推动建设以“机床与工具”为主导产业的“经贸合作区”，协调国内机床企业采取绿地投资、企业并购等方式到经贸合作区投资，从而促进机床产业链上下游企业同步向境外产业转移。并充分利用中国机床总公司的品牌和其他优势，整合多种资源共建服务贸易平台，逐步做大做强。

与此同时，结合国家“一带一路”战略的实施走向，通过搭建第三方贸易平台，引领国内“专、精、特”机床企业抱团进军国际机床市场。先期以俄罗斯市场作为试点，取得经验后再逐步向俄语区（独联体）国家和“一带一路”范围内的其他国家复制推广，从而真正提升国产机床工具产品“走出去”的速度和规模。

【营销管理经验】

作为服务贸易类的企业，中国机床销售在营销管理方面着力从以下两个方面入手，努力提高自身的经营能力，确保公司持续良性发展：

（1）满足客户的需求。服务质量是企业生存和发展的基础，企业依存于其顾客。ISO9000质量管理体系质量手册中的对中国机床销售的服务宗旨描述为：顾客至上、质量第一。中国机床销售的目标为：满足顾客需求，增强顾客满意，实现企业持续发展。中国机床销售通过明确管理职责、梳理工作流程和控制要素的方法，对组织、资源和过程进行严格管理，建立了一个具有证实性、预防性、系统性和迅速反应能力并拥有持续改进的质量保证体系。同时，要求公司全体员工认真学习质量手册，系统理解并严格遵照执行。通过质量手册的贯彻落实，提高了公司员工的质量意识、工作能力、个人素质和服务水平，以最大限度地满足顾客的需求。

（2）满足销售团队的需求。任何营销政策，最终都靠销售队伍来贯彻执行，销售人员执行力度的大小，可能比政策本身的好坏更为重要。营销竞争必须依靠团队的力量，所有的客户需求，都要通过销售队伍来满足。因此，现阶段在认真听取业务团队建设方面各个岗位和部门意见的同时，从公司的整体业务统筹考虑，细化每个岗位责任内容，落实岗位责任制，签订岗位协议；加强对相关业务人员的专业知识培训。针对近两年新进公司业务人员较多的情况，对他们在有关进出口贸易实务及相关管理规定等方面系统地加以培训；建立中长期人才培养计划，建立起科学的考核评价制度，激励有能力的人员多劳多得。特别是对已有单一专业管理人员的情况，通过培训、轮岗、实践等手段，逐步把他们培养成为复合型人才；对中高层后备人才的培养不仅注重实地锻炼，更要给他们多创造理论学习的机会，以适应公司经营业务和管理工作的需要；同时加大对中青年干部的培养与提拔，为青年人才提供发展和锻炼的空间；充分利用薪酬分配、绩效考核、中远期激励等办法，建立完善的、有效的、能够鼓励职工多创效益、多做贡献、多拿薪金的机制，从而提高职工队伍的凝聚力。以上举措的有效实施，为打造一支过硬的销售和管理团队创造了必要条件。

【党建工作】

自 2012 年机床总公司通过和中国机床销售进行债务重组，机床总公司和销售公司形成了“一套人马、两块牌子” 的格局，在销售公司党建日常的工作中，以党支部作为基层党组织，充分发挥战斗堡垒作用。党风廉政建设的落实体现在实际工作中做到在安排经营工作同时安排党风廉政建设，汇报经营工作同时汇报党风廉政建设，强化了公司上下齐抓共管的工作格局。结合机床公司党委重点工作部署，扎实做好“两学一做”学习教育活动的规定动作，抓住契机有序开展各项工作。

【社会责任】

1. 推进责任融入企业经营管理　推进社会责任融入公司整体战略，切实把节能减排、安全生产等责任指标列入公司总体战略目标，从战略高度将企业社会责任与公司战略规划紧密结合起来。

进一步梳理公司有关制度，深入推进社会责任理念与全面风险管理、安全生产、节能环保、员工关怀等方面的制度建设相结合，提升公司社会责任管理的规范化、制度化。

2. 积极参加社会责任活动，提升社会责任能力 近几年，中国机床销售以集团推行的企业文化活动为契机，组织并开展了“帮困助学”“爱心基金”等活动。这种活动的展开，对于广大干部员工认知、理解和践行社会责任理念，起到了积极的推进作用，同时提高了公司社会责任管理能力。

3. 具体做法 倡导推进绿色责任。中国机床销售号召全体职工积极参与宣传活动，很多职工在外出工作中自觉乘坐交通工具，而不使用公车。职工们从自身出发积极服务公司，大力倡导员工积极树立环保节俭的意识，取得了较好的反响。

积极落实员工关怀活动。中国机床销售注重人文关怀和公平正义，维护职工权益，实现职工与企业共同发展；注重职工学习与培训，促进职工能力不断提升；丰富多彩的文体活动，关心困难职工和离退休人员，提高员工幸福指数。积极参与国机集团组织的“国机爱心日”活动，号召全体在职员工在这一天（1月28日）自愿捐献“一日工资”注入“爱心基金”，为更多需要帮助的人奉献爱心、送去温暖，构建社会主义和谐社会做出积极贡献。中国机床销售在党委及工会的号召下，公司系统的职工踊跃参加，共有109人相应号召，总共捐款14 823.6元。

加强安全生产管理。中国机床销售高度重视隐患排查治理工作，加大监督检查力度，严格督查落实公司的安全履责情况。为提高企业安全保障能力，定期开展安全生产教育和强化培训，保证从业人员具备与本企业所从事的生产经营活动相适应的安全生产知识和管理能力。

切实承担公益责任。中国机床销售积极投身社会公益事业，努力发挥自身优势，参与国机集团工会“帮困助学”的活动，并为国机集团扶持的教育事业中的服务对象多次捐款捐物，履行社会责任。

2016年6月至7月，中国机床总公司工会组织“送温暖、献爱心”捐赠衣物活动，在为期一个月的活动中，为公司合作伙伴河南前进铸钢有限公司捐赠衣物共计405件，带给河南前进铸钢有限公司的铸造工人们一份关注、一份真情。此项活动对于公司广大干部员工认知、理解和践行社会责任理念起到了积极的推进作用，切实承担公益责任，履行社会责任。

【信息化建设】

1. 企业信息化建设的程度向专业化转变 跟随企业的发展方向，为努力实现“行业云平台”的发展目标，将企业信息化建设的专业程度发展提高，以及使用最新信息技术的“大数据”，获得行业内先进的技术资讯，学习并掌握新技术。

2. 企业信息化建设的核心要与企业发展相适应 伴随着公司的发展，凭借对新概念、新技术的理解与领悟，以前瞻性的观点与务实的理念为基础，结合公司发展方向，提供信息及信息技术的支撑。

3. 为企业建设机床“行业云平台”做准备 在新一轮全球范围内的产业提升的大范围下，机床行业正面临巨大压力和挑战，必须抓住应运而生的机遇，借助“互联网+”可为改变现状，为提升整体经济效益助一臂之力，势必对行业发展产生战略性和全局性的有利影响，对实现行业提质增效、转型升级具有重大意义。作为建设“机床云平台”领头企业，为提升公司信息化建设的程度，中国机床销售定期开展信息化培训，提高公司信息化的整体水平。

【企业文化建设】

1. 文化培训 为使中国机床销售文化及机床公司文化建设深入人心，公司分批给员工进行文化建设方面的培训，使其了解集团“和”文化的内涵，积极践行“丹棱精神”，通过培训以及制定多层次的培训计划，使职工对于公司共同价值观有了新认识，使全体职工明确了奋斗目标。

2. 文化传播与展示 拓宽文化传播渠道。通过中国机床销售网站等传播渠道，及时深入的报道公司重大决策，深入开展讨论，成为机床公司主要的文化传播阵地。

3. 专项文化建设

（1）安全文化。中国机床销售大力创新安全文化建设模式，营造浓厚的安全文化氛围。积极组织各类安全教育培训，加强突发事件应急演练，与各部门及所属企业签订安全生产责任书，切实将安全文化落实到广大员工的日常工作和生活中去。

（2）廉洁文化。贯彻国机集团“企业廉洁文化建设指导思想”，在中国机床销售内部进一步深化集团“廉洁从业、诚信守法、行为规范、道德高尚”的廉洁理念，对党员领导干部开展廉政文化教育，通过中心组学习、中层干部学习中央《关于新形势下党内政治生活的若干准则》和《中国共产党纪律处分条例》等相关规定，结合案例教育，积极引导广大员工自觉化廉于心、践廉于行。

（3）绿色文化。中国机床销售积极传播绿色文化，将环保的宣传做到位，使每位员工都能够从小事做起最终实现公司的节能减排目标。

【财务管理】

（1）加强“两金”管控，制定《应收款项管理办法》，将奖惩制度与业绩考核相结合，加强往来单位对账及应收款项季度分析，全面清理逾期账款，提高资产质量。

（2）深化全面预算管理，按照《全面预算管理办法》及费用支出的相关管理办法，按季度对全面预算执行情况进行监控和分析，严格控制成本费用支出。

（3）积极向银行申请授信额度，为经营业务开立信用证及保函提供授信支持，缓解业务资金压力，降低资金成本。加强在国机财务公司的资金集中，统筹资金安排，提高资金收益。

【审计与法务管理】

1. 防范企业法律风险，促进企业依法治企，维护企业合法权益 在总法律顾问的带领下，加强对重大经营项目的前期参与、执行跟踪力度，对公司法律风险进行有效的内部控制。做到事前有防范事中有控制，对可预见的法律风险有应对措施。本年度对重大合同、公司制度、公司章程的法律审核率 100%。

2. 推进内部控制的执行力度，提升中国机床销售管理水平 2016 年 1-3 月期间，对公司2015年度内部控制活动进行全覆盖的自我评价，对存在的缺陷按进度完成整改。完善、修订制度、优化流程、表单，逐步提升公司管控水平，提高工作效率。

3. 注重风险控制工作的宣贯，开展形式多样的法律培训活动 持续收集有关风险防控的文件及相关案例，组织职工学习。通过培训，增强职工的风险意识。强化职工在合同签订及执行过程中的风险防范意识，维护公司合法权益。

【人力资源管理】

1. 完善干部队伍建设，及时调整干部队伍 2016 年 8 月，中国机床销售原有的领导班子到期换届。为配合上级党委组织部门换届考核，公司尽全力做好配合协助工作。从考核前期文件资料的准备收集、考核大会会议筹备，再到换届工作结束相关档案资料的整理等，中国机床销售紧密配合上级单位，一道顺利完成了领导班子换届的各项具体工作。

同时，为做好中国机床销售内部干部梯队的建立和培养，公司对重点部门投入更多关注。为了做好财务部的部门负责人退休交接工作，提早半年多，通过内部谈话推荐、征求相关部门人员意见等形式确定了培养对象后，经过以老带新的过渡性交接，2016 年 3 月，实现了财务部负责人工作的平稳交接。

此外，按照新的战略规划的部署，中国机床销售2016年底对原有业务部门进行了重新整合，将原来的对日业务整合成现有的两个部门，将原有的内贸及出口业务部一个部门分立成为现在的两个部门。为配合公司的这一机构调整工作，公司从人员调整和干部配备及部门考核管理方面也做了相应的调整。

为加强业务开发力度，中国机床销售通过社会招聘的方式，选聘了优秀人才到公司业务部任部门负责人工作。优秀人才的引入，给中国机床销售在开拓国外市场及促进业务增收方面，带来更多的机会。

2. 适应市场变化，及时调整业务激励制度 2016年，按照发展战略的需求，将原有的《内部承包及有关管理的规定》进行调整。新一届领导班子上任后，确定了系列推进业务发展的举措，其中之一就是：符合市场规律，科学增加对业务人员的激励效果。中国机床销售在分析了近两年的数据基础上，制定了《业务激励试行办法》。《办法》通过两上两下的研讨过程，不断修改、完善内容。《办法》对考核机构、提奖比例进行了修订，对考核人员方法进一步明确，并增加了经营管理目标完成的激励措施。

3. 结合业务进展，完善相关人事管理制度 2016年，中国机床销售莫斯科代表处正式在俄罗斯登记注册成功，俄罗斯的展览业务及机床贸易合作不断增多，需要派出员工常驻国外，做好莫斯科那里的业务协调及联络工作。为了适应这一新的业务需求，公司经讨论协调后，正式发布了销售公司《境外机构常驻员工国外津贴、境外保险及休假管理暂行办法》，尽力做好员工境外工作的各项保障事项，解决员工的后顾之忧。

此外，2016年公司还对《人事档案管理办法》进行了修订，增加了员工入离职档案接转规定。11月，发出了《关于明确婚假、产假期间管理规定的通知》，根据国家最新婚假、产假的规定，明确了公司对婚假、产假的管理要求。

4. 甄选合适的人才，全面落实招聘计划 2016年，通过与高校就业指导办直接联系、在公司网站及相关招聘门户网站等刊登招聘信息的方法，2016年招聘应届毕业生6名，社会招聘人员3名，应届毕业生到公司实际实习7人，实习后成功留用6人，实习留用成功率85%。

5. 结合需求，开展各类培训 2016年，中国机床销售内部先后组织完成培训项目4大项，包括应急消防火灾逃生演练、新员工入职整体培训、消防安全培训和贸易合同实务培训，内部培训103人次。参加国机集团培训中心的培训27人次。社会培训方面，参与培训15人次。

中国重型机械有限公司

【基本概况】

中国重型机械有限公司（以下简称中国重机）成立于1980年9月，是以工程总承包、带资运营、贸易和服务为主营业务的工程总承包综合服务企业。业务领域覆盖冶金、矿山、交通、建材、电力、水务、环保、化工、生物能源、农产品加工及仓储等行业领域。经商务部批准，在缅甸、越南、柬埔寨、塔吉克斯坦、印度尼西亚、土耳其、泰国、斯里兰卡、埃塞俄比亚、南苏丹、肯尼亚、几内亚、老挝、坦桑尼亚、孟加拉等15个国家设立驻外代表处，并为全球40多个国家和地区的建设项目提供专业化服务，完成的项目均获得所在国家和地区业主的广泛认可与好评。

落实国机集团“再造一个海外新国机”发展目标，深化企业管理，有效防控经营风险，拼搏进取，勇于开拓，经营工作逆势而上，全面超额完成了国机集团年度考核任务目标。截至2016年12月31日，职工人数447人，平均年龄40岁。

【主要指标】

截至2016年底，资产总额66.30亿元，同比增长22%；净资产17.26亿元，同比增长20%。全年实现营业收入25.94亿元，同比增长61%；实现利润总额3.18亿元，同比增长9%；技术开发投入3 289万元，同比增长38%；利税总额33 218万元，同比降低6%；经济增加值（EVA）14 547万元，同比增长30%；全员劳动生产率84万元/（人·年），同比降低13%；净资产收益率16%，同比降低2个百分点；总资产报酬率7%，与上年持平；国有资本保值增值率124%，同比降低2个百分点。中国重机2016年主要经济指标见表1。

表1 中国重机2016年主要经济指标

指标名称	2015年	2016年	同比增长（%）
资产总额（万元）	544 783	663 012	22
净资产（万元）	144 156	172 601	20
营业收入（万元）	160 695	259 379	61
利润总额（万元）	29 023	31 752	9
技术开发投入（万元）	2 378	3 289	38
利税总额（万元）	35 481	33 218	-6
EVA值（万元）	11 182	14 547	30
全员劳动生产率〔万元/（人·年）〕	97	84	-13
净资产收益率（%）	18	16	减少2个百分点
总资产报酬率（%）	7	7	—
国有资本保值增值率（%）	126	124	减少2个百分点

【重大决策】

召开董事会定期现场会议4次，非现场会议2次，形成董事会决议20项。决议事项包括：章程修改、干部聘任、规章制度、财务预决算及经营计划、银行融资授信、股权收购、海外分公司设立和其他等8类。

1. 修改公司章程 12月29日，中国重机第二届董事会第九次会议决定：对中国重机章程相关条款进行修改，将中央企业党建工作要求纳入公司章程。

2. 任免总经理 11月4日，中国重机第二届董事会第八次会议审议决定：聘任肖平为中国重机总经理，免去陆文俊中国重机总经理职务。

3. 设立海外分公司 中国重机董事会分别于5月和9月，以书面签署意见方式形成决议，同意在巴基斯坦设立中国重型机械有限公司巴基斯坦分公司和“CHMC-Potential JV”联合体公司。

4. 修订规章制度 12月29日，中国重机第二届董事会第九次会议审定：同意对公司职工薪酬相关制度进行修订。

【改革改制】

1. 积极配合国机重装资源整合工作 按照国务院国资委、国机集团对中国二重扭亏脱困、改革振兴发展的要求，4月，国机集团正式启动由中国二重、中国重机和中国重型院参与的重型装备资源整合工作，搭建国机重装平台，形成“科工贸”一体化的重型装备研发与制造板块，打造代表国家高端装备制造水平、具有国际竞争力的重型装备制造一流企业，力争3年实现恢复上市。中国重机按照集团部署，建立组织机构，成立工作组并下设4个专项工作小组。各相关职能部门积极配合有关中介机构的尽职调查和现场审核工作，全力提供所需各项材料，积极协助推进国机重装板块的资源整合工作。

2. 积极推进所属子公司改革工作 将所属北京海麦克贸易有限公司改造为海外工程管理公司，通过完善企业法人治理结构，增加注册资本金，拓展经营范围，充实人员队伍，使海麦克依托总部平台，立足海外工程，开展项目管理，推进海外工程承包业务的发展。

3. 收购北京佳德建设监理公司股权 经与中国通用机械工程有限公司协商并达成协议，收购其持有的北京佳德建设监理公司 30% 股权，使北京佳德建设监理公司成为中国重机的全资子公司。

【重大项目】

柬埔寨达岱水电站 BOT 项目：柬埔寨达岱水电有限公司与湖北清江水电开发有限责任公司签订第二期委托运营维护管理合同，保持运营管理团队稳定，确保电站运营管理高效；同时加强生产组织管理，制订周密工作方案，优化机组运行方式，科学安排启停机顺序，提高机组运行效率；并加强与业主沟通，最大限度地争取发电指标，全力确保发电收入及时回收。提前 2 个月完成三联国投董事会下达的发电任务，并超额完成全年发电目标，超出电站设计发电能力，全年实现售电收入 5.12 亿元，实现利润 2.57 亿元。

【市场开拓】

加大市场开发力度，围绕“一带一路”建设，关注国家“两优”资金投向，积极开拓传统市场，跟踪新市场，不断调整优化布局，实现新签合同额 24.68 亿美元。

1. 老挝市场发展迅猛 3 月 17 日，与老挝国家电力公司签订色贡煤电一体化项目 EPC 总承包合同，合同金额 21.11 亿美元，创老挝市场单个 EPC 承包工程金额新高，创中国重机海外签署的单个项目金额新高纪录。自 2013 年进入老挝市场以来，加强在能源基础设施建设领域的开发力度，取得显著成效，截至 2016 年底，累计实现合同签约额 34.14 亿美元，老挝已成为中国重机体量最大的一个海外市场。

2. 柬埔寨市场滚动发展 利用在柬埔寨市场的品牌优势，深度开发柬埔寨电力市场。3 月 30 日，与柬埔寨国家电力公司签订柬埔寨农村电网扩建五、六期工程 EPC 总承包合同，合同金额 9 998 万美元。10 月 13 日，在习近平主席与洪森首相的共同见证下，与柬埔寨国家电力公司签署柬埔寨国家电网 230kV 输变电二期项目（东部环网第一部分）EPC 总承包合同，合同金额 1.23 亿美元。截至 2016 年底，中国重机在柬埔寨市场承担建设了 8 个输变电项目。

3. 巴基斯坦市场取得突破 中标巴基斯坦 500kV 同塔双回线路工程，并于 6 月 3 日，与巴基斯坦国家输配电有限公司签订该项目的 EPC 总承包合同，合同金额 6 025 万美元。该项目是巴基斯坦电力骨干网络的重要组成部分，工程建设范围包括 135km 500kV 同塔双回线路，实现了中国重机在巴基斯坦输变电项目施工领域零的突破。

4. 孟加拉市场持续签约 完成孟加拉 AMAN 一号线项目的内容变更，变更后合同总额 3 366.4 万美元。新签订孟加拉 AMAN 立磨二号线 EP 承包合同，该项目为建设 1 条台时产量分别为 175t 矿渣 /240t 水泥立磨粉磨站，合同金额 1 220 万美元。实现在孟加拉多年连续签约。

5. 国内市场保持稳定 参与由亚洲银行提供贷款的云桂铁路云南段设备采购项目的国际招标，中标牵引变压器和自耦变压器 2 个包合同金额 8 587 万元。参与世界银行贷款项目，分别中标哈佳铁路牵引变压器和呼张铁路自耦变压器项目，合同金额总计 7 790 万元。全年实现铁路项目签约 1.6 亿元。

参与德国贷款甘肃武威集中供热项目投标，中标第 3 包设备供货合同，合同金额 539 万欧元，折合 4 036 万元。

6. 项目生效工作取得进展 老挝南俄 4 水电站项目，相继取得可行性研究报告批准证书和环评报告批准证书。9 月 8 日，在国务院总理李克强与老挝总理通伦·西苏里的共同见证下，该项目贷款协议正式签署，合同正式生效。

柬埔寨农网扩建五、六期项目于3月30日签约，10月13日，签署项目贷款协议，实现当年签约当年生效。

老挝沙拉湾—色贡500kV输变电项目，纳入中国进出口银行向老挝国家电力公司提供的50亿美元商业贷款额度中。5月3日，在国家主席习近平和老挝新任国家主席本扬的见证下，中国进出口银行与老挝财政部签署该项目贷款协议。

老挝色贡煤电一体化项目，拟使用中国进出口银行商业贷款建设，已被老挝列入向中方申请的“一带一路”项目清单中。

【管理经验】

1. 加强战略管理 完成2015年战略执行情况评估，为新一轮总体战略制定进行充分准备。完成对国家“一带一路”建设政策的分析，对相关专题报告进行研究解读，以及宣传贯彻工作。

2. 增强资产财务管控力度 提升财务管理水平，通过前移财务管理职能，把握业务风险，推进从核算会计型向管理会计型的转变，构建面向经营和战略的财务管理体系。持续加强资金管理，以公司运营资金为核心，周密安排资金计划，保证资金平稳运行，同时加强对存货、应收账款和带息负债等资金的管理，提高资金运营效率。加强全面预算管理，通过强化成本费用预算控制、开展降低“两金”工作提高资产质量。及时调整预算执行偏差，强化预算执行管控力度。继续强化税务管理工作，严格执行国家有关税务法规，获2016年出口退（免）税一类企业和无纸化退税企业评级，并继续保持北京市纳税A级企业资格。

3. 提升人力资源管理水平 调整组织机构，进一步明确各职能部门职能，改进绩效考核工作。加快队伍建设，全年招聘40人。完善人才培训模式，采用线上课程和线下培训相结合，外聘讲师和内训讲师相结合的方式，丰富培训模式，注重培训质量，全年开展41项培训，参训学员共计953人次。深化干部管理工作，完成中层及以上管理人员干部人事档案专项审核工作。

4. 强化经营管理工作 优化管理职责，理顺工作关系，提高管理效能。做好日常管理工作，按月编制公司经营动态，及时完成经营资质申报和年审，及时为项目办理核准许可或变更延期，有力地支持了公司项目开发生效工作。加强项目评审，做好合同管理。加强项目管理工作，每月进行项目执行进度和费用统计分析，每季度编制项目季度报告。深入开展“三标体系”运行的跟踪和检查，做好内审和管理评审工作，并一次性通过外审。

5. 加强全面风险管理 依据“国机集团重点风险评估表”，开展风险评估，编制2016年度全面风险管理报告和项目执行风险管理解决方案，建立柬埔寨西南环网项目风险事件库。

6. 加强法律服务工作 做好合同评审中法律风险的审查，积极应对债权债务纠纷，维护公司利益。加强对项目所在国的法律研究，做好法律宣传贯彻工作。

7. 加强安全生产工作 全面落实安全责任，通过制度建设，加强安全生产管理。制定年度安全生产工作计划，每季度定期召开安全生产办公室例会和专题会，制定重大危险源监督管理暂行办法和安全生产事故隐患排查治理暂行办法。强化对施工现场的安全监测，每月跟踪抽查，每季度进行统计分析，对老挝230kV输变电线路、塔吉克冰晶石、硫酸工厂等项目的高危环节进行重点跟踪，开展现场演练。认真组织“安全生产活动月”系列活动，系统开展安全培训。全年没有安全生产事故，连续10年获得国机集团安全生产A级企业。

【信息化建设】

推进项目管理信息系统建设，成功实现工程项目管理系统上线。该管理系统包含19个模块、234个功能菜单、90个业务流程，可实现信息共享，监控项目执行中各个环节。完善OA系统，对OA办公系统进行全面升级，尽力满足业务拓展、人员增加、组织机构调整和加强对子公司管理等的需求。

【企业文化建设】

加强中国重机品牌建设，提升企业知名度，参加中国对外承包工程商会举办的“美丽海外中国——‘一带一路’影像志”征集活动，获得“最美中国微笑”“最具人气奖”2个奖项。着力打造执行力文化，积极开展相关系列活动。多角度进行宣传，利用培训、征文等丰富的形式，从思想、能力、行动等方面提升中层管理的人员的执行力，并达到带动基层员工执行力提高的目的。

【党建工作】

1. 深入开展“两学一做”学习教育 中国重机党委根据中央和国机集团党委部署，认真开展“两学一做”学习教育，通过制定详细的工作安排、成立学习教育工作组、召开动员部署大会、开展党支部干部培训等方式，确保学习教育各项工作扎实开展。

学习贯彻中央重要会议精神。中国重机党委高度重视贯彻落实党的十八届六中全会精神和全国国有企业党的建设工作会议精神，组织党委理论学习中心组集体学习《关于<关于新形势下党内政治生活的若干准则>和<中国共产党党内监督条例>的说明》《关于新形势下党内政治生活的若干准则》《中国共产党党内监督条例》以及习近平总书记在全国国有企业党建工作会议上的重要讲话精神。要求党员领导干部从自身做起，以身作则，率先垂范，以上率下，认真落实党委主体责任，把加强和规范党内政治生活、加强党内监督的各项任务落到实处。同时，使党员领导干部深化对国有企业重要地位的认识，深化对国有企业党的建设重大意义和目标任务的认识，增强全面加强公司党的建设，把党要管党、从严治党落到实处的责任感。

加强领导班子建设。党委坚持把思想建设放在首位，注重把学习教育与贯彻落实全面从严治党结合起来。一是抓好党委理论学习中心组集体学习，全年进行6次集体学习；二是坚持开好党员领导干部民主生活会，广泛听取党员和职工群众的意见，认真开展党性分析，查找存在的突出问题，开展批评和自我批评，明确改进措施；三是认真落实联系群众工作制度，坚持定期召开中层管理人员会议和全体职工大会，并深入一线开展调查研究。

加强支部建设。通过召开党建工作推进会、抓好党支部干部培训、加强监督指导等方式，强化支部班子建设。通过抓好3个专题的学习讨论，组织党员参加“学党章党规”知识竞赛，开展支部主题创建活动，着力打好“学”这个基础。同时，做好年度民主评议工作，发挥党支部在“两学一做”学习教育中的主体作用。

深入开展党员教育。通过开展“承诺践诺”活动、进行“一先两优”表彰等创先争优活动，以及“向身边的先进学习，做合格党员”主题活动，着力抓好“做”这个关键，增强广大党员党的意识、党员意识，坚定理想信念，激励广大党员立足岗位，在工作中发挥先锋模范作用。认真做好组织关系排查工作和党费收缴专项工作。

2. 加强宣传思想工作和群众工作 一是加强宣传教育工作，党委订购《习近平谈治国理政》《全面小康热点面对面》《中国共产党历史》《人民日报》《半月谈》《求是》《支部生活》等书刊供支部、党员和广大职工进行经常性学习。利用中国重机报、内网、外网和大屏幕等宣传载体，围绕中心工作开展宣传教育工作；二是加强思想政治工作，党委坚持以人为本的原则，注重对广大职工的心理疏导，坚持“三必谈、三必访”制度，帮助职工解决遇到的实际问题。

强化民主管理。党委坚持以职工代表大会为基本形式的民主管理制度。召开职代会学习讨论董事长陆文俊在上年度工作总结暨表彰大会上作的工作报告，并对新修订的职工薪酬管理办法、绩效考核管理办法、奖金分配管理办法等与职工利益密切相关的管理制度进行审议。

认真做好群众工作。增强中国重机员工的凝聚力，营造团结和谐的氛围。一是支持工会组织开展丰富多彩的职工文化生活。春节前夕组织全体职工观看“嘻哈新锐相声晚会”；“三八”节，组织女职工到北京珐琅厂和798艺术区参观；“六一”节前夕，开展“欢乐一家亲”永定河休闲森林公园周末踏青活动；组织参加国机集团“和谐杯”第四届乒乓球、羽毛球大赛；组织职工参加玉渊潭健走活动；举办“职业女性形象魅力提升讲座”；继续组织开展篮球、乒乓球、瑜伽兴趣小组的活动。支持工会继续办好蔬菜基地。二是扎实开展“送温暖”活动。党委组织探望生病住院的员工，慰问过节不能回家的员工家属，并送上慰问信和公司精心准备的慰问品。继续开展为职工过生日活动，为员工送上庆贺的蛋糕和贺卡。三是重视青年工作。指导团委组织青年员工到中关村国家自主创新示范区和创业大街参观学习。关心青年员工个人问题，积极组织青年员工参加国机集团团委发起的“机缘相约，青春相伴”国机集团在京企业青年联谊活动。注重青年员工综合素质提升，开展青年员工培训和户外拓展活动。积极组织参加国机集团团委举办的“践行丹棱精神，我与国机共进”征文活动，引导青年员工立足岗位，奋发有为。

做好离退休职工工作。坚持组织好老干部活动。组织离退休职工新春茶话会，组织离休干部到怀柔雁西湖疗养，到房山东湖港秋游，组织离退休职工做好年度体检等。坚持病情通报制度，到医院看望生病住院的离退休职工，为年满70岁和80岁的离退休职工过生日。走访慰问老党员和生活困难党员。按照集团党委要求，党委组织元旦春节期间和七一前夕探望、慰问老党员和生活困难党员，发放慰问金和慰问品。

3. 加强干部管理工作 做好干部人事档案专项审核工作，完善公司领导人事档案，完成所有中层管理人员人事档案的专项审核和材料补充工作。完成“一报告两评议”工作，对2015年度选人用人工作和新选拔任用干部进行民主评议和任用监督。完成领导干部报告个人有关事项工作。

4. 持续开展反腐倡廉建设工作 落实党委在党风廉政建设中的主体责任和纪委在反腐倡廉工作中的监督责任。充分利用中国重机报、内网和“中国重机反腐倡廉宣传教育专栏”，深入开展反腐倡廉宣传教育。落实党风廉政建设责任制，公司党委与领导班子成员签订“党风建设和反腐倡廉工作责任书”，在公司与各部门负责人签订的“工作目标责任书”中，明确党风建设和反腐倡廉工作责任。认真落实中央“八项规定”，扎实做好监督检查工作。

【社会责任】

开展“国机爱心日”捐献“一日工资”活动，广大职工自愿捐款42 947元汇至国机集团“爱心基金”。积极融入当地社会，开展社区公益活动，公司所属柬埔寨达岱水电有限公司与柬埔寨能矿部进行合作，接待柬埔寨科技大学的6位教授和90名学生到达岱水电站进行参观学习。

中国通用机械工程有限公司

【基本概况】

中国通用机械工程有限公司（以下简称中通公司）成立于1979年，原名中国通用机械技术设计成套公司，是原机械工业部直属专业公司之一。1991年整合为中国通用机械工程总公司，2012年公司改制，名称变更为中国通用机械工程有限公司。注册资本1.83亿元。公司是集工程承包、设备集成、技术服务和进出口贸易为一体的专业工程公司。主业为工程承包、设备集成、技术服务、进出口贸易等。主要在环保节能（城市污水治理、工业废水治理、湖泊水体治理、垃圾处理、粉尘处理、管网节能等）、市政基础设施建设(城市供水、城市电网改造、城市热力等)、城市轨道交通（地铁和轻轨交通）、清洁能源（火电、水电、核电辅机，太阳能发电、风力发电，输变电工程等）以及其他领域（石油、化工、医药、轻纺、建材、冶金、机械、农林、地矿、冷冻空调、给排水、流体输送、节能、节水等）承揽项目。

公司现有员工169人，专业技术人员144人。

【主要指标】

2016年，中通公司处于业务转型升级阶段，虽投入大量人力、物力，受全球经济增速放缓的影响，实现全年营业收入17 771万元，比上年减少25 149万元；利润总额-4 303万元，净利润当年实现-4 172万元，其中归属母公司净利润-4 176万元。资产总额年末余额82 577万元，比年初减少15 333万元，其中货币资金减少9 348万元，应收账款减少13 068万元，存货减少1 128万元；负债总额年末余额79 459万元，比年初减少11 429万元，其中短期借款减少4 970万元，应付账款减少28 649万元。本年度公司营业收入较上年较大降低，年末继续亏损，原因主要是收入确认方式的变化，2017年公司按合肥通用机械研究院（以下简称合肥通用院）要求，项目收入的确认由原来按计划进度改变为实际进度，所以在手执行项目收款拖期的情况较为严重，致使当期可确认的收入减少幅度较大。中通公司2016年主要经济指标详见表1。

表1 中通公司2016年主要经济指标

项 目	2015年	2016年	同比增长（%）
资产总额（万元）	97 910	82 577	−15.66
净资产（万元）	7 022	3 118	−55.60
营业收入（万元）	42 920	17 771	−58.60
利润总额（万元）	−2 035	−4 303	−111.45
利税总额（万元）	−1 826	−3 976	−117.74
全员劳动生产率〔万元／（人·年）〕	−8.04	−15.81	−7.77
净资产收益率（%）	1.96	−89.66	减少91.62个百分点
总资产报酬率（%）	−1.37	−4.18	减少2.81个百分点
国有资产保值增值率（%）	76.62	40.17	减少36.45个百分点

【重大决策】

管理方面：进行职能部门调整。一是新设科研管理部，增加公司业务增长点。二是调整董事会办公室为董事会管理办公室，增设二级企业管理及审计职能。三是新设第四工程事业部，打造学习及专业型团队，负责公司农村污水治理（含水厂及河流区域治理）项目。四是新设第六工程事业部，与合肥通用机械研究院配合，负责检验检测项目。

经营方面：为承揽北京农村治污项目，经合肥通用院与国机集团批准同意，成立“中通环境有限公司”。以“中通环境”为平台，公司大力开展北京市农村污水治理业务，项目进展顺利。

【重组推进】

2016 年 1 月 22 日，在中通公司多功能厅召开合肥通用院与中通公司重组推进会。为保证重组工作的顺利开展，中通公司积极配合合肥通用院完成重组尽职调查及资产清查摸底等工作。

【科技投入】

2016 年度重大科技计划项目“北京市重点区域农村污水治理关键技术与装备集成示范和推广应用”实施方案通过北京市科学技术委员会重大项目立项审查。

中通公司经北京市政府授权作为北京市农村污水治理试点项目 PPP 特许经营实施单位，结合北京市科学技术委员会重点科技计划研究项目，进一步通过技术和工程项目的有机结合，形成可复制、可推广的经验，为北京市乃至全国扎实有效地推进农村污水处理设施建设管理提供政策支撑和技术保障体系。

11 月，在全国机械工业科技大会暨 2016 年度中国机械工业科学技术奖颁奖大会上，依托广州东濠涌水质净化工程，中通公司完成的“城市河道景观水体修复技术研究及工程应用”项目，荣获中国机械工业科学技术二等奖。

中通公司作为总包和运营商承揽的东濠涌水质净化工程，是广州治理环境、改善民生的重点工程。项目建设采用先进的截污治污、调水补水、综合生物处理、除臭、生态修复等集成技术，实现除臭、消毒、灭菌、降噪、达标排放等环境整治目标。

【市场开拓】

围绕“业务转型升级”发展战略，狠抓市场开拓，使正在跟踪的项目及早签约落地。一是在国内市场方面：努力探索新的业务模式，继续强化特色优势，努力打造“中通环境”发展平台，发现环保节能领域市场热点，探索掌握市场需要的新技术、新工艺，形成长期发展动力，挖掘、创立出新型并且行之有效的经营模式。如：北京农村治污项目通州区试点工程。二是在国外市场方面：采取积极走出去战略，选择性地对重点地区重点项目实施重点突破。加强与项目业主的联系，建立良好的业务关系，加强与中信保、中国驻外经商处，以及各大商业银行和进出口银行的业务联系，争取各方支持，尽快完成海外工程承包合同签约生效，形成区域市场爆发式发展。如：正在重点跟踪的瓦努阿图油棕产业化项目、坦桑尼亚水电站、巴基斯坦旁遮普省 PSPC 公司旁遮普地区供水项目、巴基斯坦默蒂亚里－拉合尔直流输电项目等。

【质量管理】

严格按照“三标一体化”管理体系进行项目管理，通过持续滚动式内审和集中式内审、管理评审，推进管理体系持续改进，保证项目质量管理工作的规范有效运行。

3—7 月，开展质量、环境和职业健康管理体系运行情况内部审核。内审工作采取滚动式和集中式相结合的方式进行。8 月 17—19 日，接受中国船级社质量认证公司的年度监督审核，中国船级社质量认证公司分别对 3 个工程部门 6 个职能部门进行审核。本次审核未发现不符合项，顺利通过外审。

【管理经验】

1. 经营管理方面 进行规章制度汇编，以适应公司经营发展的需要。加强职能部门在项目管理中的评审、审批功能，以期规避项目的经营风险。

2. 人力资源方面 根据市场发展趋势和公司经营发展需求，采取送出去、请进来、网络培训、现场实践等方式，分别对中层以上干部、项目经理、一般员工有针对性地进行市场开拓、项目管理、专业技能的培训。组织员工培训 233 人次。完善人才选拔、引进、考核、激励机制，修订完成人力资源管理规章制度。根据业务发展需要，做好人力资源规划，适时采取社会招聘和接收高校毕业生等方式，配置相关专业人员，以满足公司人力资源需求。

3.全面预算管理方面 在预算编制工作中，为使预算数据符合实际经营管理情况，更好地发挥预算管理对公司经营工作的指导作用，有效控制风险，按照集团公司对预算编制的具体要求及相关制度规定，编制完成2016年预算并上报国机集团。在预算执行工作中，为加强内部预算控制，全面实施年度公司总费用预算、部门可控费预算、工程项目预算，并通过签订目标责任书的方式，将预算指标分解下达到部门，确保预算指标落地。同时，加强预算执行情况的分析检查，每季度在公司经营会议上向各部门通报完成情况数据，年底对预算指标完成情况进行考核，并与个人奖金挂钩，确保公司总费用、部门可控费用控制在预算范围之内。

【信息化工作】

围绕信息化建设工作目标，做好综合信息管理系统的运行维护工作，保证中通公司各项业务流程的顺畅流转。完成信息管理系统升级方案的起草工作;完成办公区无线覆盖方案的起草工作。加强信息化安全工作，强化网络行为管理及监控，以提升信息系统安全运行水平和重要信息安全保密能力，为保证公司各项工作的信息化可靠运行提供技术支持及安全保障。

【企业文化】

围绕践行“丹棱精神”，在中通公司中形成坚定信心、攻坚克难、敢于担当、事在人为的向上势头。从经营发展大局出发，以“踏实地、转观念、稳经营、造精品”理念，着力加强企业文化建设，着力构建具有拼搏、不畏艰难、迎难而上的企业文化氛围，在广大员工队伍中树立起不畏艰难、务实行动、争取胜利的精神。

2016年4月，组织员工参与到“践行丹棱精神 我与国机共进”，征文活动中，进一步引导团员青年认真思考和深刻理解集团发展战略，积极践行“丹棱精神”，充分展示青年风采，在集团“二次创业”征程中发挥主力军和突击队作用。工会积极开展各种形式的文体活动，丰富员工生活。同时，联合社区积极参与、支持开展多项共建活动，得到街道、社区的充分认可，为企业赢得多方赞誉;团委积极组织员工参加各类培训、比赛、参观等活动，以“五四”青年节为契机，开展“点燃读书激情·践行核心价值观·争做向上向善好青年”主题读书月活动，呼吁公司青年做到勤于思考，学以致用，把学习的体会和成果转化为谋划工作的思路、促进工作的举措。

【党建工作】

中通公司党委根据中组部与国机集团党委的要求，全面深入开展“两学一做”学习教育实践活动。公司党委高度重视此次活动，集中召开中通公司“两学一做”学习教育动员部署会，并印发《中国通用机械工程有限公司开展“学党章党规、学系列讲话，做合格党员”学习教育实施方案》，对公司领导、党支部、党员提出具体要求。为广泛推进学习教育进程，以板报、内网等形式，集中加大宣传力度。

各党支部围绕“学系列讲话，增强政治意识、看齐意识”“干事创业守规矩，共筑国机新辉煌”主题，开展专题学习讨论，提出做合格党员的具体要求。公司聘请北京市委党校教授为公司党员作辅导报告。

2016年6月，中通公司党委组织开展党的十九大代表选举工作，并在10月完成了西城区人大代表推荐提名及选举投票工作。

【法制建设】

落实国资委、国机集团关于企业法律工作的要求，防范法律风险，围绕国资委新“三年法制工作目标”，实现了合同评审、重要决策和规章制度的法律审查率100%。积极开展普法宣传工作，主动拿起诉讼武器，通过诉讼挽回经济损失约800万元。

【社会责任】

履行央企社会责任，秉承“报效国家，回报股东，惠及员工”企业宗旨，在创造经济效益的同时，取得良好的社会效益。如：公司与北京市政府在水务领域的协作中，中通公司积极参与农村污水处理工程项目，为改善北京的水环境，建设美丽新北京贡献了力量。

中通公司团委继续坚持有计划、有方案、可持续地组织中国盲文图书馆志愿服务活动，2016年，志愿助残服务团队累计志愿服务时间为330余小时，进一步提高了青年服务奉献意识，树立起了国机青年新形象。

中国自动化控制系统总公司

【基本概况】

中国自动化控制系统总公司（以下简称中国自控）成立于1981年，隶属于国机集团，是集科、工、贸、金于一体的国有独资公司。自成立以来，凭借雄厚的技术研发实力、丰富的工程实践和项目管理经验，完成国内外各种项目数千项，与80多个国家和地区建立工程项目和贸易往来。曾荣获国务院重大项目管理办公室颁发的国家技术装备研制成果特等奖、突出贡献奖等。

中国自控不仅从事国内外电力、石化、冶金、轻纺、建材、交通、矿山、市政等传统行业工程建设，还涉足节能环保、新能源信息化等新兴领域的开发建设。主要业务包括：工业自动化、建筑智能化、计算机管理系统集成及输变电工程，机电产品的研发、制造和销售，工程项目的设计、咨询服务、软件开发、设备成套、施工、安装调试、投运、运维服务等，具有相关行业的工程总承包能力。

中国自控秉承“诚信、和谐、创新、发展”企业文化理念和核心价值观，致力于为全球多门类工程领域客户提供全方位优质服务，实现公司、战略伙伴及社会各界多赢互利和持续发展。

【主要指标】

累计实现营业收入4.95亿元，利润总额1 342.26万元。资产总额同比增长36.44%，利润总额同比增长122.60%，EVA值同比下降483.28万元，全员劳动生产率同比增长258.13%，净资产收益率同比增加88.41个百分点，总资产报酬率同比下降15.38个百分点，国有资产保值增值率同比增加3.35个百分点。中国自控2016年主要经济指标见表1。

表1 中国自控2016年主要经济指标

项 目	2015年	2016年	同比增长（%）
资产总额（万元）	74 538.88	101 700.43	36.44
净资产（万元）	22 535.98	22 452.00	-0.37
营业收入（万元）	85 616.22	49 533.05	-42.15
利润总额（万元）	602.99	1 342.26	122.60
技术开发投入（万元）	165.84	259.22	56.31
利税总额（万元）	2 200.96	3 145.81	42.93
EVA值（万元）	-278.60	-761.88	减额483.28

（续）

项　目	2015 年	2016 年	同比增长（%）
全员劳动生产率〔万元 /（人·年）〕	-11.25	17.79	258.13%
净资产收益率（%）	1.64	3.09	增加 88.41 个百分点
总资产报酬率（%）	2.34	1.98	减少 15.38 个百分点
国有资产保值增值率（%）	99.11	102.43	增加 3.35 个百分点

【重大决策与重大项目】

1. 重大决策

（1）年初，公司本部开放职能部门所有岗位在全系统进行公开竞聘。通过开展职能部门全员岗位竞聘工作，加快了公司人事制度改革步伐，促进了人员合理配置。

（2）3 月，为完善公司审计、法律、投资管理、内控评价等工作，推动公司业务在新领域、新地域开拓市场，公司本部调整机构，成立审计法律部和市场开发部。

（3）出台《“十三五”发展规划》（2016—2020），确定公司今后五年发展目标、发展路径、配套措施及支持手段等内容。

（4）两家所属企业完成董事会换届工作，总公司研究推荐了新一任董事、监事及主要高管人选。

（5）8 月，经国机集团批准，中国自控对所属子公司中自控（陕西）工程有限公司（以下简称陕西公司）股权进行调整。中国自控对陕西公司由控股企业变成参股企业，同时，在陕西公司章程中加入“3 年不分红”、国有股份退出机制等内容。压减法人户数工作落实。

2. 重大项目

（1）中国自控本部与泰国绿洁能源科技有限公司签订 9.9MW 垃圾发电厂工程项目，合同金额 5 700 万美元，是公司本部首个生效的海外 EPC 项目。

（2）中国自控本部与海地政府签订的海地机场扩建项目，合同金额 2.89 亿美元。5 月，收到 4 300 万美元预付款，项目取得实质性进展。正在推动贷款协议的签订，积极推进项目生效。

（3）中国自控所属企业中国电缆工程有限公司（简称中缆公司）与 CMEC 公司签订刚果（布）利韦索水电站配套输变电项目，合同金额 1.57 亿人民币。6 月完成通电运行工作，项目进入最终验收的准备阶段。

（4）中缆公司与西门子公司签订的科威特清洁能源项目，合同金额 8 500 万美元。截至 2016 年 12 月 31 日，项目基本竣工，完成 84.35% 的收款目标。

【市场开拓】

1. 基本情况

（1）传统领域深耕细作，增长动力持续加强。公司本部全年新签合同额 5.65 亿元，项目利润水平和技术含量均逐步提高。从业务收入看，工程承包类项目比重大幅提升，贸易类项目比重有所下降。

中缆公司开拓中亚等新市场，深挖非洲、南美、南亚中东等原有市场潜力。在面临成本增加的情况下，保持每年利润水平在 800 万元以上。

中国自控所属企业中自控自动化技术有限公司（简称技术公司）全年实现营业收入 8 000 多万元，实现利润 500 多万元，持续保持增长态势。新签合同额超过 1 亿元，其中核心业务占比 70% 以上，同比增长 31.2%，合同质量进一步提高。

（2）推进业务协同，开拓能力持续提高。在友好维护已有客户的前提下，积极开拓新的合作伙伴。在大客户开拓方面取得新进展：中标鲁能集团两项弱电智能化工程及大唐集团托克托电厂项目，为今后双方的长期合作打下坚实基础。

在开拓新业务领域的同时，重视集团兄弟企业之间的内部合作。除继续巩固与CMEC、中国电工、中国中元等合作外，与中工国际、中国联合、苏美达、中国浦发等集团内部兄弟企业加强联络与沟通，谋求优势互补，争取更多合作机会。

（3）研判形势、积极创新，培育新动能。尝试在风电、太阳能发电等新能源领域开展项目承揽新模式，积极探索以EPC、PPP方式推进工程承包业务开展。中国自控本部与歌美飒（天津）有限公司全面开展风机服务合作，迄今合作完成6个国内项目现场服务合同。项目组成员的出色表现赢得了后面参与泰国WAYU&SUBPLU风场的合作机会。这为公司与歌美飒拓展亚太风电市场奠定了坚实基础。技术公司以工业4.0、互联网+为契机，提出“智慧库区”“智慧安监”等构想并进行有益尝试，为公司的健康持续发展培育了新动能。

（4）夯实基础、加强激励，保障市场开拓。公司设立市场开拓基金，支持和鼓励业务部门持续深入开拓市场。

中国自控本部完成“建筑智能化设计与施工壹级资质”更换“电子与智能化工程专业承包一级”“建筑智能化系统设计专项甲级”资质的换证工作，同时取得“安防工程企业设计施工维护能力壹级”资质。

中缆公司通过北京海关“一般认证”企业评定，为各类海外市场物资高效、顺利通关打下坚实基础。

技术公司完成“ISO14000环境管理体系证书”“OHSAS18000职业健康安全管理体系证书”首次认证，并申请3项软件著作权，进一步增强竞争能力。

2. 国内市场 中国自控本部承建的“鲁能领秀城五区（G3地块）一期智能化工程”，项目总建筑面积约9万 m^2，共4个单体楼座、7个单元，包括智能化系统供货、安装调试工作。

中国自控本部承建的“海口西海岸新区南片区B3201地块建筑智能化工程”，总建筑面积10.67万 m^2，包括综合布线、楼宇自控等16项智能化系统供货、安装调试工作。

中国自控本部承建的“四川九寨沟－希尔顿酒店弱电智能化工程项目”，建筑面积约5.9m^2，426间客房，包括计算机网络系统、视频监控系统、楼宇自控系统等14项智能化系统供货、安装调试工作。

中国自控本部承建的“大唐托克托电厂2×600MW超临界机组输煤程控系统工程项目”，是满足北京地区安全用电的主力电厂之一，是国家“西部大开发”“西电东送”的重点工程。

中国自控本部承建的“简阳油库自控工程”，设计库容20万㎡，是中国石化销售系统最大的管道库。

中国自控本部承建的“内蒙古自治区利用亚行贷款环境改善二期项目——呼和浩特市供热管网及锅炉房改扩建工程”，总供热面积1 010万 m^2，涉及锅炉房及热力站的换热机组、水处理设备、除尘脱硫设备、电气设备和控制设备的供货、安装调试工作。

技术公司承建的“青岛海业摩科瑞油品罐区工程自控系统项目”，设计库容246万 m^3，含24座10万 m^3 浮顶储罐和3座2万 m^3 浮顶储罐。

技术公司承建的“潍坊港联化罐区工程自控、安防系统承包项目”，设计库容180万 m^3，含14座10万 m^3 浮顶储罐和8座5万 m^3 浮顶储罐。

3. 国外市场 中国自控本部与歌美飒（天津）有限公司签署泰国WAYU&SUBPLU6万kW风场服务合作协议，为泰国现场30台G114-2MW风机提供吊装、质检和调试服务；签订泰国TPI PP TG7项目“自控及视频监控系统”承包合同；与SOCIETE HYUNDAI PECOS-SA签订几内亚（50MW光伏）第一期12MW光伏发电项目合同，合同金额3 695万美元。

中缆公司为玻利维亚输电公司供应电力铁塔、绝缘子和线路金具等设备，累计合同额1 450万美元；在科威特市场供应和安装高压交联电缆及电缆附件设备，合同额300万美元；在日本市场供应光伏支架及组件设备，合同额200万美元。

【管理经验】

1. 持续管理提升，夯实基础管理 中国自控本部开展员工合理化建议活动，利用公司例会机制及时协调和解决问题。采纳执行30余条合理化建议，未采纳和需延期办理的均给予答复并在公司宣传栏进行公布。

中缆公司通过建章立制促进管理提升，出台《进出口业务及贸易安全管理办法》《外汇业务管理办法》《税务管理制度》《工程质量检验制度》等规定。

技术公司全面梳理公司管理制度，对其中不合理和操作性不强的内容进行修订，有效提高工作效率和内部协同能力。

2. 项目管理精细化，风险管控水平不断提高 中国自控本部修订《合同管理办法》《投标管理办法》等制度，优化"项目资金计划表"等表单，强化项目应收款和资金使用计划管理，提高项目风险管控及公司资金使用效率。定期召开市场开拓例会和经营工作会，及时了解和分析各部门市场开拓情况，分析经营工作得失，安排部署下一步工作。

中缆公司颁布《项目立项评审制度》《公司保函管理办法》《公司开展中信保业务暂行管理办法》《供方及分包方管理制度》《安全生产制度汇编》等制度，风险防控机制进一步完善。

技术公司根据业务需要，及时调整职能部门机构设置和人员分工，完善和修订相关项目管理制度，加强对应收账款和库存管理，修改绩效考核体系，不断提升工作效率，降低经营风险，进一步推进公司科学化管理水平。

【资产财务管理】

1. 风险管控工作加强 中国自控对重大风险类业务保持严控手段，对重点项目和重点案件会同财务、审法、经营人员实时跟踪和监控，规避盲目投标、盲目签约的风险。随着海外业务逐步起色，中国自控健全组织机制、强化制度建设、落实考核问责机制。梳理内部资金管理、全面风险管理及内部控制管理，并出台相应管理办法，加强风险管理控制。

2. 财务管理水平显著提高 中国自控在财务原有组织结构上，坚持总部管控定位，发挥统筹管理职能。同时，以财务管理职能建立的资金管理、会计核算、预算管理、内部控制、信息化建设五个专业小组，持续发挥专业骨干作用，多方面推动财务管理进一步完善。

（1）强化基础工作。通过资金计划控制资金流风险，达到业务需求和资金储备平衡。一是做好融资、理财预案，实现资金管理降本增效目标。同时，出台《中国自动化控制系统总公司内部资金管理办法》，严格把控资金用途、流向，实时把握公司经营状况。二是规范会计基础核算，提高会计信息质量。提高财务分析颗粒度，保持数据的一致性。三是优化信息化建设工作，提高财务信息处理效率。通过财金管控系统，实现资金支付审批、预算统计分析、合同管理功能和项目资金进程分析，完善整体流程，提高事项审批效率，控制整体风险。

（2）建立合格供应商审核机制。建立覆盖公司全部业务的合格供应商审核机制，通过财务数据反映各供应商的历史合作过程，重点加深与有良好合作背景的供应商合作，对于新合作供应商以及合作过程不畅通的供应商重点关注，更好地把控项目风险、避免损失。

（3）强化风险意识，推动内控管理工作。一是建立健全财务管理制度。制定并通过贯彻《中国自动化控制系统总公司全面风险管理办法》《中国自动化控制系统总公司内部控制管理办法》，达到公司上下一致、执行到位的管控效果。二是资产财务部参与项目评审，对重大风险类业务保持严控手段，尤其对重点项目和重点案件财务会同有关部门，实时跟踪和监控，将风险消灭在立项和投标评审环节，有效规避风险。

3. 加强制度建设，推动内控管理工作 重点防范风险、加强制度建设，分析主要业务模式和特点，梳理内控工作主要内容和流程，完成《内控管理办法》《内控评价暂行办法》《会计档案管理办法》《内部资金管理办法》《全面预算管理实施细则》等。中缆公司根据自身业务特点制定《外汇管理制度》《税务管理制度》《财金管控系统使用规定》《NC 系统运行管理办法》《应收账款清欠管理办法》等制度。

【党建工作】

全面落实从严治党要求 中国自控党委围绕公司改革发展的中心工作，认真组织“两学一做”专题教育活动。以解决思想问题入手，不折不扣地按照专题学习方案和专题学习计划，完成个人学习和集体研讨。中国自控党委以“加强基础党建 构筑常态纪检”为年度工作目标，从组织建设、制度建设、队伍建设等方面夯实公司党建工作基础。党委会定期听取党建工作汇报，对年度重点工作做到集体研讨、部署。完成全系统基层党组织换届改选工作，做到基层党支部班子配备完善，分工明确，支部工作有人管有人抓。为了巩固专题学习教育活动地成果，建立党建工作长效机制，中国自控党委制定“两个责任”制度、党组织责任清单、党费管理办法、惩防体系建设等相关制度，用制度规范党建工作。以轮岗、兼职方式促进党务干部和业务干部交叉任职。以党管干部的责任感和抓好干部思想的使命感，高度重视党务干部及党员的培训工作。积极参加国机集团党委书记、党务部门负责人和基层党支部书记集中培训。通过自主开展基层党务培训、党务工作会等方式，及时传达上级指示、部署党建工作安排。党务人员队伍建设初见成效。

【企业文化建设】

推动思想政治工作融入企业文化。以习近平总书记系列重要讲话和治国理政新理念新思想新战略武装头脑，大力弘扬爱国主义精神，宣传党的路线、方针、政策，围绕经营主线开展企业文化建设。坚持解放思想、更新观念，全面提高员工的整体素质，增强企业凝聚力和向心力。坚持以人为本、宣教结合，以先进理念引领文化发展，推动思想政治工作有效融入公司企业文化建设中。坚持核心价值观教育，树立正确的人生观、价值观、世界观，结合公司“诚信、和谐、创新、发展”文化理念，扎实推进企业文化建设，使公司文化软实力得到有效提升，为中国自控持续健康发展提供坚实的文化基础

【社会责任】

将社会责任融入企业管理中，重视员工职业健康和环境建设，建立相关管理制度。在人才制度管理方面，严格遵守《公司法》《劳动法》等国家法律法规，维护员工就业、薪酬、休假、社保等方面的合法权益。开展“国机爱心日”捐款、困难党员群众帮扶、学雷锋献爱心等活动，并针对贫困地区开展定点帮扶工作，承担社会责任，促进地区事业发展，为实现全面建成小康社会发挥积极作用。

中国国机重工集团有限公司

【基本情况】

2016年是中国国机重工集团有限公司（以下简称国机重工）“十三五”规划开局之年，也是适应新常态，全面落实“十三五”发展战略、推进改革调整、瘦身转型之年。面对复杂严峻的国内外环境和艰巨繁重的改革发展稳定任务，国机重工紧紧围绕中心工作，积极应对，攻坚克难，各方面工作取得明显成效，实现连续4年亏损后的扭亏为盈，实现“十三五”的良好开局。

【主要指标】

2016年，公司完成营业收入19.75亿元，实现利润总额1亿元，剔除常林股票收益，比上年减亏4.3亿元。EVA完成5 260万元，同比增长105%。国机重工2016年主要经经济指标见表1。

表1　国机重工2016年主要经经济指标

项目	2015年	2016年	同比增长（%）
资产总额（万元）	648 913	531 782	-18
净资产（万元）	189 697	116 720	-38
营业收入（万元）	211 016	197 473	-6
利润总额（万元）	-90 728	10 054	111
技术开发投入（万元）	8 441	6 658	-21
利税总额（万元）	-83 749	10 016	112
EVA值（万元）	-100 344	5 260	105
全员劳动生产率〔万元/（人·年）〕	-2.67	-3.74	-40
净资产收益率（%）	-39.98	6.44	增加64.42个百分点
总资产报酬率（%）	-11.07	4.37	增加15.44个百分点
国有资产保值增值率（%）	70.08	123.88	增加53.80个百分点

【经营情况】

各类主导产品实现销售4 177台，营业收入13.4亿元，同比分别增长19.1%、23.9%。业务结构调整取得新进展，工贸业务实现营业收入9.35亿元，同比增长16.8%，规模贡献度41%。

大力推进国际化经营，在行业主机出口大幅下降的大趋势下实现较强的逆势上扬势头，主导产品出口销量和收入分别比上年增长31.12%、11.4%。公司实现出口交货值1.69亿美元，同比增长23.4%。

【改革改制】

1. 常林股份资产重组完成　常林股份自2015年7月16日停牌，启动与苏美达资产重组工作，2016年9月22日，“常林股份重组资产置换及发行股份购买资产并募集配套资金暨关联交易事项”获得证监会无条件通过，11月22日，全面完成交割。常林股份重组是贯彻国机集团工作要求，实施国机重工顶层设计与战略引领的重大调整和改革举措，为国机重工长远发展奠定了坚实基础，对企业瘦身转型、创新发展具有十分深远的战略意义。

2. 瘦身健体工作深入推进 贯彻国机集团瘦身转型的总体工作要求，建立班子成员深入企业、调研问题、制订方案、解决困难，以及推进落实，并与考核挂钩的工作机制，推动洛阳公司、鼎盛重工2个重点单位的瘦身。

加大机制创新力度。常林公司和四川长起2家企业在内部全面实行事业部运行模式，划小核算单位，实行分灶吃饭、分兵突围、分块搞活，取得较为明显的成效。

结合国家有关供给侧改革要求，按照已确定的瘦身转型方案，对列入僵尸企业和特困企业的11家企业均逐一制订专项实施方案，并结合国资委有关僵尸企业和特困企业专项治理的要求，实施“一企一策”，加大瘦身健体力度。

根据国机集团关于“压减”专项工作的总体部署，制定《严控投资新设企业及压减管理层级、法人户数工作方案》，上报“压减”专项工作计划。根据工作方案，计划3年内减少存量法人企业10户。

解决历史遗留问题。全面完成天工院全民所有制企业的公司制改造工作；推进天津“三厂”的退出，卷扬机厂进入资产处置阶段，土地按程序挂牌，存货正在清盘。

【重大决策与项目情况】

公司完成投资12 019.03万元，其中固定资产投资9 646.53万元，长期股权投资2 372.5万元。

1. 固定资产投资方面 洛阳产业园项目固定资产投资由77 352万元调减至55 901万元，非路面行驶车辆双变传动系统及智能控制产业化项目完成验收。国机重工（西南）泸州产业园建设项目在企业经营资金异常紧张的情况下实现搬迁入住。

2. 长期股权投资方面 以再制造和二手机销售为占领后市场为切入点，由国机重工及所属部分企业出资，同时引入社会资本，成立国机重工（常州）机械再制造科技有限公司。为积极开展泸州市乡村污水处理项目，参股设立泸州市繁星环保发展有限公司。为充分利用上海自贸区政策，发挥国机重工集团（上海）国际贸易有限公司的平台作用，完成对其增资1 900万元。为搭建海外经营平台，完成国机重工（西非）公司的投资审批程序和商务部境外投资证书等国内手续。

【市场开拓】

3月31日，与中国机械设备工程股份有限公司（CMEC）在北京签订巴基斯坦塔尔煤矿项目大型液压挖掘机采购供货合同，合同金额超过1亿元。该合同于4月5日生效，截至2016年底，全部执行完毕。

重点培育转型业务。环保业务基于互联网+区域环境治理服务商定位，完成四川泸州乡村污水49个站点及2个乡镇污水处理厂示范工程的建设；启动泸州第二批乡村乡镇污水项目的推广实施，完成环境云平台管理系统的第一阶段开发及环卫系列产品的开发及公告，具备全面推广的条件。矿业业务、再制造公司积极探索转型发展之路，不断创新业务模式，初见成效。

围绕央企全覆盖目标，积极与大客户构建战略合作机制。分别与中核华泰、鞍钢建设集团、中交西筑、中煤科工集团南京设计院和中国林产品公司等15家企业签署战略合作协议，一批项目正在合作中。

坚持分步走、分阶段实施“再造海外新国机”的战略部署。不断加大海外营销网络建构力度。坚持市场前移、服务前移，在西非成立多哥子公司，在开拓市场的同时加大物权管控；在墨西哥成立办事处。同时，在东南亚、中亚等国的海外网络建设调研也在积极进行中。

发挥好国机重工总部和常林公司海外队伍的力量，做到资源共享、信息互通和人员互补，共同推进主导产品的海外市场的发展。积极在海外打造国机重工整体的市场影响力，充分发挥和利用非洲尼日尔全套工程机械设备采购项目的广告效应，组织“国机重工走向西非——成套设备批量出口大型巡展”，该项目荣获“2016年度中国工程机械十大营销事件”的“最佳产品推广奖”。

【科技管理与创新】

成立企业中央研究院，建立保障中央研究院开展工作的管理制度，明确每年提取各制造企业营业收入的1%作为科技开发基金，支持中央研究院用于战略性、前瞻性产品研发。首批GZ50高端装载机、新一代装载机关键技术研究和综合环境治理管理平台研究与开发等3个项目签订合同任务书，547万元的科技开发基金首批拨款到位，项目全面启动。通过推进基于中央研究院的二级研发体系建设，搭建创新平台，将为公司长远发展注入新的动力。

在全面完成主导产品国Ⅱ向国Ⅲ的切换工作的基础上，着力推动经典产品打造和产品核心竞争力的提升。组织编制主导产品核心竞争力提升方案，计划在“十三五”期间每个主导产品打造1～2款行业经典产品，同时不断拓展新产品领域，明确环卫装备发展方向，拓展了工业机器人等新产品领域。

加快科技进步。以重大项目引领科技进步，以天工院为主体向国家有关部门申报“北斗作业机械控制应用示范工程”“多功能救援属具及其与工程机械集成关键技术与应用研究”项目。积极争创中国机械工业集团科技奖，常林公司“大型液力变速器与湿式制动桥研发及产业化项目”获国机集团科技进步二等奖。

【管理经验】

1. 战略管理 1月，国机重工“十三五”发展规划发布。“十三五”期间国机重工将聚焦“瘦身转型、扭亏脱困，建成全新国机重工”总任务，通过“瘦身转型、固本强基”“发挥优势、创新发展”2个阶段的发展，聚焦工程装备研发制造、工程承包与贸易业务、服务业务三大领域，实施“瘦身转型、改革创新、科技引领、品牌提升、国际化”五大关键战略，构建“财务保障、人才支撑、质量升级、两化融合、风险管控”五大保障体系，实现2016年起利润总额不亏损，2018年起经营性扭亏，到2020年三大业务利润贡献率基本一致，主导产品至少2个达到国内领先水平，海外市场业务占比达30%以上，国机重工品牌成为国内一流品牌，同时对标行业领先企业实现分阶段追赶目标和社会责任目标。

同时，建立“十三五”发展规划体系，相关职能规划、业务子规划和专项工作方案陆续发布。

2. 安全生产 全面完成安全生产和节能减排各项目标。获国机集团考核安全生产A级、节能减排优秀。常林股份（现常林公司）装载机事业部“钳工三班”荣获“中国安全生产协会百强班组”称号，桥箱事业部“金工二班”班组长颜红军荣获“中国安全生产协会百强班组长称号”。

3. 节能减排 万元产值综合能耗0.038 1t标准煤，相比上年下降4.3%。万元营业收入综合能耗0.002t标准煤，与上年持平；二氧化硫排放量3.7t，较上年下降21.3%；COD排放量3.12t，较上年下降14.8%。

4. 提质增效 强化质量提升。继续在质量管理上做“加法”，坚持可靠性提升和外观质量提升两大核心目标，强化质量基础管理，完善数据统计，制订质量奖管理办法和评审细则，调整外观质量检查与评比办法，推动各企业提升产品实物质量。争创国机集团质量奖，常林公司955N装载机获国机集团产品质量奖。

抓降本增效。明确降本工作要求，全流程降成本，同时组织对部分企业的物资采购进行效能监察，对存在的问题在全集团予以通报。各生产制造企业和总部集采中心通过采购降本、设计降本和工艺降成本，累计实现降成本1 814万元；严格控制“三项费用”，成本费用占主营业务比重119.83%，较上年下降近5个百分点。期间，费用同比下降5 206万元。

5. 风险管理 深入推进"两金"的压降。截至 2016 年底，合并"两金"余额 25.18 亿元，较年初余额 28.74 亿元下降 3.5 亿元，降幅 12.18%，完成了国机集团下达的压降要求。

确保资金链安全。做好资金长短线平衡，多渠道、多措施筹措资金，实现资金的平衡，保持经营稳定，同时，多方争取支持，有效衔接常林重组过程中资金过桥，为成功重组创造了条件。

6. 品牌管理 品牌一体化工作得到实质性推进。修订品牌管理办法和 SINOMACH 产品认证办法（GZB 认证），统一实施品牌切换。11 月 22 日，国机重工"SINOMACH"品牌一体化发布会在上海举行，国机重工旗下常林、洛建、鼎盛、长江传统四大品牌统一以 SINOMACH 品牌正式对外亮相。通过实施品牌一体化，实现产品形象一体化、企业形象一体化、市场形象一体化及品牌宣传一体化，进一步促进品牌资源整合，强化品牌推广，形成品牌合力，提升了品牌价值，将有效增强 SINOMACH 品牌在工程机械行业的知名度和美誉度。

7. 人才建设 7 月，召开国机重工首次人才工作会，总结 5 年来人才工作的成绩与问题，对当前和"十三五"期间国机重工人才工作进行全面研究部署。在人才工作会之后，出台国机重工《关键人才管理办法》《青年英才管理办法》《"十三五"人才工作指导意见》等人才管理制度和专项方案，出台《"十三五"人力资源规划》，将大力推进"85X 工程"，建设好技术人才、经营管理人才、党群工作人才、营销人才和技能人才等 5 支队伍建设。

进一步发挥国机重工首席专家、首席技师在本专业领域的示范和引领以及传帮带的作用，成立国机重工首席专家、首席技师工作室，同时，按照董事长任洪斌提出的要求，制订天工院技术人才专项方案。

创新培训形式，在国机重工集团范围内开设 2 期网络学院虚拟班，培训 180 余人，涉及职能管理、生产、行政、党务等人员。

8. 信息化建设 开展协同办公平台换版升级，推动系统深化应用。增加移动办公应用 APP，实现移动化办公，与 PC 端相互配合，提升审批和阅办效率。推动财务系统与相关系统的集成开发，推广实施工作营销管理系统，开展信息系统安全等级自评工作，继续推动网站群建设工作，4 个站点被国机集团纳入第二批建设站点。

完成"两化融合"基础建设、单项应用、综合集成、集团管控等现状的分析和现存问题的研究分析，制定《国机重工 2017—2020 两化融合规划》。

【党建工作】

国机重工深入学习贯彻落实习近平总书记系列重要讲话精神，以扎实开展"两学一做"学习教育为主线，围绕企业年度核心任务，加强和改进党的建设，履行主体责任，为在困难时期保持企业和谐稳定的局面发挥了领导和政治核心作用。

1. 坚持从严从实，加强党的领导 国机重工党委紧紧围绕全面从严治党要求，深入学习贯彻中央精神和习近平总书记系列讲话精神，加强党员领导干部"四个意识"，增强党员领导干部的理论水平和党性修养。严格落实全国国有企业党建工作会议精神，及时对公司章程进行修订，将党建工作总体要求纳入企业章程。落实全面从严治党实施细则，并制定年度工作清单和工作计划，形成年初有计划、年中有检查、年末有考评的工作机制。坚持民主集中制，健全完善"三重一大"集体决策程序，促进民主决策、科学决策，把好企业改革方向。坚持"三会一课"、民主评议党员等制度，夯实支部工作基础，规范和严格组织生活制度。坚持党的建设同步谋划、党的组织及工作机构同步设置、党组织负责人及党务工作人员同步配备、党的工作同步开展的"四同步"原则，在机构、人员和薪酬等方面保证了党建工作的顺利开展。

2. 以学促做，深入开展“两学一做”学习教育 国机重工“两学一做”学习教育活动自2016年5月5日正式启动，各级党组织围绕“三坚三心担重任，创先争优促转型”活动主题，把学习教育与党建工作各项部署结合起来，以党员自学、专题学习讨论、党委书记讲党课、支部专题组织生活会、民主评议党员等形式，加强领导，精心组织，重点做实3个专题的学习讨论和开好3次会议等“规定动作”，取得积极成果。各级党组织和广大党员结合企业和工作实际，通过开展纪念建党95周年活动、“一先两优”表彰、重温入党誓词、主题党日活动、在线党规党纪知识答题、领导班子成员讲党课等活动，联系工作学、立足岗位做，形成上行下效、整体联动的效果，为企业发展奠定思想基础。

3. 围绕中心工作，服务经营管理工作大局 坚持领导班子成员基层联系点制度，加强党员领导干部与基层群众的联系，及时掌握基层职工思想动态和集团公司重点工作的推进情况，帮助基层企业协调解决相关问题。根据行业形势和企业发展现状，通过多种形式教育引导广大党员主动围绕经济发展新常态、国机重工“十三五”发展规划、扭亏脱困和年度重点工作，出主意、想办法，凝心聚力攻坚克难。

4. 落实党建工作重点任务，强化党建基础管理 开展党组织关系集中排查工作，清理党组织关系长期挂靠人员，规范组织关系接转手续。开展党费收缴工作专项检查，并研究制定党费收缴、使用和管理办法，着手开设党费专用账户，推动党费管理工作制度化、规范化。开展基层党组织按期换届的专项检查，加强基层组织建设，严格党员发展程序，重视党员发展。严格按照规定程序，完成国机集团党的十九大代表的推选工作，集团公司在京党员参与率100%。加强党务干部队伍建设，通过线上线下方式，开展40多名基层党群部门负责人及党支部书记的线下培训和2批次40余人专兼职党务工作者的线上网络培训，进一步提高基层党务工作者的理论水平和党务工作能力。

5. 坚持党管干部和人才，加强干部人才队伍建设 坚持“德才兼备、以德为先”的用人标准和“党管干部”原则，加强各企业领导班子和干部队伍建设，强化业绩导向和市场化选聘，年内先后组织完成常林公司、天工院（中央研究院）、鼎盛重工、国重常挖、长起公司等企业领导班子，以及总部部分中层干部的考核调整工作。加强所属企业领导班子思想建设和作风建设，弘扬“丹棱精神”，凝聚正能量。进一步加强对领导干部的监督，有效落实中央从严管理监督干部的工作要求。

6. 强化“两个责任”，推动廉政建设和反腐败工作 全面贯彻落实十八届中央历次全会精神、十八届中纪委历次全会精神及国机集团党建工作等会议精神，深入推进企业党风廉政建设和反腐败工作。召开国机重工首次党建工作会议，就贯彻国机集团反腐倡廉建设工作会议精神，加强基层组织建设，谋划年度党建工作作出专项部署，专题宣传贯彻全面从严治党实施细则和工作清单，为国机重工党委及所属企业党组织开展年度党建工作提供基本遵循。按照全面从严治党的要求和相关制度规定，将党委主体责任和“一岗双责”要求细化为工作措施和标准要求，认真执行，一抓到底。深入开展审计效能监察工作，为重大生产经营活动保驾护航。

7. 做好群众工作，促进企业和谐 深入落实维稳责任制，关注各类苗头性事件，合理引导、有序疏导，从源头和起步管控问题风险。各级党组织将思想政治工作阵地前移，建立健全职工舆情通道，畅通职工群众建言献策和批评监督渠道，及时了解职工所思所想。

继续规范群团管理，丰富群团活动，促进企业和谐。召开国机重工首届工会工作会议，开展劳动竞赛组织和企业集体合同规范运作的专题培训和交流。通过开展国机重工第二届职工乒羽赛、女职工“双比双争”活动、“践行核心价值观争做向上向善好青年”主题活动等，增进交流融合，凝聚团队正能量。

【企业文化】

国机重工加强企业文化建设，营造“共生”的和谐环境。

1. 新闻宣传 围绕国机重工瘦身健体等改革发展工作，积极开展宣传舆论引导。创新新闻报道形式，聚焦瘦身转型、拓展新兴业务、提升经营管理水平、扭亏脱困等集团公司中心工作，提升新闻宣传的针对性和有效性，加大在国机集团和行业内外的宣传力度。年内共发布新闻报道450余条，出版国机重工报12期15万字，在国机集团新闻报送中继续排名前列，集团公司微信公众号推送软文311篇。

2. 企业文化建设 深入开展执行文化建设年和“三新”总部建设活动，推动国机重工上下的文化融合和人文交流。编制完成“十三五”企业文化建设规划，凝练与行业共进、与国机共荣、与客户共赢、与员工共享的“共生”文化体系建设内涵及标志，确立“三坚三心”的企业文化行为理念，明确创新文化、执行文化、质量文化、品牌文化、安全文化、廉洁文化等专项文化的培育和打造路径。

国机财务有限责任公司

【基本情况】

国机财务有限责任公司（以下简称国机财务）2003年7月经中国银行业监督管理委员会批准成立，是具有企业法人地位的非银行金融机构。公司股东为中国机械工业集团有限公司（以下简称集团）及26家集团成员单位，注册资本15亿元。

经中国银行业监督管理委员会批准，国机财务经营范围包括：对成员单位办理财务和融资顾问、信用鉴证及相关的咨询、代理业务，协助成员单位实现交易款项的收付，对成员单位提供担保，办理成员单位之间的委托贷款及委托投资，对成员单位办理票据承兑与贴现，办理成员单位之间的内部转账结算及相应的结算、清算方案设计，吸收成员单位的存款，对成员单位办理贷款及融资租赁，从事同业拆借，承销成员单位的企业债券，经批准发行财务公司债券，对金融机构的股权投资，有价证券投资，成员单位产品的消费信贷、买方信贷及融资租赁。

2016年，面对错综复杂的经营环境，国机财务紧跟国机集团改革发展步伐，积极推进公司转型升级和二次创业，坚持产业链金融综合服务商的发展战略，着力培育资金结算与管理中心、客户服务与产业链金融中心，以及投资与资产管理中心（“三个中心”），充分发挥“1+N”的团队服务模式作用，对内挖潜，对外增收，通过完善资金集中平台功能建设、拓展外汇业务服务范围和服务规模、优化信贷结构、稳定存款规模等具体措施，较好地完成了全年各项任务及年度经营目标。

【主要指标】国机财务2016年主要经济指标见表1。

表 1　国机财务 2016 年主要经济指标

项目	2015 年	2016 年	同比增长（%）
资产总额（万元）	1 561 759	2 559 346	63.88
净资产（万元）	20 338	226 182	10.15
营业收入（万元）	76 298	63 237	-17.12
利润总额（万元）	31 748	33 482	5.46
EVA 值（万元）	12 245	11 648	-4.88
利税总额（万元）	34 768	34 433	-0.96
全员劳动生产率〔万元 /（人 · 年）〕	771	884	14.58
净资产收益率（%）	12.11	11.90	减少 0.21 个百分点
总资产报酬率（%）	1.95	1.62	减少 0.33 个百分点
国有资产保值增值率（%）	117.37	112.83	减少 4.54 个百分点

【市场开拓与产品销售】

1. 多措并举，以“1+N”服务模式稳定存款规模　坚持“1+N”的客户服务模式，以个性化、定制化服务为载体，稳定存款规模。通过逐一做好重点客户的存款研究，摸索客户资金运营规律，以融入客户项目资金主流、日常业务活动资金流为突破点，及时调整策略，提出有针对性的创新产品，满足客户个性化需求；针对重点企业资金变化，认真分析企业资金运营特点，通过追踪行业发展动态，创新开发期限组合定期存款等存款产品，并根据客户需求不断升级优化，尽力为客户制定最优的存款方案；通过落实以财务公司为平台进行集团资本收益收款等工作，开拓新的存款来源，努力维持存款稳定；通过为上市公司提供集团内部资金归集管理，提供直租、售后回租、转开函证等特色金融产品服务，扩大上市公司关联交易品种，顺利完成与苏美达集团 40 亿元金融服务协议和二重重装 50 亿元关联交易额度协议的签署，公司与上市公司金融服务协议实现全覆盖，进一步夯实与上市公司良好的合作基础。转换理念和扎实的服务使公司存款规模经受住外部变化的考验，在年初存款规模不断下探的情况下，在下半年实现增长。截至 2016 年末，国机财务存款余额 231.8 亿元，同比提高 82%；日均存款规模 120 亿元，同比提高 4%；可归集资金集中度 93%，同比提高 25 个百分点。

2. 优化信贷结构，沿产业链支持实体经济发展　伴随供给侧改革的推进，一些成员企业的经营状况呈现出与以往不同的特征。财务公司通过增强自身的风险甄别能力，积极调整优化信贷业务结构，较好地控制了信贷业务风险。一是加大营销力度，提高走访客户频率，增加与客户交流密度，寻找优质信贷资源，与一拖集团、中工国际所属中工武大、中设集团所属上海国际货代储运、中海航所属海虹实业等企业实现首次信贷业务合作。二是培育新的业务增长点，继 2015 年确定售后回租业务模式后，2016 年售后回租业务得到较快发展，当年累计办理 3.36 亿元。国机汽车及中进汽贸的经销商票据业务经过充分的论证研究，双方最终确定业务模式和操作流程，并签署了合作协议。三是继续坚持以集团产业链为导向，以成员企业项目及业务为轴心，为福马光伏项目、中元设计院及其子公司的承包及设计项目等提供贷款、财票、贴现、转开保函等信贷服务，为中汽进出口古巴项目和中通公司的德贷项目提供项目封闭专项资金支持。四是服务集团转型升级和改革发展的大局，为苏美达光伏清洁能源项目、广州启帆机器人项目等提供贷款、财票、贴现、售后回租等信贷服务；在集团重装平台打造、常林股份股权置换等过程中向中国重机、二重镇江、常林股份、常林有限提供贷款、保函等业务支持。2016年公司累计办理各类贷款、贴现、担保业务138亿元，各项信贷业务日均余额64.47亿元，年末贷款余额84.81亿元，同比增长17%。

3. 灵活调配资金，加强资产负债动态管理 面对公司吸收存款稳定性不足而导致的流动性风险问题，国机财务继续加强资产负债动态平衡管理。一是通过不断总结企业资金运行规律，不断健全完善资金信息传导和枢纽机制，掌握资金动态及客户结算特点，在加强资金计划和资金变动趋势预判、满足成员企业信贷需求、保障结算资金安全的前提下，以流动性与收益性兼顾为原则灵活调配公司资金。二是继续巩固、拓展与银行的授信和业务合作关系，进一步拓展外源性融资渠道，在出现暂时性资金缺口时，通过同业拆借、再贴现等主动负债方式，确保了流动性的稳定。三是通过完善流动性危机预警和应对机制，健全大额资金变动监测机制，做好资金日间盘点、逐日盘点工作，保证资金备付安全。

4. 调整投资结构，顺应市场趋势保持收益稳定 针对固收及类固收产品呈现收益、风险、期限不匹配的现象，国机财务根据市场情况主动调整的策略，在保持合理固收类产品比例的同时，适度增加对前景较好、龙头地位明显、相对稳定发展的定向增发权益类产品比重，在董事会授权范围内实现投资产品的投资结构转换，较好地控制投资风险；充分挖掘固收类产品特性，提高资产利用效率和灵活性，利用所持国开债开展质押式回购业务补充公司流动性，参与可转债及可交换债的申购业务，充分发挥公司短期资金效用；继续发挥自身投资业务专长为成员企业提供委托投资服务，协助企业完成投资标的筛选和投资方案制定工作，提高成员企业的资金收益率，提升客户满意度。整体而言，公司投资产品期限结构层次分明，投资标的类别多样，在保证固定收益的同时，有机会分享上涨带来的市场机会，已成为公司利润的不可或缺的组成部分。

5. 推广外汇业务，拓展服务范围及业务规模 大力宣传推广跨国国机财务外汇资金集中运营和外汇即期结售汇两项外汇业务，并对成员企业需求较大的集中收付汇、即期结售汇业务进行深入专题研究，配合成员企业做好开户备案和结售汇业务的安排，初步培育较为稳定的外汇业务客户群。针对一些成员企业购汇困难的现状，公司为成员企业与银行搭建桥梁，提供综合性解决方案，缓解企业购汇压力。公司充分利用自身在金融同业市场中的资源，丰富自身与银行可开展的外币存款、理财类产品，以自身金融平台优势，协助成员企业提高存款产品收益。2016年末，成员企业境内资金时点集中2.29亿美元，累计结售汇2 644万美元，累计发放外汇贷款3 200万美元，币种涉及美元、欧元和日元。外汇结售汇业务和跨国公司外汇资金集中运营业务的开展，为提高集团外汇资金集中度提供了有力的支持，外汇资金集中金额从2015年末的0.5亿美元提高到2016年末的2.3亿美元。

【管理经验】

1. 坚持创新驱动，提升业务价值 坚持走创新驱动、内生增长的内涵式发展道路，积极推进公司转型升级和二次创业，经过不断探索实践，国机财务拥有买方信贷、融资租赁、财务公司承兑汇票、厂商一票通、经销商票据融资、财企直联、代理收款、代理付款等一系列具有财务公司特色的创新产品，形成覆盖集团主要产业链条的特色金融产品线。通过加大网上银行、代理收款、财企直联、电子票据、票据管理等结算工具的推广力度，扩大结算创新工具的使用范围，逐步打造一体化的财务公司结算服务体系，在确保成员企业结算资金安全的前提下提高结算业务处理效率，财务公司结算服务体系日益成为成员企业办理结算业务的重要渠道；通过深入研究成员企业产业链特征，规范、完善、推广特色金融产品，为成员企业提供专业化金融服务解决方案，信贷业务服务体系成为成员企业实体经济发展的重要支撑。

2. 强化内部考核，优化资产管理机制 面对复杂多变的经营环境，为确保完成年度经营任务和目标，国机财务以国机集团下达的经营指标为中心，以导向明确、指标清晰、可考核为原则，以内部资金转移定价模型为工具，构建4个利润中心的考核体系，将年度经营任务分解、细化到4个利润中心，确定利润中心的规模、收入、成本和利润目标，在合理确定内部资金转移价格和分配考核权重的前提下，强化考核结果运用，增强资金运营总监对公司整体资金运行的调配力度，增强利润中心之间协调配合，实现公司整体资金运营的协同，提高资金运行效率，实现流动性、收益性和安全性的平衡，资产集中统一管理机制得以进一步优化。

3. 强化内部控制，防范化解潜在风险 在复杂多变的经营环境下，国机财务确定风险和业务"两手抓、两手都要硬"的管理原则，不断加强风险管理和内控体系建设，为公司稳健经营和业务转型升级起到了重要的保障支撑作用。一是对内控制度完备性进行持续梳理，对内控执行有效性进行定期和专项的检查监督，及时发现并解决内控管理中的不足，完善内控体系。二是针对年度重点风险开展专项工作，提升对重点风险的管控力度。通过对业务操作过程中出现的风险苗头和隐患，及时查找内控制度漏洞和执行缺失，制定操作风险手册，进一步突出操作风险管控要点，构建畅通的内部沟通机制，形成前、中、后台高效联动控制操作风险的体系；通过制定"一企一策"策略，建立财务信息审核小组，从信贷、风控、财务多个角度深入项目考察，提出专业意见，做到项目全过程风险控制，使资产质量保持良好状态，较好地控制了部分客户经营下滑导致的潜在信用风险；通过进一步发挥法务管理在公司重大经营决策中的作用，将法律法规、法律实践与公司业务实际相结合，严把合同审核关，有效控制法律风险，公司合法权益得以有效保障。

4. 推进信息系统建设，支撑引领业务发展 国机财务信息系统建设紧跟业务发展，为业务发展提供重要支撑。一是完成2016—2020年信息化建设发展规划完善工作，为搭建全方位、立体化、多功能的信息化金融服务平台、更好地服务集团及成员企业提供支撑，充分体现信息系统建设对公司未来业务发展的引领作用。二是对网络安全系统实施升级改造，更新网络安全设备，消除网络安全漏洞，为公司电子支付结算系统、电子业务管理系统等连续性安全运行提供基础保障。三是在深入分析业务数据的基础上，开发台账管理系统，将投资和同业数据精简整合，实现自动化导账，提高业务数据管理水平和使用效率，使业务系统覆盖公司所有业务。四是对公司现有核心业务系统进行优化改造，增加批量承兑、银行入账批量处理等功能，进一步丰富系统功能、提高系统业务处理效率。五是完成异地灾备项目实施，实现系统异地容灾，提升公司系统储存安全性、业务连续性和数据处理效率。六是开发征信管理系统，实现征信数据自动报送。

5. 加强党建工作，夯实党建工作基础 认真履行全面从严治党的责任，在思想上政治上行动上与以习近平同志为核心的党中央保持高度一致，坚定不移地维护以习近平同志为核心的党中央权威和集中统一领导，自觉向党中央看齐，向党的理论和路线方针政策看齐，向党中央决策部署看齐，夯实党的执政根基。通过周密部署，严格落实"两学一做"专题学习方案，提升了公司党员的理论修养、政治素质，增强了党员的政治意识、大局意识、核心意识和看齐意识，构建了公司常态化的学习机制；通过继续认真落实集团关于反对"四风"、执行八项规定的统一部署，狠抓问题整改，持续做好党员干部作风建设；通过把控公司发展方向，坚持党管干部原则，充分发挥公司党总支在公司经营中特别是在"三重一大”事项中的政治核心作用；通过修订完善党建制度体系，充实党务工作力量，党务部门专业化，规范组织生活制度，对公司党建工作中的薄弱环节进行改进，公司党组织的基础建设得到进一步强化。公司党员成为践行公司战略的中间力量，树立了表率，带动公司广大员工，较好地解决了经营过程中面临的风险和问题，充分发挥了基层党组织的战斗堡垒作用。

国机汽车股份有限公司

【基本概况】

国机汽车股份有限公司（简称国机汽车）是中国国机集团控股的 A 股上市公司（股票代码：600335）。截至 2016 年 12 月 31 日，公司注册资本 10.3 亿元，净资产 70.5 亿元，员工 3 881 人；总部在册 102 人，其中本部工作人员 81 人、外派 21 人。

2011 年 11 月，根据国机集团汽车板块战略规划，通过资产置换方式，将其所属企业中国进口汽车贸易有限公司整体注入鼎盛天工工程机械股份有限公司，并更名为国机汽车。“中进汽贸”品牌、管理及业务体系保留，成为公司全资二级企业。

2013 年 5 月，国机汽车以增资方式，持有中进汽贸原所属企业中进汽贸（天津）进口汽车贸易有限公司 71% 控股权；2013 年 10 月，以增资方式，持有中进汽贸原所属企业中进汽贸服务有限公司 53% 股权，并将两家公司管理层级调整为公司二级企业。

2013 年 9 月，国机汽车出资 5 000 万元设立二级企业国机汽车发展有限公司。

2013 年 12 月，国机汽车收购宁波宁兴投资有限公司 51% 股权，更名为宁波国机宁兴汽车投资有限公司，为公司二级企业。

2014 年 7 月，国机汽车完成对中国汽车工业进出口有限公司的改制重组工作，中汽进出口成为公司二级企业。

2015 年 6 月，国机汽车出资 3 000 万美元成立汇益融资租赁（天津）有限公司，为公司二级企业。

【主要指标】

公司实现营业收入 506 亿元，同比减少 21.16%；实现利润总额 8.02 亿元，同比增长 29.85%。国机汽车 2016 年主要经济指标见表 1。

表 1　国机汽车 2016 年主要经济指标

项目	2015 年	2016 年	同比增长（%）
资产总额（万元）	2 881 454	2 214 509	-23.15
净资产（万元）	568 769	714 969	25.70
营业收入（万元）	6 416 371	5 058 479	-21.16
利润总额（万元）	61 754	80 185	29.85
技术开发投入（万元）	2	2	-23.66
利税总额（万元）	529 031	457 322	-13.55
EVA 值（万元）	2 142	13 681	538.70

（续）

项目	2015年	2016年	同比增长（%）
净资产收益率（%）	6.89	8.61	增加1.72个百分点
总资产报酬率（%）	4.53	4.13	减少0.40个百分点
国有资产保值增值率（%）	110.44	109.05	减少1.39个百分点

注：2016年国资委调整了EVA计算公式，本表2015年度数据为新公式计算数值，与2016年度年鉴不等；净资产收益率：上年度为9.08；2016年公司送红股，根据会计准则应追溯调整，调整后为6.89。

【重大决策】

1.对外投资 国机汽车及时调整投资战略部署，推进对外投资管理，召开8次投审会，审议8个项目，履行6项投资决策审批，实际股权（产权）投资47 875.91万元，完成6个投资项目；实际固定资产投资27 558.63万元，用于购置生产设备、运输设备、机器设备、办公设备等，投资管理工作实现提升。

2.清理整合 针对"五层企业、长期亏损、扭亏无望、资不抵债、生产经营难以为继的企业和长期微利、发展无前景"的六类企业逐户论证分析，制定差异化清理调整方案，根据实际情况采用引进战略投资者、股权转让、清算注销、扭亏减亏等方式进行优化、整合、清理，完成11个清理整合项目、5个股权转让项目、3个清算注销项目、3个管理层级从五级调提升至四级项目。

【重大资本运作项目】

1.发行公司债券 1月25日和7月12日，国机汽车抓住债券市场发行有利的"时间窗口"，成功发行第一期和第二期公司债券，发行利率分别为3.5%/年和3.35%/年，期限均为5年。2次发行公司债券融资20亿元，国机汽车取得低成本运营资金，为公司的发展奠定了坚实的基础。

2.非公开发行股票 8月16日，国机汽车非公开发行得到机构投资者踊跃认购，最终发行价格为12.02元/股，远高于2016年证券市场非公开发行85%~90%的平均折价率。

本次非公开发行是国机汽车首次股权融资，进一步提升了国机集团、国机汽车在资本市场的影响力，打通了证券市场融资通道。

【重大业务项目进展】

1.捷豹路虎进口汽车项目 捷豹路虎项目逐步从"8·12"爆炸事故中恢复，中进汽贸通过给予捷豹路虎的大力支持和帮助，赢得了捷豹路虎公司的信任。4月，捷豹路虎与中进汽贸签订全球战略合作意向书；9月，完成捷豹路虎8.12爆炸车辆的无代价抵偿审批。完成3 754台受损车辆的退运工作。通过中进汽贸的工作，捷豹路虎挽回12多亿元的损失。捷豹路虎成为天津滨海新区8·12事件受损车辆中唯一成功申请无代价抵偿方式处理的品牌。

2.Tesla进口车辆物流服务项目 中进汽贸为Tesla提供报关报检、仓储及物流运输服务。全年提供物流服务车辆7 089台。运输时效达标率99%以上，物流质损率低于0.03%，100%匹配Tesla各服务中心的销售节奏，协助Tesla完成车辆的报关报检、仓储和物流工作，得到Tesla全球物流总监的高度赞赏。11月，在天津港建立Tesla港口PDI中心，协助Tesla完成进口车辆港口的PDI检测和车辆升级工作。

3.菲克进口汽车项目 调整港口服务结构，提升港口服务核心竞争力。巩固提升天津港和上海港整车进口全链条港口服务能力体系，并12月实现2 650台菲克进口车试靠广州港南沙汽车码头。配合厂家完成二级批发目标，推进"8·12"爆炸事故受影响车辆处置工作，缩短"8·12"爆炸事故对整体批售业务的影响周期。稳步推进中进融资业务，加强融资风险管控。发挥"批发+零售"联动优势，强化品牌协同、区域资源整合，提升品牌整体终端零售能力和盈利能力。强化业务信息系统、智能信息管理系统对业务全链条和业务过程管理的支撑作用。继续将“批发贸易、港口服务、零售管理”三大业务串联打造成汽车服务完整业务链，坚持打造各业务板块互为支撑、互为推动的业务格局，提升项目整体竞争力和市场竞争能力。

4. 大众进口汽车项目 中进汽贸持续配合大众中国批售管理要求的提升，在上下游资金支持、返利实施、批售政策执行、经销商服务等方面加强管理建设。加强资金风险、合同风险、融资风险管控，加强与上下游的黏性，增加利润增长点。在不断提升能力和服务水平的基础上，推进合作协议的续签。

5. 福特进口汽车项目 中进进口作为探险者 3.5T、探险者 2.3T、福克斯 ST、福克斯 RS、嘉年华 ST、玛斯丹、C-max 等 7 款进口车型国内唯一分销商和服务代理商，为福特汽车及福特中国提供包括市场调研、认证支持、报关报检、港口服务、仓储整备、整车分销、金融服务、物流运输、市场推广、车辆上牌等在内的全方位全链条服务。

【市场开拓】

1. 传统核心业务拓展

（1）进口汽车贸易服务业务方面：一是开拓捷豹路虎库存缓冲及平行进口项目。10 月，中进汽贸与捷豹路虎签订战略合作新项目“库存缓冲服务”“平行进口服务”协议。新项目的启动，丰富了现有的业务链条，双方合作更加深入紧密，也为未来双方在更高、更广层面的合作奠定了坚实基础。二是中标广菲克国产车业务，将仓储物流服务链条成功延伸到国产车项目。6 月，中进汽贸成功中标广汽菲亚特克莱斯勒国产车物流服务，并签订“服务协议”，项目主要负责承运广菲克广州工厂生产的商品车发往 16 个省份 85 条线路的运输任务，2016 年承运车辆 9 208 台，占广菲克广州工厂运输任务的 40%。在常规陆路运输的同时，尝试海陆联运运输方式，并于 12 月拓展广菲克国产车临时仓储服务。项目的落地标志着中进汽贸在国产车服务领域取得突破。三是拓展与国产合资、自主品牌的批售业务。中进汽贸积极探索国产车批售合作模式，推进合资及自主品牌合作车辆销售。开展的业务模式：一是“中进 + 厂商 + 第三方销售平台”模式，长安铃木天语 SX4 项目实现车辆销售 1 256 台，销售收入 8 777 万元；项目累计实现车辆销售 2 581 台，销售收入 1.8 亿元。二是“中进 + 厂商 + 分销商”模式，采购 478 台北京现代索八和 5 000 台北京现代瑞奕车辆，将车辆分批次销售给分销商，年内完成（全部）5 478 台车辆销售，销售收入 3.1 亿元。四是 6 月中进进口被授予“天津市滨海新区平行进口汽车商会副会长单位”。副会长单位的取得，为中进进口扩大平行进口业务，与行业协会和商会成员共同推进平行进口业务生态建设和良性发展奠定了基础。

（2）零售业务实现重大改善。国机汽车零售业务整体完成车辆销售 45 424 台，同比提升 3.1%；实现新车销售收入 94.91 亿元，同比提升 3.1%；利润总额 8 391 万元，同比提升 441.7%；“三项费用”6.76 亿元，同比下降 1.1%；售后维修 446 837 台次，同比提升 9.3%；售后毛利 3.82 亿元，同比提升 5.6%；水平业务毛利 1.50 亿元，同比提升 32.7%；售后服务吸收率由 52.9% 提升到 56.5%，金融渗透率由 16.9% 提升到 21.4%。一是零售业务品牌协同和区域协同深化。国机发展、国机宁兴、中进汽贸分别在统一品牌形象、推进集中采购等方面做大量工作，取得良好效果。二是“批发 + 零售”协同优势进一步发挥。中进汽贸依托批发业务信息和资源优势，开展特色车型包销项目，丰富了 4S 店产品结构，提升了零售盈利能力。三是板块协同取得进展。中汽进出口与国机宁兴发挥各自优势，在汽车零部件及后市场方面共同探索新的业务模式，成立国机宁兴 · 中汽美途浙江省区域管理中心，与宁波区域多家4S店建立销售渠道，并获宁波市理赔定损中心资质。四是金融纽带成果初现。汇益融资与国机发展、中进租赁等系统内部企业开展合作。中进租赁强化与天津地区4S店合作，推出特色融资产品“好享融”，推动系统内部车辆销售和融资产品的占有率。

（3）出口贸易业务。国机汽车实现出口总额1.4亿美元，同比增长26%。中汽进出口继续深耕传统古巴市场，提升业务开发深度，实现出口8 790万美元，同比增长56%，实现毛利9 632万元，同比增长35%；以汽车零部件为主的一般出口贸易稳步增长。深化与博世、法雷奥、辉门等零部件巨头的业务合作。积极组织零部件生产企业赴外参展，拓展了英国汽车零部件展览等业务。

（4）汽车租赁业务。中进租赁重点拓展全国网络布局，公务通项目中标多个城市的30个集团客户，在成都、重庆、南京等重点城市推进租购通项目；校园通、项目通、厂商通等项目进一步拓展，与北汽、东风雷诺、DS等厂家合作，为多个企业或重大活动提供用车服务，品牌知名度进一步提升。

2.“创新转型”业务取得实质性进展 一是围绕汽车全产业链，与行业巨头建立战略合作关系。分别与捷豹路虎（全球）、阿里汽车、滴滴出行等行业领军企业建立战略合作关系，共同推进业务模式创新；积极与天津力神、广汽集团、东风集团、中国普天、玉柴集团等企业密切接触，推进项目合作。二是平行进口模式创新实现落地。中进汽贸与捷豹路虎签署平行进口服务协议，成为首家开展“总对总”平行进口的企业；中进进口通过开展三批次的整车平行进口业务实践，已基本掌握平行进口业务的全链条操作流程，并具备了相应的服务能力。三是融资租赁及汽车金融服务业务稳步推进。汇益融资实施20个项目；中进汽贸克莱斯勒和进口大众累计实现经销商融资规模45亿元；与厂家及第三方合作开展长安铃木天语、北京现代、上汽名爵等国产车批售融资业务，实现销售6 734台，销售收入3.98亿元。四是积极探索新能源业务。与中国普天合作推进央企新能源汽车推广项目。中进租赁在天津成立新能源车城市展厅；与创新企业合作推进新能源汽车分时租赁；拓展高端新能源汽车长租业务。中汽进出口在合肥与地方政府和行业协会联合主办中国国际节能与新能源汽车展览会。五是中进租赁在海关总署设立互联网无人值守分时租赁点；与携程网合作，在天津于家堡高铁站开设服务点，为旅客提供“线上预订、线下租车”服务。图新智盛成功中标进口大众车联网（三期）项目。

【产权制度改革】

国机汽车高度重视产权管理工作，安排专人负责相关工作。依据《国有产权登记管理暂行办法》，并借助产权登记管理信息系统，实现产权登记的信息化、网络化和对所属企业产权状况的实施动态监管，重点关注非货币性资产评估转让等经济行为，符合条件及时进行资产评估备案，提高了产权管理工作水平。

办理产权占有登记16户、办理产权变更登记23户、办理注销产权登记3户。完成境外国有产权管理情况报告，并配合事务所完成国有产权专项审核工作，提高了产权管理工作水平。配合国机集团，完成国资委资产评估管理专项检查工作。

【管理经验】

业务运营管理方面：

1.不断完善公司整体运营管理模式 国机汽车不断完善年初与二级企业签订“年度经营目标责任书”、经营计划目标关键考核指标逐级分解落实、次年年初对二级企业上一年度经营目标打分的业务运营管理模式。加强二级企业的经营过程跟踪管理，及时掌握经营状况，编制覆盖公司7个子公司、6个主要业务类型，涵盖40余项业务指标的全口径月度经营动态报告，分析问题，督促经营改善。

2. 加强精细化管理，零售业务“提质增效”显著

（1）国机汽车总部强化对所属企业的运营管理。科学分解目标，加强全口径数据统计；及时编制经营动态月报、季报和财务月度分析报告。针对审计过程中发现的问题对下属企业经营管理及财务管理进行跟踪指导、监督检查，并通召开半年会、业务专题会，基层调研、驻店巡视等形式对零售业务加强指导。为进一步整合零售业务，公司还成立零售业务整合领导小组，制定整合工作方案，并稳步实施。起草制度，规范公司零售业务管理。

（2）进一步对EAS系统功能优化升级，提升财务业务一致性，统一考核指标、报表台账等管理工具和口径。各板块低效无效资产清理工作落实到位，及时止住了“出血点”。

对零售管理系统上线的38家门店近一年内机油、导航采购情况进行分析，尝试推动零售业务的集采工作。

监督检查零售EAS系统的运行和使用情况，并对零售管理系统进行持续优化和改善。

（3）通过开展精细化管理，各板块零售业务分项指标大幅度提升。设计开发4S店返利管理工具，在部分店推广使用，提高了经销店的返利管理能力。调研商业车险费改事宜，与人保和安盛接洽差额险业务，讨论在国机汽车下属4S店开展业务试点。

3. 落实国机集团相关要求，全面加强采购管理 采购管理工作纳入国机集团经营考核中，国机汽车以此为契机，设立专项岗位指派专人负责推进相关工作，修订《国机汽车采购管理办法》；每季度统计、汇总采购数据完成国机集团信息平台填报工作，国机集团考核要求的采购公开率、集中率、上网率，国机汽车达到100%；同时组织完成国机汽车相关采购事宜。

4. 警钟长鸣，不断加强、完善安全生产相关工作

（1）完成对所属企业上年度安全生产工作的考核，并与各所属二级企业及总部各部门签订“年度安全生产责任书”。

（2）推进各企业安全生产标准化达标工作，累计完成24家企业的达标认证工作。全年完成7家企业的达标认证工作。

（3）开展安全生产活动月的各项活动，总部和所属企业均组织开展了防火知识、应急急救知识等培训以及应急演练工作。

（4）组织所属企业参加国机集团组织的安全生产互查工作，公司未发生较大级及以上安全生产事故。

集团化管理方面：

1. 建立集团化管控格局 国机汽车将2016年确定为“管理年”，开展战略制定、明确定位、职能梳理、制度修订、能力提升等一系列基础性工作。国机汽车主要领导调整后，研究形成《管理原则和目标》纲领性文件，确立“战略管控”+“运营管控”的集团化管控格局。公司对现行制度情况进行梳理，制定制度建设计划。全年制（修）32项制度，进一步完善了制度体系。

2. 完善公司治理结构 一是及时召开董事会、监事会、股东大会，保证国机汽车重大事宜的合法合规。二是顺利完成部分董事的换选工作，同时积极配合董事会发挥战略引领与提升作用，推动董事会向战略引领型转型。三是真实、准确、完整地披露各类报告50余份，树立稳健、开放、透明的企业形象。四是保持与投资者定期沟通，积极进行路演与反路演，赢得资本市场的认同与支持。五是维护上市公司良好的舆论氛围，推动资本市场价值创造。六是持续关注资本市场及行业热点，定期发布专题报告，形成资本市场研究报告体系。七是加强与证监会、天津证监局、上交所等各级监管机构的沟通，及时掌握、反馈监管要求和建议，按时上报文件、报告，参加其组织的培训、调研等活动。

3. 提升集团化财务管理能力 一是发挥资本市场作用，优化资本结构。二是拓宽融资渠道，优化融资结构，降低融资成本，保障经营发展合理资金需求。三是加快内部资源整合，推进低效、无效资产的处置，积极改善、提高资产质量。四是深化财务创新转型，强化财务价值创造功能，实现财务创新增值。五是持续强化财务信息质量管理，提升对经营管理的支撑能力。六是加强财务基础管理和内控建设，完善风险防范机制，持续提升风险防范能力。

4. 发挥人力资源支撑作用 一是完成干部任职、干部配置、干部监督等干部管理工作。二是初步建立集团化的人力资源管控体系，重新划定总部各部门职责并强化目标管理，实现目标责任全覆盖。三是以问题为导向，梳理和修订以绩效机制为主的人力资源制度。根据调研报告，人力资源部起草修订了涉及绩效、聘任、领导班子评价及干部监督的 10 多项制度。四是有效实施人才发展工作。为加强人才队伍建设，拟定《国机汽车人才队伍建设规划（2016—2020 年）》，明确人才队伍建设的方向。实施“中层管理者的角色定位与能力提升”“第二期高潜质后备人才培训班”专项培训，共 86 人参训。五是指导协同子公司工作，加强对二级企业的人力资源支撑和服务。进一步统一思想，凝聚共识，与各二级企业形成人力资源工作的上下协同。

5. 构建市场研究、品牌管理与服务的能力体系 一是基于国机汽车业务结构调整，积极拓展与构建汽车全产业链研究体系，保持行业研究权威性。二是拓展对外咨询服务项目，打造行业咨询服务能力体系及行业影响力。三是强化母子品牌管理体系，完善市场公关管理与服务体系，为企业持续发展提供支撑，实现品牌溢价目标。

6. 完善审计稽核工作机制，发挥内部审计的监督、服务职能，提升审计增值服务能力 一是全面修订内部审计制度体系，规范审计工作重要流程，提升审计工作流程标准化、规范化。二是坚持“风险管控为导向，管理提升为目的”，开展多项任期经济责任审计、专项审计、内部控制评价等工作，工作内容的广度、深度加大。三是完善审计整改长效机制，形成审计成果共享运用和审计问题整改跟踪督查的闭环管理机制，保障审计工作成效。

7. 提升行政办公管理及服务水平 一是准确传达国机集团工作要求，跟踪督办公司重要会议决策落实情况。二是通过月度职能部门例会，协调各部门工作高效有序推进。三是外事服务优质高效，为高层沟通以及创新业务的顺利开展提供支撑。四是文案质量和新闻宣传成效明显。

【信息化建设】

1. 建立统一的数据中心，实现数据集中 集中部署的集约型信息化管理平台，为集团管控一体化提供管理通道。借助互联网技术，针对公司机构众多、地域分散、管理半径大等管理痛点，建立统一的集约管理平台，实现集团统一的数据中心，各机构数据实时反馈到集团总部；集团建立统一门户管理、协同平台、决策支持系统，实现汽车经销商集团的及时信息反馈、内部协同办公，实现集团企业对 4S 店的实时管控和系统集成，从而强化内部管理，厚植企业竞争优势。

2. 财务业务一体化 建设统一的企业信息化平台，进行财务、资金、预算、整车销售及维修的集中管理，有效收集和共享经营数据，实现物流、资金流、信息流同步，财务数据从业务系统自动生成，减少人工传递。信息系统固化企业管理成果，规范企业经营流程，及时、准确反映经营信息，对企业经营活动进行有效的计划和控制，并为科学决策提供数据依据。

3. 优化业务流程、延伸业务链条 随着业务流程的不断优化和业务链条的不断延伸，进一步拓展业务应用范围，持续深化应用，全面配合各业务部门梳理新的业务模式，整合优势资源，支持规模化发展并快速复制，实现管理规范化、服务产品化、信息集成化。积极探索新技术应用。完成中进进口二期项目技术方案支持、上线支持、验收支持等工作。根据平行进口车业务的开展情况和业务需求，适时开展平行进口车业务的信息化建设。完成远程文件监管系统的测试、上线、试运行等环节的支持工作。协助完成三部二期项目的整体验收工作。

4. 主动设防日常运维，保障业务连续性 提供系统支撑方案，相应运维工作，借助第三方服务团队解决。

5. 完善各类信息安全专题 针对国机汽车办公区域上网速度慢的问题，3 月将现有网络带宽由 20M 提升至 50M。同时，根据各个系统的实际情况及具体需求，合理分配现有网络资源，实现部分系统的双链路管理，从而大大地提升了系统的稳定性及可用性。通过 2 次网络割接，完成网络服务商的更换，排除网络安全隐患；与国内知名安全厂商进行合作对机房环境、交换设备、安全设备及主机设备进行漏洞扫描及加固；对公司大楼各楼层办公计算机进行卡巴斯基防病毒软件的补装及升级工作，提升桌面终端安全性。

【社会责任】

1. 创造价值，保障利益相关者的权益 国机汽车治理方面：面对监管转型，以及国有企业深化改革的外部环境，在强调对经营者的监督与制衡的同时，通过更高效的公司治理结构和机制来保证公司决策的有效性和科学性，从而维护股东、员工、合作伙伴等多方的利益。公司还通过现场、通信会议等方式，发挥董事会和各专业委员会在公司治理结构中的引领、推动、保障、监督作用。

信息披露方面：登陆资本市场以来，国机汽车一直严格遵循法律法规开展信息披露工作，确保真实、准确、完整。通过搭建与战略相结合的主动信息披露体系，保障所有投资者能够及时、公平、公正地享有知情权。

投资者关系方面：增进与投资者多层次、全方位的互动与交流，建立常态化与动态管理相结合的沟通机制，实现资本市场对公司信息与价值高度认可与认同，提升企业在资本市场良好的企业形象和品牌影响力，为国机汽车持续的资本运作和推进市值管理奠定了良好、坚实的基础。

2. 责任担当，夯实管理基础 践行行业责任：构建研究能力体系，为行业政府主管部门提供进口汽车市场数据分析支撑服务；协助政府主管部门的市场调研项目，参与政策调整意见征求活动，并提供专业化数据分析，促进政策调整。

国机汽车行业研究分析能力提升，为宝马、奔驰、丰田、保时捷、大众、捷豹路虎、阿斯顿马丁等品牌的跨国汽车公司提供商务服务，不仅加强了国机汽车与跨国公司的沟通与合作，更进一步提升了公司的行业影响力。

履行企业责任：国机汽车组织总部各部门和在京所属公司开展“营改增”培训，规范涉税账务处理，强化与业务对接，实现国机汽车及所属公司“营改增”的平稳过渡。缴纳各类税金 402 059.56 万元。

为解决社会就业问题，在保证人员结构稳定的情况下，积极吸纳社会从业人员，从社会招聘 1 137 人；为应届毕业生提供就业岗位，招纳应届毕业生 131 人。

3. 和谐氛围，坚持以人为本 一是保护员工权益；二是完善人才培养机制，促进员工发展；三是注重实际，改善员工的工作生活条件，开展各类文体活动；四是弘扬企业文化，开展志愿服务履行社会公民责任。

4. 低碳理念，履行社会价值 健全绿色管理体系：探索绿色管理新模式，完善节能减排统计体系、监测体系和考核体系建设，将绿色环保理念贯穿设计、生产、应用等运营的全过程，致力于打造全产业链的绿色管理，树立低碳环保的“绿色国机汽车”品牌形象。

倡导绿色环保行动：树立和普及生态文明理念，推动建设美丽家园、转变生产生活方式的进程。完善节能减排管理制度，层层落实责任，严格考核管理，能耗较 2015 年度降低 6.63%。

【企业文化】

公司秉承“合力同行、创新共赢”，以及“创新、增值、吃亏、共生”的企业文化，调动和团结各方力量，共同建设公司文化，为公司再发展营造氛围、凝聚力量。一是不断丰富企业文化品牌；二是持续加大文化设施投入；三是积极营造和谐内部关系。

【党建工作】

国机汽车党委围绕全面从严治党这条主线，创新推进党的建设工作，为国机汽车适应经济发展新常态，实现有质量发展发挥引领、推动、保障、监督的作用。

1. 扎实开展“两学一做”学习教育，强化思想引领，助推业务发展 一是认真做好工作部署。制定专题教育实施方案，并召开教育推进会动员部署。所属各级党组织也采取多种方式进行思想发动。二是扎实抓好学习教育。购买《习近平谈治国理政》等学习书籍下发给中层以上领导干部和全体党员。召开党委中心组学习会议，学习《党委会的工作方法》，国机汽车领导干部畅谈学习感受，并提交学习体会。三是务实开展专题讨论。各级党组织以“干事创业守规矩，共筑国机新辉煌”“提质增效、创新转型”为主题，以问题为导向，普遍开展专题学习讨论。四是高标准召开专题民主生活会和组织生活会。

2. 创新开展党建工作，融入中心发挥保证作用 一是开展国机汽车员工思想调查。共收集所属企业员工有效问卷 2 684 份，掌握员工思想状况。二是开展“加强‘两学一做’教育，争当创新转型先锋”庆祝建党 95 周年主题党日活动。三是开展“两学一做”暨“管理提升”党课教育活动。以党课形式全面宣贯国机汽车管理的原则和目标。

3. 落实全面从严治党要求，从严从实抓好重点工作 一是建立党建工作考核评价体系。制定《国机汽车股份有限公司贯彻落实全面从严治党要求实施办法》《国机汽车股份有限公司党建工作考核评价暂行办法》，与各级党组织签订“党建工作目标责任书”。二是扎实开展党费收缴工作专项检查。进一步增强党员意识，强化基层组织建设，规范党建基础工作。三是加强党建制度建设。国机汽车党委对现行党建制度进行重新梳理，制定党建制度 3 个，修订党建制度 11 个。

4. 完善国机汽车党建体系，夯实党建工作基础 一是加强思想建设，发挥政治引领作用。强化“四个意识”，组织 4 次党委中心组学习；组织党员学习习近平总书记有关讲话精神和“一先两优”先进事迹。二是加强组织建设，增强基层党组织活力。全年发展党员 17 人，完成国机集团在京单位党的十九大代表候选人推荐人选和出席中央企业系统（在京）党代表会议代表候选人推荐人选推荐工作。三是加强作风建设，开展党员民主评议和创先争优活动。开展国机汽车 2016 年度“一先两优”评选活动；国机汽车 1 个单位、3 名个人获国机集团表彰。

5. 全面落实党管干部原则，加强干部队伍建设，做好干部监督管理 一是优化内部组织，充分利用干部人才资源。成立 10 多个专项领导小组，为国机汽车经营管理提供有力的组织保障和人才保障。二是加强领导班子配置，落实党管干部原则。公司对总部部门负责人，以及部分二级企业班子进行重新聘任。三是加强干部教育培训，建设人才梯队。四是从严从实加强干部监督，推进监督长效机制建设。推进干部考核评价制度及干部专项监督制度建设；完成国机汽车 41 名干部个人有关事项报告；开展干部因私证照集中管理工作；全年完成干部档案审核 20 多份。

6. 强化政治纪律，推动党风廉政建设和反腐败工作 一是落实党风建设和反腐倡廉责任制。组织签订“国机汽车股份有限公司党风建设和反腐倡廉工作责任书”；每月底及节假日发送廉洁短信。二是抓好中央八项规定精神贯彻落实。开展“四风”问题整治情况“回头看”。三是落实监督执纪问责责任。纪委参与干部选拔任用过程监督；全年核实信访2件，查处违纪党员1名。未发生重大违纪违法案件。

中国机械国际合作有限公司

【基本概况】

中国机械国际合作有限公司（简称中机国际）是大型中央企业集团、世界500强企业——国机集团的控股子公司，主要从事商业会展和贸易成套相关业务。拥有20多家子公司及投资企业。近年，连续被评为“中国会展业十大影响力会展公司”“最具影响力展览公司”；获得“中国最佳出展组织奖”“中国汽车贸易最具影响力品牌”等荣誉，是中国会展界规模最大、实力最强的中央企业。

商业会展是中机国际的核心主业，中机国际拥有多年的办展经验和专业的办展团队。中机国际已形成境内外自主办展、代理出国展览、展览工程服务等完整的展览业务体系。每年在国内30多个大中城市举办40多个大型展会，总展览面积近300万m^2。特别是参与主承办的“北京国际汽车展览会”“上海国际汽车零配件、维修检测诊断设备及服务用品展览会”双双跻身2016年世界商展100强排行榜前30名。在境外100多个国家，承办160多个代理展和自办展，每年专业观众35万人次。

在贸易成套领域，积极开展全球性经济技术合作。国际贸易业务主要从事汽车整车、零部件以及其他机电类产品的进出口贸易，市场范围遍及亚洲、欧洲、拉丁美洲和非洲等众多国家和地区。中机国际在汽车整车出口和关键零部件进口方面具有较强的市场竞争优势。工程成套业务结合国家“一带一路”倡议，继续深耕印度电站市场，开发国内外汽车设备成套业务，以及以汽车为主题的文化园区、产业园区的建设项目。

秉承“责任、创新、协同”核心价值观，中机国际坚持商业会展与贸易成套“双擎驱动”，以机械装备领域会展，以及差异化的汽车和机械设备贸易、成套为主业，进一步发现产业价值点，拓展产业价值链，努力探索展贸互动、展贸联动的特色发展道路。致力于成为国内领先、国际知名，以现代会展服务和国际贸易为主体的综合性展览贸易服务商。

【主要指标】

公司实现营业收入10.14亿元，同比增长11%；实现利润总额4 372.56万元，同比增长44%；实现经济增加值964.89万元，是上年的2.13倍。2016年中机国际主要经济指标见表1。

表1　2016年中机国际主要经济指标

项目	2015年	2016年	同比增长（%）
资产总额（万元）	109 160.69	95 567.26	-0.12
净资产（万元）	29 219.30	34 276.76	0.17
营业收入（万元）	91 283.10	101 425.64	0.11

（续）

项目	2015 年	2016 年	同比增长（%）
利润总额（万元）	3 037.42	4 372.56	0.44
技术开发投入（万元）	–	–	–
利税总额（万元）	4 834.26	7 024.59	0.45
EVA 值（万元）	452.05	964.89	1.13
全员劳动生产率〔万元 /（人 · 年）〕	10.84	34.67	2.20
净资产收益率（%）	7.98	9.54	增加 1.56 个百分点
总资产报酬率（%）	3.66	5.34	增加 1.68 个百分点
国有资产保值增值率（%）	107.34	110.8	增加 3.46 个百分点

注：2016 年度公司根据集团展览资源整合发展战略，中机国际剥离了 5 家子公司。为此，合并报表两年数据资产和净资产有所变化。

【业务发展】

1. 商业会展 第十四届北京车展展出面积 22 万 m^2，是 2016 年度全球规模最大的汽车展览会。本届车展参展商数量 1 600 多家，首发车 112 台，吸引观众 81.5 万人次，各项关键指标达到全球领先水平。中机国际负责的零部件展区和商用车展区合计面积 9 万 m^2，首次设立品牌馆，展品品质大幅度提高，同期活动参与人数超过往届。这次展会，与车展主题“创新变革”十分契合的是电动化、智能化和网联化的“三化”发展趋势得到充分体现。北京车展已成为全球汽车产业创新、变革大潮的缩影。

澳门车展是澳门特区政府重点支持项目，自创办起就得到澳门特区政府和国家相关部委的大力支持，被列入澳门十大国际品牌会展。第六届澳门车展展出面积 6.5 万 m^2，共有来自 20 多个国家和地区的 100 个知名汽车品牌及企业参展，尤其是国内各大自主品牌车企的悉数参展，成为本届澳门车展的亮点。这届展会，加强了国际专业买家邀请力度，吸引到“一带一路”沿线国家、葡语系国家、东南亚，以及泛珠三角经济圈的 20 多个国家及地区的行业协会参加，超过 3 000 余名专业采购商赴澳洽谈采购；同期举办 14 场汽车专业论坛，为汽车全产业链技术和经济交流、国际合作，搭建起一个良好平台。

第十五届沈阳汽博会展出规模 17 万 m^2，共有来自 17 个国家和地区 200 余家中外展商参展，吸引参观者 57.2 万人次，累计成交及预订车辆万余台，创下历届车展销量之最，已然成为东北地区展示中外汽车工业风采、树立品牌形象、挖掘汽车文化内涵的国际化程度越来越高的盛会。

国内二、三线城市自办车展项目整体呈向好的发展态势。洛阳车展在理顺 3 家主办单位合作关系的基础上，加强运营管理，实现扭亏为盈；包头车展面积突破 7 万 m^2，在全球经济景气度不佳的背景下，营业收入逆势增长，并实现较大幅度的盈利；柳州车展 2016 年开始由政府招标，中机国际一举中标，车展除获得理想的收益外，社会影响力持续提升；呼和浩特“一展一节”效益大幅度提升，项目利润较 2015 年分别增长 38% 和 19%。

2016 年是第十二届上海汽配展移师新展馆的第二年，展出规模 31.2 万 m^2，较上届增长 11.4%。与第十一届相比，本届汽配展参展企业数量增加 7%，参观人数增加 10%。展会同期活动超过 50 场。上海汽配展延续了全球汽车后市场领域“汽车后市场风向标”的美誉。

国机集团和广州市政府战略合作龙头项目——广州国际汽车零部件及售后市场展览会（AAG）继上年与全国汽配会联合举办后，2016 年单独举办一届，并获得成功，规模仍为 10 万 m^2。展会设置了电商和改装专区，同期论坛 22 场。展会邀请到多个行业高端品牌参加，并迎来一汽、东风等央企集团参与，行业知名度进一步提升。

第 79—80 届全国汽配会顺利举办，两届展会规模合计 12.2 万 m^2，集中展示了中国汽车配件产业的新产品、新技术、新材料和新工艺。“一届两季”的全国摩配会已成为中国摩托车行业独一无二的盛会。第 36 届摩配会分别在哈尔滨和广州举办，两季摩配会展出面积合计超过 8 万 m^2，为全球最大。特别是秋季展，展位数超过 2 000 个，比上年增长 43%；特装展台数量创纪录，达到 270 个，涵盖所有摩托车配件专业企业和主流厂家品牌；专业观众突破 6 万人次。

出国代理展与德国、英国、法国、伊朗、韩国等国家的全球知名展览机构和境外展馆方建立了合作关系，并取得多个展会的一级代理资格。“四团一展”业务模式取得成效，全年组织中国上千家企业参加全球 26 个汽车及配件展会，随团人员近 500 人，经营效益稳步增长。

会展工程与服务仍然保持快速发展的良好势头。中机国际继续挖掘春秋两季全国农机展主场服务的业务潜力，全面承接了展会的交通、物流、安保等管理服务工作，“保姆＋管家”的项目合作模式得到进一步巩固。会展工程与服务与中机国际自办展的内部合作良好，产业链的协同进一步加强。全年完成了北京车展、呼和浩特车展、包头车展、柳州车展、上海汽配展、广州汽配展等重要展览项目的部分搭建任务 40 余项，取得良好业绩。

2016 年发榜的“世界商展百强”中，上海汽配展、北京车展分列第 12 位和第 29 位，上海汽配展排名较上年上升 18 位。

2. 贸易成套 国际贸易方面：整车出口业务规模持续扩大，以自主品牌整车出口为主导的外贸格局基本形成。出口中东、非洲、东南亚及南亚地区汽车合计 1 300 台；出口古巴汽车 1 000 台，同比增长 53%。自主品牌整车出口业务稳步快走，经过最近几年的积累已经初具规模，效益增长显著。加强与国内汽车制造企业的配套合作，汽车关键零部件进口业务总体呈上升趋势。全年进口自动变速器 4 000 余台，其他汽车配件 14 个批次。汽车油品经销业务积极应对嘉实多公司业务调整的影响，开拓新的客户渠道，止滑向好。

工程成套方面：印度 2×350MW 电站项目进度正常，主机本体安装基本完成；签署合同分拆协议，节省采购成本和税费。完成 14 个批次的设备出运，累计完成出运 22 个批次。印度 2×150MW 项目初步完成 2 号机组的性能测验，并积极推进 1 号机组的检修，项目进入收尾阶段；NAVA1×55MW 改造机项目顺利完成通流改造、并网发电，机组发电效率提高 10%，比合同要求高出 5 个百分点，获得业主的高度肯定，为进一步开拓改造机市场积累了宝贵的经验。

【市场开拓】

在新市场的开拓和新业务的开发方面，均取得良好进展。

1. 商业会展 2016 年 4 月，首届中国（长春）国际汽车电商展览会在长春国际会展中心举办。此次车展整合了汽车及其电商平台的各种资源优势，采取“云覆盖”技术和“汽车＋互联网”新模式。这次展会推出的“掌上展会”，打破了常规展会举办时间和举办空间的限制。

6 月，首届“中国汽车及船舶用品（澳门）展览会”成功举办，吸引中国内地和港澳台，以及巴西、葡萄牙等 200 多家企业参展，近 500 家采购团参会。该展会是中机国际深耕澳门会展市场的又一成果，获得商务部、澳门特别行政区政府的大力支持。

在新能源汽车销量增长迅速和汽车互联化、智能化的背景下，中机国际联合中央企业电动车产业联盟创办的中国（广州）国际新能源、节能及智能汽车展览会，在 7 月顺利举办。首届展会面积 2.7 万 m^2，集中展出近年来中国汽车工业的新产品、新技术和取得的新成就。该展一创办就成为华南地区规模最大、品质最高的新能源、节能及智能车展，社会影响良好。这个展的成功举办，标志着中机国际在新能源车展领域的战略布局有了良好的开端。

11月，首届中国（广州）国际机器人、智能装备及制造技术展览会成功举办，展会吸引240家企业参展，展品涵盖国内外智能制造与装备、机器人、无人机等高端制造产品。展会的举办标志着中机国际在做实做强汽车类展会的基础上，加速向机械装备领域展会市场的扩展，加快了构建“大装备展”“大工业展”新格局的步伐。

12月，首届中国（佛山）国际汽车博览会举办，展览面积3万m^2。佛山有良好的硬件条件，有望成为中机国际开发珠三角地区展会的另一重要立足点。

此外，首次介入苏州汽车交易会的招展环节，短时间内完成近2 000m^2新能源车展区的招商，与主办方的合作关系得到进一步加强。

海外出展业务在国际形势动荡、外展整体规模下滑、赴新兴市场办展势头放缓的情况下，新开发7个代理展和1个自办展。

会展工程与服务新开发了天津海博会特装系列，沈阳车展、AAG展会等16个主场服务或特装项目，得到客户的一致好评。

2. 贸易成套 国际贸易方面：自主品牌整车出口市场新增缅甸、菲律宾、玻利维亚、秘鲁、多米尼加等市场；与上汽大通、上汽乘用车的合作关系继续深入，新引进上汽GS、GT和上汽大通G10车型，市场反响良好；采购商体系新增北汽集团、广汽集团、江淮集团和苏州金龙，采购车辆1 100余台，并与尼日利亚、古巴签订出口合同，合同金额合计逾1亿元。

工程成套方面：工程成套业务在市场开拓方面取得阶段性进展。北美节能改造项目已与合作方确定合作模式，印度钢厂项目经过几轮技术澄清已向业主报价，乌克兰农业机械成套项目已与业主签订第一批合作贸易合同。

【战略规划】

2016年是中机国际第3个“五年规划”的开局之年，制定并颁布新的“五年规划”是年度重点工作。“五年规划”是中机国际未来5年发展的总体指导方针和行动纲领，其愿景是“成为中国会展业的领跑者”。“五年规划”还确定了公司使命——“引领中国会展业发展，助力中国汽车业进步，推动中国装备企业全球化进程”；明确了企业核心价值观——“责任、创新、协同”；总体发展定位——未来五年，“坚持‘展览贸易，双擎驱动’，初步将中机国际建设成为国内外知名的综合型展览贸易服务商”。目标是——经过5年发展，主要经济指标翻一番，实现“五年再造一个新中汽（机）”。通过一年来的实践证明，其目标能够实现。

【资源整合】

展览资源整合是按照国机集团总体发展战略和资本运营规划开展的，对集团公司而言是大事。作为整合平台和核心企业，对中机国际更是大事。国机集团总经理徐建在中机国际增资扩股签字仪式上指出了整合的必要性：通过整合，有利于集团展览业的做大做强；通过整合，有利于市场竞争和抵御风险；通过整合，有利于利用资本运营等手段完善产业链条，进一步做大产业，提升价值链；通过整合，使“会展”这一特色鲜明的业务，置于国机集团这个大的平台之上，获得更大的发展机会和发展空间，从而成为集团品牌推广的重要力量，推动集团主营业务发展的强劲助推器。

推动资源整合、重组，顶层设计是关键。2016年，中机国际与国机集团资本运营部一道，制定了“国机集团展览资源整合总体框架方案”。按照总体框架方案，完成了以下几方面的工作：中机国际股份制改制总体方案设计；剥离中汽人才等5家影响资源整合和公司改制的企业；完成对中汽（机）国际的增资扩股，与CMEC、中国机床和国机资本协商一致，签订增资扩股协议。2016年底，西麦克、国机展览公司正式成为中机国际大家庭的成员。

【管理经验】

1. 人力资源管理加强 制定或修订人事管理办法 7 项，涉及干部管理、招聘、档案管理、薪酬管理等方面。加大人才引进力度，在招聘过程中增加背景调查、心理测试等环节，提高人岗匹配度。培训工作树立“服务公司战略、服务业务发展、提升管理水平”理念，培训质量较大提升。全年开展培训 20 场，受训学员约 200 人次。

2. 安全生产管理落到了实处 除做好常规安全管理工作外，建立安全生产责任制，签订“安全生产责任书”“安全生产双向承诺书”，逐级进行责任分解，保证安全生产责任制得到充分的落实。开展安全生产培训和检查，对中机国际各项工作的开展起到安全保障作用，没有发生重大的安全事故。

3. 经营管理和法律事务管理加强 坚持绩效导向，激励经营实体完成稳增长目标，修订《经营业绩考核暂行办法》《评价规则》；制定《2016 年度稳增长突出贡献奖励方案》，鼓励做出突出贡献的经营实体。此外，还制定了《所属控股企业经营业绩考核暂行办法》。

深入做好法律服务与法律事务管理，使法律管理逐步渗透到重大经营活动全过程，推动法律事务从事后救济向事前防范、事中控制转变。全年共评审各类合同 1 500 余件，妥善处理相关法律纠纷，维护中机国际权利和企业商誉。

4. 财务与风险管理水平提高 全面预算管理成效显著，在收入和利润均实现增长的情况下，实现“三项费用”的相对下降，达到了降本增效的效果。将全面风险管理与内控工作相结合，加强内控管理体系建设，修订“中机国际内控手册”，并指导广州中汽、辽宁中汽编制内控手册。强化财务管理基础制度建设和信息化水平，制定《车展门票管理办法》《进口商品成本暂估制度》，建成财务电子档案。

5. 资金管理为业务开展提供保障 在加强资金预算管理、降低融资成本，提高资金使用效率方面效果显著。落实月度资金滚动计划，统筹资金调配，保证了中机国际日益增长的资金需求。紧密结合业务需求，维护与各融资机构的合作关系，创新金融品种，推行新的融资模式，全年授信总额比上年增加 1.4 亿元。严格执行相关方面的规章制度，压缩担保规模，降低担保风险。保持出口退税一类企业资质，全年收到出口退税 9 000 余万元，较上年有大幅度增长。

6. 信息化提供有力支撑 探索“互联网 +”业务新模式切入点，服务于中机国际展览资源整合，从行业顶层搭建互联网形式的专业目录，研发设计“汽车大目录”平台。通过互联网进行资源整合，对内提高资源管理效能，对外更好地为客户提供专业化增值服务。将信息化技术作为提升展览运营水平和增加效益的手段，搭建“展会分析平台”，为挖掘展会数据价值、多维度反映展会运营效果提供保障。为提升展会服务质量，满足业务开拓需求，组建成立呼叫中心。

7. 宣传与企业文化建设取得进展 发挥微信、网站和报纸“三位一体”的媒体融合优势，提升内外传播效果，丰富传播内容。推出的“亮展”、《每日经济概览》等策划专题，获得较好的关注量。全年发布新闻 300 余条，微信粉丝量由年初的 500 人增至 18 000 余人。此外，2016 年中机国际出台的《员工行为规范》，成为下一步企业文化建设的有力抓手。

【党建工作】

1. 抓关键，按照“严与实”标准建设党委班子 把发挥好“关键少数”的关键作用放在党建工作突出位置。一是抓实理论学习。全年组织集体理论学习 6 次，学习内容主要包括十八届六中全会、全国国有企业党建工作会议精神和习近平总书记系列重要讲话精神等。二是按照“四个意识”要求，严格落实党内政治生活。党委书记作为“班长”，尊重和重视发挥集体智慧，党委成员分工明确、团结协作、努力工作。三是从严治党，签订党建工作和党风廉政建设责任书。

2. 抓基础，加强党支部和党员队伍建设

（1）认真组织“两学一做”学习教育。一是组织讲好专题党课。二是创新方法、注重实效，学习教育有声有色。中机国际党委时刻关注新形势，及时组织学习交流。7月7日，党委班子认真学习领会“不忘初心，继续前进”深刻内涵。召开学习教育推进会，增进学习教育效果。建立学习教育微信群，每天发送“两学一做”学习内容。指导各党支部开展“我为祖国自豪”教育活动，参观国家“十二五”科技创新成就展、“英雄史诗　不朽丰碑——纪念中国工农红军长征胜利80周年主题展览”等。组织学习党章硬笔书法展。开展纪念建党95周年主题党日活动，组织全体党员“重温入党誓词”，表彰中机国际“一先两优”单位和个人，邀请中央党校教授进行专题授课。完成专项工作。完成党员组织关系集中排查和党费收缴工作专项检查。

（2）抓好基层党支部和党员队伍建设。一是指导党支部开展组织生活。多次召开支委工作推进会，定期组织党支部委员业务培训。指导各党支部制订并贯彻落实全面从严治党实施意见和责任清单。二是做好组织发展，严把入口关。不惟业务，坚持把思想上积极追求进步的同志吸收进党组织。三是党建工作全覆盖，2016年分别在澳门项目、印度项目建立临时党支部，指导“两学一做”学习教育。

3. 抓重点，按照“忠诚、干净、担当”标准使用和管理干部　一是坚持党管干部，注重日常管理与培养。制定《中汽国际领导干部管理办法》《中汽国际关于对领导干部进行提醒、函询和诫勉的暂行办法》等制度，开展经常性的思想作风和能力素质方面的教育培训；对全部新任职干部进行任前谈话和任中培训。二是重视民主监督。充分尊重群众意见，定期征求一线普通党员群众在干部管理使用上的意见建议，设立书记意见箱。三是着眼“常、长”要求，筑牢拒腐防变防线，防患未然。对50名调岗新任职干部开展任前培训，并对他们提出廉洁自律的具体要求；在执行重大项目、逢年过节、日常培训等重要时间节点，都要强调党风廉政建设要求。

4. 抓作风，按“两个责任”要求做好反腐倡廉和党风廉政建设　中机国际党委认真落实“一岗双责”，履行“两个责任”，形成风清气正的良好氛围。一是党委、纪委及时学习传达上级党风廉政建设会议精神，部署年度党风廉政建设和反腐倡廉工作。制定《全面从严治党实施意见及责任清单》《中汽国际党委关于落实党风廉政建设主体责任的意见（试行）》和公司纪委《中汽国际纪委、监察室关于落实党风廉政建设监督责任的意见（试行）》等制度，建立党支部工作责任清单。重要时间节点及时发出落实“八项规定”精神的通知。二是签订“责任书”。部门及子公司负责人以上人员签订“党建工作和党风廉政建设责任书”，分解落实党风廉政建设责任。三是进行党风廉政专题学习与开讲专题党课相结合，强化党委中心组理论学习。

5. 抓长远，依规治党，完善党建制度体系　公司党委制定《中共中国汽车工业国际合作有限公司委员会会议制度》《中国汽车工业国际合作有限公司贯彻落实全面从严治党，建设党建工作大格局的实施意见》《中汽党委关于落实党风廉政建设主体责任的意见（试行）》《中汽国际纪委、监察室关于落实党风廉政建设监督责任的意见（试行）》《中共中国汽车工业国际合作有限公司委员会实行领导人员廉洁承诺制的办法》《中汽国际党委关于党费收缴、使用和管理的实施细则》，以及“中汽国际党组织党建责任清单”等9项制度，并及时组织学习辅导，提高制度执行力。

6. 抓群团，党建带群团、一体共建、互促互进　中机国际党委重视群团工作，积极支持工会、共青团等群众组织主动开展工作，取得“党建带群团、互促互进”良好效果。副总经理王阳夺得集团乒乓球比赛领导组第一名；工会开展建言献策征求意见周活动，收集 10 个方面共 93 条意见建议。

7. 抓整改，全面落实集团党建检查整改要求 9 月，国机集团党建工作专项检查组对中机国际党建工作进行检查指导，指出两个方面（组织生活记录需严谨和干部个人报告事项的审查时间要及时）的具体问题和整改要求。为此，中机国际党委迅速进行整改：一是结合支部委员培训，对党委和基层党支部的相关会议、学习、活动记录要求进行培训、规范和完善。党委会议和民主生活会记录分别记录，党支部“三会一课”按统一要求及时进行记录。二是对拟提拔任用干部，先对个人有关事项报告核查并反馈后，再上会讨论。

国机资产管理公司

【基本概况】

国机资产管理公司（简称国机资产）成立于 2011 年 1 月 26 日，定位为国机集团的资产管理平台，是以资产管理、资产运营、资产投资为核心主业，涵盖国际贸易、产权经纪、不动产管理等增值业务的综合性资产管理公司。全资拥有江苏华隆兴机械工程有限公司、厦门华隆进出口公司、国机时代置业（北京）有限公司等 10 家实际管理子公司，控股莱州华汽机械有限公司、长沙汽电汽车零部件有限公司等 6 家子公司，参股万向钱潮股份有限公司、福建龙溪轴承（集团）股份有限公司、光大银行、万向钱潮传动轴有限公司、国机资本控股有限公司、江苏苏美达资本控股有限公司和长春机械科学研究院有限公司等企业。

根据国机集团“十三五”发展规划金融与投资板块中资产管理业务定位，国机资产“十三五”规划立足国机集团，遵循“服务产业、前瞻布局、创新发展”的总体发展思路，坚持“服务”“发展”两条主线，明晰以资产管理平台为核心，开展资产管理、资产运营、资产投资等多元化业务的同心多元化战略选择。

【主要指标】

国机资产完成利润总额 2 025 万元，总资产报酬率 1.84%，成本费用利润率 10.7%，资产负债率 44%，两金占流动资产比重 3.3%。2016 年国机资产主要经济指标见表 1。

表 1　2016 年国机资产主要经济指标

项　目	2015 年	2016 年	同比增长（%）
资产总额（万元）	311 506.99	315 623.33	1.32
净资产（万元）	132 417.57	111 715.00	-15.63
营业收入（万元）	240 783.80	54 517.15	-77.36
利润总额（万元）	32 834.54	-3 290.18	-110.02
利税总额（万元）	34 580.00	-1 205.49	-103.49
EVA 值（万元）	19 489.18	-11 914.20	-161.13

（续）

项　目	2015 年	2016 年	同比增长（%）
全员劳动生产率〔万元 /（人·年）〕	6.99	4.26	-39.06
净资产收益率（%）	25.59	-2.22	减少 27.81 个百分点
总资产报酬率（%）	10.68	0.72	减少 9.96 个百分点
国有资产保值增值率（%）	127.47	82.63	减少 44.84 个百分点

注：国机资产经营考核范围为国机资产总部及实际管理公司，不包括由中国汽车工业进出口有限公司托管的划入资产，以及2016 年从中国汽车工业国际合作有限公司新划入的 5 家公司。

【改革改制】

11 月，根据党中央及国机集团党委要求，将党组织写入章程，突出党在公司治理结构中的引领作用。

12 月，为服务中国二重改革脱困，以受让二重成都物业管理有限公司 100% 股权方式承接二重成都工程中心大楼资产。

【要事与重大决策】

5 月 11 日，将国机资产指定为系统内部代理国有产权交易业务的首选经纪机构。

6 月 13 日，国机资产第三届董事会第四次会议同意转让西安大鹏 1.67% 股份，转让国机节能 43.1% 股权。

9 月 8 日，国机资产第三届董事会第五次会议同意转让天津中汽 100% 股权。

11 月 9 日，国机资产第三届董事会第六次会议同意发起设立基金管理公司及资产管理基金；决定以子企业长沙汽电汽车零部件有限公司股权投资入股中机国际工程设计研究院有限责任公司。

11 月 2 日，国机资产宣布任命新一届领导班子。

11 月 21 日，国机资产发布“十三五发展规划”。

12 月 30 日，国机资产通过北京产权交易所成功受让二重成都物业公司 100% 股权。

【资产管理和运营】

接收中国汽车工业国际合作有限公司划转的中汽人才交流中心、《中国汽车市场》杂志社、中汽国华文化发展有限公司、北京汽车工业发展研究所有限公司和上海竺能工程技术有限公司 5 项资产。

2 月，新股申购业务获国机集团批准，充分发挥所持证券资产价值，扩大利润来源。

5 月，完成对中国汽车工业进出口哈尔滨公司的清算注销工作。以加强内部协同、打造国机集团专业化资产处置平台为核心，批准公司为国机集团内部国有产权交易业务代理首选经纪机构。公司累计盈利再投资方案获国机集团批准，在市值管理前期利润范围内，扩大市值管理的规模和从二级市场增加标的股票。

9 月，完成子公司机翔房地产开发公司的债权与债务人沈阳新民公司的债务重组，收回债权款。

12 月，完成新星公司破产终结。完成中国汽车工业进出口武汉公司职工房改项目，收取房租和房改款项。完成佛山房产确权，取得房产证。通过司法诉讼程序，完成中基公司对华德液压债权的回收。

【资产投资】

重视国机集团内部协同合作，致力于帮助国机集团所属科研院所和装备制造企业加快科技成果产业化和资产证券化步伐。实际投资金额 88 708.76 万元，投资项目 4 个，其中 3 个为国机集团系统内的股权投资项目、1 个为国机集团系统外的股权投资项目。

1. 参与发起设立苏美达资本　以自有资金 3 000 万元参与发起设立江苏苏美达资本控股有限公司（简称苏美达资本），股权比例 6%。公司副总经理王胜利当选苏美达资本第一届监事会监事。

2. 参与认购常林股份非公开发行股票 以自有资金1亿元参与认购常林股份有限公司非公开发行股票，股权比例1.2%。

3. 收购成都物业 使用国机集团专项资金74 656.41万元，收购二重集团成都物业管理有限公司，股权比例100%。

4. 受让中国通号股票 使用银行贷款1 260万港元，受让国机资本控股有限公司持有的中国铁路通信信号股份有限公司200万股，股权比例0.02%。

1个项目通过投资决策，但未进入出资阶段。与东方前海资产管理有限公司共同发起，设立国机东方资产管理有限公司，拟投资金额980万元，股权比例49%。该项目取得国机集团备案。

【重大项目及业务发展】

1. 二重成都中心大楼资产项目 根据国机集团部署，参与中国二重成都工程中心大楼资产盘活。完成在北交所公开转让程序，以受让二重成都物业公司100%股权方式承接中国二重成都工程中心大楼资产，稳妥开展大楼资产接收，积极推进市场化运营。

2. 业务发展 经营单位加大市场开拓，在当前国内外经济形势下行压力下，面临不利的市场环境，国机资产3家所属企业实现利润总额1 618万元，较上年提升238%。江苏华隆兴深耕印尼市场，通过改善机型、产品研发等措施，实现插秧机出口3 155台、联合收割机出口85台，共创汇约1 060万美元，完成利润总额1 500万元。厦门华隆贸易业务稳中有升，新签合同额、合同毛利率较上年明显提升。国机置业首次实现零补贴基础上盈利。总部贸易事业部实现营业收入266万元。

市值管理业务深耕，通过夯实传统市值管理业务，开拓新型证券业务，挖掘证券资产盈利增长点，在证券市场振幅远低于上年度情况下，积极应对，实现收益329万元。

产权经纪业务内外协同，切实服务国机集团内部瘦身健体、提质增效，落实清理僵尸企业和管理层级压降政策，2016年累计服务标的逾30亿元，其中全力配合二重振兴，减免镇江公司100%股权项目服务佣金159万元。

【管理经验】

1. 发展战略 一是新版发展战略持续改进，明确国机资产是随着国机集团改革发展应运而生的内生性企业，是当前国机集团唯一的专业资产管理平台；二是公司“十三五”发展规划编制落地，深入阐述以专业化资产管理平台为核心，开展资产管理、资产运营、资产投资业务的同心多元化战略选择，明确企业发展方向和实施路径；三是开展创新、深化战略宣传贯彻工作，开展战略研讨、调研及战略主题知识竞赛，加深各级战略认知度，增强员工战略参与感，促进战略落地。

2. 标准化流程建设方面 组织开展工作流程编制工作，经过前期各部门梳理、绘制及后期反复讨论修改，自行编制完成共26个一级分类，182个子流程的流程图、流程说明及流程表单。最终印制成册，发放领导及广大员工使用。

3. 人力资源管理方面 ①夯实管理基础，不断提高人力资源管理水平。在上年的《人力资源发展规划（2015—2017）》基础上，制定《人力资源发展规划（2016—2020）》，为公司制定“十三五”发展规划提供有效支撑。同时，修订人力资源管理制度4个、制定制度2个，制度体系建设得到进一步完善，人力资源管理水平进一步提高。②围绕战略目标，不断加强公司人才队伍建设。为加强人才队伍建设，围绕公司战略目标，加大招聘力度，积极拓展招聘渠道，提高招聘效率，为公司打造高绩效团队提供支持和服务。同时，通过开展多层次、多角度、有针对性的专业培训，提升员工业务能力，满足了工作要求。

4. 财务管理 ①开展财务能力成熟度评价体系工作，明确自身定位及不足，结合公司“十三五”

规划战略要求，完善财务管理职能，推动财务组织由“会计核算”向企业业务领域深入合作，发挥“价值提升”的功能。②做好资金运筹，优化资金结构。通过盘活股票资产拓展资金融通渠道，完成常林股份1亿元参股项目投资对资金的需求，坚持量入为出、量力而行，谋求长期动态资金平衡；全面深化与金融机构合作，初步构建以四大国有银行和国机财务公司为主、股份制商业银行为辅的银企合作框架。③合理税收筹划，实现价值提升。中汽哈尔滨股权注销、西安大鹏转让等涉税抵扣取得实质性收益，对改制重组方面的税务事项积累较多经验。

5. 内部控制 开展内控评价，对体系设计合理性和运行有效性开展评价，挖掘内控缺失和管理漏洞，形成结论并做好整改，完善风险管理体系，完成全面风险管理规章制度的制定编写工作，持续内控体系建设工作。针对公司接受划转企业、处理处置资产、股权、证券市值管理等公司主要业务进行风险评估，发现潜在风险点，逐项分析成因，并拟定相应管控措施和解决方案。通过公司总部内部通信平台，开辟风险案例专栏，普及风险管理相关知识，促进全员提升风险管理责任和意识。

【企业文化建设】

制作“员工行为公约”“员工行为规范”文化宣传板，以及企业文化桌面、屏保，并在全公司推广。在公司系统内组织开展国机集团成立20周年企业文化征文活动，投递的4篇稿件分别荣获国机集团三等奖（1项）、优秀奖（2项）。公司组织参加国机集团第四届“和谐国机杯”乒乓球和羽毛球比赛，并取得羽毛球男子单打比赛冠军。

【安全生产】

落实各项安全生产工作，对现有安全生产规章制度及应急预案进行适宜性评审。新颁布实施《国机资产管理公司安全生产监督检查管理办法（试行）》《国机资产管理公司安全生产事故隐患排查治理办法》；充分利用OA办公平台、网站、宣传展板、通信内刊等普及安全知识，加强新《安全生产法》学习；组织火灾事故疏散逃生、消防器材灭火演练及电梯故障应急演练；由公司领导亲自带队深入各子公司管理现场，重点检查薄弱环节和隐患问题，强化对整改情况的深入落实。通过切实采取有效措施，加强安全生产管理，及时排查、消除安全生产事故隐患，全年无安全生产事故发生。

【离退休人员管理服务】

1. 落实政治生活待遇 落实党和国家关于离退休人员政治生活待遇的相关政策，积极主动解决离退休人员医疗保障和生活保障的后顾之忧，确保离退休人员老有养、老有所医、老有所乐、老有所为。

2. 做好慰问走访工作 对离退休人员坚持做到“五必访”：重大节日必访、患病住院必访、生活困难必访、来信来访必访、告别仪式必访，全年共计探望慰问离退休人员30人次，把组织的关怀和温暖送到离退休人员及有关人员身边。

3. 办实事，解难事 为有困难的离退休人员提供上门取医药费报销单服务；为全体离休人员提供坐等可取医药费报销款服务，全年共为离退休人员报销医药费114人次；上门为80岁以上的老同志生日“逢五逢十”送上祝福；定期组织集体教育学习活动，并在活动中注重发挥老同志正能量作用；为离退休人员安排年度例行健康体检。

【党的建设】

1. 扎实开展“两学一做”学习教育 严格按照“两学一做”学习教育要求，有序推进四个阶段的工作。采用党委委员和支部书记讲党课、专家专题辅导、参观主题展览、公司内刊开辟“两学一做”学习教育专栏、为党员购买学习书籍、召开党员领导干部民主生活会、党员组织生活会、党员民主评议等一系列载体丰富、形式多样的活动，不断深化“两学一做”学习教育，同时加强监督检查和分类指导，确保两学一做“学习教育”落到实处、取得实效。

2. 切实加强干部管理工作 制定《国机资产干部管理办法》，加强干部管理工作规范化，以制度形式将“党管干部”要求落到实处；制定以制度形式加强领导班子成员之间，以及领导班子成员与中层干部、骨干员工之间的思想交流，强化党员干部的思想教育和作风建设。

3. 创新开展党委委员述职 为贯彻党要管党、从严治党要求，强化国机资产党委委员履职尽责意识，认真履行“一岗双责”，制定并首次召开党委委员述职会。党委委员就个人年度在思想政治、组织领导、工作作风、廉洁自律等方面进行述职，接受党委委员、纪委委员、党支部书记和党员代表的民主测评，测评结果将作为公司党委换届选举和干部选拔任用的重要依据。

4. 多举措强化党员管理 全面贯彻“从严治党”要求，深入开展党员管理专项检查。克服困难，圆满完成党费收缴专项检查，所属6个党支部87名党员完成补缴，未出现1例拒缴、少缴现象；深入开展党组织关系排查工作，对全系统在册92名党员的基本信息进行摸排，排查公司成立以来党员转入转出信息，核查党员组织关系介绍信存根，杜绝了“口袋党员”“失联党员”现象。

【廉洁从业】

持续做好中央八项规定的贯彻落实，以开展专项检查、效能监察、加强反腐倡廉教育为抓手，加强作风建设，推进廉洁从业。以重大节假日为关键点做好节前廉政提醒，开展“四风”问题整治情况“回头看”、制度建设情况专项检查、招投标工作自查自纠、党内问责情况盘点等工作，坚决杜绝违法违规行为；扎实开展效能监察，为进一步加强和规范资产处置的内控监督，对公司总部2015年以来的资产处置项目开展效能监察，为有效保障国有资产安全完整和保值增值发挥积极作用；进一步加强党风党纪教育，开展纪委书记讲党课、观看反腐倡廉系列专题片、加强党规党纪教育等工作，开展反腐倡廉教育11场次，接受反腐倡廉教育215人次，强化了党员、干部廉洁从业意识，推进了廉洁文化建设。

【社会责任】

积极履行央企社会责任，树立央企良好形象，响应国机集团号召，组织全系统职工参与“国机爱心日”捐助活动，共募集爱心基金38 207元，为社会公益贡献力量。

国机资本控股有限公司

【基本概况】

国机资本控股有限公司（以下简称国机资本）成立于2015年8月6日，是由中国机械工业集团有限公司（简称国机集团）联合部分所属企业及建信（北京）投资基金管理有限责任公司，共19家股东单位共同发起设立的国有控股企业，注册资本23.7亿元。国机资本主要业务范围为：股权投资、项目投资、证券投资、资产受托管理；项目融资、产业基金及私募基金的筹集和管理，投资咨询与财务顾问，高新技术开发与咨询；法律法规允许公司经营的其他业务。

国机资本的成立是国机集团有效应对内外部环境变化、提高资本收益与效率、完善产业布局、优化资源配置的重要决策，是打造集团制造、工程、贸易、资本“四轮驱动”战略目标的重要举措，也是通过资本方式培育、孵化集团内外部科研成果及优质项目，进一步实现集团提质增效、转型升级的顺势之举。

【主要指标】

截至2016年年底，资产总额29亿元，比上年增长16.3%；所有者权益25.28亿元，比上年增长2.5%。实现利润总额8 518万元，净利润6 238万元。2016年国机资本主要经济指标见表1。

表1 2016年国机资本主要经济指标

项 目	2015年	2016年	同比增长（%）
资产总额（万元）	249 838	290 562	16.30
净资产（万元）	246 606	252 755	2.49
营业收入（万元）	0	0	–
利润总额（万元）	1 825	8 518	366.74
技术开发投入（万元）	–	–	–
EVA值（万元）	-6 646	-9 991	50.33
全员劳动生产率〔万元/（人·年）〕	–	–	–
利税总额（万元）	1 951	9 003	361.46
净资产收益率（%）	1.10	2.50	127.27
总资产报酬率（%）	1.46	3.51	140.41
国有资产保值增值率（%）	–	102.58	–

【经营工作】

面对复杂多变的投资环境，国机资本将风险控制放在第一位，审慎制定国机资本投资策略，做好资产配置和投资布局，努力实现“创效益、增实力、树品牌，稳步成长”目标。

1. 资产配置科学 面对不确定性逐步加大的经营环境，国机资本在资产配置上注重长短期业务结合，短期投资注重风险可控并且有稳定现金流收益的金融证券类投资项目以便实现增厚利润、增强实力的目的；长期投资注重兼具价值驱动和事件驱动的产业股权类投资项目。

截至2016年年底，国机资本累积决策项目投资总额共27.07亿元，实际投出资金累计19.22亿元，剩余资金根据计划陆续投出。

短期财务性投资主要为参与优质上市公司的一年期定向增发和新股投资。截至2016年年底，短期财务性投资累计投出金额6.52亿元，按照经营计划退出1.51亿元，并实现投资收益5 004万元，退出投资收益率31.58%。

中长期产业投资主要是集团旗下上市公司和集团战略合作伙伴3年期定向增发项目、集团内产业调整和新产业培育项目，以及按照市场化原则选择的优质股权项目和基金项目。截至2016年年底，累计决策总额17.65亿元，实际投出金额12.7亿元。

2. 发掘集团内部业务，助推集团产业发展 作为国机集团的资本投资平台，国机资本积极参与集团产业发展，累计对国机集团内部企业决策投资总额5.83亿元。

在加大对国机集团内企业的调研和交流的基础上，积极支持国机集团结构调整、资产整合。2016年1月完成对国机智能的出资，9月完成对广州启帆公司的出资，12月完成对中机国际既会展业务整合项目的出资，同时，积极参与轴研科技定向增发注入国机精工以及中国电器院混改项目。

3. 扩大和深化投资生态圈，加强合作借力前行

（1）上年搭建投资平台发展符合预期。经董事会批准投资的“军民融合产业基金”，于9月在京举行创立大会，该基金是国务院国资委投资引导基金三层次体系下成立的第一支产业发展基金。同时，参股该基金的基金管理公司。基金项目储备充沛，截至2016年年底，已完成高通量卫星公司等10余个项目投资，累计投资40亿元。

经董事会批准，投资的清控旗下“诚志股份定向增发项目”11月10日完成缴款，截至2016年年底该项目持有浮盈9%。

互联网金融公司“央企云链”发展较快，截至2016年年底，平台合作的集团企业10家，并将增资、扩股引入航天科技、招商局、中船重工、中国工商银行等16家央企、金融机构，在增加平台资金实力的同时，利用优质股东资源加速云链业务的推广。

(2)新增合作伙伴。积极向外拓展合作空间，与航天科工、创新工场、保利资本进行实质性投资合作，与航天投资、华能资本、三峡资本、中船投资等央企金融投资平台，以及中信证券、中信建投资本、如山创投资本等投资机构紧密联系，进一步寻找投资机会。

【管理经验】

1. 制定“十三五”发展规划 按照国机集团部署和自身发展需要，制定《国机资本控股有限公司“十三五”发展规划》，确立国机资本战略定位，明确未来五年发展原则和目标。

2. 逐步建立风险管理体系 国机资本所处高风险行业，控制好风险是首要任务。严格按照股东会、董事会和经理层规定的各项权责开展工作，逐步建立投资项目的储备、调研、立项、分析决策及投后管理等投资管理办法，提高投资决策的专业性和科学性；精挑细选项目，审慎开展投资分析与评估，明确项目投资收益来源与退出通道，严格项目投后管理与问责，不断提高自身风险防范能力。

召开8次董事会，审议通过17项议案，涉及投资项目5项，其余为涉及财务预决算、修改章程、变更董事等程序性或事务性事项。

3. 建立完善各项管理体系，公司运营管理步入正轨

（1）人力资源管理。根据公司经营对专业人才的需要，10月进行公开招聘，补充相关岗位人员，提升团队专业能力。组织企业内训和外派员工参加相关专业培训，人均培训次数2.9次。

（2）财务管理。逐步建立和完善相关财务会计制度，加强资金管理，提高资金使用效率和收益，货债类收益全年约5 520万元，年化收益率约3.45%。与多家银行建立良好合作关系。

【党建工作】

为加强集团基层党组织建设，推动党的组织和工作的全覆盖，根据国机集团党委批示，国机资本设立党支部。4月15日，召开第一次党员大会，选举产生国机资本党支部第一届委员会。

按照党中央、国资委党委和国机集团党委的统一部署和要求，国机资本党支部制定“两学一做”教育方案实施计划，分3个阶段以不同形式进行集中学习、交流和总结，积极参加国机集团组织的基层党支部培训学习，把学习教育与贯彻落实全面从严治党要求的各项部署结合起来，与集团“二次创业”和实现“四轮驱动”的发展目标相结合，与做好公司改革发展各项工作结合起来，为实现公司稳健发展奠定坚实基础。

中国农业机械化科学研究院

【基本概况】

中国农业机械化科学研究院（以下简称中国农机院）成立于1956年，1999年由科研事业单位整体转制成为中央直属科技企业，2009年进入中国机械工业集团有限公司，总部位于北京奥运村核心地区，在岗员工5 400余人。

中国农机院是一家多元化的综合性科技型企业，是国家首批创新型企业和高新技术企业。业务领域包括高端装备、农业工程、信息技术与服务3个板块，涵盖农牧业装备、军工与特种装备、汽车配套、农产品与食品工程、冷链与环境工程、勘察设计与施工、出版传媒、信息技术与精准农业、标准与检测等领域。

建院60年来，累计向社会提供9大类3 200多种农机产品技术，累计获得国家级和省部级奖项500余项，获得国家专利700余项，承担国家重大科技开发项目2 500余项，制定行业标准1 400余项，科研成果广泛应用于农业经济生产中。

在60年发展历程中，逐步成为中国农业装备领域战略策源中心、技术创新中心、产品辐射中心和国际交流中心，形成了独特的产学研相结合的科技创新体系，“自主创新”成为企业的核心竞争优势。建有1个国家重点实验室、2个国家工程实验室、2个国家工程技术中心，设有农机具、食品机械和试验机3个国家级质量监督检验中心，是农业机械、低速汽车、风力机械、试验机4个全国标准化技术委员会的挂靠单位，是农业装备产业技术创新战略联盟、国家饲草料生产科技创新联盟、食品装备产业技术创新战略联盟和首都生物质能产业创新战略联盟理事长单位。

转制后，不断深化体制和机制改革，发挥科技领先优势，孵化培育科研制造产业群体，从传统的科研院所成功转型成为现代科技企业。截至2016年年底，有7家全资子公司、11家控股子公司和4家直属单位，为中国农机工业重要的科研开发与装备制造企业。

当前，中国农机院将以打造“价值型农机院”为引领，致力于建设“创新农机院、智慧农机院、幸福农机院”，围绕现代农业装备核心领域，发展多元化产业，努力打造具有国际竞争力的一流企业，引领中国农机工业技术进步，支撑中国农业机械化发展。

【主要指标】2016年中国农机院主要经济指标见表1。

表1 2016年中国农机院主要经济指标

项 目	2015年	2016年	同比增长（%）
资产总额（万元）	845 212.17	666 449.87	-21.15
净资产（万元）	197 424.92	136 282.10	-30.97
营业收入（万元）	503 204.96	402 056.62	-20.10
利润总额（万元）	-55 090.91	-66 081.26	-19.95
技术开发投入（万元）	22 394.99	19 399.76	-13.37

（续）

项　目	2015 年	2016 年	同比增长（%）
利税总额（万元）	-32 123.25	-41 945.53	-30.58
EVA 值（万元）	-35 387.09	-64 364.40	-81.89
全员劳动生产率〔万元 /（人·年）〕	9.00	5.77	-35.89
净资产收益率（%）	-12.26	-40.47	减少 28.21 个百分点
总资产报酬率（%）	-1.23	-6.76	减少　5.53 个百分点
国有资产保值增值率（%）	89.14	64.59	减少 24.55 个百分点

【改革改制】

1. 加大推进低效无效资产、五级及五级以下企业清理调整专项工作力度　完成邯郸中农机美诺药械有限公司、湖州安达汽车配件有限公司股权调整及级次提升工作；北京科美新防腐技术有限公司、中机（通辽）机械装备有限公司清理工作稳步推进；中机象屿农业科技发展有限公司进入清算程序。

2. 推行竞聘上岗，完善选拔机制　一是完善公开选聘、竞聘上岗机制。坚持人岗匹配原则，发挥竞争性选拔在激发人才活力方面的重要作用；明确岗位特点与职责要求，破除年龄、资质、学历等限制；扩大选人用人视野，做到不拘一格选用人才，努力使干部的选拔做到科学合理、公平公正。二是实施首次提任二级单位负责人试用期考核制度。积极探索干部考核机制和管理体制，制定《〈中国农机院领导干部管理暂行办法〉补充意见》，对被考核人在试用期间的工作目标数量、质量、目标时效进展完成情况进行考核，评价其业务素质和履职能力，使其成为对干部选聘风险控制的有效手段，为强化干部队伍建设积累实践经验。

3. 强化激励机制，推动薪酬改革　建立和完善以岗定薪、按绩取酬、责权利相一致、激励与约束相结合的考核及薪酬分配制度。一是改革所属企业经营业绩考核，强化导向和激励作用。制定《中国农机院经营业绩考核暂行办法》，重新设计考核指标体系，精炼分类考核指标，调整指标权重，引入关键业绩和事项指标考核，使考核更具个性化、更有针对性；重新调整年薪构成及确定方式，加大绩效年薪比重，设立中长期激励基金；引入经济责任追缴、处罚条款。二是改革院职能部门薪酬分配，优化薪酬激励的时效性和准确性。实行部门工资总额包干制，对副部长及以下岗级员工由年度考核改为月度考核，按月兑现绩效工资。

4. 实施机构改革，打造价值总部　为实现科研与产业相互支撑、管理与服务有效结合，按照“干部能上能下、人员能进能出、机构能设能撤、待遇能高能低”原则，在充分调研、反复酝酿基础上，将院原有 10 个职能部门调整为 6 个，为全面打造精干、高效、服务型总部，提升价值创造能力奠定重要基础。

5. 规范公司治理，发挥“三会”作用　重点推进所属企业董事会建设工作，努力完善公司治理结构，注重发挥公司治理机制的监督制衡作用，发挥董事会作为议事和决策机构的重要作用，促进企业解决经营管理中出现的问题。制定《董事、监事管理暂行办法》，对改善院企沟通，指导、监督、促进所属企业的经营管理起到积极作用。

【市场开拓、产品及发展情况】

突出主业布局，培育新兴产业围绕三大主业，聚焦优势资源，选择高附加值和高技术含量的产业领域作为发展方向，着力提高核心竞争力，促进产业转型并取得积极进展。

1. 努力打造农业工程板块　进行资源整合，面向国际国内两个市场，培育农业工程EPC平台。完成中国包装和食品机械有限公司与海外工程事业部重组，调整组织结构和业务模式，将农业工程作为抓手业务，带动相关业务协同发展。

促进农业工程板块协同效应，培育农业工程产业链，发展以农业工程为特色的工程承包；推动中国包装和食品机械有限公司、中机十院国际工程有限公司、中机华丰（北京）科技有限公司等企业，在资质、技术、营销、人才、项目等方面优势互补、共拓市场、协同发展；签订多个农业工程成套项目；积极向冷链与环境工程转型，成为新的业务支撑，承接多个冷链物流、固废处理等工程项目。肉食冷链业务获国内最大的羊屠宰项目，粮食工程连续新签重大项目。

开拓国际市场，实施"走出去"战略。成为《中国－苏丹三年农业发展行动计划（2017—2019）》实施单位，为开拓海外工程总承包市场开辟新路径。积极参与国际项目投标，承接乌克兰700t/d大豆制油预处理、埃塞瓦楞纸板生产线等项目。跟踪援苏丹屠宰场、尼泊尔奶业提升与农村社区减贫、哈萨克斯坦农业产业园等项目，为后续开拓国际业务打下基础。

2. 信息技术与服务向产业化迈进 信息技术成果产业化实现突破。承担吉林省农机信息管理云服务平台系统集成设计和建设项目，自主研发的深松电子监测系统等系列产品成功投放市场。建成东营农业高新区盐碱地综合治理与高效利用试验平台，带动成套信息技术服务系统应用。成为互联网＋农机的典范，为信息技术产业化、引领行业发展奠定重要基础。

数字化转型取得阶段性进展，新媒体及周边业务比重上升较快。平台型新媒体产品获突破，汽车导购APP获世界移动互联网大会"最具投资价值APP"，"知谷"全媒体平台在农机行业影响力迅速上升。数字营销业务取得实质性增长，经营模式从以传统媒体业务为主体转型升级为以数据系统服务为主体，业务拓展到为企业提供舆情监测系统、口碑源系统、大数据营销系统等服务。

行业服务开辟汽车检测及商用车油耗检测新领域。取得工信部专用车公告检测资质，进入汽车检测行业，专用车检测业务将成为重点开拓领域。成功进入交通运输部商用车油耗检测业务市场，完成20家企业、400个产品的油耗检测工作，形成新的经济增长点，为未来业务拓展打下基础。

3. 高端装备持续获得竞争优势 在军工装备、工程机械装备、试验机设备、汽车配套等业务领域，通过专注高端细分市场，提升行业影响力。军工及特种装备获重大技术突破，获"国家技术发明一等奖"，叶片热喷涂热障涂层市场占有率稳定在70%～80%，全年业务量同比增长40%，成为中国先进表面工程制备与再制造技术的领军企业。高端摊铺机在细分行业保持第一梯队位置，确立在高等级公路施工中的品牌地位，并尝试非标设备订制服务，逐渐成为新的业务形态。试验机、校直机保持行业领先地位，连续中标重大项目，向"互联网＋制造"突破。

汽车配套业务保持快速发展势头。利润总额同比增长26%，未来业务饱满，为持续增长奠定基础。

农业装备探索技术与市场对接新模式。以服务农垦大客户为契机，以项目为抓手，探索技术与市场对接机制、农机与农艺结合方式。

【经营管理】

1. 加强生产管理，强化质量控制 进一步提升产品质量。督促企业强化生产试制和质量控制主体责任，健全生产、质量管控体系和问责机制，促进企业加强生产过程控制，提升产品质量。长春机械科学研究院有限公司积极进行存货及库房管理提升，完成现代化立体库房的建设，使用率实现翻番，逐步实现原材料库存精准控制，减少库存积压。湖州安达汽车配件有限公司全面推进精益生产和机器换人，人均生产率提高60%，效率提升，产品质量更加稳定。中国农机院呼和浩特分院加强研发和生产协作，提升产品质量，整机装配一次交验平均合格率98.5%，方捆机关键件A类项次合格率100%，秸秆揉碎压捆机关键件A类项次合格率100%。

2. 加强队伍建设，打造精干团队 创办“中国农机院大讲堂”，围绕“求真、明德、聚智、行远”宗旨，举办5期，促进与院属企业、集团兄弟单位之间的经验交流，传播正确观念，形成学习氛围。召开不同层次的干部会议，以做好企业文化建设和队伍建设为出发点，强调态度、责任、效率、沟通，努力建设一支主动工作、业务精湛、具有服务意识和专业水平的管理团队。

【科技创新】

围绕国家战略、市场需求及院科技与产业发展，承担国家重点研发计划、国家科技支撑计划、国家“863”计划等科技计划项目140多项，年度科技投入1.4亿元，在农牧业田间生产作业、农产品及食品加工、液压军工及特种装备、大型试验检测设备，以及农机智能控制系统等方面取得一批成果，国内领先以上水平的鉴定科技成果9项，推进产品技术升级、结构优化转型。获省部级科技进步奖6项，其中国土资源科学技术奖一等奖1项；中国机械工业科学技术奖二等奖2项、三等奖2项；国机集团科技进步奖三等奖1项。加强知识产权保护工作，全院申请专利94项，全院有效专利达到647项。统筹推进检测、标准等行业及军工科技工作，制修订标准79项，其中国家标准20项、行业标准59项。

为加大对技术创新、成果转化及产业孵化的激励，设立“创新基金”，每年预算500万元，用于支持高、精、尖原创技术的产品创新、成果转化及产业孵化，支持在创新活动中有突出贡献的优秀个人或团队。提出推进全院科技创新驱动发展举措、创新基金管理办法及实施细则等激励强化措施，不断提升科研管理的水平。

与黑龙江省农垦总局建立战略合作伙伴关系，成立中国农机院北大荒分院，缩短技术与应用路径，密切农机与农艺的结合，推动新技术与新产品的开发与推广。与首农集团签订战略合作协议，双方将在以农产品加工方面为代表的现代农业领域开展合作，实现协同发展。

【国际科技合作】

在稳固原有国际合作成果的基础上，服从国家发展战略，响应国机集团“走出去”“再造海外新国机”号召，不断拓展合作领域、丰富合作形式，支持国际化发展，积极与“一带一路”及拉美国家开展合作，促进开展双边合作，力求不断吸收外国先进技术，推进中国农机院成熟技术、装备与成套工程走向海外。

1. 中美（国）农业科技合作稳步推进 作为中国科技部－美国农业部农业科技合作秘书处所在地，承担8月25日在广东珠海召开的“中国科技部－美国农业部农业科技合作第十四次联合工作组会议”筹备、协调和承办工作，中国农机院副院长方宪法作为中美联合工作组农产品加工领域牵头人出席会议，并代表七大优先合作领域专家在会上作工作汇报。

2. 中加（拿大）合作进展顺利 派员参加“中国－加拿大科技合作联委会会议”，参与讨论并积极推进《中加科学技术和创新行动计划（2016—2018）》制定工作，积极倡议吸引更多的企业参与建设中加政府间科技合作平台，加速科技转化及科研成果商业化进程；填写提交中国－加拿大农业和食品领域科技合作2013—2015年度总结及相关作证材料；接待加拿大CVT公司首席执行官Daniel Girard先生一行3人到访，双方就农业装备领域变速传动器的商业合作及市场推广机会开展深入交流。

3. 中非（洲）合作继续深化 9月21—24日，中国农业部与苏丹农业与林业部在苏丹首都喀土穆共同召开“中国－苏丹农业合作执委会第三次会议”，并联合举办“中苏农业合作投资论坛”，中国农机院被列为《2017—2019中苏农业合作三年行动计划》的中方具体合作单位。同时，在双方农业部长的共同见证下与苏丹农业研究中心（公司）签署合作谅解备忘录，为下一步探讨建立农业机械化联合研发平台，并优先开发稳妥可行的农产品储藏、加工、物流，以及农业机械装备、农业基础设施建设等项目合作奠定良好的基础。与盖茨基金会合作的埃塞俄比亚人力节约型苔麦夫农机技术示范项目，完成主要设备的定型工作并进行多次实地试验。

4. 中亚（洲）合作进展顺利 赴尼泊尔就国家奶业发展计划项目进行调研和洽谈，拜会尼泊尔主管财政的副总理和执政党高层官员，与尼泊尔国家奶业发展委员会进行会谈、签署会议纪要，并赴卡林丘克（Kalinchowk）奶牛场和研究中心进行实地考察。

【信息化建设】

1. 打造便捷、高效的 OA 协同办公系统 调整各类业务流程数十次，业务流程提交量达到每年 7.5 万个，最大同时在线用户数增加 70%，实现对中国农机院总部及所属企业中层以上干部的全覆盖。进行以“微信端”为亮点功能的升级，实现利用微信完成流程操作，极大地提升流程审批的响应速度，24 小时内完成整个流程的各审批环节达 79.2%，与升级前相比提高 39 个百分点。

2. 发挥 IT 基础设施“集中部署、统一管理”优势 新增托管服务器 11 台，虚拟化平台中新增应用（虚拟机）3 台，虚拟化平台中的近 30 台应用宕机等故障次数为零。加强推广视频会议，全院 53 次采用异地多会场的视频会议，分会场总数量超过 100 个，累计参会人员超过 1 000 人，视频会议效果和质量显著提升。

3. 打造网络和数据安全屏障 加大院网络安全体系建设，新增 WEB 应用防火墙，平均每天有近 2 万次疑似攻击行为被拦截，保障了院服务器群的安全运行。

4. 积极推动所属企业信息化工作 深度参与洛阳中收机械装备有限公司 MES 和经销商管理方案的策划、选型和实施过程；协助行业技术服务中心进行业务系统规划和技术方案选型；协助中机十院国际工程有限公司移动 ERP 方案审查；对卓众出版进行《互联网 + 时代传统媒体的转型之路》为题的新媒体业务培训，为北京卓众出版有限公司全员坚定执行数字化转型战略统一思想；为机电技术应用研究所深松作业与保护性耕作管理系统提供院现有的网络带宽、服务器托管等资源和服务。为解决院属单位设计团队分散、管理水平低，技术资料管理松散的顽症，选择云设计平台，并对中国包装和食品机械有限公司薯类与果蔬工程部进行推介和试用，反映良好，该解决方案具有在院内设计团队推广的巨大使用价值和可行性。

【党建工作】

1. 开展“两学一做”，确保学习教育实效 强调“基础在学”，各级党组织认真开展集体学习和专题研讨，利用微信平台、OA 系统及时推送学习内容，拓宽学习渠道；着力落实“关键在做”，开展“党员组织关系集中排查”“基层党组织按期换届情况专项检查”“党费收缴工作专项检查”，开展干部队伍作风建设、干部选拔任用制度改革等专项工作，着力解决存在的问题，努力做到两手抓、两不误、两促进。

2. 贯彻从严治党要求，着力夯实党建工作基础 强化从严治党责任意识，围绕执行《中国农机院贯彻落实全面从严治党要求实施办法》，下发“中国农机院党委各级党组织党建责任清单”；完善党委参与企业重大问题决策机制，进一步完善党委会议事规则，健全党组织参与重大问题决策的规则和程序；建立完善党建工作制度框架，梳理工作流程，编辑《中国农机院党建工作手册》；通过召开党建工作会议、全力抓好基层党组织换届选举、完善领导干部联系点制度和认真贯彻落实发展党员新规，推动工作落实。

3. 完善选拔任用程序，建设干部人才队伍 与行政班子密切配合，推进干部任用制度改革；以“正风肃纪强队伍、求真务实谋发展”为主题，召开全院干部大会；开设“中国农机院大讲堂”，为人才培养及干部队伍建设提供有力支撑。

4. 落实中央八项规定精神，将党风建设和反腐败工作与中国农机院改革发展同步推进 层层签订“党风廉政建设责任书”，年终按照《党风廉政建设责任制考核办法》对领导干部进行民主测评和工作考核；开展廉政约谈、“三重一大”决策制度专项检查，对院规章制度建立与执行情况进行专项检查。

5. 注重企业文化建设，营造和谐发展氛围 开展“对话青春、筑梦远航”主题访谈，勉励青年员工在中国农机院的发展平台上实现个人价值；举行建院 60 周年书画摄影展；召开中国农机院成立 60 周年大会，回顾发展历程，展望企业未来；通过开展全院群众性体育活动，参加集团乒羽赛、主题演讲比赛等活动，营造和谐发展的企业文化氛围。

【社会责任】

坚持定期向困难职工发放补助，组织“一日工资”捐助活动，帮助解决职工子女入学问题。积极履行企业社会责任，投身社会公益。参与四川省广元市朝天区精准扶贫工作，承担精准扶贫研发项目“核桃脱青皮、风干一体机系统”，通过技术帮扶产业升级，支持贫困村依托自身资源优势发展生态产业。在由中国农机化导报、中国农机化协会举办的评选活动中，中国农机院入选首批“中国最具社会责任感农机企业”。

坚持“谁主管，谁负责”“党政同责、一岗双责”原则，全面落实安全责任，完善管理制度，制订重大危险源管理方案和控制措施等。加强教育培训，深入开展安全生产大检查，有效遏制各类事故。获国机集团安全生产考核 A 级。完成节能减排各项目标，连续多年考核获优。

中国中元国际工程有限公司

【基本概况】

中国中元国际工程有限公司（简称中国中元）是集科研、咨询、勘察设计、工程承包、项目管理、设备成套与制造为一体的工程公司。具有工程设计综合资质甲级、建筑工程施工总承包壹级、专业承包壹级及对外承包工程资格证书和相关资质，可以承接全行业、各等级的工程设计业务和从事工程设计资质标准划分的建筑、机械等 21 个行业的工程总承包、项目管理等业务，以及境外工程承包等业务；承接建筑工程施工总承包壹级资质范围内的施工总承包、工程总承包和项目管理业务。具有城乡规划、建设监理、工程咨询、工程造价咨询甲级资质；具有压力管道设计资格；具有独立的进出口经营贸易权、对外经济合作资格证书、进出口企业资格证书、自理报关单位注册登记证书、工程招标代理机构资质证书、施工图设计文件审查许可证书及建筑装饰工程设计与施工资质证书；具有市政行业（载人索道）工程甲级设计资质证书，以及工程咨询单位（索道工程）、工程咨询单位（索道工程）项目管理和索道工程评估咨询资格证书。

拥有工程技术人员 2 900 余人，各学科博士、硕士等 630 余人，各类注册工程师 560 余人。共 16 个直属生产单位、10 个职能管理部门，在北京、海南、厦门、上海、长春、南京设 11 个二级法人单位，在深圳、山西、青海、四川等地及乌兹别克斯坦设有分公司。

秉承“质量是生命，精心设计、创优工程、诚信服务，保护环境、珍爱生命，是我们对顾客、社会、员工始终不渝的承诺”的管理方针，连续多年位列全国勘察设计单位综合实力百强企业，工程承包、项目管理60强企业，中国工程设计企业60强企业，为中国工程建设领域的主力军之一。

【主要指标】2016年中国中元主要经济指标见表1。

表1 2016年中国中元主要经济指标

项 目	2015年	2016年	同比增长（%）
资产总额（万元）	298 446.16	370 264.88	24.06
净资产（万元）	118 635.57	128 088.67	7.97
营业收入（万元）	275 144.05	281 795.45	2.42
利润总额（万元）	16 576.96	16 937.32	2.17
技术开发投入（万元）	18 594.83	22 965.88	23.51
利税总额（万元）	24 791.20	31 782.97	28.20
EVA值（万元）	8 806.26	11 827.92	34.31
全员劳动生产率〔万元/（人·年）〕	29.26	34.90	增加19.26个百分点
净资产收益率（%）	5.91	6.41	增加8.46个百分点
总资产报酬率（%）	3.64	4.07	增加11.81个百分点
国有资产保值增值率（%）	106.01	107.21	增加1.13百分点

【改革改制】

根据国机集团关于企业战略发展规划的精神要求，8月31日，与北京起重运输机械设计研究院（简称北起院）联合向国机集团递交《关于中国中元国际工程有限公司与北京起重运输机械设计研究院联合重组的请示》。11月3日，获得《国机集团关于中国中元国际工程有限公司与北京起重运输机械设计研究院进行联合重组的批复》：“国机集团将所持北起院100%产权无偿划转进入中国中元，股权划转基准日为2015年12月31日。”12月28日，北起院工商注册变更通过工商东城分局审核。联合重组后企业运营良好。11月3日中国中元与北起院实现联合重组。中国中元与北起院的联合重组实现中国中元在工程建设领域与装备制造领域的跨领域整合，通过整合打造智能物流领域、物料搬运领域在全国范围独具特色的拥有技术研发、工程与工艺设计、工程承包、关键设备制造、设备成套、系统集成、运营服务为一体的业务链体系。

【重大决策】

成立技术研究院 围绕“两个一流”发展目标，深入实施科技发展规划，不断完善科技创新体系，加大科技投入，提升研发能力。中国中元于3月7日成立技术研究院，从公司层面对新技术的开发、对全公司的技术支撑和新技术、新业务的孵化进行部署与推进。技术研究院的复杂结构研究室、振动研究室、绿色建筑室、海绵城市与消防评估研究室、声学技术研究工作室均有序开展研究工作。针对技术研究院，中国中元制定《公司技术支撑部门考核办法》，对于中国中元的技术研发工作给予明确的考核支持。

【重大项目进展情况】

医疗领域：

1. 周口市中心医院新区医院项目 该项目是一座集医、教、研、康复、养护、培训为一体的三级甲等综合医院，总建筑面积32万m^2，位于周口市区东侧东新区，项目设计充分考虑周口地区独特的地理、经济、人文及审美特色，打造一个属于周口的现代化医养结合的绿色医院，力求成为豫东南的区域医疗中心。

2. 桐城市人民医院新区建设项目 位于桐城市东部生态新区，总建筑面积 15 万 m^2，项目分两期实施。项目设计将医疗设计经验与地方文化特色结合，既方便不同功能患者快速到达就诊区，避免交叉感染，又以院区中心宽阔的水域与田地景观为病患提供安全、舒适的康复疗养环境。

3. 北京朝阳医院东院项目 6 月 21 日举行签约仪式。项目总建筑面积约 20 万 m^2，住院病床 1 000 张，是一所全新设计的三甲综合医院。通过下沉花园、共享空间、通透采光、人车分流等设计手法，采用全新现代医疗建筑的理念及绿色建筑措施进行设计。该项目的建设响应北京市加快疏解非首都功能号召，填补北京市东部地区知名大型综合医院的空白，有效地服务于实施中的北京市行政副中心。

4. 河北省人民医院心脑血管病房综合楼新建项目 充分考虑用地紧张、内部功能复杂情况，公司通过优化设计，将医院现有门诊、检验科、手术部等部门与新建综合楼结成网络状功能格局，实现科室功能优化组合，使新建综合楼成为医院总体布局的新亮点。

5. 中南大学湘雅二医院门急诊医技楼工程 总用地面积 1.46 万 m^2，总建筑面积 9.87 万 m^2，集医疗、科研、保健、康复为一体。项目设计以点带面，提炼医疗格局主脉络；内外兼顾，保障院区交通畅行生态节能；化繁为简，搭建医疗系统集成平台；体验先导，提升医院人文环境品质；引入自然，实现绿色生态医院；充分体现公司在医疗建筑设计领域的强大实力和领先地位。

6. 重庆市红十字会医院项目 位于重庆市两江新区，总面积约 13 万 m^2，总床位数 1 200 床。受用地容积率和现有内科楼位置的制约，项目设计在非常紧张的用地中，充分利用各种自然环境因素，营造人性化、花园式绿色医疗环境，实现公司在重庆地区医疗市场的首次突破。

7. 重庆市食品药品检验检测研究院迁扩建项目 工程总用地面积 5.3 万 m^2，总建筑面积 6.5 万 m^2，包括食品检验检测实验用房、药品检验检测实验用房、动物实验楼、综合业务楼、地下车库及设备用房。项目设计体现了“建筑构思独特新颖、合理检测实验室工艺、高效能源管理策略、先进综合技术应用”等特点。

8. 山西省永和县人民医院新建设计、采购、施工一体化（EPC）工程总承包项目 总规划建筑面积 1.6 万 m^2，床位 150 张，是当地唯一的综合医疗中心，是具有医、教、研和远程医疗功能的现代化、数字化、综合性的二级甲等医院。

9. 中德财政合作利用德国促进贷款成都市第七医院购置医疗设备项目 于 5 月 12 日签约，建筑面积约 17.8 万 m^2，床位 1 000 张，医疗设备 844 台。本项目是中国中元在利用外国贷款成套医疗设备供货与安装项目的首次中标和签约，是公司在开拓医疗设备成套领域迈出的坚定一步。

民用领域：

1. 威宁 · 邻家等 4 个邻家广场项目 含蟠龙西、利福、五象湖东和延庆 4 个邻家广场。该系列项目是根据南宁市委、市政府加快城市建设和完善社区公益性配套服务设施网点布局的工作部署，结合南宁实际而衍生的新型商业综合体。中国中元以打造“南宁市民幸福生活港湾”为设计理念，通过配合业主市场调研、建立设计标准、归纳建筑元素等一系列措施，成功推动该系列项目实施，也为公司在南宁地区商业建筑市场赢得了品牌效应。

2. 利用法国开发署贷款山西昌源河国家湿地公园 EPC 项目 以 EPC 模式承接的首个河滨湿地生态修复项目。基本目标是修复湿地良好的水文条件和水质、植被、湿地景观，并发展以生态旅游为主的生态产业。湿地公园是保护与合理利用湿地资源的主要形式。中国湿地公园建设起步较晚，可借鉴的经验和模式较少。公司依托自身工程承包和项目管理的经验和优势，力争为中国湿地公园建设工程树立标杆。

3. 北京58同城分公司办公楼装饰装修项目 位于北京市海淀区学清路，建筑面积约2.2万m^2，装修范围包括各事业部、职能部门、健身房及运动场地。公司此次跻身互联网产业供应链，不但是对联网相关配套设施承建经验的积累，更是对建筑与高速发展的互联时代对接的尝试。

物流工业领域：

1. 民航运行管理中心和气象中心工程及中国民用航空情报管理中心工程项目 位于北京市朝阳区崔各庄乡机场辅路民航200号院内东侧。项目包括民航运行管理中心、气象中心、中国民用航空情报管理中心和后勤中心四大部分。设计将相对独立的4个院落型单体围绕中间的共享大厅环形布局，既满足各中心相对独立的功能需求，又能够彼此联系便捷，将其理性的工业之美融入建筑之中，形成外向性与内向性兼具的空间形态。该项目的设计是中国中元在机场物流工业领域雄厚实力的体现。民航运行管理中心和气象中心工程及中国民用航空情报管理中心工程项目效果图见图1。

图1 民航运行管理中心和气象中心工程及中国民用航空情报管理中心工程项目效果图

2. 乌鲁木齐航空生产运行基地项目 总建筑面积16万m^2，主要建设内容包括行政办公楼、运行办公楼、危险品库、停机坪等，是一个大型综合航空公司生产办公运行基地。在建筑设计上，以简洁现代的立面设计适应环境，同时体现地域精神生态节能、绿色可持续，秉承开放、包容的设计理念，充分体现乌鲁木齐的城市特制和地域文化，也展现出海南航空的企业文化和精神。

3. 北京新机场公务机楼工程项目 位于新机场东侧，项目建设总用地面积43万m^2，项目总建筑面积4.5万m^2。公司在塑造节能、环保、高效、人性化、可持续发展的新机场公务机楼的基础上，在空陆侧总体规划以及建筑设计上均有所创新突破。

4. 北京新机场安防中心工程、武警用房工程、急救中心工程项目

设计结合项目功能及特点，强调新机场作为“新国门”的形象意义，通过对“安全”的解读，在空间布局上取围合之势，形成对中国传统“城”的现代演绎。项目充分体现出公司在机场配套用房设计领域的实力。

5. 北京新机场南航基地项目 建设规模 108 万 m^2。规划内容包括：南航综合业务用房工程、南航生活服务设施用房工程、南航综合生产用房工程、南航机务维修用房工程、南航货运站用房工程。

6. 北京新机场货运区与货运区服务设施工程 包括航空货运站、国际海关监管仓库、国内货代仓库，以及货运综合配套设施及场地。公司充分考虑航空货运向国际化网络枢纽、更加快捷化运输体系、多样化运营模式、联盟化服务合作等转型创新发展的趋势，在满足先进工艺功能的基础上创造出符合机场总体环境，简约、现代的建筑，是节能、环保、舒适的绿色货运仓储建筑的典范。

7. 郑州新郑国际机场二期工程 于 5 月正式投入使用。中国中元物流工程中心除了承担设计规划任务，还承担工程项目管理任务。

8. 国机重工西南（泸州）产业园总承包（EPC）建设项目 于 4 月 15 日圆满完成竣工验收工作，竣工验收结论合格。公司负责该项目一期工程的设计、采购和施工，并圆满完成合同范围内的所有工作。该项目的竣工标明中国中元实施 EPC 总承包工程的能力上了一个新的台阶。

9. 青海华源医药现代物流中心项目设计、采购、施工一体化（EPC）工程总承包项目 包含中药库 I 总建筑面积 0.37 万 m^2、中药库 II 总建筑面积 0.23 万 m^2。该项目标志着中国中元在青海地区开发出物流、能源、医院、会展四大优势业务板块，体现出在青海地区的核心竞争力，为公司在青海的业务拓展奠定基础。

10. 中国自动化（吴忠）产业园“智能控制阀制造数字化车间”智能物流系统工程 该工程属于“工业 4.0”领域，是中国中元物流品牌跨入“工业 4.0”的智能制造领域，为《中国制造 2025》做出贡献的项目。项目一期工程“智能控制阀制造数字化车间”获国家智能制造装备发展专项资金支持。项目响应国家发展先进装备制造业要求，对促进产业结构调整、经济转型升级及创新驱动具有重要作用。

能源领域：

1. 左家庄供热厂二期改造工程 设计充分利用现有建筑物，布置 3 台 58MW 燃气热水锅炉及其附属设备，本着“送京城温暖，还首都蓝天”设计理念，采用清洁能源作为燃料，严格控制污染物排放指标；配备高效燃烧器提高锅炉效率；选用高效节能产品，减少电能消耗等设计手段，使该项目成为清洁绿色、高效节能、控制水平先进的现代化项目典范。

2. 青岛高新热电有限公司燃气 - 蒸汽联合循环冷热电联产项目 采用冷热电联产方式，有效提高能源利用率，降低能耗，减少环境污染，在区域内营造良好投资条件，对于节能减排，实现该地区可持续发展意义重大。该项目建设规模为 2×40MW 级燃气 - 蒸汽联合循环冷热电联产机组，能源综合利用热效率高于 70%，清洁能源利用率达到 100%。

3. 青海海东市职教城集中供热 EPC 项目 于 10 月 12 日（提前 13 天）正式供暖，及时为职教学院近 3 000 名师生解决了冬季采暖问题。该项目体现出中国中元在 EPC 总包工程上的优势，是中国中元在西部地区承接工程总承包业务的典范工程。

4. 大兴区热计量改造项目 于 11 月 1 日顺利完成各级验收。该项目是北京市政府为推进供热计量改革，促进节能减排，建设绿色北京为目标的热计量改造项目。本着精益求精的态度保质保量、按规定时间完成改造任务，为此中国中元受到大兴区和北京市市政市容管理委员会的高度肯定。

装备制造领域：

1. 万龙雪场 5 号索道项目 是北起院为张家口万龙滑雪场设计的第 5 条脱挂式索道。该项目为 8 人水平行进式吊厢索道，采用下站驱动、上站液压张紧布置，最高运行速度 6m/s，单向运量 2 230 人 /h。于 12 月 26 日顺利通过国家索检中心验收。

2. 河北武安东太行索道 是北起院的战略合作伙伴中景信旅游投资开发有限公司投资建设的项目，也是北起院承接的该公司的第 4 条脱挂式索道项目。索道在险峻的太行山峡谷中穿行，采用进口水平行进吊厢。

3. 上海宜家自动化立体仓库项目 拥有 18 台堆垛机、300 多台输送机、近 10 万个托盘货位及 1 套全新开发的 MFC 物流控制系统，合同金额近 1.3 亿元，项目规模创历史新高。该项目在国内首次实现针对多种托盘类型及多种货位尺寸的自动化存储解决方案，实现多项技术突破。截至 12 月 31 日，项目满负荷投入使用。

4. 巴基斯坦秸秆起重吊项目 为出口项目，是北起院设计、制造、指导安装、调试的 2 台 8t 全自动控制秸秆抓斗桥式起重机工程。针对该项目全自动控制、无人值守，全新的设备技术要求，北起院采用的新技术达到国内新型、国际秸秆抓斗起重机领域领先技术水平。该项目不仅创造了良好的经济效益，而且开拓了秸秆起重机工程项目海外市场。

5. 烧结机外配套管带机输送系统项目 由北起院负责管带机、带式输送机及配套系统的设备设计、制作、运输、供货、设备安装及相关的技术服务。设备的投产将达到显著提高烧结矿成品率、降低返矿率、节约返矿运输成本、节能环保“一举四得”的实效。

海外建设：

1. 援塞舌尔广电中心项目管理任务 是商务部对外援助成套项目改革后，中国中元收获的又一新成果，也标志着公司在广电中心设计领域内获得突破性进展。该项目是“集广播电视节目制作、播出、综合办公于一体，独具新克里奥风格”的科技、高效、可持续性发展的现代化传媒基地。公司结合广电媒体工艺流程，将塞舌尔广电中心打造成为包括收录传送、演播室节目制作、综合节目制作、媒资生产、全中心网及办公自动化系统、广播、电视播出与新媒体发布等模块组成的新型技术架构。

2. 援古巴果蔬罐头加工厂总承包（EPC）项目 是中国援助古巴的第一个以 EPC 方式来实现的援助项目。该项目位于古巴共和国谢戈德阿维拉省，除了对原有番茄车间进行改造外，还需建设 1 条处理能力为 300t/d 的番茄加工生产线和 1 条自立袋包装生产线。该项目的建成，对改善古巴现有果蔬罐头加工厂生产条件，提高产能，加强中古两国交流与合作，巩固双边友好关系具有重要意义。

3. 援蒙古残疾儿童发展中心项目 是中国直接投资无偿援助工程，也是商务部援外成套管理制度改革后第一个实施的转型项目。该项目总建筑面积 14 990m^2，将成为蒙古国最大、最现代化、功能最齐全的残疾儿童治疗康复场所。其后续的援蒙古学校（二期）项目，是首个中华人民共和国商务部令（2015 年第 3 号）《对外援助成套项目管理办法（试行）》中本地化模式实施项目。中国中元响应国家及集团一带一路的政策号召，强调共商、共建、共享原则，给 21 世纪的国际合作带来新的理念。

4. 援刚果（金）加丹加省综合医院项目 建设地点位于刚果（金）卢本巴希市，项目规模为 100 床综合医院，是商务部合作局首个转型后的试点项目。中国中元面对刚果金社会局势不稳定，条件较为艰苦的情况下，克服困难，在商务部合作局的管理下，积极为援建海外工程添砖加瓦。

【市场开拓】

1. 紧扣国家发展战略，实施重点领域市场开拓 结合国家“京津冀一体化发展战略”“东北振兴”“长江经济带”等区域发展战略，着力打造有潜力的区域市场，将区域市场的整体开发作为一项重点开拓工作。不仅在四川泸州先后承担发展规划、EPC 总承包和设计等不同经营模式的典型项目，而且先后承接了北京新机场能源中心设计、行李系统设计、基地方案设计等项目，再一次展现中国中元在行业内的技术优势。

京外设计机构取得较好的发展。中元海南的万宁体育公园项目、中元厦门的厦门2号线湿地公园站配套项目、中元上海的中金所技术研发基地项目、中元长春的长德智能城市数字化管理系统项目、中元南京的南京苏豪健康养老园区规划项目等多种综合业务均形成了自身的优势领域，并与总部形成相互的支撑，逐步形成总部与各分支机构协同开拓的经营体系，实现立足本地市场、覆盖区域、辐射全国，并逐步成为区域大院的目标。

2. 强化考核机制、传导市场压力 建立健全考核体系，通过考核目标的下达、分解，实施目标管理。根据市场状况，结合以利润为中心的新考核办法，紧抓考核工作的动态控制和实时控制，增加过程考核，将考核时间调整为年中加月度考核和全年考核两种形式。月度考核措施，有利于激发广大员工的积极性，也有助于传导市场压力，做到对各生产部门的实时管控。

3. 实施走出去战略、进行国际化开拓 以援外业务为依托，逐步开拓海外市场，加快国际化布局。针对海外业务的发展需求成立海外工程设计中心。年初获商务对外援助项目实施企业资格投标中的5项业务资格。

与商务部紧密合作，响应国家及集团一带一路的政策号召，按集团要求，大力发展海外相关业务，加强原来海外业务的实施和开展，以及竣工验收服务等。

【科研成果】

科研项目数量21项，其中国家科技支撑计划项目4项、科研院所专项3项、国机集团科技发展基金1项、院重点项目3项、院科研基金项目9项、东城区科技计划项目1项。

申报专利33项，其中发明专利8项、获得专利25项；软件著作权3项，申报发明专利8个，知识产权工作稳步推进。

研发客运索道脱挂抱索器及重型托压索轮组组装生产线投入使用，大大提高索道产能。

2016年中国中元主持、参与制定的标准情况见表2。

表2 2016年中国中元主持、参与制定的标准

序号	标准名称	标准编号	发布日期	实施日期
1	物流建筑设计规范	GB 51157—2016	2016-04-15	2016-12-01
2	建筑与工业给水排水系统安全评价标准	GB/T 51188—2016	2016-08-18	2017-04-01
3	传染病医院建设标准	建标 173—2016	2016-06-19	2016-09-01
4	燃气冷热电联供工程技术规范	GB 51131—2016	2016-08-18	2017-04-01
5	城市道路大修工程质量检验规范	DB 11/T 1271—2015	2015-12-30	2016-07-01
6	城镇供热直埋热水管道泄漏监测系统技术规程	CJJ/T 254—2016	2016-08-08	2017-02-01

【产权制度改革】

截至2016年年底，中国中元所属法人单位共15户。其中，属集团2级一户、3级11户、4级3户。15户法人单位中，2级单位为中国中元国际工程有限公司；11户3级单位分别是：北京起重运输机械设计研究院、中元国际工程设计研究院、机械工业规划研究院、京兴国际工程管理有限公司、中元国际（海南）工程设计研究院有限公司、中元国际（厦门）工程设计研究院有限公司、中元国际（上海）工程设计研究院有限公司、中元国际（南京）城市规划建筑设计研究院有限公司、中元国际（长春）高新建筑设计院有限公司、北京国机中元国际工程设计咨询有限公司和北京中元国泰物业管理有限公司。3户

4 级单位均为北京起重运输机械设计研究院下属企业，分别是：北起院装备制造（北京）有限公司、中起物料搬运工程有限公司、北京科正平机电设备检验所。

中国中元及下属企业中，除了机械工业规划研究院和中元国际工程设计研究院涉及划拨用地依然为全民所有制企业外，其余全部完成产权制度改革。

【经营管理】

全体员工以新的工作思路、新的工作方法适应新常态，以新发展理念追寻中国经济新方位。中国中元自我定位为做行业的“引领者”，提出“相信政府、依靠行业、拥抱市场、自我变革”新思路，全面完善公司的各项管理流程，规范、完善管理制度。

1. 强化质量管理 确保设计、工程与服务品质的稳步提升，提高行业竞争力。强调设计、工程业务的事前质量形成完整的质量控制方案，业务实施过程严格各级审查、评审把关制度，事后做好质量评估和服务回访。针对住建部推出的“建筑工程五方责任主体项目负责人质量终身责任制”，制定相应的落实措施。明确各级人员的岗位职责和管理流程。开展全业务的质量剖析活动，全员加强质量意识，提升技术水平。

2. 积极开拓市场 发挥总公司综合优势，加强内部生产经营协调，搭建经营大平台，开展跨多个部门协同经营合区域经营，将公司人员技术优势、市场资源效益最大化。

3. 加强风险管控 确保合法合规经营。资产财务部、党群工作部等部门实施预算管理、企业内控、监察审计，共同形成企业的风险防控体系，确保了企业合法合规经营，确保了企业的风险控制。

4. 加强品牌建设 提升品牌价值。中国中元结合新媒体的发展趋势，开通公众微信订阅号，利用企业内刊、公司内网、外网、微博、微信等多种平台，对公司品牌进行宣传。通过项目参与、参评各类奖项、参与科研课题和学术活动以及与媒体合作等形式全面提升公司品牌价值。

5. 强化科技引领 围绕“两个一流”的发展目标，深入实施科技发展规划，不断完善科技创新体系，加大科技投入，提升研发能力。紧跟国家发展战略，在 BIM 技术推广应用、绿色建筑市场开发、海绵城市、新型能源利用、城市基础设计建设等方面加大投入，力争发掘新的经济增长点。

6. 工程安全生产提升 主要围绕：项目现场安全生产及隐患排查检查工作、项目应急演练工作、安全生产培训工作方面进行。对 14 个项目进行 22 次安全生产及隐患排查检查。编写 14 份检查简报，要求项目部人员在规定的时间内进行整改。

【信息化建设】

信息化取得较大的突破和全面提升，实现管理制度化，制度流程化、流程信息化。管理提升有力地促进公司的全面发展，指导、支撑了场经营、生产组织、科技研发等各项工作。公司办公系统全面实现移动端办公，进一步提高办公效率。4 月 29 日，完成公司一号楼网络改造；10 月 15 日，完成中国中元决策支持系统（IPPR DSS）建设；11 月 22 日，启动公司出图管理系统建设工作。

【党建工作】

中国中元党委在深入学习贯彻党的十八大和十八届三中、四中、五中、六中全会精神，以习近平总书记系列重要讲话精神为指导，落实管党治党责任，紧密结合公司改革发展各项中心工作，突出抓好“两学一做”学习教育、基层党组织建设、党风廉政建设，着力提升公司党建工作水平，为公司有质量发展提供坚强政治保证。

1. 深入开展“两学一做”学习教育 在中国中元全体党员中开展“学党章党规、学系列讲话，做合格党员”学习教育。为扎实做好学习教育，认真谋划、精心准备，制定中国中元“两学一做”学习教育实施方案，召开公司“两学一做”学习教育动员部署会议，对公司开展学习教育提出了明确要求。中国中元各级基层党组织召开专题民主（组织）生活会，开展民主评议党员活动，严肃认真开展批评和自我批评，达到了沟通思想、提高认识、主动改进的目的。

2. 加强基层党组织建设 落实党组织在企业法人治理结构中的法定地位，把党建工作要求纳入公司章程，成立北起院临时党委。对中国中元所属党总支、党支部按期换届情况进行专项检查，加强支部支委会建设，不断完善支委会。选派总支、支部书记参加基层党组织书记培训班，切实增强履职能力和工作水平。规范党员发展工作，制定年度党员发展计划，做好入党积极分子的培养、教育，抓好发展对象的培训、考察，严格党员标准，严把党员入口关。按照国机集团党委部署，做好公司党费收缴工作专项检查。做好十九大代表选举工作，实施党内帮扶，充分体现党组织的关心和爱护。

3. 落实中央八项规定精神 做好党风廉政建设和反腐败工作顶层设计，坚持教育、制度、监督、惩处协调配合、共同发力，进一步完善和细化公司贯彻落实中央建立健全惩治和预防腐败体系第二个五年工作规划的实施细则。进一步加强党风廉政建设和反腐败工作的责任落实，建立公司和所属单位、部门两个层级的责任落实机制，形成一级抓一级、层层抓落实的工作格局。实施党政一把手同签廉政责任书，压实责任。在不同会议场合，就加强公司党风廉政建设和反腐败工作，提要求、敲警钟。做好党风廉政建设责任制考核评价，并将评价结果与单位年度绩效考核挂钩。

4. 发挥群团组织作用 落实职代会职权，坚持把职代会作为发挥民主管理、民主监督作用的主渠道，对重要事项进行审议。选树典型集体和典型人物，1 个集体被评为国机集团先进集体，1 名个人被评为国机集团劳动模范。开展职工文体活动，展示职工良好的精神风貌。对困难职工进行关爱帮扶，持续开展“国机爱心日”活动。顺利完成人大代表选举工作，按照相关工作要求，精心组织、周密安排，取得换届选举工作圆满成功。

北京起重运输机械设计研究院

【基本概况】

北京起重运输机械设计研究院（简称北起院）成立于 1958 年，经过半个多世纪的发展，由原机械工业部直属的国家起重运输机械行业技术归口研究所发展成为集科研、设计、生产制造、安装调试、工程承包、检验检测、咨询监理服务为一体的国有科技型企业，隶属国机集团。具有起重运输机械、索道、矿用机械 3 个特种设备检验检测资质证书，具有 ISO9001、14001、18001 体系认证证书，具有索道前期咨询、项目管理咨询证书，拥有国内唯一的索道工程甲级设计资质证书。具有客运索道、自动化物流仓储、起重机械、散料运输等四大工程业务板块，并提供液力液压技术产品和设备监理监造服务，获 300 余项国家及省部级科技成果奖。是中国起重运输机械行业综合技术实力最强的企业之一。

承担国际标准化组织起重机技术委员会（ISO/TC96）主席工作，拥有博士后科研工作站、机械工业物料搬运工程技术研究中心等国家及省部级研发平台。设有国家起重运输机械质量监督检验中心等 3 个国家级检验中心。主办《起重运输机械》行业核心学术期刊。

全国起重机械、连续搬运机械、物流仓储设备、工业车辆4个标准化技术委员会秘书处，以及中国索道协会、中国机械工程学会物流工程分会、中国工程机械工业协会工业车辆分会、中国重型机械工业协会物流与仓储机械分会、桥式起重机专业委员会5个国家行业协会、学会秘书处设在北起院，北起院为中国物料搬运机械行业的技术进步发挥着重要作用。

【主要指标】2016年北起院主要经济指标见表1。

表1　2016年北起院主要经济指标

项　目	2015年	2016年	同比增长（%）
资产总额（万元）	99 743.89	142 808.18	43.17
净资产（万元）	25 176.45	28 504.44	13.22
营业收入（万元）	56 207.03	60 684.52	7.97
利润总额（万元）	5 751.03	6 112.68	6.29
技术开发投入（万元）	4 727.85	5 224.93	10.51
利税总额（万元）	8 691.91	9 015.05	3.72
EVA值（万元）	3 746.38	3 888.05	3.78
全员劳动生产率〔万元/（人·年）〕	36.22	39.96	10.33
净资产收益率（%）	19.90	19.07	减少0.83个百分点
总资产报酬率（%）	5.98	5.04	减少0.94个百分点
国有资产保值增值率（%）	117.92	120.53	增加2.61个百分点

【改革改制】

1. 资源整合重组工作　11月3日，国机集团国机资〔2016〕397号文件批复，北起院与中国中元国际工程有限公司进行联合重组。北起院作为中国中元的二级法人单位，保持原有品牌，相对独立发展。通过联合重组，加快双方科技研发、装备制造、产业发展及工程咨询设计、工程总承包等业务资源的有机融合，进一步提升在客运索道、自动化物流仓储、起重机械、物料输送等方面的技术优势，全力打造集科技创新、咨询服务、工程设计、设备制造与科研转化于一体的、具备完整产业链条的国际工程公司，使重组后的企业快速成长为“国际知名、国内一流”的创新型企业。工商注册变更工作于2016年年底完成。

2. 推进改制工作　在国机集团的整体部署下，确定2016年改制总体目标——完成改制方案正式报国机集团批复。上半年，完成咨询机构评审工作，与北京市盈科律所签订合同，并积极配合盈科律所项目组对院本部及下属全资与控股子公司（中起公司、科正平所、北起装备）的尽职调查工作，完成“院改制方案报告（修订稿）”编制及审核。

3. 调整组织机构　为完成“五年战略规划”建立有效的组织保障。年初，索道和起重的经营部和对应工程部合并组建成工程事业部，统一考核，全成本核算。精简机构设置、优化管理职能，原综合管理部、党群工作部合并组建新综合管理部（党委办公室）；原运营管理部、市场发展部合并组建新运营管理部；对新组建的事业部和职能部门领导进行任命。

【重大决策】

1. 战略管理取得新进展

（1）启动《2017—2019年发展规划》编制工作。为确保“五年战略规划”目标的实现，与中国中元发展规划期保持一致，启动《2017—2019年发展规划》编制工作，成立规划领导小组和编制小组，完成对业务部门的访谈工作。发展规划框架搭建工作于 2017 年 1 月中旬完成。

（2）与行业内大客户建立长期稳定的战略合作关系。起重工程事业部与北控环境集团签署战略合作协议，实现市场总规模排名前 20 名的企业中，90% 的企业主要使用北起院设备，30% 以上使用北起院独家设备。索道工程事业部与中景信旅游投资开发（集团）有限公司签署战略合作协议，建立长期稳定的战略合作伙伴关系。此举将对双方未来更好的开展合作，实现优势互补，最大限度地降低双方生产经营风险，创造有利条件。

（3）人才战略。成立院人才战略工作委员会，对全院人才战略进行专项研究。出台《高层次科技人才选拔管理办法》，并开展全院第一批首席专家、青年技术专家的评选工作。结合创新需要，努力打造由国机集团首席专家及高层次人才、院首席专家和青年技术专家 3 个层次组成的科技人才梯队，使他们成为北起院专业技术领域的领军人才，引领全院科技创新工作。

2. 长垣基地建设 与新乡市泰隆起重机有限公司合作，完成目标公司——“河南中进公司”100% 股权转让所有事项。确定长垣基地重新定位及其发展目标，完成总体规划、一次规划，分期实施。11 月 11 日，举行河南分院研发试验基地开工奠基仪式，同时协调中国中元、长垣县政府有关部门进行开工前的准备工作。

3. 建立研发中心与事业部协同创新机制 针对成熟的专业技术骨干都集中在各大事业部现状，通过联合、协同、融合优势，以科研项目为抓手，建立以项目为核心的研发组织，进行联合研发，明确各自的责任和义务，并辅以研发绩效奖励，建立了研发中心与院主营业务领域的协同创新机制，同时注重科技成果的快速转化，加强行业影响。

【重大项目进展】

1. 万龙雪场 5 号索道项目 该项目是北起院为张家口万龙滑雪场设计的第 5 条脱挂式索道，为 8 人水平行进式吊厢索道，采用下站驱动、上站液压张紧布置，最高运行速度 6m/s，单向运量 2 230 人 /h。泰安市索道安装公司于 7 月 15 日进场安装，12 月 26 日顺利通过国家索检中心验收，实现当年签合同当年完成建设的目标。

2. 河北武安东太行索道 该项目是北起院的战略合作伙伴中景信旅游投资开发有限公司投资建设的项目，也是北起院承接的该公司的第 4 条脱挂式索道项目。7 月底安装公司进场基础施工，截至 2016 年 12 月 31 日，完成设备基础施工，设备制造按计划进行中。

3. 上海宜家自动化立体仓库项目 该项目拥有 18 台堆垛机、300 多台输送机、近 10 万个托盘货位及 1 套全新开发的 MFC 物流控制系统，合同金额近 1.3 亿元，于 2014 年签订，项目规模创历史新高。

该项目在国内首次实现针对多种托盘类型及多种货位尺寸的自动化存储解决方案，实现多项技术突破，包括：新型托盘输送系统；30m 高高速堆垛机；组盘运输控制系统；多功能堆垛机控制系统；高可用性 MFC 物流控制系统。成为宜家当前在中国规模最大，功能最先进的自动化立体仓库，技术水平接近世界先进水平。

完成了设计、制造和安装、调试工作，已满负荷投入使用，库存占用率 80%，获得用户好评。

4. 起重巴基斯坦秸秆吊项目 该项目为出口项目，是为源和电站股份有限公司设计、制造、指导安装、调试的 2 台 8t 全自动控制秸秆抓斗桥式起重机工程。项目位于巴基斯坦的卡苏尔市。

针对该项目全自动控制、无人值守，以及全新的设备技术要求，北起院提出多处技术创新点，所采用的新技术达到国内新型、国际秸秆抓斗起重机领域领先技术水平。该项目 2 台 8t 全自动控制秸秆抓斗桥式起重机，已完成设计制造，安装调试，交付用户使用。

该项目不仅创造了良好的经济效益，而且为

开拓秸秆起重机工程项目海外市场，极大地促进中国秸秆抓斗起重机行业技术进步，为秸秆生物发电处理做出了巨大贡献，树立了国内秸秆起重机在国际上的新标杆。

5. 本钢板材炼铁厂新建 360m² 烧结机外配套管带机输送系统项目 该项目合同额2 029万元，由北起院负责管带机、带式输送机及配套系统的设备设计、制作、运输、供货、设备安装及相关的技术服务，管带机全长1 863m，已投入使用，运行情况良好。

本钢管带机为双向输送管带机，上下两层圆管皮带可同时带料，设备的投产将达到显著提高烧结矿成品率、降低返矿率、节约返矿运输成本、节能环保一举四得的实效。作为东北首条双向输送管带机，用户及业内同行均给予了高度认可。

本溪钢铁管带机输送系统工程的圆满完成，使北起院成功跻身国内同行先进水平。

【市场开拓】

市场经营人员认真分析行业发展趋势和市场竞争环境变化，及时跟进市场信息，努力捕捉市场商机，市场开拓工作取得成效。为推动新市场新领域的开拓工作，制定《北京起重院市场开发基金管理办法（试行）》《北京起重院关于鼓励市场经营的暂行办法》两项政策。

索道板块组织参加“第十一届北京滑雪产业高峰论坛暨滑雪场设备和滑雪产品展览会”，加强在滑雪场的宣传力度，在打开滑雪市场方面有所突破。仓储板块在巩固医药、服装行业的同时，积极拓展智能制造的物流仓储市场和汽车物流的细分市场。起重板块加大集团型客户的履约、服务力度，力争更多的集团型战略合作企业，借助“一带一路”战略，随同大客户出击海外市场。同时，积极拓展集团内部的合作范围，与CMEC贸服板块全面对接北起院主体业务的海外市场渠道，与中国中元、中工国际就海外市场窗口和具体项目进行广泛的合作，进一步挖掘海外市场的潜能。

【产品销售与签约】

细分市场环境总体稳定向好，实现新签合同额10.63亿元，其中工程承包（含产品销售类）新签合同额为10.16亿元。2016年北起院经营业绩基本情况见表2。

表2　2016年北起院经营业绩情况　（万元）

部　门	新签合同额（万元）		占工程承包比率（%）	同比增长（%）
	2015年	2016年		
索道工程事业部	44 893.31	45 373.41	44.66	1.07
物流仓储工程事业部	24 318.13	24 706.90	24.32	1.60
起重工程事业部	22 084.74	26 543.02	26.13	20.19
散料运输工程事业部	3 277.57	4 514.95	4.44	37.75
产品业务部	480.98	453.35	0.45	-5.74
合　计	95 054.73	101 591.63	100.00	6.88

【科技研发】

科技工作重点是围绕“坚持核心技术的研发”，按照“理念创新、技术创新、管理创新和模式创新”的工作思路开展，在科技管理和创新方面取得了阶段性的成果。

1. 加强科技战略引领 编制《北起院2016—2020科技发展规划》，指导全院未来5年的科技发展工作。

2. 召开科技大会，强化科技创新力度 8月，召开第一届科技创新大会。大会回顾“十二五”

期间全院科技创新工作取得的成绩，分析科技创新工作存在的不足，并提出了科技创新工作的指导思想和战略导向。

3. 科研平台建设情况

（1）省部级科技创新平台。3 个省部级科技创新平台建设和运行顺利，其中“机械工业物料搬运工程技术研究中心”因考核结果优异，被全国机械工业科技大会评为“优秀工程（技术）研究中心”。“北京市自动化物流装备工程技术研究中心”于 6 月份顺利通过北京市科委的 2016 年度审查。

（2）博士后科研工作站建设顺利进行。出台《博士后研究人员管理办法》，成功与清华大学合作，完成 1 名博士生人才的招录进站工作。

4. 加强科研立项及计划管理 在研科研项目数量 21 项，其中国家科技支撑计划项目 4 项、科研院所专项 3 项、国机集团科技发展基金 1 项、院重点项目 3 项、院科研基金项目 9 项。经年终项目考核，各重点项目进展顺利，均取得了较好的阶段性成果。

5. 知识产权工作 高度重视知识产权工作，通过相关管理办法、激励措施，引导、鼓励广大科技人员在研发过程中注重专利、软件著作权的申请，特别是发明专利的申报。申报专利 33 项，获得专利 25 项，申报发明专利 8 个，知识产权工作稳步推进。

6. 科技创新成果 获得上级科技奖励 4 项，2016 年北起院获上级科技奖励情况见表 3。

表 3 2016 年北起院获上级科技奖励情况

序号	项目名称	奖励单位	获奖等级	获奖年份
1	气动葫芦（JB/T11963-2014）	中国机械工业科学技术奖	二等奖	2016
2	基于精益生产管理的起重机先进制造技术与应用			2016
3	转角大运量脱挂索道关键技术	中国机械工业集团科学技术奖	三等奖	2016
4	通用型桥式起重机轻量化设计技术及应用	北京市科学技术奖	待公布	2016

此外，高速大运量客运索道获 2016 年中国好设计银奖；在全国机械工业科技大会上，荣获“优秀工程（技术）研究中心”“优秀创新团队”“科技创新领军人才”“先进科技工作者”“机械工业优秀科技成果项目”等 8 个奖项。

科技进步奖评选出二等奖 3 项、三等奖 3 项 2016 年北起院科技进步奖奖励项目见表 4。

表 4 2016 年北起院科技进步奖奖励项目

序号	项目名称	完成单位	奖励等级
1	滑雪混编脱挂索道及地下车库等关键技术研究	索道工程事业部	二等奖
2	双向输送物料的圆管带式输送机技术	散料运输工程事业部	二等奖
3	抓斗无线遥控与称量系统研制	起重工程事业部	二等奖
4	层码垛和复合式药监码技术在石四药立体库项目的应用	物流仓储工程事业部	三等奖
5	起重机大区域作业精准定位系统研制	起重工程事业部	三等奖
6	具有跨流程作业功能的高灵活性堆垛机自动控制系统	物流仓储工程事业部	三等奖

【产业化发展】

新建成的客运索道脱挂抱索器及重型托压索轮组组装生产线投入使用，大大提高了索道产能，由原来 2（条 / 年）脱挂索道的组装能力提升到 10（条 / 年），并且通过添置设备，基本具备了托压索轮组和固定抱索器的关键部件的加工能力。全年完成 10 条“八人脱挂索道”托压索轮组的总装、11 条“八人脱挂索道”脱挂抱索器的总装、1条“八人脱挂索道”托压索轮组的制造、1条“六人脱挂索道”托压索轮组的组装（含制造）、1条“六人脱挂索道”的再制造（维修）、2条固定索道托压索轮组的制造和总装。

【管理经验】

1. 经营管理方面

（1）完善内控体系，加强制度建设。一是完成院《内部控制手册》制定和修订工作。充分结合全院企业管理和科研生产经营业务特点，编制《内部控制手册》，完善内部控制体系建设。二是完善制度体系建设。制修订管理制度13项。现行制度共158项，基本覆盖全院各项管理工作，标志着全院制度体系基本形成，为全院各项工作的开展创造了良好的制度环境。

（2）质量、环境、健康安全三体系建设。制定三体系年度目标，向各相关部门分解；完善三体系相关文件的更新工作；全年对5个项目的施工现场进行检查，对事业部34个工程项目开展管理体系过程检查工作；通过开展“三合一”体系内审员培训，为内审工作注入新鲜血液，成为“三合一”体系换版认证工作的坚实力量；开展主题质量月活动，加大质量宣传力度，传播质量管理意识。

对院最高管理层、各职能部门及各事业部进行一次全面内部审核，对发现的4项质量管理体系一般不符合项，3项职业健康安全管理体系一般不符合项纠正措施实施效果进行了验证工作。通过上述措施，我院顺利通过了华信公司对我院的外部审核，得到认证证书。

（3）加强风险管控。制定《北京起重运输机械设计研究院全面风险管理办法（试行）》，为风险防控体系建设的深入开展奠定基础。将风险控制嵌入管理信息系统一期的建设当中，使风险管理与日常经营管理融为一体。根据集团“两金”管理有关文件精神，成立专项工作小组推进“两金”清理工作的开展。截至12月31日，存量应收账款收回6 456.10万元，同比下降51.51%；存量存货下降19 015.07万元，同比下降60.66%。借助法律手段防范风险，法务工作室积极参与院重要合同的起草、审核、谈判，有效预防和规避因合同而产生的风险。运用法律手段，收回欠款1 355万元。

（4）加强项目管理、采购管理，降本增效、提高利润。加强对项目立项管理，完成年度合格供方评定工作，依据《我院工程项目采购管理暂行办法》，严格参照审批通过的项目采购计划进行。根据项目执行情况，统计各部门运作项目进度。制定《北京起重运输机械设计研究院工程项目收付款管理办法（试行）》，加强项目收付款管理。多次召开“项目运作工作交流会”，增强工程执行部门间的沟通交流。提高效率，协调各方，加强工程项目管理。通过制定《北京起重运输机械设计研究院工程项目采购招标管理办法（试行）》，进一步规范了项目采购行为。在保证供货质量和服务质量不变的情况下，降低了采购成本。

（5）建立售后服务体系。5月，召开2016年工程事业部售后服务工作专题会议。组织各事业部介绍本部门售后服务工作情况及经验，进行经验交流，讨论梳理售后服务工作存在的问题和解决建议，会议要求各部门适当授权，保障售后服务的人员配备和工作需要。各工程事业部根据自身情况加强和改进了售后服务工作，推进基础性工作。索道工程事业部组织第一次国产脱挂索道用户培训班，取得很好效果。

（6）重点关注亏损部门“扭亏”。“扭亏”专项工作小组梳理亏损部门存在的问题，并提出解决措施，积极开拓业务领域，挖掘业务潜能，培育及发展新的增长点。散料板块在加强集团内部合作的同时，积极推进和院内起重板块业务的融合。设备监理部从拓展资质入手，开拓新业务领域，狠抓经营，重点攻破优势项目，从面临重重困境，到走出重围，超额完成年度新签合同任务指标。北起装备产能硬件条件基本具备，工程事业部表示在任务方面予以支持。亏损部门都在积极行动中，困难局面有望明显好转。

2. 人力资源管理方面 规范领导干部个人有关事项抽查核实反馈谈话、新提拔干部任前谈话工作，编制《新提拔中层干部考察、聘任工作流程》。打破传统招聘模式，使用人部门能够根据实际需要进行挑选，避免岗不匹配的情况发生。转变培训模式，将培训由“大而全”模式逐渐向“小而精”转变，立足需求，开展有针对性的主题培训，取得良好效果。从7月起试运行打卡考勤制度，采用多接口信息化考勤设备，规范了考勤管理，严肃了劳动纪律。

【安全生产】

与22个部门签订2016年度“安全生产责任书”，通过责任书明确安全生产责任；召开安全生产工作会议，推进安全生产工作，结合机构和人员变动情况对安全生产委员会和安全生产办公室进行调整；组织2次安全生产培训，累计80余人参加；开展“强化安全发展理念、提升全民安全素质”为主题的安全生产月活动，470余人参与；加强工程项目安全生产管理的力度，各工程项目执行《工程总承包项目安全生产管理办法》，对分包方进行严格管理；全年进行5次工程项目现场安全生产监督检查，对发现的安全隐患，责令整改；组织工程事业部修订现场应急处置方案。通过多项工作，全面提升安全生产工作水平，在国机集团安全生产考核中，再次获得A级的好成绩。

【党建工作】

北起院党委、纪委以党的十八届六中全会精神为指导，紧紧围绕2016年工作目标和任务，深入贯彻落实习近平总书记系列重要讲话精神，牢牢抓住全面从严治党的主线，以“两学一做”学习教育为抓手，进一步加强党员干部思想政治建设；发挥党委政治核心作用，落实保证监督职责；以创先争优活动为动力，推进基层党支部建设；落实“两个责任”，不断推进党风廉政建设和反腐倡廉建设工作；加强精神文明建设，发挥工会、共青团组织作用。紧密围绕中心任务、服务企业发展大局，充分调动广大党员干部职工积极性和创造性，超额完成国机集团下达的各项考核指标。

【信息化建设】

加大对信息化建设投入。完成企业信息管理系统一期的完善工作，重点完善了市场模块和运营模块。新的企业信息管理系统全面覆盖全院现有管理流程，通过信息化手段提高管理水平。此外，进一步完善基础设施建设，如带宽升级、VPN建设、核心机房建设和信息安全建设等。

【文化与品牌建设】

北起院微网站正式运营，对品牌宣传起到积极促进作用，7月15日院新版中文网站正式上线。为扩大品牌行业影响力，在11月分别参加了上海汉诺威物流展和广州智能装备及制造技术展览会，重点推出院自主研发的“货到人”高速在线拣选系统，有效地扩大了在行业上的影响，提升形象。全年发行《北起院》报月刊、双月刊共11期、特刊1期。

【社会责任】

北起院党委协同行政、工会、团委，积极开展互助帮困送暖工作，有368名职工向“国机集团爱心基金”捐助2016年1月份的一日工资共56 497元。2016—2017年两年春节看望慰问104人次，发放春节慰问金、帮困金106 400元。此外，还积极开展地区帮困活动，每年春节慰问北京北新桥地区困难居民，为弘扬企业社会责任树立良好口碑。

中国第二重型机械集团公司

【基本概况】

中国第二重型机械集团公司（简称中国二重）始建于1958年，是中国机械工业集团有限公司（简称国机集团）所属的重大技术装备制造企业和中国重要的重大技术装备制造基地。近60年来，中国二重先后为国家提供200多万t的重大技术装备，在国民经济和国防建设中发挥了不可替代的重要作用。

中国二重具备一次提供900t钢水、700t钢锭、500t铸钢件、400t锻钢件的能力，是世界重大技术装备领域少数具备极限制造能力的企业。中国二重主业涵盖大型成台（套）装备和大型铸锻件、大型压力容器、大型模锻件、大型传动件装备制造，可为冶金、矿山、能源、交通、汽车、石油化工、航空航天等重要行业提供系统的装备制造与服务。

在成台（套）装备制造领域，中国二重是冶金成台（套）装备和智能化锻造装备工程总包的核心供应（服务）商；在大型铸锻件领域，中国二重是以AP1000、华龙一号、CAP1400为代表的第三代核电机型全套铸锻件和关键零部件重要供应商，是中国唯一能够提供“三峡级”70万kW水电机组全套铸锻件和批量生产百万千瓦级超超临界火电机组关键成套铸锻件的顶尖供应商；在重型压力容器领域，中国二重具备单体2 500吨级以上超大、超厚重型压力容器整体装备制造能力，是中国大型核电、化工重型压力容器的骨干供应商；在大型传动件领域，中国二重是大型冶金、水利传动件装备制造的优势企业和中国主要的大型风电增速机、风机主轴和风机偏航变浆系统制造基地；在航空航天领域，中国二重是中国航空模锻件产品的主要供应商和航天基础装备制造功勋企业。

中国二重始终以开放的心态拥抱市场，秉持共享发展、协同发展、双赢多赢的理念，以国际化的视野，积极参与全球资源配置，加快向高端装备制造转型，培育国际竞争合作新优势，融入“一带一路”建设，参与中国装备走出去和国际产能合作。在国机集团“二次创业，再造海外新国机”战略引领下，将中国二重打造成为世界一流的重大技术装备制造企业。

【主要指标】2016年中国二重主要经济指标见表1。

表1　2016年中国二重主要经济指标

项　目	2015年	2016年	同比增长（%）
资产总额（万元）	1 845 781	1 910 676	3.52
净资产（万元）	140 057	249 820	78.37
营业收入（万元）	500 667	828 578	65.49
利润总额（万元）	-4 952	53 267	
技术开发投入（万元）	22 786	38 852	70.51
利税总额（万元）	7 886	76 758	873.35

（续）

项 目	2015 年	2016 年	同比增长（%）
EVA 值（万元）	29 097	45 287	55.66
全员劳动生产率〔万元 /（人·年）〕	-13.41	14.94	152.59
净资产收益率（%）	净利润、平均净资产均为负	25.68	
总资产报酬率（%）	4.97	4.21	减少 0.76 个百分点
国有资产保值增值率（%）	41.54	115.92	增加 74.38 个百分点

【经营生产】

着力推进供给侧结构性改革，强化市场开拓、穷尽手段挖潜、着力控制成本、力保生产销售、从严责任考核，企业经营取得历史性突破。全年实现营业收入 82.9 亿元，利润 5.3 亿元，经营活动现金流净流入由负转正，夺取了 3 年改革脱困的全面胜利，书写了中国二重涅槃重生的传奇历史，成为中央企业供给侧结构性改革经典案例。

1. 深耕市场抢订单 通过加大改革成效宣传力度，完善策划机制，盯紧项目信息，创新营销模式，千方百计拼抢订单，全年实现经营订货 86.06 亿元，主导产品市场占有率较上年度稳中有升。签订以中石油辽阳石化和中石化镇海石化项目、川西机器厂深潜项目、河北敬业 1780 热连轧机等为代表的一批重大项目合同；特别是在 2016 年年末石化容器订单捷报频传，一举斩获恒力石化、浙江石化近 13 亿元加氢反应器大单。

2. 压降“两金”增效益 把长账龄货款回收和存货盘活作为增利的关键措施之一，全年实现长账龄应收账款回收增利约 4 亿元，存货盘活增利 1.68 亿元。

3. 综合施策保质量 进一步完善和优化质量保证体系，大力开展专项质量提升活动，14 个重点项目成效显著，建立全流程产品质量监测和考核制度，加大典型案例曝光和追责力度。全年责任废品损失率由 2015 年的 1.26% 降至 0.28%，并获得国机集团 2016 度企业质量奖。

4. 优化生产促销售 加大对外贸、核电、协同、重大四类合同的监控力度，确保重要合同执行受控。不断增强各经营主体市场意识与合同主体意识，推行项目制管理，着力疏通瓶颈，创新作业组织方式，提高生产效率。核电产品销售创历史新高，大汽缸生产线及金陵石化压力容器、宝钢湛江 4200 轧机后冷却等项目组织得力。全年合同完成率提高至 93.42%。为国家提供 CAP1400 核电转轴、ACP1000 自主三代核电华龙一号蒸发器全套锻件、金陵石化双超加氢反应器、国产大飞机 C919 起落架锻件等一大批国家重大技术装备。

5. 多管齐下控成本 强化资金预算管理，持续降低制造成本，推进成本精益核算。全年节省期间费用 1.16 亿元，实现可比降本利润贡献 1.6 亿元。

6. 强化考核落责任 以经济责任制为主要载体，强化引导和严格考核兑现。将专项经济责任指标与责任单位班子成员的收入挂钩，实行每月考核、滚动结算，确保了压力层层传递、责任落实到位。

7. 扎实有序推专项 18 个长线产品研发项目有序实施，全年依托长线产品研发成果，累计新增销售订单近 6 亿元；重大资产盘活工作取得良好成效；搭建采购业务管理及监督支撑平台，材料采购同比降低成本 0.52 亿元，外协同比降低成本 0.49 亿元。

【技术创新】

结合国家产业政策、行业发展趋势和公司实际，编制《中国二重“十三五”科技创新发展规划》。围绕强化各业务单元研发主体责任、构建层次清晰、职责明确的目标，建立两级研发管理与制度体系；积极争取国家研发政策支持，“700℃超超临界机组汽轮机转子锻件研制”等7个国家和省项目获批；通过18项长线产品研发，核电泵壳、蒸汽发生器水室封头等新一代核电关键材料取得较大突破，实现AP1000、CAP1400、ACP1000主管道全系列覆盖，保持公司在主管道的技术优势；重型燃机模锻件、超高强度航空结构锻件、高性能航空发动机转动件等产品成功开发，多种产品填补国内空白，形成一批紧密贴合市场的重大技术成果，全年累计申请国家专利40项，获得授权专利39项；主持和参与制定、修订国家标准5项、行业标准17项；顺利通过“国家级知识产权示范企业”“四川省知识产权示范企业”“国家级技术中心”复审；《620℃超超临界火电机组大型关键铸件研制及产业化》《三峡升船机螺母柱研制》等科研论文获国机集团科技进步奖。

【企业改革】

进一步完善中国二重法人治理结构，组建公司新班子，形成外部董事占多数的规范董事会，充分发挥董事会战略引领作用，规范企业重大决策，有效防范经营风险；根据公司业务发展，撤销金结厂建制，实施金结厂业务优化和人力资源调整，加快推进子公司机制优化、业务转型调整、海外市场开拓、管理提升，为下一步推进体制改革创造条件；稳步推进“三供一业”移交，剥离社会职能工作取得重大进展，职工生活区供电业务完成移交，正加快推进供气管网和户表改造、供水设施改造和社区移交工作；持续推进人力资源优化工作，干部精简压编与从严考核并举，建立公司技术、操作、管理三支队伍岗位职务人员评聘、考核制度体系，全年评聘岗位职务人员1 195人。

【技改投资】

进一步规范投资立项，推进在建项目实施。“精衡公司大型风电齿轮箱产品开发配套设备改造升级及采购”等5个项目，通过投资审查委员会评审；“提高模型制作质量及检测能力”“80t电炉除尘系统屋顶罩改良”等9个项目，通过专家组评审；“8万t模锻压机”项目通过国机集团验收；完成“45MN压机厂房”等项目。

加快推进成都工程中心、镇江基地、8万t模锻压机等资产的调整盘活；持续优化资产结构，清理处置低效无效固定资产；实施关键设备改良项目14个，全年重点设备完好率99.8%。

【党建工作】

全面加强党的建设，以落实党建责任清单为主线，以党建方针目标管理为引领，积极构建与现代企业制度相适应，与企业发展战略和管控模式相适应的党建体系，为企业改革发展提供坚强的政治思想和组织纪律保障。

1. 结合现代企业制度建设，发挥党组织的政治核心作用 各级党组织积极开展学习党的十八届六中全会精神和习近平总书记系列重要讲话精神的活动；深入开展“四好”领导班子创建活动，培训中干227人次；积极探索党组织参与重大决策的方式和途径，使党委常委会和党组织会与企业重大决策进一步制度化、规范化；坚持党管干部、人才的原则，29名中干竞聘上岗；加强人才队伍建设，调动了关键岗位职工的积极性。

2. 落实“两个责任”，推进党风廉政建设和反腐倡廉工作 认真落实党风廉政建设责任制，将落实“两个责任”、实践“四种形态”细化为35项具体工作任务，制定《中国二重关于进一步完善和落实惩治和预防腐败体系实施方案》；开展学《准则》学《条例》征文、书记上廉政党课、廉洁从业专题讲座、节假日等重要时点发送廉政短信等廉洁文化活动，开展落实中央八项规定精神和反对“四风”回头看工作，确保作风建设永远在路上；强化监督执纪问责，核实、办结信访举报和问题线索12件，诫勉谈话、经济处罚等处理10人次；开展采购业务监督检查工作，规范采购、外协的监督管理，招标率大幅提高，降成本效果显著。

3. 开展“两学一做”学习教育 制定“两学一做”学习教育实施方案和工作计划，建立领导班子成员联系点制度，进行专题党课教育，开展3个专题学习研讨，举办领导干部“两学一做”学习培训，认真召开“两学一做”学习教育专题民主生活会、组织生活会和民主评议党员；推行党支部“1234”工作法，创建标准化党支部，开展基层党组织党建工作专项检查和基层党建重点工作8项任务专项检查；举办基层党组织书记专题培训、组织员培训，培训党务干部206人次。全年发展党员44名，集中培训入党积极分子53名、新党员53名。10名优秀个人、3个先进集体受到上级表彰。走访慰问困难党员139人次，支付帮扶资金9.75万元。

4. 加强政治宣传工作 强化形势任务教育，开展“瞄准一三五目标，建设‘三化’新二重”主题讨论活动，教育引导干部职工积极投身扭亏脱困工作；加强内宣工作，利用企业自办媒体，为生产一线鼓劲、提气；加强外宣工作，新华社、中央电视台等对二重扭亏脱困，对核电产品、三峡升船机等国家重大技术装备产品研制给予广泛报道，重塑了企业的社会、市场形象；加强企业文化建设工作，在国机集团企业文化建设经验交流会上作重点发言；坚持思想政治工作与经营生产、企业文化相结合，加强统战、精准扶贫、精神文明、政研、普法等凝心聚力工作，“爱企业、献良策、做贡献”活动深入开展，扶贫工作取得阶段性成果，“全国文明单位”得以巩固，圆满完成旌阳区人大代表的换届选举工作。

5. 加强群团工作 工会开展竞赛项目、挂牌劳动竞赛、技术比武、技术练兵等80余项。征集职工合理化建议1 107条，采纳578条。开展劳模创新工作室创建活动，1名劳模荣登《现代班组》封面人物。做好困难职工帮扶和大病医疗救助，解决职工困难，慰问困难职工1 663人次，发放帮扶资金283.56万元。走访慰问艰苦岗位和驻外职工，组织3 998名女职工体检，为795名女职工办理大病保险。开展各类文体活动，在国机集团乒羽赛等比赛中取得优异成绩。1名职工荣获四川省焊接技术对抗表演赛一等奖。共青团举办青年创客大赛，开展各类青年突击活动80余场次，充分发挥生力军和突击队作用。

【社会责任】

大力推进精准扶贫、精准脱贫工作。为对口扶贫的四川省广元市朝天区鱼洞乡鱼鳞村选派干部任驻村第一书记。在企业极度困难的情况下，帮扶鱼鳞村贫困户销售樱桃550kg，组织职工自愿购买贫困户养殖的土鸡1 050只、捐赠鱼洞小学图书2 000余册。在春节等节假日为51户贫困户送温暖、献爱心，帮助产业扶贫、教育扶贫、智力扶贫。为中江县集凤镇石垭子村改善旅游设施和留守儿童的学习条件。

中国一拖集团有限公司

【基本概况】

中国一拖集团有限公司（以下简称中国一拖）是中国机械工业集团有限公司下属的农机装备制造企业，其前身为第一拖拉机制造厂，始建于1955年，是中国“一五”时期156个重点建设项目之一。经过60余年的发展，中国一拖已经形成以农业机械为核心，动力机械、零部件等协同发展的大型装备制造企业集团。所属第一拖拉机股份有限公司（以下简称一拖股份）是中国一拖最大的控股子公司，分别在香港联交所和上海证交所上市，是中国唯一拥有“A+H”上市平台的农机企业。

在经济发展进入新常态的大背景下，中国一拖贯彻创新、协调、绿色、开放、共享“五大发展理念”，坚持“聚核铸强、创新驱动、发展成套”战略发展思路，保持现有核心业务领先优势，发展农业装备成套产品，创新业务发展模式，为用户提供最有价值的农业装备成套解决方案，全力抢占经济发展新常态中的战略制高点，努力把中国一拖建设成为卓越的全球农业装备供应商。

【主要指标】2016 年中国一拖主要经济指标见表 1。

表 1　2016 年中国一拖主要经济指标

项　目	2015 年	2016 年	同比增长（%）
资产总额（万元）	1 669 575	1 640 014	-1.77
净资产（万元）	710 953	673 834	-5.22
营业收入（万元）	1 164 314	1 065 111	-8.52
利润总额（万元）	12 386	-16 309	-231.67
技术开发投入（万元）	43 073	44 324	2.90
利税总额（万元）	46 328	8 649	-81.33
EVA 值（万元）	-4 784	-28 881	（不适用）
全员劳动生产率〔万元 /（人・年）〕	11	11	-
净资产收益率（%）	0.69	-3.09	下降 3.78 个百分点
总资产报酬率（%）	1.89	0	下降 1.89 个百分点
国有资产保值增值率（%）	101.05	95.24	下降 5.81 个百分点

注：1.2016 年主要经济指标为审计报告口径。2016 年 8 月起，中国一拖取得洛阳中收机械装备有限公司 65% 股权，洛阳中收纳入中国一拖合并范围，根据《企业会计准则》对同一控制下企业合并的会计处理要求，中国一拖 2016 年度审计报告同期数已重溯洛阳中收同期数。

2.2016 年国务院国资委调整 EVA 值计算方法，2015 年 EVA 值已按照 2016 年方法重新计算。

【财务分析】

1. 收入利润情况　实现营业总收入 108.12 亿元，比上年减少 11.66 亿元，降幅 9.73%。实现利润总额 -16 309 万元，比上年减少 28 695 万元，降幅 231.67%。各业务板块实现收入、利润明细见表 2。

表 2　中国一拖 2016 年各业务板块实现收入、利润明细

板块名称	收　入			利　润		
	本年累计（万元）	上年累计（万元）	同比增长（%）	本年累计（万元）	上年累计（万元）	同比增长（%）
农装板块	573 685	599 475	-4.30	39 048	33 749	15.70
收获机业务	30 837	47 704	-35.36	-36 992	-7 939	增亏 29 053
工机板块	3 565	3 829	-6.89	-5 889	-11 005	减亏 5 116
柴油机	145 735	144 675	0.73	11 146	13 954	-20.12
零部件	55 136	64 566	-14.61	-2 496	-1 597	增亏 899
金融业务	16 124	33 517	-51.89	2 620	10 587	-75.25
国际贸易	36 370	52 730	-31.03	3 285	3 670	-10.49
其他	219 783	251 335	-12.55	-27 031	-29 033	减亏 2 002
合计	1 081 235	1 197 831	-9.73	-16 309	12 386	-231.67

除柴油机板块收入与上年基本持平外，其他业务板块均有不同程度的下降，主要是本年受市场影响，各产品销量均有不同程度的下滑。

中国一拖利润总额主要来源于农装板块及柴油机板块，其中农装板块实现利润总额 39 048 万元，同比增长 15.70%，主要是农机销售结构调整，综合毛利率上升所致；柴油机板块实现利润总额 11 146 万元，同比下降 20.12%，主要是中国一拖为提升销量，适度调整产品三包服务政策，导致相关费用同比有所增加。

2. 现金流量情况 期初现金及现金等价物 175 770 万元，期末现金及现金等价物 304 096 万元，现金及现金等价物净增加额 128 326 万元，其中：经营活动现金流量净额 190 534 万元、投资活动现金流量净额 -70 953 万元、筹资活动现金流量净额 7 509 万元、汇率变动对现金及现金等价物的影响 1 236 万元。

3. 资产负债情况 年末资产总额 164 亿元，比上年末减少 2.96 亿元；负债总额 96.62 亿元，比上年末增加 0.76 亿元；所有者权益总额 67.38 亿元，比上年末减少 3.72 亿元；资产负债率 58.91%，比上年末上升 1.49 个百分点。

【改革改制】

1. 中收公司增资扩股 根据国机集团收获机资源整合方案，8 月 10 日，与现代农装科技股份有限公司（以下简称现代农装）、洛阳中收机械装备有限公司（以下简称洛阳中收）签署“增资协议”：中国一拖对洛阳中收增资 19 485.187 万元，洛阳中收注册资本由 8 000 万元变更为 22 857.142 万元；中国一拖持股 65%，现代农装持股 35%。通过增资控股洛阳中收，一拖主导产品由拖拉机、柴油机延伸到收获机，为用户提供解决方案能力大幅提升。10 月实施对中机南方的委托管理，中机南方 55.42% 股权对应的表决权和管理权委托给中国一拖行使，委托期限为 1 年，为进一步实施水稻收获机业务奠定了基础。

2. 柴油机公司吸并动力机械公司 为精简柴油机板块结构、减少企业管理层级、提高板块运行效率、发挥资源的规模效应，中国一拖下属的一拖（洛阳）柴油机有限公司和其全资子公司一拖（洛阳）动力机械有限公司进行了吸收合并。5 月，动力机械公司注销。

3. 财务公司股权收购 一拖股份收购国机重工（洛阳）建筑机械有限公司所持中国一拖集团财务有限责任公司（以下简称财务公司）6% 股权。财务公司具有良好的盈利能力，每年的投资回报比较可观。股权收购完成后，财务公司作为资金集中管理中心平台，不仅对一拖股份及所属单位的主营业务形成了有力的支撑和保障，也为一拖股份加强全面资金管理提供了必要条件和工具。同时，财务公司的资质和平台也是一拖股份进行金融产业运作和资本增值的重要资源。

4. 特专车辆重组 为重组特专车辆业务，实施税务筹划，中国一拖将所持洛阳福赛特汽车股份有限公司 69.5% 股份转让给洛阳天惠能源工程有限公司。在此基础上，为解决特专车辆业务“散、弱、小”、机构职能重复、管理粗放、冗员过多、资源配置不足、长期亏损的问题，制定实施一拖（洛阳）神通工程机械有限公司和一拖（洛阳）搬运机械有限公司资产、业务整合方案。

5. 东晨模具公司业务重组 鉴于中国一拖为东晨公司提供担保而代东晨公司偿还金融机构到期贷款，为最大限度地减少损失，对一拖（洛阳）东晨模具科技有限公司（以下简称东晨公司）进行业务重组，通过行使抵押权接收东晨公司作为债务抵押的机器设备；为盘活抵押设备，并保留部分有效模具业务，将机器设备转至福莱格公司等有关单位，并将较为有价值的客户（如中恒天、南京尚通、江铃重汽）合同和业务通过三方协议等方式转移给福莱格公司等；东晨公司在职员工暂时以劳务输出方式一并转移至有关单位。在业务重组基础上，制定东晨公司破产方案，为彻底退出做准备。

6. 股权退出 完成股权退出6项：惠州市一拖机械实业有限公司股权转让、中国一拖集团临海车辆有限公司股权转让、洛阳永为机械制造有限公司股权转让、洛阳博丰轴承有限公司破产、一拖（洛阳）天泽气体有限公司股权转让、一拖（洛阳）动力机械有限公司吸收合并。同时，启动长拖公司股权退出、收获机公司清理、车桥公司清理、鹏兴公司清埋等股权退出项目。

【重大决策】

1. 现代农业装备智能驾驶舱数字化工厂项目 随着中国农业现代化进程的加快，农机装备的普及，中大型轮式拖拉机和农业收获机械的迅速发展加剧了市场竞争，对其驾驶室的要求也越来越高。据此，中国一拖在提高产品品质上下功夫，以“精品车”占有市场，以高品质和高性能等引领市场需求。于是，中国一拖规划投资建设“现代农业装备智能驾驶舱数字化工厂”项目，项目总投资33 110万元，项目预计2018年建成。

2. 新型轮式拖拉机智能制造新模式应用项目 为建立中国首个大型农机智能制造工厂，提升中国农机智能化制造水平，依据国家工信部智能制造新模式应用的要求，中国一拖于6月成功申报“国家2016智能制造专项”，并获得中央专项资金6 000万元，项目总投资21 070万元。该项目示范性，将为行业树立智能制造的应用典范，引领中国农机产品从低端制造向高端智能制造的转型升级，提升中国农机智造的综合技术实力和国际竞争力。该项目智能制造工厂将达到同行业国际先进水平。项目预计2018年建成。

【重大项目进展】

1. 新型轮式拖拉机核心能力提升项目 项目总投资59 630万元，建成达产后可形成年产147kW以上新型动力换挡轮式拖拉机1 000台的生产能力。截至2016年年底，该项目建成投产，并通过国机集团组织的竣工验收。

2. 铸造系统绿色科技升级改造项目 项目调整后总投资26 571万元，建成达产后，与原产能一起形成年产高品质铸件15万t的能力。截至2016年年底，完成KW生产系统及静压生产系统电炉改造、清理输送系统改造、新建消失模生产系统和旧砂再生系统，环保改造设备完成安装、检测，投入运行。项目全部建设内容预计2017年建成。

3. 重点产品试验检测平台项目 项目总投资5 381万元，重点产品试验检测平台补充完善后，可实现拖拉机整机及其部件（含发动机）试验检测服务能力550台（次）/年，对提升中国农业装备产品的质量、满足节能减排法规要求发挥不可替代的重要作用。截至2016年年底，项目完成重型拖拉机动力换挡传动系试验台、拖拉机电控系统标定试验台、发动机高压共轨试验台、节能减排试验室升级、激光测振系统、拖拉机驾驶室噪声声源识别测试系统、部分流颗粒物采样分析系统完成设备调试运行。预计2017年项目竣工。

【市场开拓】

受农作物价格持续低迷、农机购机单台补贴额度减少、国三切换造成用户购机观望等不利因素影响，国内大中轮拖行业处于下滑趋势，这给拓市场、稳增长带来了较大压力。面对于此，各单位分析市场形势变化，提早谋划、主动应对，保持主导产品市场领先优势，有效应对市场变化给企业经营带来的冲击。

在拖拉机业务方面：把握行业形势、区域特点、竞争对手情况等发展动态，通过加强产品推广、调整营销策略、强化渠道管控、创新营销模式、增强服务保障等措施，进一步增强了东方红产品的市场竞争力。大轮拖行业位势第一、中轮拖行业位势第一，同时东方红国三拖拉机销售3.3万台；动力换挡产品销售4 706台，同比增长40%，提升了东方红拖拉机在业内中高端产品供给的优势地位。

在动力机械业务方面：全面做好国三产品市场开拓，持续加快市场结构、产品结构调整优化力度，为增强主机产品竞争力创造了有利条件。实现国三产品 80 ～ 150 马力（1 马力 =735.5w）主流功率段配套；外部销量占比 63%，同比增加 4 个百分点；全年六缸柴油机销售 4.74 万台，同比增长 6.1%，在柴油机销量中的占比提升 13 个百分点。同时，采取多途径、多方式，积极拓展小麦机市场，全年小麦机配套量 1 732 台，同比增长 12%。

在国际业务方面：持续深化项目运作，注重提升海外基础营销能力，着力加快重点市场突破，国际市场开拓有新进展。一是继上年古巴糖工业部项目实施后，完成对古巴农业部 486 台大轮拖出口项目。在此基础上，与古巴冶金集团就推进古巴农业机械工业园项目签署合作意向书。二是着力做好市场研究、“一地一策”竞争策略制定、出口产品适应性改进、服务体系建设、新产品推广等工作，中国一拖产品在亚洲、东欧、独联体等区域市场销量持续提升。其中，在菲律宾市场销售大中轮拖 357 台，实现连续 3 年增长；动力换挡拖拉机在南非、澳大利亚等市场实现小批量销售，标志着具有完全自主知识产权的东方红动力换挡产品在世界主要农机市场上的销售实现突破。YTO 品牌在第 34 届哈瓦那国际博览会上获得质量金奖，YTO- 东方红品牌再次获得机电商会推荐出口品牌。

【产品销售】

在国家确保粮食安全、加快推动农业供给侧结构性改革等背景下，加之购机补贴政策更为完善、农机工业进入《中国制造 2025》国家支持领域等政策深入实施，拖拉机市场前景广阔，拖拉机市场需求结构加速调整，产品向智能化、专业化、精细化等方向发展趋势明显。但受粮价下跌、补贴率下降和补贴政策边际效应递减等因素影响，农机行业发展深度调整，拖拉机行业呈现出持续下滑态势。中国一拖主导产品大中型拖拉机累计销售 6.87 万台，同比下降 11.27%。

作为非道路用柴油机行业的领先企业，中国一拖紧抓拖拉机和收获机配套市场，但由于“国三切换”造成用户购机成本大幅增长，且用户对“国三机”的质量、性能和服务保障等方面存在不确定性的怀疑，影响柴油机市场销量。中国一拖柴油机累计销售 14.16 万台，同比下降 19.94%。中国一拖主要产品销量情况参见表 2。

表 2　中国一拖主要产品销量情况

类　别	2015 年（台）	2016 年（台）	同比增长（%）
大中型拖拉机	77 386	68 665	-11.27
小轮拖拉机	4 071	964	-76.32
柴油机	176 920	141 635	-19.94

【合作共赢】

8 月 10 日，与中国农机院下属现代农装签署洛阳中收的增资扩股协议。根据协议，本次中国一拖在对洛阳中收审计和资产评估基础上，对洛阳中收现金增资约 1.95 亿元。增资后，洛阳中收由现代农装的全资子公司成为中国一拖控股、现代农装参股的有限责任公司，中国一拖持股 65%、现代农装持股 35%。洛阳中收的股权重组，标志着国机集团农业装备业务的资源整合迈出了重要一步。

8 月 31 日，与中汽国际签署战略合作框架协议。未来双方将在各自经营范围和现有渠道内广泛开展合作，包括但不仅限于物资及设备配套、产品营销、工程承包等领域，还将根据双方不同阶段的业务需求提供相应的协作、协同与服务。

9 月 25 日，古巴首都哈瓦那，在国家工信部部长苗圩及古巴工业部部长帕尔多先生的共同见证下，中国一拖董事长赵剡水与古巴冶金集团总裁贡萨罗签署“关于加快推进古巴农业机械工业园项目的合作意向书”。该意向书的签订标志着中国一拖在古巴业务的拓展进入全新阶段，将积极介入古巴农机企业的技术升级改造项目。

11 月，与中友公司达成合作意向，双方拟在机具与主机配套业务领域开展战略合作。

【重大项目进展】

一批建设期长、投资额大的重点项目陆续建成。新型轮式拖拉机核心能力提升项目完成竣工验收工作；大功率柴油机（二期）项目建设基本完成；现代农业装备智能驾驶舱数字化工厂项目作为“十三五”期间公司重点建设项目，按计划稳步实施。这对于构筑行业领先的制造优势将奠定坚实基础。同时，以提升制造保障能力为核心，着力做好动力换挡传动系国产化、国四柴油机升级改造等项目，促进了制造能力由“产能”提升向“品质”“效率”提升的转变。这些将为持续提升中高端产品供给能力提供有力的产品、制造能力支撑。得益于多年制造技术持续升级，中国一拖被确定为河南省智能制造试点示范单位，并成功入选工信部发布的首批“制造业单项冠军”示范企业；新型轮式拖拉机智能制造新模式应用项目通过工信部评审，获批补贴资金 6 000 万元。

【科研成果】

1. 在成果鉴定方面 “东方红 -LF904/954/904-C/954-C 轮式拖拉机”“东方红 -LR6A3LU 柴油机”“东方红－YM6S4UF 柴油机”“东方红－YM6S9U 柴油机”“基于桁架机器人和在线自动测量的无人操作智能加工流水线开发”5 个项目，通过河南省科技成果鉴定。

2. 在项目获奖方面 获省（部）级科学技术奖项 3 项：“复杂铸件无模复合成形制造关键技术与装备”荣获 2016 年度机械工业科学技术奖特等奖；“动力换挡拖拉机传动系制造成套工艺研发”荣获 2016 年度机械工业科学技术奖一等奖；“东方红 -LF2004/2204 轮式拖拉机”荣获 2016 年度机械工业集团科学技术奖一等奖。

3. 在标准制定方面 主持制修订国家标准 3 项，参与制修订国家标准 4 项；主持制修订行业标准 7 项，参与制修订行业标准 14 项。申请专利 180 项（发明专利 43 项），授权专利 110 项（发明专利 24 项）。

【产业化发展情况】

通过对动力换挡、动力换向、电控系统、柴油机国三排放等拖拉机关键技术的转化，实现动力换挡、动力换向系列拖拉机的批量生产与销售，完成主导产品的国三排放切换。销售动力换挡拖拉机 4 706 台，同比增长 40%，企业科技成果 95% 以上得到应用，中国一拖新产品销售收入 503 412.66 万元，占公司总收入比例 47.89%。

【产权制度改革】

根据国资委和国机集团对“僵尸企业及特困企业”专项工作，以及压减管理层级、减少法人户数专项工作的要求，中国一拖对下属企业进行了梳理，制定僵尸企业特困企业工作方案和压减管理层级工作方案，并按计划落实。具体情况如下：

1. 僵尸企业、特困企业专项工作 结合近年低效无效资产处置以及所属经营单位扭亏治理专项工作，终确定 17 家子公司列入“僵尸企业”及特困企业专项治理名单，17 户企业中有 5 户（“僵尸企业”4 户、特困企业 1 户）列入国资委挂牌督办企业名单。

从 17 户子公司形成原因、与主业的关联度、资源条件、发展前景四方面综合考虑，确定三类不同的处理方式和措施：强化管理 / 改造提升、兼并重组、关闭撤销。按照“一企一策”，逐家论证、制定具有可操作性的处置方案，明确了处置措施和时间表。

2. 压减专项工作 确定“压减 8 户、力争压减 11 户的工作”目标。其中，压减国机集团五级及以下企业 3 户；清理低效无效资产、空壳公司、非主业企业。除已列入僵尸特困企业治理方案的 8 户企业之外，对于层级虽然不高，但因业务重组已成空壳公司的企业，加大清理注销力度。

【经营管理】

1. 战略管理方面 强化企业发展顶层设计，引入“复盘”理念和方法，集中内外部智力资源，于年中发布《中国一拖“十三五”规划》。在此基础上，以聚焦五大战略工程落地为核心，坚持问题导向，运用创新思维，召开中高层战略推进会，就五大战略工程落地的核心问题、关键任务达成共识，为“十三五”规划落地提供有力保证。

2. 质量管理方面 按照国机集团大力实施质量发展战略的总体要求，通过强化质量责任意识和过程质量控制、大力推进“以质论价、以质调量”、持续提升技术 / 质量标准、构建快速质量信息响应机制等一系列措施，公司战略性产品动力换挡拖拉机的品质有了较大提升，产品质量总体稳定。LF2204 拖拉机整机外赔率同比下降 86.8 个百分点；关键重要零部件项次合格率同比提升 1.37 个百分点。“东方红”品牌凭借卓越的产品品质和高效的服务体系，荣获中国“质量之光 —— 年度魅力品牌奖”，中国一拖成为全国农机行业唯一获此殊荣的企业。同时，一拖股份荣获国机质量奖。

3. 财务管理方面 一是持续优化预算管理。通过加强预算闭环管理、优化预算分析方法、强化预算管理激励约束机制等举措，促进财务预算与业务预算衔接，为企业平稳发展发挥积极作用，荣获2016年度国机集团财务信息质量奖一等奖。二是增强资金运营能力。密切关注市场形势及销售动态对企业资金运行的影响，积极筹划安排公司整体资金，拓宽融资渠道和方式，开展价值链融资，降低融资成本，支持公司经营发展。中国一拖融资成本率同比降低 0.1 个百分点。三是加强财税政策研究。系统研究国家营改增等财税改革政策，通过评估税负影响，合理组织税收筹划运作，为减轻税收负担，实现企业经济效益最大化发挥了积极作用。

4. 采购管理方面 以推进采购战略落地工程为载体，持续提升管控能力。实现采购降本率 2.2%，采购产品质量项次合格率同比提高 2 个百分点，集中采购率、上网采购率、公开采购率分别实现 88.8%、91.2%、80%。供应商结构优化，发展战略合作供应商 3 家、重点合作供应商 8 家，战略合作供应商和重点合作供应商累计分别达到 6 家和 62 家，增强了供应链的竞争力。

5. 生产管理方面 按照“控总量，调结构，提高存货运行质量”总体工作思路，不断加强存货基础管理，持续健全制度流程，重点加大缓动存货管控，推进各项管控计划落地。至 2016 年末，存货总量 13.7 亿元，同比减少 1.87 亿元，降幅 12%；1 年以上存货 1.14 亿元，同比下降 28%。此外，继续做好“抱团取暖”工作，全年新增内部交易额累计 1.52 亿元，同比增加 6 049 万元。

6. 人力资源管理方面 一是按照工资总额与人均工资“双调控”原则，制定《2016 年公司工资总额及预算管理办法》，推进工资总额预算管理，确保工资总额与企业效益相匹配。同时，将人员总量控制与人工成本结合起来，将用工方式、用人成本与实物量、劳动经济指标结合起来，人工成本持续优化。人工成本 14.11 亿元，同比下降 462 万元。二是在制定公司领导、职能部门绩效考核办法的基础上，根据有关单位所处的不同发展阶段、业务定位及实际情况，制定分层级、分类绩效激励考核办法，为持续提升公司绩效管理水平创造积极条件。三是通过开展“1+3”人员供给预测、主导产品人均当量研究分析，以及结对子、针对性培训、院校拓展等措施，人员总量调整工作取得积极成效。全年余缺调剂 1 857 人次，同比增加 63%；顶岗实习 1 220 人次，同比增加 59%；平均使用劳务派遣工 2 190 人，同比减少 315 人。四是开通短期委托管理服务平台，12 家单位 150 余名员工进入该平台，进一步拓宽了人员分流渠道。五是加大人才引进力度，做好大学生招聘工作，引进收获机械技术团队若干名，其中高层次人才4人。同时，继续做好人员培训、多通道专业职务队伍建设等工作，为企业发展提供人才保障。

【党建工作】

党组织换届工作稳步推进 召开第十二次党代会，选举产生新一届公司党委和纪委。所属党组织顺利完成换届选举工作，共19家公司直属党支部完成换届选举工作，18家基层党组织完成换届选举工作。二是开展“两学一做”学习教育。做到规定动作不折不扣。在自学的基础上，围绕“学党章党规，切实提升宗旨意识、纪律意识”“学系列讲话，切实提升政治意识、看齐意识”“做合格党员”3个主题进行中心组学习研讨69次，党支部学习研讨387次；各级党委（总支）书记共讲党课46次，党支部书记讲党课次数266次；各基层党支部均召开了专题组织生活会；在充分评议的基础上，采取发放测评表的方式，对党员进行投票测评；各级党组织按程序召开了民主生活会。做到自选动作突出创新。通过举办“我身边的共产党员”征文比赛、“两学一做”学习教育知识抽考、“创意党课”展评等系列活动，推动“两学一做”学习教育深入开展。中国一拖党委借助微信和一拖企业号，每周定期推送“两学一做”学习教育知识竞答，检验学习成效。开展“两学一做”学习教育暨企业文化现场知识竞赛，巩固学习效果。三是形势任务教育形式多样。中国一拖党委通过编发《学习与宣传》、开辟专题专栏等方式，宣传公司年度工作会精神，统一员工的思想认识。加强对形势任务教育工作的指导和服务，各单位结合企业实际开展形式多样的形势任务教育工作。如铸造公司建立宣讲员队伍，深入班组开展形势任务宣讲，将企业面临的形势与任务传达到每一个工位，让全体员工知形势、明任务。四是党建政研会平台作用稳步发挥。围绕企业中心工作，结合党建、思想政治工作存在的难点问题，开展理论与实践问题的研究，党建政研会完成27项研究课题。召开准化作业流程管理现场分享会。五是“创先争优”活动进一步深化。对30家所属党组织开展党建工作情况进行专项检查，以检查促整改，以督促抓落实，推动所属党组织贯彻全面从严治党的工作要求。

【信息化建设】

坚持需求导向，进一步明晰“十三五”信息化总体框架，完成中国一拖门户网站升级、核心网络升级及核心数据异地容灾系统建设，持续推进产品研发及市场质量信息协同、MES平台建设，以及配件电子商务、采购管控、投资项目及资产管理、能源管理等信息系统建设与推广，不断拓展信息系统应用的广度和深度，有效促进了“两化”深度融合。坚持创新导向，积极促进企业业务模式创新。中国一拖被确定为河南省互联网与工业融合创新示范企业；在工信部组织的“服务型制造万里行——走进河南”活动中，中国一拖作为优秀企业代表作了“农业机械全供应链服务实践”主旨发言。

【企业文化建设】

一是制定企业文化“十三五”规划。制定中国一拖企业文化“十三五”规划，提出着力培育创新文化、用户至上文化和担当文化，并明确了未来5年企业文化建设的方向和目标任务。化了实施措施，完成企业文化“十三五”战略任务分解。二是以优秀职业化员工评选活动为载体，推进员工队伍职业化建设。规范优秀职业化员工评选流程，定期召开优秀职业化员工推介评选会，评选季度优秀职业化员工40名、年度十佳职业化员工10名、年度优秀职业化团队10个。利用企业公众号、报纸、电视、内网等媒体，广泛宣传报道优秀职业化员工和优秀职业化团队的先进事迹，扩大优秀职业化员工影响力，发挥其典型引路和示范带动作用。三是以发布企业文化建设典型案例为载体，深入推进文化理念落地。坚持做好企业文化案例的挖掘、整理及发布工作。在拖拉机报、公司内网、企业号发布《当“职业化”遭遇“手机控”》《观念转变，从销售到营销》

等典型案例 8 个，推动公司营销、服务理念落地。四是开展“互联网 + 企业文化传播”模式研究与应用。开展网上宣传思想文化阵地建设的研究与应用，完成人员信息导入、微信平台栏目设置和信息发布。开展优秀职业化员工网上评选、“两学一做”网上答题、企业文化问卷调查等活动，提高企业文化与传播的效率和效果。五是推进企业文化考评工作。按照企业文化 12 维度考评办法，完成集团公司 28 家单位的企业文化考评定级工作，提升了企业文化建设水平。

【社会责任】

在实现企业自身发展的同时，结合农机制造企业的特点和实际，推动中国现代农业发展。一是积极响应国家环保政策，提前在国家规定的强制性升级期限前实现大中型拖拉机全系列环保升级，引领国三机型产品市场切换，实现“东方红”国三拖拉机销售 3.38 万台，成为市场的领先者，推动中国农业生产向高效、节能、环保的方向发展。二是开展国机爱心基金捐款活动，募集资金 54.37 万元；开展“双节”慰问困难企业、劳动模范、困难职工、患大病职工等活动，发放慰问金 25.3 万元；为新入职大学生送去 168 份关爱物品，为考入大学的职工子女发放旅行箱 272 个；组织 340 余名先进职工疗（休）养，开展“写家书 · 亲情”活动，组织 160 人参加东方红儿女工业游活动；组织 13 727 名职工进行体检，一些疾病因发现早得到及时治疗。三是响应国家扶贫号召，开展与洛阳市栾川县潭头镇纸房村贫困户的“一对一”结对帮扶活动，帮助纸房村绿色农产品加工基地打开产品销路，使该村于 2016 年年底实现贫困村摘帽，57 户贫困户实现稳步脱贫。

江苏苏美达集团有限公司

【基本情况】

江苏苏美达集团有限公司（简称苏美达集团）成长和崛起于中国改革开放和全球经济一体化进程之中，经过近 40 年的发展，已成为专注于贸易与服务、工程承包、投资发展三大领域的国际化、多元化现代制造服务业企业集团。其中，贸易与服务领域包括进出口、国内贸易、自主品牌、综合解决方案和金融服务等；工程承包包括环境工程、能源工程、船舶工程等；投资发展包括战略投资、产业投资、项目投资和财务投资等。围绕三大领域的发展，公司一方面通过持续投入和建设，不断增强在市场营销、技术研发、生产制造、品牌建设、投融资运作等方面的核心能力，拥有全球化营销网络、自主研发中心、测试中心、核心产品制造工厂；另一方面，着力打造贸易、实业、技术及投融资相结合的卓越人才队伍，创新推动公司治理、体制机制、组织架构、管理体系、企业文化和信息系统再造，构筑企业有质量、可持续发展的牢固根基。

2016 年，苏美达集团营业收入、进出口总额创历史新高，完成在中国主板上市，开启“贸工技金”一体化发展的新篇章。

【主要指标】2016 年苏美达集团主要经济指标见表 1。

表 1　2016 年苏美达集团主要经济指标

项　目	2015 年	2016 年	同比增长（%）
资产总额（万元）	2 736 558.76	3 702 170.39	35.29
净资产（万元）	444 155.43	622 087.85	40.06
营业收入（万元）	4 059 477.93	4 944 057.22	21.79
利润总额（万元）	133 204.07	146 999.37	10.36
技术开发投入（万元）	24 330.77	23 918.17	-1.70
利税总额（万元）	209 736.60	208 001.75	-0.83
EVA 值（万元）	82 489.48	98 058.72	18.87
全员劳动生产率〔万元 /（人·年）〕	11.02	16.10	46.09
净资产收益率（%）	25.86	21.20	减少 4.66 个百分点
总资产报酬率（%）	6.43	5.89	减少 0.54 个百分点
国有资产保值增值率（%）	119.13	119.70	增加 0.57 个百分点

【改革改制】

面对严峻复杂的经济形势、“新常态”下保增长的巨大压力，为推动企业提质增效、转型升级、创新发展，围绕苏美达集团中长期发展需要，推进各项改革改制工作。

1. 苏美达集团重组上市　按照国机集团整体部署，全力推动苏美达集团整体上市，于 2016 年 10 月 21 日获得证监会批文，标志着重组项目获得圆满成功，开创了苏美达集团发展的新格局。苏美达集团重组上市入选国机集团“十大资本运营项目”。

2. 推进五金公司分立、重组　采用存续分立方式，实施苏美达集团所属江苏苏美达五金工具有限公司（简称五金公司）内部资产重组，即园林机械业务和新能源业务分立。实施完成后，江苏苏美达能源控股有限公司将成为苏美达集团第 7 家核心成员企业。

3. 开展“瘦身健体”工作　按照国机集团关于开展瘦身健体的工作部署，全面推动“两金”清理、压减层级工作。成立领导小组和工作小组，强化组织领导，落实目标、责任和考核，大部分指标顺利完成。

4. 完善公司决策和运行过程中关键制度的制定和实施　以提高决策质量、防范决策风险为目标，制定《江苏苏美达集团有限公司“三重一大”事项决策制度实施办法》。同时，面向上市公司治理要求，制定覆盖担保、关联交易、投资管理、风险管理等方面的制度，逐步建立符合监管要求、行之有效的规范管理体系。

【重大决策】

1. 投资南京金正奇交通设备有限责任公司　12 月，苏美达集团与下属五金公司股权投资南京金正奇交通设备有限责任公司（简称金正奇）。金正奇是国内知名的轨道交通专用装备（车辆转向架）全面解决方案供应商，拥有高端装备基础工艺的强大研发能力和完备的质量保障能力，是高新技术企业。此次投资有利于弥补企业自身缺项，为铸锻件业务提供制造基地，并为苏美达集团介入高铁行业提供了可行性。

2. 海尼兴汽车零部件（南京）有限公司成立　9 月，该公司在南京市六合区雄州工业园成立，利用德国 ISE 公司的先机技术和转移到中国的设备，凭借中国低廉的采购成本以及人力成本，有望迅速在中国建立起第二个生产基地，弥补只有德国制造的短板，服务北京奔驰、上海大众、长春奥迪等德系车企，将来有望跃居全球顶级铰链系统供应商行列。苏美达集团也借此机会扩张自身的汽配产业链，获得新的成长空间。

3. 江苏苏美达华信通信有限公司成立 5月，与南京烽火藤仓光通信有限公司合资成立江苏苏美达华信通信有限公司。通过成立合资公司的模式，快速嫁接光纤光缆领域国际主流品牌，充分发挥公司在国际营销上的既有优势，快速进入大数据通信这一全新领域并占据一定市场地位和份额，推动未来逐步向通信设备和通信工程领域的发展。

4. 成立苏美达迪拜公司（SUMEC INTERNATIONAL DMCC） 11月，该公司在迪拜DMCC自由贸易区成立，标志着苏美达钢材及建材产品出口在“一带一路”国家市场渠道建设进一步深入落地，将为深度拓展和扩大中东、北非国家和地区业务提供销售渠道增量发展和客户服务满意度。

5. 东台产业基地投产 4月，总投资10亿元的苏美达新能源产业基地在江苏省盐城东台市正式投产。东台工厂拥有目前业内自动化最高、智能化最优的光伏组件制造生产线，一期可年产300MW新型高效光伏组件，实现销售收入12亿元。

6. 黑硅高效电池片实现批量生产 7月，苏美达集团投资的中辉光伏生产线正式投入运营，为公司提供高效电池片的稳定货源保障，并建立了电池片技术研发平台和测试基地。这标志着由公司自主研发的黑硅高效电池片在业内率先实现量产，年产能有望突破700MW，为提高产品市场竞争力打下基础。

7. 与泰国VTE公司达成战略合作 8月，苏美达集团与泰国VINTAGE ENGINEERING PUBLIC COMPANY LIMITED（简称“VTE”）在国机集团举行战略合作协议暨菲律宾25MW光伏EPC项目协议签约仪式。双方将以此次合作为契机，充分发挥各自优势，在东南亚可再生能源市场展开深度合作，陆续展开光伏、地热、风电，生物质能、水电等一系列可再生能源项目业务。

8. 与ACC达成分布式光伏合作协议 12月，与亚洲洁能资本有限公司（AsiaClean Capital，缩写“ACC”）签署分布式光伏发电系统合作协议。苏美达集团将与亚洲洁能资本联合开发100MW的分布式光伏发电系统。苏美达集团将负责分布式屋顶电站项目的开发、建设以及运维等全方位的专业服务，ACC将为合作项目的光伏发电系统提供全额投资支持。

9. 江苏苏博生物医学股份有限公司登陆新三板 8月，苏美达集团下属五金公司投资的江苏苏博生物医学股份有限公司（以下简称苏博医学）登陆新三板。苏博医学是专注于基因测序产业研究和检测服务的专业前沿机构，服务网络覆盖全国28个省级行政单位、228个地级市、987个县区，拥有合作单位289家。

【重大项目】

1. 收购德国ISH公司股权项目 5月，收购欧洲市场占有率第二的全球专业铰链系统供应商——德国ISH公司（更名后），从而获得奔驰、宝马等高端车企的一级供应商资质。ISH公司拥有一支专业并训练有素的德国本土设计团队，凭借其先进的一体化铰链技术，目前是奔驰C级，E级乘用车全车铰链的独一供应商。

2. 208 000t散货船交付 该项目是代理江苏新韩通船舶重工有限公司（以下简称韩通）建造的208 000t散货船，是当前市场主流散货船型之一，是苏美达集团至2016年为止代理的最大吨位船舶，也是韩通建造的最大吨位船舶，是苏美达集团和韩通合作交付的第18艘船。船东是德国拥有悠久航运历史的家族企业Oldendorff。在航运和造船市场不景气的情况下，该船能按期顺利交付，实属不易。

3. 15 000t甲板重货船交付 11月，苏美达集团和韩国青洋海运合作的第一艘船——全新设计的15 000t甲板重货船交付。第二艘将在2017年交付。

4. 27 500 方 LNG 运输船交付 该船是国际上公认的高技术、高难度、高附加值的“三高”产品，可运输 LNG、LEG、LPG 等石化气体，因其节能、环保、操控性好等优点，具有极强的市场竞争力，被外媒誉为市场上最好的灵便型 LNG 多用途液化气船，堪称“海上超级冷冻车”。近年来，船舶市场持续低迷，众多船舶企业面临订单少、交船难、资金短缺等严峻挑战。作为该船主要建造方的扬州大洋造船有限公司和南通太平洋海洋工程有限公司先后陷入困境，在苏美达集团和当地政府的帮助下渡过难关，保证了项目按合同履行。船东 EVERGAS、交银租赁、BV 船级社，对该船的建造质量、对苏美达船舶在该项目起到的重要作用都给予了很高的评价。

5. 12 000t 铺石船下水 该项目是由全球四大疏浚公司之一的荷兰 Van Oord 公司在浙江造船有限公司（以下简称浙船）定制的 1 艘高端海工船。该船是全球同类船中最大、最先进的铺石作业船，是苏美达集团参与建造的技术含量最高的海工船和单船出口金额最大的项目。

6. 船舶公司自建船“腾达”轮交付 该项目是苏美达集团与南京远洋运输股份有限公司（以下简称南京远洋）合作建造的 1 艘 39 000t 多用途散货船。该船被命名为“腾达”轮，5 月下旬投入营运，这艘船是苏美达集团自建多用途系列船中的首制船。苏美达集团与南京远洋有着长期良好的合作，双方认为“一带一路”政策对航运带来新需求，意识到为适应向广大发展中地区运输混合类型货物，必须对功能单一的老船型做出改进升级。因此，该船型针对合作方承揽件杂货运输的经营特点着重优化，最大限度地满足非洲、中东、东南亚等航线上运输项目货的装载需求。在低迷造船市场环境下订船有效降低了建造成本，而该船技术上的诸多亮点也使其具备极强的市场竞争力，合作双方对该船都寄予了良好的市场预期。

7. 中标天津咸阳路污水处理厂迁建提标工程项目 该项目占地总面积 41.57km^2，设计规模为 60 万 t/d 出水水质从一级 A 提升至天津市《城镇污水处理厂污染物排放标准》中规定的“A 类”标准。

8. 黄浦江上游水源地金泽水库工程项目顺利通水验收 经过近 10 年的科学论证和 2 年多的建设，苏美达集团承建的黄浦江上游水源地工程完成建设。12 月 29 日，金泽水库正式向金山、闵行、奉贤通水。至此，上海市原水全部由水库集中取水，结束了之前分散取水的方式，原水供应正式进入集中式管理的新阶段，饮用水供应安全得到进一步保障。

9. 菲律宾 FCRV 10MW 光伏电站顺利并网发电 2 月 25 号，苏美达集团承建的菲律宾 FCRV 10MW 光伏电站顺利并网发电，项目设计装机容量为 10.26map，电站整体转换效率（PR）值高达 82.7%，高出合同要求的 PR 保证值近 9 个百分点。自并网发电至 2016 年年底，当天发电量最高达 58 000 kW·h，预计 4.5 年收回投资成本。

10. 在西南地区承建的首座地面光伏电站一期工程并网 5 月，由苏美达集团在西南地区投资建设的首座地面光伏电站——汇明荒山光伏电站一期工程 30MW 顺利并网发电，为今后苏美达集团进一步开发西南地区市场奠定了基础，也为当地经济建设和改善居民用电状况作出了贡献。

11. 土耳其 4.71MW 光伏电站竣工并网 7 月，该电站竣工并网。在国际市场，苏美达集团积极响应“一带一路”号召，积极在“一带一路”国家进行新能源产业的布局，助力沿线国家经济发展。以东南欧和东南亚为战略重点，着重推进工程贸易业务模式，随着一系列新能源工程的高品质交付，形成了广泛的海外品牌影响力。

12. 巴基斯坦 18MW 光伏电站项目签约 10 月，与巴基斯坦 HARAPPA SOLAR PRIVATE LIMITED 项目公司签订 18MW Harappa 太阳能光

伏发电项目 EPC 合同，总额 2 000 万美元。该项目为巴基斯坦首个 IPP 太阳能电站，首次使用跟踪支架。

13. 国内多个电站项目顺利并网 完成陕西智光、山东垦利聚兴、河南安阳一期、山东董集等地面电站项目，共计 207MW 并网发电，预计实现 25 年年均发电量 30 204 万 kW·h。每年可为国家节约标准煤 120 816t，同时将减少多种有害气体和废气排放。

14. 永城服装项目 5 月，苏美达集团入驻河南省永城市服装项目——河南苏美达服装科技发展有限公司正式开业。该项目是苏美达集团纺织服装板块扎根中西部的标志性项目，对纺织服装产业的转型升级具有重大战略意义。开业前夕，国机集团任洪斌董事长亲临现场考察指导，任董事长赞扬说：纺织服装产业是国机集团值得骄傲的财富！

15. 全资收购美国家纺品牌 Berkshire 项目 9 月，积极践行国机集团"再造海外新国机"战略部署，大力实施"走出去"战略，以极具竞争力的价格成功拿下美国 Berkshire Blanket Holdings, Inc. 的非我方股权，正式完成对 Berkshire 的 100% 控股。这是继 2013 年年底苏美达投资参股该公司之后，实现对该公司的成功全资收购。这是苏美达集团第一例海外投资项目，是苏美达集团全球资源配置的新典范。

16. 孟加拉、越南办事处项目 积极响应国家"一带一路"战略，在国机集团"再造海外新国机"和苏美达集团"走出去"战略的指引下，加快将产业链向东南亚转移，提升公司的核心竞争力，陆续成立孟加拉办事处和越南办事处。未来东南亚产能布局，将形成以缅甸自有实业群为核心，遍布柬埔寨、孟加拉、越南等国的生产采购网络，整合当地优势资源，构建苏美达全球竞争新优势。

17. "2016 世界知名城市南京周"开幕活动——"中英国际教育论坛" 9 月 12 日，由苏美达集团旗下伊顿纪德《优教育》杂志、伦敦设计节南京周组委会、顶思 topschool 共同举办的"中英国际教育论坛"暨"教育的价值与美"主题艺术展，在南京图书馆东吴建康宫遗址举行。在为期 3 天的论坛活动中，多位来自中国和英国的学者、艺术家与教育工作者，围绕"教育的价值与美"展开多场开放式对话。

【市场营销】

坚持"贸工技金"相结合的发展战略，以贸易为龙头，努力打造贸易竞争新优势，加强市场营销工作，推动业务持续健康发展。

1. 国际市场开拓 ①动力工具板块：持续增强国际化经营战略，打造德国、美国、英国、瑞典、澳洲等海外平台，业务规模突破 1 亿美元，2 个海外平台实现 2 位数增长。将 G-FORCE 品牌推向欧洲专业市场。建立营销体系，做好 OEM、ODM 业务的大型零售商产品推广。构建从北欧向西欧国家全覆盖的经销商网络，推动高端自主品牌产品的推广，门店突破 500 家。布局 B2C 业务，建立自主营销网站，依托电商平台和其他渠道，专营自主品牌产品。构建覆盖北美、欧洲、澳洲等几乎所有的发达国家市场的国际化售后体系，形成针对消费者、针对零售商的不同服务形式，成为区别于其他中国同行的战略武器。②新能源板块：推出新品组件，辉伦太阳能三款 Phono Solar 品牌新品光伏组件精彩亮相北美地区规模最大、最有影响力的专业太阳能大会暨展览会 Solar Power International（SPI）2016。无惧"双反"政策影响，持续发力美国市场，位于美国佐治亚州 Jenkins 县的 28MW 太阳能光伏电站正式并网发电，项目所用太阳能电池组件均由苏美达集团旗下辉伦太阳能（Phono Solar）提供。辉伦太阳嫩组件被彭博社新能源财经（BNEF）评为 Tier-1 组件制造商，跻身世界一级组件制造商 Top10。③钢铁、建材等产品：出口业务以客户需求为导向，紧跟国家"一带一路"战略，积极推进国际化区域发展步伐，加强细分市场布局，致力于打通上游资源渠道、中游区域市场和下游最终客户等供应链各环节，充分发挥苏美达技术贸易有限公司与永诚两个平台、两种贸易方式的灵活优势，依托苏美达集团在国际化市场拓展方面的商务、物流与金融优势，实现中国资源与世界市场的无缝对接。出口钢材产品（240 万 t）超 9 亿美元，木制品出口超 1 亿美元。

2. 开拓国内市场 ①机电设备进口业务：坚持传统行业不动摇，拓展新兴行业，充分放大“一湾（渤海湾）、两角（长三角、珠三角）、三区（东南区、西南区、中南区）”国内区域发展战略的扩张效应，坚持巩固增量、发展存量，大力拓展以华南、西南等地区为代表的新业务区域，业务拓展取得显著成绩。继续稳居全国机电设备进口代理行业前列，纺织机械、轻工设备等进口总量稳居全国第一。②大宗商品国内贸易板块：在各主营商品（钢铁、矿产、煤炭、油品）价格的跌宕起伏和高位震荡运营态势下，坚持以营销模式改良为先导，持续提升专业化运营能力和水平，实现了平稳有序增长，品种多元化建设和经营水平提升效果明显。板块全年实现营收 170 亿元，同比增长 17.2%。钢铁产品运营规模首度突破 1 000 万 t（国内贸易 780 万 t、出口 240 万 t），位居全国钢铁流通企业前五位。③国内新能源：聚焦西部可再生能源规划，在由中国可再生能源学会主办的“2016 中国青海可再生能源产业发展论坛”上，为西部地区进一步发展以光伏为代表的新能源产业献言献策，同时为首届中国青海湖高原越野精英赛提供光伏发电储能系统等设备支持。着重布局分布式光伏业务，在创新商业模式、建设核心团队、打通金融通道、拓展渠道伙伴等方面取得扎实成绩。在国内率先推出集“投资咨询、电站建设、金融支持、运维服务”为一体的 BLOT 新商业模式，截至 2016 年年底，签订合同 9.5MW，开工实施 6MW，项目储备 60MW。④自主品牌国内贸易业务：苏美达集团旗下伊顿纪德品牌作为中国校服行业第一品牌，不仅受邀参与“校服新政”的制定，还通过 2016 年“两会”期间 4 位人大代表和政协委员的谏言，直指校服行业存在的“不合理限价”“家委会参与力度不足”等问题，得到来自新华社、人民日报、中国教育报等主流媒体的关注和报道，更通过权威媒体内参等有效手段，推动和引领了中国校服行业的正向发展。

【科技创新】

坚持市场化研发导向，全力推进自主研发体系建设，推动科技成果转化。全年获授权专利 15 项，其中发明专利 5 项，在专利水平和市场融合度上有所提升。

1. 动力工具板块 苏美达集团所属五金公司研发中心获国家发改委批准组建“稀土永磁无刷点击开发制造技术国家地方联合工程研究中心”，这是中国外贸行业的首个国家级研发平台，填补了国机集团在此项领域的空白。

五金公司还顺利通过江苏省科技厅等部门评审，被认定为高新技术企业。这是苏美达集团的第一家整体获批为高新技术企业的二级法人单位，充分体现了五金公司的科技创新发展，得到政府部门的充分肯定，同时也为公司获得 15% 的优惠所得税率。

2. 新能源板块 新能源研究院与中国电器科学研究院共建的“湿热环境光伏电站”户外试验系统在海南建成并顺利运行。该系统将为电站环境差异化设计、组件材料环境差异化选择及光伏电站系统发电量预估方法优化提供宝贵翔实的数据资料，也为进一步提升光伏产品品质、保障投资者收益提供技术支撑。

与华为技术有限公司共同建立苏美达 - 华为能源物联网联合创新中心。未来双方将着眼于全球能源工程市场，利用各自的技术和资源优势，以提高光伏电站系统效率、降低光伏发电度电成本为目标，在智能光伏电站关键部件的研发与应用、智能光伏电站解决方案及能源物联网技术领域展开技术研发合作，促进行业技术进步和健康发展。

与南京航空航天大学等国内一流高校院所的合作，开展基于纳米陷光硅材料的黑硅太阳电池技术研究，取得显著成果。电池片量产平均效率达到 19.00% 以上，单批次最高效率达到 19.30% 以上，在国家能源局推行的“领跑者”先进技术产品认证中获得 3A+ 的认证，成为国内同专业领域获得证书的第二家单位。相关研究成果——“基于湿法腐蚀陷光与纳米结构调控的高效晶硅太阳电池关键技术”获教育部 2016 年高等学校科学研究成果奖（科技进步奖）二等奖。

加强系统集成技术，重点推动大数据分析、直流交流配比优化、跟踪系统的应用、差异化地形和应用场景下的“逆向建模”优化算法、电网友好性提升（电能质量、电压稳定性、端午容量比）等方面的研发，形成智能储能逆变一体机等产品，在德、澳市场获得推广。

在电站运维技术方面：以提升光伏电站收益水平为目标，开展智能化运维云平台技术的研发，实现“互联网 + 光伏”效应，为行业提供投资管理、监控运营、资产评价等多项服务。初步形成“站级监控系统和站级生产管理系统”，满足了光伏电站的智能运营维护、智能分析和全数字化等功能需求。

【管理经验】

1. 财务运筹 持续拓宽渠道，继成功发行 14 亿中票之后，又成功发行 10 亿元的理财直融和 14 亿元的超短融。同时，作为苏美达集团海外平台的香港公司、永诚公司、创奇公司的授信均取得快速增长。利用并购贷款支持对德国公司的并购。有效降低运筹成本，通过调整融资结构和融资币种，在融资规模不断增长的同时，实现融资成本下降，节约利息成本 3 600 万元。择机创造收益，针对人民币持续贬值态势，审时度势，利用境外平台结汇和跨境资金池理财，全年累计结汇量超过 5 亿美元，获取汇差和理财收益价 4 200 万元。推进税务运筹，当期节省所得税总额 1 950 万元。

2. 风险管控 夯实多级风控平台，以平台力量抵御系统风险。在集团层面着力于重大风险的集中监控，统一配置专业人员，实施法务总监派驻制，在强化风险管理的同时，要求与业务融为一体，参与方案设计，在商业模式设计中降低风险。在子公司层面将风险管理各环节严密嵌入业务流程之中，并落实岗位和人员责任，形成本公司的风险管理体系。

3. 精益管理 强化全员精益意识渗透、技术方法传递和岗位技能提升，深化精益绩效评价，让更多精益人才在实干中脱颖而出。从精益全局出发，推动精益样板、精益理念、精益方法，以及精益文化在整个实业板块、全集团的渗透和覆盖，让精益成为一种组织文化和管理哲学。

4. 信息化建设 优先解决信息化薄弱环节，做好、做实正在升级的贸易和服务、工程承包系统。全面推广和升级综合事务平台，重点关注跨环节、跨系统的集成，如制造与贸易集成、国内与海外的集成。构建集团统计平台，搭建集团私有云平台，全面提升集团信息化水平。

5. 品牌建设 着力构建以“国际化的 SUMEC、专业的 SUMEC、服务的 SUMEC”为要义的品牌理念体系。建立 CIS 体系，规范品牌传播、使用和发展。按照上市公司信息披露规范要求，统一对外传播渠道，确保“规范化传播、有价值传播”，切实维护好上市公司社会表现和声誉。

6. 安全生产 强化“一把手问责制”“一票否决制”，强化组织领导，落实目标责任，健全监管制度，狠抓检查考核，构筑安全生产管理长效机制，确保安全管理没有盲区、不留死角。

【企业文化建设】

创新文化传播途径，精心运营“苏美达人”微信公众号，以员工喜闻乐见的方式传理念、播思想、沐文化。丰富职工精神生活，围绕职工身心健康、兴趣爱好开展乒羽比赛、户外健走、书法讲堂、文艺汇演等内容丰富、深受欢迎的文体活动，活跃企业氛围，提升幸福指数。加强职工人文关怀，积极做好在职员工关爱、困难职工帮扶和离退休职工慰问工作。开展“自强·感恩”主题活动，搭建员工与高考子女之间的沟通桥梁，倡导和传递学会自强、懂得感恩的优秀理念。深化社会责任履行，广泛开展捐资助学、慈幼恤孤等社会公益活动，扎实推进挂钩帮扶、精准扶贫项目实施，为促进经济社会协调发展做出应有贡献，不断提高企业知名度和美誉度。

【党建工作】

苏美达集团党委突出有质量发展主题，贯穿从严治党主线，全面加强党的建设，保证和推动公司持续健康发展。深入开展“两学一做”学习教育，推动全面从严治党向基层组织延伸，向全体党员覆盖。贯彻全国国有企业党建工作会议精神，修订《公司章程》，以及《干部管理办法》《“三重一大”事项集体决策制度实施办法》等重要制度。选拔调整20位干部走上新的领导岗位，完成技术公司、船舶公司、五金公司和新能源公司领导班子调整工作。加强基层党组织建设，成立技术公司、轻纺公司两家二级公司党委，成套公司党支部升格为党总支。开展基层党组织书记和党务骨干培训，有效提升工作能力水平。邀请全国著名党建专家、中纪委原宣教室主任李本刚来司做党规党纪专题辅导报告，教育广大党员干部守纪律、讲规矩、作表率，营造风清气正的从业环境。

中国浦发机械工业股份有限公司

【基本概况】

1992年10月，原机械电子工业部响应中央号召，在“部市共建，开发浦东”的大背景下，与上海市共同成立中国浦发机械工业股份有限公司（简称中国浦发）。1997年，隶属国机集团。

依托上海区位优势，发挥在机械行业中的影响，经过创业、调整、恢复、转型4个不同时期的辛勤耕耘，现拥有10多家控股子公司，1 800多名职工，其中工程技术人员占比70%。实现总公司、子公司同步协调发展的多元结构模式。确立以设计带动工程总承包和以技术研发带动产业发展的工程业务、以机电产品进出口和原材料采购物流服务为主的贸易业务、以工业园区和商业房地产开发为主的房地产业务等三大业务板块。形成工程业务为支撑、贸易业务为后盾、房地产业务为基石的企业发展定位。

近年来，按“改革创新为驱动，调整转型为抓手，包容发展为目标”指导思想，开拓创新，积极进取，管理能力提升，实现业务转型。将继续以股东权益、企业效益和职工利益最大化为目标，努力打造集技术、工程、贸易、投资为一体的综合性服务公司。

【主要指标】2016年中国浦发主要经济指标见表1。

表1 2016年中国浦发主要经济指标

项 目	2015年	2016年	同比增长（%）
资产总额（万元）	1 603 312.75	1 447 615.08	-9.71
净资产（万元）	150 153.12	187 951.76	25.17
营业收入（万元）	860 554.12	1 053 793.43	22.46

（续）

项　目	2015 年	2016 年	同比增长（%）
利润总额（万元）	38 000.95	111 829.89	194.28
技术开发投入（万元）	20 185.11	2 954.58	-85.36
利税总额（万元）	43 984.76	122 932.41	179.49
EVA 值（万元）	42 082.92	77 613.38	84.43
全员劳动生产率〔万元 /（人·年）〕	41.78	42.73	2.27
净资产收益率（%）	25.19	49.09	增加 23.90 个百分点
总资产报酬率（%）	4.29	11.42	增加 7.13 个百分点
国有资产保值增值率（%）	117.22	189.01	增加 71.79 个百分点

【改革改制】

制定中长期战略发展规划。战略定位为“平台型资产经营公司”，未来形成 1+N 两级平台架构，实现资产价值的持续提升。总部聚焦战略管理、金融服务、综合管理三大功能。到公司成立 30 周年时，实现年营业收入 200 亿元、利润 15 亿元，打造一个平台体系健全、产业实力雄厚、人才队伍强大、体制机制先进的“中国浦发系”工程建设产业群与贸易服务产业群。

【重大决策】

12 月 29 日，召开第八届董事会第一次会议，选举余本礼任公司董事长，聘任张素刚为总经理，聘任张晋、徐伟民、张鹏、辛中华为副总经理。

【重大项目】

1. 白俄罗斯斯拉夫钾肥项目　项目金额 16.68 亿美元。项目建设工期 54.8 个月，项目包括矿山工程、钾肥厂、自备电站、铁路运输四大部分，是中国与白俄罗斯经贸领域迄今为止，规模及金额最大的合作项目，也是中国浦发响应国家“一带一路”战略号召，积极开拓海外市场的重大突破。

2. 江苏德龙镍业印尼二期项目　该项目为 12×135MW 自备电厂新建工程，金额 50 亿元人民币，拟建设规模 12 台 135MW 纯凝式汽轮机和 12 台 480t/h 煤粉炉。项目位于印度尼西亚东南苏拉威西肯达里市，是中国浦发在东南亚市场开拓的又一重大突破。

3. 山东莒县丰源热电有限公司 2×350MW 热电联产工程　项目金额 18.50 亿元。项目工程为建设 2×350MW 超临界、抽凝式汽轮发电机组配超临界、变压运行、一次中间再热、燃煤直流炉等。

4. 新疆生产建设兵团第七师五五工业园区 2×350MW 热电联产项目 EPC 总承包　项目金额 14.19 亿元。该工程为新建 2×350MW 超临界间接空冷、抽汽凝汽式汽轮发电机组、配置超临界直流煤粉锅炉，同步建设脱硫、脱硝、除尘装置，工程采用间接空冷塔、脱硫塔、烟囱“三塔合一”方案。

5. 新疆生产建设兵团第六师北塔山 100MW 风电场　项目金额 7.10 亿元。该项目位于新疆生产建设兵团第六师北塔山牧场境内。北塔山风电场设计安装 50 台单机容量 2 000kW 的风力发电机组，装机规模 100MW。每年可为电网提供 236.86GW·h 电量，与相同发电量的火电相比，建成后每年可节约标煤 7.64 万 t，每年可减少多种大气污染物的排放。

【市场开拓】

紧跟国家“一带一路”建设，海外市场开拓取得重大突破。签约白俄罗斯斯拉夫钾肥项目，总金额 16.18 亿美元，是中国与白俄罗斯经贸领域迄今为止，规模及金额最大的合作项目。签约别洛波洛斯卡娅 2 座水电站建设及电力送出EPC项目，总投资额118亿卢布，是金砖国家新开发银行在俄罗斯的首个贷款项目。中标越南Binh Thuan30MWp光伏电站EPC总承包项目、恒逸实业（文莱）有限公司PMB石油化工项目电站工程EPC总承包项目、印度吉申格尔50MWp光伏电站EPC总承包项目、圭亚那中低压配网EPC总承包项目。随着一个个海外项目的签字落地，中国浦发迈出了走向国际市场的坚实步伐。

【重大项目】

辽宁抚顺2×300MW热电厂项目#1锅炉低温烘炉完成，#1锅炉化学清洗完成；#2锅炉水压试验完成。

枣庄1×350MW煤矸石综合利用热电工程。冷却塔风筒封顶；烟囱外筒施工至120板（共136板）；锅炉受热面焊口完成1 900道；行车安装完具备投用条件。

巴基斯坦萨巴电力公司134MW油炉改CFB炉工程于8月9日机组首次并网成功。

张家口下花园235MW光伏发电项目桩基混凝土浇筑完成85%；支架立柱安装80%。

南召160MW分布式光伏发电项目中，南河店项目5月8日并网，小店#1项目6月5日并网、小店#2项目6月6日并网；太山庙项目6月28日并网。

【科技创新】

专利申报工作再创佳绩，授权专利数超过往年水平。全年获得发明专利2项、实用新型专利77项。

枣庄八一热电公司煤矸石综合利用热电工程是中国浦发承接的第一个超临界机组EPC工程，实现了技术升级，开拓了新的市场；山东海化集团1-3# 3×600t/h循环流化床锅炉除尘项目，属于超净排放技术上首次应用，对技术领域的推广具有重大意义；青岛润亿清洁能源项目被作为山东青岛西海岸新区创新转型典型项目，于12月6日被中央电视台新闻联播节目报道。

【产权改革】

12月，下属子公司中国能源工程集团有限公司转让其持有的中机国能电力工程有限公司29.874%股权。截至2016年12月31日，中机国能电力工程有限公司股权变更工商登记完成。此次股权转让后，中国能源工程集团有限公司持有中机国能电力工程有限公司10%股权。

【管理经验】

1. 战略管理方面 中国浦发新的中长期发展战略定位于“平台型资产经营公司”，未来将形成1+N两级平台架构，实现资产价值持续提升。总部聚焦战略管理、金融服务、综合管理三大功能，努力打造一个平台体系健全、产业实力雄厚、人才队伍强大、体制机制先进的“中国浦发系”工程建设产业群与贸易服务产业群。

2. 人力资源管理方面 开展总部职能管理部门中层干部首次公开竞聘，推动了干部能上能下机制的建立，干部管理更加规范；开展的“浦发大讲堂系列”培训，促进了员工的团结协作和能力提升，搭建了组织发现人才的平台。继续完善人力资源体系建设，根据战略规划修订绩效考核制度、人力资源管理制度、员工年度考核制度等。

3. 财务管理方面 一方面积极做好贷款保存量争增量工作，另一方面积极开拓新的融资渠道与模式，与建行达成全面战略合作意向并取得授信，取得中信银行18年期经营性物业贷款，改善了借款结构，保障了公司资金链的安全；为子公司业务发展提供资金支持和担保服务；存量资金财务收益得到有效提高；“两金”管理取得一定成效。

4. 安全生产管理方面 加强党政安全生产双管机制，强化重大危险源的风险管控，加强在建项目的安全生产监管，努力提高境外公共安全保障能力。

5. 法务管理方面 法务部从推进案件处理、法律管理融入公司经营、加强法律培训，以及整合公司法律资源等方面，进一步推进公司法务服务能力提升。

6. 审计管理方面 审计工作紧紧围绕制定的中长期发展战略规划，通过加强对重点贸易子公司的内部控制检查和风险排查，保障公司投资业务和贸易业务的健康开展；通过对年度重点工作的监察督办，促进相关工作按时按质完成；进一步加强审计业务培训，提高审计人员业务能力。

7. 资产管理方面 撤销房地产事业部，组建资产经营部，对相关资产统一经营管理，理顺关系，增加效益。资产经营工作调整管理方式和经营理念，实现平稳过渡并圆满完成年度经营指标。

【信息化建设】

结合业务子公司化和职能部门的调整，进一步优化调整公司OA系统组织和工作流程，并进行了升级和新功能部署，实现安全的移动终端APP应用；优化基础设施和系统管理的配置，保障网络、信息系统的安全和稳定；运维监控系统的部署应用，健全各类设备和系统运行环境的运维监控，进一步提高运维管理和预警应急处理能力，提高信息安全保障能力；启动公司信息化近中期规划。

【党建工作】

召开党员代表大会，选举产生新一届党委委员、纪委委员；积极探索所属混合所有制企业党组织建设，第一时间着手开展新公司党组织建设工作，并把支部建在项目上，为项目实施提供有力的保障，为新公司人员重组和业务转型做好组织协调工作，各级子公司党组织基本做到全覆盖；认真组织开展“两学一做”学习教育；进一步落实党建目标责任制和党风廉政建设主体责任和监督责任；夯实党的基层组织建设，创建学习型党组织；新建和修订党内《中心组学习制度》《民主生活会制度》《党费收缴、使用和管理办法》等规章制度，建立长效机制；加强党员干部队伍建设，开办“浦发大讲堂”，开展干部公开竞聘，进一步完善选人用人机制。

【社会责任】

继续开展与上海金山区和平村的帮困结对工作，资助基础设施建设，帮助村民快速销售农产品，实现增收；参与宜川社区关爱基金组建；援建云南省元阳县大坪乡中机阳光希望小学；开展中机河南希望小学和中机甘肃希望小学走访活动，共有12人次志愿者参加，活动中首次开展《电是从哪来的》特色爱心支教课程；系统内147名员工捐款，帮助重庆市丰都县20名高考生实现大学梦；第五次给浙江大学能源工程学院制冷与低温专业学生颁发“浙江大学中国空分奖学金”，16名本科生和硕士生获得此项奖学金。

国机精工有限公司

【基本概况】

国机精工有限公司（以下简称国机精工），成立于2013年9月17日，是由中国机械工业国际合作有限公司（简称中机合作）、郑州磨料磨具磨削研究所有限公司（简称三磨所）、白鸽磨料磨具有限公司（简称白鸽公司）等重组设立，致力于打造“世界一流的精密机具制造与服务商”。

国机精工总部设在郑州“新材料产业集聚区”。注册资本5 000万元，现拥有总资产15.35亿元，净资产8.72亿元，从业人员2 100多人。具有普通磨料、普通磨具、涂附磨具、超硬材料及制品、行业专用设备与检测仪器等产品的研发、生产、销售，以及磨料磨具检测、标准、计量、信息等行业服务工作和进出口业务，产品及产业链条较为完整。超硬材料制品技术水平处于国内领先水平，是国内生产能力最大的综合性磨料磨具制造企业，业务遍及世界60多个国家与地区。

【主要指标】2016年国机精工主要经济指标见表1。

表1　2016年国机精工主要经济指标

项　目	2015年	2016年	同比增长（%）
资产总额（万元）	104 238	153 489	47
净资产（万元）	64 040	87 229	36
营业收入（万元）	71 668	95 838	34
利润总额（万元）	4 824	11 091	130
技术开发投入（万元）	4 094	5 130	25
利税总额（万元）	8 689	17 851	105
EVA值（万元）	2 453	6 564	168
全员劳动生产率〔万元/（人·年）〕	22	31	41
净资产收益率（%）（不含少数股东权益/权益）	6.97	11.39	增加4.42百分点
总资产报酬率（%）	5.68	9.24	增加3.56百分点
国有资产保值增值率（%）	106.79	112.12	增加5.33百分点

【改革改制】

1. 整合组建公共技术服务平台　针对国机精工在标准、检测、检验、计量等公共技术服务管理不统一、设施分散、重复投资、利用率低、人员素质差异较大等问题，制定“公共技术服务中心组建方案”，深化推进内部业务资源整合，建立面向国机精工所属企业乃至全行业开放、国内一流的公共技术服务平台。

2. 推进资产重组工作　5月，按照国机集团战略部署，轴研科技与国机精工实施重大资产重组工作启动，配合中介机构，做好审计评估、法律事务、资产处置、财务分析、土地出让、募投项目、业绩承诺等工作，全力保障重组工作顺利推进；同时，根据重组需要，三磨所新增投资4 832万元收购新亚公司16%的股权，实现对新亚公司的绝对控股。

3. 托管成都工具研究所有限公司　根据国机集团的整体部署，完成成都工具研究所新的经营班子配置，各项经营管理工作有序开展。

4. 设立国机精工（香港）有限公司　为有序拓展国际市场，形成科学合理的国际化业务布局，设立国机精工（香港）有限公司。

【重大决策】

以“十三五”规划纲要为引领，完善职能战略规划体系。以企业“十三五”规划纲要为指导，推动职能战略规划论证编制工作。制定企业“十三五”科技发展规划、人力资源发展规划、品牌经营规划、企业文化建设规划纲要等职能规划。把“创新驱动”作为统帅规划论证编制的灵魂，作为贯穿全部规划体系的一条红线。企业“十三五”科技发展规划，贯彻“创新是引领发展的第一动力，科技是推动发展的第一生产力”理念，突出强调“绑定结构调整重点项目、突破研发管理封闭模式、突破技术投入路径依赖”创新要求，使科技规划更具“努力突破当前结构调整困局”的针对性，更具“着力探索在更大空间整合研发资源”的开放性，更具“力求摆脱惯性思维路径依赖”的创新性。在职能战略规划体系的顶层设计中注入创新驱动的基因内核，引领国机精工解放思想、创新行动、躬身实践，以创新触发新动能，靠改革释放新活力，使精工总部成为创新的驱动者、引领者、组织者，构建价值总部核心竞争力，支撑企业“十三五”战略目标落地。

【重大项目进展】

1. 白鸽公司股权划转项目 为确保白鸽搬迁改造达到预期目标，加快白鸽公司股权划转，推进有关清租迁建、资金、审计对账工作，经与郑州市政府多次沟通，使迁建资金到位 5 000 万元；为推进白鸽公司重组工作，不影响白鸽正常经营，加快白鸽快速发展，于 12 月 27 日向郑州投资控股有限公司送达《关于对白鸽磨料磨具有限公司股权托管相关事宜的承诺函》，12 月 28 日与郑州投资控股有限公司签订《股权托管协议》。

2. 三磨所收购新亚公司股权项目 郑州新亚复合超硬材料有限公司（简称新亚公司）经济效益较好，国机精工全资子公司三磨所原持有新亚公司 34.06% 股权，未将新亚公司列为合并范围，在合并报表层面未体现新亚公司的收入和经营业绩。为增强国机精工主营业务的盈利能力，增加三磨所对新亚公司的控制力，提升新亚公司经营能力和经济效益，利用新亚公司整体市场较为低迷，收购出价较低的时机，以现金 4 832 万元收购新亚公司台方股东持有的新亚公司 16% 股权，于 2016 年 6 月 28 日收到国机集团同意收购的批复。此次收购使三磨所持有新亚公司的股权比例将由之前的 34.06% 提高到 50.06%，实现了对新亚公司的绝对控股。

3. 白鸽公司迁建提升项目 白鸽公司迁建提升工程在郑州市政府支持下，积极推进。累计完成投资 50 422 万元。项目实施形象进度情况：技术中心和检测中心进入装修阶段；重负荷厂房、固结磨具联合厂房和涂附磨具联合厂房三大主导产品厂房进入设备安装阶段；异型产品联合厂房和新材料联合厂房主钢完成；1# 超硬材料制品联合厂房，基础施工完成；综合站房（含污水处理站）和机修厂房及浴室主体施工完成；工程技术中心及检测中心进入装修阶段；4# 倒班宿舍交工投入使用。

【科技项目】

1. 国家科技重大专项 2010 年度课题“120～200m/s 高速 / 超高速磨削用陶瓷 CBN 砂轮” 成功研制出汽车发动机曲轴（汽车曲轴）、凸轮轴、轴类零件、船舶发动机曲轴（船舶曲轴）加工用高速 / 超高速陶瓷 CBN 砂轮，在合作单位和国内知名的汽车及发动机厂家完成产业化应用，达到课题规定的技术指标；形成年产高速 / 超高速陶瓷结合剂 CBN 砂轮 1 000 片，年产值 2 500 万元的生产能力的生产线；完成申报专利 3 件，制定产品企业标准 2 项。课题通过验收，顺利结题。

2. 国家科技重大专项 2010 年度课题“高效精密数控磨削用系列超硬材料砂轮” 完成复合结合剂制备、低温陶瓷结合剂制备技术等关键技术研究，开发出整体刀具数控工具磨砂轮、数控复合磨削砂轮和纳米磨砂轮等 3 类 7 种数控磨削机床配套用高效精密系列超硬材料砂轮及其制造技术；开发的各种砂轮在数控磨床上进行了磨削试验和性能评价，砂轮耐用度等性能指标达到或接近国际先进水平，并分别在武汉机床厂、上海机床厂、北京第二机床厂、湖南大学高效磨削中心等用户进行了示范应用，形成完整的该类砂轮制造工艺文件，申报 4 件专利，制定 3 项产品企业标准。5 月，通过专项办组织的任务终验收。

3. 国家科技重大专项 2012 年度课题“航空发动机盘 / 轴 / 叶片类零件高效精密磨削砂轮” 开发盘 / 轴类零件高效精密磨削刚玉砂轮与 CBN 砂轮和叶片类零件高效精密磨削刚玉砂轮与 CBN 砂轮及其成套工艺技术，开发的产品在航空发动机零部件生产线上进行示范应用，完全可以满足用户工艺要求，达到了进口同类产品水平。通过课题工作的开展，建立航空发动机盘/轴/叶片类零件高效精密磨削用系列砂轮生产线4条，具备批量生产能力；申报专利12项，其中发明专利11项；制订工艺规范9项；制定企业标准3项；发表论文14篇，完成了课题预期的各项指标。

4. 国家科技重大专项2012年度课题“轿车动力总成关键零件高效精密磨削系列砂轮” 制定了砂轮配方，研制出装配式凸轮轴加工用高速陶瓷CBN砂轮、汽车发动机曲轴高效成组磨砂轮和轿车变速器齿轮磨削用陶瓷微晶磨料蜗杆砂轮3类产品，并在用户单位进行了示范应用。课题产品完全满足用户工艺要求，性能稳定，达到国际先进水平，已实现批量应用，可替代进口。

通过本课题研究，建立装配式凸轮轴加工用高速陶瓷CBN砂轮、汽车发动机曲轴高效成组磨砂轮和轿车变速器齿轮磨削用陶瓷微晶磨料蜗杆砂轮3条，具备批量生产能力，取得销售收入800万元；申请发明专利4项；制订技术规范与企业标准7项，完成了预期各项指标。

5. 工信部智能制造项目“高性能超硬材料磨具智能制造新模式” 以三磨所现有的高性能金属超硬材料磨具、树脂超硬材料磨具、陶瓷超硬材料磨具制品为目标产品，以设计、工艺、物流等环节，以及混料、分料、成型、烧结、精整、粘接、检验等关键制造工序为对象，通过智能装备和工业软件的创新应用及高效集成，实现超硬材料磨具制造模式的创新升级，构建超硬材料磨具智能工厂，为超硬材料磨具产品创新升级提供支撑。项目所建成的智能工厂年产能可达超过8 000万克拉超硬材料为原料所产出的磨具制品，年产值可达5亿元。

完成信息化系统的全面上线。同时，成立智能制造项目组，完成总体技术方案的制定、论证、工艺设备的考察及选型、工艺流程及布局数字化模型建模、混料中心工艺设备订制、采购、安装调试；实现ERP系统上线。完成智能制造执行系统（MES）设计、开发、测试工作，完成混料工序配套物流设备采购、安装调试、申报专利3项。

6. 国家科技重大专项2012年度课题项目“复杂数控刀具创新能力平台建设” 通过复杂数控刀具新材料、复杂数控刀具涂层技术、复杂数控刀具设计制造与应用技术、复杂数控刀具共性技术和切削数据库等5个方面的建设，开发出复杂数控刀具新材料牌号21种、新涂层牌号16种、新产品50项；制定国家标准10项、行业标准10项、企业标准9项；申请专利29项；获得软件著作权3项；发表论文37篇。初步建立起中国现代制造业切削加工技术研发和刀具制造自主技术开发体系，形成复杂数控刀具产品设计、生产、试验基地。为航空航天、发电设备和汽车制造行业提供复杂数控刀具整体解决方案，所研制的新产品突破国外先进企业对国内切削工具的技术封锁与产品垄断。课题开发出的复杂数控刀具新材料、新涂层、新产品、共性技术和数据库等在宝钢、成飞、东汽、一汽、通用等航空航天、发电设备和汽车制造等企业得到推广应用，成功替代进口。

7. 国家科技重大专项2012年度课题项目“高性能数控刀具性能测试与检测技术平台的研究” 研制高性能数控刀具相关技术标准22项；研制联盟标准技术规范46项；申报专利21项；发表论文64篇；获得省部级科技奖励2项，开发检测技术数据库软件，获软件著作权1项；为35家刀具企业、高等院校等提供技术服务，开展高性能刀具检测143批次。开展高性能数控刀具技术标准、检测和评价技术规范的研究与制定，搭建并完善第三方检测公共服务平台，为工具行业提供了产品全寿命周期的开发、检验、切削性能试验及可靠性、稳定性评价等技术服务；推进高性能数控刀具国产化，为国产数控刀具性能的可靠性和稳定性接近国际先进水平提供关键共性技术支撑。

8. 国家科技重大专项课题“汽车齿轮高效精密磨削砂轮/工艺的应用示范” 该项目处于技术开发与成果转化阶段，通过该项目的实施将促使国机精工所属企业白鸽公司将掌握微晶陶瓷磨料、高性能陶瓷结合剂、微晶陶瓷砂轮的研发与生产技术，填补国内高效精密磨削砂轮制造的空白，综合技术指标达到国际同类产品水平。开发出 3 个品种的磨料、3 个系列 5 个规格砂轮新产品，可实现齿轮的粗、精磨削加工，整体技术水平达到国际同类产品先进水平。砂轮应用覆盖汽车齿轮品种的 80% 以上。

9. 河南省重大科技专项项目“高速高效精密超硬材料磨具关键技术研发及产业化” 本项目通过研究开发应用于汽车发动机和内燃机关键零部件、半导体芯片封装精密加工用系列高速高效精密超硬磨具产业化关键瓶颈技术，解决了高速磨削中磨削振纹、不均匀磨损、切割工件崩口、引线拉毛等问题，研制出凸轮轴/曲轴加工用新型陶瓷结合剂 CBN 砂轮、燃油喷射系统关键零部件（喷油嘴）加工用陶瓷结合剂内圆磨砂轮和半导体芯片封装切割用高速高效金属结合剂超薄砂轮 3 类产品。产品制造精度和耐用度、寿命等性能均达到或接近国外同类产品水平，可替代进口。完成项目预期的全部研究工作，达到各项指标要求。

项目期间，建立了上述 3 类产品的产业化生产线，年产能达到 6 100 万元；制定产品企业标准 3 项；授权专利 8 项，其中发明 2 项。该项目成果的应用结束了中国该类产品依赖进口的历史，在引导中国超硬材料磨具行业向高速、高效、精密制造方向发展方面具有重要意义。

10. 河南省国际合作重大专项项目“大直径高速高效数控磨削重负荷砂轮” 该项目主要针对磨特钢、不锈钢系列大直径高速高效数控磨削重负荷砂轮进行合作研发。项目进入成果转化与产业化阶段，项目产品技术水平达到国际先进水平，填补了中国大直径高速高效数控磨削重负荷砂轮空白。项目申报 2 项专利。

【市场营销、重大项目进展与产业化发展】

做实做强主营业务取得良性进展。与上年同口径相比，产品经营收入同比增长 21%，占营业收入的 35.3%，同比增加 3 个百分点；新产品收入同比增长 22.8%，占营业收入的 8.6%，同比增加 0.8 个百分点。

1. 所属中国机械工业国际合作有限公司

（1）业务结构调整方面。围绕结构调整、转型升级主线，在连续 3 年磨料业务大幅下滑的形势下，着力开拓工程配套项目与两面市场开发项目（以出口带动内销），至 2016 年年底，开拓业务占主营业务比重超过 70%。

进出口一般贸易方面：各业务部门在老客户业务的基础上积极挖潜，寻找新的贸易机会，开发新产品、新市场；响应并落实国机集团内部合作要求，与苏美达、国机重工、中福马、成都工具所、西麦克国际展览公司等通力协作，共实现营业收入 2.07 亿元。

两面市场开拓方面：围绕结构调整、转型升级主线，依托 2015 年公司开发工程配套项目与两面市场业务（以出口带动内销）的基础，深耕市场，在以下两个方面取得进展。一是从传统磨料业务向工磨具业务调整转变。从 2014 年到 2016 年，工磨具业务占外贸业务比重分别为 7.6%、11.1%、21.94%；二是从一般贸易进出口业务向工程配套项目、两面市场业务调整转变。从 2014 年到 2016 年，开拓业务占主营业务比重分别为 23.94%、39.74%、70.93%，业务结构调整初显成效。

（2）工程配套项目开发方面。顺应国家“一带一路”倡议和国内国际形势变化，坚定业务方向及模式的转型和提升，在夯实磨料磨具业务的基础上，探索国际工程配套业务，取得初步效果：俄罗斯新建碳化硅厂项目，完成项目的可研报告，年内签署商务合同；白俄罗斯 SALEO 项目，签署商务合同，正在办理贷款事项；巴西化工项目，客户资信调查结束，正在商讨采购计划。

（3）品牌建设方面。继续做好VI更新工作，提升公司品牌形象。全公司推广使用符合集团VI系统的名片、往来信函、传真、产品标签等日常办公用品；在各种会议、商务洽谈、培训、协会杂志、行业杂志，以及网站、邮箱中均使用完整规范的新品牌形象标识。通过网站、行业、大型展会等渠道进行发布与推广，新的品牌形象更加深入人心。

2. 所属企业郑州磨料磨具磨削研究所有限公司

（1）面对国内外经济环境和需求的变化，在市场开发方面采取了诸多措施：重点开发汽车行业领域重点客户，配合标杆性客户进行新品研发及产业升级，深化了与客户的合作关系，经营收入同比增长40%；抓住LED行业发展机遇，利用产品优势期，配置资源，重点开发标志性客户，快速占领市场；针对半导体行业快速发展的情况，重点推出半导体封装用超薄、超精切割产品，取得良好的经济效益和社会效益；积极开发市场，挖掘市场潜力，寻求新的经济增长点，在变速箱、轴承、太阳能等行业现有客户的基础上，加大对符合国家产业发展政策，有未来发展前景的新兴市场的培育力度，积极推广市场需求旺盛的高端产品，先于市场需求进行产品布局。

（2）在品牌建设方面采取5项措施：一是通过不断地科技创新和技术革新以保证产品性能的稳定，以及通过5S现场管理和精细管理以保证产品质量的稳定，提升企业品牌形象。二是加大品牌宣传力度，利用展览会、商品交易会、研讨会，以及各种媒介和宣传渠道进行品牌宣传与推介；积极参加国内外相关展会，利用网站、协会、企业微博、微信平台，开展有效地宣传与推介。三是采用特装设计布展，展品统一采用三磨logo；设计新的企业图册和产品图册，样本印刷日臻精美，形成按应用领域对三磨品牌产品集成宣传的模式，提升了三磨品牌的宣传效果。四是积极参加行业论坛，并在产业聚集区进行专题的技术讲座及产品推广，与客户进行现场交流，提升客户的满意度及忠诚度，提高三磨品牌知名度。五是追求精品，支撑品牌建设。严格贯彻公司“管理保证品质，创新提升品质，品质取信用户”质量方针，通过加大科研投入，细化过程控制，开展技术比武活动，继续实施第三方检验等措施，提高产品性能，以优异的产品性价比获得市场认可，以三磨精品捍卫行业技术领先地位，引领和推动着行业的发展。

3. 所属企业白鸽磨料磨具有限公司 利用迁建提升的重大契机，以产品结构调整和生产装备升级为中心，一方面抓住机遇，积极稳妥地推进企业改革，另一方面发挥公司特有优势，加快企业战略调整和产品升级。

（1）全面开展降本增效工作。通过开展市场洞察，确立标杆，对标分析差距和原因，制定改进方案。制定《成本考核办法》，加强产品设计、原材料采购、物流发运、生产、检验检测等环节的降本增效。

（2）推进产品结构调整，重点发展陶瓷无心磨砂轮、磨钢球砂轮、树脂磨轧辊砂轮、超精油石等固结磨具和高档聚酯布锆刚玉砂布、磨木材系列、磨金属系列砂布等涂附磨具和宝石抛光砂轮、光电陶瓷砂轮等超硬材料制品，抓好过程质量控制，提升成品率，降低废品率，降低质量成本。固结磨具废品率由2015年1—11月的2.96%降低至2016年1—11月的1.34%，固结业务综合质量损失由2015年1—11月的168.6万元降低至2016年1—11月的89.7万元，砂卷业务综合质量损失由2015年1—11月的304.4万元降低至2016年1—11月的266.4万元。

（3）开展节能环保宣传，采用无毒无害绿色原材料代替有毒原材料，从生产的各个环节，大力推行绿色生产。5月，涂附磨具公司停止树脂结合剂生产，有效降低有毒有害化学品使用；投资110万元，对涂附磨具公司生产废气、噪声进行治理，以及对公司污水处理站老化设施进行更新改造，有效减少污染物排放，达到经济效益、环保效益、社会效益的统一协调发展。

白鸽公司在磨料磨具行业增长乏力市场环境下，以市场需求为导向，优化涂附产品结构，开发满足客户需求的木材加工新产品，丰富了产品谱系。

【管理经验】

1. 强化经营管理 运用战略绩效闭环管理办法和工具，推动国机精工卓越运营能力体系建设。

导入战略绩效闭环管理先进理念和方法，通过开展市场洞察与差距分析、创新焦点、业务设计、运营体系设计 4 个阶段工作，完成战略目标可信性论证及目标导向的业务运营体系设计，具体项目在强化市场论证、形成关差闭环、实现业务突破方面取得较大成效，骨干人员在思想观念、精神风貌、专业知识、管理技能上取得较大提升。

打造卓越运营能力体系，试点实施战略绩效闭环管理方法，为全面推进战略绩效闭环管理体系建设，找到了“引导观念转换、推动管理转型、实施流程再造”牵引机制。

运用战略绩效闭环管理方法工具，编制年度业务计划，持续论证年度业务计划的可信性，完善经济运行分析和运营过程管理，提升经营管理能力，保障公司年度经营目标的实现。

2. 强化经济增加值管理意识，改善资产财务管理 强化经济增加值管理意识，发布《国机精工 EVA 指标提升方案》，将 EVA 管理模块导入资产财务管理体系，牵引提升资产财务管理能力与水平，有效改善了资产运营效率和效益。年初，基于资产财务结构模型及其对应价值贡献分析，针对问题导向，设立跨界的项目组织，着力消除管理盲区、堵塞效益黑洞。一是对年度 EVA 经营指标实施过程进行管控。财务资产部对 EVA 主要经营指标进行专项管理，按月统计、分析各经营主体 EVA 指标完成情况，协同营销中心发布经营动态。每季度对盈利能力进行分析，对年度利润总额及归属母公司扣非后净利润完成情况监控进行分析等。二是完善资产管理职能，重点加强低效无效资产管理。资产运营中心对所属企业非经营性资产实施统一管理，摸清家底，建立台账，分类治理，指导帮助所属企业盘活存量资产、优化资源配置。三是加强“两金”风险管控，提高流动资产周转率。制定《“两金”专项管理办法》《“两金”管理实施细则》《逾期应收账款专项清理实施方案》等，全年超额完成国机集团“两金”压控等目标。同时，对中机合作、三磨所等所属企业进行低效、无效投资项目的清理处置工作。

3. 加强人力资源管理 贯彻“以人为本”发展理念，按“充分激发人的潜能与积极性、保证组织绩效目标达成”要求，发布人力资源规划，制定人才保障方案并组织实施。基于战略目标导向、营销绩效导向，修订《国机精工领导班子成员薪酬绩效管理及中长期激励暂行办法》《国机精工中高层管理人员绩效考核暂行办法》等管理制度。以营销绩效贡献度为主导，发布《国机精工职能部门和利润中心 2016 年营销绩效指标》，建立部门及岗位的关键绩效指标考评体系，形成绩效与薪酬挂联、员工与企业双向承诺的绩效激励机制。

【党建工作】

1. 加强学习方面 国机精工党委深刻领会“两学一做”重要意义，制定国机精工“两学一做”学习教育实施方案，明确国机精工党委的主体责任和“承接使命，共谋发展”主题，解决党员领导干部、全体党员在理想信念、政治纪律和政治规矩、价值观与发展理念、宗旨意识与责任担当、贯彻落实从严治党等方面存在的问题。同时，依托知识竞赛、重温入党誓词等教育形式，增强了大家的宗旨意识、纪律意识。

2. 加强党的领导和党的建设，推动公司改革发展 国机精工党委召开 14 次党委会或党委扩大会，决策公司“三重一大”事项，将“三重一大”决策要求以制度形式嵌入管理流程；召开5次党建工作例会，发挥公司党委的决策指导作用。同时，中机合作完成新一届党委、纪委的换届选举；国机精工总部成立总部党总支并选举产生第一届委员会；所属企业党委、总部党总支基本完成了党支部的换届选举和组织建设。在公司党建制度汇编的基础上，结合新时期上级党组织党建工作指示要求，梳理、印发“国机精工党委党建责任清单”“国机精工所属企业党委党建责任清单”，基层党组织分别完善了组织工作运行、重大事项决策、三会一课、发展党员等制度，完善了公司党建工作制度体系。

3. 履行“两个责任”，促进公司健康发展 在“两学一做”思想政治建设的基础上，以落实“两个责任”为重点，强化监督执纪问责，推进党风廉政建设工作。按照“一岗双责”要求和《国机精工党风廉政建设责任制实施办法》，年初班子主要领导与班子其他成员、班子其他成员与所分管的部门负责人分别签订“党风廉政建设主体责任书”35份，各所属企业签订“2016年党风廉政建设责任书”3份，中层及以上领导干部签订“廉洁承诺书”38份，推动党风廉政建设工作落到实处。成立纪检监察室，明确开展党内监督和行政监督、落实党风廉政建设责任制、受理违纪违法检举等8项主要职责，把发力点聚焦到监督执纪问责上来。制定《国机精工惩防体系实施细则》，将党风廉政建设与公司生产经营工作统一安排、共同推进。建立廉政谈话制度，形成领导提示、干部承诺、共同倡廉的良性互动。组织党员领导干部参观河南廉政文化教育基地、焦裕禄纪念馆活动。公司无违法违纪案件发生，无上级纪委转办案件。

4. 抓好班子团队建设，重视干部梯队管理 以“两学一做”学习教育为契机，加强各级领导班子思想政治建设，安排6名领导班子成员参加高层次学习培训，持续提高领导能力和科学决策水平。另外，完成所属企业领导班子调整的专项考核、配备任命工作。为打造与企业发展需求相匹配的人才队伍，形成公司核心人才梯队，制定《骨干员工（后备干部）管理办法》，经选拔，在库人员65名。同时，制定《培训工作管理暂行办法》《2016年度员工培训工作实施方案》，开展线上线下员工培训，线上开设领导力和管理能力提升培训班共82人参加；线下开设PPT制作技巧专题讲座、中青年干部行动学习研修班等34个培训班，320余人次参与。

5. 激发群团组织活力，推进“和”文化建设 在工会方面：制定《工会工作实施办法》《工会经费审查委员会工作制度》等5项制度，进一步规范了工会管理。精工总部工会召开会员代表大会，选举产生精工总部第一届工会委员会。公司工会努力为员工在产业园区周边协调优质住房资源，开展团购商品房、限价房、公租房等活动。同时，为职工开展专项体检、健康知识讲座等活动。公司荣获郑州市“五一巾帼标兵岗”“郑州市企业示范工会”等荣誉。在困难帮扶方面：积极为困难职工开展“送温暖”“金秋助学”活动，建立健全困难职工档案18人，发放困难补助金2万余元，推动“送温暖”活动经常化、社会化。在文化活动方面：以大型职工文体活动为依托，组织公司第一届职工运动会；组队参加集团第四届“和谐国机杯”球赛、“学党章党规、安全生产、企业管理”知识竞赛，以及庆祝新中国成立67周年暨公司成立3周年职工文艺汇演，弘扬“精进坚韧、合和聚成”的企业精神。在团委建设方面：召开第一次团员代表大会，成立选举公司团委，隶属共青团郑州市委领导。组织团干部参加集团举办的“2016年团干部培训班”；参加集团主办的“我与国机共成长”演讲比赛，三磨所青年员工刘祥进入复赛，并参加在集团内部巡演活动；结合集团成立20周年主题征文活动，组织《没有到达不了的远方》征文活动，传递青春正能量。

【企业文化】

编制企业文化建设规划纲要、提炼企业文化

理念体系。制定《企业文化建设实施方案》，指导企业文化建设开展。着眼融合提升、秉持包容发展、注重因地适宜，梳理公司企业文化建设的思路和构架，编制《企业文化建设“十三五”规划纲要》《企业文化理念体系》。

【社会责任】

积极履行社会责任，以成为“世界一流的精密机具制造与服务商”为愿景，以人为本，利用科技进步和现代经营管理手段与理念，为客户提供优质产品和服务。同时，关注社会公益事业。公司派出三磨所高亚辉担任信阳市淮滨县刘圩村第一驻村书记，为扶贫工作尽责。年底，公司组织职工购买扶贫村特产，为当地脱贫攻坚工作尽一份力量。

中国联合工程公司

【基本概况】

中国联合工程公司隶属国机集团（简称中国联合），员工5 000多人，专业技术人员占95%以上。设有工业工程、国际业务等业务板块。出色地完成了以上海电气、东方电气和哈尔滨电气三大动力基地为代表的一大批国家装备制造业骨干企业相关整体设计，以及300多座电厂、数以千计的标志性民用建筑。为国内首批获得工程设计综合甲级资质的企业，服务方式从工程设计向前后延伸到工程建设全过程，在做精做强设计咨询业务的同时，开拓工程总承包和项目管理业务，大力提升EPC能力，积极参与国际竞争。

多年来，中国联合遵循“与顾客共同创造价值”经营理念，完成1万多项大中型工程；主编、参编国家、地方和行业标准、规范80余项；获国家科技进步奖26项、国家级各类工程技术奖100多项、各类省部级奖1 000多项。公司连年被授予“重合同守信用企业”称号，获得AAA企业信用评定等级。

【主要指标】2016年中国联合主要经济指标见表1。

表1 2016年中国联合主要经济指标

项目	2015年（未含勘察院）	2016年	同比增长（%）
资产总额（万元）	951 557.72	1 049 522.47	10.3
净资产（万元）	142 605.31	163 834.88	14.9
营业收入（万元）	556 087.44	638 992.19	14.9
利润总额（万元）	26 718.38	31 532.06	18.0
技术开发投入（万元）	19 064.97	22 472.21	17.9
利税总额（万元）	30 866.69	35 798.76	16.0
EVA值（万元）	31 058.17	35 828.56	15.4
全员劳动生产率〔万元/（人·年）〕	19.45	20.05	3.1
净资产收益率（%）	14.43	16.93	增加2.5个百分点
总资产报酬率（%）	3.04	3.18	增加0.14个百分点
国有资产保值增值率（%）	121.39	126.39	增加5个百分点

【改革改制】

按照国机集团要求，推进企业改革工作，成立中国联合第一届董事会和监事会。

【重大决策】

1月4日，审议通过沈瑞宏拟提任公司总经理助理的考察情况、完成年度指标超8%的奖励政策。

3月1日，审议通过成立后勤服务公司和后勤管理公司，撤销原后勤服务公司；审议通过拟成立安全生产部，与生产经营部合署办公。

3月7日，审议通过公司党政副职后备干部人选、中联西北院行政领导班子届中增补干部人选等。

4月1日，审议通过关于请求出具研发中心项目建安工程施工结算报告及施工工期问题处理的建议。

4月18日，审议通过成立中国联合改制工作领导小组，以及拟成立电力院党支部、新能源设计院党支部事宜等。

5月3日，审议通过中联西北院科技楼项目装修工程投资、中联西北院收购员工所持控股子公司股份事宜。

6月1日，审议通过中机中联拟增加注册资本金事宜、2016年特色技术与业务专项立项等。

7月1日，审议通过20个施工相关制度（修订技术质量部2个；新订生产经营部15个、人力资源部3个）。

7月25日，审议通过中国联合改制实施方案。

8月1日，审议通过安徽分公司成立方案和人事议题。

8月15日，审议通过申请成立宁波分公司的请示报告。

10月8日，审议通过《公司十三五发展规划》。

11月1日，审议通过拟成立公司北京分公司及相关人事事宜。

12月5日，审议通过拟成立金华分公司，以及相关人事议题、拟成立装饰工程公司以及相关人事议题、2017年公司财务预算。

12月15日，审议通过中国联合职工董事、职工监事候选人。

【重大项目进展】

13个项目列入中国联合重大项目，其进展情况如下：

德清联创新建芯片科技大楼项目、下城区环城西路（庆春路－体育场路）景观及立面提升工程、浙江省档案馆新馆建设工程项目完成竣工验收和项目交付工作。

哥伦比亚GECELCA 3-2号燃煤发电站项目：锅炉水压试验完成，项目进入土建收尾、安装开始阶段。

安索阿特吉州西蒙玻利瓦尔市及新埃斯帕塔州马里尼奥市波拉马尔4 512套住宅、市政规划及基础设施建设项目：A区32栋房屋混凝土楼板浇筑完成，地坪浇筑完成29栋；24幢楼房开始装修施工；完成6栋房屋的水电、道路、燃气、网络安装任务。

山西潞安矿业（集团）有限责任公司高硫煤清洁利用油化电热一体化示范项目热电装置EPC总承包项目：1、2、3#锅炉系统于3月之前调试完毕；5台汽轮发电机组安装完毕，公用系统投用；4#锅炉系统：筑炉及本体保温工序完成，主蒸汽管道及大屋顶安装完成；热控系统进入安装阶段；4#除尘器钢架、灰斗安装任务完成。

九堡文体中心项目：地上四层结构混凝土浇筑完成，五层支模架完成。

地理信息创新园项目：所有单体墙体砌筑及粉刷基本结束；幕墙施工开始。

象山影视基地二期项目：装饰装修工作完成总量的70%；区域内道路及景观绿化开始施工。

杜甫农民多高层公寓三期项目：完成桩基施工及桩基实验工作。

宁波前洋E商小镇项目：所有单体全面结顶。

学军中学项目：土方开挖完成总量的50%；1#楼、2-A楼承台及底板垫层全部完成，2-B、2-C

楼承台及底板垫层完成 80%，2-D、2-F 楼承台及底板垫层完成 30%。

三塘单元（XC06）A33/S42-01 地块 54 班九年一贯制学校及地下社会停车库项目（启正中学）：完成桩基施工。

【市场开拓】

工业工程、民用工程（一）、民用工程（二）、能源工程、工程建设、装备工程、规划市政和国际业务八大业务板块在严酷的市场竞争中，开拓进取，稳中求进，总体向好。

1. 工业工程板块 工业一院成立各所骨干组成的经营小组拓展经营，制定区域、大客户、行业经营战略，重点开拓长三角各开发区老客户群，在装修、研发中心、家具、环保、结构优化、汽车、动力电池等新行业有所拓展，经营及技术水平显著提高。工业二院大力发展物流和试验行业，积极开拓新能源、轻工、电子电力、民用和项目管理业务，业务结构调整取得成效。工程总承包在智能制造领域取得突破。工业三院所签项目特点行业散、进度急、要求高、挑战大，广东风华高新公司大旺产业基地技改项目是合作经营、精细化优良服务的又一杰作。工业和物流院持续开拓并巩固物流行业市场，物流项目合同额约占年度合同额的四分之一。注重区域经营开拓，巩固景德镇、呼伦贝尔、淮北区域市场，积极开拓中西部区域市场。

2. 民用工程板块（一） 建工一院创新提出大客户服务理念，认真做好万科、融信、恒大、保亿、开元等老客户的维护工作，带来了大量的项目机会。建工二院注重“本外地、公建和住宅相结合”，拓展业务来源；坚持两条腿走路，将原创设计和施工图结合，争取更多的阶段设计业务，扩大了业务来源。建工四院重点完成德清莫干溪谷一期、二期规划、曲阜犁铧春秋、杭州杨家村城中村改造等项目。建工五院深耕贵州市场，工程总包实现突破，安顺投资大厦建设项目是与工程一公司共同合作承接的第一个 EPC 总包项目。建工六院成立后，坚定不移地走专业化道路，先后中标浙江省警察学院特警训练基地、开化公共文化广场、江苏际华园旅游综合体等项目；主动对接 EPC 项目，通过内外部合作，延伸设计上下游产业合作，中标杭州学军中学附属文渊中学EPC项目。幕墙院注重市场的紧密联系，扩大项目的层次和规模，承接了天津仁恒红咸里地块、北京首钢东奥广场、金钻天地等项目。照明院巩固优势区域，与老业主保持良好合作，在新区域新领域新客户的开发上有新突破，承接了 G20 项目为代表的多个较大公建项目。

3. 民用工程板块（二） 确立“左右建筑”设计品牌，致力于打造中联民用的先锋设计平台；确立“杭州 + 上海”双核驱动模式，以及“四地五院”相互联动，应对当前经营形势，实施整合资源、抱团拓展的发展策略。建工三院担负起板块的“核心驱动”作用，肩挑上海、宁波、厦门各分院的方案创作、技术支持、协助经营、协同培养等重要工作；开拓特色小镇、公共类场馆、学校、医院等业态。上海院进行设计转型，公建及厂房项目成为主要业务。宁波院充分利用公司品牌，继续开拓国内知名房产市场。厦门院中标福建、厦门两级重点项目厦门丙洲现代服务业基地；着力参加医院、学校的投标工作，在厦门市“马銮湾新城海沧片区庚西小学”“马銮湾新城西园小学”的设计投标中名列前茅。规划建筑院开拓特色小（城）镇规划项目，积极在江苏、广西、上海承接特色小镇规划项目。

4. 能源工程板块 能源工程公司积极开拓新市场，如清洁能源、零排放等领域。成功承接奉化华联世纪生物能源发电示范工程（EPC）、印度尼西亚 BOSOWA 水泥厂余热发电项目（EPM）等数个热电项目的前期设计工作，为承接 EPC 打下基础。电力院和电力公司及时调整经营方向，逐步把经营重点转向垃圾焚烧、生物质电厂、分布式能源、燃气电厂等国家鼓励的行业。神华宁煤项目顺利投产，收到习近平总书记的祝贺。

2016年是新能源院独立运行的第一年，经营额、市场开拓、技术创新、电站标准化和模块化等工作超额完成目标。维护好光大环保、杭州锦江、桑德环保、旺能股份等大客户，新开拓了云南水务、翰蓝环境、中芬能源、华西能源、重庆财信等一批大型投资集团。

5. 工程建设板块 杭州2016年召开举世瞩目的G20峰会，工程建设板块围绕服务G20，勇于迎接挑战，齐心协力推进项目建设，确保杭州G20峰会关联项目按时高标准完成，赢得了业主和社会的广泛赞誉。

工程一公司定位于“政府建设部门和国有投资公司的工程总承包（EPC）”，巩固和发展宁波、余杭等区域的EPC工程总承包的经营工作，签订宁波前洋E商小镇电子商务产业基地项目工程总承包、大径山旅游集散中心建设项目工程总承包、杭州良渚新城梦栖小镇工程总承包合同。工程二公司在巩固德清总承包市场和义乌代建市场的基础上，积极开拓新区域，在衢州、永康及温州均有项目落地。工程三公司积极拓展萧山、之江、江干、下城等区域市场，相继承接了杭州市下城区启正实验学校、钱江世纪城学军中学附属文渊中学和萧山临浦镇3条道路及3个入城口道路立面改造项目等影响较大的EPC工程总承包项目。城建院抓住文教设施和民生工程提到城市建设重要位置的新机遇，开拓市场。信安咨询公司转变观念，大胆探索，最大限度地利用公司品牌、资质、总监等资源“走出去”拓展市场。工程管理咨询公司用优质的服务与过硬的技术维护好老客户，积极开拓新的业务市场，多元化发展业务渠道。成功入围浙江省审计厅协审、浙江省交通运输厅、浙江省高院司法鉴定等单位名录。

6. 装备工程公司 装备工程板块在国内装备行业持续低迷的大环境下，积极转型升级，培育新的经济增长点，环保工程业务稳步发展。宁夏日盛公司锅炉环保设施（脱硫、脱硝、除尘）项目、东莞福田绿洲公司循环流化床项目1#锅炉预计2017年投运。工业炉工程业务逆境求稳，湖北三环成套公司悬挂式调质线进场施工，越南环球铝业公司熔炼炉项目采购工作完成。营口忠旺铝业公司淬火炉主体安装完毕。马钢轨道交通公司环形炉后期安装工作紧张进行。涂装工程业务持续创效。长安福特哈尔滨涂装生产线项目获得业主好评，荣获2016年涂装行业“工匠精神”十大品质管理企业。非标工程业务增势不减，国内最先进、国产化程度最高的核电主泵试验台——沈鼓CAP1400试验台安装完毕。为G20峰会配套的西湖印象观礼台自动收缩顶棚项目，获G20组委会的高度认可和表彰。铸造工程业务艰难开拓，白俄罗斯明斯克汽车厂改造项目，处于技术答疑阶段。

7. 规划市政板块 规划市政业务紧跟政府热点，中标泰顺县城市总体规划，参与完成10多项浙江省特色小镇概念规划、小城镇环境综合整治规划，并积极向省外推广小城镇规划新理念。市政专业厚积薄发亮点频现，有突破性进展，经济效益大幅提升，第一次中标城市高架桥项目——义乌阳光大道高架桥项目；第一次中标城市隧道群项目——遂昌县4个隧道；第一次中标污水处理厂EPC——遂昌第二污水处理厂；第一次完成多个高铁站点区域整体市政基础设施配套项目。园林景观专业积极参与衢州高铁站点区域市政基础设施配套项目、温州浙南科技城、临浦镇环境综合整治等EPC项目的前期投标和后续优化设计工作。南京院密切关注国家发展导向，特别是美丽乡村与特色小城镇方向的规划设计，打开了江苏、江西市场。2016年是勘察院加入本部后运营的第一年，主动与兄弟部门广泛合作，开展与岩土工程勘察相关的各类业务。

8. 国际业务板块 海外工程公司围绕哥伦比亚G3.2项目的实施重点，克服困难，按计划推进G3.2项目的实施。国际承包公司在继续实施印尼Solo RUM公司热电厂项目的同时，加大在开拓印度尼西亚、一带一路和其他国家工程承包市场的营销力度，同时积极尝试“两条腿走路”，开拓国内的新能源项目和其他 PPP 项目。北京国际业务部开展委内瑞拉住房项目的实施工作。

【管理经验】

1. 以制度建设、流程再造为抓手，提高综合管理能力 制定中国联合及本部“十三五”发展规划，修订完善新版规章制度 147 项，编制完善相应工作流程 55 个。

做好文件的管理、传阅、归档等工作，做好相关文件的及时销毁工作。完成年度公司各部门印章清理工作，建立 OA 印章管理系统，综合信息管理平台全面上线运行。接待重要客人 90 余批次。完善协议酒店管理，做好英文翻译相关工作，完善前台、司机等岗位量化考核制度，持续提升工作绩效。持续每月在职能后勤部门推行办公环境 5S 管理工作。做好国家安全、维稳、信访、统战、保密和离退休老同志关心慰问、沟通服务等工作。

2. 加强文化宣传、品牌建设和协会工作，提升公司软实力 利用中国联合官方微信公众号等媒介，宣传公司先进人物、重大项目、技术创新等。出版《联合报》20 期、《联合》杂志 4 期，在《今日浙江》《中国工程咨询》《浙江人大》等外部媒体宣传公司形象。拍摄公司宣传片服务生产经营，利用公司大屏幕宣传各部门文化。邀请专业记者开展宣传知识讲座，评选表彰优秀通讯员 10 人。向国机集团信息交互平台、《国机集团报》投稿 60 余篇，提升公司知名度和影响力。更新出版公司综合样本和工业工程、工程总承包、工程监理、规划市政景观、装备工程板块样本。完成公司“司训铜壁画”制作和新网站搭建工作。做好企业形象标识产品员工 IC 卡卡套、记事本、个性化邮册、新部门名称背景墙和大厅索引牌更换，为部门定制企业形象小礼品等。

做好中国联合管 45 个协会的管理工作，重点与全国、浙江省和杭州市勘察设计协会及国家发改委、住建部，以及省、市、区主管厅局等部门保持联络。积极参加各类企业荣誉评选活动，公司在美国《工程新闻记录》（ENR）和中国《建筑时报》2016 年中国工程设计企业 60 强排名中再次位列第 10 位，并首次进入“中国承包商 80 强”，位列第 73 名。公司被评为杭州市“五个一批”文创领军企业，EPC 总承包被授予“杭州服务名牌”，公司董事长荣获“杰出杭商”称号。

3. 开发人力资源，建设高素质员工队伍 坚持领导定点联系机制，把阶段性沟通延伸至日常性沟通，建立校企合作长效机制。加强与目标院校、目标专业院系的联系和沟通，及时掌握校园招聘动态和趋势，共录用 2016 届新大学生 68 人。充分利用专业人才招聘网站优势，开展社会招聘工作，全年完成招聘社会人员 194 人。持续加大专场宣讲会力度，全年共举办综合专场招聘会 19 场。

积极实施企业人才培养计划，持之以恒建设学习型企业，全年组织各类培训 147 场 4 160 人次；重点与技术质量部、总师办共同系统安排 60 场内部专业技术培训。推荐、申报国家、行业和省、市、区等各类专家、人才 29 项，共 114 人次。1 人获评“2016 年度浙江省有突出贡献中青年专家”；2 人获评“2016 年度杭州市优秀青年建筑结构设计师”。

根据管理体系要求，做好项目关键岗位人员的资格认定工作。印发《公司内部讲师管理办法》《公司聘请专家讲课费支付标准》，进一步完善培训工作的规章制度建设。

4. 完善资本运作，提高财务管理水平 稳步落实“勤俭办企业、降本增效”管理目标。通过完善管理措施、健全风险管理体系、加快工程结算等方式，完成“两金”清理工作，提升资金周转效率。加强预算管理，压减可控费用，在营业额大幅增长的情况下，管理费用保持基本稳定，其中业务招待费、公务用车费等下降。修订包括网银、资金支付、保函等内容的管理制度，优化流程，设置稽核专岗加强资金风险、银行信贷、银行资信管理，获批可用于开具保函的授信额度130多亿元。连年获得银行3A信用等级（中介机构评定的最高等级），被工行、建行、中行、农行评定为“优质客户或战略客户”，再次在国家发改委招投标信用等级评定系统中被评为3A等级单位。

改善财务信息化平台，实现“银企直联”，优化应收账款、应付保证金等系统，提升工作效率。分层次开展团队建设，重点加强人员引进、培养和绩效考核，规范财务行为，提升财务水平。

通过加强与各地财政和税务部门的沟通，获得地方财政补贴和税收返还共计765.01万元；同时积极拓展理财渠道、创新理财方式，取得各类理财收入6 400余万元；通过高新企业研发费用加计抵扣等政策的运用，为公司节省3 092万元所得税费用，为公司稳健、持续发展添砖加瓦。

5. 注重技术创新，培育企业核心竞争力 制定各项科技战略规划和《特色技术与业务专项基金使用细则》等技术管理制度。首次在9个重点领域开展特色技术与业务专项工作，积极申请省、市、区外部科研课题，提高科技创新能力；积极创优、报优，打造中联精品工程；重视知识产权建设，鼓励申请发明专利、实用新型专利、软件著作权；积极申请标准编制权，参与国家标准、行业标准，及地方标准的编制。加强档案信息化建设，完成系统挂接及全面排查TIF图纸361 547张，形成盖章、扫描、打印、上传归档一体化管理模式，逐步实现图纸电子文件全过程、全版本的收集与归档。

共开展课题研究106项。通过自主研发，共申请知识产权71项，其中发明专利22项；取得授权专利34项，其中发明专利4项，实用新型专利30项；参与制（修）订国家、行业标准12项；申报各类工程技术奖120项，获得外部工程技术奖项78项。

国家级高新技术企业、国机能源研发中心、浙江省级高新技术企业研发中心等平台进一步巩固发展。新创建的浙江省省级重点企业设计院、浙江省省级企业技术中心等技术研发平台获批。

6. 高度重视质量、环境和职业健康安全管理 开展施工图设计质量产品内部抽查，对施工图外审意见进行汇总、统计、分析及考核，对抽查和外审中发现的典型问题进行分类、剖析，制作典型案例电子图版60余幅，开展“工程设计质量典型案例问题巡展”。编写《民用建筑施工图设计会签规定》《工业与民用工程设计校审要点》等公司技术文件和规定。

加强重大项目设计质量管理，召开各类技术评审会20余场，对重大项目全过程进行设计质量管控。开展公司质量、环境、职业健康安全管理体系的内部审核、管理评审、外部审查工作。进行设计回访，了解客户需求，对项目个性问题由部门负责进行处理、落实；对共性问题由公司进行归纳总结，采取相应措施，予以改进，持续提升产品的质量。

加强工程项目现场质量监督，实施公司级项目现场检查84次，针对性地提出质量注意事项和重点管理要求。对新开工程总承包和施工总承包项目实施公司级交底活动，定期发布质量标准，制定公司《EPC项目管理手册》，定期发布最新颁布或施行的标准规范。

分解落实安全生产责任，组织各新开项目签订“项目安全生产责任书”“项目管理岗位安全生产责任书”，加强安全生产人才队伍建设，有85人具备公司安全生产管理资格。加强安全技术管理，审核施工总承包项目施工组织设计、专项施工方案、安全专项方案共23项。

开展“质量月”安全生产教育活动。做好特殊时期、特殊项目安全生产工作，排查公司境外项目机构和人员情况，及时发布涉外项目预警信息，提醒中国联合境外人员和机构提高安全意识，获评国机集团年度安全生产A级（优秀）企业。

7. 加强生产经营管理，为生产部门提供有力支撑 以项目实施为抓手，通过精细化管理，树品牌、拓经营，在做强做大设计咨询业务的同时，树立公司 EPC 工程总承包的品牌，鼓励扩大政府投资项目的经营力度，在大型公建、商业建筑领域取得重大突破，业务量稳步提升。在人财物上对特色业务的突破进行倾斜，培育企业核心竞争力和新的利润增长点，保持企业发展动力。

强化品牌意识，稳步提高客户满意度和市场认可度，通过精耕细作，深挖区域经营，以项目实施带动经营业绩的提升。抽调专门人员研究和熟悉“美标”，做好海外项目的技术支撑。通过资金和技术投入，培育特色技术，以特色技术支撑公司的市场经营开拓。

努力培育新兴产业项目。跟踪和研究国内外轨道交通技术的发展方向和前沿技术，加大在垃圾焚烧发电领路的经营力度，推动企业垃圾综合处理发电项目的成功签订。加大新能源技术开发力度，在光伏发电方面取得突破性进展。

重视集团内部合作，加强与兄弟单位的联系合作，合作的项目涵盖设计咨询、成套设备供应、工程监理等业务领域。

8. 加强内部控制建设，有效防范运行风险 加强内部控制建设，完善财务、经营、审计、法律等管理制度，从制度和流程上促进内部控制的改进、完善，拟定企业层面的风险管理办法，作为内控管理的有效补充。结合年报审计、税务审计以及公司领导任期审计中发现的问题，查漏补缺，及时完善内控举措，健全内控管理体系。

抓好重点业务的风险管理，规范和加强各类担保管理；开展公司内部控制评价及高风险业务检查，开展重大工程总承包项目的执行审计；加强公司预算执行审计；加强对二级部门管理审计等工作；完善重大项目风险信息库，落实公司对重大项目风险监控的要求。

健全风险控制组织机制，风险评估业务覆盖公司项目的承接、投标、合同签订、合同履行等全过程。完成施工总承包项目安全管理制度的编制，制定《安全生产考核办法》《生产经营管理责任处罚条例（试行）》，明确造成公司经济损失或影响公司声誉的行为的责任认定方式和处罚规定，落实考核问责机制。

9. 整合信息化资源，提高信息化管理和服务水平 全面提升协同办公系统的各项应用，组织公司业务部门骨干调研国内系统实施情况，启动公司 EPC 总承包信息化系统建设工作，形成系统调研报告、项目建议书和试用报告。

工业板块管理系统进入试运行阶段，协同设计模块为设计人员提供 CAD 环境下的协同设计平台，满足设计人员日常工作的需要，提高生产人员工作效率，也提高设计项目的管理水平。民用设计项目系统进行需求调研，各主要模块功能完成开发任务，形成试用系统上线使用。

企业档案信息化系统包含公司档案业务管理的全部内容，覆盖公司工业、民用、能源电站、市政规划、装备设计图保存，已完成一期建设工作。

强化协同办公系统，进行流程和业务功能的优化开发，利用系统产生的有效数据为生产和管理服务。形成以协同办公系统为核心，以设计项目管理系统为主要生产工具，以统一出图和档案管理系统为重要依托的综合信息管理平台。

中国汽车工业工程有限公司

【基本概况】

中国汽车工业工程有限公司（以下简称中汽工程）2005年10月28日成立，是由国机集团所属的四院、五院创立式合并重组组建的国际型工程公司，总部设在天津。现拥有国家颁发的工程设计综合甲级资质，以及咨询、勘察、监理、施工总承包、环评、造价等涵盖建设工程全领域的国家最高等级资质证书，能提供高品质的工程建设全过程服务，是中国机械行业规模最大、业务链最全的工程公司。同时，是中国第一批通过ISO9001质量管理体系认证、拥有开展国外经济技术合作业务的公司，是国际FIDIC的成员单位。公司现有职工4 029人，其中教授级高工71人、高级职称人员512人、中级职称人员557人、初级职称人员416人，享受政府特殊津贴的专家8人。

中汽工程以汽车工程项目设计和承包为主要业务内容，以工程技术为基础、工程设计为龙头、工程承包为主要业务，以汽车生产工艺及专用生产装备的承包为核心竞争力，承担着汽车工程及其他机械、医药、电子、民用等项目的规划设计、工程总承包业务，具有从咨询、设计到制造、安装、调试、陪产业务等完善的技术服务产业链。近年来，先后承接了奔驰、沃尔沃、捷豹、福特、通用、宝马、戴克等合资企业，以及福田、江淮、长安、中华、东南、中国重汽、陕西重汽等各大汽车集团（公司）的设计和总承包任务；并走出国门，承接美国、印度、南非、越南等国家的汽车工程设计和总承包任务，是国机集团打造汽车板块、为“造成人”服务的主要业务之一，是改革开放后中国首家承担国外汽车生产线总承包业务并大获成功的公司。

秉承“为顾客创造价值”的发展理念，致力于“更高的追求，更好的生活”的企业愿景，中汽工程将全力打造机械工厂建设新理念，把高质低价、绿色节能的科学发展观贯穿工程建设全过程，朝着国际知名的工程系统服务商品牌和业务发展目标不断迈进。

【主要指标】

实现新签合同额73.59亿元，同比增长3%，比目标值超出22.64%；实现营业收入59.18亿元，同比增长8%。合同额和收费总额均创历史新高。主要经济指标完成情况详见表1。

表1　中汽工程2016年主要经济指标

项　目	2015年	2016年	同比增长（%）
资产总额（万元）	791 949	913 099	15
净资产（万元）	196 719	206 455	5
营业收入（万元）	548 710	591 847	8
利润总额（万元）	25 738	31 018	21
技术开发投入（万元）	26 913	39 279	46
利税总额（万元）	49 939	65 709	32
EVA值（万元）	41 342	35 550	-14

（续）

项　目	2015 年	2016 年	同比增长（%）
全员劳动生产率〔万元 /（人・年）〕	32	41	28
净资产收益率（%）	11.04	9.25	减少 1.79 个百分点
总资产报酬率（%）	3.77	3.69	减少 0.08 个百分点
国有资产保值增值率（%）	112.61	108.79	减少 3.82 个百分点

【重大项目进展】

1. 天津力神动力电池扩建项目　总建筑面积 52 359.98m^2，项目总投资 12.11 亿元。建设年产 3 亿 A・h 车用锂离子动力电池系统。项目 7 月开工、11 月中旬完成主体结构、12 月底完成厂房封闭并具备公用系统安装条件。投产后产品关键工艺技术和产品性能将达到国内先进、国际一流的水平，进一步提高了锂离子动力电池产业化水平，缩短了与国际企业的差距。

2. 东风井关农业机械生产基地建设项目　5 月 15 日，三大车间土建开工；7 月 3 日，开始装配车间钢构吊装；8 月 15 日，公司管线与厂区道路开始施工；10 月 10 日，工艺设备进场；12 月 31 日，装配车间主要工艺设备安装完成，2 月 5 日，插秧机线开始试生产。

3. 上汽大通二期涂装车间总包项目　设计纲领 18 万辆 / 年，总建筑面积 56 000m^2。8 月 15 日设备进场；1 月 25 日，正式送电；3 月 28 日，电泳投槽；5 月 18 日，首台产品车下线；7 月 8 日，新涂装车间正式切换生产。历时 18 个月，再次创造会业内瞩目的“大通速度”。12 月，单月产量 5 106 台。

4. 中航锂电（洛阳）产业园建设项目三期工程　项目于 2015 年 12 月 9 日土建开工，开工后 1 个月内完成 4 个厂房的长螺旋灌注桩。5 月 10 日车间主体工程全部封顶，5 月中旬公用安装及车间洁净工程开始施工。7 月 28 日，第一台工艺设备进场安装。从土建动工到具备设备进厂安装，仅用 7 个月时间。11 月 17 日关键进口设备调试完成进入试产阶段，12 月底所有设备安装调试完成进入试产阶段。

5. 比亚迪涂装深圳工厂一车间新建涂装线项目　该项目是比亚迪汽车基于产能提升、效能提升、绿色环保等战略目标实施的技改项目，也是比亚迪和中汽工程双方继比亚迪西安工厂新建涂装项目后的又一次重要合作。新涂装车间建成后，产品涵盖 S6、S7、e6、tiger、唐、唐二代等高端车型，可实现产能 40 万台 / 年（60JPH）。该产品线大量采用新工艺、新装备、新技术，将成为国内自主品牌具有标杆示范意义的高端生产线。

【市场开拓】

加大国际市场开拓力度，大力实施“走出去”战略，成果显著。中汽工程先后中标并组织实施美国 VOLVO 总装项目、上汽泰国整车厂建设项目、福田印度场平项目、印度通用涂装输送线项目、印度通用总装输送线项目、埃及通用总装输送线项目等海外项目。

积极开拓新行业、新客户、新市场，对于有前景的市场，提前谋划，提前培育。瞄准新能源汽车及相关产业发力，抓住国内新能源汽车行业井喷式增长的发展热潮，取得较好的经营业绩，填补了部分传统车企新建项目减少的市场份额，提高了中汽工程在新能源汽车领域的影响力。成功承接天津力神电池、贵安新区高端装备制造新能源汽车产业园、蔚来汽车、长春新能源客车、威马汽车、多氟多动力电池、乐视汽车、车和家、荆门新能源汽车产业园、江西中汽瑞华新能源汽车、云南德动汽车、江苏赛麟、德州北汽宝雅、浙江英伦汽车、北汽新能源、前途汽车等新能源行业设计及承包项目。

【重大项目】

1.EPC总承包项目 6个：东风井关农业机械生产基地建设项目、中航锂电（洛阳）产业园建设项目、天津力神电池扩建项目、柳州上汽汽车变速器柳东分公司项目、上汽国际印尼零部件园区项目、一拖现代农业装备智能驾驶舱数字化工厂建设项目。

2. 工程设计项目 6个：贵州长江汽车贵安新能源汽车产业园项目、北汽株洲基地项目、上海蔚来新能源汽车项目、荆门新能源汽车产业园项目、长春新能源客车项目、广州万力集团总部基地项目。

3. 涂装设备项目 5个：重庆长安汽车涂装项目、比亚迪汽车深圳工厂涂装项目、北汽株洲基地涂装项目、上汽通用五菱河西基地涂装项目、江苏车和家汽车常州制造基地涂装项目。

4. 工艺设备项目 5个：沃尔沃美国VCCH总装项目、北汽株洲基地总装项目、前途汽车（苏州）新能源汽车总装项目、北京奔驰MFAII装焊项目、北汽新能源常州英田汽车总装项目。

【科研成果】

全年共立项技术开发课题5项，业务建设课题79项。技术部、质量部组织专利申报工作，共申报专利109项，其中发明专利33项；获得专利授权79项，其中发明专利20项、维护有效专利63项。

获行业以上科技奖励11项。其中：卡特彼勒3500发动机及发电机组项目首次申报2016年度天津市海河杯优秀工程设计奖并获得一等奖；北汽自主品牌乘用车技术改造项目涂装设备获2016年度机械工业科学技术奖三等奖；华晨宝马新工厂建设项目获2016年度机械工业优秀工程设计一等奖；奇瑞捷豹路虎年产13万辆乘用车项目获2016年度机械工业优秀咨询成果一等奖。

【管理经验】

1. 加强财务管理，财务成熟度不断升级 加强海外业务财务管理，逐步搭建境外财务管理体系，对资金首付、资产管理、境内外税务等方面做出严格管理，保证资金安全和公司效益最大化，采取多渠道筹备培养海外财务管理人员。主导完成德国Finoba公司的成功并购，策划并购目标企业的财务优化方案，为并购决策提供依据。防范资金风险，加强对子公司和投资项目的资金、财务管理，采取各种措施保障资金安全。拓宽融资渠道，满足资金需求，年度共增加银行信用担保授信额度18亿元，获各金融机构给予的授信总额40亿元，为中汽工程海外业务的开展提供便捷、安全的资金支持。加强财务制度建设，发布《关于下发加强资金管理的通知》《出国（境）费用报销办法》《研发费用税前加计扣除会计核算办法》等财务制度。通过全面预算管理，实现预算管理信息化。积极开展清欠工作，制定“两金”清理目标及方案，并取得成效，落实国资委“瘦身健体”工作要求，制定中汽工程“压缩管理层级、减少法人户数”工作方案，促进中汽工程经营发展提质增效。

2. 加强人力资源管理，队伍素质再上新台阶 持续推进人才引进的竞争力建设，建筑专业毕业生老八校引进比例大幅提升，雇主品牌建设再创佳绩，荣膺国内行业第三方权威机构主导评选的“全国最佳雇主风尚奖”。强化人力资源招聘体系建设，创新招聘方式，拓展宣传渠道，开设中汽工程招聘官网和手机“微招聘”平台。根据战略规划和转型升级的需要，适时调整人才选拔的结构，加大社会招聘力度，引进同行业优秀人才。深化校企合作，成立“中汽工程与哈尔滨工业大学（威海）招聘&实践基地”，将甄选环节前移，在实习实践中识别人才。完成二级单位领导班子换届考核，促进干部队伍的年轻化。调整后班子成员70后占比显著提升，增强了二级单位管理活力。启动战略绩效项目，诊断研究绩效薪酬体系改进方案。启动企业年金，促使员工与公司共享发展成果。围绕制度改进与创新，起草颁布中汽工程《执业资格管理办法》，改进

《培训管理制度》。持续加强并改进培训工作，组织项目经理内训和外训、新提任中层干部和青年员工在线学习班、新员工入职培训、管理干部外派培训和注册类、项目经理取证继续教育培训，参训合计 1 239 人次。通过实施历时 8 个多月的项目经理定制化的系统培训推动公司人才专项能力建设工程；通过实施新晋干部在线培训班和骨干青年在线培训班，以更及时、灵活的培训方式使其开阔视野、深化专业知识。

3. 深化总承包管理，项目管理能力持续提升 开展总承包管理能力提升活动，修订现场形象有关标准规定，重新定制现场标识物品，以适应海外项目的需要。加强对项目经理人才的培养，在公司信息化系统中新建“项目人员管理”模块，对人员基本信息、培训、资质、资历等情况进行梳理集成，以便于人员的分层使用和重点培养；制定实施项目管理基础知识、综合能力提升、国际工程管理等 3 个级别的培训课程。加强项目量化管理，完善项目采购及合同的信息化管理。注重总承包项目的纳税筹划，针对不同地区的税务政策和“营改增”的实施，制定相应的税务管理解决方案。对公司境外项目提供支持，参加境外项目现场管理，配合完成物流、清关、商务、分包合同签署，以及项目管理支持工作。规范承包项目的账务核查管理，发布制度，明确职责，保护公司权益。完成全国勘察设计企业工程项目管理和工程总承包企业营业额百强排序申报工作，公司工程总承包排名第 27 位、项目管理排名第 33 位、岩土工程治理排名第 16 位。

4. 完善生产管理，提高生产效率 通过对生产组织各环节严格有效的控制和管理，确保各项工程设计任务的有序实施和有效完成，为中汽工程各项经济指标和设计生产任务的顺利完成提供保障。通过完善生产管理流程，简化操作步骤，提高工作效率；对效果图流程进行改版升级，增加分类归档功能，为后续类似项目的设计提供技术支持，并在效果图费用结算时减少了人工复核的工作量。加强对分院的生产数据管理，完成上海、珠海、厦门 3 个分院近 5 年来设计、承包、财务方面的基础数据核算。完善生产管理制度建设，制定并更新《设计、咨询项目分包合同管理规定》《设计项目备案的管理规定》，细化明确相关各方的职责和操作流程。核定公司文印图样晒装生产能力，为生产安排、设备采购，以及人力规划等提供数据支持；通过实施发图单和快递单反馈制度、快递单号电子枪扫描录入等一系列措施，实现设计生产流程的闭环管理，提升了文印成品的品质。

【党建工作】

中汽工程在党建工作方面落实全面从严治党要求，重点完成了“两学一做”学习教育、学习贯彻党的十八届六中全会和习近平总书记系列重要讲话精神、基层党组织换届调整、党员组织关系排查、党费调整补缴、企业文化创新等任务。中汽工程党委被天津市和国机集团评为“先进基层党组织”。“两学一做”学习教育有序开展，中汽工程各党支部共组织安排约 200 次的学习和参观教育活动，取得良好效果。年初按计划组织党委直属、四院党委和北京分公司党委所属任期届满的党支部圆满完成换届选举工作。7—9 月，按计划完成公司天津总部党员党费补缴工作，总部 23 个党支部 729 名党员共补缴党费 3723 037.77 元。加强党建制度建设，制定《公司党费收缴管理办法》。做好入党积极分子的培养考察及组织发展，全年发展党员 14 人，办理预备党员转正 23 人，并完成 6 项党建方面的公司标准和制度的修订工作。

【信息化建设】

开展内部调研，集中力量解决突出问题。在二维协同设计平台中简化操作流程，加快系统运行速度，提高设计人员的生产效率；开放图档权限，提高资源共享度；推广账户统一管理系统，实现各账号信息互通，提高工作效率和账号安全，为实现企业信息门户系统奠定了基础；云桌面系统使用更加广泛，节省了大量软件采购费用；开发信息中心微信平台和微网站共享平台。全年信息平台共新增生产管理、项目管理、出国费用、质量月报等模型 307 个，修改模型 544 个。加强网络系统及硬件系统的维护和优化，规范设备采购流程，修订维修流程、信息统计和知识库，完善固定资产管理基础数据信息及管理流程；建立法务部合同管理平台和工艺院一采通系统及数据集中存储系统；全年维护生产管理软件 85 套、硬件设备 6 394 台。结合三维设计，建立企业云盘和存储扩容，为公司员工、甲方客户及分包方提供文件共享平台，提高了交流效率。做好分院信息化业务部署，为分院的全面管理提升打下基础。

【企业文化建设】

进一步宣传倡导企业文化的内涵，努力用文化的力量保证企业展现优良作风，建成高素质的员工队伍。启动企业文化创新修订工作，初步完成新的企业文化体系修订工作。加强企业文化品牌对外宣传交流，成功承办中国机械工业勘察设计协会企业文化建设工作委员会 2016 年会。

【社会责任】

中汽工程团委组织青年志愿员工开展捐款捐物、无偿献血、慰问孤寡老人、助学献爱心等一系列“蒲公英”青年志愿服务活动。7 月，中汽工程领导带队前往河北涞水龙门小学开展爱心助学活动，捐助学习、体育和生活用品。中汽工程四院助力对口扶贫村，开展“精准扶贫、精准脱贫”工作，设立专门的精准扶贫工作小组，深入了解贫困村的实际需要，提供购买水泥专项资金，为贫困村铺设水泥路，改善基础建设，解决实际难题；开展教育和产业扶贫工作，为定点扶贫村的小学捐赠图书和台式计算机等教学物资，支持教育事业。

机械工业第六设计研究院有限公司

【基本概况】

机械工业第六设计研究院有限公司（以下简称中机六院）创建于 1951 年，是拥有工程设计综合甲级资质的国家大型综合设计研究院，隶属中国机械工业集团有限公司。

现有工业、民用、市政、工程管理、智能与信息 5 个工程中心，7 个职能管理部门、25 个工程院、3 个分院、5 个子公司，近 3 000 名员工，其中中国工程院院士 1 人、中国工程设计大师 1 人、研究员级高级工程师 101 人、高级工程师 447 人、各类国家注册工程师 884 人次。

60 余年来，完成大中型工程项目 20 000 余项，主编、参编国家和行业标准、规范 32 项；获国家科技发明二等奖 1 项，中国土木工程詹天佑奖 1 项、鲁班奖 18 项，国家科技进步及优秀工程设计金、银、铜奖 25 项，省部级奖 400 余项；获国家授权专利 88 项。

拥有国家住房和城乡建设部颁发的工程设计综合甲级资质、工程监理综合资质、房屋建筑工程施工总承包一级资质、工程造价咨询甲级资质、建筑智能化工程设计与施工一级资质等大量资质。

可承接工程设计全部 21 个行业和 8 个专项资质范围内的所有工程咨询、设计、工程总承包、项目管理和工程监理业务。工业工程涵盖机床工具、铸造、军工等 20 多个行业，涵盖 16 大类机械行业。民用工程涵盖交通、商业、金融、医疗、教育、宾馆、住宅等，尤其是在大型公用建筑、高层建筑、高智能化建筑等方面具有突出的技术优势。

市政与环境工程涵盖市政道路、桥梁、景观、给排水、城市道路、商业物流等方面的工程。

中机六院是国内机床工具、烟草、民用建筑、铸造、无机非金属材料、煤矿机械、重型机械、风电机械、轨道交通装备、石化机械等行业和领域的设计强院，在信息智能化、绿色工业建筑、大型工厂和园区规划、企业生产流程再造、高难度结构、暖通空调、工业除尘、市政和环境工程等许多方面具有国内一流的工程技术。

中机六院秉承“务实创新，拼搏共赢”的企业精神，竭力“打造中国著名的国际化工程服务公司”，为国内外客户提供工程建设领域的全过程、全方位服务，为社会、客户、员工创造更大价值。

【主要指标】（主要经济指标完成情况详见表 1）

中机六院 2016 年主要经济指标

项　目	2015 年	2016 年	同比增长（%）
资产总额（万元）	108 955.55	120 130.11	10.26
净资产（万元）	74 842.78	80 732.59	7.87
营业收入（万元）	106 610.55	108 801.79	2.06
利润总额（万元）	10 116.85	12 726.69	25.80
技术开发投入（万元）	9 099.78	8 116.92	-10.80
利税总额（万元）	7 811.82	8 781.36	12.41
EVA 值（万元）	11 242.16	12 016.85	6.89
全员劳动生产率〔万元 /（人 · 年）〕	17.47	19.25	10.19
净资产收益率（%）	12.66	13.97	增加 1.31 个百分点
总资产报酬率（%）	9.99	11.16	增加 1.17 个百分点
国有资产保值增值率（%）	113.33	112.53	减少 0.80 个百分点

【改革改制】

1. 持续完善现代企业制度，规范企业治理结构　修订《公司章程》，增加党建工作相关内容；完成董事会战略管理委员会、董事会审计与风险管理委员会换届；编制《机械工业第六设计研究院有限公司董事会议案管理办法》《机械工业第六设计研究院有限公司董事会决议落实监督管理办法》《总经理办公会管理细则》《经理层及中心主任考核及薪酬分配办法》，企业现代企业制度进一步完善，企业决策程序更加合理。

2. 强化战略管理，引领发展方向　中机六院于 2016 年末至 2017 年初，完成“十三五”规划评估。

3. 优化内部资源，深入推进企业改革　着力整合内部资源，优化组织架构，推进“大平台、专业化”运营战略。在成立工程管理中心的基础上，组建工业工程、民用工程、市政工程中心，明确各生产部门主营业务，加大主营业务占比和主营业务增幅考核，引导主营业务发展；重新梳理和调整管理职能，加强战略、审计、法律事务、投融资管理能力建设，加强工程管理力度，提升风险防控能力，推进经营、生产运行、人力资源、财务与投融资四大平台建设，职能管理部门对生产部门的支撑作用日益显现。

4. 推进业务转型　稳步推进“EPC+F”新型业务，加大 PPP 及政府购买服务等新型业务模式的研究、应用和开拓力度，成功入选河南省财政厅和社会资本合作（PPP）管理中心咨询机构库；尝试“设计院 + 互联网”业务模式创新，与工程行业相关互联网企业开展合作，尝试切入项目附加值关联交易平台；与猪八戒网、郑州管交网电子商务有限公司开展初步合作；获得商务部4项援外项目资格，迈出援外业务转型升级重要的一步。

【重大决策与重大项目】

中机六院高科技信息园项目完成消防设计审核、地震安全性评价、节能及绿色建筑审查、建筑经济指标核算、海绵城市设计方案、施工图审查等项目前期手续，12月份办理完成建设工程规划许可证、人防和质量监督备案。同时，完成垃圾清运、文物挖掘等前期施工准备工作，施工配套的临时道路等投入使用。施工总承包单位于10月28日进驻现场。

【市场营销】

中机六院签订合同额18.69亿元，同比增长11.24%。实现营业收入11.92亿元，同比增长17.21%。实现利润1.27亿元，同比增长8.5%。完成EVA1.20亿元，同比增长0.84%。

1. 设计业务发展平稳 经营团队认真研判智能制造、新型城镇化建设等市场形势，推动工业、民用和市政设计业务稳步发展，签署一批具有行业影响力的设计项目。工业工程领域代表项目主要包括：山东国舜建设集团有限公司工业烟气超低排放治理装备制造项目（国家高新技术企业、国家环保部首批环保服务业试点企业项目）、海林和穆棱卷烟厂联合易地技术改造项目、四川烟叶复烤有限责任公司泸州复烤厂“十二五”易地技术改造项目、南阳威奥斯图车辆减振器项目、保和堂（焦作）制药有限公司瑞祥现代农业科技园（轻工类开拓项目）、东风农机（兴化）有限公司、上海电缆厂（滁州）有限公司新能源及节能环保电线电缆产业园、湖北京山智能制造产业园等。民用工程领域代表项目包括：眉山城市五馆一中心项目、信阳和兴时代广场项目、商丘市委党校新校区项目、河南省公安厅业务技术用房项目、郑州市第七人民医院滨河院区建设项目、汝州市中医院新区医院项目、郑州市北区市民健身中心、郑州华南城龙湖华府、合肥市包河区智慧公园、正商智慧城等。市政工程领域代表项目包括：沈丘县污水污泥处理厂、濮阳第二污水处理厂、漯河经开区中水回用工程；郑州白沙园区、郑州国际物流园、商丘市梁园区道路、桥梁设计项目；开封市新材料产业园总体规划、永城产业集聚区规划等。

2. 业务转型成功实施 推动业务发展战略转型，取得丰硕成果。在工程总承包领域，签或待签项目合同额22亿元，有力地支撑了公司业务战略转型的落地。在信息化工程领域，加强全生命周期数字化服务市场开拓，成功开发并应用“道桥在线”平台，首次承接智能制造系统集成、监狱系统智能化和信息化、政府节能监测等多类项目；“两化融合”在项目实践中取得新成果，承接了奇瑞汽车河南分公司、金龙精密铜管“两化融合”咨询项目。在物流工程领域，实现市场突破，承接郑州恒丰电子产业园、中国物流河南有限公司中国智慧物流产业园等项目，市场竞争能力逐步提升。在绿色建筑技术应用、成品住宅等领域，相继中标一汽大众天津整车工厂等项目的绿色工业建筑三星级标识评价服务，公司绿色咨询业务首次进入汽车行业；依靠公司主编《河南省成品住宅设计标准》《河南省成品住宅评价标准》的优势，承接了亚新茉莉公馆项目的三星级成品住宅评价服务，成品住宅类业务实现市场突破。

3. 国际业务快速发展 荣获商务部4项援外项目资格，巩固和提升了公司在援外业务领域的地位和影响力；编制《国际工程业务2016—2020年发展规划》。中标津巴布韦议会大厦、多哥体育场维修、老挝人民革命青年团中央活动中心等援外项目；相继承接白俄罗斯科布林液压件现代化提升改造、白俄罗斯果美尔液压件现代化提升改造项目；孟加拉果蔬加工厂、孟加拉水泥厂、孟加拉陶瓷厂、老挝川圹新城、伊朗水泥厂、塞内加尔污水管网及处理厂、科特迪瓦军营、科特迪瓦装配式住宅、尼日利亚天然气、尼日利亚低收入住宅、几内亚光伏电站、帕劳酒店、东帝汶大学城、巴基斯坦供水工程、巴基斯坦糖厂等项目积极推进。公司国际业务呈现快速增长态势，国际化经营新局面正逐步形成。

【科研成果及产业化发展】

1. 编制《中机六院科技创新 2016—2020 年发展规划》 该规划明确了“十三五”期间中机六院的战略定位、指导思想、发展原则、发展目标、重点任务、保障措施等，提出了科技创新文化建设、科技创新体系建设、科技创新人才队伍建设、知识产权管理与科技成果转化体系建设、双创平台建设、科技创新制度建设等六大重点任务，明确公司将继续围绕绿色、智慧两大主题，加大数字化工厂、智慧物流、智能装备、装配式建筑、成品住宅、养老地产、综合管廊等关键领域加强科技创新力度，有力支撑既有专业化运营和总承包业务的开展。

2. 不断完善科技创新体系和规章制度 调整“中机六院科技创新领导小组”，成立“中机六院科技创新工作小组”，成立“中机六院双创工作管理办公室”“绿色·智慧创客空间”，首次明确包括科技创新决策层、科技创新运营层的架构。

加强科技创新制度建设，制（修）订《工程技术进步与创新研发课题管理办法》《科研平台管理办法》《财政拨款项目管理暂行办法》《公司层面研发课题管理细则（试行）》《科研课题市场化运作管理办法（试行）》等规章制度。其中，首次提出科研课题市场化运作和科研课题关键节点决策评估制度，为科研课题科学决策、多渠道筹措科研基金、科研课题成果转化市场化进行了有益探索。

3. 科研课题研发模式完善，提高科研成果转化应用效果 加强对公司科技研发模式的探索，在继续实施科研课题公司、生产部门分级管理基础上，探索专职研发人员“科研研究 + 生产实践应用”双轮驱动的开放式研发新模式（以下统称开放式专职研发模式），尝试解决过去“封闭式”专职研究模式造成的科研工作与科研成果应用脱节现象，以提高科研工作的实效性。

申报生产部门层面课题 72 项，公司层面课题 11 项（对其中 7 项公司层面课题研究试行开放式专职研发模式）；生产部门层面课题结题 41 项，公司层面课题结题 3 项。其中，完成的《普通钢结构厂房施工图设计文件标准化系统》《境外民用支线机场新建、升级、改造项目研究》《河南省成品住宅设计标准》《援外项目给排水消防系统比较研究》等研究成果，有效支持了生产部门的经营、生产工作。

4. 规范科研平台管理，促进科技创新工作 出台《科研平台管理办法》，规范科研平台管理工作。依托现有的“绿色建筑信息模型化国家地方联合工程实验室”等外部科研平台，完成《数字化工厂的焊烟治理与通风优化设计研究》《基于信息模型的可视化绿色建筑评价系统研究》《郑州航空港经济综合实验区绿色工业建筑技术及 BIM 技术的应用研究》等外部科研课题论文。

5. 承担科研专项等外部课题，提升中机六院在绿色与数字化技术方面的社会影响力 承担郑州市、中原区科技“装备制造业数字化工厂集成应用”“基于信息模型的可视化绿色建筑评价系统研究”“数字化工厂的焊烟治理与通风优化设计研究”“物联网在绿色智能楼控中的应用”等专项管理服务工作；组织申报国家重大专项“互联网 + 重大工程 —— 互联网 + 制造工厂全生命周期数字化服务平台及产业化基地项目”；组织申报国家工信部、财政部智能制造综合标准化与新模式应用项目“智能工厂建设导则标准研究和试验验证平台”并成功获得立项。

此外，完成河南省住宅产业技术创新联盟的申报，并通过专家评审；开展成品住宅、住宅产业化及建筑产业现代化产业园的研究工作，承接开封数字化产业园、平煤杭萧钢结构住宅产业基地的项目。将成品住宅、绿色建筑、住宅产业化等技术相结合，开拓“绿色建筑＋成品住宅＋建筑工业化”技术研究和市场。开展城市绿色发展、绿色工业园、建筑产业现代化产业园，以及海绵城市产业园的研究和技术储备，延伸绿色发展市场。

通过承担以上国家、省、市级科研课题和申报国家智能专项，极大地树立了中机六院在绿色与数字化技术方面的优势地位。

6. 在关键技术领域形成一批知识产权 重视加强科研成果的转化和保护，申报专利 20 项，其中发明专利 6 项；获得国家授权专利 14 项，其中发明专利 5 项。获得郑州市专利资助等创新奖励资金 14 万元、国机集团专利科技资助等创新奖励资金 16.6 万元。其中，公司自主研发的“高效脉冲厌氧滤池”“单巷道自动化移动立体库”“具有自适应功能的炉群烟气回收系统”“燃气热处理炉炉膛取压装置”等智能集成技术、绿色技术，形成了一批独有的知识产权，上述专有技术本年度获得国家授权专利 4 项。

7. 主（参）编技术标准，增强公司的行业话语权 组织主编《制造工业工程设计信息模型应用标准》《绿色铸造企业评价规则》国家（行业）标准 2 项，主编《河南省成品住宅设计标准》《高压细水雾消火栓系统技术规范》地方标准 2 项；参编《工业建筑振动荷载规范》《机械工程建设项目职业安全卫生设计规范》等国家标准 2 项，参编《烟草行业实验室设计规范》行业标准 1 项。进一步增强了公司的行业话语权。

8. 完成公司高新技术企业年度备案 组织开展高新技术企业 2015 年度备案工作，保证公司继续享受企业所得税政策优惠和享受研发费用加计扣除税收优惠。同时，积极组织、规范科研课题研发过程管理，以满足高新技术企业年度备案要求，并完成高新技术企业认定所需要的研发投入目标，为高新技术企业 2016 年度备案工作（2017 年第一季度进行）奠定了基础。

【产权管理】

1.“中字头”更名工作。7 月，在国机集团的见证下，中机六院和中国浦发就中国陆源国际工程有限公司的部分材料进行了现场交接，并支付剩余 700 万元收购款；11 月，完成中国陆源国际工程有限公司迁入郑州的工商转移、税务备案及账套设立。

2. 3 月份出资 600 万元，参股成立平舆县清河工程建设有限公司，承接平舆县城市河流水污染综合整治项目 EPC 总承包，合同额约 8.3 亿元；10 月份通过三级子公司郑州新材料投资有限公司出资 600 万元，参股成立遂平县安泰工程建设有限公司，承接遂平县城区道路桥梁工程建设项目 EPC 总承包，合同额约 9.56 亿元。

【管理经验】

1. 完善现代企业制度，规范公司决策程序 制定《董事会议案管理办法》《董事会决议落实监督管理办法》《总经理办公会管理细则》《经理层及中心主任考核及薪酬分配办法》，公司现代企业制度进一步完善，公司决策程序更加合理。召开董事会会议 4 次、监事会会议 1 次、总经理办公（扩大）会 22 次，讨论解决一大批公司转型发展中遇到的问题，形成会议决议上百项。

2. 强化战略管理，引领发展方向 发布“十三五”发展规划即《公司 2016—2020 年发展规划》，修订完善《公司战略管理办法》。持续完善公司战略体系，工业工程、民用工程、市政工程、国际工程、总承包业务等业务规划，科技创新、信息化建设、人力资源、企业文化建设等职能规划，中兴监理公司、厦门分院等子公司规划。

3. 加强职能管理，推进平台建设 优化资源配置，重新梳理和调整管理职能，加强战略、审计、法律事务、投融资等管理能力建设。加强工程管理力度，提升公司对 EPC、PPP 等总承包类项目的监督管理和风险防控能力。稳步推进经营、生产运行、人力资源、财务与投融资四大平台建设，职能管理部门对生产部门的支撑作用日益显现。

4. 优化人力资源，加强薪酬管理 加快引进法务、新媒体、投融资等专业人才，提高职能管理部门管理和服务能力。加强与行业内知名咨询公司、律师事务所、会计事务所等咨询服务机构的合作，提升公司投融资运作和风险管控水平。进一步完善跨部门流动管理办法，推进公司员工跨部门流动常态化、规范化，优化人力资源配置，有效降低人力资源成本。根据运营情况，按“多劳多得，优劳优得”原则，加强薪酬管理，在行业普遍裁员降薪背景下，公司人均收入同比稳中有增，骨干员工收入持续提升。

5. 加强生产质量管理，提升产品质量 严抓产品质量，针对质量管理中存在的问题，多措并举，取得显著成效。完善管理制度，编制《EPC项目设计管理办法》《EPC总承包项目管理办法》《设计项目完工报告管理办法》，修订《工程项目设计质量奖惩办法》，规范工程项目生产质量管理。提升质量管控的信息化水平，完善公司EEP平台功能，全面推广使用数字化归档和蓝图打印系统，推动设计过程的精细化和流程化管理。持续强化质量培训，组织管理体系知识培训和考试，组织设计质量案例剖析和专项技术培训。加强监督检查，延伸客户满意度调查至审图机构，开展施工图设计复抽查、外部施工图审查意见收集等活动，持续开展“三标一体化”管理体系审核，有针对性地开展“质量月”活动，促进公司产品质量的不断提升。公司产品质量水平稳定，未出现质量事故。

6. 重视安全管理，保证生产安全 根据新《安全生产法》和国机集团安全生产考评办法，完善公司安全生产制度。组织签订“安全生产责任书”，分解落实安全生产目标，强化安全责任。建立境外安全生产保障体系，强化境外安全风险评估，完善境外突发事件应急预案，为境外工程项目人员营造安全生产环境。加强公司安全生产培训，组织安全生产知识竞答。开展项目现场消防事故应急演练、应急预案培训和消防灭火演练，修订完善应急预案。未出现安全生产事故，在国机集团41家二级单位的安全考核中考核结果为优秀。

7. 加强财务管理，降低财务风险 根据公司组织架构调整和业务发展情况，制定完善各项财务管理的制度，进一步规范各类支付流程。建立生产部门和承包项目独立核算信息化管理系统，实施有偿融资和资金拆借制度，提升成本意识。加强承包项目财务核算，严禁资金垫付；加强资金集中管控，有效降低财务成本、提升资金效益。成立“瘦身健体”领导小组和工作小组，制定应收账款催收、保证金清理制度，召开“两金”“保证金”专项清理会议，推进“两金”“保证金”专项清理工作，维护公司收款权益，降低公司资金风险。

8. 加大审计力度，防范运行风险 制定《公司内部审计工作规定》。结合公司组织架构调整高科技信息园项目建设，重点做好经济责任审计、基建审计，有计划、有步骤地开展分公司、子公司法律法规、财经纪律和公司相关规定的执行情况审计。加强企业重大经济事项、“三公经费”的监督检查力度，保证制度公开、廉洁高效，促进企业依法经营。加强对审计问题整改落实情况的跟踪检查，杜绝以审代改现象，督促整改措施的实施落地，不断提升审计能力和水平。

9. 开展全面风险管理，确保健康发展 完善风险管理职能，做好各部门风险职责分工，梳理公司各项业务风险、管理风险，建立风险事务决策程序和风险问责机制，严格落实风险责任追究制度。制定《内部控制评价暂行办法》，建立健全全面风险管理体系。结合公司实际情况，重点做好资金管理风险管控、投资风险防控和分公司风险管理工作。

【党建工作】

中机六院党委深入贯彻落实上级党委工作部

署，履行主体责任，坚持从严管理干部，全面推进公司党建工作，为公司改革发展提供坚强的思想、政治与组织保障。

1. 主动担当，履行管党治党主体责任 中机六院党委先后组织召开会议18次，研究、决定、部署公司党建工作有关事项，履行党委主体责任。明确党委委员分工，落实党建工作责任；召开公司党建工作专题会议；落实“三重一大”决策制度；规范和加强领导干部管理工作；加强党内监督，严肃党内政治生活

2. 落实全面从严治党要求，推进公司党的建设 加强基层党组织建设，夯实党建工作基础；加强思想建设，保持党的先进性和纯洁性；加强制度建设，推进公司党建工作规范化；推进基层党组织活动规范化

3. 层层落实责任，推进党风廉政建设 ①层层分解，将党风廉政建设责任落到实处。年初，党委书记与公司领导班子成员、各部门第一负责人共43人签订了“党风廉政建设责任书”，中机六院中层及以上领导干部199人签署了“领导干部廉洁承诺书”。②加强廉洁警示教育，坚持警钟长鸣。公司党委、纪委重视抓好日常廉洁警示教育工作，利用多种场合对党员干部和相关人员进行教育提醒。③强化过程监督，加强监察工作。重视抓好过程监察，重点关注招投标和集中采购等重要业务活动，重点抓好供应商的调查、竞争性谈判、招投标现场监督、合同评审等重要环节。④持续深入推进作风建设。落实中央八项规定精神；落实公司党政领导工作联系点制度。

4 加强对公司群团工作的领导 中机六院党委加强对公司工会、共青团工作的领导，围绕公司改革发展中心工作，积极开展群团活动。召开公司第十届第四次职工代表大会，组织职工代表参政议政。开展职工文体活动和关爱职工活动，举办“印象·2016”主题文化活动，做好职工服务工作，增强职工归属感和团队凝聚力。重视抓好信访、维稳工作，坚持每月一次公司领导接访日活动，妥善处理来访事宜。

【信息化建设】

1. 编制“十三五”信息化发展规划 结合《公司2015—2017年战略规划报告》《公司中长期发展战略规划报告》，编制《公司“十三五”信息化建设发展规划》。规划提出了公司“十三五”期间信息化建设的总体工作目标、指导思想、原则及总体实施措施。

2. 梳理各部门业务流程，以信息化手段持续提升管理水平 梳理现有业务流程，形成信息化需求报告，分批有序开发，全年完成“EEP协同管理平台系统需求变更及新增功能完善开发”21项、完成“EEP协同管理平台应用系统性能及易用性优化升级”12项、完成“二维协同设计平台需求变更及新增功能完善开发”4项。①组织收集各专业设计人员对民用住宅项目标准化图库的使用意见，完成暖通专业内容、各专业内容的分类模式修改，并对图库的查询调用方式进行了完善。②搭建中心机房服务器监控平台。③制定EEP新平台主要系统开发计划并组织开发。③开发档案在线预览功能（TIF文件），设计人员可对全公司图样档案进行查询、预览，使用更加便捷。⑤向分院发布《公司分公司电子档案移交与接收办法》，通过EEP平台可查询、预览及下载。⑥对成品复制流程进行梳理优化，完成新的成品复制系统开发并推广使用，提高成品交付效率，实现成品复制、打印、装订等费用明细的公开查询。⑦完成“采购管理（非工程类）系统”的开发并推广运行，提高了采购审批效率，为工程类采购管理系统的实施提供了流程模块基础。

3. 全面取消设计人员打图环节，提高归档效率 梳理归档流程，对原有流程进行再造，开发新版电子归档单系统，5月1日起在公司推广使用，全面取消设计人员打图环节，提高了归档效率。

4. 改革BIM孵化方式及内容，提升培训效果 完善BIM孵化实验室基础设施，确保培训场

地能够容纳 4~5 个生产部门。对培训内容和方式进行改革提升，采取“BIM 专业技能培训”（基础 + 专题）和“BIM 项目综合培训”（项目实训）2 种方式的滚动培训计划，供生产部门选择。全年举办 BIM 培训及项目孵化三期，共 78 人参与培训。

5. 推进标准化工作 完成《普通钢结构厂房施工图设计文件标准化系统》研发并通过评审。该系统涵盖普通钢结构厂房施工图设计输出文件中各环节知识要点，包括设计说明、设计图及相关参考资料等，分为建筑、结构、水道、暖通、电气、动力、总图等 7 个专业。成果上传至 EEP 平台知识库。

【人力资源管理】

1. 科学制定人力资源五年发展规划，扎实推进人力资源管理能力持续提升 中机六院人力资源规划以国机集团和公司“十三五”发展规划为指导，以“吸引人、培养人、留住人、激励人、成就人”为目标，以高层次人才队伍建设为重点，统筹推进公司各类人力资源队伍建设，实现公司人力资源理念转型、结构优化、能力提升和机制调整。

2. 加大培训开发力度，促进学习型组织建设 培训工作遵循“整体策划、分步实施、内部协调、重点突破”原则，按照培训需求分析、培训计划制定、培训计划实施、培训效果评估及反馈的工作流程，重点抓好领导干部专项能力提升、“总承包、投融资、国际工程”等重点发展业务专题培训、“工程造价、限额设计”等关键技术问题专项突破等专项培训，以点带面、分层推进，靶向解决公司战略转型过程中出现的重点难点问题，以培训促转型、以学习促发展，系统推进公司学习型组织建设。

3. 推进内部人力资源市场建设，全面盘活人力资源存量 人力资源部修订《员工流动管理办法》，鼓励员工向市政业务、总承包业务和国际工程业务合理流动，逐步解决公司人力资源结构性失衡问题，实现公司人力资源的优化配置。

4. 加强招聘组织与管理，为公司发展提供持续动力 按“盘活存量为主，用好增量为辅”原则，人力资源部修订《公司招聘管理办法》，将部门员工增长与劳动生产率挂钩，强化对部门的总量控制和质量控制，重点满足公司战略转型急需的总承包、国际业务、市政业务人才需求，适度控制传统设计业务、监理业务人员增长速度，确保各部门人员增长与业绩增长相适应，业务转型与人才观念转型相适应。

5. 强化激励约束机制，推进战略绩效管理 为进一步规范公司的绩效考核体系，制定《公司绩效考核管理办法》，明确考核实施周期、流程，确立以提高员工绩效为导向的原则，以指导和协助各部门建立、修订部门绩效考核办法，确保公司各部门考核工作有章可循、有据可依。

6. 完善竞争上岗机制，实现公司范围人岗匹配 为适应公司组织机构的调整，人力资源部下发《关于 2016 年度公司员工竞争上岗的通知》，制定《员工待岗管理办法》，对各部门未竞聘上岗位的员工统一管理。

7. 完善薪酬福利体系建设，提升薪酬战略导向功能 人力资源部严格遵循“效益增、工资增，效益降、工资降”工资总额管理原则和“公平、合理、向一线倾斜”薪酬发放原则，加强人工成本管理，确保各部门工资发放合理、有序，可持续发展。

8. 加强干部队伍建设，发挥支持引领作用 为加强公司领导干部选拔、任用、监督管理工作，提高公司领导干部管理工作的科学化、制度化、规范化水平，公司 2 月份制定《领导干部管理办法》《中层后备干部选拔管理办法》，组织各部门推荐选拔中层后备干部，建立后备干部数据库。

9. 强化人力资源开发管理，挖掘人力资源潜力 人力资源“十三五”发展规划明确提出：到 2020 年要建立分层分类、覆盖全员的人才培养体系。2016 年主要是制定规划，以及一些规划启动的准备工作，尤其在专家申报工作上发力，申报成效显著：2016 年申报各类专家 68 人次，通过 24 人次，46 人次待审。

10. 打造人力资源大数据平台，提高人力资源管理能力 积极谋划，通过 EEP 管理系统建立“人力资源信息发布平台”，主要解决人员选调、招聘信息发布；员工个人跨部门、转岗申请受理；部门劳动生产率、专业配比情况监测等问题。充分运用信息化手段，建立人力资源大数据平台和人力资源流动信息节点，强化部门的资源共享意识和员工的流动意识、竞争意识，逐步解决公司人力资源结构性失衡问题。

【企业文化建设】

以企业文化建设为基础，固化 MI（理念识别系统），传递企业核心理念；强化 BI（行为识别系统），扩大企业品牌影响；优化 VI（视觉识别系统），树立企业统一形象。围绕生产经营核心工作，不断改进《中机六院通讯》和公司网站版面、丰富提升宣传内容，加大微信公众号推广力度，加强在集团、行业协会等相关媒体的宣传报道。制定《品牌建设管理办法》，编制《企业文化手册》，推进企业文化和品牌建设管理工作。

【社会责任】

践行企业使命，在绿色、信息化工程技术方面不断精耕细作，提升技术水平，为客户提供绿色、节能技术，为社会贡献绿色、智能建筑。以教育脱贫为重点，受国机集团委托，设计、改造河源科技学院部分已建建筑及配套设施，并由公司挂职固始县政府副县长承担学校筹建的领导、协调、组织工作，建成国机励志学校，于 9 月 1 日投入使用，为近千名纳入精准扶贫建档立卡的贫困家庭学生和农村留守儿童提供就学机会。中机六院青年志愿者踊跃参与交通协管活动，与郑州市民共同创建全国文明城市。

向国机集团爱心基金捐款 143 745 元，诠释了中机六院人对社会责任的理解和担当，向更多需要帮助的兄弟单位员工奉献出一份爱心和希望。

沈阳仪表科学研究院有限公司

【基本概况】

沈阳仪表科学研究院有限公司（原名沈阳仪表科学研究院，以下简称沈阳仪表院）始建于 1961 年 5 月 5 日，1999 年 7 月 1 日转制为企业，是中国首批转制的 242 家国家级科研院所之一。从 2003 年开始，先后重组了杭州照相机械研究所、秦皇岛视听机械研究所和沈阳真空技术研究所，现隶属于中国机械工业集团有限公司。2013 年 1 月 25 日，沈阳仪表科学研究院完成改制，企业名称由沈阳仪表科学研究院变更为沈阳仪表科学研究院有限公司。经过半个多世纪的发展，现已发展成为拥有 3 个国家级质检中心、1 个部级质检中心、2 个国家级标准化技术委员会、2 个省部级标准化技术委员会，1 个国家级工程中心——传感器国家工程研究中心、2 个省级企业技术中心、1 个部级工程研究中心，以及拥有中国仪器仪表学会仪表元件学会、仪表工艺学会、中国仪器仪表行业协会传感器分会的行业领军企业。

截至 2016 年年底，沈阳仪表院拥有两大产业园区，建成了国内最强的硅基传感器产业化基地、国内最强的高压组合电器补偿器及其配套产品产业化基地和国内最强的光学干涉滤光片产业化基地。沈阳仪表院现有员工 862 人，其中教授级高工 41 人、高级工程师 83 人。享受国务院政府津贴 7 人，高层次科技人才 9 人（集团高层次科技人才 5 人、院级高层次科技人才 4 人），辽宁省百千万人才百层次人才 1 人、千层次人才 5 人，外聘两院院士 2 人，外聘专家 2 人，外聘海外专家 1 人。拥有 2 个全资子公司、3 个研究所、1 个检验所。建立了全国性营销网络，产品广泛应用于航天、石化、冶金、供热、供电、水电、煤炭、轻工、建筑、制药等行业，部分产品远销国外。

沈阳仪表院科研开发实力逐步增强，共完成科研项目 1 778 项，获得国家、省部等各项奖励 396 项，其中国家级发明奖和国家科技进步奖 11 项、省部级科技进步奖 115 项。获得授权专利 354 项，其中发明专利 72 项；主持和参与制定国家、行业标准 444 项，其中国家标准 86 项。作为重点协作配套单位，成功研制生产多项军工产品，应用于“神舟”系列宇宙飞船、“嫦娥”探月工程、“天宫”系列空间实验室，以及承担发射任务的“长征”系列运载火箭等重点工程和任务。

【主要指标】

2016 年实现利润总额 744 万元，比上年增加 70 万元；经济增加值实现 406 万元，比上年减少 535.68 万元；成本费用占营业收入的比重实现 105.63%；技术投入比率实现 10.91%。流动资产周转率考核指标 0.83 次，实现 0.81 次。主要经济指标完成情况详见表 1。

表 1　沈阳仪表院 2016 年主要经济指标

项　目	2016 年	2015 年	同比增长（%）
资产总额（万元）	79 796.54	78 341.26	1.86
净资产（万元）	25 639.79	25 119.62	2.07
营业收入（万元）	28 843.87	31 128.88	-7.34
利润总额（万元）	744.22	674.05	10.41
技术开发投入（万元）	3 145.44	3 582.62	-12.20
利税总额（万元）	3 142.78	2 937.96	6.97
全员劳动生产率 [万元 /（人·年）]	14.09	12.52	12.54
净资产收益率（%）	2.47	3.04	-18.75
总资产报酬率（%）	2.25	1.57	43.31
国有资本保值增值率（%）	102.07	105.11	-2.89

【重大决策及重大事项】

1. 战略规划工作　制定沈阳仪表科学研究院有限公司“十三五”发展规划（2016—2020），并经董事会审议通过。规划为沈阳仪表院当前与长远的发展指明了方向，明确了指导思想：“以提高发展质量和效益为中心，实现人的全面发展为根本，业务融合升级为主线，打造元件到器件、器件到组件、组件到装备、装备到系统的高、精、尖、特产业链条，促进产业转型升级，增强核心竞争力，不断实现有质量的增长和经济效益的提高”；提出了目标：“到 2020 年，实现营业收入 6 亿元，翻一番；利润总额 2 000 万元，翻二番”。

2. 重大项目进展情况　为“长征五号”“长征七号”运载火箭和海南文昌航天发射基地研制配套各类金属波纹管产品，其中为“长征五号”运载火箭每枚配套金属波纹管 50 个种类、约 150 件产品，战果卓著。在“长征五号”首飞取得圆满成功之际，航天科技集团公司发来感谢信，对沈阳仪表院的大力支持表示衷心的感谢和崇高的敬意，同时指出：“沈阳仪表科学研究院有限公司为长征五号运载火箭氢氧发动机配套研制的波纹管是两型氢氧发动机核心关键产品，为火箭首飞圆满成功打下了坚实基础，以实际行动践行了创新驱动发展战略和军民融合发展战略，为长征五号火箭的顺利研制和成功首飞做出了突出贡献。”沈阳仪表科学研究院有限公司因此被上游主机单位推荐为航天系统优秀配套单位。

【科技创新】

全年组织策划完成科技项目申报 19 项，获批 10 项，获得国家自然科学基金、国家重点研发计划、配套科研项目等资金支持；全年获批国拨经费 1 599 万元，到位经费 978 万元。

以产、学、研相结合模式为基础，联合特种材料行业知名院所“钢铁研究总院”“西北有色金属研究院”共同申报 3 项波纹管配套科研项目，经过专家评审，项目组答辩，最终 3 项国家配套科研项目均获得立项批复，国家支持资金总额近千万元。

根据《辽宁省产业技术创新体系建设方案》《辽宁省产业技术创新平台建设管理办法》，经沈阳市科技局推荐、专家评审，“辽宁光学薄膜专业技术创新平台”获批组建 2016 年辽宁省产业专业技术创新平台。此平台为沈阳仪表院的第 4 个省级以上工程中心、技术平台。沈阳仪表院 2016 年科技成果奖励情况见表 2。

表 2　沈阳仪表院 2016 年科技成果奖励情况

序号	项目名称	奖励名称
1	电力装备在线监测关键技术及产业化研究	辽宁省科技进步奖三等奖
2	光学薄膜滤光片系列国家标准	中国机械工业科学技术奖二等奖
3	电力装备在线监测关键技术及产业化研究	沈阳市科技进步奖三等奖
4	重大装备用金属波纹管技术研究与产业化	机械工业优秀科技成果转化项目奖

立项标准项目 10 项，批准发布标准 32 项。获得标准技术研究项目补助经费 4.8 万元。申请受理专利 28 项，其中发明专利 13 项；授权专利 34 项，其中发明专利 11 项。沈阳仪表院 2016 年度授权专利情况见表 3。

表 3　沈阳仪表院 2016 年度授权专利情况

序号	专利号	专利名称	专利类型
1	ZL201310222379.6	便携式滤光片色轮型多光谱成像系统及其光谱图像处理方法	发明
2	ZL201510096469.4	电站空冷散热器的清洗装置	发明
3	ZL201410026347.3	金属波纹管组件气密性试验装置及试验方法	发明
4	ZL201310586217.0	多层超薄金刚石刀片的加工方法	发明
5	ZL201410597751.6	回弯式换热器管板端密封结构	发明
6	ZL201510318099.4	U 形管束弯管部位通用支撑装置	发明
7	ZL201410715742.2	透镜及具有该透镜的调光系统	发明
8	ZL201410714355.7	透镜及具有该透镜的调光系统	发明
9	ZL 201410217978.3	只使用两种光学材料的数字短焦投影镜头	发明
10	ZL 201410218868.9	双机对投数字球幕电影镜头	发明
11	ZL 201410227455.7	单层电容器裸芯粒分选测试机用微调吸片装置	发明

【市场开拓】

1. 各产业部门面对市场勇于亮剑，抢抓机遇铸辉煌 光学公司：加强国际市场开拓，实现出口业务增长百万元目标。公司获得“加拿大EXFO公司金牌供应商”称号。

热能公司：狠抓优质客户的聚焦与战略培养、重点合同的签约和落地；营销团队密集出访，千方百计落实重点谈判项目；技术支持、生产制造、质量控制等环节紧密协同，实现“合同过亿元”目标，经营发展保持良好的上升势头。

自动化公司：依靠技术优势，加强新产品研发，进军各应用市场。管道几何变形检测器的研发，使沈阳仪表院传感器检测技术得到全新应用；车用系列传感器的研发，使沈阳仪表院跻身新能源汽车市场；军工位移传感器的研发，使沈阳仪表院挺进军用无人机应用领域。

装备公司：成功拓展空冷市场，与哈蒙冷却、上海电气斯必克、GEA、凯络文等（外资）国际性空冷企业建立了合作关系，为清洗系统进一步走向海外市场奠定了坚实基础。

检测公司：在核电、石油、航天传感器等领域的委托检验业务方面成效较大。

划片机项目孵化组：8in（1in=25.4mm）半导体晶圆划片机产品出口韩国，实现划片机产品国际市场零的突破。坚持利润为先，抢抓合同，全年出货设备12台（套），实现划片机产业的复苏。

成套公司：克服外部环境复杂、项目信息少、市场竞争激烈等不利因素，实现新签合同902万元，与上年相比增长87%。

传感技术公司：在确保公司原有特型产品市场需求的前提下，在中航、中船、航空航天、兵器等国企领域拓展特型产品。

真空所：成功开发大型连续热处理生产线、3D打印专用球形钛合金粉末制备设备和真空特种材料超高压高温烧结设备。

视听所：开拓电影院、主题乐园检测市场；成功为国机集团下属企业——中汽国际澳门汽车展提供VR整体解决方案。

杭照所：开发20款用于指纹识别系统、3D成像、红外准直和安防类用的透镜新产品。

下半年，领导班子带领团队主动出击，先后拜访天津电气院、天津工程院、中国汽车工业工程公司、苏美达、国机智能、广州电器院、中工国际、CMEC、兰石高科等兄弟单位，开展业务交流，研讨对接，寻找商机，共谋合作。与集团内部企业签订多笔项目合作协议。继CMEC、中工国际后，又与兰石高科建立内部合作关系，双方合作良好。

【管理经验】

1. 调整组织架构 年初对全院管理部门进行调整，压缩管理部门编制和去无效功能化，实现工作重心向产业部门进一步转移；引入竞争机制，首次实行中层干部竞聘上岗制，建立干部能上能下制度，干部选拔制度更加合理，部分年轻干部走向领导岗位，干部平均年龄从47岁下降至43岁，80后由1人增至6人，优化了干部结构，为企业的发展注入了新的活力；调整13名管理人员充实一线，管理人员占比5%，趋于合理；部分管理岗位和产业部门重要岗位实行竞聘上岗，对调动职工的积极性，提高管理、生产效率起到了促进作用。

2. 全力止住“出血点” 在干部竞聘上岗及任务指标落实时，分门别类、有针对性地采取减亏控亏措施：对长期亏损、扭亏无望的部门，坚决采取措施；对产品无竞争优势、市场前景不明朗的亏损部门果断转型。制定具体目标，明确路径、措施、方法，落实责任，将目标、措施分解到人，责任落实到人，并作为绩效考核与奖惩任免的重要依据。

全院11个独立核算产业部门，10个部门实现盈利，1个长期亏损部门实现减亏，减亏率80%以上。

3. 建章立制，加强管理 实施“一支笔”政策，下放必要资金审批权限给产业部门；对产业部门实行利润核算方式，并派驻财务经理，为产业部门提供财务支撑。加强“两金”管控，建立并实施“两金”监控月报表和报告制度，降低“两金”风险。制定专项清理方案，清理存量，严控增量，将“两金”管理目标分解落实到责任部门或责任人。制定《沈阳仪表科学研究院有限公司清欠工作管理办法》，使清欠工作制度化、规范化。

成立招标采购部，对生产所需原材料、设备、办公用品、劳保用品等大宗材料，以及外协加工、服务外包（如通信、机票购买）等业务实行集中采购管理，实现降本增效。严控“跑冒滴漏”。制定并严格执行《集中采购管理规范》《固定资产/生产用物资/办公用品等采购管理办法》《外包业务管理办法》《采购人员廉政建设》等管理制度。全年节省资金680万元，生产材料成本降低15%，成本控制成果显著。

改革薪酬分配和考核体系，以薪酬为驱动，调动部门和员工的积极性和主动性，按照“总量控制、价值贡献”原则，制定新的薪酬分配办法及配套制度，强化了薪酬分配与部门经营情况的关联性，规定了薪酬总额的核定、经营管理者和员工绩效薪酬与部门绩效紧密挂钩等一系列分配原则和管理要求；同时，为传递、落实院的战略发展与经营目标，提升部门和员工的绩效，改善管理流程，对全员考核体系进行了改革，实行KPI绩效考核制度。

【信息化建设】

加强信息安全建设。按照三级企业保密要求，严格执行各项信息公布审批手续，做好各种软件、硬件信息保密措施，确保信息安全。做好网络维护工作。为提高网络速度，经与联通公司沟通，带宽免费由20M升至30M，提高了网络使用效率，做到网络畅通、系统安全、各信息系统运行平稳。做好OA信息平台维护工作，确保全院各种流程的流畅运行。开发招标采购流程，达到预期效果，确保了采购信息的传递速度、准确性及可追溯性。做到网站新闻及时更新，平均每周更新1～2次。5月，开通微信站、微信，为确保信息准确上传，每次更新都经审核、检查，确保更新内容正确无误。

【企业文化】

举办大型活动，重塑和强化企业文化建设，收到极好效果。如通过职工自编、自导、自演的文艺演出；通过职工全员参与的运动会；通过参加集团的乒羽赛；通过成立预备役等，焕发职工的工作热情、爱院之情和奋发向上、不气馁、不服输、不言败的斗志和士气，职工精神面貌焕然一新。

【党建工作】

仪表院党委凝聚全院力量，按照从严治党要求，牢牢把握“促进发展，保持稳定，保障监督”工作大局，全力配合行政工作，努力解决全院改革和发展进程中出现的新问题，助力超额完成集团下达的利润指标。

狠抓《2016年度党委工作要点》落实。全年召开支部书记会7次，部署、落实工作；召开全体党员大会2次，部署“两学一做”学习教育实践活动，营造争先创优氛围，召开总结表彰党建工作会；召开院领导班子民主生活会1次；组织中心组学习7次；召开党委会14次——在国家大政方针的贯彻执行、参与企业重大问题决策、落实党管干部和党管人才原则、加强对企业领导人员的监督、领导企业思想政治工作和工会、共青团等群众组织等5个方面发挥作用。

加强班子建设，突出表率作用。党委负责人经常与班子成员沟通，交流思想和工作情况，从党委角度积极参与重大问题决策。要求院领导班子成员、党委委员必须参加各支部的集中学习、组织生活会、党课，以及深入基层，与广大党员、群众齐心协力干事创业。

加强支部建设，发挥战斗堡垒作用。要求党支部分析部门发展瓶颈，对症下药，确定工程项目，助力发展。基层支部积极行动，取得显著成效。按照“两学一做”学习教育的部署要求，进一步严格党内政治生活，下发《关于建立全院支部主题党日制度的通知》《关于开展“六好”党支部创建活动的通知》《开展党员星级考评管理工作的通知》。为使制度落到实处、规范支部工作、激发党员活力、量化考核指标，严格考核程序，党委书记带队参加每个支部的组织生活会，对照“支部工作评定表”听取各支部工作汇报，党员评议也充分结合具体要求做到量化操作。

在全体党员中开展“学习毛丰美，践行合格党员”征文活动；开展“树良好家风，扬清廉正气”主题活动。开展庆祝集团成立20周年——“同行 20 年”主题征文和演讲活动，择优选送 15 篇征文，选送 2 名演讲选手成功入选集团复赛。

将党建和廉政、稳定、安全生产工作纳入领导班子成员职责范围，推动“一岗双责”落实。制定下发“党风廉政建设党委主体责任和纪委监督责任工作计划”，以及“沈阳仪表院党委党建清单以及领导班子成员党建清单”，要求填写“党员领导干部党风廉政建设工作台账”，量化责任和工作目标，通过制度建设和载体融合，有力强化了班子成员党风廉政建设的意识和责任。

【社会责任】

通过科技创新，促进行业技术进步。严格执行《劳动法》，加强员工权益保护，维护职工的合法权益；通过岗位培训及专业知识讲座等形式，提高职工素质，促进员工职业发展；通过开展丰富多彩的文体活动，丰富职工文化生活；帮扶关爱困难员工，增强企业凝聚力，营造和谐工作环境。强化安全生产管理、完善安全应急预案、营造安全文化，为职工提供安全舒适的工作环境。依法经营，未出现违背国家法律法规的行为，未出现违纪、腐败等现象。重视参与社会公益事业，积极参与扶贫捐赠及社区建设等社会公益事业，企业在地方的形象良好。

合肥通用机械研究院

【基本概况】

合肥通用机械研究院（以下简称合肥通用院）1956 年成立于北京，1969 年搬迁至合肥，是原机械部直属的国家一类科研院所，1999 年转制为科技型企业，同年加入国机集团。

合肥通用院主要从事石化、能源、冶金、燃气、环保、国防军工等行业通用机械及化工设备的设计开发、产品研制、检验检测、设备监理、工程承包、设备成套和职业教育等，研发领域覆盖压力容器与管道、流体机械、食品与包装机械、石油装备等。拥有包含“国机通用”（股票代码：600444）在内的 15 家控股及全资子公司。全院在职职工 1 200 余人，研发人员占 80% 以上，其中具有高级职称人员 330 余人、博士近 50 人、硕士 360 余人。

合肥通用院是国家创新型企业、国家技术创新示范企业、国家火炬计划重点高新技术企业、国家级企业技术中心，是国家压力容器与管道安全工程技术研究中心、压缩机技术国家重点实验室、国家国际科技合作基地（国际联合研究中心）、国家中小企业公共服务示范平台依托单位，入选国家第二批科技服务业行业试点单位，是国家“极端环境重大承压设备设计制造与维护技术创新战略联盟”的理事长单位。设有压缩机制冷设备、泵阀和密封件产品 3 个国家质检中心；1 个国际标委会（ISO/TC86/SC4），10 个全国标委会和

4个全国标委会分会；20余个省部级科研平台，以及可独立招生的博士后科研工作站和企业院士工作站。是中国机械工程学会压力容器分会、流体工程分会等10余个行业学会/协会秘书处的挂靠单位。

建院60年来，取得各类科研成果3 000余项，其中获国家级科技奖励46项、省部级科技进步奖400余项，项目成果均在石化、能源、冶金、燃气、环保、国防军工等领域得到广泛应用。

2016年，践行“五大发展”理念，推进企业改革，实施创新驱动，谋求有质量的增长，实现利润2.5亿元，交纳税收1.2亿元，上交国机集团资本收益8 000万元。再次被评为国机集团“先进单位”（这是自2009年以来连续第8年被评为国机集团“先进单位”），并荣获国机集团“科技创新奖”“国机质量奖”。

【主要指标】

按考核口径（含国机通用），实现主营业务收入18.2亿元，比上年增长1.14%；实现利润2.50亿元，比上年增长6.5%；实现EVA2.17亿元。2016年年末资产总额25.10亿元，其中归属母公司的所有者权益13.25亿元，比上年增长7.3%；资产负债率为39.19%，比上年减少近8%。主要经济指标完成情况详见表1。

表1 合肥通用院2016年主要经济指标

项目	2015年（含国机通用）	2016年（含国机通用）	同比增长（%）（含国机通用）
资产总额（万元）	270 546	250 981	-7.23
净资产（万元）	143 005	152 621	6.72
主营业务收入（万元）	179 956	182 010	1.14
利润总额（万元）	23 505	25 035	6.51
技术开发投入（万元）	14 726	14 978	1.71
利税总额（万元）	31 594	33 446	5.86
EVA值（万元）	21 783	21 696	-0.4
全员劳动生产率〔万元/（人·年）〕	34.46	36.07	4.67
净资产收益率（%）	14.68	14.15	减少0.53个百分点
总资产报酬率（%）	8.86	9.73	增加0.87个百分点
国有资产保值增值率（%）	121.63	112.92	减少8.71个百分点

【改革改制】

完成《合肥通用机械研究院“十三五”发展规划》编制，并上报国机集团备案。此规划为合肥通用院“十三五”期间的改革发展提供了指引。

进一步提升资产管理效率。出资约5 000万元，参与认购国机集团重组常林股份有限公司（股票代码：600710）配套融资增发的股权；与上海凯工阀门公司签订战略合作协议，无偿获得该公司4.6%的股份；与青岛水务集团签订战略合作协议，准备在流体机械相关产品产业化、海水淡化领域装备研发等方面开展合作。

启动管理服务部门的机构重组和职能整合工作。对原管理部门的设置和职能进行合并调整，强化管理服务职能，进一步提高工作效率；重组的上市公司企业名称变更为国机通用机械科技股份有限公司。

【重大决策与重大投资项目进展】

1. 严格执行“三重一大”议事制度 全年召开院务会、党政联席会议、党委会57次，对“三重一大”事项集体研究决策。

2. 积极履行民主决策 年度召开职代会7次、职代会组长联席会议6次，并多次召开专家座谈会、老干部座谈会、青年职工座谈会，广泛征求各方意见建议，认真履行民主决策程序。

3. 加强监督管理，强化责任追究 对干部任命、先进人物推选、奖励申报、人员因公出国等重要事项进行公示公告，接受群众监督；对执行不力的事项向中层干部会或职代会通报，对造成损失或不良影响的责任人给予责任追究。

4. 稳步推进重大建设投资项目 研发中心大楼完成2层地下室及23层上部主体建筑结构的施工，主体结构于8月5日封顶，并于11月29日通过结构验收；院区配电改造项目完成35kV变电所更新改造，引入备用电源，提升全院供用电能力和供电安全可靠性，减少了科研生产和职工生活受外部停电的影响，为今后发展储备了电力基础；检测院试验能力建设项目完成计划内的全部试验室建设工作，各试验室投入使用后，显著增强了对外检测服务能力，为检测业务的稳中有升发挥了重要作用。

【市场开拓】

合肥通用院技术服务和检验检测类业务继续保持稳中有进的发展态势。特种设备检验站和机电产品检测院继续依托技术创新，不断提高技术服务水平；通过加强能力建设和完善技术服务体系，充分发挥品牌效应，不断扩大服务领域；通过认真谋划业务市场布局，不断加强国际合作，创新服务模式来推动业务增长，取得良好效果，全年累计新签检验检测类技术服务类合同3.3亿元。

开拓工程业务市场，推进业务转型升级。合肥通用院污水环保工程设备成套业务聚焦提标改造和城市泵站、供水等项目，服务区域和领域不断扩大；试验室工程与设备业务积极开拓市场，业务取得恢复性增长；科普展品业务通过设计概念和内容的创新，保持在科普展品领域的领先地位；分离机专业加速由提供单机向项目成套转型，业务平稳发展。全年工程承包与设备成套业务新签合同近6亿元。

产品研制生产保持平稳增长。产品种类多，包括化工泵、特种风机、高压水射流设备、压缩机、抽油烟机组及其配件、机械密封、非金属材料配件、压缩机阀片、特种阀门等业务，受新定型和改进产品陆续形成批量的推动，军工产品新签合同比上年度较快增长，新签合同额超过1.3亿元，其他产品业务保持稳定，全年产品生产类业务收入5亿多元。

【重大项目】

1. 国家重大仪器设备开发专项“极端环境承压设备安全性能测试仪研发、应用与产业化”通过初步验收 该项目由合肥通用院、长春机械科学研究院等单位共同承担，针对承压设备所处高温、腐蚀等极端环境，在国内首次开发的超高温与多种气氛环境（600℃＋氢气、700℃＋水蒸气、1 500℃＋真空／大气）下高温蠕变疲劳性能测试仪器设备，达到国外同类设备技术水平，可广泛用于石油化工、煤化工、航空航天、电力、核能等重要领域。

2. 国家重点基础研究发展计划（“973”计划）项目课题“高端压缩机组高效可靠与智能化基础研究”通过结题验收 该项目由北京化工大学、合肥通用院、清华大学等单位共同承担，其中合肥通用院负责牵头完成的2项课题被评为“优秀”。该项目通过开展高端压缩机组高效可靠的基础理论与方法研究，设计建立了压缩机关键部件温度场、力场、化学场等多场共同作用下的性能测试系统、离心压缩机气流激励与扩稳实验平台，突破了压缩机基于寿命的设计制造与在役延寿关键技术，拓宽了压缩机高效稳定运行边界，修订完善了现有国家行业技术标准。为提高中国高端压缩机组设计制造水平提供了重要理论和方法支撑。

3. 长沙市敢胜垸污水处理厂水处理项目 该项目设计规模为10万m^3/天，采用双层加盖半地下形式，污水处理采用AAO+深床滤池处理工艺。设计出水水质满足《地表水环境质量标准》

中Ⅳ类水质标准（总氮指标按10mg/L控制）。工程设备交货进度完成90%，安装工程进度完成70%。

4. 滁州市第四自来水厂二期工程设备采购安装项目 该项目为滁州市2016年度重点民生工程。完成二期新建部分所有工艺管道及设备，以及配套电气仪控设备的安装。

5. 青岛海尔中央空调14 000kW水冷测试台项目 该平台为目前国内测试能力最大的水冷测试平台，完成了系统和电气全部安装，并进行了近30台测试样机的90余次测试工作，获得了客户的认可。

6. 吴忠仪表阀门水流量实验室项目 该项目是当前国内规模最大的全流量阀门流量流阻试验系统，可实现DN15-DN1000阀门流量流阻试验，DN15-DN300液体流量计标定，测试流量可达10 000m^3/h。项目工作量完成70%。

7. 青海中科捷鑫盐湖卤水去除硼酸设备改造项目 该项目利用多元醇体系，通过溶剂萃取工艺，去除卤水硼酸，以满足卤水提锂所需要的工艺条件。项目完成验收并交付使用。

【科技创新】

1. 聚焦国家重点研发领域，新增国家级课题11项 新获批的重点专项项目“国家质量基础的共性技术研究与应用”围绕压缩机、泵等典型产品，开展全寿命周期质量完整性评估方法研究、质量预警平台和安全保障技术体系建设；公共安全领域课题“高参数承压设备设计制造风险防控关键技术研究”瞄准未来石油化工、煤化工等能源工业领域对高参数承压设备的需求，开展典型高参数重要承压设备设计制造早期风险防控技术方法研究；课题“油气管道及储运设施缺陷损伤检测技术及装备研制”针对油气管道与储运设施中存在的腐蚀减薄、缺陷、裂纹等安全隐患，开展电磁控阵、压电超声、主动声波、高频导波等检测技术与设备研发。合肥通用院还申请获批国家自然科学基金3项、安徽省重点研究与开发计划项目3项，安徽省杰出青年科学基金1项、安徽省自然科学基金5项、中石化科技开发项目2项。

2. 科技创新成果不断涌现 获省部级科技成果奖励8项，其中一等奖2项、二等奖4项、三等奖2项。“煤粉流量控制阀研制”项目获安徽省科学技术进步奖一等奖。“大型往复压缩机流量无级调节系统关键技术及应用”项目获中国机械工业科学技术奖一等奖。“大型石化装置重大承压设备基于风险的设计制造技术成果转化”被评为“十二五”机械工业十项重大科技成果项目之一。全年新申请专利68项，其中发明专利57项；获授权专利47项，其中发明专利38项；获软件著作权7项；主持或参加制（修）订各类标准144项，其中国家标准40项；完成编制并发布标准42项，其中国家标准10项、行业标准32项。

3. 创新平台建设加强 新增国家级创新平台3个，其中申报的国家科技部“面向过程工业安全的通用机械与承压设备行业科技服务试点”获批成为第二批国家科技服务业试点（全国获批22家）；申报的“面向质量与可靠性的通用机械产业技术基础公共服务平台”获国家工信部批准（全国19家）；与中国航天科工集团北京航天数据股份有限公司联合申报的国家发改委“工业大数据应用技术国家工程实验室”获得批准。

4. 现有科研平台运行良好，成绩突出 “国家压力容器与管道安全工程技术研究中心”完成运行评估，并获评“优秀”；“工业（制冷空调设备及压力容器）产品质量控制和技术评价实验室”“工业（机械密封件及密封材料）产品质量控制和技术评价实验室”“国家中小企业示范服务平台”通过复核；“合肥压缩机技术省级实验室”“安徽压力容器与管道安全技术省级实验室”得到安徽省科技厅的科研资金的持续支持。

5. 着眼未来技术和产业发展，开展探索新领域 在通用机械复合材料、新型污水处理设备、

“互联网＋安全”和氢能利用等新领域，开展对铝合金内衬碳纤维缠绕复合材料气瓶、碳纤维复合材料的离心风机叶轮、航空五轴联动超高压水射流加工装备等相关技术研究；在中石化课题支持下，开发具有高效节能等特点的机械蒸汽再压缩（MVR）样机中试装置；依托安徽省科技攻关项目，开发磁悬浮风机并组建磁悬浮风机研发与产业化团队；与 CMEC 就海外电厂设备的远程监测预警维护合作达成共识；开展氢能利用研发平台建设前期调研，围绕氢能利用的研发设计和检验检测两大建设目标，统筹安排氢能利用研发平台的建设规划。

【产权制度改革】

1. 与中石化齐鲁石化公司签订特种设备检验检测业务合作协议 齐鲁石化特种设备检测中心与合肥通用院特种设备检验站进行重组，成立特种设备检验站齐鲁分站，重组成功不仅 5 年之内齐鲁石化的设备检验业务由特种设备检验站承担，还充实了一批经验丰富的工程技术人员。

2. 推进上市公司的土地收储 12 月底，正式签署土地收储协议，为 2017 年“国机通用”的深化改革和后续发展打下了良好的基础。

3. 按照国机集团安排，对中国通用机械工程有限公司（以下简称中通公司）实施托管 任命中通公司的领导班子，对公司的业务、人员、资产、内控等进行梳理，为中通公司的下一步发展初步理清了思路。

4. 增资中冷通质量认证中心有限公司 合肥通用院持股比例由 50% 增加至 60%，促进了在制冷空调产品认证领域的业务协同。

5. 深化国企改革 按照国务院国资委和国机集团部署，制定以压减管理层级、处置“僵尸企业”和“特困企业”为主要内容的清理调整“三年规划”；依据“一企一策”原则制订方案；对包括 2 家“特困企业”在内的共 5 家企业，制定并采取处置措施。

【管理经验】

1. 战略管理方面 推进企业“十三五”战略规划落地生根，建立战略调整和评估机制，从战略规划目标年度完成情况、主要战略措施落实情况、外部和内部环境变化情况等方面，对每年度战略规划执行情况进行评估，并根据实际情况对战略规划进行动态调整，保障规划的实施。

2. 科研管理方面

（1）面向国家重大战略需求，面向国民经济建设主战场，面向国际科技前沿，围绕《中国制造 2025》等国家战略，结合合肥通用院压力容器与流体机械专业优势，针对航空航天、海洋工程、环境保护、能源、新材料等领域，提出大飞机复合材料超高压水射流加工机器人等智能制造，基于泄漏率控制的密封技术、氢能储运装备性能评价与控制等绿色制造，深海资源开发利用混合冷剂换热器等高端装备制造，信息化、智能化技术深度融合的高温合金炉管材料基因组工程，基于失效故障模式的通用机械虚拟设计制造，基于特征安全参量的流程工业装备智能远程运维等研究方向，获批立项纵向科研课题 25 项（国家级 11 项、省部级 14 项）。

（2）完善对基础性研究科研人员的待遇等方面的创新激励机制。制定《合肥通用机械研究院科技创新奖励管理规定》，在对原有的激励政策梳理的基础上，提出对成功申请国家级、省级自然科学基金等项目的负责人按等级给予奖励，对承担的国家自然科学基金项目给予配套经费支持；制定博士毕业生薪酬待遇标准，设定起始薪酬，并发放安家费，鼓励博士毕业生申报科研课题，并根据获批项目、获得荣誉、承担课题、获得成果情况给予相应奖励；设立“合肥通用机械研究院博士科技基金项目”，支持博士开展探索性研究，经费支持额度 20 万元 / 项；规范科研项目绩效发放办法，进一步调动科研人员的积极性。

3. 人力资源管理方面

（1）完善职工待遇增长机制。继续上调基本工资和社会保险的缴费基数，提高博士毕业生的起始薪酬，为员工购买门诊医疗补充保险。

（2）推进人才战略，继续做好优秀人才举荐与选拔工作。推荐获全国“五一劳动奖章”1人、“安徽省突出贡献人才奖”1人；入选国家“万人计划”科技创新领军人才1人、全国优秀科技工作者1人，新增享受国务院津贴4人；入选安徽省创新创业特殊支持计划1人、安徽省优秀科技工作者3人、安徽省战略性新兴产业技术领军人才2人、国机集团首席专家1人。“重型压力容器轻量化产业技术创新团队”入选安徽省第九批115产业创新团队，这是合肥通用院获批的第四个“115”产业化创新团队；依托合肥通用院建设的国家压力容器与管道安全工程技术研究中心被授予“安徽省首批引才工作先进单位”；5人获得安徽省学术带头人及后备人选、博士后人员科研项目经费资助。

（3）重视复合型人才培养。派遣1名干部到安徽和县挂职锻炼，加强合肥通用院与地方政府的交流；参加“国资委博士服务团”，被派往新疆挂职锻炼的博士圆满完成工作任务；派遣到界首市贫困乡村的驻村第一书记提前完成脱贫攻坚任务。

（4）重视离退休人员的待遇。进一步提高退休人员的个人医疗补助金额；按照《合肥市事业单位退休人员补贴有关问题的复函》中事业单位退休人员补贴标准，调整了转制前退休人员的津补贴，并补发了相关费用；按照科技部《关于开展转制院所转制前离退休人员调整基本工资经费测算工作的通知》要求，上报了合肥通用院转制前离退休人员调资测算情况，为下一步调整转制前离退休人员的离休费、退休金打下了基础。

4. 财务管理方面

（1）强化全面预算管理。对经营预算和滚动预测实行月度（季度）财务分析，及时发现存在的问题，为实时掌握全院经营情况并及时调整经营策略提供支撑。

（2）推进精细化管理。优化会计科目体系，修订完善财务相关业务流程工作指南，建立岗位工作手册，提升财务各项基础工作的标准化水平。

（3）深化资金管理。加强与财务公司、商业银行的沟通联系，提高资金运作能力；以内部银行为平台，通过将部门绩效工资与项目挂钩的管理方式，实现绩效管理落实到每个项目上，有效管控资金运营风险。

5. 风险管理方面

（1）坚持审计监督与法律维权“两手抓”。对两家子公司开展任期审计；开展新《环保法》等法律学习培训；开展法律咨询服务，为部门及子公司经营管理提供法律咨询意见及建议；运用法律武器维权，发出处置有关债权债务的各类函件22份，处理案件16起，为企业挽回经济损失约300万元。

（2）强化风险防控意识。针对近年典型案例中暴露出来的部分干部职工法律意识淡薄、工作责任心不强等问题，认真组织相关培训；同时，对相关责任人员进行严肃处理，追究其造成的经济损失。

（3）开展“两金”清理，强化对应收账款的管理和监控。建立风险应收账款的预警报告机制，提高风险账款的识别能力；组织业务部门对应收账款和逾期账款及时清理，对应收账款金额较大的业务部门进行重点核查清理，集中力量催收。至2016年年底，应收账款原值比年初减少1.29亿元。

6. 安全生产管理方面 履行国机集团规定的各项安全生产管理职责，编制年度安全生产工作计划，与全院各部门（包括院属全资及控股企业）的主要负责人签订“年度安全生产责任书”，落实安全生产“一岗双责”制度，把安全生产责任逐级落实到科研开发、生产经营和基本建设的全过程；完善安全生产管理机构，修订《合肥通用机械研究院安全生产管理办法》《合肥通用机械研究院安全生产事故隐患排查治理办法》等安全生产管理制度；举办各类安全培训教育活动，提高全体员工的安全意识和参与意识；开展各项安全生产检查，防患于未然。全年未发生安全生产事故，在集团安全生产责任目标考核中继续保持A级。

【企业文化】

1. 重关怀职工 完善职工养老保障体系，提高社保缴费基数；完善医疗健康体系，为职工购买门诊医疗补充保险，新增健康检查项目，提高职工的健康保障水平；在参加国机集团爱心捐助日活动的基础上，设立合肥通用院帮困基金，帮助家庭生活困难的职工。

2. 重培训学习 常态化地邀请国内外知名专家来院开展学术交流，拓宽青年科技人员的知识面；组织工程技术人员参加创新方法培训，掌握创新方法和理念；派遣青年工程技术人员参加中石化企业的培训，学习工程实践案例；通过组织与地方的干部交流和选派人员学习企业管理、资本运作和战略决策方面的知识，培养复合型人才。

3. 重文化传承 2016年是合肥通用院建院60周年，组织建院60周年系列纪念活动。举办建院60周年系列学术报告和“筑梦逢甲子，感恩颂祖国”职工专场文艺演出；邀请部分曾经在院工作过的老同志回院参观座谈；编辑出版《使命》（上）、《时光留影》《纪念册》书籍等。激励员工传承精神，不忘初心，牢记历史，创造未来。

4. 重内部和谐 通过新员工入职培训、专家座谈会、老干部座谈会、青年职工座谈会、在五四青年节等节日与单身职工面对面交流等形式，搭建内部沟通平台，广泛听取各方面意见和建议，形成尊重专家、尊重历史、关心青年、展望未来的和谐院所氛围。此外，还举办各类文体活动20余项。合肥通用院再次获评“2014—2016年度省直机关文明单位”。

【党建工作】

1. 认真学习领会党的十八大、十八届历次全会、习近平总书记系列重要讲话精神。合肥通用院党委组织开展学习和专题讨论等形式的学习贯彻活动，向全院中层及以上干部发放《习近平总书记重要讲话文章选编》《关于新形势下党内政治生活的若干准则》《中国共产党党内监督条例》等书籍，要求党员干部领会核心要义，掌握精神实质，学会用马列主义基本原理来破解难题。

2. 开展“两学一做”学习教育实践活动 以“创业守纪律讲规矩，开启通用院发展新篇章”为主题，在全院党员中开展学习教育实践活动。组织中心组集中学习、支部集中学习等学习活动30余次；每个院党委委员都以普通党员身份参加所在支部的学习，并讲授党课；400多名在职党员参加了学习总书记讲话一百题测试活动；邀请省委党校教授做专题报告；院党委建立了16个联系点，党委班子成员开展调研28次，带头深入基层，倾听民声民意并逐项落实，对暂时还不具备落实条件的也做了说明。在上级党组织开展的“两优一先”评选中，获多项奖励。

3. 夯实组织建设 将党建工作纳入企业章程，将党的领导体现到合肥通用院企业治理结构中；完成支部换届，加强支部班子建设，实现支部书记、支部委员年轻化；开展党组织关系排查，进一步理顺党员组织关系；开展党费收缴工作专项检查，按时完成8个年度的党费补交工作。

4. 加强党风廉政建设 强化党委的主体责任，领导班子成员按照“一岗双责”要求，承担党风廉政建设和反腐倡廉工作责任；开展任前提醒、约谈和诫勉谈话，中层干部全部签订“廉洁承诺书”；纪委发挥监督作用，查处违纪违法问题，对一些工作中出现问题的相关人员进行通报批评。坚持重大事项报告制度，落实领导干部个人事项报告制度；坚持将八项规定精神要求落实到管理制度、科研经营管理各个环节；加强作风建设、完善管理、堵塞漏洞。没有发现违反中央八项规定精神的案例，全院在主营收入、利润继续增长的情况下，业务招待费仍控制在较低水平。

5. 加强职代会和群团工作 年度召开职代会7次、职代会组长联席会议6次，讨论通过工资调整方案、员工请假规定、医疗补助调整、规范参加“专家活动”行为等一系列重要事项。完成了团委换届，加强了团组织建设。

【社会责任】

1. 加强科技服务经济社会建设 一是为政府决策提供支持。参与政府的科技发展规划讨论与编制工作，参与国家部委及地方的重大项目论证，为国家与行业产业、技术宏观管理与决策提供技术支持。二是服务于过程工业的设备安全保障。依托工程风险评估科技成果，为工业企业提供技术服务，保障大型装置长周期安全运行，促进国民经济支柱产业安全生产管理水平提升。三是积极参与灾害救援和事故原因分析。运用技术创新成果，积极参与重要装备的事故原因分析和应急抢险，为事故原因甄别和抢险救灾提供重要技术支撑。四是推进科普工作。为国家及地方科技馆建设提供新颖的科普展品，每年利用研制的流动科技馆展项在全国多个县市进行展出，获得好评。五是为地方环保和民生工程服务。承担安徽多个地市的污水处理、自来水处理等环保工程建设，为合肥燃气的天然气系统、中石化安庆液氨储运系统等工程提供重要承压设备。

2. 支持地方科技与经济发展，助力贫困乡村脱贫攻坚 一是派干部到地方挂职担任科技干部。先后派遣3名中层干部分别到新疆和安徽挂职，支援地方科技和经济建设。二是选派1名干部到安徽界首市任寨乡杨庄村担任第一书记从事农村扶贫工作，实现“整村出列”及70户、191人的脱贫任务，该名干部被评为“安徽省选派第一书记先进典型”，受到表彰。三是与河南固始开展对口助学扶贫，将智力扶贫和技能扶贫相结合，资助固始、淮滨县大学生7名。四是运用科研院所优势为社会培养急需的职业技能性人才1 700名左右。

甘肃蓝科石化高新装备股份有限公司

【基本概况】

甘肃蓝科石化高新装备股份有限公司（以下简称蓝科高新，股票代码：601798）是以甘肃蓝科石化设备有限责任公司为平台，由兰州石油机械研究所（以下简称兰石所）整体改制并引进战略投资者，注册资本为35 453万元。目前，蓝科高新已成为一家国有控股、产权多元化的现代高科技企业集团，是中国装备制造业颇有影响和业绩骄人的公司之一。

蓝科高新主要从事石油钻采机械、炼油化工设备、海洋与沙漠石油设备和工程、炼油化工和天然气处理及液体回收工程、轻工与食品机械的研究、开发、设计、制造及石油钻采机械和炼油化工设备的性能测试与评定、石油和石油化工及其装备的计算机软件引进与开发、技术咨询及相关工程设计与总承包、施工、制造监理、监造等工作。

50多年来，蓝科高新为国家贡献科技成果1 057项，其中，国家发明奖3项、国家科技进步奖3项、重大技术装备成果3项，全国科学大会奖10项、部（省）级科技进步奖152项，获得国家级新产品和国家火炬计划产品22项。目前，拥有授权专利377项，其中，发明专利49项，实用新型专利323项，外观设计专利5项；软件著作权8项。

蓝科高新拥有国家主管部门颁发的A1/A2/A3/SAD级特种设备（压力容器）设计许可证和A1/A2/A3级特种设备（压力容器）制造许可证、GB/GC类特种设备（压力管道）设计许可证、ASME制造许可证及U型和U2型钢印证书、美国石油学会（API）4F/7K/8A证书、乙级工程设计和工程咨询证、“三位一体”管理体系（质量、环境、职业健康安全）认证证书、国家安全生产标准化二级企业证书（机械）、武器装备科研生产单位三级保密资格证书等重要资格证书28项。

蓝科高新长期为国家编制有关石油机械工业的发展规划，从“六五”到“十三五”时期为国家编制重大规划46项。由蓝科高新主持和组织编制的经国家批准的石油化工设备行业国家和行业标准80余类416余项。

国家石油钻采炼油化工设备质量监督检测中心、中国石化总公司兰州设备失效分析与预防研究中心、机械工业石油钻采设备质量监督检测中心、机械工业换热器产品质量监督检测中心、机械工业传热节能工程技术中心、全国带泵罐车定点卸液监控信息公共服务平台、省级兰州传热与节能工程技术研究中心均设在蓝科高新。

蓝科高新是全国锅炉压力容器标准化技术委员会热交换器分技术委员会、中国石油和石油化工设备工业协会石油钻采机械专业委员会和石油化工设备专业委员会的主任委员及秘书长单位，并长期主持日常工作。

2016年，在国内外经济持续下行的困难情况下，蓝科高新在国机集团的正确领导、董事会的科学决策和全体职工的努力下，坚持跨越发展规划，实施转型升级和多元经营战略，克服国内外经济紧缩和市场持续下行所带来的压力和困难，凝聚全公司干部职工智慧，团结一致，群策群力，在巩固原有市场的基础上，不断开拓新兴市场，在科技创新、技术进步、市场开发、安全生产、基地建设、设备投入、企业管理等各个方面取得了较好成绩。

2016年，蓝科高新先后7次和17人次分别受到国机集团、甘肃省暨兰州市、上海市暨金山区以及中国机械工业联合会等有关部门的表彰奖励。

【主要指标】

2016年，国内经济运行持续下行，产能过剩和需求结构升级矛盾突出，经济增长内生动力不足，金融风险有所积聚。蓝科高新重点服务的石油和石油石化行业规模以上投资基本停滞，新开工项目和扩建、扩能项目持续削减。蓝科高新遭遇了前所未有的市场经营压力和困难，营业收入首度出现亏损。

2016年，蓝科高新实现销售收入55 476万元，实现利润总额 -15 600万元；实现归属于母公司所有者净利润 -13 738万元，每股收益 -0.39元。2015年年末，蓝科高新资产总额为28.49亿元，所有者权益期末总额为19.76亿元。蓝科高新2016年主要经济指标见表1。

表1　蓝科高新2016年主要经济指标

项　目	2016年	同比增长（%）
资产总额（万元）	310 408.37	8.97
净资产（万元）	183 653.92	-7.07
营业收入（万元）	55 476.07	-24.54
利润总额（万元）	-15 599.62	-407.59
技术开发投入（万元）	2 826.03	10.77

（续）

项 目	2016 年	同比增长（%）
利税总额（万元）	-11 254.97	-239.90
EVA 值（万元）	-21 937.57	-281.17
全员劳动生产率〔万元 /（人·年）〕	7.12	-59.09
净资产收益率（%）	-6.47	减少 8.79 个百分点
总资产报酬率（%）	-4.63	减少 7.11 个百分点
国有资产保值增值率（%）	93.07	减少 9.24 个百分点

【重大决策与重大项目】

1. 编制完成《蓝科高新发展战略（2017-2020 年）》

2016 年，蓝科高新完成《蓝科高新发展战略（2017-2020 年）》编制工作，并向国机集团备案。根据公司所面临的国内外经济形势以及公司经营实际状况、未来经营指标预期，《蓝科高新发展战略（2017-2020 年）》对有关指标和数据进行了调整。

2. 投资设立公司

根据多元化经营发展战略，2016 年 6 月 19 日，蓝科高新和上海雷尼韦尔物联网有限公司合资成立了蓝海智能科技有限公司，重点开发研制传感器、控制器等智能产品。这是智海公司开辟崭新业务领域的一次新的大胆尝试。投资设立蓝海智能是蓝科高新转型升级的一次尝试，预计前景可期。

3. 重组并购工作

（1）2016 年 11 月 5 日，蓝科高新与甘肃悦达锅炉压力容器检测研究中心签署《整合框架协议》。《协议》的签署标志着蓝科高新继 2015 年合资成立上海蓝海科创公司后，在检验检测领域整合资源、提高行业影响力取得的又一个重大进步。

（2）2016 年 12 月 18 日，蓝科高新和上海河图工程有限公司签署《股权合作协议》，以自有资金收购上海河图 24% 的股权，收购价总计 1.92 亿元，成为第一大股东。这标志着蓝科高新业务向石油石化工程设计上游延伸，实现工程领域下游装备制造业和上游工程设计的对接，上下游联动达到资源有效利用的目的。通过工程总承包（EPC）模式，打造研发、设计、制造、安装、检测、服务一体化产业链，蓝科高新服务石化企业的能力更具综合性、整体性，这是蓝科高新转型升级的又一次尝试。

4. “三会”有关情况

2016 年，先后组织召开了“2015 年年度股东大会”和五次董事会会议、四次监事会会议，共提交并审议 52 个议案，主要议案有《2015 年度利润分配预案》《关于现金收购上海河图 24% 股份的议案》等。

5.2016 年公司股票行情

2016 年，面对经济持续下行压力，蓝科高新股票受到一定程度的影响，从年初（1 月 4 日）的每股 14.13 元，跌至年末（12 月 30 日）的每股 13.54 元，全年跌幅 4.18%，相对于同期沪市大盘跌幅 12.24% 和同期同行业跌幅 8.15%，总体表现平稳，没有出现大涨大跌情形，说明投资者以及中小散户对蓝科高新发展预期客观实际。

6.2015 年度利润分配情况

2016 年 7 月 15 日，以派发现金红利的方式完成 2015 年度利润分配工作，本次分配以公司总股本 354 528 198 股为基数，向股权登记日在册的全体普通股股东每 10 股派发现金红利 0.20（含税），共计派发现金红利总额 7 090 563.96 元。

7. 重大项目进展情况

（1）蓝科高新承担的国家高新技术研究发展计划（“863”计划）深水油气勘探开发技术与装备重大项目——“水下分离器关键技术研究”课题通过国家科学技术部的结题验收。

（2）2016 年 12 月 28 日，神华宁煤集团 400 万 t/a 煤炭间接液化示范项目产品出油。公司为该项目开发研制的国内首台循环换热分离器以及 110 台（套）空冷器、换热器等新型高效节能产品，确保了该项目高效、安全、长周期运行。

（3）蓝科高新历时两年实施的集设计、制造和安装为一体的内蒙古哈伦能源集团 2×330MW 热电联产直接空冷项目顺利实现试运转，达到设计要求，2016 年 12 月投入运营。

（4）由蓝科高新承建的全国唯一一个带泵罐车定点卸液监控信息公共服务平台正式投入使用，实现了对带泵罐车定点卸液实施监控以及动态信息管理，标志着公司第一个互联网 + 项目诞生。

（5）蓝科高新与国机财务公司、宁波科元塑胶公司共同实施“宁波科元公司 20 万 t/a 乙苯 - 苯乙烯、10 万 t/a 变压器油融资租赁”方案，融资租赁额度为 1.4 亿元。该方案互相合作拓展新型投资模式，相互协作开发重大国产装置，开创了经济新常态下的业务合同承揽新模式，扩大了公司业务领域，提高了公司竞争力。

（6）由蓝科高新参与投资的中纺新乡绿色纤维科技股份有限公司攻克多项高难度技术，作为中国纺织工业“十三五”规划重点计划的 1.5 万 t/a Lyocell 纤维项目工艺路线于 2016 年 12 月一次性全线打通，试车成功，产品性能达到预期指标，实现了当年建设当年投产。

【安全生产】

1. 2016 年，蓝科高新完成产品制造 924 台，比上一年增加 24 台，增幅为 3%；产品总重量 13 937.78t，比上年减少 6 070.08t，同比下降 30.3%。

2. 完成了中原油田普光气田天然气净化装置废尾气焚烧炉余热锅炉国产化研制项目——余热换热器、西南设计院龙 004-X1 井橇块项目以及长庆石化、庆阳石化、兰州石化 3 台加氢反应器的制造。

3. 首次制造完成常减压加热炉对流段、辐射段炉管及常减压加热炉低温段、高温段空气预热器的制造。

4. 重点完成宁波科元项目，涉及产品包括加氢反应器、螺纹锁紧高压换热器、Ω 环高压换热器、高压分离器、高压空冷器等多类产品。

5. 完成出口项目：①制造完成出口哈萨克斯坦的黄铜 3 台管束及 12 台干空冷器管束，为公司制造此类设备积累了经验；②制造完成出口伊朗的套管式换热器 24 台，其中材料涉及铜镍合金、镍基合金、钛材，是蓝科高新近年来在有色金属制造方面数量较为集中的一次，增强了公司技术实力，拓展了此类换热器研发及制造市场；③制造完成出口伊朗的一台 8 000m^2 板壳式换热器；④完成 21 台出口伊拉克的换热器制造项目；⑤完成 2 台出口伊拉克哈法亚分离器橇块设计及制造；⑥完成法孚项目 15 台大型降膜蒸发器中的 10 台制造任务。

【市场营销】

1. 2016 年是蓝科高新历史上经营工作最困难的一年。这一年，国内外经济整体徘徊不前，原油价格下滑不止，市场下行压力过大，市场信心不振，市场波动不定。在此大环境下，我国石油和石油化工行业投资呈持续大幅下降之势，特别是公司传统重要客户新开工项目和扩建、扩能项目大幅度减少，规模以上投资项目基本没有。市场的下行压力和叠加的产业结构性调整矛盾，造成市场竞争日趋激烈，公司 2016 年首度出现亏损。

2. 2016 年，在国内市场持续走低的状况下，公司陆续开发了川庆钻探、乌海烧碱、洮南新型建材、内蒙古三聚家景新能源等新市场；检验检测市场新增安庆煤化工、腾龙石化、翔鹭石化、抚顺石化等新市场。

3. 2016 年，实现出口合同 7 063.58 万元；分别与中国机械设备工程股份有限公司、中工国际工程股份有限公司、中国石油工程建设公司等合作，在巩固和扩大伊朗、伊拉克、哈萨克斯坦等传统国外市场的同时，业务逐步扩展到巴基斯坦、约旦、南苏丹、埃塞俄比亚等国家；特别是董事长、党委书记张延丰于 2016 年 10 月出访伊拉克，分别与伊拉克工业及矿产部、石油部达成双方合作联系机制，为公司在伊拉克拓展新型市场、扩大业务领域奠定了坚实的基础。

【科技创新】

1. 科技创新情况

（1）由蓝科高新开发研制的 4 000K 超高温气体冷却器项目通过国机集团科技成果鉴定。该项目属国内首创，填补了国内技术空白，具有自主知识产权，达到国际先进水平。

（2）由蓝科高新开发研制的旋转导向钻井信号下传装置项目取得成功并获上海市资助，建立了产品试验标定系统和远程服务平台，填补了国内技术空白，也使公司传统项目迈上“互联网 +”的发展轨道。

（3）由蓝科高新承担的《国家中长期科学和技术发展规划纲要（2006—2020 年）》重点领域“公共安全风险防控与应急技术装备”研究项目——“承压设备基于大数据的宏观安全风险防控及应急技术研究”课题之子项目——“承压类特种设备宏观安全风险防控预警应急平台构架设计与工程示范项目”正式启动，实现了对承压设备的全寿命期信息可追溯监管、宏观安全风险可视化展示、定位、预警与应急响应。

（4）继“全国带泵罐车定点卸液信息监控公共服务平台”之后，又一个国家级公共服务平台——“深冷容器应变强化制造信息公共服务平台”落户国家石油钻采炼化设备质量监督检验中心，这对公司发挥行业服务社会作用、履行社会责任具有里程碑意义。

（5）与哈尔滨工程大学、海油工程、美钻能源科技（上海）、中海石油涉海开发公司合作的“新一代全电式水下生产系统关键技术研究项目”通过国家科技部申报答辩。

（6）承担的国家质检总局“换热压力容器能效指标及标准制定研究课题”项目、国机科技发展基金项目——国产首台芳烃联合装置全焊板式空气预热器研制项目、甘肃省科技支撑计划项目——国产化海水开架式液化天然气（LNG）汽化器（ORV）分别通过验收。

（7）与清华大学核能院合作，完成了核反应堆核心控制部件的 20 万 kW 高温气冷堆控制棒激光焊接技术攻关项目，掌握了完整工艺数据，为公司今后进入核电设备制造领域奠定了基础。

（8）分别完成了紧凑式焊接板式换热器侧重工艺及总体方案、光电项目熔盐换热器管式技术方案和余热锅炉技术方案。

（9）先后完成静态结晶器无触点 LJ-2000 板型等十多种板型的开发设计和模具设计。

（10）首次介入拖拉机领域，先后完成了东方红系列拖拉机散热器传热元件的开发研制和机油冷却器空气 - 水流动传热性能测试。

（11）建立了蒸发结晶实验室，将为行业提供“绿色、节能、高效”的蒸发、结晶一体化工程解决方案及技术服务。

2. 纵向项目申报、科技发展基金项目等情况

（1）纵向项目申报。2016 年完成纵向项目申报 14 项，分别为国家级重点研发计划“公共安全风险防控与应急技术装备”重点专项项目；高参数承压类特种设备风险防控与治理关键技术研究课题，国家质量基础重点研发项目；高耗能特种设备能效检测与评价关键技术研究，国机集团科技发展基金资助项目；高效旋流橇装分离器研制，国机集团重点技术研发及创新应用计划项目 2 项；提高大型板壳式换热器产品质量及可靠性的专项攻关研究和基于激光焊接技术的全焊接/半焊接板式换热器制造（提质增效工艺研究），国机集团北斗作业机械控制应用示范工程；基于北斗的危险品储运装备物联网监控平台建设及示范应用项目（与中国农机院、中国一拖、国机重工和中地装共同申报，实施单位：合资公司——蓝海智能科技有限公司），上海市产业转型升级专项资金（产学研）项目；石油天然气勘探开发旋转导向信号下传系统装备的产业化及远程服务平台，上海市高端智能装备首台突破和示范应用专项（首台突破）项目申报；国产首台循环换热分离器研制和应用项目，上海市科委工程技术研究中心项目2项；上海市石油化工换热设备工程技术研究中心和上海低温工程技术研究中心，上海市金山区：基于物联网的特种设备及危险品物流在线监测与管控平台项目，上海市金山区专利新产品项目；LNG开架式汽化器；2017年上海市重点技术改造专项资金项目；新型高效节水空冷器装置研发及产业化建设技改项目，上海市技术标准专项："板式热交换器技术标准研究及其修订"项目。

（2）纵向项目管理。2016年，组织完成了甘肃省科技项目科技报告2项：支撑计划项目开架式气化器、重大专项低温乙烯球罐；完成国机集团科技发展基金项目（高效旋流橇装分离器研制、国产首台芳烃联合装置全焊板式空气预热器研制）年终总结及年中检查；完成甘肃省科学技术厅"十二五"科技计划项目实施总结，已完成2项——开架式气化器（支撑计划）和低温乙烯球罐（重大专项），待完成1项——首台超大型板壳式换热器研制。

（3）科技发展基金项目。2016年，完成公司基金项目立项评审13项，结题评审通过验收1项。

3. 专利、标准情况

（1）2016年，蓝科高新申报专利54项，其中，发明专利16项，实用新型38项；全年共计获得授权专利36项，其中，发明专利9项，实用新型27项。

（2）2016年，主持制（修）订国家标准1项、行业标准11项；负责起草热交换器能效法规1部；申请标准立项7项。

（3）2016年，蓝科高新职工在国内外学术刊物和专业会议上发表论文56篇。

（4）时隔10年后，由公司负责主编的《压力容器实用技术丛书》第二版（六册）由化学工业出版社正式出版。

4. 科研成果情况

（1）中国机械工业科学技术奖三等奖（一项）：板式热交换器机组标准（标准号：GB/T 29466—2012）。

（2）蓝科高新研究开发类成果奖一等奖（二项）：航天4 000K超高温气体冷却器研究、2 000m水深三相分离器设计与制造技术研究。

（3）蓝科高新研究开发类成果奖二等奖（一项）：柠檬酸蒸发装置的控制系统研发。

（4）蓝科高新制造技术类成果奖二等奖（一项）：废热锅炉换热管与管板内孔对接制造技术。

（5）蓝科高新软科学类成果奖二等奖（二项）：风险评价方法在壳牌煤气化装置中的应用研究、公路移动容器风险防控预警平台。

（6）蓝科高新推广应用类成果奖二等奖（二项）：大型舰船动力系统抗冲击板式热交换器的推广应用、全焊接板式换热器推广应用。

（7）蓝科高新研究开发类成果奖三等奖（一项）：焊接板框式换热器。

（8）蓝科高新软科学类成果奖三等奖（二项）：《镍基合金焊接接头超声检测》标准制定、板式换热器冷冲压成型板片马氏体含量探究。

（9）蓝科高新推广应用类成果奖三等奖（一项）：油气田井场重要绗架类构筑物检验检测技术推广应用。

（10）来自生产一线的"生产技术革新"成果奖共计17项，其中，一等奖1项、二等奖5项、三等奖 11 项。

【主要管理经验】

1. 推进企业转型升级，实施多元化经营发展战略

2016 年 6 月 19 日，投资设立蓝海智能。2016 年 11 月 5 日，与甘肃悦达锅炉压力容器检测研究中心签署《整合框架协议》。2016 年 12 月 18 日，以公司自有资金收购上海河图 24% 股权的方案，收购价总计 1.92 亿元，成为第一大股东。

2. 经营管理

（1）2016 年，面对严峻经营形势，蓝科高新董事会、党委、经理班子审慎应对困局，挖掘市场潜力，通过实施转型升级战略，试行多元化经营，在维护传统经营市场的基础上，重点拓展压力容器和压力管道检验检测市场、军工民用配套产品市场，在一定程度上遏制了经营合同的下滑。

（2）蓝科高新安排专人负责对用户有关项目进行跟踪和分析，通过系统综合分析，将公司具有技术竞争优势的项目列入优选名单，并持续开展业务沟通和技术交流；而对技术含量低、附加值低的项目则予以剔除，旨在确保优质项目在人力、物力等方面的有效投入，使有限的资源发挥最大的效率。

（3）蓝科高新采取项目跟踪制，通过对有关项目的科学分析和合理划分，再安排相关技术人员和经营人员同被跟踪项目负责人员进行项目评估和技术交流，以减少项目的“流失率”。

（4）继续坚持“东进西出”“借船出海”的海外市场经营方针，凭借公司专有技术和特色产品的支撑，在稳定已有海外市场的基础上，重点开发“一带一路”沿线国家和地区石油石化以及其他领域市场的开发；进一步扩大国外市场的开拓领域，扩大海外市场份额；同时，集合公司新技术、新工艺和新产品优势，打破部门界限，抱团组合，形成合力，重点开发了巴基斯坦、埃塞俄比亚、苏丹、南苏丹、约旦等国家有关公司和项目潜在市场。

3. 财务管理

（1）完善成本核算流程，逐步做到细化项目管理，优化新产品研发项目的核算流程，强化研发费的归集工作。

（2）组织财务人员加强专业知识的培训和学习，提高财务管理水平。

（3）完善统计制度，提高统计质量，做好统计基础工作。

（4）积极配合经营部门，做好应收账款催收工作，2016 年应收账款清收工作较上年取得较大进展。

（5）将财务评价标准涉及的十大领域按照公司内部财务管理分工情况，进行分解落实，使公司实际财务管理运行水平得以提高。

（6）借助信息化手段，完善预算编制方法，并开发应用适合公司财务管理的软件系统。

（7）财务成本核算较 2015 年有所改善，并将成本核算人员管理工作向前延伸至公司生产计划一线，跟踪生产进度，逐步实现成本精细化管理，做到账务与生产无缝对接。

（8）积极办理税收优惠政策。根据国家高新技术企业认定和《企业所得税法》相关政策，高新技术企业均享受 15% 的所得税优惠税率。

4. 体系管理

（1）2016 年，蓝科高新通过质量、环境、职业健康安全管理体系再认证审核，并经董事长批准，发布了《蓝科高新质量方针》和《蓝科高新质量目标》。

（2）组织完成兰州基地空冷式换热器产品安全注册证、压力容器和压力管道特种设备设计许可证及增项、压力容器特种设备制造许可证、ASME 规范产品制造许可证的换证审查。

（3）上海蓝滨完成了 ASME“U”和“U2”证书换证及“S”证书取证并增加“S”证书及钢印，同时完成 A 级锅炉制造许可证评审和 A1、A2、A3 压力容器制造资质换证审核。

（4）上海蓝海科创申报的国家热交换器产品质量监督检验中心通过国家质检总局的现场审查和评审。

（5）上海蓝亚检测所完成5个实验室资质取证、换证工作（实验室认可、检查机构认可申、国家中心资质认定和检测所资质认定、特种设备综合检验机构）。至此，兰州检测所原有的六大检验检测资质全部转移落户上海。

（6）上海基地自备码头通过港口码头安全生产标准化（二级）评审，上海基地通过上海市安全生产协会组织的安全生产标准化（二级）换证审核。

5. 安全生产管理

（1）2016年，蓝科高新始终将安全生产工作放在首位，加大安全生产监督检查力度，切实把安全生产责任制落到实处，全年安全生产投入66.11万元，设备和仪器仪表完好率达到95%以上，电梯、起重机、锅炉、叉车、在用压力容器等特种设备年检合格、运行正常。各种污染物排放达到排放标准，环保处罚次数为零。全年未发生一般级及以上生产安全事故、重大特种设备事故，未发生火灾事故、爆炸事故及重大环境污染事故；重大工伤和死亡事故为零；职业病发生次数为零。未发生造成严重经济损失、严重损害公司形象的事件；未发生被国家有关部门通报批评及经济处罚等劳务纠纷和群体性突发事件。

（2）2016年，在国机集团2016年度安全生产责任目标完成情况考核结果为A级（优秀），荣获2016年度国机集团安全生产优秀企业称号。这是自2010年国机集团开展安全生产考核以来公司第6次获得此殊荣。

6. 综合管理

（1）2016年，制订规章制度5部，修订规章制度4部，内容涉及企业高级管理人员履职待遇和业务支出、内部控制、科研专项经费、安全生产、采购、审批程序、技术工作传帮带、项目现场支付费用、质量控制、职业技能等级考核、因私出国（境）证件等。

（2）截至2016年12月31日，公司各类专业技术人员624人，其中，教授级高级工程师43人，高级工程师和其他系列高级技术职务人员143人，工程师和其他系列中级技术职务人员173人，初级专业技术人员141人，其他技术职务人员124人。

（3）继续加大职工培训工作，全年共有1878人次参加各类专业技术培训，是公司职工培训人次最多的一年。

（4）2016年10月1日起，蓝科高新完成、工商营业执照、组织机构代码证、税务部门核发税务登记证、（“三证合一”）变更并正式启用；同时，积极配合税务机构完成“营改增”各项工作。

（5）完成办公自动化管理系统（OA），计划将于2017年1月1日上线试运行。

（6）通过链接的甘肃科技文献共享平台，最大限度地实现了科技文献公共资源共享，全年下载资料5 217份，原文传递605份，总价值超过2万元。

（7）完成2015年度“传帮带”培养计划（部分）考核工作。

（8）组织有关职能部门开展了2016年合格供应商评审工作，472家单位进入合格供应商名单，保证了物资采购的质量。

（9）法律事务工作顺利进行，制订了《“七五”法制宣传教育规划（2016-2020年）》；全年处理各类经济纠纷10起，发出催款函、律师函等法律文书共12份，先后挽回经济损失789.86万元。

（10）为职工办理并按时足额缴纳基本养老、基本医疗、失业、工伤、生育五项社会保险和职工住房公积金。

（11）继续为职工办理团体补充医疗保险，为女职工办理了妇科疾病保险，为常出差人员办理了航空水路陆路交通意外伤害保险，为派遣人员和外聘人员办理意外伤害及意外医疗保险，为现场服务人员和一线职工办理意外伤害、意外医疗保险。

（12）依据《企事业单位内部治安保卫条例》，严格落实内部安全保卫工作责任制，坚持社会治安综合治理和创建平安企业相结合，明确要害部位负责人和要害部位保卫责任人制度，实行要害部位及公司区域夜间值班巡逻制度，全年未发生重特大刑事案件和失盗窃案件。

（13）根据国务院部署以及国机集团工作安排，蓝科高新涉及的“三供一业”分离移交工作开始启动并有序进行。

7. 投资者管理

（1）2016 年，蓝科高新信息披露工作及时完整。根据中国证监会和上海证交所有关规定，通过上海证交所“信息直通车”方式，及时完成《2015 年年度报告》等 5 份定期报告的披露；完成《2015 年年度股东大会会议决议的公告》以及董事会、监事会决议公告，专项临时公告 41 份。2016 年，全年所披露的信息、公告无修订、更正和补充公告。

（2）2016 年，蓝科高新提前公告并参加了甘肃辖区上市公司 2016 年投资者网上集体接待日活动，组织召开了蓝科高新 2015 年度网上业绩说明会、关于终止重大资产重组事项的投资者说明会。上述会议和活动使投资者明确知晓了蓝科高新科技创新、市场经营、投资并购等重大事项，也使投资者对其他所关切的事项有了深入了解。除此之外，蓝科高新证券部门先后与投资者进行电话沟通 80 多次，及时澄清和解答投资者所关注的有关问题，稳定了投资者关系。

8. 工会、共青团工作

在蓝科高新党委领导下，工会、共青团、女工委员会等群团组织继续在民主管理、文化建设、创新创效、社会责任、职工关爱等方面积极开展工作。

（1）先后召开一届十次职代会、一届十一次职代会，分别审议了职代会工作报告，通过了“蓝科家园”经济适用房建设项目决议，对维护职工合法权益以及调动好、发挥好、保护好职工工作积极性和创造性起到了积极作用。

（2）工会与蓝科高新续签了《集体合同》《女职工特殊权益保护专项集体合同》和《工资专项集体协议》。

（3）工会为 1 221 名员工(包括退休职工和内退职工)办理团体补充医疗保险的续保工作；为公司 338 名经常出差人员办理出行保险；为 57 名劳务派遣人员、外聘人员办理意外伤害、意外医疗保险；为 59 名女职工办理女职工特殊疾病续保工作。

（4）筹建蓝科高新上海研发中心蓝滨嘉苑职工活动室，配备了文化娱乐、体育健身等用品和器械。

9. 企业文化建设

（1）2016 年，蓝科高新党工团以及各部门、单位先后组织开展“安全生产月”及“安全生产万里行”、质量月、生产系统工段（班组）定期评优、篮球赛、排球赛、羽毛球赛、乒乓球比赛、警民共建、女职工庆“三八”等活动，并选派队员参加国机集团第五届职工田径运动会。

（2）《蓝科高新报》就蓝科高新科技、经营、生产重点项目以及“两学一做”学习教育活动、反腐倡廉、公司劳动模范先进事迹等进行了重点宣传。

10. 承担社会责任

（1）蓝科高新依法履行纳税责任，是兰州安宁、上海金山重点纳税单位。

（2）落实劳动模范休养制度，全年有 11 位劳动模范参加上海工会“劳动光荣、休养快乐”职工疗（休）养行动。

（3）响应国机集团自愿将一日工资注入“爱心基金”倡议，组织职工开展 2016 年爱心捐款活动，公司 996 名职工爱心捐款共计 53 390 元，并全部汇入国机集团工会爱心基金。

（4）积极推进甘肃省“双联”行动，落实扶贫项目，为“双联”行动对象合水县固城乡王昌寺村提供扶贫资金5万元，通过了省、市、乡、村四级“双联”行动考核，扶贫工作取得成效。

（5）孙振、何义明作为青年志愿者，主动参加青年造血干细胞捐献集中入库活动，捐献了自己的造血干细胞，充分展现了蓝科高新新一代青年的时代风貌。

（6）蓝科高新36名职工积极参加上海市2016年度无偿献血活动，献血量达到7 400mL，充分展现了蓝科高新职工奉献社会的一片爱心。

11. 行业服务工作

（1）2016年，完成压力容器、压力管道定期检验、常压储罐及气化炉专项检验、特殊项目检验（分析检验、技术服务）等100多项特种设备检验检测工作，累计完成8 000多台压力容器、17 000多条管道（含350km埋地管道）、6台煤气化炉、130台储罐的检验检测；全年完成的检验检测项目数量及压力容器、管道检验检测数量创历史新高。

（2）组织开展并完成的中原油田普光气田堆砌料机和火炬塔架的检验和评定项目，为开展油气田井场结构件的检验及评定奠定了基础。

【党建工作】

1. 全面履行党建工作责任

蓝科高新党委深入学习贯彻中央精神和国机集团党委、省委、市委的指示精神，按照党委负总责、党委书记为第一责任人、分管领导为直接责任人、领导班子其他成员结合业务分工履行“一岗双责”的党建工作格局，认真落实管党治党责任，做到党建工作和中心工作一起谋划、一起部署。年初制定计划，年中专项检查，年底总结评议，党委书记年终分别向国机集团党委、中共兰州市委组织部进行工作述职，参加评议考核。公司党委在推动落实全面从严治党要求的25项工作措施的基础上，建立健全了党内工作制度16项，进一步完善了党建工作程序。按照董事会、党委会、总经理办公会议事规则和“三重一大”事项决策程序研究，决策公司在创新经营模式、探索新型投融资方式、拓展国内外市场等方面，积极探索和完善党组织参与决策重大事项和重要工作的议事程序。

2. 深入开展“两学一做”学习教育

蓝科高新党委把开展“两学一做”学习教育与党建工作各项部署结合起来，与推动蓝科高新改革发展中心工作结合起来，按照上级党组织的指示精神、部署要求和工作内容，制定实施方案，提出工作要求。围绕学习教育主题，通过发放学习资料、党委中心组学习研讨、各党支部党员集中学习、党课教育、重温入党誓词、专题辅导报告、党务骨干专题培训、在线学习和微信平台交流等形式开展学习教育，强化了“三会一课”党内组织形式，丰富了党员学习教育形式，建立了党组织书记和班子成员定期上党课、支部定期学习研讨的工作机制，努力使全体党员特别是党员领导干部在严峻的经济形势面前提振精气神，奋发有为，保持昂扬向上的干劲。

3. 落实党建工作重点任务

蓝科高新党委按要求完成了党员组织关系集中排查、党代会代表和党员违法违纪情况排查清理、党费收缴工作专项检查、基层党组织按期换届情况专项检查、党建工作专项检查暨“两学一做”学习教育督导等项重点工作，进一步加强和完善了党内基础性工作。同时，中共兰州市委组织部要求开展的“十项系列活动”全面落实完成。2016年，公司党委表彰奖励了5名优秀共产党员和1个先进党支部，1名兰州市优秀党务工作者、1名国机集团优秀党员和1个国机集团先进党支部受到上级党组织表彰。

4. 组织召开领导班子民主生活会

2016年12月30日，蓝科高新召开领导班子民主生活会，会议以学习贯彻党的十八届六中全会精神为主题，领导班子和班子成员重点对照《准则》和《条例》，结合思想和工作实际，深刻进行党性分析，认真开展批评与自我批评。会前广泛征求广大党员群众对公司领导班子和领导班子成员的意见，对征求到的群众意见进行梳理后，汇总总结出比较集中的意见和建议20条。针对领导班子对照检查查找出存在的11个方面的突出问题，提出了今后努力方向和改进措施。

5. 严格选拔任用管理干部

认真落实党管干部原则，明确党委在选人用人方面的主要职责，保证党委在选人用人中有效发挥作用。2016年年初，组织完成“一报告两评议”工作，根据测评结果，对公司选人用人整体工作评价满意和基本满意率之和为97.2%，对新选拔干部总体评价满意和基本满意率为82%。组织完成了94名副处长以上干部个人有关事项报告集中填报和汇总上报工作，先后有4名拟提拔干部、两名“两代表一委员”候选人和5名随机抽查干部作为核查对象，呈报国机集团开展个人信息核查。9月底，完成基层党支部换届选举工作，做到党的组织全覆盖。此次党支部换届选举工作中，党支部书记候选人人选的产生采取了公开竞选的方式进行，这一创新和突破极大地调动了青年人做好基层党建工作的积极性和创造性，也为公司培养选拔年轻干部打下了良好基础。党委对新任基层党务干部开展了业务培训，同时选派了4名基层党务骨干参加国机集团党委和中共兰州市委的党支部书记轮训。

6. 落实党风建设和反腐倡廉主体责任

公司党委把党风廉政建设和反腐败工作纳入公司发展和党的建设总体布局，将党风廉政建设宣传教育作为构筑干部思想道德防线的重要手段。坚持把纪律挺在前面，严格落实中央八项规定精神，持续深入地推进作风建设。通过强化学习教育、完善整章建制、规范内部管理以及签订《党风廉政建设责任书》、重要节假日提醒、廉洁短信警示等措施，不断锤炼党员干部的党性修养，严明党的政治纪律和政治规矩，有效防止“四风”反弹。

洛阳轴研科技股份有限公司

【基本概况】

洛阳轴研科技股份有限公司（简称轴研科技）是由原洛阳轴承研究所作为主发起人于2001年发起设立的股份制企业，2005年在深交所挂牌上市（股票代码：002046），是国机集团所属的控股上市公司。

轴研科技重点为国民经济和国防建设关键主机研制高性能轴承产品，批量生产内径0.6mm至外径6.8m的各种类型轴承产品和组件。主要业务为精密及特种轴承、高速机床主轴、轴承专用装备和检测仪器、轴承试验机，以及轴承特种材料的研究、开发、生产和销售。产品广泛应用于航空航天、舰船兵器、机床工具、风力发电、矿山冶金、石油化工、医疗器械、汽车与轨道交通、工程机械等领域。

轴研公司拥有1个国家级研发中心、5个产业基地，占地面积1 500余亩（1亩=666.7m^2）。轴研科技拥有先进的轴承制造装备和国际一流的测试仪器，在高精度、高可靠性轴承及相关零部件制造、检测与试验方面具有雄厚的实力。在轴承基础理论、润滑技术、设计、材料、试验及信息标准等方面保持领先地位。设有国家滚动轴承产业技术创新战略联盟、盾构及掘进技术（轴承）国家重点实验室、国家轴承质量监督检验中心、国家轴承认可实验室、高性能轴承重点实验室、工业（滚动轴承）产品质量控制和技术评价实验室、国家专利交流站、全国滚动轴承标准化技术委员会、ISO/TC4 中国秘书处、中国轴承工业协会技术委员会、院士工作站、博士后科研工作站、机械工业高速精密轴承工程研究中心、军品轴承技术开发中心、数控机床主轴单元工程技术研究中心、机械工业职业技能鉴定轴承行业分中心等科技机构，是中国轴承工业科技型领军企业。

轴研科技是中国航天航空领域的主要配套单位，圆满完成了中国航天发展史上具有里程碑意义的“东方红”系列人造地球卫星，“神舟一号”到“神舟十号”系列载人飞船，“嫦娥”探月工程，“神舟”与“天宫”交会对接的轴承及组件的配套任务；同时是国内外数控机床、船舶重工、汽车及风电等行业重要零部件供应商。

【主要指标】（主要经济指标完成情况详见表 1）

表 1　轴研科技 2016 年主要经济指标统计

项目	2015 年	2016 年	同比增长（%）
资产总额（万元）	224 269	234 025	4.35
净资产（万元）	121 892	137 025	12.42
营业收入（万元）	42 440	42 695	0.60
利润总额（万元）	−20 020	3 136	115.66
技术开发投入（万元）	7 168	6 781	−5.40
利税总额（万元）	−15 304	5 786	137.81
全员劳动生产率〔万元 /（　·年）〕	11.22	11.28	0.50
净资产收益率（%）	−13.75	0.81	增加 14.56 个百分点
总资产报酬率（%）	−7.76	2.17	增加 9.93 个百分点
国有资产保值增值率（%）	88.45	99.12	增加 10.67 个百分点

【科技创新】

召开科技创新大会，表彰科技专家和创新标兵，发布《“十三五”科技创新规划》。

安排科研项目 63 项，其中安排纵向课题 13 项、结转基金项目 27 项、新安排公司基金项目 23 项。申请专利 84 件，其中发明专利 46 件；授权专利 52 件，其中发明专利 24 件；主持或参加标准制定 19 项，其中国标 8 项。公司申报的“低噪声高速精密主轴轴承研制”项目和“直升机用斜撑式超越离合器开发研制及产业化”项目，荣获中国机械工业科技进步奖二等奖；公司再次获评国家级知识产权示范单位以及国家专利运营试点企业，为轴承行业唯一一家获此殊荣企业。

作为国家“滚动轴承产业技术创新战略联盟”理事长单位，2016 年国家“滚动轴承产业技术创新战略联盟”首次获评为活跃度高，成为中国 56 家 A 级联盟之一。积极与高校联合开展平台创建工作，与河南科技大学的“高端轴承摩擦学技术与应用国家地方联合工程实验室”共建方案，12 月通过专家论证。

组织、参与项目申报 5 项，其中主承担申报的河南省 2016 年重大科技专项“机器人专用轴承关键技术研究及产业化”成功中标立项，获政府资助 1 000 万元；“弹性箔片高速空气轴承的稳定性研究”课题获批，列入河南省基础与前沿技术研究项目；参与北钢院与江苏兴澄特钢的国家重点研发计划项目“轴承钢冶金质量控制基础理论与产业化关键共性技术研究”获 190 万元经费支持。

【资源整合与业务模式创新】

继续发挥品牌、技术优势，积极推进外部资

源整合。为加快现代制造服务业平台建设，在临清市设立洛阳轴承研究所山东研究院有限公司，为山东临清地区及周边的轴承企业提供更为便捷的技术服务、检测与试验服务及咨询培训服务。为实现中国高速铁路轴承、轨道交通轴承、特种轴承和高端精密轴承的全面国产化，打破国外产品的技术和市场垄断，实现高端轴承的完全自主知识产权，在浙江龙游设立中浙高铁合资公司。

围绕产、服融合，加强新兴服务业务的研究与探索，在新兴服务业务拓展方面取得突破。组织相关领域技术专家，为广东核电集团相关人员进行轴承技术知识系统培训，得到用户认可，成功进入该集团合格供应商名录。探索为客户提供成套解决方案，为武汉东风楚凯公司开展二代轮毂轴承的成套技术服务，包括从样品分析、产品设计、生产设备、工艺技术到成品的检测试验、员工培训，以及用户的试验跟踪服务等；为山东龙马集团公司开展风电轴承成套技术服务，从产业规划、产品设计、工艺技术、产品失效分析等方面开展一揽子综合服务。

【战略绩效管理】

积极导入战略绩效闭环管理先进理念和方法，通过有效开展市场洞察与差距分析、创新焦点、业务设计、运营体系设计等4个阶段工作，初步完成以目标导向的业务运营体系设计，具体项目在强化市场论证、形成关差闭环、实现业务突破方面取得较大成效，骨干人员在思想观念、精神风貌、专业知识、管理技能上取得较大提升，为全面推进战略绩效闭环管理体系建设摸索了经验，提供了必要的人力和知识准备。

【财务管理】

1. 全面提升预算管理水平 强化年度预算目标按历史经营曲线逐月分解与落实，实施年度预算序时控制并直接与工效挂钩，实现动态的“多盈多得，少盈少得，不盈不分”分配机制，促进业务预算与财务预算的有效衔接。

2. 加强资金管理 充分利用融资规模和授信评级优势，强化与各大金融机构的谈判能力，争取低成本融资，为公司节省财务费用60余万元。

3. 积极开展税收筹划 综合运用增值税、所得税等税收优惠政策，制定税收筹划整体方案，减少重组成本和税收风险。节约增值税1 073.26万元，节约所得税约311万元。

【质量管理】

组织产品部、精密部、主轴部和特轴部开展专项质量提升工作，制定提升项目108项，公司产品质量得到有效提升。积极开展QC小组活动，完成2015年QC小组活动成果评审，评选出公司级一等奖1项、二等奖3项、三等奖5项，精密轴承事业部被评为2015年度QC小组活动标杆单位。完成60项QC小组活动的立项申报和备案工作，内容涉及技术攻关、工艺改进、设计、加工方法创新、模具改进等方面。

【安全生产】

轴研科技以维护职工生命权益为根本目的，以构建安全生产长效机制为出发点，以落实安全生产主体责任为切入点，以打造本质安全型企业为总体目标，落实“安全生产，预防为主，综合治理”方针，开展各项安全生产工作。公司安全生产形势总体平稳，发生4起轻伤安全生产事故，造成直接经济损失约4万元；没有发生重伤及以上人身伤害事故，没有发生职业病及职业中毒，没有发生损害企业形象的其他事故或事件。

1. 保持安全生产标准化企业的管理规范，完善安全生产管理体系 编制《危险化学品安全管理办法》《职业卫生管理制度及职业病危害事故应急预案》，修订《生产安全事故综合应急预案》。

2. 落实各项安全检查，深入排查治理安全隐患 轴研科技每季度安全检查与生产部门每周隐患排查相结合，构建“自上而下”“自下而上”立体交叉的隐患排查治理机制。对检查出的安全生产问题和事故隐患，按照PDCA闭环管理原则循环追踪落实，每周小循环，每月大循环，直到隐患全部整改完成。年度开展4次安全综合大检查、5次安全专项检查，下发事故隐患限期整改通知单43份，公司、部门两级共排查治理各类安全生产事故隐患254项。

3. 深入开展安全文化建设，提高全员安全意识 “请进来”与“走出去”相结合，开展新员工三级安全教育培训、各层级安全管理人员业务培训、操作工安全教育培训、特种作业人员培训等多层次多内容安全教育培训，培训500余人次；在各个产业园设置安全生产宣传专栏；以公司内部刊物《轴研科技报》为平台，及时发布公司安全生产管理动态，积极宣传安全管理理念；安全生产月中，紧紧围绕活动主题开展安全教育周、警示教育周、安全文化周、应急演练周各类活动，参与员工近2 000人次。

4. 改善生产条件 在治理各类事故隐患、劳动保护、教育培训、特种设备等项目中投入资金129万余元，有效改善了生产条件，使企业生产在符合国家安全生产的条件下顺利运行。

【节能减排】

多管齐下，以流程化、制度化、标准化的管理促节能减排目标顺利达成。发布《洛阳轴研科技股份有限公司节能减排管理暂行办法》，明确节能减排的管理职责、统计监测及考核等内容；对节能减排组织机构人员进行调整；编制并组织签订“节能减排考核目标责任书”，层层分解年度节能减排目标至各部门，落实节能减排责任制；发布《关于报送节能减排统计监测报表和总结分析报告的通知》，实施部门每季度上报节能减排数据，加强对主要用能部门节能减排的监督管理；组织实施清洁生产审核项目，对生产过程进行调查和诊断，找出能耗高、物耗高、污染重的原因，制定并实施精准应对方案，降低能耗、物耗，以及废物产生。公司万元产值综合能耗（可比价）为0.060 4吨标煤／万元，比上年减少1.47%，COD的排放量10.337 4t，比上年减少9.64%。

【人力资源管理】

1. 优化人力资源配置 围绕高铁轴承项目、离合器项目等公司重点产品开发，以及外贸业务、现代制造服务业务的拓展，在公司内部优化人员配置。

2. 强化工资总额预算管理 根据预算管理和绩效考核需要，修改《工资总额考核发放管理办法》，按月根据经营预算完成情况进行工资总额考核。

3. 加强员工培训工作 围绕轴研科技公司的经营任务和目标，以能力建设为重点，分层分类开展干部员工培训，全年完成培训46项，共培训640余人次。

【降本增效】

引入成本优化新理念，从“采购降本、工艺／技术降本、降低废品损失、控制费用、管理创新”5个维度，引导各部门开展多方位、全员参与的降本增效，共申报降本增效项目63个。

继续开展重点采购项目集中招标和比价工作，开展外协招标，严控外协费用支出。完成12个项目的招标比价工作；部分外协工序加工价格同比平均下降2%～5%，金属原材料直供率90%，节约采购成本230余万元。

【党建工作】

1. 贯彻从严治党要求，统筹党建各项工作 召开党建暨党风廉政建设专题会议，传达上级会议和文件精神，对2016年度工作进行部署。制定《党委工作计划》，明确两级党组织各10项党建责任清单。

2. 扎实开展“两学一做”学习教育实践活动 为全体党员和领导干部配发《党章》《廉洁自律准则》《纪律处分条例》《习总书记七一讲话》《党内政治生活的若干准则》《党内监督条例》等10余种学习资料，共2 000多册。

举行《党章》专题报告会，中层以上领导干部、党员代表等130多人参加学习；组织“河南两学一做”微信公众号专栏推广使用；开展“不忘初心，重温入党誓词”征文活动；举办学习教育暨庆祝建党95周年知识答题等。联系公司实际，组织3次专题研讨。

做好国机集团和洛阳市“一先两优”申报工作，制作先进事迹展板橱窗，印发《轴研科技》报特刊等，用“身边人、身边事”树立标杆榜样，营造崇尚先进、学习模范的良好氛围。

3. 加强干部队伍建设，努力提高领导干部能力素质 出台《党委中心组学习制度》。中心组开展《党章》《习总书记七一讲话》等4个专题研讨。加强干部队伍建设。通过组织考察与集体研究选拔任用干部。利用线上、线下资源，加强领导干部教育培训。通过职代会，对公司领导班子成员履职进行评议。人力资源部和纪检监察部门联合对中层领导干部进行考核。通过“一报告两评议”工作，评价任用效果。通过群众接待日、纪委信箱等，注重干部日常监督。

4. 完善基层党支部、党员队伍建设，打牢工作基础 健全基层组织设置。根据机构变动，对基层党组织设置和支部书记进行调整，指导党支部换届选举；开展党员组织关系集中排查，建立党员和党组织信息库；规范党费收缴。发文对党费收缴有关规定予以强调重申，组织学习《党费工作手册》，举行党费知识有奖答题，加深党员对党费收缴的认识，设计电子表格，高效快捷统计党费缴纳基数。组织补缴工作；严格党员发展标准，发展党员4人；加强党务干部、党员和入党积极分子培训。3名党支部书记参加了集团党务干部培训。组织优秀党员、党务工作者、入党积极分子等50多人次参加十八届六中全会、省市党代会精神宣讲报告会。

5. 落实党风廉政建设责任，营造健康发展氛围 构建轴研科技惩防体系。制定《惩治和预防腐败体系建设实施方案》，明确具体职责、工作程序等6方面要求；制定“2016年度党风廉政建设责任书”，与领导班子成员及下属单位党政主要负责人52人签订责任书。与新提拔的领导干部签订“廉洁承诺书”，做到廉洁承诺全覆盖；严格执行中央“八项规定”。春节、端午、中秋、国庆等重大节日前，向两级干部重申廉洁过节规定，发送廉政短信；经常性开展廉政教育，召开26名新任职干部廉政提醒谈话会，提出廉洁自律要求。开展《纪律处分条例》《党内监督条例》等学习2场次。组织学习李泉新、王晓阳先进事迹。向国机集团推荐11篇论文参加中国监察学会征文，9篇论文分获二、三等奖。参加洛阳市纪检监察学会论文征集，2篇文章获三等奖。组织党风党纪有奖知识答题3次，参加党员1 000多人次。制作《党章》等宣传展板橱窗6期；对公司经营管理实施过程进行监督。开展2014—2015年度效能监察项目“回头看”。参与招标全过程监督，直接和间接为公司节约了成本。

【企业文化】

大力宣传贯彻轴研科技公司核心价值观。《轴研科技》报开辟专栏，持续刊登公司企业文化用语，突出企业愿景、使命、发展目标的引领，发表评论对核心价值观进行深度解读，增强员工的理解和认知；坚持正面引导开展形势任务宣传。利用《轴研科技》报、OA系统等媒介，加强形势任务宣传。开展两会精神、长征精神、十八届六中全会精神等主题宣传12期。参与集团“创新文化”“同行20周年”主题征文活动，《浅谈工匠精神与企业创新文化》等2篇征文获三等奖；积极开展文化品牌活动。举办“质量月”“安全生产月”“科技月”等主题活动，通过客户走访、专家讲座等形式，提升员工军工意识、质量意识、安全生产意识等。

注重发挥群团组织在企业文化建设中的作用。工会组织开展排球、毽球等员工喜爱的文体活动，参加国机集团第四届“和谐国机杯”乒羽赛，取得团体第4名和个人第3名的好成绩。奖励员工继续教育，资助员工子女上大学，夏季给员工送清凉活动等。开展女职工“双比双争”活动。团委以建功轴研为主题，举办“学雷锋青年志愿者”、团干部风采大赛、手绘轴研向建党 95 周年献礼等活动。

【社会责任】

深入开展“心连心、面对面，服务职工在基层系列活动”，以及“国机一日捐”“洛阳市一日捐”“爱心救助”“爱心助学”“帮扶送温暖”等活动。对 2016 年考上大学的职工子女 27 人发放助学金。

天津电气科学研究院有限公司

【基本概况】

天津电气科学研究院有限公司（简称天津电气院），原天津电气传动设计研究所，致力于提供卓越的工业领域电气控制系统解决方案，帮助工业企业提高产品质量、生产效率、节能降耗，助力转型升级。经过 60 年的发展，已具有优越的系统集成能力。

依托智能电气创新园、电气装备产业基地、检测认证基地三大基地，天津电气院围绕科技产业、科技研发、科技服务三大板块发挥创新优势，为电气传动、自动化、水力发电、电控配电、新能源等领域的工业企业提供节能的核心产品、优化的电气系统集成工程、创新的超值服务，以系统解决方案与工业企业共创“智·造未来”。

在系统工程方面：以高端装备制造业领域电气控制系统工程为基础，大力推进新能源和节能装备产业，积极发展相关机电装备产品贸易与技术服务，提供以闭环服务为导向的系统解决方案，为客户创造卓越价值。在核心产品方面：借助电气传动国家工程研究中心、国家能源中小水电设备重点实验室、天津市配电自动化工程技术研究中心、天津市光伏逆变器及调速装置企业重点实验室，在工业自动化、直流调速装置、通用变频器、光伏逆变器及光伏储能逆变器等新兴领域积极推进产业化。在超值服务方面：以相关国家／行业标委会、学会、协会等组织为依托，以国家电控配电设备质量监督检验中心、机械工业中小型水力发电设备质检中心、国家级科技企业孵化器为平台，在行业归口管理服务、标准、认证、检测、仲裁、咨询等方面引领行业技术进步。

【主要指标】（主要经济指标完成情况详见表 1）

表 1　天津电气院 2016 年主要经济指标

项　目	2015 年	2016 年	同比增长（%）
资产总额（万元）	110 330.65	110 688.01	0.32
净资产（万元）	49 855.12	49 605.16	-0.50
营业收入（万元）	34 614.13	37 720.38	8.97
利润总额（万元）	1 511.12	1 081.99	-28.40
技术开发投入（万元）	2 803.74	3 055.35	8.97
利税总额（万元）	3 506.41	2 741.65	-21.81
EVA 值（万元）	649.29	-1 432.57	-320.64
全员劳动生产率〔万元／（人·年）〕	15.42	17.19	11.48
净资产收益率（%）	2.48	2.02	减少 0.46 个百分点
总资产报酬率（%）	2.06	1.56	减少 0.5 个百分点
国有资产保值增值率（%）	102.41	102.03	减少 0.38 个百分点

【重大决策】

1. 以股权收购探索业务拓展新模式 通过股权收购，成立天传（上海）检测有限公司，充分发挥品牌与技术优势，实现华东检测市场的拓展。

2. 进行组织结构调整，提升服务能力 进一步提升服务能力，成立工程服务公司，开展工程相关的咨询服务业务；成立设计中心，负责产品及工艺设计，促进成果转化、提升设计水平。

3. 加强市场拓展，签订战略合作协议 在市场拓展中加大与重点客户和合作伙伴的战略合作，与中国二十二冶集团、武钢自动化公司、LS产电株式会社、中汽中心规划设计院等签署战略合作协议。同时，以集团贸易经营和工程承包业务板块为突破口，发挥公司技术优势，谋求协同，与苏美达、中国重型院、中机六院、CMEC、中国电器院等单位进行战略合作，共签订集团内部合作项目15个。

【重大项目】

1. 老挝南奔水电站项目 该项目由天津电气院提供调速器及调压阀产品，项目最大特点是以阀代井技术的应用。该项目装机3台单机容量12MW的混流式机组，设计水头78m，有压引水隧洞长4 500m，调压阀公称直径1m，于3月完成甩满负荷试验，充分满足了客户对于提升速率、上升水压等方面的技术要求，为国内中大型电站使用调压阀起到示范作用。

2. 唐山国丰二冷轧13# 镀锌改造项目 该项目控制系统全线采用SIEMENS的S120/G120装置及SIMATIC S7系列PLC。天津电气院在此基础上，增加工程团队自主研发的平整机AGC系统及跟踪系统，实现自主研发系统在工程项目中的首次应用，并获得良好的预期控制效果，大幅提高了原有产品的合格率及产品质量，有效提升了产品市场竞争力，并完成客户对于控制精度及生产工艺的要求，预期年产量40万t。

3. 新型结构调压阀应用项目 新型结构调压阀具有水平衡能力，通径0.8m，过流能力12.25m^3，机组出力16 000kW，适合高水头电站，为国内首创。该型号调压阀运用于云南勐戛河电站，并完成静、动态试验，技术性能及指标全面达到国标要求，客户反映良好。

4. 宝丰翔隆不锈钢1 780mm热轧项目 该项目天津电气院作为主要合作单位，全线交流变频调速设备均使用天津电气院自主研发的TAC1系列产品，这是天津电气院核心产品的又一次大规模使用，彰显了其雄厚的技术实力，保证了项目设备、工艺均处于国内领先水平。

5. 检测业务首张IECEE CB证书 “IECEE电工产品测试证书互认体系”是电工产品安全测试报告互认的第一个国际体系，制造商可以凭借1个NCB颁发的CB测试证书获得CB体系的其他成员国的国家认证。该证书的颁发，标志着天津电气院检测业务已具有进入检测服务国际化市场的资格，为低压成套和低压元件企业提供国际、国内一站式检测认证服务。

【科技创新】

1. 完善科技体系，推动成果转化 制定《科技创新体系建设方案》，为进一步完善科技创新体系建设、推动成果转化机制运行做好充足准备。

成立新一届技术专家委员会，把握公司科研方向，加强科研项目管理；承担天津市科委小巨人领军重大项目“智能电气产品与信息化技术融合的智能装备开发与产业化”、天津市发改委服务业专项“智能电气创新产业园科技服务平台建设”等项目；同时，公司内部自立科研开发项目13项；在MES机器人伺服驱动控制器及系统集成、轧钢过程控制系统自动化技术、远程监控、试验台、新型调压阀等相关技术领域，加强技术研发；扩充变频器核心产品系列规格；同时，着手规划开展大功率变频器研发，围绕传统核心业务，进一步开展技术攻关与产品开发工作，提升系统解决方案水平。

2. 科技成果颇多 新申请专利25项，其中发明专利10项；新授权专利35项，其中发明专利12项。获省部级以上科学技术奖4项，其中：自主技术的工业过程控制系统开发及应用项目获中国机械工业科学技术奖一等奖；高效光伏并网发电系统关键技术及产业化研究项目获中国机械工业集团科学技术奖二等奖；GGL低压成套开关设备开发及应用项目获2016年度中国机械工业科学技术奖二等奖。

3. 协同合作，搭建创业平台 在双创大环境下，积极探索适于自身发展的创新创业新模式，依托天津电气院智能电气创新园，建设天津市首批众创空间，注册企业和创业团队已达500余家，入驻近200家，80%是工业自动化、工业机器人、高端智能配电、新能源光伏等智能电气领域的企业。智能电气创新园平台效应显现，带动了中小型科技企业成长。

【深化改革】

1. 强化战略管理落地执行 根据天津电气院战略地图行动方案，完善绩效考核指标，并分解到相关部门的年度计划中，将战略落实为公司每位员工的具体工作；并且集合“两学一做”学习教育活动，以总经理、各板块负责人宣讲战略地图等形式加强战略地图的宣传贯彻工作，战略认知认可度与执行力逐步增强。

制定《天津电气院“十三五”规划》，明确四大战略主题，确定战略措施；并成立战略管理委员会，加强战略评估，推动各项实施工作落实执行。

2. 创新科研模式，促进成果转化 凭借丰富的科技成果和深厚的科研积淀，在已经建立的科研项目管理流程和研发技术平台基础上，建立研发与产业紧密结合的科研模式，初步形成相互促进、面向市场、利益共享的研发机制，在新产品开发和新业务领域拓展方面取得进展，并驱动公司业务向“系统集成＋核心产品＋超值服务”的系统解决方案方向转变。其中，智能装备研究所和电气传动公司共同组建研发团队，快速完成小功率通用变频器研发，将成果投入市场产生销售，实现市场导向的科研开发和成果的快速转化。

面对不断变化的环境和市场需求，公司着力完善构建科技创新体系，营造科技创新发展氛围，激发创新创业热情，提升科技创新活力，提升持续创新能力及核心竞争力，大力促进科技成果转化，走出一条科技创新的发展道路。

3. 深化劳动用工和收入分配制度改革，形成效益优先的骨干鼓励机制 完善劳动用工和收入分配制度体系，制（修）订薪酬激励、劳动用工、职业发展等方面的制度7项，明确企业用工导向与底线，进一步激发全员积极性和创业活力，实现干部能上能下，员工能进能出，收入能增能减。

【经营管理】

1. 探索“金三角”营销模式 探索经营、工程、研发相互支撑的“金三角”营销模式，使经营人员获得市场信息后能直接与工程、研发人员密切配合，共同面对市场，及时准确做出经营决策，快速获得客户认可。

2. 推进系统解决方案 以“两手抓”的系统解决方案拓宽思路，从系统解决方案技术层面入手，与市场推广同步推进。在技术层面：明确提出针对目标行业需要储备与提升的技术要求和实施路径，通过自立项目等手段，落实推进；在市场推广方面：针对目标行业整合现有资源，形成一批具有市场竞争力的系统解决方案。

【管理经验】

1. 人力资源管理 深化劳动用工和收入分配制度改革，完善公司劳动用工和收入分配制度体系，进一步激发全员积极性和创新活力：通过建立动态的领导干部管理机制和员工晋升通道，实现干部能上能下；通过加强对部门层面人均劳动生产率的考核，加强绩效考核、明确纪律规则，通畅劳动用工退出通道，实现员工能进能出；通过部门薪酬总额与绩效、效益的挂钩，推动部门分配细则的落实，对研发部门效益薪酬以模拟股份形式进行挂钩，实现收入能增能减。

建立领导干部线上学习、线下分享模式，强化互动交流、学习提高，取得良好的学习效果，中层干部的学习分享热情提高，管理认识得到加强。

2.“两金”管理 制定实施瘦身健体工作方案，明确“瘦身健体”目标，确定管理措施并加强日常监督实施，开展“两金”清理工作，同时压减法人户数，控制经营风险，提高运行效率。此外，加强工程项目管理，制（修）订一系列相关制度，加强项目评审工作，初步开展项目的独立核算、预决算评价等工作，初步搭建客户管理、合同管理、项目管理信息化平台。同时，对库存管理流程进行规范，加强超期库存的管理，控制库存增加。

3. 安全生产管理 定期进行安全生产检查，完成国机集团、市科委、高新区布置的安全管理工作，修订《安全生产管理制度（汇编）》《安全生产操作规程（汇编）》《天津电气科学研究院有限公司生产安全事故综合应急预案》《天车安全操作规程》。制定《安全生产教育培训实施办法》《厂内机动车充电安全操作规程》《通电实验安全操作规程》。

全年进行各类、各区域安全检查 37 次，完成“安全生产隐患排查工作计划”，共查处各类安全生产隐患 70 项，整改率 97%，所余 2 项正在整改中。进行安全培训 3 次，“三级”安全教育培训 58 人，特种作业人员和特种设备作业人员培训取证 42 人次，各层级安全生产管理人员资质培训 3 人，13 名班组长、46 名其他相关人员参加了其他专项培训，完成安全演练 3 次。

4. 质量管理 以“质量强企标准先行”为目标，全面开展企业内部标准规范的制（修）订工作，制定四大类产品共 15 个企业标准编制计划，产品标准体系建设从产品企业标准、检验测试规范规程、生产装配工艺和作业指导书、采购物料验收标准等 4 个层面按产品类别有序推进；全年完成 6 项标准的制定工作。

持续推进质量体系建设工作，完成环境管理体系架构建设，强化持续改善，推行精益制造。鼓励全员参与，提升生产质量管理，有效降低制造成本，生产现场 6S 管理初见成效，一次合格率不断提升，其中：变流产品、工程产品的一次合格率分别提升至 2016 年的 96.4%、98.2%。

5. 成本管理 开展“降本提质增效”活动，找问题、定方案、实施推进、持续改善：全年立项 44 项，达成立项目标的 26 项，落实并持续进行的 16 项。创新产品设计，实现优化升级，使调速器、变频器、储能型逆变器等产品成本降低，大幅增加了投产效益；通过管理运营开支、节约再利用，节约运营成本 303 万元；通过多项管理办法实现效率提升、管理优化、产品质量提升与精益化生产，梳理优化质量管理流程 30 项，生产、测试环节共完成流水线优化 1 项，测试平台优化 5 项，现场仓优化 1 项。

【信息化建设】

搭建并完善信息化平台，包含项目管理、客户信息管理、合同评审管理、预算管理、科研项目流程管理，并与已运行的办公管理体系紧密结合，为运营提供统一的信息平台，在提高业务管理效率和规范性的同时，把控项目执行过程中的重要节点，做到有跟踪、有预警。

【企业文化】

大力创新成长文化，塑造良好氛围：制定“提升活动效果，形成良好氛围”实施方案，完善党建及企业文化考核办法；开展员工生日会、运动会等丰富多彩的文体活动，塑造积极向上的企业氛围；挖掘身边先进人物和感人事迹，倡导在平凡岗位中做出不平凡业绩，激发企业正能量；健全民主管理，加强职代会建设，召开 3 次职代会，审议通过了天津电气院 2016 年工作报告、公司三地定位建设方案、智能电气创新园规划实施方案、公司深化改革方案，倾听员工心声。同时，通过 OA 专栏、天传报、宣传栏、电子屏等媒介，及时报道经营动态，宣传推动战略规划地图落地，在互动讨论和交流中形成积极向上的企业文化氛围。

【党建工作】

天津电气院党委认真贯彻全面从严治党要求，以“两学一做”学习教育为主线，紧密结合科研经营生产的中心任务，加强党建工作，为经营发展提供坚强政治保证。选举产生第一届党委、纪委，并调整组成11个在职党支部、5个离退休党支部。完善党建工作制度、体制建设，出台《中共天津电气科学研究院有限公司委员会会议制度》《关于评选表彰“一先两优”实施办法》等10多个制度，召开党委会12次，保证重大决议事项先由党委会讨论决策。

深入开展“两学一做”学习教育实践活动，党委中心组同步安排10次集中学习讨论，不断增强“四个意识”，统一思想，凝聚共识。落实基层党支部“三会一课”制度，并在内网开辟“两学一做”学习教育专区，发布相关政策理论内容和支部生活动态，树立先进典型，以点带面，加强宣传报道，弘扬正能量。

【社会责任】

认真负责地履行社会责任，开展送温暖活动，为困难职工办实事。响应国机集团号召，开展“国机爱心日”“爱心捐款”活动。按照国机集团、市科技工会要求，筹备创建李冬梅劳模创新工作室。关爱女职工，建立爱心妈咪屋。

中国电器科学研究院有限公司

【基本概况】

中国电器科学研究院有限公司（简称中国电器院）始建于1958年，隶属国机集团，注册资本21 170万元，拥有2 000多名员工，总部位于广州市海珠区新港西路。经过半个多世纪的变革、发展和壮大，中国电器院现已成为集科研开发、科技服务和科技产业为一体的国家级创新型企业，战略布局于华东、华南、华中、西北等区域，在检测认证、励磁设备、电池检测设备、成套试验装备、新型环保材料生产等领域处于国际先进水平。

【主要指标】（主要经济指标完成情况详见表1）

表1 中国电器院2016年主要经济指标

项目	2015年	2016年	同比增长（%）
资产总额（万元）	174 409	202 964	16.37
净资产（万元）	74 658	54 083	-27.56
营业收入（万元）	164 764	164 182	-0.35
利润总额（万元）	8 498	10 556	24.22
技术开发投入（万元）	9 808	9 959	1.54
利税总额（万元）	9 704	11 982	23.47
EVA值（万元）	10 336	11 348	9.79

（续）

项　目	2015年	2016年	同比增长（%）
全员劳动生产率〔万元／（人·年）〕	27	30	11.11
净资产收益率（%）	11	13	增加2个百分点
总资产报酬率（%）	4	6	增加2个百分点
国有资产保值增值率（%）	111	72	减少39个百分点

【改革改制】

1. 对非主业和新业务积极探索产业化模式创新，培育新的增长点　内部创新创业的基本原则是：探索新业务，实施员工持股（或模拟持股），建立员工与公司利益共同体、事业共同体，风险共担，利益共享；符合国家科技成果转化、混合所有制和国有资产监管等政策；抓放结合，按与公司战略匹配程度，“有心栽花，无心插柳”；条件成熟的成立独立公司，条件不成熟的先在内部模拟公司运作。2016年实现MVR、有机废弃物利用和废旧电子电器3个项目的产业化孵化。

2. 积极推进员工持股改革　12月，获批成为国务院国资委10家员工持股改革试点企业之一。中国电器院计划同步引入民营战略投资人及骨干员工持股。

【重大决策与重大项目进展】

为完善中国电器院业务产业链，拓展核心装备制造业务，年初，经国机集团同意，中国电器院出资672.148 8万元投资并购民营企业安徽伟嘉装备技术有限公司，以溢价增资方式取得其51%股权，并购后，安徽伟嘉装备技术有限公司更名为安徽擎天伟嘉装备制造有限公司，安徽伟嘉公司注册资本由300万元增加至1 000万元。2016年末安徽伟嘉公司超额完成投资预期，加大了中国电器院对其成套装备工程业务供应链的控制力度，进一步提升了中国电器院在国际家电总承包业务市场的竞争力。

中国电器院积极策划实施聚酯树脂产能扩张项目。在广东东莞立沙岛精细化工园区投资兴建年产8万t聚酯树脂、0.5万t水性树脂的生产基地。该项目拟投资2.4亿元，完成了前期的环评、安评、职评、能评等前置审批工作（除土地外），项目进入设计阶段。

股权投资方面，计划投资约33 742万元。其中：完成投资672.15万元并购安徽伟嘉；投资51万元设立广州擎天节能环保技术有限公司；常林股份约5 000万元的股权投资。年内新增与白云德胜电器团队新设公司投资，完成投资合作协议；完成对全资子公司追加股权投资28 019万元。

【市场开拓】

2016年虽然传统家电制造企业受国际国内经济形势疲软影响，但北非、东南亚、中东等国际家电市场回暖，新能源、互联网经济、新材料、智能科技等新兴产业快速发展，为中国电器院科技产业及服务的转型升级带来了新机遇。

针对市场情况的变化，中国电器院调整思路应对，年初制定“集中资源做好主业，扎实推进提质增效，积极创新机制体制”工作方针，采取贴近顾客、深挖市场、降本增效、创新机制、优化业务模式等措施，着重加强认证检测、新能源电池生产设备、成套装备、海外家电工厂总承包等重点板块业务的市场开拓。整体经营情况稳中向好，降本增效成果明显，资金状况良好，新签合同重拾升势，主营业务利润稳健增长，国际业务发展态势良好，各业务板块亮点较多。

1. 新能源电池生产设备项目　新能源汽车动力电池行业拓展取得突破，全年合同额在2.2亿元左右。

2. 电气控制类项目　电气研究所在智能电厂IEC61850通信技术、PSS4A、同步整流技术、能量回馈单元等新技术上取得突破，确保行业技术领先地位。擎天电控在持续为公司贡献较高利润的同时，继续拓展竞争优势，取得国内首个火电600MW以上机组国产励磁系统项目，“大型同步电机智能化励磁系统”获2016年度国机质量奖。擎天电控的轨道牵引整流器先后在重庆轨道交通、广州地铁投入示范运营，为轨道交通业务的进一步发展提供了业绩支撑。

3. 家电成套项目 部分国家和地区由于购物需求的释放和国际巨头的并购，导致市场洗牌，同时也产生了新的市场空间，给家电成套整厂总承包带来了新的机遇；年初对安徽擎天伟嘉进行整合重组，补上了“专机制造”这一环，使家电工厂整厂总承包的竞争力得到增强；通过在产品开发、模具和散件上多元化的开拓和努力，成功树立起10万台冰箱散件供应里程碑。

4. 材料科技产品 中国电器院材料科技产品保持良好发展势头，擎天粉末涂料获“2016粉末涂料企业民族品牌十佳”称号，擎天树脂材料产品市场销量保持国内前5名。

5. 检测认证业务 面对家电CCC认证资质进一步放开、市场竞争加剧，抓住检测认证体制改革和地方政府发展生产性服务业机遇，加大与地方政府合作，在顺德、武汉、湛江、温州等地设立分支机构，贴近当地产业需求，扩大区域市场份额。继续扩大强制性产品认证（CCC）类别（电焊机）和实验室指定类别（插头插座、机动车辆间接视野装置、汽车内饰件），获得中国政府，以及“一带一路”沿线多个国家政府授权。积极尝试以“互联网＋质量服务”模式进军电商市场，与阿里巴巴、京东、苏宁、唯品会等四大电商开展合作，检测认证业务得到扩充。

【产业化发展】

1. 健康家电及消费品材料环保认证检测技术研究开发及在电商平台的推广（实施时间：2015－2016年） 项目以食品接触材料和电子电器产品为研究对象，从饮水及饮食健康体系、食品接触材料体系、抗菌除菌及消毒体系、空气净化体系4个体系进行研究，完成20项标准的能力建设，完成10项标准的CNAS认可，开发“食品接触产品卫生认证”“电器电子产品RoHS认证”，编制10份实施规则。同时，设计了独特的认证标志——盾牌标志和四叶草标志，从而更好地传递获证产品健康安全和环保的形象。项目通过与苏宁合作，建立了国内首家“苏宁优品工程”电商认证平台，并编制了首份电商认证的评价技术规范——《“苏宁优品工程”生活厨房电器联合评价规范》。为100多家企业提供检测服务项目超过500项，颁发证书超过160张，为公司带来业务收入460多万元。

2. 空调器试验室智能检测系列技术的研发（实施时间：2015—2018年） 该项目完成部分技术指标：研究红外遥控自动化和系统集成、变频空调集控系统集成、网络IO数据服务平台等3项技术，搭建的系统可同时支持112个样机的红外遥控、104小板的集控，实现样机运行及运行参数的流程化自动化控制；建立C/S架构集中监控系统数据服务平台，可同时响应3个客户端服务请求，实现提供6 000个通道的IO数据服务。主要技术指标达到或超过任务目标。

取得的阶段性成果：申请软件登记1项，获受理；完成实际应用试验室集中监控系统软件代码3套；推广应用，签订销售合同3项，合同总金额635万元。

3. 电子电器国际标准研究与服务能力建设（实施时间：2013—2018年） 完成“千人计划”（一期）工作任务，达到预期目标。通过国家中组部“千人计划”，引进国际高端标准专家——IEC/TC61主席Derek Johns，培养一批高素质的家用电器安全国际标准和检测人才；争取到2个IEC工作组召集人职务，取得了更多国际标准话语权；提出10项IEC标准或提案，帮助中国电子电器行业企业参与国际标准化活动，引领我国自主创新技术上升为IEC国际标准，占领国际标准制高点。

国家质监总局和国家标准委员会为表彰中国电器院在国际及国家标准创新方面取得的杰出成绩，联合授予中国电器院“中国标准创新贡献奖组织奖”。中国电器院标准法规首席专家黄文秀荣获2016年度IEC最高奖励——“IEC1906奖”。获批国家标准委员会首批标准化服务业试点（全国共33个）。

4. 退役家电产品逆向物流关键技术研究与示范（实施时间：2013—2016年） 该项目由中国电器科学研究院有限公司牵头，联合清华大学深圳研究生院、合肥工业大学、珠海格力电器股份有限公司、四川快益点电器股份连锁有限公司共同参与实施完成。该项目以家电产品逆向物流时间轴为逻辑线，开展退役家电产品（冰箱、空调、电视机、计算机、洗衣机）的生命信息追溯技术、物流与库存技术、质量检测技术、拆解回收信息管理技术的研究。项目于9月通过国家科技部验收。

该项目的研究成果主要应用领域为退役家电产品回收行业，对改变行业目前粗放式的管理与技术现状，引导行业向信息化、标准化发展，有着重要的技术支持意义。

项目在实施期间，开发设备5套，申请软件著作权6项，申请专利15项，其中发明专利6项，完成学术论文16篇，为企业培养相关技术人员200人以上。

5. Qualicoat 1.5类TGIC型粉末涂料的耐候聚酯合成研究（实施时间：2016年） 项目针对粉末涂料中机械性能、耐候性及贮存稳定性存在难以兼顾的难点，主要从聚酯树脂结构设计入手，合成具有适宜活性、酸值、黏度、分子量及分子量分布的聚酯树脂，协调解决粉末涂料机械性能与耐候性的矛盾问题，并保证树脂具有较高的Tg。项目产品实现产业化，各项主要性能达到Qualicoat 1.5类粉的要求，关键指标通过第三方检测，完全符合国家相关技术标准的要求，综合性能处于国内领先地位，达到国外同类型产品的技术水平。项目产品当年累计销售603.7t，销售额1 063.37万元。

项目产品的成功研制丰富了公司耐候性产品的种类，形成1类、1.5类和2类的梯队层次，有利于形成公司对耐候性聚酯特色分类，提高产品竞争力。项目产品各项性能全面达到任务书要求，申请专利1项，发表论文1篇。

6. 面向家电生产自动化的数控关键技术及装备（实施时间：2014年6月—2016年6月） 项目以行业应用及市场需求为导向，针对家电产品种类多、更新快、产量大、劳动力密集、生产水平低等现状，重点开发钣金冲压成型、物料搬运等工艺专用的数控系统及装备，突破制约家电行业转型升级的关键共性技术并形成自主知识产权，实现对家电行业高端装备专用数控系统的统一平台开发，重点解决了钣金冲压，物料搬运，整线自动化等关键装备的控制需求，形成多种关键数控装备，达到国内领先水平，实现家电生产从单机自动化到整线自动化的提升，并形成多个企业的应用示范，对于中国家电产业的转型升级具有战略性的支撑和推动作用。

项目申请发明专利3件，获得实用新型专利授权3件，获得软件著作权登记2件，获得外观专利授权1件，发表论文2篇，制定企业技术标准3项以上；研制出面向家电行业应用的自动化数控装备：冲压机器人和自动化冲压生产线。新增销售合同5 178万元，累计新增利税1 562万元。

7. 基于同步整流技术的一体化换向电源的研制（实施时间：2016年3月—2017年11月） 本项目拟研制第三代换向电镀电源，通过研发新型电路拓扑、采用先进的同步整流技术和数字控制技术、配套高效的结构和工艺设计，克服二代产品的整流效率、成本等问题，提供具有市场竞争力的高效率、低成本的新型换向电镀电源产品。完成了样机试制，取得了测试结果。

【科研成果】

以提质增效为目标，深入推进科技研发体系改革。进一步梳理和理顺科研主要环节，简化科技管理流程、提高科研效率，制（修）订《科技工作管理和单项激励措施（试行）》及其“操作细则”，进一步调动科技人员科技研发与创新的积极性。制定《工业产品环境适应性国家重点实验室改革方案》，强化国重室服务国家战略和支撑公司主业发展的能力。全年科技项目申报数量同比增长 20%，奖励申报数量同比增长 60%，平台建设数量同比增长 50%，科技报告的撰写质量也大幅提升。

中国电器院科技研发活动经费支出共计 9 959 万元，开展公司内科技研发项目 151 项，其中新增科技立项 86 项。

年度完成专利申请 59 项，其中发明专利 28 项。获授权专利 74 项，其中发明专利 27 项。取得软件著作权 9 项；发表论文 103 篇。获得省部级以上科技奖励 6 项。

【产权制度改革】

1. 深化国企改革 为吸引和留住优秀人才，建立和完善骨干员工与公司利益共享、风险共担机制和激励约束长效机制，进一步完善公司法人治理结构，促进公司持续健康发展，经国机集团同意、国务院国资委批准，公司作为中央企业员工持股试点单位，实施员工持股改革试点。

2. 供给侧结构性改革 持续积极调整公司产品结构，向环保、中高端装备制造业、服务业迈进；完善生产能力，优化布局，提升服务能力，装备制造类和检测服务类产品占比提高近 5 个百分点。完成公司所属事业单位广州威凯检测技术研究院、工业与日用电器行业生产力促进中心、威凯（华东）检测技术研究院的清算注销工作。中国电器院目前没有过剩产能、僵尸企业、特困企业。

【管理经验】

1. 以提质增效为目标，深入推进科技研发体系改革 一是进一步梳理和理顺科研主要环节，简化科技管理流程、提高科研效率；二是制定《工业产品环境适应性国家重点实验室改革方案》，强化国重室服务国家战略和支撑公司主业发展的能力；三是完善和制订《科技工作管理和单项激励措施（试行）》及其“操作细则”。

2. 面向政府需求，在公司未来发展重点领域抢抓机遇，布局科技创新平台 经国机集团支持推荐，中国电器院被列入首批工业和信息化部产业技术基础公共服务平台；申报的工业和信息化部《工业产品质量控制和技术评价实验室（电动汽车及零部件）》获批；获批国家标准委员会首批标准化服务业试点；本年度还获批 3 个省级工程技术中心，牵头组建了 3 个广东省产业技术创新联盟，参与组建了 4 个产业技术创新联盟。

3. 捕捉新市场，由提供单一设备向总体解决方案转变 围绕新能源电池产能扩充和自动化生产需求，发挥技术优势，由设备提供商转型升级为以关键设备和技术为核心的系统集成商，以智能制造为核心竞争优势占据动力电池制造装备主要市场。电池智能制造业务在比亚迪公开招标中击败竞争对手，获得全球最大的动力电池生产基地比亚迪坑梓工厂的二、四、五、六、七、八期合同，并陆续获得浙江谷神、镇江成泰、中兴高能、合肥国轩等知名电池企业的电池后处理设备和系统合同，实现电池后处理设备和系统新签合同额同比大幅增长。

中国电器院家电成套业务领域从原有的工厂装备扩展到家用电器产品研发，以成套装备业务带动产品研发设计、散件和材料出口业务，并积极探索项目融资等资本运作方式，在东南亚、北非等海外新兴市场继续扩大市场领域和份额。

4. 延伸供应链，实现解决方案升级 为巩固和提升家电成套装备的竞争优势，中国电器院积极寻求拓展核心装备制造业务的机会，2015—2016 年度收购设立安徽擎天伟嘉公司，该公司的经营额翻番；设立广州白云德胜输送设备公司，通过多种方式加大对供应链的控制力度，积极向供应链上游延伸完善，提升中国电器院的整体家电解决方案能力。

电气国际分公司从单纯的设备制造商向系统成套商和解决方案提供商转型升级。如在尼泊尔波迪克西项目上深耕细作，在原有仅是励磁设备供应商的基础上，提供保护系统、载波机、深井泵、蝶阀等一系列机电设备的成套供货。在印尼INDRAMAYU项目上，由原来只是提供备件，向目前的提供励磁系统诊断、检修、备件更换、调试等整套解决方案的转化。

5. 轻资产运作和新基地建设相结合，促进产能规模升级 近年来，中国电器院聚酯树脂业务以其媲美国际一流产品的质量和突出的性价比而获得行业好评，市场份额位居国内市场前5名，成为公司利润重要来源。为扩大产能，满足旺盛的市场需求，公司通过租用相同相近企业闲置厂房和设备，改造建成华东生产基地，逐步形成2.5万t的年产能，实现轻资产运作；同时，积极策划实施聚酯树脂产能扩张项目，通过多轮调研和论证，选址在广东东莞立沙岛精细化工园区投资兴建年产8万t聚酯树脂，0.5万t水性树脂的生产基地。该项目正在积极推进建设中。

6. 运用新媒体推广品牌，深化企业品牌形象 运营新媒体，推广升级企业品牌。紧跟时代节奏，将互联网思维理念灵活运用到品牌传播中，开办企业公众号，紧抓“内容、链接、互动”3条主线，通过“精品产品推广+市场活动速递”的内容建设，“线上精准传播+线下有效互动”的高效链接、“微信公众号+微信群”的“双微互联”矩阵式管理，让企业直接通过公众账号与广大用户、员工和社会各界进行点对点交流，进一步深化了企业品牌形象。

组织并参加相关专业领域展会、标准宣贯会议、行业论坛等行业活动，扩大公司品牌影响力，树立威凯公司（CVC）、擎天公司（KINTE）、擎天材料（KMC）等良好品牌形象，在客户和行业中受到广泛关注。

【党建工作】

中国电器院切实发挥党委政治核心作用，牢固树立“四个意识”，深入开展“两学一做”学习教育实践活动，抓好企业党建工作，使党建工作成为企业发展的助推器。

1. 强化制度建设、责任落实和监督 一是落实党建主体责任。年初召开党委会，制定2016年度公司党建工作计划，与各党（总）支部书记签订“党风廉政建设责任书”，确保党建“一岗双责”的主体责任落实到位，形成“谁主管，谁负责，一级抓一级，一级对一级负责，层层抓落实”格局。二是将党建工作要求纳入公司章程。明确党组织在公司法人治理结构中的法定地位。三是健全党组织议事决策机制。党委工作部制定党建责任清单、党委会议制度、领导干部联系点和接待日等制度。召开党委会专题研究党建、“三重一大”等重大决策事项。召开12次党委会、5次书记办公会，其中3次专题研究党建。四是强化党建监督考核。结合公司一年两次的岗位述职工作，2016年首次将党建述职评议考核纳入公司考核述职体系，确保党建责任落地。2次听取基层党（总）支部党建工作汇报，组织3次不同形式的督导检查。

2. 党的组织机构变动情况 一是坚持“四同步、四对接”要求。按公司本部最新组织架构同步设置调整党的组织和人员配备，调整设置了4个党总支和24个党支部，并对党总支和支部进行了换届选举。对因历史遗留原因多年未能换届的武汉所党委进行了换届。二是配齐力量保证党的工作机构健全，落实党务工作人员待遇。公司党委工作部设专职5人，纪检监察设专职3人，党建工作力量充实。同时，选优配强基层党组织书记，基层党支部书记均由副职以上中层干部交叉任职，从根本上保证了党务工作人员与经营管理人员同岗同级，同级同酬。

3. 党的活动开展情况 一是开展“两学一做”学习教育实践活动。按照上级党组织部署，制订实施方案和工作计划安排表，严格按时间节点抓好各环节活动。二是加强基层党组织书记和党务干部培训。通过上级党组织培训、公司党务实操等专题培训的方式，不断提高和强化党员领导干部的党性意识、责任担当和履职能力，共84人次参加培训。三是创新党支部组织活动形式，增强支部的凝聚力。开展多种形式的支部活动：参观红色教育基地重温入党誓词；与外单位结成共建支部，相互取长补短，学学相长；组织党员参观学习先进企业，激发干事创业热情；开展创新驱动发展战略共产党员先锋岗等。

4. 党组织发挥作用情况 一是落实“三会一课”制度。要求各党支部书记，确保每季度至少召开1次党员大会、每月1次支委会、每月1~2次分部门的党小组会、每年至少讲2次党课。同时，完善考勤、会议记录、奖惩等管理制度，保证“三会一课”的规范运行。二是做好党员教育管理和组织发展工作。要求各支部结合自身实际，在培训教育中做到理论和岗位实践相结合，采取领导干部讲党课、座谈研讨、大讲堂等形式，教育党员敢于创新、善于创新，带头解决企业在经营管理中的疑难问题，发挥先锋模范作用。同时，按照“坚持标准，保证质量，改善结构，慎重发展”的方针，严把党员队伍“入口”关，根据现有党员结构、数量情况及入党积极分子情况制定发展党员计划。2016年公司发展党员4名，转正14名。

【文化建设】

秉承“以人为本，幸福电器院”的发展理念，落实以党建带群团建设的要求，发挥工会、共青团等组织作用，推进以“和”“实”为基础的企业文化建设。在公司内培养创新文化，营造“大众创业，万众创新”良好氛围，改革创新机制，激发员工创新潜能，助推公司实现新的腾飞。

开展职工喜闻乐见的各类活动，举办职工系列运动会，进行篮球、足球、羽毛球、乒乓球，以及首次引进的气排球等9项比赛。组织员工参加国机集团第四届“和谐国机杯”乒乓球、羽毛球比赛，取得乒乓球第二名、羽毛球第六名的好成绩。

关爱员工，对困难职工进行帮扶。在员工中弘扬“感恩回报”理念，传递爱心正能量。

【信息化建设】

在信息化建设方面：通过优化OA系统、优化业务系统，不断提升办公效率，实现数据可查询、统计及时、关键节点可追溯。

在品牌宣传方面：成立微信公众号工作组，由专人负责公司网站、微信公众号、企业邮箱的日常维护和后台管理工作；推送内容及时更新，出现问题及时解决，采用多样化手段提升受众吸引力；对35个网站进行迁移、改版和VI协同工作，维护企业公众网络形象。

国机智能科技有限公司

【基本概况】

国机智能科技有限公司（简称国机智能）以创建于1959年的广州机械科学研究院为主体，由国机集团与广州市政府等共同投资组建，于2015年12月25日揭牌成立，注册资本10亿元。2016年被认定为国家级企业技术中心，广东省战略性新兴产业骨干企业、广东省机器人骨干企业。是中国机器人产业联盟副理事长单位，中国机器人TOP10企业。

国机智能致力于研究和发展机器人及关键零

部件、智能装备、智能制造技术和产品，为工业客户提供系统的解决方案。旗下有广州机械科学研究院有限公司（广州机械院）、苏州电加工机床研究所有限公司、国机智能技术研究院有限公司、广州吉盛润滑科技有限公司、智能工程所等5个二级单位，同时托管中国汽车零部件工业公司，其中广州机械院下设广州启帆工业机器人有限公司、广州宝力特聚氨酯有限公司等12个二级单位。国机智能拥有国家橡塑密封工程技术研究中心、国家汽车零部件技术研究开发平台(广州)等十多个高端研发平台，国家机器人检测与评定中心(广州)、广州机械科学研究院检测实验室(国家级)、机械工业汽车零部件产品质量监督检测中心(广州）等认证检测平台。

【主要指标】 2016年国机智能主要经济指标见表1。

表1　2016年国机智能主要经济指标

项目	2015年	2016年	同比增长（%）
资产总额（万元）	95 142.72	136 322.34	43.28
净资产（万元）	36 351.87	95 180.81	161.83
营业收入（万元）	94 814.90	92 353.94	-2.60
利润总额（万元）	3 784.49	845.60	-77.66
技术开发投入（万元）	6 981.12	9 589.19	37.36
利税总额（万元）	6 114.79	8 683.02	42.00
EVA值（万元）	4 991.68	2 743.70	-45.03
全员劳动生产率〔万元/(人·年)〕	41.58	32.20	-22.55
净资产收益率（%）	8.88	5.20	减少3.68个百分点
总资产报酬率（%）	5.77	3.90	减少1.87个百分点
国有资产保值增值率（%）	109.86	108.80	减少1.06个百分点

注：营业收入、利润总额和EVA值含中国汽车零部件工业公司，其他指标不含。因中国汽车零部件工业公司改制审计评估确认往年坏账约3 300万元，在2016年度利润总额冲销，2016年EVA同比核减。

【改革改制】

2016年国机智能重点抓好公司治理层的建设及所托管的中国汽车零部件工业公司(简称中汽零公司)改制工作。5月集团正式批复同意中汽零公司改制为有限责任公司，年末完成资产清查、财务审计和资产评估工作等。

【重大决策与重大项目】

1. 重大决策

（1）国机智能将以2016年作为稳定经营首年，推进后续上市准备工作。2016年引入广州证券担任财务顾问，完成上市尽调报告、资产证券化方案、资产证券化执行方案等。

（2）重组并购集团二级企业苏州电加工机床研究所有限公司，于7月14日取得集团批复文件，完成了专项审计、评估、法律尽职调查、职工持股股权收购等工作，并在11月29日正式召开新一届股东会、新一届董事会及任命新一任总经理，完成并购整合及新老经营班子工作移交。

（3）推动子公司广州启帆工业机器人有限公司(以下简称启帆公司)完成A轮融资，以增资扩股的方式、8倍的价格，通过出让投后20%股比、500万元出资额，获得4 000万元的投资资金。8月19日增资款全部收到，9月1日取得集团投资备案函，10月19日完成股东及公司注册资本的工商变更。

（4）参与设立广州金控智能制造产业投资基金管理公司。为打通产业与资本的通道，快速推进智能产业整合，国机智能积极开展智能产业基金设立，并与广州金控、中以投资联合发起广州金控智能制造产业投资基金管理有限公司，该基金管理公司在9月12日顺利取得营业执照。

2. 重大项目

（1）国家发改委产业振兴和技术改造专项——国家机器人检测与评定中心(广州)。该项目是国家和企业共同设立的集机器人产品及部件认证、检测、校准、标准化工作、技术咨询、合作交流、信息服务等为一体的社会第三方服务机构。国机智能下属企业广州机械院总投资1.2亿元，将以世界一流水平的第三方检测机构为标准建设国家机器人检测与评定中心(广州)。该项目于2015年1月启动，计划于2017年12月完成。至2016年年底已建成15个试验室，试验室建设内容包括试验设备购置、场地土建改造、水电气配套工程等；试验设备购置合同金额6 105.62万元，部分设备已经完成验收；新增检测能力涵盖标准约42份，可执行项目新增约452项；“四部一中心”建设完毕；获得“国家自动化装备质量监督检验中心”资质认定；获批牵头起草两项联盟标准，参与起草1项联盟标准，参与起草1项国家标准，提出标准制修订计划建议9项。

（2）广东省重大专项——具有快速换线功能的智能型冲压机器人研制与产业化。该项目于2015年4月启动，计划于2018年3月结项。广州机械院为申报单位统筹组织实施，所属企业广州启帆工业机器人有限公司和华南理工大学作为参报单位。项目目标为开展具有快速换线功能的智能型冲压机器人研制与产业化。已完成报据工况和应用对象，利用机器人构型方法设计多款多型号的机器人本体，并设计通用性机械手端拾器；高速冲压机器人系统设计与性能优化研究。通过机器人的运动学仿真分析结果，搭建符合要求的机器人软硬件系统，并提出高速冲压机器人性能指标，根据该性能指标实现高速冲压机器人的性能优化设计；冲压机器人智能技术研究。使用视觉系统和神经网络算法实现工件的识别，以及使用模糊算法，实现机器人的视觉伺服控制；研究多机器人系统体系结构和多机器人系统的避障与最优协调，利用速度调整法实现多机器人的避障和运动协调；快速换线系统研究。研究机器人作业工具快速更换技术，设计机器人快换装置，实现机器人夹具的快速更换。

（3）广东省重大专项——面向数控机床与机器人集成一体化技术的研究。该项目于2015年1月启动，计划于2017年12月结项。广州机械院作为申报单位统筹组织实施，华南理工大学作为参报单位。专项目标为针对数控机床加工成套自动化和智能化的需求，开展数控机床与机器人集成一体化技术的应用及推广。已完成典型工件在数控机床的加工过程研究。通过对数控机床加工工件类型和工艺进行调研和分类，获得了当前的行业信息，选取了旋转类工件作为加工对象开展项目工作；可重构机器人制造单元设备布局研究。对制造单元的设备布局进行优化，并利用基于满意度差异演化算法对机器人和机床详细布置问题进行建模与求解；基于生产线的夹具柔性化研究。通过分析工件的信息和夹具的结构关系，利用三维CAD软件和VC++进行夹具的柔性化设计与仿真；机床夹具可重构模块化研究。研究机床可重构模块化夹具的构成、规划原理和设计研究过程，减少机床在转产时调整的时间；机器人制造单元控制系统研究。研究机器人制造单元控制系统的模型，通过合理的建模解决制造单元系统中的信号冲突问题；分布式数控机床系统研究。通过研究分布式数控机床系统的硬件结构设计、软件功能、通信平台设计与数控网络资源共享平台等，实现多个机器人制造单元的通信；面向曲轴生产的数控磨床与机器人一体化系统的建立。通过攻克上述研究内容，形成行业内数控机床与机器人集成一体化技术的通用解决方案和技术，并形成行业内的应用示范生产线。

（4）国家强基工程——高端橡塑密封元件研发检测服务平台。该项目于2015年6月启动，计划于2017年12月结项。项目拟投入6 000万元，实验室及中试车间改造3 000m²，购置研发检测设备51台（套），建成后基本可满足行业服务的需求。第一期建设以10t以上大中型挖掘机高压往复液压为研究对象，开展往复密封原理及高压液压密封系统可靠性设计技术研究、高压液压密封产品失效模式及环境适应性技术研究、高压液压密封台架模拟检测技术及可靠性和寿命综合评定技术研究和典型高压液压活塞、活塞杆、防尘密封产品的研发技术，形成往复式高压液压密封元件的研发检测服务能力，为高压液压密封元件的研究、生产和应用单位提供支持。

【市场营销】

1. 着力提升新兴板块核心竞争力

国机智能在突出传统产业转型升级的同时，着力提升检测、智能机器人、绿色环保等高附加值业务的核心竞争力，抢占市场发展先机。

所属子公司启帆公司获得“国家高新技术企业”“广东省机器人骨干企业”“广州市级研发企业”“广州市科技创新小巨人”等荣誉，在军工、教学等市场领域实现突破，拿下多个大优质型客户，实现月均3 000万元订单收入的良好业绩；汽车所筹建中的长沙中心和保定中心投入变速器、传动部件、发动机、底盘部件、新能源汽车电机、动力电池、电控等测试能力的建设，建成后汽检中心的测试能力覆盖面将得到更大扩展；检测所分别与新疆质检院、中国水泥协会合作组建的新疆检测中心、中国水泥行业润滑工程中心开始检测服务，并与中国石化长城润滑油公司达成合作。

2. 转型升级，重塑传统产业竞争优势

国机智能传统产业通过实施创新驱动战略加快转型升级和提质增效，力争从恶性竞争的低端市场突围，推动产业链和价值链向中高端转移。密封所开发新能源行业市场，组建风电运维项目组和新能源事业部，取得积极成效；胶业所在深耕家电用胶市场的同时，积极介入消费电子用胶和新能源汽车用胶市场，相继开发了创维、东山精密、比亚迪等行业大客户；汽车所创新工作模式，先后成立重庆、长沙、上海、天津、北京等五个办事处，通过细分市场区域及测试产品线，区域市场和行业市场大客户逐渐形成并稳定；检测所建立民用航空油料检测机构质量体系，通过民航局现场评审，为开拓民用航空油料检测市场做好准备；广州宝力特液压密封有限公司(简称宝力特液压)注重用技术手段提升产品性能，增加产品附加值，获得重点开发的行业客户认可；广州吉盛润滑科技有限公司（简称吉盛公司）着力促进车用油、切削液（油）等业务的发展；广州摩根密封件有限公司（简称摩根公司）着力提升关键能力，积极抢占市场份额。

2016年国机智能对外签订合同总数超过15 000份，履行合同总金额超过66 000万元，机器人本体销售排名国内前三位。

【科技创新】

1. 创新体系与服务平台建设

国机智能注重科技创新和平台服务搭建，开展企业技术创新体系建设的探索，整合企业内外部创新资源和核心功能的综合型体系获得国家企业技术中心的认定，是国机智能国家级综合研发平台上的重大突破。两个重点科技平台建设卓有成效，国家橡塑密封工程技术研究中心于2016年3月31日顺利通过验收；广东省工业摩擦学重点实验室已逐步建设成为具备承担国家、地方重大科技项目能力的、具有国内先进水平的实验室，是工业摩擦学技术创新基地、高层次工业摩擦学研究与应用科技人才创新基地。全年申报各类创新平台11项，获得立项支持8项。2016年获得立项支持的创新平台见表2。

表 2　2016 年获得立项支持的创新平台

序号	平台名称	主管部门
1	国家企业技术中心	国家发改委
2	工业机器人减速器标准试验验证平台	广东省科技厅
3	机械工业工业机器人系统技术工程研究中心	机械工业联合会
4	机械工业装备润滑智能检测重点实验室	机械工业联合会
5	广州启帆工业机器人有限公司研发机构建设	广州市科创委
6	国家汽车零部件技术研究开发平台（广州）	广州市商务委
7	广东省工业机器人创新中心	广东省经信委
8	广州智能生态科技生态城	广州市科创委

国机智能积极参与新型研发机构的建设，联合电子五所、广州中国科学院沈阳自动化研究所分所等共同申报广东省工业机器人创新中心；联合沈阳自动化所、新松机器人公司等合作单位申报国家创新中心，借此平台寻找资金、人才、技术资源，促进公司智能产业的快速发展。

2. 创新能力资质

2016 年国机智能取得各级科技类企业资质 8 项，其中国家级 2 项、省部级 3 项、市级 3 项（见表 3）。

表 3　2016 年国机智能取得各级科技类企业资质

序号	资质	主管单位
1	国家自动化装备质量监督检验中心	国家认监委
2	中国机器人 TOP10 企业评选（启帆公司）	工信部
3	广东省机器人骨干企业（启帆公司）	广东省经信委
4	高新技术企业培育（启帆公司）	省科技厅
5	高新技术企业（启帆公司）	广东省科技厅
6	总部经济企业（国机智能）	广州市工信委
7	市级企业研发机构（启帆公司）	广州市科创委
8	广州科技小巨人（启帆公司）	广州市科创委

3. 自主创新成果

6 项重点创新研究出成果。一是开发出全天候巡视机器人及其指挥系统，多种巡检模式能满足恶劣环境的巡视要求，目前该系统正推广应用在变电站室内外巡视，可极大地提高生产安全性，解决供电可靠性与人力资源紧缺问题。该技术成果是智能电网技术和机器人技术成功结合的典型案例。二是研制出十五轴双臂协作机器人，该款机器人重量较轻，易于安装，具有高度的灵活性和准确性及直观的编程功能，具备独有的自主运动、自主避障、环境检测和容错性，各种性能大大提升，并填补国内现有技术的空缺，现已应用在电子、装配等行业客户，有效解决企业精密操作技术工缺乏、人工成本昂贵的问题，市场认可度高，反馈良好。三是基于产业链面向机床自动化生产的机器人研发与应用示范项目，研制出面向机床和冲床自动化生产的三次元、四倍速和转臂机械手，很好地解决机器人关键零部件减速机、电机、控制器中的多项关键技术，开发出具有自主知识产权的面向机床自动化生产的上下料、零部件搬运以及抛磨加工等机器人系列化产品，并建立应用示范线，实现机器人系统及其关键零部件的国产化。四是研制出“工程船舶齿轮传动在线监测系统”，对齿轮油运动粘度、油中水含量、介电常数、温度、磨损烈度指数、磨损颗粒形貌特征等多参数的集成式实时在线检测，实现对设备的润滑状态、污染状态和磨损状态的全面监控及自动实时故障报警。该技术成果能实现齿轮传动系统润滑磨损状态的在线监测，为船舶机电设备管理人员提供维修决策依据，提高工程船舶运行的安全可靠性。五是大型风力发电装备关键密封件产业化项目——新建现代化橡胶密炼中心，为密封件制造提供高品质、性能稳定的混炼胶；改建大型橡塑密封件成型车间，为大型风力发电装备关键密封件提供产业化场所；改建实验检测中心，为大型风力发电装备关键密封件材料检测、产品检验和可靠性验证提供服务。技术成果能为6MW以下大型风力发电装备提供密封技术服务及成套密封件，运行寿命达7～10年。六是无硼、无氯电子铝合金微乳化切削液的研制及工业化应用项目——开展无硼无氯电子铝合金切削液的研究，开发出高含油应用于电子铝合金（6系和7系铝合金）的微乳化切削液，取代进口产品，满足电子铝加工的需要。目前国内环保型水基切削液产品还停留在硼酸的阶段，项目技术水平填补了国内无硼电子铝切削液的空白，也为延长无硼配方产品的使用寿命积累技术经验。

全年14项产品成果获得广东省高新技术产品称号，19项专利取得授权，13篇软件著作获认证，完成2项国家标准、2项行业标准的制定。获得的科技成果奖励见表4。

表4　2016年国机新能获得的科技成果奖励

序号	项目内容	奖励类别	主管部门
1	零排放金属加工润滑材料及系统研究	绿色制造科学技术奖三等奖	中国机械工程学会
2	大型风力发电装备关键密封件研发及产业化	广州市科学技术奖二等奖	广州市科创委
3	大型风力发电装备关键密封件研发及产业化	科学技术奖三等奖	中国机械工业集团有限公司
4	自动化油液检测与智能质量控制系统	机械工业科学技术奖三等奖	机械工业联合会
5	自动化油液检测与智能质量控制系统	行业技术进步奖二等奖	液压与气动行业协会

【管理经验】

1. 抓关键生产管理体系

持续推进精益管理工作，质量提升改善课题效果明显。硅酮胶颗粒平均合格率从2014年最初的61%提升为2016年的95%；密封所民品终检合格率从2015年92.83%提升至96.89%，质量成本损失下降12.76%；胶业所民品终检合格率由85.0%提升至94.0%，质量成本损失下降11.4%；吉盛公司产品一次交检合格率由94.38%提升至97.18%。持续开展头脑风暴法式培训，全年共有2 080次/人参与培训，开展了175次的改善活动，收集了近600份改善提案。

扎实推进质量体系建设工作。胶业所通过ISO/TS16949：2009质量管理体系再认证，密封所及宝力特液压通过ISO9001：2008质量管理体系监督审核，研究院检测实验室通过ISO/IEC17025：2005实验室认可监督评审。强化公司季度质量管理工作例会的作用，集中解决出现的质量问题，并持续跟进。持续开展“质量月”系列活动，丰富公司质量文化。

有序推进安全生产体系建设。完成OHSAS18001：2007体系的年度监督审核；组织专项检查，发现隐患130项，100%完成整改；开展好新员工三级安全教育、特种作业人员持证上岗培训等；组织员工进行应急演练。全年公司未发生重大经济损失，无损害企业形象及社会影响恶劣事件。

2. 确保财务管控有效

以全面预算管理为财控抓手，创新管理方法，推行“统一管理，分级负责”二级预算管理体系，强化预算对战略规划落地的引导作用，以财控手段辅助各经营实体实现有效的企业管理；处理好中机公司大楼转让国机智能中的涉税问题，完成广州机械院高新技术数据的税检；做好政府资助科技项目经费管理，2016 年取得政府 2 000 万元企业补贴，另有 3 000 万元配套奖励资金已成功纳入政府统筹安排计划；以降本增效年度目标引导经营实体树立降本增效管理意识，宝力特液压与供应商签订一揽子框架协议，节约 60 万～80 万元采购成本；启帆公司关键零部件从厂家指定代理商处采购，获得更优惠价格；密封所外购产品通过和供应商的谈判，节约成本约 30 万元等。国机智能财务系统连续四年获得财务信息管理先进企业三等奖。

3. 稳步开展信息化建设

人才一直是国机智能信息化工作的短板，2016 年初步稳定了信息化专业团队，全力满足经营管理的信息化需求。推进多项 ERP 系统实施工作，完成吉盛公司与中机润滑公司合并的 ERP 项目，启帆公司 ERP 系统优化项目、ERP 系统中关联交易功能性开发，密封研究所新能源事业部新建 ERP 项目，聚氨酯公司销售业务与密封所分离 ERP 项目。引进《青铜器 RDM 科研管理系统》，推进科研管理信息化，在密封研究所等五个部门试点应用。信息化基础设施建设方面，完成 3 院区间信息互联互通，科学城院区主楼的无线全覆盖，准入实施田园路院区的信息安全项目，完成与北京智能研究院的网络对接。

4. 夯实人力资源管理基础

2016 年是国机智能元年，人力资源基础管理工作尤为重要。完成国机智能组织架构的调整工作，做好总部职能部门、后勤保障中心等原广州机械院员工劳动合同变更；接受工会和职工代表监督，组织劳务派遣、标准工时、带薪休假等合规性检查，切实保障员工权益；在工会与法务部门的介入下，稳妥处理因生产基地搬迁引发的潜在劳动关系风险；加强干部档案审查和管理，完成 6 项集团管理干部档案的核查和补充，完成司管 22 名中层干部档案的核查和补充，清理一批档案材料。加大高端智能装备人才的引培力度，新招录的应届毕生业中 50% 以上为硕士博士以上学位，70% 以上为机械及自动化、电子及信息专业，选派两名科技骨干赴美培训，申报广州市人才集聚项目。

5. 依托党群开展企业文化建设，履行社会责任

以先锋文化为引领，创先争优为抓手，推进“党员先锋岗”创建活动，通过认岗、亮岗、创岗、评岗等关键步骤，层层落实。目前已建成广东省直创建示范岗 2 个、国机智能创建示范岗 6 个，涉及党员 100 余人，占公司在职党员约 40%。继续深化“青年文明号”品牌建设，通过“号岗手”主题活动开展，推动团员青年为实现国机智能“十三五”规划、打造核心竞争力贡献青春和力量。目前已有集团、广东省直、国机智能等不同层面的创建集体 3 个，涉及团员青年 120 余人，在广大青年员工中发挥良好示范与带动作用。

提升员工技能，活跃团队氛围。开展员工技能比武和岗位争先活动，组织开展安全质量、制度流程、岗位实操等各类知识竞赛和技能比武 10 多场次，参与员工达 400 多人次。开展文体俱乐部活动，2016 年新组建手工俱乐部、徒步健身俱乐部、单车俱乐部等 9 个俱乐部。俱乐部活动内容丰富多样，为员工班后的活动提供了多样活动形式，在集团和广东省直的运动会和各类赛事均获得良好的名次。

履行社会责任，开展扶贫助困。响应广东省委的号召和安排，参与广东省新时期精准扶贫脱贫三年攻坚任务，定点帮扶广东省潮州市饶平县大埕镇红花村。派驻专人驻村进行基础设施建设、村容村貌改善、农田水利修缮、村道巷道硬化、文化教育发展及村集体和贫困户增收等工作。截至2016年12月，公司自筹资金20万余元对该村进行基建、产业、教育帮扶，初步完成村民村情的调研考察和三年帮扶规划草拟，正着手确定和落实具体帮扶措施。开展慰问助困工作，通过公司爱心基金和工会慰问基金，资助帮扶病痛困难职工60多人次，15万余元；探视慰问在职和离退休员工100多人次，发放慰问金、慰问品10万多元，并积极申请集团和广东省直工会爱心帮扶资金，获批0.4万元。

【党建工作】

国机智能党委、纪委于2016年9月13日选举成立，选举产生7名党委委员、5名纪委委员。国机智能设有20个党支部，党员350人，其中在职党员265名，离退休党员85名。抓好公司党建工作，国机智能党委担负着主体责任并一以贯之。一是依据国资委的要求，将中央企业党建工作总体要求纳入了公司章程。党委管大局、管大事，在决策中发挥重要作用，党委书记与董事长“一肩挑”，党委委员与行政班子成员交叉任职，民主集中、决策前置，保障公司正确航向；党委工作部门与行政职能部门合署，党建干部与业务骨干培养与晋升通道并行，中层干部业务培训与党员政治素质培养相辅相成，党建考核与部门经营管理考核有机结合，确保了党委的决策执行有力。二是把党风廉政建设和反腐败工作的纪律和规矩摆在前，与全体中层干部签订反腐倡廉承诺书。三是健全以职工代表大会为基本形式的民主管理制度，建立完善职工董事、监事制度，重大决策听取职工意见。四是加强基层党组织的建设，发挥支部团结群众、教育党员、攻坚克难的堡垒作用，党员发展向核心管理骨干、向一线先进分子、向关键技术和高技能人才倾斜，确保党员在公司的先进性和影响力。全年安排6名入党申请人参加入党积极分子培训班，确定1名为预备党员，11名转正为正式党员。五是强化政治理论学习，提高思想认识，以“两学一做”学习教育为党建工作重点。六是组织“共产党员先锋岗”创建活动。以“两学一做”学习教育与“共产党员先锋岗”创建相结合，以“干事创业守规矩，共筑国机新辉煌”为主题开展创建活动。计划通过3年将“共产党员先锋岗”创建打造成为国机智能党建工作品牌。目前，已经形成以检测所党支部、汽车所党支部为代表的广东省直属单位“共产党员先锋岗”创建单元，以汽车所检测部、密封所客服部、智能所财务部、胶业所技术部、检测所润滑咨询部为代表的国机智能“共产党员先锋岗”创建单元。创建活动通过认岗、亮岗、创岗、评岗，以创为要、先创后评。

济南铸造锻压机械研究所有限公司

【基本概况】

济南铸造锻压机械研究所有限公司（以下简称济南铸锻所）前身为济南铸造锻压机械研究所，始建于1956年，是原机械工业部直属专业从事铸造机械、锻压机械、液压技术等多专业综合性应用技术研究、开发和行业归口管理的国家一类科研机构。

1999年7月，根据国务院对国家所属242家首批转制重点科研院所的改革方案，济南铸锻所转制为科技型企业，成为中国机械工业集团有限公司的成员企业。2009年12月，由国机集团和中国宝武钢铁集团有限公司、中国重型机械研究院股份公司、中国浦发机械工业股份有限公司、中机中联工程有限公司共同发起，以增资扩股方式，将济南铸锻所改制为各方共同持股的有限责任公司——济南铸造锻压机械研究所有限公司。

济南铸锻所拥有教授级高级工程师20余名，高级工程师50余名。济南铸锻所累计完成国家和省市等科技项目3 100余项，其中科研与新产品开发项目1 500多项，获国家批准专利180余项，有170多项成果获国家、省部级科技进步奖和发明奖。济南铸锻所主要从事铸造机械及铸造工程机械化、自动化成套技术及装备，锻压机械及锻压工程机械化、自动化成套技术及装备，数控锻压和激光加工技术及设备，数控板材加工成套装备，各种大型闭式通用和专用机械压力机、液压机及自动化生产线，液压元件及系统的新技术、新产品开发、设计、制造；铸造锻压机械产品的质量检测，以及相关技术的咨询服务。产品主要应用于汽车、钢铁、电力、船舶、能源、航空航天、军工等领域，技术水平国内领先，部分产品达到或接近国际水平。

承担大量的国家铸锻机械行业技术组织和技术服务工作，面向国内外公开发行《中国铸造装备与技术》《锻压装备与制造技术》等科技核心期刊。

是中国铸锻机械行业协会理事长单位。秉承“为顾客创造价值，为卓越不懈追求”的经营理念，以发展高端铸锻机械成套装备为目标，以振兴中国装备制造业为己任，竭诚为国内外新老用户提供铸造机械、数控锻压机械和板材加工领域完整的解决方案及成套加工装备，致力于降低消耗，提高效率和铸锻机械行业可持续发展。

【主要指标】（主要指标完成情况详见表1）

表1 济南铸锻所2016年主要经济指标

指标名称	2015年	2016年	同比增长（%）
资产总额（万元）	81 180	77 952	-4
净资产（万元）	-6 793	-17 435	157
营业收入（万元）	24 528	18 354	-25
利税总额（万元）	-6 691	-6 157	-8
利润总额（万元）	-8 288	-8 079	-3
技术开发投入（万元）	4 714	3 441	-27
全员劳动生产率〔万元/（人·年）〕	3.07	-21.21	-791
总资产报酬率（%）	-6.75	-7.50	减少0.75个百分点
净资产收益率（%）	121.32	66.30	减少55个百分点
国有资本保值增值率（%）	-440	256.65	增加697个百分点

【重大决策】

1月27日—2月3日，派出ISO铸造机械标准化委员会（ISO/TC）推进工作组参加在印度举行的第十二届国际铸造展览会（IFEX2016）。该展会是南亚地区规模最大、最专业的铸造类展览会。国际铸造机械标准化委员会（ISO/TC）成立推进工作取得积极进展。

2月27日，召开二届五次职工代表大会，审议通过《明确方向、突出重点、力求生存，为公司进入良性、稳定发展轨道打下坚实基础》工作报告、《2015年度财务收支情况报告》《2015年度招待费使用情况报告》。会上济南铸锻所与各产业、业务部门签署“2016年度经营目标责任书”“安全生产责任书”

3月7日，申请成立ISO新技术委员会（铸造机械）的提案经过ISO所有成员国投票，获得通过。公司申请成立ISO铸造机械技术委员会工作取得突破性进展。

3月10日，召开2016年“质量年”活动启动会，标志着公司“质量年”活动正式开始。

4月20日上午，召开2016年一季度营销情况分析会，总结一季度经营运行情况，分析当前的不足和形势动态，研究部署二季度营销工作。

4月19日，召开济南铸锻所2016年度专业技术职务任职资格评审会。此次评审会按照申报工程师、高级工程师任职资格依次进行评审，8名参评人员全部完成了答辩。

3月29日，参加2016金属成型机床展览会(深圳)及第九届中国数控机床展览会。

4月29日，济南铸锻所党委召开“两学一做”学习教育动员部署会，落实习近平总书记关于“两学一做”教育重要指示，以及国机集团党委关于“两学一做”学习教育的要求和部署。

5月5日，召开“营改增”专题培训会，特邀中国农业大学经济学院葛长银教授进行专题讲授。会议由财务总监黄翠主持。资产财务部全体人员及公司各部门财务对接人员共50余人参加培训。

5月17日—20日，参加第十四届中国国际铸造博览会。

5月31日，举行2016年“安全生产月”活动启动仪式。济南铸锻所领导、各部门代表以及生产一线员工共300余人参加了启动仪式。

6月30日，召开庆祝中国共产党成立95周年暨“先优”表彰大会。济南铸锻所党委书记刘家旭结合公司党委深入开展以“务实苦干当先锋，提质增效创佳绩”为主题的“两学一做”学习教育工作安排，作题为《坚定信念、爱党敬业、务实苦干，争做合格党员》的专题党课。

6月，申请成立ISO铸造机械技术委员会的提案获得批准。由济南铸锻所申请成立的ISO铸造机械技术委员会的提案，国家标准委于2015年12月1日提交ISO秘书处。ISO秘书处根据程序，将中国提案向ISO所有成员国开放投票，该提案顺利通过ISO全体成员的第一轮投票，并于6月15日—16日在瑞士日内瓦召开的ISO技术管理局第66次会议上获得通过——批准成立ISO铸造机械技术委员会，技术委员会编号为ISO/TC306。

9月6日，扬州捷迈锻压机械有限公司破产案件在当地法院立案，济南铸锻所敢于担当，动真碰硬，成立工作组，快速有效地处置“僵尸企业”。

12月20日—21日，ISO/TC306（国际标准化组织铸造机械技术委员会）国内技术对口单位秘书处在山东省济南市组织召开ISO/TC306中国对口工作委员会成立暨首次会议。

【重大项目进展】

国家重大专项“大功率厚板数控激光切割机和三维数控激光切割机”课题预验收文件上报工信部重大专项办，等待专项办批示并组织预验收；国家重大专项“轿车铝合金缸盖缸体低压铸造成套设备”于5月26日通过验收；国家重大专项“铸件砂型近净成形成套装备”于12月26日通过预验收。

数控伺服冲床-光纤激光切割复合加工机，复合了智能化、高速化、高精高效，为国内首台，实现零的突破，填补了国内空白。该复合机可以与自动存储立体仓库、分选码垛连线，组成全自动柔性加工系统（FMS），市场发展潜力大，前景光明。

3×2000摆飞剪生产线和3×1850落料线项目交付用户并成功验收，标志着公司在乘用车主机厂的自动化生产设备成熟可靠；1850飞剪线和落料线制造完成并在用户现场开始安装、调试，标志着公司汽车乘用车主机厂的业绩进一步提升。

汽车纵梁柔性制造数字化车间项目：汽车纵梁数字化车间在享受各工位柔性生产自动化带来的方便快捷的同时，实现产品多样化，同时对原材料准备等信息化管理，以及严重影响生产组织的效率和部件的流动性等因素提出了完整的解决方案。该项目的建成将国内汽车厂纵梁的生产效率从6～9根/小时，提升为38根/小时，相应每根纵梁的生产能耗大幅降低，同时把广大劳动者从恶劣的工作环境中解脱出来了。

【科技创新】

1. 科技成果 取得科技奖励9项，其中中国机床工具行业自主创新十佳产品1项，省部级科技进步奖4项、其他奖励4项。

“LRS360-12汽车纵梁柔性制造数字化成套装备”被评为中国机床工具行业“自主创新十佳产品”。

“CLR0418超大幅面地轨式激光切割机”“高速精密拉矫修边自动化生产线”项目分获2016年度山东省机械工业科技进步奖一等奖、三等奖；“CLR0418超大幅面地轨式激光切割机”项目获中国机械科技进步奖三等奖；“汽车纵梁柔性制造数字化车间”项目获中国机械工业集团有限公司科技进步奖三等奖、山东机械工程“数控一代机械产品创新应用示范工程”优秀科技成果奖。

“FL513i数控光纤激光切割机”获2016年度中国数控机床展览会“CCMT2016春燕奖”；与中国机械设备工程股份有限公司合作开发的“去冒口锤”产品获第十四届中国国际铸造博览会“全国铸造装备创新奖”；主持制定的国家标准GB/T31555—2015《铸造用机械手》获济南市创新型城市建设奖励国家标准制订奖。

2. 专利情况 授权发明专利9项，实用新型专利1项。新申报并通过中国专利局受理专利11项，其中发明专利1项。

3. 国家、省部级科研项目验收情况 承担的国家科技重大专项等纵向课题验收工作取得长足进展。

（1）国家科技重大专项：完成国家科技重大专项课题验收工作5项。其中，主承担的“大型数控径－轴向辗环机”“数控高速冲压设备可靠性增长技术”课题于1月21日通过工信部数控机床专项办组织的财务终验收；主承担的“轿车铝合金缸盖、缸体低压铸造成套设备”课题于5月26日在用户现场天长缸盖有限公司通过任务终验收；主承担的“铸件砂型近净成形成套装备”课题于12月26日通过任务预验收。参与承担的“J76-750数控重型高速精密压力机”课题于7月通过技术预验收。

截至12月31日，主承担的5项国家科技重大专项课题全部完成终验收或验收资料上报工作。

（2）国家重点产业振兴与技术改造项目：承担的“高端数控激光加工装备产业化升级项目”于12月16日通过中国机械工业集团有限公司组织的专家验收。本项目完成建筑面积14 381.00m^{2}的数控激光切割机联合厂房建设，新增大型数控金切机床、起重运输设备30台（套）；建成高端数控激光加工装备研发与产业化基地，完成国家发改委批复的建设内容，提高了激光加工装备研发、制造和产业化水平，具备年产150台（套）数控激光加工装备的生产能力。通过本项目实施，加速了公司科技成果转化，实现了产业化升级，提升了企业市场竞争力。

（3）国家重大科学仪器设备开发专项：完成了参与承担的国家重大科学仪器设备开发专项“材料微观力学性能原位测试仪器研制与应用”项目任务七——“仪器在大型成形装备关键传力与运动零件材料性能测试中的应用开发”（任务编号：2012YQ03007507）整套验收资料的编制与上报。

（4）省部级科研项目：承担的山东省科技重大专项“大型数控径－轴向辗环机”于7月5日通过山东省科技厅结题验收。

承担的中国机械工业集团有限公司“高性能宽幅面数控激光切割机”“清洁高效砂处理成套装备的研制”课题于12月31日完成整套验收资

料编制与上报。

4. 国家智能制造新模式应用项目立项 6月17日，工信部、财政部下发《关于2016年智能制造综合标准化与新模式应用项目立项的通知》（工信部联装〔2016〕213号）文件，公司研制的青岛一汽解放公司“汽车纵梁柔性制造数字化车间”项目成功立项。

汽车纵梁柔性制造数字化车间适应当前汽车制造业多品种小批量生产模式，配置有切割机器人等21台数控加工装备、车间物流智能化成套装备和信息化管理系统，实现汽车纵梁全自动化、柔性化连线生产与系统调度，多品种小批量的数字化混流生产。本项目的成功立项，凸显公司在该产品领域的智能化水平，为中国智能制造装备整体技术水平的提升作出了贡献。

5. 科技创新平台建设 国家高新技术企业重新认定：12月15日，由山东省科技厅、省财政厅、省国税局、省地税局联合发证，公司顺利通过国家高新技术企业重新认定（证书编号：GR201637000913，有效期三年）。ISO/TC306铸造机械技术委员会成立：6月，在瑞士日内瓦召开的ISO技术管理局第66次会议上，济南铸锻所向国际标准化组织秘书处提交的申请成立国际标准化组织铸造机械技术委员会的提案获得通过，秘书处设在济南铸造锻压机械研究所有限公司，技术委员会编号为ISO/TC306。这是中国第一个自主提出并承担秘书处的主机行业ISO技术委员会。ISO/TC306的成立，将提高中国铸造机械的标准水平，提高中国铸造装备的整体水平，增强中国铸造机械的国际竞争力，推动中国企业实质性参与国际标准化活动，紧密跟踪和先期介入国际标准的制修订工作，掌握国际标准的话语权，保护中国相关企业的利益。济南市西部智能制造服务平台建设：12月28日，济南市经济和信息化委员会出台《济南市智能制造产业五年发展规划（2016—2020）》（济经信装备字〔2016〕8号）。提出重点建设济南市东西两大智能制造服务平台，其中西部以济南铸锻所为依托，联合济南大学、省机械设计研究院、齐鲁工业大学、济南二机床集团等在装备制造业领域的技术优势，打造西部智能制造服务平台。智能制造服务平台作为政府发展智能制造产业工作的重要抓手，协助政府智能产业规划的推进落实、政策制定等服务工作；为全市企业开展国内外技术交流合作提供服务平台，全面提升人才、科研、服务“三位一体”的创新能力。数控成形装备远程监控诊断服务平台建设：该平台依托济南铸锻所公司承担的2016年国家智能制造新模式应用项目——青岛一汽“汽车纵梁柔性制造数字化车间”项目而建设。通过移动互联网和VPN（虚拟专用网络）技术在数控成形装备上的应用开发，研发和建设一个适用于数控成形装备的远程监控诊断服务平台。平台建设调试成熟后，初步完成每年5～10台设备接入到该平台，最终实现公司全部数控成形装备产品均可以接入该平台。该平台的建设与应用能够带来公司产品的转型升级，将大大提高公司产品售后服务质量和效率，减少售后服务费用，保障用户正常生产，提高产品的市场竞争力。同时，通过内部资源整合，做到资源共享，拟与国机铸锻智能平台建设一起，探讨合作搭建铸锻智能云平台。

【市场开拓】

2016年，世界经济仍处于“低增长陷阱”。在此背景下，国家出台扩大总需求和促进供给侧结构调整的政策，通过去产能、促产业升级、鼓励创业创新来重新平衡供需结构，经济运行保持在合理区间。“一带一路”倡议的实施，为机械产业开拓国际市场创造了良好机遇，但整体看，机械行业依旧持续低迷。产品的质量、成本、性能、可靠性依旧是公司发展的抓手。公司签订经营合同比上年下降1.49%，实现销售收入比上年下降16.55%。

济南铸锻所产品的国内外市场情况及分析：在板金加工设备领域，国产高端产品很少，和国外高端产品相比差距较大，市场呈现高档产品依赖进口、国内产品大多是低端经济型产品的两极分化业态，整体需求量下降明显，公司市场份额不足5%。随着激光市场的成熟，需求趋向于高端、高功率的附加值和性价比高的产品，以6kW以上功率段激光器为主攻方向，优化产品结构，提高动态性能，在此子市场建立先发和高性能的制高点。管线激光切割的市场需求刚刚起步，市场预期良好。国外市场受"一带一路"带动，主要以东南亚、南美、非洲等不发达地区为主，近3年以来增长迅速。开卷线产品市场冷淡，市场信息不稳定，热轧板加工设备销售收入偏低。需要下大力气提升产品竞争力。

随着汽车产业的行业转暖，汽车装备产品销量有所增加，特别是冲孔设备的需求大幅增加，但同时因为行业产能存在过剩情况，一些主流主机厂采购设备的需求不足，因此市场销售形势仍然严峻。汽车装备产品主要还是以国内市场为主，产品销量占国内主导地位。

铸造装备市场处于观望期，受国家环保政策影响，很多小的铸造厂由于环保不达标，也无力投入财力去改造现状，面临关门状态。另外，略有实力，能够紧跟国家政策的中等企业，计划拆掉原来落后的不达标产能，投资先进的自动化生产线，对公司来讲是机遇更是挑战。

【质量及标准】

在全国铸造机械标准化技术委员会、全国锻压机械标准化技术委员会的支持下，制定标准14项，其中主导制定国家标准2项（《铸造机械噪声的测定方法声功率测定》、《数控板料折弯机精度》），主持制定行业标准12项；修订行业标准7项；提出国际标准草案1项。

【管理经验】

落实强化产品全价值链全过程管理。对业务管理，继续以"定规则、抓执行、严考核"为准绳，以"计划、质量、成本"为核心内容，对产品质量实行"卡死两头、管住过程"，对产品成本推行目标成本管理，对重大经营项目采取专项跟踪检查，认真落实"三重一大"原则，进而达到降低公司运营风险。

【信息化建设】

着重开展以提高业务管理系统应用水平、促进业务管理水平提升等系列工作。包括：ERP系统版本升级、账套数据升级、服务器系统及客户端的重新安装，权限调整、主要业务流程通过ERP系统落地实现流程的固化，对新设部门起到规范业务的积极作用；开展网上报销系统的调研、方案制定与实施工作；配合公司机构调整，对OA系统组织架构进行大幅度重新调整与完善，优化和固化管理审批流程，充分发挥OA系统在提高协同办公效率，实现管理信息化、规范化，提升管理水平等方面的重要作用。

【人力资源管理】

1. 工资总额管理控制 按照国机集团要求严格控制工资总额，每季度按照产业部门经营主指标完成情况核发部门薪酬指标，并对公司工资总额的执行情况进行汇总，做到实时监控，全年发放工资总额控制在集团下达的预算额度内，杜绝工资总额的超额使用。

2. 干部档案审核 按照国机集团要求，根据档案审核原则，对中层干部的人事档案进行审核，按照审核出的问题，补充材料200余份，经整理后全部分类归入本人档案，从而提高了干部档案的完整性。同时，进一步健全干部人事档案管理工作制度，逐步实现档案管理工作信息化，保证干部档案信息的时效性和准确性。

3. 保质保量完成培训计划 开展各类培训共计30余次，参训人员累计360余人次，培训内容涉及科技、管理、营销、生产等方面；出台《在线学习管理办法》，重点推行在线学习课程班，中层干部、营销人员、班组长共120余名员工参加培训，提升了自身技术水平和业务能力，与公司的战略发展相适应。

【财务管理】

为真实反映产品自身实际盈利能力，调整成本核算办法，使用变动成本法替换原完全成本法，制造费用视同期间费用全部进入当期损益，真实反映销售量及产品自身盈利水平的变化对当期损益的影响，避免制造费用分摊中的主观随意性。

强化财务基础管理，提高财务信息质量，真实反映经营结果，准确决策依据。一是为防止潜亏，费用先挂账后付款，避免因资金不足原因导致费用报销入账不及时问题。二是非标产品结转销售成本先按定额成本结转，据实调差，减少成本归集不完整现象。三是对已调解待执行的被诉讼案件，被诉标的高于会计账面金额及罚款，作全额计提或有负债账务处理。

【法制建设】

1. 强化组织领导，依法治企水平不断提升 根据国机集团开展“七五”普法规划要求，把各级领导干部带头学法、模范守法作为法制宣传教育的关键。一是完善公司各级领导干部学法用法制度，切实推进、督促学习宪法法律，提高领导干部运用法治思维和法治方式深化改革、推动发展、化解矛盾、维护稳定的能力。二是加强党章和党内法规学习教育，引导党员领导干部严守政治纪律和政治规矩，在廉洁自律上追求高标准，把遵法守法用法情况作为考核领导班子和领导干部的重要内容。

2. 加大宣教力度，学法守法意识不断深入 加强对广大基层职工的法制宣传教育，组织企业职工参与法制宣传教育，健全日常学法制度，拓宽学法渠道，创新普法方式，提高职工参与法制宣传教育的积极性和遵纪守法的自觉性。

【企业文化建设】

加强企业文化与品牌建设。对公司企业文化价值理念进行重新梳理，进一步明确公司愿景、使命、核心价值观及其释义，初步确定公司的企业文化体系。完成济南铸锻所新版宣传片和多项产品宣传片的制作工作，在拓展潜在市场，进一步提升公司形象，扩大品牌与产业（产品）的知名度和影响力等方面收到较好效果。

【党建工作】

济南铸锻所党委以十八届五中、六中全会精神和习近平总书记系列讲话为指导，持续推动全面从严治党工作，巩固拓展党的群众路线教育实践活动和“三严三实”专题教育成果，围绕公司发展战略目标，开展“两学一做”学习教育活动，提高公司基层党组织建设的整体水平。

济南铸锻所党委制定《济南铸锻所2016年中心组理论学习安排意见》，扎实开展公司领导班子理论学习，加强领导班子思想政治建设与作风能力建设，把学习成果转化为指导工作的科学思维方法和工作方法，转化为推进工作实际的工作思路，提高公司领导班子和领导成员谋划发展、推动发展的本领。

开展“两学一做”专题教育活动。4月29日，党委召开“两学一做”专题教育动员部署会，党委书记刘家旭对公司深入开展“两学一做”学习教育作动员部署，要求各党支部和广大党员以“务实苦干当先锋，提质增效创佳绩”为主题，把学习教育与全面从严治党要求结合起来，与践行国机集团“干事创业守规矩，共筑国机新辉煌”思想共识结合起来，与做好公司生产经营各项工作结合起来，为实现公司确定的目标而奋发有为、建功立业。

5月，济南铸锻所党委进行党支部换届工作，并合并3个党支部，便于公司党委开展支部工作。

召开“济南铸锻所有限公司2016年度党员领导干部民主生活会”。公司领导班子成员及党委委员参会，紧紧围绕“两学一做”主题，认真对照检查，开展批评和自我批评，并明确了整改措施和今后努力的方向。

济南铸锻所各党支部开展了专题组织生活会和党员民主评议，达到预期效果。

【社会责任】

牢记使命与责任，在加快企业改革发展的同

时，积极履行应尽的社会职责。

1. 支持和参与慈善公益事业。2 月，组织广大员工参与“国机爱心日”捐款活动，共募集捐款 3.5 万元。春节期间，工会开展“送温暖”活动。

推进节能减排工作。坚持以科学发展观为指导，制定工作制度，强化措施，狠抓落实。对公务用车实行统一管理，严格控制办公用品消耗，充分利用 OA 系统强大功能逐步实现无纸化办公，优化水、电、暖节能措施，强化生产管理与设备改造。加强宣传，增强员工节能减排的责任感和使命感。

重庆材料研究院有限公司

【基本概况】

重庆材料研究院有限公司（以下简称重材院）创建于1961年，是原机械工业部直属一类研究所，1999 年转制进入中国机械工业集团有限公司。

重材院是中国专门从事功能材料共性基础技术、工程化技术研究与产业化开发的综合性研究机构，经国家批准建立了“材料物理与化学”博士学位授予点、博士后科研工作站、国家仪表功能材料工程技术研究中心、全国仪表功能材料标准化技术委员会、院士工作站。

重材院是全国仪表功能材料行业自律性组织和学术、技术组织的挂靠单位。主办的《功能材料》中文核心期刊（EI 收录）、《功能材料信息》技术期刊、“中国功能材料网”网站和“中国功能材料及其应用”大型系列学术会议已成为中国功能材料领域具有较高权威性和品牌地位的核心服务平台。

持续保持 ISO9001 质量管理体系认证和 GJB 9001A、GJB/Z9001A 军工质量管理体系认证注册资格，通过了武器装备科研生产单位保密资格审查认证及武器装备科研生产许可审查。

建立 50 多年来，形成金属功能材料及制品，贵金属材料及制品，测温材料、元件及装置，传感器敏感材料及元件，难熔金属材料，特种陶瓷材料及制品，磁性材料及器件等 6 条中试工艺生产线。在国内测温材料、特种合金、工程仪表三大领域处于领先地位。取得科技成果近 1 000 项，获国家级奖励 12 项，获部、省级科技成果奖 200 余项，这些成果广泛应用于机械、汽车、电子、能源、石化、冶金、轻工、舰船、航空、航天与国防军工等众多领域，解决了国家一系列重点工程、重大设备和军工配套所需的关键材料与元件，为中国国民经济的发展和国防军工技术进步作出了卓越贡献。

重材院占地面积 200 亩（1 亩 =666.7m^2），现有科研生产设备仪器 1 500 多台，固定资产原值 50 523 万元。职工 395 人，专业技术人员 260 人，其中教授级高级工程师 18 人、高级工程师 50 人。

【主要指标】

资产总额 84 644 万元，全年营业总收入 67 226 万元。利润总额 605 万元。主要经济指标完成情况详见表 1。

表 1 重材院 2016 年主要经济指标

项 目	2015 年	2016 年	同比增长（%）
资产总额（万元）	81 360	84 644	4.04
净资产（万元）	34 973	35 578	1.73

（续）

项　目	2015 年	2016 年	同比增长（%）
营业收入（万元）	62 868	67 226	6.93
利润总额（万元）	553	605	9.40
技术开发投入（万元）	6 969	6 060	-13.04
利税总额（万元）	1 328	1 314	-0.75
EVA 值（万元）	-692	-574	17.05
全员劳动生产率〔万元 /（人·年）〕	14.42	17.72	22.88
净资产收益率（%）	1.81	1.71	减少 0.1 个百分点
总资产报酬率（%）	3.31	2.72	减少 0.59 个百分点
国有资产保值增值率（%）	101.82	101.64	减少 0.18 个百分点

【重大决策及重大事项】

围绕落实“创新、协调、绿色、开放、共享”五大发展理念和“去产能、去库存、去杠杆、降成本、补短板”五大任务，做好各产业部门的库存盘点和库存减量工作。围绕供给侧结构改革，做好“提质增效”工作，在产品质量和管理水平上狠下功夫，收到良好效果，完成了集团下达的各项经营指标任务。

制定和完善检测的各项制度和人员配置，明确在保障内部检测的情况下，大力开拓对外检测市场的目标，努力使检测发展成为企业新的经济增长点。

3 月，召开新品推进专项、营销专项、资金及成本控制、人才培养等专项会议，专题研究新品开发、市场和客户分析、成本管控方式、人才培养计划等重点工作。

【科技创新】

制定重大科技项目管理办法，并给科技发展部增加 2 名兼职副部长。在此基础上，抓住国家推进科技体制改革契机，组织广大干部和技术人员积极策划申报各级科技项目，取得显著成效。

1. 科技立项　在 2015 年积极对接国家、地方各部门“十三五”规划取得良好成效的基础上，研究国家科技体制改革政策，加大横向科技项目的组织力度，精心做好项目申报全流程控制，包括项目申报材料编制、项目答辩组织等环节。全年申报各类纵向项目和项目建议 53 项，纵向项目签约 29 个项目，横向签约 16 项，签约经费共计 6 046 万元，其中净额（扣除外拨合作单位经费）5 003 万元。表 2 为部分新批重点项目。

表 2　重材院 2016 年部分新批重点科技项目

序号	项目类别	项目来源	项目名称	负责人	批准经费（万元）
1	市重点产业关键共性技术创新	重庆市科委	重大装备用系列高性能合金材料共性技术开发及应用	王东哲	200
2			平板显示玻璃行业用高强度铂族工程材料技术开发及产业化	刘庆宾	125
3			3D 打印用高性能合金粉体制备技术开发及应用	刘奇	100
4	新兴产业重大工程包	国家发改委	高性能测温材料国家地方联合工程实验室创新能力建设项目	陈德茂	500

（续）

序号	项目类别	项目来源	项目名称	负责人	批准经费（万元）
5	国家重点研发计划	国家科技部	超纯铜银合金及其微细材加工关键技术研究和产业化	李方	66
6			高性能金银键合丝及其微细材加工关键技术研究与产业化	刘庆宾	575
7			镍铬电阻合金箔材开发及产业化	黄国平	130
8	进口替代专项	国防科工局	精密不锈钢带	张十庆	1 010
9			高可靠性阴极用热丝	薄新维	320
10			搭铁线	李方	488
11	年度配套科研	国防科工局	导电游丝	李方	145
12			高强度弹簧丝	张十庆	40
13			空心阴极高可靠性铠装加热器及元件	唐锐	334
14			耐高温双路集成电加热器	鞠华	198
15	预研项目	装备发展部	舰船环境稳压器水位高精度、高可靠测量技术研究	王华	300
16			磁流变液及磁流变反后座装置研究	岳恩	56

另外，完成申报并通过评审，进入最后评审的项目有：军用关键材料能力建设项目，通过评估设备 20 台（套），批准项目投资 5 996 万元；核电重大专项课题“核级传感器用特种功能材料及元件的自主化研制”先后通过核电重大专项办公室、能源局的初评和最后评审，进入三部委平衡阶段。课题计划投资 3 676.43 万元，申请国拨 2 799.75 万元。

2. 科技计划 下达科技计划 3 批，安排各类科技项目 109 项（含子项）。其中，国家科技支撑计划项目 1 项、子课题 1 项，国家重点研发计划课题 1 项、子课题 2 项，配套科研项目 9 项、进口替代专项 3 项，预研项目 1 项、子课题 2 项，工业强基工程专项 1 项（含子任务 18 项），国家发改委新兴产业重大工程包 1 项，国家和重庆市博士后基金项目 4 项，横向委托研制 19 项，国家、行业标准制（修）订 9 项，市科委企业自主创新引导专项 2 项，市科委社会事业与民生保障科技创新专项 1 项，市科委重点产业共性关键技术创新专项 3 项，市科委人才专项 7 项，市科委自然科学基金 4 项，市科委平台项目 3 项，市工业振兴专项 1 项，区级项目 3 项，自列项目 13 项。

全年研发投入资金 5 327.22 万元。

3. 科技项目进展 科技项目运行基本正常。其中，配套科研项目“耐高温无机绝缘电缆”“GH2132 异形扁丝”“尾焰测温钨铼偶丝及补偿线”等 3 个项目通过集团公司组织的验收。完成了“双参数火焰探测器”“高纯净不锈轴承钢”等 2 项“十二五”生产能力项目的验收准备工作。

完成“高性能铂铱合金电极材料及元件产业化关键技术”“海洋（深海）油气勘探开发用高强韧耐腐蚀轴类合金”等 2 项国家科技部转制科研院所创新能力专项资金项目验收报告上报。参加研究的“深海集成油压动力源工程化及系列化研究”“含硫油气工程用高性能铁镍基耐蚀合金及产业化关键技术”等国家“863”计划课题完成课题验收。

9 个市级、2 个区级科技项目相继通过重庆市科委、北碚区科委组织的验收。

11 月 24 日，国家科技部“十三五”国家重点研发计划“战略性先进电子材料”专项——“高性能合金导电材料及其微细材加工关键技术研究和示范基地建设”项目在重材院举行项目启动会。重材院承担“高性能金银键合丝及其微细材加工关键技术研究与产业化”课题，参加“超纯铜银合金及其微细材加工关键技术研究与产业化”“镍铬电阻合金箔材开发及产业化”课题，共获批国拨经费771万元。该项目的申报与获批，对巩固公司在仪表电子材料领域的基础地位，以及增强优势，推进功能材料产业化基地建设具有重要意义。

推进“工业转型升级强基工程”项目、“自主三代核电技术关键传感器及仪表组件”项目。项目研制的核级不锈钢、镍基合金、铂丝、铑丝、波导丝等关键材料产品制造工艺优化固化，获得批量订货；严重事故铠装热电偶、堆芯出口铠装热电偶、核级铠装铂电阻、主泵转速测量仪表、控制棒棒位测量仪表、温差式液位测量仪表研制出工程样机，产品制造工艺固化，获得了订货。同时，完善核级质保体系建设，获得中核供应商资格，获得中广核“华龙一号”正式技术规格书，完成民用核安全级设备设计、制造许可证的开工鉴定试验，正进行模拟件制造。3月17日，后续模拟件制作活动获国家核安全局批准。正在有序推进过程中。

4. 科技奖励及成果 科技论文投稿23篇；申请专利24项，其中发明专利17项；获得专利授权46项，其中发明专利37项。获各类科技奖励4项：“高性能铂铱合金电极材料及元件”获国机集团2016年度科技进步奖二等奖；稀贵金属创新团队获“‘十二五’中国机械工业优秀创新团队”；王东哲副院长获评“十二五”“中国机械工业先进科技工作者”；“资源替代性高性能钨铼热电偶材料及产业化关键技术研究”获2016年度中国机械工业联合会科技进步奖二等奖。

5. 创新平台建设 2016年初，根据重材院部门调整情况，重材院对公司所属技术创新领导机构及管理办公室主任进行重新任命，保障了创新平台各项工作的顺利推进。其中，重材院所属国家仪表功能材料工程技术研究中心参加了国家科技部科技评估中心组织的国家工程技术研究中心第五次评估。公司所属重庆市院士专家工作站通过重庆市科协组织的年度考评，获第8名的成绩。所属“两江学者”特聘岗位通过重庆市委组织部、重庆市科委组织年度考核。所属重庆市企业技术中心通过重庆市经信委组织的年度考评，获优秀的成绩。

重材院企业技术中心被推荐申报2016年（第23批）国家企业技术中心的认定，通过市发改委和国家发改委组织的专家评审。12月15日，国家发改委批准公司企业技术中心为国家认定企业技术中心。

【市场开拓】

以国机集团“丹棱精神”“二次创业”为指引，在保持“1233”长期发展战略的基础上，制定“2015—2017”行动计划，以“转型”为核心，重点围绕“客户、品质、互联、效益”四方面开展工作。重点以新品推进专项、营销专项、资金及成本控制、人才培养等专项工作为切入点，重点发展军品、航空、航天、能源、IT、汽车、电力、仪器仪表、智能制造等领域的高端业务，强化创新能力，打造高附加值产品。优化产业链布局，开展协同经营，加强主业之间的协同效应。尽快完成产业能力提升，推进体制机制改革，增强企业三大板块经营活力，壮大整体实力，努力实现有质量增长。

【产权制度改革】

落实国机集团产权管理精神，遵循依法合规、市场机制的工作理念，把握推动流转、防止流失、优化配置、提升价值的工作定位，坚持制度化、程序化、信息化、规范化的工作方法，在加强产权管理、汇集监管合力、优化产权配置、服务改制大局等方面取得新的成绩。一是产权管理工作体系进一步完善，为企业发展夯实基础。二是通过不断完善产权管理制度，转变产权管理工作方式，加强国有资产产权管理，推进产权集中统一监管，产权管理工作不断强化，推动国有资产管理上新水平。三是努力建立合理的产权结构、提升管理水平，优化产权配置、推进合理布局，增强资本运作能力、实现稳中求进，推动全面发展。

【主要管理经验】

1. 全面预算管理方面 继续加强预算管理，于年初制定《预算管理办法》，并严格执行，收到良好效果。收入增加 22%，营业总成本增加 21%。期间费用增加 2%。应收账款降低 19%，存货降低 6%。

2. 人力资源管理方面 制定《重材院“十三五”人才队伍建设规划》，明确未来5年人才建设的重点、措施及目标。人力资源部教育培训工作的重点是以军工核电为关注点的质量管理培训、检测及特种作业培训、安全生产培训、部分岗位职业能力培训、高端人才培训及新员工培训等为主。在理化检测、计量检定，以及无损检测、焊接等特种作业方面，利用外部培训资源，进行资质取证培训，共取证 47 人次；在重材院内部，重点对起重机操作员工进行起重机安全技术培训。在安全生产培训方面，开展安全生产事故案例分析、重材院员工安全管理、消防安全知识技能、用电安全技术等系列培训。在部分岗位职业能力培训方面，开展项目经费管理、标准编写方法、劳动用工管理、票据管理、会计审计后续教育等培训。在高端人才培训方面，组织全体中层干部进行集团在线学习培训；部分中层干部、骨干科技人员先后参加了国机集团高科技人才培训。

3. 产业链与客户管理方面 利用在相关领域的良好基础及与国内多个核电及军工企业建立的稳定合作关系，推进核电领域的民用核电特种合金材料及传感器新产品。此外，在航空航天、军工配套新产品及信息技术行业的 TFT-LCD 及光学玻璃贵金属通道产品方面加大开发力度。

3 月召开检测工作专题研讨会，分析研究在检测工作方面的现状和优势，谋划统筹布局，研究开拓检测市场的各项措施。

4. 质量管理方面 为协调发展检验检测体系，将原分散在各产业部门的理化检测、性能测试、计量检定统一归口到质量管理部，对内外部检测业务流程进行梳理，对公司原材料进厂检验、产品出厂检验流程进行协调，制定《原材料及产品检测管理办法》《产品出厂检验管理办法》《计量管理实施办法》等文件，进一步规范检验检测程序和实验室管理。

接收用户二方体系审核 16 次，重要项目招投标质量评审及其他用户的供方调查 39 项，接受三方审核 1 次、集中内审 1 次，制定完成纠正措施 30 项。重点对 60 项军工、核电合同进行监控，顺利交付合同 27 项。收到用户反馈的质量信息 96 项，其中质量问题 41 项，产品返退率 0.08%，顾客投诉率 0.97%，涉及合同金额 62.1 万元，比上年下降 66.7%（均组织分析原因、制定纠正措施，给用户进行了反馈）。向 100 家主要用户发放“顾客满意度调查表”，顾客满意度为 92.18，与上年基本持平。

5. 安全生产方面 贯彻习近平总书记、李克强总理关于安全生产的重要指示精神，按照国机集团 2016 年安全生产工作总体部署，围绕强化红线意识，建立健全责任体系，落实“党政同责，一岗双责”要求，有效防范安全风险的工作思路，加强安全生产管理，夯实安全生产管理基础，开展了行之有效的工作。未发生重伤及以上生产安全事故，安全生产保持平稳运行态势。

6. 节能减排方面 推进降本增效工作，能源费用比上年降低降低 19%，百万元产值同比降低 21%。优化污水处理工艺，废水处理成本与上年同条件下相比降低 5.4%。

【信息化建设】

推进信息化建设，使公司信息化水平得到较大提升，主要加强了供应链系统建设和正版化工作，为重材院的经营管理工作提供了有效服务。

从11月份启动供应链系统建设。本次建设的系统选用用友U8+产品，包括销售、合同、采购、库存、存货管理五大模块，主要目标在于建立规范统一的物料清单，减少编码数量；规范销、采购售业务管理；实现采购、库存信息实时查询及统计；逐步实现完善的客户信用额度管理，采购、销售价格体系管理；替换原有的分散系统，实现数据的规范与共享。系统在2017年1月1日上线，系统正式运行后，重材院的信息化应用水平得到很大提高。

在2016年初完成微软操作系统50套采购，微软Office 50套采购，结合之前对服务器操作系统及数据库的采购，重材院正版化工作进展顺利，后续将根据实际使用需求继续做好正版化工作。

【企业文化】

重材院党委以“两学一做”专题学习为抓手，努力将党建学习教育引向经常性和深入化。重材院党委开展4次中心组学习、召开2次专题党建工作会，召开党风廉政建设工作会、群团统一工作会、宣传工作会等专题会议。组织各支部开展“三会一课”工作。在庆祝建党95周年的党员大会上，公司党委书记上了专题党课。邀请重庆市委十八届六中全会宣讲团成员、重庆市委党校教授罗晓梅为全体在职党员深入解读“十八届六中全会精神”。

重材院工会制定了详细的工作计划，除组织召开职工代表大会，保证职工基本权利的工作外，还组织员工开展了运动会，以及登山、羽毛球、篮球、足球、摄影书法等活动。为全体在职员工发放生日卡，在“三八”妇女节组织女性员工开展趣味活动等，使员工的业余活动丰富多彩。工会还组织上交集团爱心基金24 976元，支持爱心基金专项工作。

重材院团委发挥青年组织优势，开展“五四”青年节、中秋节、“CC好歌声”、围棋大赛等活动。

【党建工作】

重材院党委按照中央从严治党精神和《国机集团各级党委党建责任清单》的要求，制定《重材院2016年党建工作基本任务表》，谋划全年党建工作的基本任务，明确具体内容和时间节点，并按照要求认真落实。

重材院党委组织召开2次专题党建工作会，1次党风廉政建设工作会，10次党委会，4次中心组学习，并召开群团统战工作会和宣传工作会。在“七一”庆祝建党95周年暨“两优一先”表彰大会上，党委书记为全体党员上专题党课。组织修订单位《三重一大决策》文件。并按集团要求将党建内容加入公司章程，不折不扣地履行做好企业党建工作。

【社会责任】

重视与尊重企业与员工在劳动关系中的权利和义务，督促在依法参加员工基本医疗保险的基础上，积极履行企业社会责任，为在职女职工购买“女职工特殊疾病”保险。履行国有企业社会责任，实现企业保值增值。公司上交地方政府税收916万元。

履行国有企业社会责任，除对本单位老弱病残送出关爱外，对库区移民贫困县重庆市巫山县给予支持，自2009年开始每年为巫山县捐赠5万元扶贫建设财物，支持巫山县发展。

成都工具研究所有限公司

【基本概况】

成都工具研究所有限公司（简称成都工具所）1956 年创建于北京，是原国家机械工业部直属的中国机械行业唯一的综合性工具科研开发机构，1965 年迁至成都。1998 年经国家科技部批准，成为“国家精密工具工程技术研究中心”“国家工具生产力促进中心”的依托组件单位。1999 年转制为科技型企业，进入国机集团。

成都工具所是中国工具行业技术归口单位，担负着全国工具行业发展规划，以及全国刀具、量具、量仪产品质量监督检验认证工作，负责起草制定全国刀具、量具、量仪产品标准，是全国刀具、量具、量仪产品质量检验国家认证实验室和全国刀具标准化委员会、全国量具量仪标准化委员会的所在单位；是中国机械工业金属切削刀具技术协会、中国机床工具工业协会工具分会、中国仪器仪表学会机械量测试分会等行业社会团体组织的挂靠单位，出版有国家一级综合性技术刊物《工具技术》。

主要从事精密切削刀具、精密测量仪器和表面改性技术三大类机械产品共性技术研究及其高新技术产品的开发与生产。形成了以硬质合金石油管螺纹梳刀为主导并逐步发展了轴承刀具、超硬刀具、数控刀具、深孔加工刀具、汽车刀具、精密复杂硬质合金成型刀具、配套刀具、齿轮测量仪器、主动量仪、激光干涉仪、工具专机及 PVD、CVD、PCVD 涂层技术服务，以及第二代 QPQ 盐浴复合处理技术与装备等产品并存的产业结构。这些产品和技术均拥有自主创新的核心技术，从科研开发、新材料、新工艺、专用装备、市场等方面形成了完整的体系。

【主要指标】

受宏观形势和国家政策性因素影响，钢铁行业减产，石油行业产能恢复未达到预期，客户需求下降，同时刀具行业竞争激烈，出现为争夺市场份额不断降价等情况，公司主要产品石油管螺纹刀具、深孔钻受到较大程度的影响，销售额较 2015 年分别下降 25% 和 21%。部分产品经过升级换代，出现较大幅度增长，其中超硬刀具和精密复杂成型刀具分别增长 24% 和 44%，其他主导产品基本持平或小幅增长。从客户来看，公司销售额前 20 位客户共计销售 3 250 万元，占公司销售额的 42%。

面对严峻的形势，成都工具所党政工团齐心协力，全体干部职工团结一致，贯彻落实科学发展观，调整产业结构，转变发展方式，千方百计整合优势资源，全力推进传统产业稳步发展，倾力发展新产品。实现营业收入 7 870 万元，利润总额 -1 271 万元。主要经济指标完成情况详见表 1。

表 1　工具所 2016 年主要经济指标

项目	2015 年	2016 年	同比增长（%）
资产总额（万元）	31 294	28 148	-10.05
净资产（万元）	22 417	21 142	-5.69
营业收入（万元）	9 089	7 870	765.88

（续）

项目	2015 年	2016 年	同比增长（%）
利润总额（万元）	-2 521	-1 271	49.58
技术开发投入（万元）	2 917	1 580	-45.83
利税总额（万元）	-1 575	-547	65.27
EVA 值（万元）	-3 700	-1 900	50.08
全员劳动生产率〔万元 /（人·年）〕	6	10.97	80.13
净资产收益率（%）	-10.48	-5.86	增加 4.62 个百分点
总资产报酬率（%）	-7.04	-3.98	增加 3.06 个百分点
国有资本保值增值率（%）	90.04	94.31	增加 4.27 个百分点

【重大决策】

坚持“三重一大”事项集体商议决定。2016 年全年召开党委会 13 次、党政联席会 18 次，进一步明确了决策范围、决策程序、强化监督检查。

根据《公司法》《公司章程》，公司召开股东大会 4 次（现场会议 1 次、通信方式会议 3 次），审议通过并形成有关决议。

根据项目组运行情况，根据成都工具所发展需要，把技术质量部的检测功能归于检测中心。推行项目组制度，并鼓励只要有合适的项目，且条件成熟、利于发展，就可以成立项目组。各项目组采用承包方式经营，实行人财物等方面的全成本独立核算，充分调动业务骨干的积极性。经过一年的运行，部分项目组打开了局面，经济效益大为好转，为项目组进一步实施承包式自主经营提供了支撑。

【科技创新】

持续推进科研及技术创新工作，全年成功申报发明专利 1 项，授权 5 项（3 项发明、2 项实用新型），1 项软件著作权。

完成科技重大专项《金刚石刀具检测技术与系统研究》课题的终验收工作；完成国家精密工具工程技术研究中心第五次评估答辩工作；至 2016 年底，为申报 2017 年度四川省重大技术装备创新研制和产业化专项，完成了四川省配套的《复杂数控刀具创新能力平台建设》《高性能数控刀具性能测试与检测技术平台的研究》项目的验收工作。

2016 年的项目主要是从地方在标准、两化融合、地方资金配套类项目方面的申报，成功 8 项。全年在研科研项目 30 项，共实现中央和地方科研项目收入 785.12 万元。

积极开发新产品，根据市场需要不断投入新产品研发。研发的新产品对标进口产品，质量在国内处于领先水平，如核电管板钻和精密复杂刀具。全年新产品的销售额在 900 万元，占主营业务收入的 12%。

表 2　工具所 2016 年专利获得情况统计

序号	类 型	专利号	名 称	授权日
1	发明专利	201310403353.1	复杂成形梳齿刀具	2016.3.30
2	发明专利	201410128652.3	含 Cr 高钢级石油管螺纹加工用硬质合金刀具材料	2016.03.16
3	发明专利	201410547889.5	用于汽车铸铁加工的硬质合金刀片	2016.7.6
4	实用新型专利	ZL201521137478.5	孔加工刀具和用于孔加工刀具导向块	2016.8.17
5	实用新型专利	ZL201521130962.5	小直径三刃错齿内排屑深孔钻	2016.08.03
6	软件著作权	2016SR189944	高性能螺纹丝锥切削仿真实验软件 V1.0	2016.5.31

【行业工作】

检测所完成检验业务 100 个单元（项），进行 18 项标准的制（修）订工作（国标 3 项、行标 15 项）；颁发刀具标准 34 项（国标 14 项、行标 20 项）；成功申报 12 项标准立项项目（国标 2 项、行标 10 项）。

全年累计完成《工具技术》12 期、《工具展望》6 期，共 310 多万字的编辑出版量。

举办第 7 届切削与测量国际工程研讨会，业界技术专家和学者云集，约 180 名中外嘉宾参加，仅国外来宾和专家就有 10 多名。

加大企业宣传力度，如指定专人负责微信稿件审理和工具信息网上传工作，推进微信推广和网上推广；参加行业展会、中国刀协会活动、切削委员会会议、CCMT、DMP、上海工博展、工具分会扩大会、切削专委会会议等，取得了较好效果。

【管理经验】

1. 经营管理方面 刀具行业竞争激烈，出现为争夺市场份额不断降价等情况，公司主要产品石油管螺纹刀具、深孔钻受到较大程度影响，销售额较 2015 年分别下降 25% 和 21%。部分产品经过升级换代，出现较大幅度增长，其中超硬刀具和精密复杂成型刀具分别增长 24% 和 44%，其他主导产品基本持平或小幅增长。从客户来看，公司销售额前 20 位客户共销售 3 250 万元，占公司销售额的 42%。

从市场开拓角度看：一是以市场为导向，研究市场，开拓市场。为准确把握市场脉搏，抢抓市场机遇，把开拓市场放在经营工作的首位，不断增强信息搜集的前瞻性，确保老市场不断稳固，新市场不断增加。二是着眼未来，培养一支高素质的经营队伍。一年来，通过加大培训力度，压担子，销售队伍的素质、责任心逐渐提高。三是健全规章制度，完善激励政策，提高经营人员的工作积极性。四是积极开拓国外市场，参加俄罗斯、印度、伊朗等国外展会，加大螺纹刀具、轴承刀具、主动量仪等在上述地区的推广，取得销售额 307 万元业绩。

积聚一部分非常有希望的潜力客户：东汽、哈汽、沃德、时风、韩通、潍柴、东锅、三爱海陵等，前期产品得到初步验证，加快了开发进度，销售增长预期非常大。

2. 财务管理方面 围绕“加强财务基础管理，控制成本费用，确保生产经营顺畅”目标，强化成本费用控制，提高了运行效率。

通过应收账款、存货、资金闭环管理，使整个物资和资金流动相互作用，提升资金价值；风险管理深入物资和资金流全过程，降低资金损失风险；按资金整体规划制定合理的筹资计划，减少不必要的财务费用支出。全年应收账款总体规模呈现下降趋势，周转率较上年提高，存货呈下降趋势，且存货结构优化，存货下降 1 400 万元，较 2015 年下降 20%。

3. 人力资源管理方面 深化以“提高人均产值和人均利润，不断优化人员配置”的方针开展工作，2016 年底在岗职工人数由 2015 年末的 458 人减少至 421 人，2016 年新招聘 13 人（大学生 8 人、操作人员 5 人），减少 50 人（法定退休 7 人、内部退养 9 人、辞职技术人员 10 人、合同工 17 人、主动解除 6 人、终止 1 人）。

教育培训方面，积极参加国机集团组织的各类培训，成都工具所 2 名中层干部参加了国机集团组织的中青年干部集中培训；为中层干部及管理骨干开设执行力方面的在线学习，参学率 97%；为中层以上干部举办有关劳动法、企业经营中的法律思维培训和《安全生产法》培训等。

积极申报政策补贴：向社保局申请补贴 20 多万元；推荐 4 名高级技师、7 名技师通过新都区技能人才库选拔，获新都区政府补贴技能型人才高级技师每人 4 000 元、技师每人 2 000 元的补贴（已发给员工个人）。向科技部申请退休人员补贴 70 多万元。

4. 生产与安全管理方面 自实行以销定产的管理模式以来，生产的计划性不断得到提升、占用成本不断降低，年度生产订单计划履约率93.35%，较上年提高9.6个百分点；下半年，对库存产品状态进行分类，成品库存账物相符率达到99.7%，在制品账物相符率98.35%。

投料比例从6月份的150%降到9月份的120%以下，共节约投料超过300万元；外协实现集中管理，外协费用下降113万元，同比节约28.5万元。对物流公司进行认真梳理，引入竞争机制，全年共节约物流费用8.15万元；关注地方政策，获地方物流补助23.6万元。

落实安全生产责任制，签订“安全生产责任书”，全年无安全事故，获评新都区“安全生产管理先进单位”。及时向各级上报安全生产各类资料30余项，三级达标完成网上申报。完成各类安全检测装置的检验检测管理。

5. 质量管理方面 完成年度内审和季度质量通报工作。完成《质量管理制度》（修订稿）和《质量监督考核管理办法》（修订稿）。

通过规范工序流程，解决因工序合并、拆分与调账等因素造成废品无法进入统计范围等问题，提高质量指标统计准确性；配合质量关口前移，完善合金材料毛坯生产工序流程；统一工序名称，规范完工产品检索方法，便于统计分析，提高统计工作效率。

重点关注废品额变化，按要求完成月度统计通报，季度总结分析。与上年相比，完工产品一次交检合格率提升13.28个百分点，达到97.17%；完工产品合格率提升2.34个百分点，达到97.47%；完工产品废品率下降2.24个百分点，达到1.95%；完工产品废品额下降37.72万元，下降了31.5%。

组织完成关键、重点工序工艺验证工作，确保产品质量稳定，如在进行涂层工艺验证过程中，发现了球痕形貌分析检测新方法，对稳定和提高涂层产品质量具有重要指导意义；组织分析验证，解决化学涂层工艺过程出现的严重质量问题和物理涂层涂后刃口涂层脱落问题，提升了质量意识和产品竞争力。

【信息化建设】

启动ERP改造、升级项目。同时，对原ERP系统进行大量的优化、完善工作，如进一步完善客户信用额度的管理；新设计自制毛坯生产计划与备精坯生产计划的管理控制流程等。

建立公司域名的企业邮件系统（mail.ctri.com.cn），统一各部门和业务人员对外联系的邮箱地址。建立邮件监控及归档体系，在改善公司形象的同时，保护了公司利益。

优化中国工具信息网、公司官网，顺利完成第七届现代切削与测量工程国际研讨会等公司内外的相关网络广告工作。

实现公司服务器机房的远程管理（ILO）。

【党建工作】

面向全体党员，开展“学党章党规、学系列讲话、做合格党员”的“两学一做”学习教育活动。成都工具所党委召开党委会13次、开展中心组学习4次。党委委员到联系点支部上党课7次，全体党员党课学习2次。下发学习书籍540册。召开“七一”表彰大会。开展“我眼中的合格党员”演讲比赛。组织观看十八届六中全会习近平总书记讲话。做好集团党建工作巡视检查、领导班子民主生活会、支部组织生活会、党支部书记培训等工作，确保“两学一做”教育活动成果丰硕。

落实“一岗双责”，组织全体中层干部签订“2016年度党风廉政建设责任书”36份；严肃个人事项填报，加强对中层干部的引导教育，经抽查，无不合规现象；推进党风廉政，制定《企业负责人履职待遇及业务支出管理办法》《惩防体系建设实施细则》《物资采购管理办法》《招投标管理办法》等制度，坚决把纪律和规矩挺在前面。

【企业文化】

编辑出版《工具所报》12期，刊登各类稿件近300篇，编辑处理文字16万字，向集团及兄弟单位发放外报2 000余份。围绕中心工作，重点对总经理职代会报告、印度伊朗等海外市场开拓、首席工程师访谈等进行策划与报道；为激发企业正能量，对公司成立60周年纪念活动、机器人大赛亚军荣誉、身边人身边事讲述榜样力量、青年英语口语培训与竞赛进行专版报道，力求让宣传跟上公司改革思路，让职工统一思想凝聚共识，营造良好的企业氛围。

成都工具所工会组织职工新年运动会、职工文艺汇演、过年过节慰问、职工生日蛋糕券发放、夏送清凉等大型活动6次，共3 000人次；组织参加国机集团首届工业机器人技能大赛、羽乒赛、精准扶贫、我与国机共成长演讲、市总工会优秀厂务公开民主管理经验介绍等上级工会活动8次；切实想职工所想急职工所急，全年慰问困难职工、住院职工、工龄30年等老职工42人次，并成功申报3人的“集团爱心基金”。成都工具所团委开展五四青年健步走活动、青年英语口语培训及竞赛、机器人大赛分享会、青联委员上团课等活动，并创新开启团委微信公众号推送，进一步凝聚青年共识，增强企业活力。

中国重型机械研究院股份公司

【基本概况】

中国重型机械研究院股份公司（以下简称中国重型院）创建于1956年，1999年转制为科技型企业并加入国机集团。主营业务涵盖：采矿、钢铁冶炼、二次精炼、连续铸造、板（带箔）管（棒）型材轧制、精整处理、金属锻造/挤压、拉伸塑性成型、工业烟气净化回收、油页岩炼油与油气输送等所需各种大型、高端工艺装备的研发设计、成套和工程承包，并承担规划、信息、质检和工程监理等行业技术工作。

下设15个专业研究所、7个子公司、2个中试工厂、5个分院。2016年末在册员工870人，科研人员占员工总数的70%以上，其中有中国工程院院士1人、国家“百千万人才工程”人选3人、国家“万人计划”科技创新领军人才1人、全国先进工作者1人、全国五一劳动奖章获得者2人、全国优秀科技工作者2人。

具有国家发改委颁发的建筑、钢铁、市政公用工程（燃气热力）工程咨询甲级资质，以及国家建设部颁发的建筑工程设计甲级资质，冶金、市政公用燃气工程设计乙级资质。

2016年，冶金装备行业普遍出现大幅亏损，外部形势依然复杂严峻，中国重型院克服诸多困难，发挥自身轻资产、低资产负债率和技术创新优势，实现持续盈利，稳定发展。实现营业收入10.61亿元，利润总额2 099.26万元。

【主要指标】（主要经济指标完成情况详见表1）

表1 中国重型院2016年主要经济指标

项目	2015年	2016年	同比增长（%）
资产总额（万元）	368 061.64	359 838.45	-2.23
净资产（万元）	113 152.46	133 863.40	18.30
营业收入（万元）	106 549.46	106 125.87	-0.40

（续）

项目	2015年	2016年	同比增长（%）
利润总额（万元）	3 130.73	2 099.26	-32.95
技术开发投入（万元）	11 549.18	14 183.29	22.81
利税总额（万元）	10 104.96	6 675.88	-33.93
EVA值（万元）	-799.35	-2 492.87	211.86
全员劳动生产率〔万元/（人·年）〕	26.16	26.03	-0.48
净资产收益率（%）	2.94	0.39	减少2.55个百分点
总资产报酬率（%）	1.09	0.70	减少0.39个百分点
国有资产保值增值率（%）	102.76	100.31	减少2.45个百分点

【重大决策及重大项目】

1. 新区建设有序推进 针对当前和未来一定时期的经营形势，对新区建设项目进行细致的风险评估与测算，通过对项目优化和压缩各项费用，大幅减少了投资额。9月14日，国机集团批复同意中国重型院新区建设一期建设方案。项目启动后，中国重型院向经开区管委会及时汇报项目进展情况，申请相关政策优惠，申请退还城建配套费1 033.3万元和土地差额返还1 407万元。通过公开招标，确定中标单位，计划2017年底实现建筑主体竣工。

2. 积极配合国机集团"重装板块"重组 3月，国机集团启动"重装板块"重组事项，中国重型院随即成立国机重装资源整合对接小组和专项工作组，配合国机集团开展重装资源整合工作，完成尽职调查、审计评估、增资等前期准备工作。结合国机重装资产评估工作开展资产清查，对低效无效资产进行盘活。

【科技创新】

在高端装备制造、战略性新兴产业技术领域开展科研开发和前瞻性储备科研课题，在掌握核心技术和关键技术的基础上拓展产业链。获国家、省市、集团、区科技计划项目22项；设立院管科研课题11项。荣获各类科技成果奖励10项，其中"3 000kN/7 500kN·m超大型锻造操作机研制"荣获中国机械工业集团科学技术特等奖。完成科技成果鉴定和验收项目8项，其中承担的国家智能化制造装备发展专项"高品质特厚板连铸机"项目的核心内容取得重要阶段性成果、承担的国家智能化制造装备发展专项"高精度面板智能化冷连轧生产线"项目任务全面完成。申请专利241件，授权专利202件，其中发明专利101件；申报软件著作权2件，授权1件。

6月—7月，中国重型院"航空万吨级铝合金板张力拉伸机装备"模型参加由国家科技部、国家发改委、财政部等18个部门机构共同举办的国家"十二五"科技创新成就展。习近平总书记、李克强总理等党和国家领导人，军委、国务院各部委、各省直辖市领导、两院院士、全国科协代表等均参观了此次展会。

1. 新产品及新工艺研究 研发国产首台（套）大型成套装备6项。ϕ50～ϕ150mm两辊棒材矫直机，最大矫直棒材规格为ϕ150mm，矫直精度0.5mm/m，打破国外垄断；36MN铝基陶瓷粉末复合材料挤压机，建立了精确的挤压温度及挤压速度控制系统，采用模具在线加热系统，提高了挤压筒温度控制精度，打破了国外垄断；中子吸收板轧制机组，自主设计研发具有复合板轧制翘头扣头综合控制技术、多层快节奏加热炉系统等关键技术，打破国外技术垄断；ϕ323mm（200MPa）水压试验机，首创集成式超高压增压系统、联合增压系统，以及研发超高压模具及结构优化、模具超高压密封、超高压水路控制系统等；0.12～0.20mm优质超薄热镀锌带钢连续生产线，采用机械、化学和电解相结合的脱脂工艺，间接加热退火工艺，湿式光整工艺，两弯两矫拉矫工艺，立式钝化工艺和塔式出口活套等技术，整体技术达到国际先进水平；高磁感取向硅钢精整机组，开发的机组生产工艺、纵切圆盘剪的刀轴直径公差、刀轴径向跳动、剪刃端面跳动、重叠量调整方式处于国际领先水平。

新技术、新产品应用 5 项。大倒角结晶器在线热调宽技术，设计并优化调宽动作控制曲线，在邯钢集团 230mm×2 150mm 连铸机上一次热试成功，是该项技术在国内的首次成功应用；中间罐等离子加热装置技术，提高了铸坯质量，增加了产品附加值；ϕ610mm 水压涨形模具，研发大口径复合用自动跟随端部模具，使产品利润提高 10%；用于航天领域关键部件的自动清洗装置，首创快速更换夹具，自动变换振幅频率系统，清洗工艺研究，低成本化研发，提高效率 5 倍以上；矩形坯连铸机冷床升降液压同步控制装置及方法，较传统液压控制方式更平稳、快速、故障率低、造价低。

2. 创新平台产学研用合作进展 由中国重型院牵头，江苏国光重型机械有限公司、燕山大学、西安交通大学和重庆大学产学研用联合攻关的“3 000kN/7 500kN·m 超大型锻造操作机研制”项目，在国家 04 科技重大专项课题的资助下，研制出缸动压杆式夹持、三点吊挂和并联驱动的六自由度的重载机器人型锻造操作机。实现最大夹持载荷 3 000kN，最大夹持力矩 7 500kN·m，夹持尺寸范围 ϕ400 ～ 3 500mm，为当前世界最大夹持力 / 夹持力矩。该项目荣获 2016 年度中国机械工业集团科学技术特等奖。

“金属挤压与锻造装备技术国家重点实验室”自 11 月开始进行系列的海绵钛电极压缩试验，并取得初步成功。该系列试验有望拓宽海绵钛电极的制备工艺方法，对海绵钛电极的高效、绿色制备提供工艺性指导；另一方面为中国重型院挤压机开拓出新的应用领域。

3 月，中国重型院与燕山大学、东北大学、北京科技大学、西安交通大学等合作，建立“冷连轧技术互联网平台”。该平台由基于云计算的协同研发设计平台和面向冷轧企业的智能服务云平台组成，探索基于大数据的生产过程质量管理，构建、优化轧制装备质量服务模型，以实现产品服务智能化。

3. 学术交流 重视前沿科技的交流推广工作，及时了解相关行业领域前沿技术动态，为研发技术装备创新难题提供新思路、新方法。组织召开多次学术会议，邀请相关技术领域专家领导莅临院内作报告，并与广大一线科技工作者展开合作交流。4 月 14 日，中国重型院金属挤压与锻造装备技术国家重点实验室、西安交通大学、法国 Transvalor 公司、中国重型机械工业协会、陕西省机械工程学会共同举办“金属成形模拟仿真技术研讨会”，研讨内容涉及金属成形模拟仿真技术、先进成形工艺、模具及装备技术和金属成形智能化发展趋势，以及金属成形领域的新技术和新装备。

【市场营销】

围绕“以客户为中心”的经营理念，强化项目全流程服务，从服务过程中获取市场需求信息，通过优质服务赢得客户信任，以优质服务打造“中国重型院”品牌。签订合同 16.55 亿元，是上年的 97.48%。合同额 3 000 万元以上的大型成套装备合同共 8 项，合同总额 11.94 亿元，比上年增长 0.76%。

1. 重大项目投产情况

（1）中国重型院成套的宝钢湛江钢铁有限公司 2030 冷轧工程重卷检查机组 3 条生产线投产，生产出合格的汽车外板。该工程采用多项拥有自主知识产权的专利技术，具有高度的自动化水平，能满足厚度规格 0.45 ～ 2.3mm、宽度规格 900 ～ 1 850mm 的成品带材生产需求。

（2）中国重型院总包的唐山燕山钢铁有限公司二机二流板坯连铸机顺利投产，均为直弧型连铸机，铸机半径R9.5m、铸坯规格（180、200、230）mm×（700～1 550）mm。该连铸机采用中国重型院独创的辊列设计和中间包升降平衡动态调节、结晶器液面检测、结晶器漏钢预报、结晶器液压振动、二冷电磁搅拌、扇形段远程调辊缝及动态轻压下、二冷气雾冷却及动态控制功能等自主研发的先进技术，整体装机水平达到国内领先。

（3）中国重型院总成套的伊朗穆巴拉克钢铁集团板坯连铸机顺利投产，该设备作为穆巴拉克钢铁集团唯一一台非欧洲设计的连铸机，采用多项中国重型院领先技术，如连续弯矫、细辊密布辊列设计、动态二冷水控制、全程防氧化保护浇注、动态可调液压振动、结晶器智能冷却、高效上装引锭等。

（4）中国重型院总成套的鞍钢广州汽车钢有限公司重卷检查机组顺利投产，该机组采用多项中国重型院自主知识产权专利技术，具有连续切边、涂油、表面检查、分卷等功能和高度的自动化水平，能够满足厚度0.4～2.5mm、宽度800～1 880mm的成品带材生产需求。

2. 重大装备签约情况

（1）继燕钢2台双流板坯连铸机和青山印尼不锈钢板坯连铸机顺利投产后，又分别中标燕钢1台双流连铸机、青山印尼1台不锈钢板坯连铸机合同和1台6流不锈钢方坯连铸机。

（2）在高端汽车板重卷检查生产线项目上，宝钢湛江和武钢防城港项目的顺利投产产生了良好的市场效应，中国重型院中标的山东钢铁日照精品基地项目是国内大型钢企2016年唯一公开招标的同类型项目。

（3）与营口忠旺铝业有限公司一次签订10条75MN和2条125MN单动正向铝型材挤压生产线。75MN单动正向铝型材生产线是中国重型院首次承担该规格挤压装备的成套供货。

（4）转炉煤气干法回收系统获得用户充分认可，签订转炉煤气干法回收系统总承包项目4项。

3. 国际市场开拓情况　按照国家“一带一路”倡议及国机集团“再造一个海外新国机”战略，深耕国际市场，签订出口项目6项，合同金额9 696万元。全年组织、参与海外项目近20项、商务技术交流近40次，主要包括乌克兰钢管项目、印度钢管项目、伊朗炉卷轧机项目、造纸项目等。同时，积极拓展海外项目信息收集渠道，寻求与更多海外客商合作，与9家海外代理商签署合作协议。针对重点市场，参加第二届伊朗钢铁会议、伊朗钢铁冶金展，在伊朗相关期刊上刊登宣传资料，深入推广“中国重型院”品牌。

4. 企业技术改造项目和备件签约情况　钢铁行业近年来调结构转型升级，企业新建产能明显减少，现有长服役期装备更新和技术改造项目增多，中国重型院针对这一市场特点，加大回访现有客户，宣传自主知识产权新技术、新工艺，服务于已投产设备的升级换代和技术改造中。签订技术改造项目31项，合同金额约8 266万元，较上年增长近1倍。签订备件约220项，合同额共约4 630万元，较上年有所减少。

【管理经验】

1. 经营管理方面　全面多层次开拓市场。以市场和客户为中心，做好国内外市场调查，保持对市场的敏锐反应，紧抓优势专业的项目投标，兼顾技改项目、备品备件，瞄准国际市场。主动贴近客户，宣传推广新产品、新技术、技改升级等，拓展新领域。制定《客户回访专项工作实施方案》，进一步加大回访力度。

强化风险管理。严格执行《市场合同外委招标管理办法》，加强合格供应商管理和合同风险的评估，制定《全面风险管理办法》，严格执行外委付款审批制度，保证资金流向安全，降低风险。

加强降本增效力度。强化全面预算管理，建立预算编制、执行、反馈、调整形成完整严密的预算体系，将预算指标细化分解到各责任部门并纳入公司年度自主经营指标进行考核。树立公司节约、降本增效的意识，提升科学化、精细化管理水平。

2. 科研管理方面 中国重型院健全科研管理体系，提高自主创新能力。针对现存科研管理制度，下发调研问卷，梳理问题，起草《科技成果无奖金配套奖励办法》《科技论文专著奖励办法》《承担国家省市集团科技计划提成奖励办法》等，修订《中国重型机械研究院股份公司青年科技创新奖奖励办法》，激励员工科技研发和技术创新的热情。

3. 知识产权管理方面 建立中国重型院知识产权工作的规范体系，加强知识产权创造、运用、管理和保护。

【信息化建设】

1. 智能制造信息化建设方面 部署 Oracle 工艺数据库服务器、质量判定系统服务器等，采集现场设备数据，实现远程设备诊断与快速技术服务，并为以后生产工艺数据挖掘积累初始数据。针对智能轧制数据中心项目，进行需求分析、方案设计、技术招标、软硬件实施、组织验收，为智能轧制其他子项实现平台支持。

2. 新区的信息化建设方面 与国内外 IT 设备/软件厂商进行交流研讨，参观多家企业、科研院所、高校的信息化系统，结合自身实际情况，设计了一套信息化建设方案，完成《新区信息化建设项目技术方案书》。

【企业文化】

在市场持续下行的严峻形势面前，中国重型院践行“溯源、惟新、尚德、大成”企业文化精神，坚持不懈地营造企业创新文化，建设创新体系，使创新成为本能，取得丰硕的科研成果。

以质量打造“中国重型院”品牌。通过抓产品与服务质量，在市场中树立品牌，通过品牌塑造企业形象、增强产品的溢价空间、提高核心竞争力。

工作之余，组织开展各种全院员工广泛参与的羽毛球、篮球、排球等体育活动，增强员工的凝聚力和团队意识，增强企业活力；组队参加省市、国机集团举办的各项赛事，增进企业间的沟通和交流。支持帮助青年篮球队、足球队、舞蹈队开展活动，展现青年活力；通过 QQ 群、微信等网络平台，宣传青年员工的文化建设动态。

【党建工作】

1. 党建基本情况 截至 2016 年年底，共 26 个党支部、2 个党总支，党员总数 661 人。2016 年发展新党员 5 人，预备党员转正 7 人。

2. 完成党委、纪委换届工作 6 月 30 日，召开第十二次党代会，选举产生新一届党委、纪委委员。发挥党组织政治核心作用，为中国重型院持续稳定发展提供坚实保障。

3.“三严三实”专题教育 开展党的群众路线教育实践活动、“三严三实”专题教育，落实《贯彻落实中央八项规定实施细则》，推进作风建设。

4. 推进党风廉政建设 严格落实《中国重型院党委关于落实党风廉政建设主体责任的意见（试行）》《中国重型院纪委关于落实党风廉政建设监督责任的实施意见（试行）》，下发《贯彻落实全面从严治党要求的实施意见》，用制度明确责任，做到职责定位明确，切实把“两个责任”落实到日常工作中。

5. 开展“两学一做”学习教育 深入开展“两学一做”学习教育活动，制定《中国重型院“两学一做”学习教育实施方案》。通过举办支部书记培训班，选派部分支部书记参加上级组织的“两学一做”学习教育培训班，同时帮助基层支部开展学习教育工作。通过集体学习、专题研讨、红色教育、主题活动等形式，引领全体党员学习党章党规和习近平总书记系列重要讲话，鼓励全体党员干部努力争做讲政治、有信念，讲规矩、有纪律，讲道德、有品行，讲奉献、有作为的合格党员。并把党员标准延伸到工作标准之中，推进工作提升。

【社会责任】

扶贫帮困，履行企业社会责任。向扶贫联系点——金川小学全体学生赠送价值1万余元的书包，共230个；向学校捐赠价值2万余元的现代化电教设备1套；给家庭贫困学生送去慰问金，走访慰问特困户等。

苏州电加工机床研究所有限公司

【基本概况】

苏州电加工机床研究所有限公司（简称苏州电加工）创建于1958年，原隶属于机械工业部，1999年7月转企改制，进入国机集团。2016年根据国机集团发展战略，与国机智能重组，进入国机智能。2016年营业收入2 290万元，其中主营业务收入2 117万元、其他业务收入173万元；营业成本1 078万元，其中主营业务成本1 019万元、其他业务成本59万元。

具有所有电加工核心技术的研发能力，是国内电加工行业中综合实力最强的研发机构，是国家认定的高新技术企业和江苏省首批科技创新型企业。主要从事电加工，以及特种加工技术与装备的研发、生产和销售，技术及产品主要应用于航天、航空、军工、汽车、精密模具、能源装备、电子通信、钢材生产等重要制造领域。是中国特种加工行业归口所，是中国特种加工行业的研发、信息和服务中心。中国机械工程学会特种加工分会、中国机床工具工业协会特种加工机床分会、全国特种加工机床标准化技术委员会、中国模具工业协会技术委员会、机械工业电加工机床产品质量监督检测中心、机械工业电加工工程技术中心和重点实验室等行业组织及机构均设立或挂靠在苏州电加工。苏州电加工拥有包括国机集团高层次科技专家在内的一流专业技术队伍，现有职工101人，各类专业技术人员占职工总数70%。

【主要指标】（主要指标完成情况详见表1）

表1　苏州电加工2016年主要指标完成情况

项目	2015年	2016年	同比增长（%）
资产总额（万元）	11 132	11 003	-1.15
净资产（万元）	7 594	7 265	-4.33
营业收入（万元）	2 959	2 290	-22.60
利润总额（万元）	7	-328	-4785.71
技术开发投入（万元）	1 790	949	-46.98
利税总额（万元）	468	-31	-106.62
EVA值（万元）	88	-252	-386.63
全员劳动生产率〔万元/（人·年）〕	14	9	-35.71
净资产收益率（%）	0.24	-4.43	减少4.67个百分点
总资产报酬率（%）	0.22	-2.84	减少3.06个百分点
国有资产保值增值率（%）	100.24	92.79	减少7.45个百分点

【重大项目】

1.“航空发动机零件微小群孔制造装备研究及应用示范”课题 9月28日，参与实施的“863”计划“航空发动机零件微小群孔制造装备研究及应用示范”课题在武汉华工激光工程有限责任公司通过科技部组织的现场验收。课题责任单位是武汉华工激光工程有限责任公司，联合单位有：苏州电加工机床研究所有限公司、贵州黎阳航空动力有限公司。苏州电加工主要承担任务一：“柔性化电火花电解复合加工装备的关键技术研究及系统集成”子课题的研发，以及任务三：“航空发动机关键零件微小群孔复合加工工艺研究”子课题，涉及电火花电解复合小孔加工部分的工艺研究。

2.“精密、高效、数控单向走丝电火花线切割机床”课题 该课题由苏州电加工牵头申报，为2014年度国家科技重大专项。课题实施进入第三年，需完成3个方向的试验平台研制和样机的制造、样机联调，并在试验平台及样机上展开一系列工艺试验。课题的3个研究方向分别是，方向一：高效数控单向走丝电火花线切割机床；方向二：七轴联动数控电火花高速小孔加工机床；方向三：新一代飞机钛合金格栅网板数控电火花高效加工技术及专用机床。其中研发任务方向二：七轴联动数控电火花高速小孔加工机床成果样机2台交付至“贵州黎阳航空动力有限公司（170厂）”及西安航空动力股份有限公司示范应用。共有“产、学、研、用”8家单位参与课题研发。

3.“基于开放式数控系统二次开发平台的航天领域专用数控系统开发”课题 该课题是苏州电加工参与申报的2014年度国家科技重大专项，课题实施进入第三年，配合责任单位完成4种电加工机床的工艺试验、数据库构建，以及相应试验平台建设。课题责任单位是北京航天数控系统有限公司，联合单位有是：苏州电加工机床研究所有限公司、华中科技大学。苏州电加工负责“电加工关键技术及工艺数据库与数控系统集成开发”。

4.“纵横走丝六轴数控电火花线切割技术及装备研发”项目 该项目是苏州电加工申报并获批立项的2016年度江苏省科技计划项目，课题总预算413万元，省拨款124万元。

【科技创新】

承担《高档数控机床与基础制造装备》国家科技重大专项1项、江苏省重点研发计划科技项目1项、科技部转制科研院所专项基金项目1项，参加国家科技重大专项4项、“863”计划1项、横向项目6项。申报发明专利4项，获发明专利1项，另有1项发明专利正在申报中。获国机集团科学技术奖三等奖1项。科技投入1 400多万元。

通过实施国家科技重大专项、“863”科技计划等重大研发项目，突破了细丝电火花切割加工、小孔加工的穿透检测及控制、叶片工件形位在机检测及纠偏、扇形孔及腰形孔铣削加工、多电极多回路钛合金高效高可靠性群孔加工、加工状态检测及自适应控制、电火花电解复合加工等关键技术，形成具有自主知识产权的专有技术，并将这些创新技术移植应用，明显提升了多轴数控电火花高速小孔加工机床、数控电火花线切割机床、数控多回路电火花成形加工机床等产品的性能。

充分发挥自身研发实力强、技术积累厚实的优势，实施“为用户提供解决方案”举措，着力改善供给侧结构，扩大市场有效需求。根据用户的问题和要求，进行先行试验论证，提出解决方案，然后再设计和制造，最后为用户提供包括机床、工装，以及工艺等整体技术及装备，数控电火花精密微孔加工机床从加工0.06mm、±0.003mm高精度喷丝孔，到高精度异形喷丝孔拼花喷孔，再到精度更高的立体拼花喷丝孔，一步一个台阶，根据用户需求进行3次大的技术提升，从而获得很强的竞争优势，其中1个用户就采购了24台，获利500多万元。创新研制的“三头四工位”电火花微孔机，采用微孔加工和电火花铣削集成工艺，解决了高压共轨喷油嘴孔片上微孔和微细槽的加工难题。该设备在多家企业得到很好应用，大幅度提升了技术价值，为用户解决了难题，创造了价值。与用户的关系由以往简单的提供设备的买卖关系，变成了解决问题的合作者，由此为客户提供解决方案的订单增多，产品质量和效益随之提升，产品结构对需求变化的适应性和灵活性也明显增强，在细分市场中形成新的经济增长点，有力促进了苏州电加工模式的转型升级。

申报的2016年度江苏省科技计划项目“纵横走丝六轴数控电火花线切割技术及装备研发”获批立项，课题总预算413万元，省拨款124万元。

【管理经验】

1. 安全生产管理方面 坚持“党政同责、一岗双责”原则，在党委统一领导下，在工会监督下，进一步建立健全安全生产管理体系及各项规章制度。以“安全第一，预防为主，综合治理”为工作方针，以国家、国机集团和地方政府的文件精神为指导，以落实安全生产责任制、健全和完善各类安全生产规章制度、强化安全生产管理为重点，开展一系列安全生产工作。一是以安全生产责任制为中心，倡导安全生产、文明生产，从物质、制度、行为、精神四方面着力开展安全文化建设。开展安全生产的宣传教育培训工作，结合“安全生产月”“安全生产万里行”活动，利用平面媒体和新媒体宣传安全生产法律法规，普及安全生产知识，编辑出版了2期内部特刊《电加工简讯－安全生产特刊》，举办了1次安全生产知识竞赛，着力提高员工的安全意识和责任感。二是积极参加国机集团和地方政府举办的各类安全生产会议，每月召开安全生产工作会议，不定期召开安全生产专题会议。全年有6人次参加了各种安全生产资格培训，开展所级安全生产知识培训和安全生产技能集中培训4次，车间级、班组级培训12次，共有180多人次参加。

2. 人力资源管理方面 在人力资源管理上练内功，促提升，在业绩考评、收入分配管理、人才培训等方面取得积极成效。

（1）在业绩考评方面。以考评促提升，推动人力资源管理上台阶，在2016年重点抓好业绩考评3个执行阶段：制定标准、定量定性考核和反馈纠正。①在制定标准阶段，对不同部门、不同岗位、不同职责分别设定考核标准。对事业部制定技术经济责任制，对销售部制定营销责任制，对行业部制定行业部责任制，对管理部门制定岗位职责。②在定量定性考核阶段，人力资源管理部门做好考核基础文件、考核表格的设计制作，避免考核项目过多，对创收部门重点放在经济指标，技术创新、水平能力等方面；对管理部门重点放在责任大小，岗位职责，水平能力等方面，力求精准反映各个部门、各个职工的工作业绩、精神风貌、综合能力、整体素质。③在反馈举证阶段，由各主管领导将考核结果及时通知各个部门、每个职工，让各个部门、各个职工了解自身不足，明确努力方向，自加压力，实现全面提升。

（2）在收入分配管理方面。进一步完善与效益联动的收入分配机制，按照工资增长与经济效益增长相匹配原则，创收部门效益提升，工资收入随之增长，反之工资收入随之下降，真正实现效益升，工资升；效益降，工资降。

（3）在人才培训方面。把培训作为企业战略投资的主题，组织专业技术人员、营销人员、管理人员参加各种层次的专业培训，提升其专业技术水平、经营管理能力。同时，继续做好一对一定向培养、定向考核的导师制，为年轻技术骨干创造学术交流、业务能力提升的各种机会，参加国家重大项目的研发，让他们在更高的平台上锻炼成长。

3. 科技管理方面 在科技管理中进一步规范公司的知识产权管理工作，明确责任和义务，从技术创新、产业升级和可持续发展的高度，将知识产权工作纳入经营的各环节中，采用专利、软件著作权、签订保密协议等形式对知识产权进行保护，加强专利、软件著作权的申报及维护，提高专利及软件著作权的质量，切实保护单位的核心、关键技术。在事业部经济责任制中明确规定每年必须申报专利权，如达不到要求，则在事业部营收毛利中扣罚。承担重大科研项目的事业部或项目组，则按项目要求下达申报专利硬指标并进行考核。另一方面，对专利发明人（设计人）进行奖励，鼓励技术创新、多出成果，以激发科研人员的创新积极性。

【党建工作】

苏州电加工党委全面贯彻落实十八届六中全会精神，按照全国国有企业党建工作会的部署，按照全面从严治党实施办法和任务表，把全面从严治党各项要求落实到各个支部、每个党员。“两学一做”专题教育围绕“干事创业守规矩、共筑国机新辉煌”主题，把学习教育与贯彻落实全面从严治党要求的各项部署结合起来，与完成中央企业“创新驱动、结构调整、开放合作、深化改革、提质增效、加强党建”六大任务结合起来，与企业改革发展重组各项工作结合起来，为实现苏州电加工更好发展注入强大活力，广大党员的党性意识普遍加强。

【社会责任】

为航天、航空、军工等行业研制专用设备。解决特殊材料零件加工难题，既支撑了企业的业绩，又为国家安全作出了特殊贡献。

积极研发高效节能、绿色环保的技术和装备。在产品设计、制造各个环节，采用优化设计、减轻设备重量、提高设备可靠性等技术手段，实现节能、节材，为模具、汽车、航空、航天等行业提供节能降耗的绿色产品。

认真履行行业管理职能，促进电加工特种加工行业技术进步。继续开展特种加工行业的标准化工作，完成 1 项国家标准和 4 项行业标准的制定工作；组织 5 次电火花加工、电化学加工、激光加工等学术交流或技术研讨会；开展电加工机床“达标认证产品”活动；编写出版《特种加工技术线路图》；编辑出版《电加工与模具》杂志。这些行业活动为特种加工行业的技术进步和持续发展作出了积极贡献。

桂林电器科学研究院有限公司

【基本概况】

桂林电器科学研究院有限公司（简称桂林电科院）成立于 1954 年，1999 年 7 月转为科技型企业，隶属中国机械工业集团有限公司。

桂林电科院长期承担国家、部（省）级科研任务和地方科研项目，共取得成果 900 多项。拥有国家级“电工材料行业生产力促进中心”、“博士后科研工作站”，以及国家认可的检测实验室；设有“广西院士工作站”“广西电器产业工程院”“广西电工材料工程技术研究中心”等省级科研开发平台，被广西壮族自治区认定为“高新技术企业”“广西创新型企业”“企业技术中心”。经过专业与产业重组，桂林电科院已发展成为以电触头材料、电工塑料、双向拉伸聚酰亚胺薄膜、薄膜成套装备、特种电机为主导产品的高科技型企业。

截至 2016 年 12 月 31 日，桂林电科院在职职工 652 人，其中专业技术人员 368 名（教授级高级工程师 9 人、高级工程师 52 人、中级技术职务 184 人）、工人 284 人。公司占地面积 38 万 m^2，建筑面积 23 万 m^2。

【主要指标】

桂林电科院资产总额 87 971.65 万元，同比增长 12.46%；实现销售收入 61 507.68 万元，同比增长 23.71%；实现利润总额 449.32 万元，同比下降 71.80%；国有资产保值增值率 100.01%，同比减少 2.5 个百分点。2016 年主要经济指标完成情况详见表 1。

表 1 桂林电科院 2016 年主要经济指标

项目	2015 年	2016 年	同比增长（%）
资产总额（万元）	78 226.33	87 971.65	12.46
净资产（万元）	56 752.63	56 264.16	-0.86
营业收入（万元）	49 720.88	61 507.68	23.71
利润总额（万元）	1 593.26	449.32	-71.80
技术开发投入（万元）	3 431.69	45 37.84	32.23
利税总额（万元）	3 130.66	1 867.7	-40.34
EVA 值（万元）	817.9	534.92	-34.60
全员劳动生产率〔万元 /（人·年）〕	14.24	13.54	-4.92
净资产收益率（%）	2.45	0.43	减少 2.02 个百分点
总资产报酬率（%）	2.09	0.97	减少 1.12 个百分点
国有资产保值增值率（%）	102.51	100.01	减少 2.5 个百分点

【重大决策】

1. 落实“五大发展理念”，完成“五大任务”情况 5 月，发布《桂林电器科学研究院有限公司发展规划（2016—2020）》。该规划紧紧围绕落实“创新、协调、绿色、开放、共享”五大发展理念和“去产能、去库存、去杠杆、降成本、补短板”五大任务，结合单位所处行业及自身实际情况，确定了经营、阶段发展、主业结构调整、技术进步和安全生产、环保及节能减排五大类目标，提出了拓展扩张、国际化、技术 / 成本双领先、资本运营和人才发展五大战略，并配套制定了 12 项发展措施。

2. 深化国企改革情况 一是健全公司法人治理结构，强化董事会、监事会的工作职能。为提升董事会的专门决策水平，桂林电科院拟定《设立董事会专门委员会工作方案》，拟成立战略发展委员会和审计与风险管理委员会，并同时拟定相关专门委员会的工作细则。在加强监事会监督职能方面，公司监事会通过列席股东会会议、董事会会议，以及与公司领导层、相关部门负责人沟通交流等方式，了解公司运营情况，对公司依法规范运作、财务状况、新产品开发与推广、投融资、对外担保、股东会决议执行等情况，进行了监督与检查，并对公司有关情况发表独立意见。二是加快企业职工生活区“三供一业”分离移交工作。为加快剥离企业办社会职能，减轻企业负担，提升市场竞争力，2012 年以来，桂林电科院完成了供水和供气（天然气）的社会化改造和移交工作，以及部分物业管理移交改造项目，累计投入资金 807.81 万元。2016 年，桂林电科院根据“全国国有企业‘三供一业’分离移交工作会议”及有关文件精神，启动职工生活区“一户一表”供电改造和物业管理分离移交改造项目，至 2016 年年底完成了供电改造方案设计。

【重大项目】

电工电子新材料产业基地建设项目完成低压

元件厂房后续建设及搬迁准备工作，开展了设备的搬迁与安装；完成薄膜厂房的收尾工程建设，开展了 1.6m 薄膜生产线的安装；完成污水处理站、高压供电室配套建筑工程建设；完成产品检测与生产调度中心、职工食堂、倒班宿舍，以及中高压厂房的基础工程、墙体砌筑及主体工程建设；完成供配电、给排水、道路等厂区公用工程；全年完成投资 8 081 万元，累计完成投资 37 095 万元。

【科技创新】

在科研方面：组织申报纵向项目 16 项（国家项目 3 项、广西区项目 7 项、桂林市项目 6 项），下达公司科研项目立项 11 项，组织验收科研项目 18 项。“高性能环保银氧化锡触头材料研究及产业化”获桂林市科技进步奖一等奖；“电容器用幅宽 4.8m 双向拉伸聚酯薄膜生产线研制”获中国机械工业集团科学技术进步奖二等奖；“节能型 3.3m 幅宽双轴定向聚苯乙烯薄膜生产线研制”获得中国机械工业科学技术进步奖三等奖。在知识产权管理方面：提交专利申请 54 件，获授权专利 41 件（发明专利 35 件、实用新型专利 6 件）。截至 2016 年年底，共有有效专利 131 件，其中发明专利 82 件、实用新型专利 49 件。公开发表论文 28 篇，其中中文核心期刊 10 篇。桂林电科院知识产权管理体系通过中规（北京）认证有限公司认证审核，于 6 月 15 日获“知识产权管理体系认证证书”。在标准制修订方面：完成制修订标准 34 项，其中国标 19 项、行标 15 项。桂林电科院创造条件与各企事业单位和政府联系，提升标委会知名度和影响力，拓展模具标准服务领域；积极参与国际标准化工作，为下一步申报和主导新的相关国际标准做准备；全国模具标准化技术委员会被中国机械工业联合会评为“十二五”机械工业标准化工作先进集体。

1. 科研技术工作开展情况 聚酰亚胺薄膜相关的创新基金项目“黑色亚光聚酰亚胺薄膜的研究与制备”“聚酰亚胺薄膜调色工艺研究”“挠性覆铜板用聚酰亚胺基材膜的研制与开发”的研究成果取得突破后直接应用于薄膜生产，黑色亚光 PI 薄膜机械性能、透光率、光泽度达到客户使用要求，综合性能接近国内同类型产品的最高水平。截至 2016 年年底，与国内 6 家企业签订“黑色 PI 薄膜产品供货合同”，至 2016 年年底供货 1 000kg 以上，销售收入超过 50 万元；PI 覆盖膜的销售 500 公斤，并成功打入一家软板标杆台资客户，首次订单量 400kg。

针对公司研发新方向 —— 全固态动力锂离子电池，开展研发项目 9 项（纵向课题 7 项、创新课题 2 项），年度新增纵向课题 5 项，累积获国拨资金 361 万元。围绕高性能负极材料、正极材料及电解质合成技术展开深入研究，完成了实验平台的搭建、材料选型研究分析、实验用扣式电池的组装、电池性能测试及充放电模式的研究等工作，在实验室内制造的扣式电池最高性能已高于 180mAh/g，正进一步试制片状软包电池。与合肥工业大学、广西大学、海南大学、广西师范大学等高校建立了良好的合作关系，在动力电池关键材料及技术领域迈上了新高度。

2. 试验条件和检测能力 通过购置小型试验研发设备，搭建恒温、恒湿洁净间，实验室环境总体提升，完成锂离子电池实验室（一期）建设工作，为动力电池相关项目研究奠定了基础。完成电性能试验平台升级改造工作，新的电性能试验站拥有 17 台（套）100A 可调负载装置、12 台（套）2 000A 可调负载装置、10 台（套）直流灯及感性负载装置、模拟高低温环境下继电器电寿命试验装置，以及 95A、32A 交流接触器型式试验装置等试验装置 10 台（套），能极大地提升触头材料应用研究能力。通过新增设备、实验室改造等措施，进一步完善薄膜评价检测能力和条件，提高检测效率，能为公司薄膜产业的研发和生产提供可靠的测试技术支持。

3. 平台建设项目 申报的机械工业联合会“机械工业双向拉伸薄膜成型工程技术研究中

心”和桂林市“动力电池重点实验室”平台获批，建设期均为2年；申报的广西壮族自治区人民政府的“自治区级技术转移示范机构”“桂林市中小企业公共服务平台”“企业知识产权管理贯标服务机构”获得认定。同时，广西科技厅“广西电器产业工程院建设”通过验收，广西工信委“技术中心创新能力建设一期项目”完成项目验收工作；开展申报“国家工程技术中心”计划工作。此外，继续大力推进和提升“广西电器产业工程院”“广西电工材料工程技术研究中心”“桂林电工材料工程技术研究中心”“中国创新驿站广西站点”“国家科技转移示范机构”等平台建设。

【管理经验】

1. 公司治理方面 从充分维护股东、员工和相关方的权益出发，逐步建立形成了相互协同、相互制衡的公司治理结构。根据《公司“三重一大”决策制度》有关规定，坚持“集体领导、民主集中、个别酝酿、会议决定”原则，凡属重大决策、重要人事任免、重大项目安排和大额度资金运作，均遵循民主集中制原则，严格按照集体讨论作出决定的程序进行，保证决策的科学性、民主性、合法合规性。对凡属重大改革方案、重大项目和技术改造投资、关系到全公司职工切身利益的大事，均按职代会条例规定，提交职代会审议通过或听取意见。

2. 人力资源管理方面 一是加强以业绩考核为导向的薪酬分配体系工作，对公司职能部门、研发中心、薄膜事业部、物流中心等部门的薪酬分配体系进行调整，引入绩效工资结构，调整了工资分配原则。二是积极申报稳岗补贴、企业社保费率下降优惠项目，严格控制非直接创收岗位人员，非创收人员比例较上年下降1%，减少了人工成本。三是加强“关键技术岗位、重要管理岗位、后备人才”等业务培养，通过申报千人计划和漓江学者岗位等手段为科技领军人才打造平台。四是在线学习拓展了培训的平台和思路，营造了良好的学习氛围，取得了预期的效果。

3. 财务管理方面 一是解决NC系统上线的遗留问题，NC系统达到原设计要求，实现业务和财务的资源共享，使基础管理工作上了一个新台阶。二是加强了动态管理，扎实推进公司全面风险管理体系建设，在现有基础上，重点推动《内部控制实施细则》的贯彻执行工作；三是在上年新系统使用的经验和基础上，公司完善了存货管理及核算方式，成本核算和会计核算数据的准确性得到进一步提升。

4. 安全生产管理方面 高度重视安全工作，逐步完善安全生产管理体系；修订《安全生产事故综合应急预案》《境外安全突发事件专项应急预案》2项安全生产管理规定，签订安全生产协议书26份；组织安全培训2 471人次，组织现场安全演练5次，参与演练200余人次，持续强化广大员工的安全理念；加强职业病防控，委托专业机构对存在职业病危害因素的作业点进行检测，定期组织员工进行职业病体检；组织安全生产检查14次，下发整改通知书95份，提出合理化建议83项；开展危险化学品大检查活动，查出事故隐患和改进建议项22项。

5. 物流管理方面 一是规范供应商考核标准，对供应商进行多角度评价，依据供应商对企业的影响程度，将供应商进行ABC分类管理，建立供应商等级升降制度，与业务部门会审增强供应商评估的公开性和合理性；二是加大合同商务谈判力度，通过直接降价让利、给予商务优惠条件等方式，降低采购成本和采购风险；三是进行采购专业知识培训，提升采购员的专业能力和专业素质，防范采购合同风险的发生。

【信息化建设】

一是集众人之智，自主彻底解决NC系统上线的遗留问题，信息化建设跨越从依赖外部顾问到依靠自身团队的关键一步。二是借产业园信息化建设之机，在园区互联建设使用最优方式的同时，主动出击获得相当优惠租用价格，最大限度地降低未来双园区运营的固定成本。三是加强信息安全管理工作，完成公司6个信息系统和7个网站信息系统等级保护备案定级和信息安全测评。四是公司5个网站参与集团网站群的建设和改版工作。

【党建工作】

桂林电科院党委下设党总支部4个、党支部9个。公司党员183人。全年发展党员6名，4名预备党员按期转正。一是制定《桂林电科院党建工作责任清单》，进一步明确党委、纪委、支部及其负责人和委员的工作职责。二是贯彻落实党的十八届六中全会和全国国有企业党建工作会议精神，强化党在公司治理中的核心作用。三是认真开展“两学一做”教育活动，开展“重温入党誓词”主题党日活动，开展“亮身份、亮岗位、亮承诺”主题实践活动，完成组织民主生活会、党员民主评议等工作。四是基层党总支（支部）活动结合工作实际有声有色地开展，进一步强化党支部主体作用和战斗堡垒作用。金格总支党员主动承担产品性能提升、成材率提高、成本降低等攻关项目；产业总支党员在开拓成套装备国外市场、薄膜规模生产迎难而上，取得突破性进展；研发总支党员在新产品开发、新业务领域拓展勇于创新，攻坚克难；职能总支党员在新产业园区建设、承揽科研项目等方面发挥引领和保障作用。五是认真落实党风建设和反腐倡廉工作“两个责任”，签订党风廉政建设责任书19份。与新进入公司采购、工程建设、销售、财务、人事招聘等关键环节的关键岗位人员签订“廉洁从业承诺书”17份。督促各级领导干部按照“一岗双责”要求，一手抓业务工作，一手抓廉洁教育和监督检查；开展落实中央八项规定的监督检查，每月对“三公经费”、领导干部职务消费的支出进行监管和抽查；按照《桂林电科院党风廉政谈话制度》开展干部的任前、提醒、关爱谈话；完成公司规章制度建设、审计意见和建议落实、高风险投资业务、招投标4项专项治理工作。

【企业文化】

印制《公司60周年大事记》，发行《公司60周年纪念册》；参与集团“感动国机十大人物”评选；举办“我与国机共成长”演讲选拔赛和“同行20周年”主题征文活动，承办国机集团巡回演讲复赛桂林电科院专场；参加桂林市国防科工单位“八一”演出；改版公司网站、金格公司网站、行业网站；加强母子品牌VI融合，宣传“合力同行、创新共赢”核心价值。通过行业网站、行业年会、展览会、交流会等大力宣传企业形象，提升公司在行业中的地位和形象；充分利用网站、内刊、板报等媒介开展宣传报道，引领方向、凝聚人心、鼓舞士气。走访慰问劳动模范和困难职工、患病住院治疗职工30余人次；开展年度生活困难职工经济补助工作；为职工及家属办理年度重大疾病互助保障计划；为职工和家属办理重大疾病互助保障的理赔事宜；组织全公司在职员工及离退人员体检。积极开展群众性的文体娱乐活动，举办迎新春游艺、女职工健康讲座、员工手机摄影大赛、“五月的鲜花”歌咏晚会、“五人制”足球赛、羽毛球比赛、气排球联赛、趣味体育运动会等活动，打造以“和”为特色的企业文化，助推公司各项事业健康发展。

【社会责任】

组织开展社会治安综合治理、安全生产宣传教育、桂林市全国文明城市创建、普法宣传教育、警民共建、绿化美化、环境卫生等工作；积极参与国机爱心一日捐、学雷锋便民服务、植树造林、无偿献血、城乡清洁、文明交通、网络文明志愿者服务等公益活动；继续帮扶西腰银桥希望小学，派送青年骨干支教，对西腰小学师生进行节日慰问。

第四篇

规章制度选编

中共中国机械工业集团有限公司委员会实行领导人员廉洁承诺制的办法

第一条 为进一步加强对领导人员的监督，增强廉洁自律意识，促进廉洁从业，根据《中国共产党廉洁自律准则》和《国有企业领导人员廉洁从业若干规定》精神，结合国机集团实际，制定本办法。

第二条 签订《领导人员廉洁承诺书》（简称《廉洁承诺书》）的范围为国机集团管理的领导人员。

第三条 《廉洁承诺书》签订后，在集团公司范围内长期有效。

第四条 廉洁承诺的主要内容：

1.践行宗旨，遵守国家法律法规和企业规章制度，廉洁从业，开拓创新，自觉提升思想道德境界。

2.公私分明，先公后私，克己奉公，不从事有损国家和单位利益的活动。

3.遵守组织人事纪律，廉洁用权，不违反规定选拔任用干部。

4.崇廉拒腐，廉洁齐家，管好配偶、子女及身边工作人员，不利用职权和职务上的影响为亲属及身边工作人员谋取利益。

5.尚俭戒奢，廉洁修身，厉行节约，艰苦奋斗，不挥霍公款，不铺张浪费。

6.恪守商业道德，保守企业商业和技术秘密，诚信依法经营，不违反规定从事不正当交易。

7.弘扬优良作风，不脱离实际，不弄虚作假，不损害群众利益和党群干群关系。

8.践行国机集团“五坚持、五反对”，在职工群众中发挥表率作用，自觉接受监督。

第五条 《廉洁承诺书》的签订，由集团纪委组织实施，纪检监察部具体落实。

新任命、聘用的有关领导人员要及时签订。

第六条 《廉洁承诺书》的备案管理：

国机集团总部有关领导人员《廉洁承诺书》一式2份，签订人和集团纪检监察部各执1份；

各所属企业领导班子成员《廉洁承诺书》一式3份，签订人、所在企业纪委和集团纪检监察部各执1份。

第七条 廉洁承诺履行情况应纳入领导班子民主生活会、领导人员述职述廉、领导班子及班子成员年度考核、党风廉洁建设责任制检查的内容，作为对领导人员评优评先和选拔任用的重要依据。

第八条 不按时作出承诺或不履行承诺的，所在企业党组织和纪委应及时要求纠正。对拒绝纠正的，视情节轻重，依据有关规定给予批评教育、责令检查、诫勉谈话、通报批评，直至组织处理和纪律处分。

第九条 各所属企业党组织可以结合实际，制定本企业实行领导人员廉洁承诺制的办法。

第十条 本办法由国机集团纪检监察部负责解释。

第十一条 本办法自发布之日起施行，原《中共中国机械工业集团有限公司委员会关于实行党员领导人员廉洁承诺制的实施办法（试行）》（国机党〔2012〕75号）同时废止。

附件：领导人员廉洁承诺书（略）

中国机械工业集团有限公司档案管理办法

第一章 总 则

第一条 为加强中国机械工业集团有限公司（简称国机集团）的档案管理工作，充分发挥档案在企业生产经营和改革发展中的重要作用，根据《中华人民共和国档案法》《企业档案工作规范》和《中央企业档案工作规定》等，结合国机集团实际情况，制定本办法。

第二条 本办法所称的档案是指国机集团所属企业及国机集团总部在研发、生产、经营和管理等活动中形成的具有保存价值的各种形式的文件。

第三条 本办法所称档案工作是指企业履行档案管理职责的行为和活动。

第四条 国机集团档案工作，接受国家档案局的业务指导和执法检查，接受国资委的监督管理与指导。

第五条 本办法适用于国机集团总部和所属企业。

第二章 工作保障

第六条 国机集团档案工作按照“统一领导、分级管理”的原则，各企业集中统一管理本单位档案，确保档案的完整、准确、系统、安全。

第七条 建立健全国机集团档案工作组织体系和工作网络。在各企业组织架构中设置相应的档案工作机构，明确档案工作的分管领导和档案机构负责人，配备档案工作专兼职人员；将档案工作和要求纳入各企业工作职责和有关人员岗位职责，并对职责履行情况进行监督、考核。

第八条 资产规模大、档案数量多的企业可根据需要设置公司档案馆。公司档案馆应当配备相关设施设备和专业人员，提升档案工作专业化水平。

第九条 企业档案部门负责人应具有中级以上专业技术职称或大学本科以上学历；档案工作人员应当具备大学专科以上学历或同等学识水平，具备档案管理、计算机、企业经营管理等相关知识和技能，并定期接受档案业务培训和继续教育。

第十条 企业应将档案工作人员队伍建设纳入企业整体人才队伍建设体系，统一规划、统筹安排，确保档案工作人员队伍稳定。

第十一条 企业应将档案工作纳入企业发展规划和年度工作计划，明确档案工作经费列支科目，并将经费列入预算管理，保障档案工作有序开展。

第十二条 企业应设置符合安全保管条件的档案库房，配备符合要求的档案设施设备，制定库房安全管理制度和应急预案，对重要档案实行异地异质备份，确保档案安全。涉密档案严格按照国家保密规定执行。

第三章 工作职责

第十三条 国机集团档案工作由办公厅归口管理，并对所属企业的档案工作进行指导、监督和检查。

其主要职责为：

（一）贯彻执行国家有关档案工作的法律法规、方针政策和制度标准，研究制定国机集团档案工作发展规划和年度工作计划，并组织实施。

（二）建立健全适应集团发展需要的档案管理制度体系，明确各门类档案归属与流向。

（三）组织国机集团系统内档案专项检查与验收工作。

（四）指导监督境外企业（机构）档案工作。

（五）建立档案工作对标考核体系，定期进行督促检查。

（六）开展档案工作研究、宣传和业务培训。

（七）负责国机集团总部档案的归档、保管、开发利用和信息化建设。

第十四条 国机集团总部各部门，按照“谁形成，谁归档”的原则负责本部门文件材料的收集、整理和归档，并定期向档案室移交，对归档文件的完整性、准确性和系统性负责。

第十五条 国机集团各级企业负责本单位的档案管理工作，收集和管理本单位形成的档案，并对所属单位的档案工作进行指导、监督和检查。

第十六条 加强投融资、科技研发、工程建设等项目档案验收管理工作，按照项目进度，同步做好相关档案工作。

第十七条 企业兼并、重组、改制、上市、破产等资产和产权变动时，应制定档案处置方案，妥善做好档案处置工作，严防档案流失与损毁。

第十八条 加强境外企业（机构）档案管理，在遵守所在国家或地区法律法规的前提下，每年定期将归档文件目录报送国内母体公司，重要归档文件原件或备份件需送回国内母体公司。

第十九条 加强档案信息化建设，完善档案管理信息系统，逐步建立数字档案馆，实现档案资源数字化、信息采集标准化、信息存储安全化、信息服务网络化。

第四章 档案的分类和归档

第二十条 档案的分类应依据管理职能，结合档案内容及形成的特点，保持档案之间的有机联系，便于科学管理与开发利用。国机集团总部档案的具体类目设置和编号按照《国机集团总部档案分类办法》执行。

国机集团所属企业根据本单位特点自行确定档案分类、档案标记符号和编号方法。

第二十一条 根据《中华人民共和国保密法》及有关规定，企业档案密级分为绝密、机密和秘密三级。

第二十二条 根据有关规定，国机集团企业档案的保管期限分为永久、定期两种，定期一般分为30年、10年。

凡是反映本单位主要职能活动和基本历史面貌的，具有长远保存利用价值，应永久保管。

对在一定时期内有利用价值的，应酌情列为定期（30年或10年）保管。

凡介于两种保管期限之间的，按照保存时间较长的一档确定保管期限。

第二十三条 凡归档的文件材料必须完整、准确、系统。文件书写和载体材料应能耐久保存。文件材料整理、电子文件归档要符合规范标准。

第二十四条 归档要求：

1. 企业各部门应在每年6月底前，将上一年度需要归档的文件材料整理立卷后，移交档案室。工程项目合同在合同执行完毕的3个月内，由责任部门将合同履行的全部材料移交档案室。

2. 企业资产与产权发生变动，按《国有企业资产与产权变动档案处置办法》做好档案的处置工作。

3. 归档份数：归档的文件一般一式一份。重要的、利用频繁的和有专门需要的可适当增加份数。

4. 归档手续：归档时要履行交接手续，国机集团总部在归档时要填写“国机集团文件归档移交清单”，经部门负责人审定签字后，移交档案室归档；归档文件材料卷内要有“归档文件目录”和“备考表”。

第二十五条 企业要建立文件材料的形成、

积累、整理和归档流程，并列入管理工作程序。

第二十六条 企业要建立健全企业的档案年报制度。对室存档案的接收、移交、利用等要定期进行统计。

第五章 档案的开发和利用

第二十七条 根据工作需要，加强档案检索系统建设，开发档案信息资源，及时、有效地提供档案利用服务；对档案信息进行分类汇总、分析研究，形成专题汇编等深层次加工材料，积极创造条件，最大限度地满足企业改革和发展的需要。

第二十八条 国机集团总部档案实行借阅利用登记制度，档案借阅按《中国机械工业集团有限公司总部档案室借阅制度》执行。

第二十九条 企业要定期对档案进行密级审查和价值鉴定。经鉴定确定销毁的档案和秘密公文，必须进行登记，提出销毁报告，经部门领导和公司主管领导批准后，在指定地点由两人监销。

第三十条 国机集团对档案工作成绩突出的单位和个人，适时给予表彰和奖励。对不按规定归档而造成文件材料损失的，或对档案进行涂改、抽换、伪造、盗窃、隐匿和擅自销毁而造成档案丢失或损坏的情形，依照有关规定进行处理；对发生档案管理违纪违规行为或出现档案安全事故的单位，依照有关规定追究相关领导人员和直接责任人员的纪律责任，涉嫌犯罪的，依法移送司法机关处理。

第六章 附 则

第三十一条 所属企业可参照本办法，结合实际，制定本企业的档案管理工作制度。

第三十二条 本办法由国机集团办公厅负责解释。

第三十三条 本办法自颁布之日起施行。《中国机械工业有限公司档案管理办法》（国机综[2009]414 号）同时废止。

附件：1. 国机集团总部档案分类办法
2. 国机集团总部文件归档移交单
3. 归档文件目录（国机集团总部）
4. 备考表（国机集团总部）

附件 1

国机集团总部档案分类办法

一、国机集团总部档案类目设置分为二级

一级类目设置二十二类，分为综合管理类、人事管理类、资产财务类、资本运营类、经营管理类、科技管理类、审计管理类、法律工作类、纪检监察类、董事会工作类、党群工作类、会计档案类、人事档案类、基本建设类、设备仪器类、物业管理类、战略规划类、工程管理类、装备制造类、信息管理类、军工管理类、工会工作类。

二级类目在一级类目的基础上，综合管理等16 类根据管理特点和工作内容进行设置；会计档案类按形成特点和文件材料形式设置；人事档案类按人事档案管理规定设置；基本建设类按工程性质和项目设置；设备仪器类按型号或种类设置；军工管理类（部室文）按军工档案管理规定设置。

二、国机集团总部档案的编号

国机集团总部档案标记符号为“GJ”。编号用阿拉伯数字表示，一级类目采用双位制，即

11、12、13……，以此类推；二级类目采用单位制，即 0、1、2、3……，以此类推。

总部二十二个一级类目编号顺序为：

"GJ11"综合管理类

"GJ12"人事管理类

"GJ13"资产财务类

"GJ14"资本运营类

"GJ15"经营管理类

"GJ16"科技管理类

"GJ17"审计管理类

"GJ18"法律工作类

"GJ19"纪检监察类

"GJ20"董事会工作类

"GJ21"党群工作类

"GJ22"会计档案类

"GJ23"人事档案类

"GJ24"基本建设类

"GJ25"设备仪器类

"GJ26"物业管理类

"GJ27"战略规划类

"GJ28"工程管理类

"GJ29"信息管理类

"GJ30"军工管理类

"GJ31"工会工作类

"GJ32"装备制造类

三、审计管理类、纪检监察类和会计档案类的文件材料，由审计稽查部、监察室和资产财务部整理立卷，保管 1-3 年后移交档案室，在移交档案室归档前，分别由审计稽查部、纪律检查办公室（监察室）、资产财务部负责管理，每年将档案目录交档案室；人事档案类、军工管理类分别由人力资源部和军工管理办公室负责管理，每年将档案目录交档案室。

附件 2

国机集团总部文件归档移交单

立卷部门：　　　　　　　　　　　　　　　　　　　　　　年度：

序号	文件类别	文件号	份数	备注
1				
2				
3				
4				
5				
6				
7				
8				
9				
10				

部门领导审核：　　　　年　月　日

移交人：　　　　年　月　日

接收人：　　　　年　月　日

附件 3

归档文件目录

（国机集团总部）

序号	责任人	文号	文　件　标　题	日期	页数	密级	备注

附件 4

备　考　表

（国机集团总部）

盒内文件情况说明：

立卷人：　　　　　年　月　日

检查人：　　　　　年　月　日

中国机械工业集团有限公司首席专家选聘管理办法

第一章 总 则

第一条 为加强中国机械工业集团有限公司（简称国机集团）高层次科技人才队伍建设，规范国机集团首席专家（简称首席专家）选聘管理工作，结合国机集团实际情况，制定本办法。

第二条 首席专家是国机集团科技人才职业发展通道的重要层级，是国机集团直接管理的高端科技人才。

第三条 本办法适用于首席专家的选聘管理工作。

第二章 选聘范围和条件

第四条 首席专家从国机集团内直接从事技术研究与产品开发的在职人员中选聘；距离退休时间不足一年的，企业不得推荐。

第五条 首席专家应具备以下资格：

（一）具有良好的思想政治素质、职业道德和科学素养；具备较强的创新能力、团队协作意识和实干精神；忠诚于国机集团发展事业，贯彻落实国机集团中长期发展战略；

（二）具有扎实的理论基础、系统的专业知识和丰富的实践经验，能及时掌握本领域国内外发展动态，解决本专业重大技术难题，具备引领行业技术发展的能力；

（三）主持或主要参与解决装备研发、生产、运行中的技术难题；

（四）主持或主要参与科技攻关项目，或采用新方法、新技术，有效提高生产、工作效率，取得突出业绩；

（五）主编或主要参编国家及行业标准，并付诸实施，取得显著社会效益；

（六）具有教授级高级工程师（研究员、教授）专业技术职务任职资格。

第六条 近五年内在重大质量、安全、保密责任事故中负主要责任的，不得申报。

第三章 选聘职数与任期

第七条 首席专家的职数按照国机集团重点领域和专业设置，由国机集团确定。

第八条 首席专家实行聘任制，聘期三年。聘期期满后，重新参加选聘；距离退休时间不足三年的，聘期以退休时间（劳动合同）为限。

第四章 选聘程序

第九条 首席专家选聘程序：

（一）人选推荐。由各二级企业向国机集团上报推荐人选；

（二）资格审查。国机集团对推荐人选进行资格审查，符合申报条件的推荐人选作为候选人参加评审；

（三）专家评议。国机集团成立首席专家评审委员会。组织专家评审委员会进行评审，评审重点是专业技术水平、科技研发能力及解决技术难题能力；

（四）研究决定。根据评审情况提出首席专家建议人选，报国机集团党委研究决定；

（五）公示聘任。对首席专家人选进行公示，时间为7个工作日，公示无异议者，国机集团正式发文聘任，颁发聘书。

第十条 首席专家选聘工作由国机集团人力资源部牵头，相关部门配合，纪检监察部门对选聘工作进行监督。

第五章 职责与权利

第十一条 首席专家承担以下职责：

（一）提出本领域战略性、前瞻性、创造性的顶层研究构想和规划建议，引领国机集团本专业发展方向；

（二）面向国家重大战略需求和国际科技前沿，获取重大科研项目，主持项目研究攻关；

（三）建设创新团队，任期内指导并培养 1-2 名企业级高层次科技人才，加强本专业人才梯队建设；

（四）组织学术交流与合作，指导解决技术难题，提升国机集团整体科技水平。

第十二条 首席专家享有以下权利：

（一）直接向国机集团或所在二级企业提出本领域发展建议；

（二）优先承担国机集团重大科研项目，担任技术负责人；

（三）参与国机集团和所在二级企业有关重大科技项目和本领域重大事项的决策。

第六章 管理与考核

第十三条 国机集团人力资源部负责对各二级企业有关首席专家的报备及管理工作进行指导、监督、检查。首席专家所在二级企业负责首席专家的日常管理工作。

第十四条 实行目标管理。首席专家应履行首席专家的有关职责，国机集团与首席专家签订《任期岗位履职责任书》，责任书内容由国机集团、首席专家所在二级企业和首席专家本人共同商定，报国机集团领导审定。

第十五条 《任期岗位履职责任书》应明确工作任务、工作目标和时间节点，内容包括履职能力、技术创新、学术研究、项目获奖、技术指导、人才培养、工作作风等七个方面。

（一）履职能力方面：指岗位履职情况；

（二）技术创新方面：指承担科技项目研究、技术攻关、技术改造和科技成果推广应用等情况；

（三）学术研究方面：在本领域、专业发表学术论文和著作编写等情况；

（四）项目获奖方面：在科技项目研究、技术攻关、技术改造和科技成果推广应用中获得奖励情况；

（五）技术指导方面：制定或修订国家、行业标准及重要技术规程等情况；

（六）人才培养方面：担任指导教师或兼职培训师的授课情况，以及本领域、专业内人才培养情况；

（七）工作作风方面：职业道德、团结协作、廉洁自律等情况。

第十六条 首席专家的年度考核由国机集团委托首席专家所在二级企业组织开展，考核方案提前报国机集团人力资源部审核，考核结果报国机集团审定。首席专家对年度考核结果有异议的，可向国机集团人力资源部提出复议申请，国机集团人力资源部组织相关人员进行复议，并形成复议结论，复议结论反馈给首席专家本人及所在二级企业。

年度考核结果分为优秀、称职、不称职三个等级：

（一）年度考核结果为“优秀”或“称职”的，国机集团支付首席专家津贴每人每年税后人民币 100 000.00 元；

（二）年度考核结果为“不称职”的，不享受首席专家津贴；

（三）任期内，年度考核结果有两次为“不称职”的，取消首席专家称号，且三年内不得参加首席专家选聘。

第十七条 国机集团参加首席专家的任期考核。

第十八条 有下列情况之一的，解聘首席专家职务：

（一）对重大责任事故负有主要责任的；

（二）不顾大局，不服从指挥，造成不良影响的；

（三）违法犯罪，被追究刑事责任的；

（四）其他应当解聘的情况。

第七章 工作条件与待遇

第十九条 国机集团和首席专家所在二级企业应为首席专家提供必要的工作条件，协调解决首席专家工作中的问题。

第二十条 首席专家的薪酬，按照不低于所在二级企业领导班子副职的平均水平执行；其他待遇，按照所在二级企业领导班子副职标准执行。

第二十一条 国机集团定期组织首席专家培训，参加学术技术交流等活动。

第二十二条 首席专家列席国机集团年度工作会。

第八章 附 则

第二十三条 首席专家或所在企业在选聘、考核等工作中弄虚作假的，经调查核实，根据情节轻重，追究相应责任。

第二十四条 本办法由国机集团人力资源部负责解释。

第二十五条 本办法自颁布之日起实行，原《中国机械工业集团有限公司首席专家选拔管理办法》（国机人〔2012〕611号）同时废止。

中国机械工业集团有限公司
专职外部董事管理暂行办法

第一条 为建立健全现代企业管理制度，规范企业法人治理结构，根据《中华人民共和国公司法》、国务院国资委《董事会试点中央企业专职外部董事管理办法（试行）》及《中国机械工业集团有限公司董事、监事管理暂行办法》《中国机械工业集团有限公司派出外部董事、监事考评办法（试行）》等有关规定，结合中国机械工业集团有限公司（简称国机集团）实际情况，制定本办法。

第二条 本办法所称专职外部董事，是指由国机集团聘用的在国机集团全资、控股企业专门担任外部董事的现职人员。专职外部董事在任期内，不在任职企业担任其他职务，不在除国机集团聘用为专职外部董事以外的其他单位任职，未经批准不得从事与专职外部董事业务无关的其他事务。

第三条 专职外部董事职务列入国机集团领导干部管理序列，按照现职全资、控股企业领导干部进行管理。

第四条 专职外部董事的选拔聘用、管理服务、考核评价等由国机集团根据《中国机械工业集团有限公司董事、监事管理暂行办法》《中国机械工业集团有限公司派出外部董事、监事考评办法（试行）》等有关规定执行。

第五条 专职外部董事除应具备《中国机械工业集团有限公司董事、监事管理暂行办法》规定的基本条件外，一般还应具有战略管理、资本运营、财务审计、法律等某一方面的专业特长，并取得过良好工作业绩，初次任职年龄一般不超过55周岁。

第六条 专职外部董事的人事、工资、社保、组织等关系一般应纳入国机集团总部管理，特殊情况协商办理。

第七条 专职外部董事在阅读文件、参加相关会议和活动等方面享有与现职全资、控股企业领导干部相同的政治待遇。

第八条 专职外部董事的薪酬由国机集团支付，具体薪酬标准根据国机集团核定的非上市所属企业主要负责人年度薪酬总额平均值的80%确定，每年核定一次。

专职外部董事除享受国机集团支付的薪酬外，不享受任职企业的会议津贴以及其他薪酬福利，不得让任职企业承担应当由个人负担的相关费用。

专职外部董事的薪酬为税前收入，应依法缴纳个人所得税。

第九条 国机集团为专职外部董事提供必要的办公条件。

第十条 专职外部董事履行职务出差，享受国机集团总部部门负责人的交通和住宿标准，与履职相关的差旅费和住宿费由其任职企业报销。

第十一条 专职外部董事应按规定履行岗位职责和义务，切实依法维护好国机集团、任职企业及职工等各方面的利益。对因董事会决策失误导致企业利益受到重大损失，专职外部董事未投反对票的，将予以解聘。

第十二条 本办法由国机集团人力资源部负责解释。

第十三条 本办法自发布之日起实行。

中国机械工业集团有限公司
证券交易业务管理暂行办法

第一章 总 则

第一条 为规范中国机械工业集团有限公司（简称集团公司）证券交易业务行为，防范业务风险，保证公司证券资产安全，提高投资效益，根据相关法律法规制定本管理办法。

第二条 集团公司证券交易业务应严格遵守《中华人民共和国证券法》等法律、法规和中国证监会的相关规定，及证券交易所的各项交易规则。

第三条 本办法适用于集团公司总部实施的财务性投资业务，主要指股票、债券等单一有价证券类投资业务。集团公司作为控股股东或实际控制人的上市公司的股票增减持业务由资本运营部另行规定。

第四条 集团公司的证券投资行为，应遵循以下原则：

（一）符合集团公司总体发展战略。集团公司主要开展与集团公司有重要战略合作的企业发行上市的基石投资、战略配售等股票投资业务或债券业务。证券投资项目应符合国家产业发展规划和政策，顺应市场趋势，有良好的发展前景。

（二）科学规范操作。证券投资应做好可行性研究，并坚持集体决策、科学决策，必要时应征求有关专家或者专业机构的意见。

（三）收益与风险匹配。要注重投资收益与风险的合理匹配，选择收益稳健、风险较低的投资项目，严格限制高风险证券投资业务。

第五条 集团公司开展上市公司股票等证券交易业务，应符合国有资产监管部门对上市公司股权管理的相关政策规定。

第二章 管理职责与分工

第六条 集团公司资产财务部是集团公司战略性、金融性股票、债券等有价证券投资、处置的归口管理部门，负责拟定相关证券的投资、处置方案，履行集团公司内部决策审批程序和具体执行操作。

第七条 集团公司资产财务部负责集团公司总部证券账户的日常管理及证券账户相关交易操作。具体管理规定和操作细则见附件《证券交易业务操作管理细则》。

第八条 集团公司资本运营部负责集团公司持有上市公司证券交易事项向上级部门的审批或备案工作。

第九条 集团公司审计稽查部负责对证券业务的稽核检查，切实防范和控制风险，保证证券业务合法、有序进行。

第十条 集团公司所有因履行工作职责而知悉证券交易业务信息人员均负有保密义务，不得泄露证券名称、价格、数量、交易指令等相关交易信息，不得利用已掌握的证券交易信息谋取私利。违反规定者，将按照国家有关法律法规及集团公司相关规定处理。

第三章 审批与授权

第十一条 集团公司股票、债券等有价证券的投资、出售管理审批权限：

（一）证券投资审批权限

1. 单项金额在1亿元以上（不含）的证券投资项目，经国机集团总经理办公会审议通过后，提交国机集团董事会审批。

2. 单项金额在8 000万元（不含）至1亿元（含）之间的证券投资项目，经国机集团总经理办公会审议通过后，提交国机集团董事会常务委员会审批。

3. 单项金额在5 000万元（不含）至8 000万元（含）之间的证券投资项目，经国机集团总经理办公会审议通过后，提交国机集团董事长审批。

4. 单项金额在3 000万元（不含）至5 000万元（含）之间的证券投资项目，经国机集团主管领导审查通过后，提交国机集团总经理办公会审批。

5. 单项金额在1 000万元（不含）至3 000万元（含）的证券投资项目，经国机集团主管领导审查通过后，由国机集团总经理批准。

6. 单项金额在1 000万元（含）以下的证券投资项目，由国机集团主管领导审批。

（二）证券出售审批权限

1. 单项金额在5亿元以上（不含）的证券出售事项，经国机集团总经理办公会审议通过后，提交国机集团董事会审批。

2. 单项金额在3亿元（不含）至5亿元（含）之间的证券出售事项，经国机集团总经理办公会审议通过后，提交国机集团董事会常务委员会审批。

3. 单项金额在2亿元（不含）至3亿元（含）之间的证券出售事项，经国机集团总经理办公会审议通过后，提交国机集团董事长审批。

4. 单项金额在1亿元（不含）至2亿元（含）之间的证券出售事项，经国机集团主管领导审查通过后，提交国机集团总经理办公会审批。

5. 单项金额在3 000万元(不含)至1亿元(含)的证券出售事项，经国机集团主管领导审查通过后，由国机集团总经理批准。

6.单项金额在 3 000 万元（含）以下的证券出售事项，由国机集团主管领导审批。

第十二条 上述“第十一条”规定的审批权限中“单项金额”的计量，以提交审批的证券交易方案中的证券数量乘以授权交易价格计算确定。

第四章 附 则

第十三条 本办法由集团公司资产财务部负责解释。

第十四条 本办法经集团公司董事会批准后执行。

附件：

证券交易业务操作管理细则

第一条 集团公司资产财务部应积极跟踪、了解证券市场的动态，密切关注被投资企业的行业发展趋势、经营动态、财务状况等信息，如发现异常情况及时向集团总会计师或总经理报告，并根据集团领导指示及时采取相应的风险控制措施，以减少损失。

第二条 集团公司资产财务部负责管理集团公司的证券账户，并应指定专人（或根据需要设置专门的投资经理岗位）负责办理股票等证券交易业务，管理集团公司的证券账户。

第三条 证券账户的登录密码等重要信息应至少由两人掌握并定期更改。证券账户相关信息应报资产财务部部长知悉，保证账户信息安全。

第四条 证券操作管理人员或投资经理应随时关注集团公司所投资企业的经营状况和证券的市价波动，并测算浮动盈亏，每月月末报资产财务部部长。要密切关注被投资企业的股利分配政策，及时通知相关人员收取红利并进行相应账务处理。

第五条 证券投资、出售方案获集团公司批准后，集团公司资产财务部须根据经批准的《国机集团证券交易业务审批单》（格式见附表），实施证券买卖操作。

第六条 证券买卖操作由证券账户管理人员按照《国机集团证券交易业务审批单》授权买卖的证券数量、价格区间等通过证券交易系统进行操作，并由集团公司资产财务部另行指定的一名操作复核人员逐笔复核确认后方可交易。

第七条 通过证券交易系统进行的证券买卖操作业务，在证券交易当日收盘后由证券账户操作管理人员将成交结果报集团公司资产财务部部长，并依据审批后的《资金调拨单》，在 2 个工作日内将出售证券取得资金从证券账户划回第三方银行存管账户。

第八条 对证券账户中未获得出售授权的证券，由集团公司资产财务部向证券开户机构办理该股票交易锁定手续。

第九条 集团公司资产财务部应按规定时间，提前将通过证券交易系统交易的上市公司股票情况汇总报送集团公司资本运营部，由资本运营部按要求及时向国资委等主管部门履行报备手续。

国机集团证券交易业务审批单

提交审批日期：

交易审批单编号		业务类别		申请交易日期	
账户名称		开户营业部		资金账号	
证券名称		证券代码		买卖方向	
数量（股）		买卖价格（区间）			
业务经办人			经办部门 负责人		
总会计师审批意见			总经理审批意见		
证券买卖操作执行情况					
交易日期	成交价格	成交数量	证券账户 操作人确认	复核人确认	备注

中国机械工业集团有限公司产权登记管理暂行办法

第一章 总 则

第一条 为了加强中国机械工业集团有限公司（以下简称国机集团）出资企业产权登记管理，及时、真实、动态、全面反映企业产权状况，根据《中华人民共和国企业国有资产法》、《企业国有资产监督管理暂行条例》（国务院令第378号）、《国家出资企业产权登记管理暂行办法》（国资委令第29号）、《国家出资企业产权登记管理工作指引》（国资发产权[2012]104号）等法律和行政法规，制定本办法。

第二条 国机集团出资企业产权登记（以下简称产权登记），是指对国机集团及其出资管理的企业产权及其分布状况进行登记管理的行为。

第三条 本办法适用于国机集团及其拥有实际控制权的境内外各级企业及其参股企业。为赚取差价从二级市场购入的上市公司股权和为短期内（一年内）出售而持有的其他股权不进行产权登记。

第四条 本办法所称拥有实际控制权，是指国机集团及其所出资企业直接或者间接合计持股比例超过50%，或者持股比例虽然未超过50%，但为第一大股东，并通过股东协议、公司章程、董事会决议或者其他协议安排能够实际控制企业行为的情形。

第五条 办理产权登记的企业应当权属清晰。存在产权纠纷的企业，应当在产权纠纷处理完毕后办理产权登记。

第六条 国机集团产权登记管理工作平台为国家出资企业产权登记管理信息系统（以下简称产权登记系统），网址 http：//prr.sinomach.com.cn/possession。

第七条 国机集团产权登记工作由国机集团资产财务部归口管理。

第二章 产权登记类型

第八条 产权登记分为：占有产权登记、变动产权登记和注销产权登记三种类型。

第九条 有下列情形之一的，应办理占有产权登记：

（一）因投资、分立、合并而新设企业的。

（二）因收购、投资入股而首次取得企业股权的。

（三）其他应当办理占有产权登记的情形。

第十条 占有产权登记应包括下列内容：

（一）企业出资人及出资人类别、出资额、出资形式。

（二）企业注册资本、股权比例。

（三）企业名称及在国机集团中所处级次。

（四）企业组织形式。

（五）企业注册时间、注册地。

（六）企业主营业务范围。

（七）国有资产监督管理机构要求的其他内容。

第十一条 有下列情形之一的，应当办理变动产权登记：

（一）履行出资人职责的机构和履行出资人职责的企业名称、持股比例改变的。

（二）企业注册资本改变的。

（三）企业名称改变的。

（四）企业组织形式改变的。

（五）企业注册地改变的。

（六）企业主营业务改变的。

（七）其他应当办理变动产权登记的情形。

第十二条 有下列情形之一的，应当办理注销产权登记：

（一）因解散、破产进行清算，并注销企业法人资格的；

（二）因产权转让、减资、出资人性质改变等导致企业出资人中不再存续履行出资人职责的企业或机构的。

（三）其他应当办理注销产权登记的情形。

第十三条 办理产权登记需提交相应的合规性资料，资料清单见附件。

第三章 产权登记程序

第十四条 企业发生产权登记相关经济行为时，应当自相关经济行为完成后20个工作日内，在办理工商登记前，申请办理产权登记。

第十五条 产权登记仅涉及企业名称、注册地、主营业务等基础信息改变的，可在办理工商登记后10个工作日内申请办理产权登记。

第十六条 企业注销法人资格的，应当在办理工商注销登记后5个工作日内办理注销产权登记。

第十七条 所属企业办理产权登记应当通过产权登记系统填报企业基础信息、经济行为信息，以及合规性资料目录。

第十八条 所属企业应当在填写完成上述信息后，按照企业产权级次或者管理级次通过产权登记系统逐级审核，随同合规性资料一并报送国机集团。申请文件主要内容应包括企业基本情况、登记的原因和背景、产权登记相关经济行为的发生时间、决策审批文件、出资人情况说明、特殊事项说明等内容。申请文件及合规性资料需加盖二级企业公章。

第十九条 对相关经济行为操作过程中存在瑕疵的企业，应当认真分析问题原因，对有关情况进行详细说明，并及时申请办理产权登记；同时，企业应进一步明确责任、完善制度、加强管理。如再次出现类似瑕疵的，将视情况予以处罚，具体处罚方式按照本办法第二十九条规定办理。

第二十条 已办理产权登记的所出资企业，由国机集团核发产权登记表。

第二十一条 各级所出资企业在办理工商登记后 10 个工作日内，应将企业法人营业执照或者工商变更登记表通过产权登记系统逐级审核并报送。工商登记信息与产权登记信息存在不一致的，企业应当核实相关资料，涉及变更产权登记信息的，企业应当修改后重新报送，对相关登记信息进行确认后，由国机集团重新核发产权登记表。

第四章 产权登记档案管理和数据分析

第二十二条 产权登记档案分为电子档案和纸质档案。

第二十三条 电子档案是指产权登记系统中记载的产权登记相关信息。国机集团资产财务部负责电子档案的管理，确保电子档案安全。

第二十四条 纸质档案是指企业办理产权登记时填报的合规性资料目录中所列资料。所属企业对已完成的产权登记事项，按照合规性资料目录所列资料整理归档，分户建立产权登记档案，确保产权登记档案的完整、准确、系统、安全和有效利用。

第二十五条 各所属二级企业应于每年 1 月 10 日前对截止上年末的产权登记数据进行汇总分析，并形成书面分析报告报送国机集团。分析报告应当包括但不限于产权在企业组织形式、级次、主辅业、行业、区域等方面的分布情况，以及产权形成、变动、注销情况。

第五章 产权登记管理监督检查

第二十六条 各所属二级企业应当于每年 3 月 10 日前完成本企业上年度产权登记情况自查工作，并将自查结果书面报告国机集团，重点自查产权登记的及时性、真实性、准确性，以及产权登记涉及相关经济行为的合规性。

第二十七条 国机集团于每年 3 月底前通过抽查、专项检查等方式对所出资企业上年度产权登记情况进行检查。

第二十八条 企业违反《国家出资企业产权登记管理暂行办法》《国家出资企业产权登记管理工作指引》和本办法规定，有下列行为之一的，责令改正或者予以通报，造成国有资产损失的，依照有关规定追究企业领导和相关人员的责任：

1. 未按本办法规定及时、如实申请办理产权登记的。

2. 未按期进行整改的。

3. 伪造、涂改产权登记证、登记表的。

第六章 附 则

第二十九条 本办法未予规定事宜，按照国有资产法及国资委有关规定和要求执行。

第三十条 本办法自正式下发之日起施行。

附件：

办理产权登记应提交的合规性资料

一、占有登记应提交的资料

（一）因投资、分立、合并而新设企业的占有登记应提交的合规性资料：

1. 业务办理申请文件。

2. 经济行为决策文件。

3. 非货币出资资产评估备案表或核准文件。

4. 企业章程。

5. 监管机构要求提供的其他材料。

（二）因收购而使企业首次出现国有控制出资人应提交的合规性资料：

1. 业务办理申请文件。

2. 经济行为决策文件。

3. 标的企业评估备案表或核准文件。

4. 非货币支付资产评估备案表或核准文件。

5. 股权转让协议。

6. 企业章程。

7. 企业法人营业执照。

8. 监管机构要求提供的其他材料。

（三）因投资入股而使企业首次出现国有控制出资人应提交的合规性资料：

1. 业务办理申请文件。

2. 经济行为决策文件。

3. 标的企业评估备案表或核准文件。

4. 非货币支付资产评估备案表或核准文件。

5. 企业章程。

6. 企业法人营业执照。

7. 监管机构要求提供的其他材料。

（四）跨国资监管机构——从其他国资监管机构无偿划入应提交的合规性资料：

1. 业务办理申请文件。

2. 经济行为决策文件。

3. 无偿划转协议。

4. 基准日审计报告。

5. 企业章程。

6. 企业法人营业执照。

7. 监管机构要求提供的其他材料。

（五）跨国资监管机构——从其他国资监管机构进场受让或从其他国资监管机构协议受让应提交的合规性资料：

1. 业务办理申请文件。

2. 经济行为决策文件。

3. 评估备案表或核准文件。

4. 进场交割单或股权转让协议。

5. 企业章程。

6. 企业法人营业执照。

7. 监管机构要求提供的其他材料。

二、变动登记提交的合规性资料

（一）单纯名称变动、单纯注册地变动、单纯主营业务变动应提交的合规性资料：

1. 业务办理申请文件。

2. 经济行为决策文件。

3. 企业章程。

4. 企业法人营业执照。

5. 监管机构要求提供的其他材料。

（二）增资——原股东同比例增资应提交的合规性资料：

1. 业务办理申请文件。

2. 经济行为决策文件。

3. 非货币出资资产评估备案表或核准文件。

4. 企业章程。

5. 监管机构要求提供的其他材料。

（三）增资——原股东非同比例增资、引入非国有股东、引入新国有股东应提交的合规性资料：

1. 业务办理申请文件。

2. 经济行为决策文件。

3. 标的企业评估备案表或核准文件。

4. 非货币出资资产评估备案表或核准文件。

5. 企业章程。

6. 监管机构要求提供的其他材料。

（四）减资——同比例减资应提交的合规性资料：

1. 业务办理申请文件；

2. 经济行为决策文件；

3. 非货币减资资产评估备案表或核准文件；

4. 减资公告；

5. 企业章程；

6. 监管机构要求提供的其他材料。

（五）减资——非同比例减资应提交的合规性资料：

1. 业务办理申请文件；

2. 经济行为决策文件；

3. 标的企业评估备案表或核准文件；

4. 非货币减资资产评估备案表或核准文件；

5. 减资公告；

6. 企业章程；

7. 监管机构要求提供的其他材料。

（六）改制——国有企业改制为一人有限责任公司或国有独资公司、国有企业改制为两人以上有限责任公司应提交的合规性资料：

1. 业务办理申请文件；

2. 经济行为决策文件；

3. 标的企业评估备案表或核准文件；

4. 非货币出资资产评估备案表或核准文件；

5. 国有土地管理部门备案和土地处置方式批复文件；

6. 职工代表大会决议；

7. 企业章程；

8. 监管机构要求提供的其他材料。

（七）改制——国有企业改制为股份有限公司应提交的合规性资料：

1. 业务办理申请文件；

2. 经济行为决策文件；

3. 标的企业评估备案表或核准文件；

4. 非货币出资资产评估备案表或核准文件；

5. 国有土地管理部门备案和土地处置方式批复文件；

6. 股权设置方案批复文件；

7. 职工代表大会决议；

8. 企业章程；

9. 监管机构要求提供的其他材料。

（八）改制——有限责任公司改制为股份有限公司应提交的合规性资料：

1. 业务办理申请文件；

2. 经济行为决策文件；

3. 标的企业评估备案表或核准文件；

4. 非货币出资资产评估备案表或核准文件；

5. 股权设置方案批复文件；

6. 企业章程；

7. 监管机构要求提供的其他材料；

（九）改制——主辅分离辅业改制应提交的合规性资料：

1. 业务办理申请文件；

2. 经济行为决策文件；

3. 审计报告；

4. 评估备案表或核准文件；

5. 企业章程；

6. 监管机构要求提供的其他材料。

（十）股份有限公司上市应提交的合规性资料：

1. 业务办理申请文件；

2. 经济行为决策文件；

3. 证券登记结算公司出具的前十大股东情况登记表；

4. 企业章程；

5. 监管机构要求提供的其他材料。

（十一）可转债转股应提交的合规性资料：

1. 业务办理申请文件；

2. 经济行为决策文件；

3. 企业章程；

4. 监管机构要求提供的其他材料。

（十二）产权转让——进场交易应提交的合规性资料：

1. 业务办理申请文件；

2. 经济行为决策文件；

3. 评估备案表或核准文件；

4. 进场交割单；

5. 企业章程；

6. 监管机构要求提供的其他材料。

（十三）产权转让——协议转让应提交的合规性资料：

1. 业务办理申请文件；

2. 经济行为决策文件；

3. 评估备案表或核准文件；

4. 审计报告；

5. 转让协议；

6. 企业章程；

7. 监管机构要求提供的其他材料。

（十四）产权转让——无偿划转——划入方、划出方、标的企业应提交的合规性资料：

1. 业务办理申请文件；

2. 经济行为决策文件；

3. 无偿划转协议；

4. 基准日审计报告；

5. 企业章程；

6. 监管机构要求提供的其他材料。

（十五）资产置换应提交的合规性资料：

1. 业务办理申请文件；

2. 经济行为决策文件；

3. 无偿划转协议；

4. 基准日审计报告；

5. 企业章程；

6. 监管机构要求提供的其他材料。

（十六）收购其他出资人股权应提交的合规性资料：

1. 业务办理申请文件；

2. 经济行为决策文件；

3. 评估备案表或核准文件；

4. 审计报告；

5. 进场交割单；

6. 转让协议；

7. 企业章程；

8. 监管机构要求提供的其他材料。

（十七）吸收合并应提交的合规性资料：

1. 业务办理申请文件；

2. 经济行为决策文件；

3. 吸并方评估备案表或核准文件；

4. 被吸并方评估备案表或核准文件；

5. 合并协议书；

6. 企业章程；

7. 监管机构要求提供的其他材料。

（十八）企业分立提交的合规性资料：

1. 业务办理申请文件；

2. 经济行为决策文件；

3. 评估备案表或核准文件；

4. 分立协议书；

5. 企业章程；

6. 监管机构要求提供的其他材料。

三、注销登记提交的资料

（一）国有控制出资人退出——进场交易及跨国资监管机构——进场交易应提交的合规性资料：

1. 业务办理申请文件；

2. 经济行为决策文件；

3. 评估备案表或核准文件；

4. 进场交割单；

5. 企业章程；

6. 监管机构要求提供的其他材料。

（二）国有控制出资人退出—减资退股应提交的合规性资料：

1. 业务办理申请文件；

2. 经济行为决策文件；

3. 标的企业评估备案表或核准文件；

4. 非货币减资资产评估备案表或核准文件；

5. 减资公告；

6. 企业章程；

7. 监管机构要求提供的其他材料。

（三）国有控制出资人退出——司法处置及跨国资监管机构——司法处置应提交的合规性资料：

1. 业务办理申请文件；

2. 经济行为决策文件；

3. 最近一期审计报告；

4. 企业章程；

5. 监管机构要求提供的其他材料。

（四）国有控制出资人退出——主辅分离应提交的合规性资料：

1. 业务办理申请文件；

2. 经济行为决策文件；

3. 审计报告；

4. 评估备案表或核准文件；

5. 剩余净资产处置协议；

6. 监管机构要求提供的其他材料。

（五）国有控制出资人退出——股权投资及跨国资监管机构——股权投资应提交的合规性资料：

1. 业务办理申请文件；

2. 经济行为决策文件；

3. 标的企业评估备案表或核准文件；

4. 用于投资的股权评估备案表或核准文件；

5. 投资协议；

6. 企业章程；

7. 监管机构要求提供的其他材料。

（六）跨国资监管机构——协议转让提交的合规性资料：

1. 业务办理申请文件；

2. 经济行为决策文件；

3. 评估备案表或核准文件；

4. 转让协议；

5. 企业章程；

6. 监管机构要求提供的其他材料。

（七）跨国资监管机构——无偿划转提交的合规性资料：

1. 业务办理申请文件；

2. 经济行为决策文件；

3. 无偿划转协议；

4. 基准日审计报告；

5. 企业章程；

6. 企业法人营业执照；

7. 监管机构要求提供的其他材料。

（八）注销法人资格——因变更为分支机构而清算并注销法人资格提交的合规性资料：

1. 业务办理申请文件；

2. 经济行为决策文件；

3. 清算报告；

4. 注销公告；

5. 工商注销证明；

6. 监管机构要求提供的其他材料。

（九）注销法人资格——因解散而清算并注销法人资格提交的合规性资料：

1. 业务办理申请文件；

2. 经济行为决策文件；

3. 清算报告；

4. 注销公告；

5. 破产公告；

6. 工商注销证明；

7. 监管机构要求提供的其他材料。

（十）注销法人资格——因破产而清算并注销法人资格提交的合规性资料：

1. 业务办理申请文件；

2. 经济行为决策文件；

3. 清算报告；

4. 破产公告；

5. 工商注销证明；

6. 监管机构要求提供的其他材料。

中国机械工业集团有限公司
资产抵（质）押管理办法

第一章　总　则

第一条　为规范中国机械工业集团有限公司（简称国机集团）资产抵（质）押行为，防范资产担保风险，根据《中华人民共和国担保法》及相关法律法规（简称担保法规），制定本办法。

第二条　本办法适用于国机集团总部及所属企业，包括所属各级全资、控股公司和企业（简称所属企业）。

第三条　本办法所称资产抵（质）押，指国机集团及所属企业将依法可以抵（质）押的财产抵（质）押给债权人作为债务担保的行为。

第二章　管理原则

第四条　国机集团对所属企业的资产抵（质）押事项实行两级审批管理。根据资产抵（质）押存量额度的大小，由国机集团或授权所属二级企业决策审批。

第五条　所属企业申请抵（质）押的资产必须是依法有权处分且可以转让的资产，依法不允许抵（质）押的财产不得申请进行资产抵（质）押。

第六条　禁止所属企业为国机集团以外的公司或企业提供资产抵（质）押担保。

第七条　资产抵（质）押属于国有资产产权或有变动事项，所属企业应在进行产权登记时如实填报资产抵（质）押信息。国机集团和所属企业（二级）应对企业的资产抵（质）押事项有关情况做好登记记录。

第三章　审批流程

第八条　所属企业根据经营业务需要向银行申请贷款或由于其他原因需办理资产抵（质）押时，应按照两级审批管理原则，根据本办法规定向国机集团或所属企业（二级）以正式文件形式提出申请，履行报批手续。

第九条　国机集团资产财务部负责资产抵（质）押事项的管理，对所属企业提交的资产抵（质）押申请材料进行审核，并提交国机集团相应决策机构审批。国机集团法律事务部负责对抵（质）押事项涉及的有关法律问题进行审核。

第十条　所属企业办理资产抵（质）押申请，应提交以下材料：

1. 企业申请贷款等融资事项和办理资产抵（质押）的内部决策审批文件；

2. 申请资产抵（质）押报告，应包括以下内容：贷款用途与金额、贷款银行、抵（质）押资产的担保金额，涉及抵（质）押资产的具体情况（包括名称、范围、资产明细、数量、质量、所在地、权属情况、资产评估值、抵（质）押期限），企业对抵（质）押资产融资的风险评估及管控措施，企业近期财务报表以及房产证、土地证等所抵（质）押资产的权属证明复印件，企业的还款计划和具体保障措施等；

3. 具有相应资质的资产评估机构出具的资产评估报告；

4. 其他必要资料。

第十一条　所属企业（二级）自行审批办理

的资产抵（质）押事项，所属企业（二级）应于资产抵（质）押手续完成后十个工作日内报国机集团资产财务部办理资产抵（质）押备案手续。

第十二条 所属企业对外提供资产抵（质）押担保应与抵押权人（质权人）签订抵（质）押合同。抵（质）押担保到期，所属企业应及时办理抵（质）押撤销手续。抵（质）押担保需延期的，所属企业应根据审批程序，提前上报国机集团或所属企业（二级）履行审批手续。

第四章 审批权限

第十三条 所属企业抵（质）押资产存量总额（以资产评估值为准）在所属企业（二级）净资产规模（以上一年度经审计合并净资产额为准）30%以下的，国机集团授权由所属企业（二级）根据其公司章程及有关担保管理规定自行审批。

第十四条 所属企业（二级）自行审批的资产抵（质）押担保存量总额超过被授权金额，则新增资产抵（质）押担保事项均需报国机集团审批，并按照本款规定的分级审批管理权限及流程办理。国机集团总部的资产抵（质）押担保事项按照本款规定审批管理权限及流程办理。

1.抵（质）押资产金额在5亿元以上的抵（质）押担保，经国机集团总经理办公会审议通过后，提交国机集团董事会审批；

2.抵（质）押资产金额在3亿元以上、不超过5亿元的抵（质）押担保，经国机集团总经理办公会审议通过后，提交董事会常务委员会审批；

3.抵（质）押资产金额2亿元以上、不超过3亿元的抵（质）押担保，经国机集团总经理办公会审议通过后，提交董事长审批；

4.抵（质）押资产金额不超过2亿元的抵（质）押担保，经国机集团主管领导审查通过后，提交集团总经理办公会审批。

上述金额区间数不包含下限数。

第十五条 所属企业将其资产抵（质）押给国机财务有限责任公司的资产抵（质）押担保事项，由所属企业（二级）根据其公司章程及有关担保管理的规定自行决策管理，不再上报国机集团审批。所属企业（二级）需在资产抵（质）押协议签署之日起十个工作日内到国机集团资产财务部备案。

第十六条 所属企业将其资产抵（质）押给国机集团的资产抵（质）押担保事项，国机集团将在为所属企业提供授信、担保时根据国机集团相关规定一并予以审批，不再就该资产抵（质）押担保事项单独进行审批。

第五章 附 则

第十七条 所属企业应根据本办法的规定和要求制定本企业资产抵（质）押管理办法。

第十八条 所属企业办理资产抵（质）押，应严格遵守担保法规和本办法的规定。对于违反规定擅自对外提供资产抵（质）押担保的，将根据《中央企业资产损失责任追究暂行办法》及国机集团有关规定给予处理。

第十九条 本办法由国机集团资产财务部负责解释。

第二十条 本办法自发布之日起施行。

中共中国机械工业集团有限公司委员会会议制度

第一章　总　则

第一条　为贯彻落实党的路线方针政策和国资委党委的各项工作部署，加强中国机械工业集团有限公司（以下简称国机集团）党委自身建设，提高国机集团党建工作科学化、制度化和规范化水平。根据《中国共产党章程》和加强国有企业党建工作有关规定，以及《中国机械工业集团有限公司章程》，制定本制度。

第二条　国机集团党委实行党委全体会议、党委常委会议、书记办公会议、党委中心组学习和党员领导干部民主生活会等会议制度。国机集团党委议事决策的基本形式是党委全体会议和常委会会议；协调处理党委日常工作的基本形式是书记办公会；加强领导班子思想政治建设和领导班子成员思想工作交流沟通的基本形式是党委中心组学习和党员领导干部民主生活会。

第三条　国机集团党委议事坚持民主集中制。按照集体领导、民主集中、个别酝酿、会议决定的原则，集体讨论决定有关事项，并根据集体的决定和分工，切实履行各自职责。

第二章　党委全体会议

第四条　国机集团党委全体会议在同级党员代表大会闭会期间，执行上级党组织的指示和同级党员代表大会的决议。

第五条　党委全体会议一般每年召开两次，原则上年中和年底各安排一次。遇重要问题确需召开时，经党委常委会议研究决定，可随时召开。

第六条　党委全体会议组成人员为全体党委委员。根据会议内容，可扩大参加人员范围。扩大人员列席党委全委会扩大会议，列席人员由党委常委会议研究决定。

第七条　党委全体会议由党委书记主持。党委书记因故不能主持会议时，应委托党委副书记主持。

第八条　党委全体会议的议题由党委常委会议确定。必要时可征求党委委员的意见。会议召开的时间、议题等，一般应提前一周通知各位党委委员。

第九条　党委全体会议研究决定的主要内容：

（一）贯彻落实党的路线、方针、政策和上级党组织有关指示精神，以及国机集团党员代表大会决议，对国机集团党的工作重大问题作出决策和部署。

（二）审议并批准党委常委会的工作报告，对党委常委会及其成员的工作进行监督、评议。

（三）研究决定召开国机集团党员代表大会有关事项。

（四）选举国机集团党委常委和书记、副书记，通过纪委全体会议选举产生的书记、副书记。

（五）通过国机集团党委年度工作总结和下一年度工作计划。

（六）讨论决定常委会提请或其他需要党委全体会议研究决定的问题。

第十条 党委全体会议必须有三分之二以上委员到会方能召开。选举或增补党委书记、副书记、常委时，必须五分之四以上委员到会。委员因故不能参加会议的，应在会前请假，其意见可用书面形式表达。

第十一条 党委全体会议进行表决时，以赞成人数超过应到会委员人数的半数为通过。未到会委员的书面意见不能计入统计数。党委全体会议决定多个事项的，应逐项表决。

第十二条 党委全体会议进行表决时，除选举书记、副书记、常委必须实行无记名投票外，其他事项可采取口头、举手或无记名投票方式进行。

第三章 党委常委会议

第十三条 国机集团党委常委会议在党委全体会议闭会期间，行使党委全体会议职权，执行上级党组织的指示和党委全体会议的决议，主持日常工作，向党委全体会议负责并定期向全体会议报告工作，接受监督。

第十四条 党委常委会议一般每月召开一次。如遇重要情况，可随时召开。

第十五条 党委常委会议组成人员为全体党委常委。根据会议内容，可扩大参加人员范围。扩大人员列席会议，列席人员由会议主持人根据工作需要确定。

第十六条 党委常委会议由党委书记主持。党委书记因故不能主持会议时，应委托党委副书记主持。

第十七条 党委常委会议的议题由党委工作部在会前收集整理，提交党委书记或主持会议的副书记审定。会议召开的时间、议题等，一般应提前三天通知各位常委。各位常委对会议议题如有意见或建议，应在会前提出。会议召开时，应按议题进行，原则上不搞临时动议。

第十八条 党委常委会议研究决定的主要内容：

（一）研究制定贯彻落实执行党中央、国资委党委以及国机集团党委决议、决定的措施、意见。研究讨论国机集团党委年度工作计划和工作总结。

（二）研究决定召开党委全体会议或党委全委会扩大会议有关事项。

（三）讨论通过国机集团党委上报上级党组织的重要请示报告、国机党建工作相关制度规范以及所属企业党委向国机集团党委报送的重要请示报告。

（四）对国机集团重大问题决策、重要干部任免、重大项目投资决策、大额资金使用等事项进行讨论研究，提出意见和建议。

（五）研究国机集团人才工作及所属企业领导班子建设工作。向全委会专题报告年度干部选拔任用工作情况，并在一定范围内组织并接受对本级党委干部选拔任用工作和新选拔任用领导干部的民主评议。

（六）按照干部管理权限和有关规定，研究提出国机集团所属企业董事长、副董事长、监事会主席、总经理、院（所）长和集团总部部门正职以上干部人选建议，研究决定所属企业董事、监事、副总经理、副院（所）长、财务总监任免或建议人选，研究决定所属企业党委（总支）书记、副书记、党委常委和纪委书记以及集团总部部门副职干部任免。研究批准国机集团所属企业党组织换届的书记、副书记、党委常委、纪委书记候选人预备人选。

（七）听取国机集团党建工作专题汇报，对国机集团党的思想政治建设、组织建设、作风建设中的重大问题提出指导性意见。

（八）听取国机集团纪委的工作汇报，研究党风廉政建设工作。

（九）听取工会、共青团工作汇报，研究决定工会、共青团等群团工作中的重大事项。

（十）研究决定国机集团思想政治工作、精神文明建设、维护稳定工作、统战工作以及老干部工作中的重大问题。

（十一）其他需要党委常委会会议研究讨论的问题。

第十九条 党委常委会议须有半数以上的常委参加方能举行；研究干部问题时，须有三分之二以上常委到会方能召开。党委常委因故不能参加会议时，会前须向党委书记或主持会议的副书记请假。

第二十条 党委常委会议进行表决时，根据议题可采取口头、举手或无记名投票方式进行。

第四章 书记办公会议

第二十一条 国机集团书记办公会议履行常委会赋予的职权，酝酿讨论对常委会决定事项的具体组织实施办法，协调处理党群各部门日常工作。

第二十二条 书记办公会议根据工作需要，可随时召开。

第二十三条 书记办公会议组成人员为国机集团党委书记、副书记，纪委书记，以及国机集团党委工作部、党委组织部、纪检办公室、工会办公室、团委等部门负责人。列席人员由会议主持人根据工作需要确定。

第二十四条 书记办公会议由党委书记主持。党委书记因故不能主持会议时，应委托党委副书记主持。

第二十五条 书记办公会议的议题由党委工作部在会前收集整理，提交党委书记或主持会议的副书记审定。会议召开的时间、议题等，一般应提前一天通知各位参会人员。

第二十六条 书记办公会议研究讨论的主要内容：

（一）研究国机集团党委工作机构设置和人员编制方案。

（二）组织推进国机集团总部和所属企业党组织换届选举和委员补选工作。

（三）组织起草党委年度工作总结和工作计划。

（四）研究讨论党委、纪委、工会、共青团等日常工作中的问题，指导工会、共青团等群众组织工作。

（五）其他需要党委办公会议研究讨论的问题。

第二十七条 书记办公会议讨论的有关事项，由会议主持人根据多数与会人员的意见做出决定和部署。

第五章 党委中心组学习

第二十八条 党委中心组学习是国机集团领导班子和领导干部在职学习的重要组织形式，是加强领导班子思想政治建设的重要措施，是建设学习型组织的重要途径。

第二十九条 党委中心组学习每年不少于四次，原则上每季度安排一次。如遇重要情况，可随时召开。

第三十条 党委中心组学习参加人员为国机集团党政领导班子成员、董事会秘书，以及在总部任职的党委委员。根据学习内容，可扩大参加人员范围。扩大人员由会议主持人确定。

第三十一条 党委中心组学习由党委书记主持。党委书记因故不能主持时，应委托党委副书记主持。

第三十二条 党委中心组学习主题由党委工作部在会前收集整理，提交党委书记或主持会议的副书记审定。会议召开的时间、主题等，一般应提前三天通知各位参会人员。各位参会人员围绕会议主题作好发言准备。

第三十三条 党委中心组学习内容：

（一）马列主义、毛泽东思想和中国特色社会主义理论体系。

（二）党的路线方针政策以及国家有关法律、法规和政策。

（三）上级党组织重要会议、文件精神以及上级领导的重要讲话。

（四）社会主义市场经济和现代企业管理的基本理论、基本制度，以及现代科学技术和管理知识。

（五）研讨重大行业政策和企业自身发展规律。

（六）研讨国机集团改革发展和党建工作中的热点、难点和重点问题。

第三十四条 党委中心组学习方式坚持集中学习和个人自学相结合。根据学习主题，集中学习可采取领导班子成员作中心发言、邀请专家作辅导报告、组织参观学习等形式，提高学习针对性和实际效果。

第六章 党员领导干部民主生活会

第三十五条 党员领导干部民主生活会是党内政治生活中的一项重要制度，是加强党员领导干部思想和作风建设、有效开展党内监督的重要形式，是提高领导班子依靠自身力量解决问题和矛盾的基本途径。

第三十六条 党员领导干部民主生活会一般每年召开一次。如遇重要情况，可随时召开。

第三十七条 党员领导干部民主生活会参加人员为国机集团党委常委，其他行政领导班子成员、董事会秘书列席会议。

第三十八条 党员领导干部民主生活会由党委书记主持。党委书记因故不能主持会议时，应委托一名党委副书记主持。

第三十九条 党员领导干部民主生活会主题根据上级党组织部署或由党委常委会研究确定。会议召开的时间、主题等，一般应提前一周通知各位参会人员。各位参会人员围绕会议主题作好发言准备。

第四十条 党员领导干部民主生活会议邀请上级有关部门领导出席会议。

第四十一条 党员领导干部民主生活会议按照上级党组织要求，认真组织好领导班子学习、广泛征求各方面意见、深入开展谈心活动、积极开展批评与自我批评、精心制定整改措施等各主要环节工作，确保会议收到实效。

第七章 会议管理

第四十二条 国机集团党委工作部具体负责党委全体会议、党委常委会议、书记办公会议、党委中心组学习和党员领导干部民主生活会等会前各项准备工作，党委工作部负责人负责记录。党委工作部负责人因故不能参会时，由会议主持人指定记录人员。

第四十三条 会议形成的纪要、决议、请示、报告等文件，由党委书记签发或经党委书记授权由党委副书记签发。会议纪要及记录由党委工作部负责存档保管。

第四十四条 会议决定事项的贯彻落实由党委工作部负责检查和督促。

第四十五条 对于会议研究讨论的各项内容以及形成的记录、纪要、决议、请示、报告等，凡属应该保密的，参会人员及有关工作人员必须严格遵守保密制度，不得擅自传达或扩散。

第八章 附 则

第四十六条 本制度经国机集团党委全体会议讨论通过后实施。与本制度不一致的规定和办法，按本制度执行。

第四十七条 本制度由国机集团党委工作部负责解释。

第五篇

荣誉汇编

2016年全国及省部级，中央企业和国机集团先进集体及先进个人

中国机械工业集团有限公司主要排名及荣誉

1. 综合排名

世界500强企业第334位

中国企业500强第72位

2. 机械行业排名

中国机械工业企业100强第1位

3. 对外贸易额排名

中国对外贸易企业500强第14位

4. 汽车贸易和服务排名

中国最大的汽车贸易和服务商

5. 机械工业进出口贸易排名

中国机械工业最大的进出口贸易企业

6. 国际工程承包商排名

ENR“全球250家最大国际工程承包商”第31位

ENR“国际工程设计公司225强”第64位

7. 国务院国资委业绩考核排名

2016年国资委中央企业业绩考核A级企业

全国及省部级，中央企业和国机集团先进集体及先进个人

一、全国先进集体

1. 全国五一巾帼标兵岗

中国成套工程有限公司农业工程与贸易项目部

2. 全国五四红旗团支部

中国第二重型机械集团公司铸锻公司炼钢厂团总支

3. 全国汽车行业五四红旗团委

国机汽车股份有限公司团委

中国进口汽车贸易有限公司团委

4.2015—2016年度全国青年文明号

中工国际工程股份有限公司成套工程二部

机械工业第六设计研究院有限公司国际工程院

5. 全国优秀施工企业

中海工程建设总局

6. 全国“安康杯”竞赛优胜单位

二重集团（德阳）重型装备股份有限公司

7. 全国十大招标机构

苏美达国际技术贸易有限公司

8. 全国电力勘测设计行业企业信用评价AAA

中机国能电力工程有限公司

二、全国先进个人

1. 全国汽车行业“优秀共青团干部”

杨　静　国机汽车股份有限公司

2. 全国优秀共青团员

徐　千　中国第二重型机械集团公司

3. 团中央第十一届中国青年志愿者

王　刚　机械勘察设计研究院

4. 第十三届全国技术能手

龙小平　中国第二重型机械集团公司

5. 中国机械工业先进科技工作者

阴晓俊　沈阳仪表科学研究院有限公司

6. 第二批“万人计划”科技创新领军人才

张　君　中国重型机械研究院股份公司

7. 第二批国家知识产权专家库专家

冯俊杰　桂林电器科学研究院有限公司

8. 从事侨联工作 20 年（含）以上人员

侯玉霞　李开明 李桂珍 李琇珊 戴慧荃 黄国栋 中国机械工业集团

9. 全国汽车行业"青年岗位能手"

刘向东　国机汽车股份有限公司

三、中央企业先进个人

1. 中央企业优秀共产党员

黄忠明　中国第二重型机械集团公司

史　磊　苏美达国际技术贸易有限公司

2. 第七届"全国优秀科技工作者"

方宪法　中国农业机械化科学研究院

四、省部级先进集体

1. 河南省五一劳动奖状

中国一拖技术中心国Ⅲ排放攻坚组

2. 四川省五一巾帼标兵岗

中国第二重型机械集团德阳万航模锻有限责任公司技术开发部材料及热处理技术室

3. 河南省先进基层党组织

中国一拖党委采购中心党支部

4. 天津市先进基层党组织

中国汽车工业工程有限公司党委

5. 河南省住房和城乡建设厅直属机关五好党委

机械工业第六设计研究院有限公司党委

6. 陕西省委科技工委先进基层党组织

中国重型院资产财务部党支部

7. 天津市工人先锋号

中国汽车工业工程有限公司人力资源部

8. 河南省工人先锋号

中国一拖第三装配厂赵传扬劳模创新工作室

9. 河南省住房和城乡建设厅直属机关党委五好党总支

机械工业第六设计研究院有限公司管理服务党总支

机械工业第六设计研究院有限公司厦门院党总支

机械工业第六设计研究院有限公司工程管理中心党总支

10. 河南省住房和城乡建设厅直属机关党委五好党支部

机械工业第六设计研究院有限公司工业工程中心党总支第二党支部

机械工业第六设计研究院有限公司市政工程中心党总支第一党支部

机械工业第六设计研究院有限公司第四工程院党总支第一党支部

机械工业第六设计研究院有限公司民用工程中心党总支第二党支部

机械工业第六设计研究院有限公司第六工程院党总支第二党支部

机械工业第六设计研究院有限公司第七工程院党总支第三党支部

机械工业第六设计研究院有限公司第八工程院党总支第三党支部

机械工业第六设计研究院有限公司工程管理中心党总支第一党支部

机械工业第六设计研究院有限公司工程管理中心党总支第二党支部

机械工业第六设计研究院有限公司厦门院党总支第一党支部

机械工业第六设计研究院有限公司管理服务党总支第二党支部

11. 四川省五四红旗团委

中国第二重型机械集团（德阳）重型装备股份有限公司重机公司团委

12. 江苏省五四红旗团委

江苏苏美达轻纺国际贸易有限公司团委

13. 四川省五四红旗团支部

中国第二重型机械集团（德阳）重型装备股份有限公司铸锻公司炼钢车间团总支

中国第二重型机械集团德阳万航模锻有限责任公司机关团支部

14. 共青团湖南省直先进基层团组织

共青团中机国际工程设计研究院有限责任公司委员会

共青团中机国际工程设计研究院有限责任公司环保支部委员会

15. 天津市科技系统优秀团组织

天津电气科学研究院有限公司团委

16. 江苏省共青团工作先进单位

江苏苏美达集团有限公司团委

17. 四川省青年文明号

中国第二重型机械集团（德阳）重型装备股份有限公司铸锻公司三金工车间 DL250 数控车镗组

中国第二重型机械集团德阳万航模锻有限责任公司模锻厂 800MN 小组

18. 第七届四川省青年优秀志愿组织

中国第二重型机械集团（德阳）重型装备股份有限公司核电石化事业部青年志愿者服务队

19. 河南省住房和城乡建设厅直属机关先进基层工会

机械工业第六设计研究院有限公司工会委员会

20. 河南省住房和城乡建设厅直属机关先进工会分会

机械工业第六设计研究院有限公司工业工程中心分会

机械工业第六设计研究院有限公司市政工程中心分会

机械工业第六设计研究院有限公司第四工程院分会

机械工业第六设计研究院有限公司第七工程院分会

机械工业第六设计研究院有限公司第八工程院分会

机械工业第六设计研究院有限公司国际工程院分会

机械工业第六设计研究院有限公司工程管理中心分会

机械工业第六设计研究院有限公司职能管理分会

21. 江苏省模范职工之家

苏美达国际技术贸易有限公司分工会

22. 河南省模范职工之家

中国汽车工业工程有限公司四院工会

23. 河南省建设劳动奖状

机械工业第六设计研究院有限公司工会

24. 四川省统战工作 2016 年度实践创新成果奖

中国第二重型机械集团

25. 天津市志愿服务创新项目

中国汽车工业工程有限公司“蒲公英”志愿队

26. 四川省“安康杯”竞赛优胜班组

中国第二重型机械集团公司（德阳）重型装备股份有限公司万信公司制管厂管一组

27. 甘肃省“双联”行动先进单位

甘肃蓝科石化高新装备股份有限公司

五、省部级先进个人

1. 江苏省优秀企业家

孙　峰　中国福马机械集团有限公司

2. 河南省五一劳动奖章获得者

王保辉　薛志飞　王　玲　中国一拖集团有限公司

3. 天津市五一劳动奖章获得者

贺丽红　天津电气科学研究有限院

4. 四川省优秀共产党员

白树华　中国第二重型机械集团公司

宋玉刚　中国第二重型机械集团公司

5. 河南省优秀共产党员

张　涛　中国一拖集团有限公司

6. 天津市优秀共产党员

贺丽红　天津电气科学研究有限院

7. 河南省委省直机关优秀党务工作者

孟　钰　机械工业第六设计研究院有限公司

8. 河南省委省直机关优秀共产党员

李国顺　张海清　机械工业第六设计研究院有限公司

9. 河南省住房和城乡建设厅直属机关优秀党务工作者

孟　钰　曾夏晖　孔　文　机械工业第六设计研究院有限公司

10. 河南省住房和城乡建设厅直属机关优秀共产党员

陈远方　张跃红　欧阳壮志　张海清　张广涛
杨　永　张增伟　李　聪　刘丽莎　李利苹
李鹏飞　周江林　李振文　段晓军　林　炜
李国顺　机械工业第六设计研究院有限公司

11. 陕西省委科技工委优秀党务工作者

薛红卫　中国重型机械研究院股份公司

12. 陕西省委科技工委优秀共产党员

刘赵卫　范玉林　中国重型机械研究院股份公司

13. 河南省三八红旗手

杨桂香　中国一拖集团有限公司

14. 四川省优秀共青团干部

杨华霖　中国第二重型机械集团公司

15. 江苏省优秀共青团干部

乔艳红　江苏苏美达五金工具有限公司

16. 浙江省直机关优秀共青团干部

钱少华　中国联合工程公司

17. 天津市科技系统优秀团干部

刘艳昉　天津电气科学研究有限院

18. 四川省优秀共青团员

林阳昊　中国第二重型机械集团公司
徐　千　中国第二重型机械集团公司

19. 天津市科技系统优秀青年

王　达　王姜骅　吴　健　天津电气科学研究有限院

20. 第七届四川省青年优秀志愿者

李丹丹　中国第二重型机械集团公司
黄　论　中国第二重型机械集团公司

21. 天津市优秀科技工作者

张海康　中国汽车工业工程有限公司

22. 河南省女职工十大创新人物

刘翠平　中国一拖集团有限公司

23. 河南省住房和城乡建设厅直属机关支持工会领导干部

黄国甫　孟庆利　毛卫东　李国顺　吴旭东
岳　杰　李　航　李振文　朱恺真　赵新力
黄光伟　机械工业第六设计研究院有限公司

24. 河南省住房和城乡建设厅直属机关优秀工会工作者

周灵芝　韩　冬　曹振华　薛　军　张　果
欧阳壮志　陈利双　刘　亮　张　俊
陈桂琴　孙志维　刘　欢　孟　钰　杨志远
刘　杰　张彦斌　芦春州　陈　颖　机械工业第六设计研究院有限公司

25. 河南省住房和城乡建设厅直属机关工会积极分子

安传桂　熊新宇　宋义超　陈　翔　卢亚南
祁永斌　刘鑫璐　常钰晖　刘亚锋　夏文涛
王艺璇　菅文广　高利永　魏代俊　刘　淼
杨东明　王　盼　邢江玮　陈　翔　杨敏敏
倪玮琳　王靖宇　王珺黎　张　戚　白　涛
王玮斌　李　亨　侯祝松　李　辉　王　英
董加柱　李志龙　毛朝亮　胡蔓莉　胡景涛
乔西萍　机械工业第六设计研究院有限公司

26. 四川省技术能手

郑永涛　中国第二重型机械集团公司

27. 甘肃省双联行动先进个人“标兵奖”

佟　革　甘肃蓝科石化高新装备股份有限公司

28.“上海青年英才科创奖”提名奖

李　健　甘肃蓝科石化高新装备股份有限公司

29. 上海市职工技协焊接大赛个人优胜奖

滕渝雄　甘肃蓝科石化高新装备股份有限公司

30. 中国上市公司金牛奖“投资者关系优秀管理人”

谈正国　国机汽车股份有限公司

六、国机集团先进单位、先进个人及单项奖

（一）先进集体

1. 国机集团先进基层党组织（2014—2015年）

中国机械设备工程股份有限公司机械工业勘察设计研究院有限公司党委

中国机械设备工程股份有限公司财务总部党支部

中工国际工程股份有限公司第二党支部

中国福马机械集团有限公司江苏林海动力机械集团有限公司党委

中国海洋航空集团有限公司青岛市海青机械总厂车间党支部

中国地质装备集团有限公司北京地质仪器厂北京海光仪器有限公司党支部

中国地质装备集团有限公司重庆地质仪器厂检波器分厂党支部

中国机械工业建设集团有限公司中国机械工业第一建设有限公司党委

中国机床总公司第一党支部

中国重型机械有限公司电力工程事业部党支部

中国通用机械工程有限公司第三党支部

中国自动化控制系统总公司第四党支部

中国国机重工集团有限公司常林股份有限公司装载机事业部党支部

中国国机重工集团有限公司天津工程机械研究院科研党支部

国机财务有限责任公司第一党支部

国机汽车股份有限公司中国进口汽车贸易有限公司党委

中国汽车工业国际合作有限公司第二党支部

国机资产管理公司退休人员第二党支部

中国农业机械化科学研究院北京卓众出版有限公司老区建设党支部

中国中元国际工程有限公司工程建设咨询中心党总支

北京起重运输机械设计研究院索道工程事业部党支部

国机集团科学技术研究院有限公司北京飞机强度研究所有限公司党支部

中国第二重型机械集团公司核电石化事业部党委

中国第二重型机械集团公司万航公司党委

中国第二重型机械集团公司铸锻公司炼钢车间党总支

中国一拖集团有限公司第一拖拉机股份有限公司第三装配厂党委

中国一拖集团有限公司第一拖拉机股份有限公司福莱格车身公司党委

中国一拖集团有限公司物流公司党委

江苏苏美达集团有限公司党委

江苏苏美达集团有限公司资产财务部党总支

中国浦发机械工业股份有限公司中机国能电力工程有限公司党总支

国机精工有限公司白鸽磨料磨具有限公司党委

中国联合工程公司第三建筑工程设计研究院党支部

中国联合工程公司中机中联工程有限公司中机建设设计工程公司第五党支部

中国汽车工业工程有限公司党委

中国汽车工业工程有限公司涂装工程院党支部

中国汽车工业工程有限公司华晨宝马现场党支部

机械工业第六设计研究院有限公司厦门院党总支

沈阳仪表科学研究院有限公司汇博热能党支部

合肥通用机械研究院压力容器与管道技术基础研究部联合党支部

甘肃蓝科石化高新装备股份有限公司行业发展中心党支部

洛阳轴研科技股份有限公司特种轴承公司党总支

天津电气科学研究院有限公司智能装备研究所党支部

中国电器科学研究院有限公司广州擎天实业有限公司党支部

国机智能科技有限公司广州机械科学研究院有限公司密封所党支部

济南锻造锻压机械研究所有限公司产业第四党支部

重庆材料研究院有限公司第五党支部

中国重型机械研究院股份公司冶金装备研究所党支部

桂林电器科学研究院有限公司职能管理部门第一党支部

国机集团总部资本运营部党支部

2. 国机集团青年文明号（2015—2016 年）

中国机械设备工程股份有限公司斯里兰卡项目部

中国机械设备工程股份有限公司巴基斯坦塔尔煤田 II 区块煤矿和电站项目部

中国机械设备工程股份有限公司中国电力工程有限公司老挝 Hongsa 3×626MW 电站项目现场维保部

中国机械设备工程股份有限公司中国成套工程有限公司第一工程与贸易事业部

中工国际工程股份有限公司成套工程七部

中国福马机械集团有限公司苏州苏福马机械有限公司技术中心产品研发组

中国福马机械集团有限公司江苏林海动力机械集团有限公司特种车辆事业部整车工场装配线

中国海洋航空集团有限公司上海海虹实业（集团）城市客运事业部创新工作小组

中国地质装备集团有限公司重庆地质仪器厂软件技术部

中国机械工业建设集团有限公司中机建设（澳门）有限公司钢结构事业部

中国自动化控制系统总公司中自控自动化技术有限公司工程部

中国自动化控制系统总公司第七工程事业部

国机重工集团常林有限公司结构件事业部焊接机器人班

国机重工（洛阳）有限公司工机公司产品开发部

国机汽车股份有限公司中国进口汽车贸易有限公司资产财务部

国机汽车股份有限公司北京中进捷旺汽车销售服务有限公司

国机汽车股份有限公司北京中汽雷日汽车有限公司东风日产销售顾问团队

中国机械国际合作有限公司国际展览一部

中国机械国际合作有限公司国际贸易二部

国机资产管理公司资产投资部

中国农业机械化科学研究院现代农装科技股份有限公司中机南方股份有限公司湖州安达汽车配件有限公司技术中心

中国农业机械化科学研究院机电技术应用研究所农机智能装备研究室

中国农业机械化科学研究院中国包装和食品机械有限公司粮食工程部

中国中元国际工程有限公司中元国际（长春）高新建筑设计院有限公司建筑所设计一室

中国中元国际工程有限公司北京起重运输机械设计研究院质检中心标准化室

中国第二重型机械集团公司核电石化事业部核电容器厂立车一班

中国第二重型机械集团公司重型机械工程公司重机厂 6m×24m 数控龙门铣镗班

中国一拖集团有限公司第一拖拉机股份有限公司第三装配厂产品研发部

中国一拖集团有限公司一拖（洛阳）柴油机有限公司缸体一车间老线

中国一拖集团有限公司技术中心CAE研发组

江苏苏美达集团有限公司苏美达国际技术贸易有限公司国际钢铁事业部

江苏苏美达集团有限公司江苏苏美达轻纺国际贸易有限公司服装事业五部

江苏苏美达集团有限公司苏美达能源控股有限公司人力资源部

中国浦发机械工业股份有限公司中机国能电力工程有限公司设计事业部水工部

中国联合工程公司第三建筑工程设计研究院建筑方案创作组

中国联合工程公司中机中联工程有限公司市政交通院和环境生态院

中国联合工程公司中联西北工程设计研究院有限公司工业工程院（高压输变电工程院）

中国汽车工业工程有限公司上汽通用五菱印尼项目部

机械工业第六设计研究院有限公司第七工程院工程全生命周期数字化团队

机械工业第六设计研究院有限公司工业中心土建工程院

机械工业第六设计研究院有限公司烟草商业所

合肥通用机械研究院传热技术与装备研究所

甘肃蓝科石化高新装备股份有限公司机械工业上海蓝亚石化设备检测所有限公司特检室

洛阳轴研科技股份有限公司郑州磨料磨具磨削研究所有限公司电镀薄片制造部

天津电气科学研究院有限公司天津天传电控设备检测有限公司

中国电器科学研究院威凯公司战略规划中心

国机智能科技有限公司汽车零部件研究所检测事业部

重庆材料研究院有限公司核电技术组

中国重型机械研究院股份公司重型锻压装备研究所

3. 国机集团青年安全生产示范岗（2015—2016年）

中国机械设备工程股份有限公司委内瑞拉中央电厂项目现场经理部

中工国际工程股份有限公司尼加拉瓜米拉马尔油料配送厂项目

中国福马机械集团有限公司苏州苏福马机械有限公司制造事业部一车间冷焊一组

中国海洋航空集团有限公司中国海航中海工程建设总局福清核电项目部

中国地质装备集团有限公司重庆探矿机械厂总装车间钳工组

中国机械工业建设集团有限公司中机二建烟台工贸技师学院迁建工程项目部

中国自动化控制系统总公司第五工程事业部

中国国机重工集团有限公司国机重工集团常林有限公司道机总装流水线班

国机汽车股份有限公司北京国机隆盛汽车有限公司车间机修组

中国机械国际合作有限公司工程成套一部

中国农业机械化科学研究院中机三勘岩土工程有限公司勘察工程部

中国中元国际工程有限公司北京起重运输机械设计研究院上海宜家奉贤配送中心项目组

中国第二重型机械集团公司铸锻公司炼钢厂铸锭工段滑动水口组

中国一拖集团有限公司一拖（洛阳）福莱格车身有限公司焊接工部安全架组

江苏苏美达集团有限公司江苏苏美达车轮有限公司设备部机修班

中国联合工程公司德清EPC工程总承包项目群

中国汽车工业工程有限公司中汽昌兴（洛阳）机电设备工程有限公司机加车间车工班组

机械工业第六设计研究有限公司高科技信息园项目部

合肥通用机械研究院军品班组

甘肃蓝科石化高新装备股份有限公司生产部生产二处埋弧焊组

洛阳轴研科技股份有限公司郑州磨料磨具磨削研究所有限公司加工制造一部数控组

天津电气科学研究院有限公司天津天传新能源电气有限公司生产部

中国电器科学研究院有限公司擎天材料公司树脂分公司材料检测组

国机智能科技有限公司宝力特公司铆焊车间工段

济南铸造锻压机械研究所有限公司开卷线班组

重庆材料研究院有限公司特种合金部快锻组

中国重型机械研究院股份公司信息与控制研究所

4. 国机集团财务信息管理先进企业

一等奖

中国一拖集团有限公司

中国机械设备工程股份有限公司

二等奖

江苏苏美达集团有限公司

国机汽车股份有限公司

中工国际工程股份有限公司

三等奖

国机智能科技有限公司

中国中元国际工程有限公司

中国重型机械研究院股份公司

（二）先进个人

1. 国机集团优秀党务工作者（2014—2015年）

于　静（女）　中国机械设备工程股份有限公司第一工程成套事业部党总支书记

张铁明　中国机械设备工程股份有限公司中国电工北京兴电国际工程管理有限公司总经理、党支部书记

沈　忱　中工国际工程股份有限公司电力工程部总经理、党支部书记

周光军　中国福马机械集团有限公司江苏林海动力机械集团有限公司党委书记

李志芳（女）　中国海洋航空集团公司有限公司上海海虹实业（集团）有限公司党委书记

姚锡南　中国地质装备集团有限公司无锡钻探工具厂有限公司第五党支部书记

刘治国　中国地质装备集团有限公司张家口中地装备探矿工程机械有限公司工会副主席、政工党支部书记

杨　宏　中国机械工业建设集团有限公司中国机械工业第二建设工程有限公司山东地区党支部书记

王鹏妍（女）　中国机械工业建设集团有限公司综合管理部部长、党支部书记、团委书记

王迎琦　中国机床总公司党群工作部部长、工会主席

李　军（女）　中国重型机械有限公司工会主席、综合管理一部部长、综合管理一部党支部书记

孙德仁　中国通用机械工程有限公司党委办公室主任

罗　静（女）　中国自动化控制系统总公司党群工作部部长

闫卫红　中国国机重工集团有限公司党委副书记、副总经理

周龙江　国机重工（常州）挖掘机有限公司党总支书记、副总经理

边晓梅（女）　国机财务有限责任公司第二支部宣传委员

袁　虹（女）　国机汽车股份有限公司党委工作部党务干事

宋长颖（女）　中国汽车工业国际合作有限公司国际展览一部总经理、第一党支部书记

江兆荣　国机资产管理公司退休人员第一党支部书记

李秀荣（女）　中国农业机械化科学研究院呼和浩特分院党办主任

康喜强　中国中元国际工程有限公司中元（厦门）工程设计研究院有限公司党支部书记、

副总经理

李晓东　北京起重运输机械设计研究院副院长兼党委委员、纪委书记

赵正伟　中国第二重型机械集团公司铸锻公司组织委员

杨　靖　中国第二重型机械集团公司核容事业部党委书记、副总裁、纪委书记、镇江公司副经理

李锦川　中国第二重型机械集团公司重机公司重机厂生产综合党支部书记、综合组组长

王二龙　中国一拖集团有限公司党委书记

屈卫东　中国一拖集团有限公司第一拖拉机股份有限公司第四装配厂分装车间党支部书记

万卫国　中国一拖集团有限公司东方红（洛阳）文化传播中心主任

王申涛　江苏苏美达轻纺国际贸易有限公司党总支书记、副总经理

刘珍珠（女）　中国浦发机械工业股份有限公司党办主任

孙兆达　国机精工有限公司郑州磨料磨具磨削研究所有限公司第二党支部书记

陈　楠（女）　中国联合工程公司装备工程公司党支部书记

梁晓光　中国联合工程公司中联西北工程设计研究院有限公司党委书记、副总经理

王红彦（女）中国汽车工业工程有限公司华晨宝马现场党支部书记

李毅伟　中国汽车工业工程有限公司建工二院党支部副书记

孟　钰（女）　机械工业第六设计研究院有限公司党委工作部管理服务党总支第二党支部委员

金　丹（女）　沈阳仪表科学研究院有限公司杭州照相机械研究所党委书记、所长

贾晓枫　合肥通用机械研究院党委副书记、副院长

臧稳通　洛阳轴研科技股份有限公司现代制造业服务中心主任，原特种轴承公司党总支书记

卢　林　天津电气科学研究院有限公司电控设备检测公司委托检验部部长、电控设备检测公司党支部组织委员

熊素麟（女）　中国电器科学研究院有限公司党委办副主任、职能第二党支部宣传委员

闵新和　国机智能科技有限公司广州机械科学研究院有限公司汽车零部件研究所党支部书记

焦妍莹（女）　济南铸造锻压机械研究所有限公司产业第二党支部书记

谢林宏（女）　重庆材料研究院有限公司党群工作部部长助理

熊　倩（女）　成都工具研究所有限公司党群工作部部长

奥金茸（女）　中国重型机械研究院股份公司党群工作部部长

王明军　桂林电器科学研究院有限公司党委委员、桂林金格电工电子材料科技有限公司党总支书记

王为民　国机集团总部党委工作部副部长、团委书记

2. 国机集团优秀共产党员（2014—2015 年）

刘　浩　中国机械设备工程股份有限公司中设集团装备制造有限责任公司技术部工程师

姚玮倩（女）　中国机械设备工程股份有限公司中国电力工程有限公司第一事业部副总经理

童伟平　中国机械设备工程股份有限公司中机国际工程设计研究院有限责任公司工程公司项目管理部高级工程师

诸高格　中国机械设备工程股份有限公司中国成套工程有限公司第二工程与贸易事业部商务经理

杨　谅　中工国际工程股份有限公司成套工程五部总经理

张元亮　中国福马机械集团有限公司苏州苏福马机械有限公司一车间电焊组组长

沈　军　中国福马机械集团有限公司镇江

福马机械有限公司磨机事业部副部长

罗婧嫣（女） 中国海洋航空集团有限公司北京中海海直工程建设局技术员

苏拥华 中国地质装备集团有限公司张家口中地装备探矿工程机械有限公司机联车间工人

雷志斌 中国地质装备集团有限公司衡阳中地装备探矿工程机械有限公司生产制造部副部长

赵 玮（女） 中国地质装备集团有限公司中地装（北京）科学技术研究院资产财务部主任

李强强 中国机械工业建设集团有限公司交通事业部驻现场工程师

张党振 中国机械工业建设集团有限公司中国机械工业第四建设工程有限公司驻现场工程师

张 勇 中国机械工业建设集团有限公司中国三安建设有限公司技术部副经理

吴 放 中国机床总公司经营发展部部长

黄瑞强 中国重型机械有限公司团委书记、信息管理部高级主办

韩 菲（女） 中国通用机械工程有限公司第五工程事业部副经理

王加奎 中国自动化控制系统总公司第五工程事业部项目经理

于江涛 国机重工（洛阳）有限公司工机公司电焊工

刘玉生 中国国机重工集团有限公司鼎盛重工机械有限公司箱桥分公司车间组长

贾 蕾（女） 中国国机重工集团有限公司中工工程机械成套有限公司经营四部部门经理

苏 涛 中国国机重工集团有限公司四川长江工程起重机有限责任公司起重机事业部外贸业务处处长

李凤鸾（女） 国机财务有限责任公司计划财务部业务主管

陈可攀 国机汽车股份有限公司中国汽车工业进出口有限公司贸易二部经理

贾 亮 中国汽车工业国际合作有限公司工程成套一部总经理

王瑞娟（女） 国机资产管理公司人力资源部职员

张月锋 中国农业机械化科学研究院长春机械科学研究院有限公司试验机产品二部部长

赵庆南 中国农业机械化科学研究院北京金轮坤天特种机械有限公司

潘 满 中国农业机械化科学研究院中国包装和食品机械有限公司肉食加工和冷链物流工程技术部部长

黄 瑛（女） 中国中元国际工程有限公司综合经营部综合主管

许树国 中国中元国际工程有限公司工程建设发展中心总经理、党支部书记

岳文翀 北京起重运输机械设计研究院起重工程事业部常务副总经理

孟祥民 国机集团科学技术研究院有限公司北京飞机强度研究所有限公司副所长

黄忠明 中国第二重型机械集团公司铸锻公司铸钢车间电焊工

宋玉刚 中国第二重型机械集团公司重机公司工艺部工装设计

向 伟 中国第二重型机械集团公司万航公司技术开发部锻造一室副主任

伍茂生 中国第二重型机械集团公司检测中心无损检测部核容探伤站站长

陈世新 中国第二重型机械集团公司精衡公司装配工段装配钳工

张永明 中国一拖集团有限公司第一拖拉机股份有限公司洛阳拖拉机研究所有限公司拖拉机工程部高级工程师

王喜明 中国一拖集团有限公司第一拖拉机股份有限公司第二装配厂党支部书记

齐豫红（女） 中国一拖集团有限公司第一拖拉机股份有限公司齿轮厂财务部副部长

赵景超 中国一拖集团有限公司第一拖拉机股份有限公司农业装备营销中心吉东分部经理

马志强 中国一拖集团有限公司第一拖拉机

股份有限公司柴油机公司连杆车间主任技师

史　磊（女）　苏美达国际技术贸易有限公司副总经理

唐　标　江苏苏美达成套设备工程有限公司副总经理

许承志　中国浦发机械工业股份有限公司中机国能电力工程有限公司水工部副主任兼副主任工程师

何　佳　国机精工有限公司中国机械工业国际合作有限公司团委书记、材料二部经理

王秩良　中国联合工程公司海外工程公司总工程师

周　军　中国联合工程公司中机中联工程有限公司综合设计研究院副院长

陈　谱　中国联合工程公司中机中联工程有限公司市政环保设计院常务副院长

林　锐　中国联合工程公司中联西北工程设计研究院有限公司总经理助理、华建公司董事长

景胜春　中国汽车工业工程有限公司涂装工程院高级工程师

何志武　中国汽车工业工程有限公司工艺工程院机运技术部部长

王勇强　中国汽车工业工程有限公司中汽昌兴（洛阳）机电设备工程有限公司计划科长

陈　永　机械工业第六设计研究院有限公司监理公司党总支副书记、第三党支部书记

阴晓俊　沈阳仪表科学研究院有限公司汇博光学公司副总经理

王顶东　合肥通用机械研究院合肥通用机电产品检测院工程师

肖艳君（女）　合肥通用机械研究院科研与信息化管理部部长助理

苏厚德　甘肃蓝科石化高新装备股份有限公司行业发展中心副主任

李兵建　洛阳轴研科技股份有限公司微型轴承制造部工程师

王　洋　天津电气科学研究院有限公司天传新能源电气有限公司副总经理

邢　军　中国电器科学研究院有限公司威凯日电部副总经理

梁宝荣　中国电器科学研究院有限公司擎天材料科技有限公司树脂公司副总经理

冯　伟　国机智能科技有限公司广州机械科学研究院有限公司设备润滑与检测研究所副总工程师

张　凯　济南铸造锻压机械研究所有限公司开卷线公司技术二部副部长

薄新维　重庆材料研究院有限公司难熔金属部部长助理

谢明强　成都工具研究所有限公司 QPQ 技术研发部部长

雷　刚　中国重型机械研究院股份公司人力资源部部长

张康武　中国重型机械研究院股份公司板带精整研究所副所长

倪敏敏　苏州电加工机床研究所有限公司成形事业部项目部主任

童帮毅　桂林电器科学研究院有限公司成套装备部设计一室主任

徐晓俊　国机集团总部资本运营部资产运营管理处处长

3. 国机集团青年岗位能手（2015—2016 年）

郭金龙　中国机械设备工程股份有限公司第八事业部区域二部现场经理

高玖藜　中国机械设备工程股份有限公司中机国际工程设计研究院有限责任公司投资控制与造价咨询部工程师

刘　畅　中国机械设备工程股份有限公司中国电力工程有限公司第二事业部厄瓜多尔 Quijos 项目副经理

郝　欣　中国机械设备工程股份有限公司机械工业勘察设计研究院有限公司景观设计所副所长

霍　达　中工国际工程股份有限公司人力资

源部总经理助理、团委副书记

李红梅　中工国际工程股份有限公司商务经理

蒋志伟　中国福马机械集团有限公司江苏林海动力机械集团有限公司技术员

窦文斌　中国福马机械集团有限公司镇江中福马机械有限公司装配钳工

王丕朋　中国海洋航空集团有限公司海南榆海实业发展公司营销中心副经理

蒋　星　中国地质装备集团有限公司重庆探矿机械厂综合管理办公室副主任

秦　佩　中国地质装备集团有限公司北京奥地探测仪器有限公司电子重力组副组长

谭　颖　中国地质装备集团有限公司衡阳中地装备探矿工程机械有限公司技术中心助理工程师

刘　璐　中国机械工业建设集团有限公司经营工程部业务主管

张思恒　中国机械工业建设集团有限公司第一工程事业部业务副经理

龚宣超　中国机械工业建设集团有限公司第三工程事业部二处业务主管

董祖馨　中国机床总公司项目经理

郑　健　中国自动化控制系统总公司中自控自动化技术有限公司工程部副经理

张劲峰　中国自动化控制系统总公司驻海地代表

卢　成　国机重工集团常林有限公司装载机事业部总装流水线班副班长、团支部书记

侯艳刚　国机重工（洛阳）有限公司建机公司研究所产品设计工程师

吴晓健　中国国机重工集团有限公司天津工程机械研究院有限公司主任工程师

王　森　国机汽车股份有限公司党委工作部党务干事

王　雪　国机汽车股份有限公司中进汽贸服务有限公司行政人事经理

张　鑫　国机汽车股份有限公司中进汽贸（天津）进口汽车贸易有限公司综合管理主管

赵文茹　中国机械国际合作有限公司国际贸易四部副总经理

姚一川　中国机械国际合作有限公司工程成套二部项目经理

李　涛　中国农业机械化科学研究院北京金轮坤天特种机械有限公司调度员

张　鑫　中国农业机械化科学研究院北京天顺长城液压科技有限公司机械工程师

施宇敏　中国农业机械化科学研究院现代农装科技股份有限公司中机南方股份有限公司湖州安达汽车配件有限公司车间副主任

刘昕晔　中国中元国际工程有限公司绿色建筑研究中心主任

衣宝龙　中国中元国际工程有限公司北京起重运输机械设计研究院索检中心高级工程师

施春燕　中国中元国际工程有限公司物流与工业工程中心物流系统工程设计所所长

袁宗焕　中国第二重型机械集团公司核电石化事业部技术部 CAM 中心组组长

王显军　中国第二重型机械集团公司检测中心无损检测部主管技师

杨用清　中国第二重型机械集团公司精衡传动设备有限公司技术部机加工艺员

王亚伟　中国一拖集团有限公司第一拖拉机股份有限公司中小轮拖装配厂品质改进员

张孟琨　中国一拖集团有限公司一拖（洛阳）铸造有限公司工艺员

李宁宁　中国一拖集团有限公司第一拖拉机股份有限公司农业装备营销中心技术支持

刘　莎　江苏苏美达集团有限公司江苏苏美达成套设备工程有限公司国际工程部总经理助理

李　明　江苏苏美达集团有限公司江苏苏美达五金工具有限公司智能产品部品质工程师

陈春华　江苏苏美达集团有限公司资产财务

部财务副经理

魏　靖　中国浦发机械工业股份有限公司中机国能电力工程有限公司机械部副主任兼副主任工程师

刘　武　中国联合工程公司项目副经理

权新军　中国联合工程公司中机中联工程有限公司所长助理

韩旭涛　中国联合工程公司中联西北工程设计研究院有限公司华诚所副总建筑师

温玉宝　中国汽车工业工程有限公司工艺工程院自动化设计员

王铮昊　中国汽车工业工程有限公司涂装工程院研发设计员

刘思源　中国汽车工业工程有限公司建筑工程二院结构设计员

张喜峰　机械工业第六设计研究院有限公司建筑组组长

冯世磊　机械工业第六设计研究院有限公司专业经理

施　武　机械工业第六设计研究院有限公司方案组组长

徐双庆　合肥通用机械研究院压力容器与管道技术基础研究部工程师

陈俊海　合肥通用机械研究院特种设备检验站检验检测工程师

于晓琳　合肥通用机械研究院助理工程师

滕渝雄　甘肃蓝科石化高新装备股份有限公司上海蓝滨石化设备有限责任公司高级焊工

武攀峰　洛阳轴研科技股份有限公司轴承业务微型轴承制造部车工组数控车工

金书辉　天津电气科学研究院有限公司电气传动公司技术部产品工程师

奚　源　中国电器科学研究院有限公司成套装备公司国际营销第二分公司技术员

李忠耀　中国电器科学研究院有限公司威凯公司机电事业部电器附件工程部副部长

马权作　中国电器科学研究院有限公司擎天实业公司制造中心生产员

车超萍　国机智能科技有限公司广州机械科学研究院有限公司设备润滑与检测研究所化验员

王培杰　国机智能科技有限公司广州机械科学研究院有限公司密封研究所设计工程师

张怀礼　济南铸造锻压机械研究所有限公司技术四部技术员

唐会毅　重庆材料研究院有限公司贵金属部科研助理

何　潜　中国重型机械研究院股份公司管棒型材装备所工程师

2016年全国、机械行业及省部级科学技术奖

一、中国机械工业科学技术奖

一等奖

机场行李系统关键技术研究与应用　中国中元国际工程有限公司

大型往复压缩机无级流量调节系统技术研究与应用　合肥通用机械研究院

自主技术的工业过程控制系统开发及应用　天津电气科学研究院有限公司

二等奖

水冷冷水机组装置用主要部件系列标准（JB/T 7659.2～3—2011及JB/T 3548—2013）　合肥通用机械研究院

新型氨制冷设备开发和检测关键技术研究与应用　合肥通用机械研究院

畜禽养殖废弃物高效环保堆肥工艺及成套装备　中国农业机械化科学研究院、中机华丰（北京）科技有限公司

小型垂直轴风力发电机组（标准号 GB/T 29494—2013）中国农业机械化科学研究院呼和浩特分院

西双版纳国际旅游度假区傣秀剧场　中国中元国际工程有限公司

GGL 低压成套开关设备开发及应用　天津电气科学研究院有限公司

核主泵全流量测试台项目　中国联合工程公司

重庆机电控股铸造有限公司 12t/h 热法砂再生线及自动化控制项目　中国联合工程公司（中机中联工程有限公司）

三等奖

秸秆切割揉碎压捆一体技术与装备研究　中国农业机械化科学研究院呼和浩特分院

全天候智能化土壤 - 植物 - 机器工况模拟系统的研究　中国农业机械化科学研究院

消防给水及消火栓系统技术规范 GB 50974—2014　中国中元国际工程有限公司

低环境温度空气源多联式热泵（空调）机组　合肥通用机械研究院

电工及机械产品环境条件、试验方法与技术要求系列标准　中国电器科学研究院有限公司

家用电子开关安全和性能标准制定（标准号 GB 16915.2、JB/T 11899）　中国电器科学研究院有限公司

北汽（广州）汽车有限公司自主品牌乘用车技术改造项目涂装设备　中国汽车工业工程有限公司

CLR0418 超大幅面地轨式激光切割机　济南铸造锻压机械研究所有限公司

神华集团公司榆神工业区清水煤化学工业园动力供应与高纯洁净气体项目动力装置　中国联合工程公司

中国长江动力公司（集团）搬迁改造建设项目　中国联合工程公司

大跨距智能机械手及多层立体料架　中国联合工程公司

中联重科环境产业园洗扫、扫路车精益示范项目　中国联合工程公司（中机中联工程有限公司）

二、机械工业优秀科技成果转化项目奖

系列方草捆捡拾压捆机成果转化项目　中国农业机械化科学研究院呼和浩特分院

重大装备用金属波纹管技术研究与产业化　沈阳仪表科学研究院有限公司

三、机械工业优秀创新团队

农业装备智能化技术创新团队　中国农业机械化科学研究院

牧草全程机械化收获科技创新团队　中国农业机械化科学研究院呼和浩特分院

四、中国机械工程学会第六届绿色制造科学技术进步奖优秀奖

家电产品绿色制造技术集成开发与示范应用　中国电器科学研究院有限公司等

五、行业自主创新十佳产品

LRS360-12 汽车纵梁柔性制造数字化成套装备　济南铸造锻压机械研究所有限公司

六、中国数控机床展览 CCMT2016 春燕奖

FL513i 数控光纤激光切割机　济南铸造锻压机械研究所有限公司

七、中国标准创新贡献奖二等奖

GB/T 29363—2012 核电厂用蒸气压缩循环冷水机组　合肥通用机械研究院

八、电工标准——正泰创新奖

二等奖

消费品安全标准“筑篱”专项行动——家用插头插座领域国内外标准对比分析研究　中国电器科学研究院有限公司

三等奖

GB/T 5171.1—2014《小功率电动机 第1部分：通用技术条件》 中国电器科学研究院有限公司

突出贡献奖

张序星 中国电器科学研究院有限公司

优秀中青年奖

钱 峰 中国电器科学研究院有限公司

九、安徽省科学技术进步奖

一等奖

煤粉流量控制阀研制 合肥通用机械研究院

二等奖

往复压缩机流量调控系统开发与应用 合肥通用机械研究院

十、天津科学技术进步奖二等奖

图形化编程的嵌入式实时工业控制系统通用开发平台 天津电气科学研究院有限公司

十一、辽宁省科学技术进步奖三等奖

《电力装备在线监测关键技术及产业化研究》 沈阳仪表科学研究院有限公司

十二、陕西省科学技术进步奖

一等奖

加重钻杆管端整体加厚装备研发及应用 中国重型机械研究院股份公司

二等奖

核电用大直径薄壁硬铝合金管材精整工艺及装备研究与应用 中国重型机械研究院股份公司

三等奖

ϕ340mm排管锯机组的开发与关键技术研究 中国重型机械研究院股份公司

十三、江苏省企业知识产权管理贯标优秀企业

江苏林海动力机械集团有限公司

十四、“江苏省首台（套）重大装备及关键部件”认定

苏福马公司高速锯切系统 苏州苏福马机械有限公司

2016年全国及行业、省区市优秀工程奖

全国及行业奖

一、国家优质工程奖（2016—2017年）

天津市天发重型水电设备制造有限公司搬迁改造项目第一联合厂房 机械工业第六设计研究院有限公司

二、全国工程建设“优秀质量管理小组”

二等奖

印尼氧化铝项目筒仓滑膜工程QC小组

三等奖

数控车床刀塔技术改进QC小组 中国机械工业第二建设工程有限公司

东港污水处理厂一期工程现场QC小组 中国机械工业第四建设工程有限公司

三、中国土木工程詹天佑奖优秀住宅小区金奖

“绿都塞纳春天”项目设计 中机十院国际工程有限公司

杭州中海西溪华府 中国联合工程公司

四、机械工业优秀工程

1. 咨询成果奖

一等奖

郑州新郑国际机场航空物流发展规划 中国中元国际工程有限公司

极地科学考察破冰船项目可行性研究报告

机械工业规划研究院

奇瑞捷豹路虎汽车有限公司年产 13 万辆乘用车合资项目　中国汽车工业工程有限公司

二等奖

中国食品药品检定研究院二期工程项目建议书　中国中元国际工程有限公司

江西中烟工业有限责任公司广丰卷烟厂易地技术改造项目申请报告　机械工业第六设计研究院有限公司

国家级智慧城市与生态城市试点启动区——重庆两江新区龙兴总部基地智慧生态专项规划与建设实践　中国联合工程公司（中机中联工程有限公司）

重庆瀚渝再生资源有限公司环保资源化再生利用及处置工程项目可行性研究报告　中国联合工程公司（中机中联工程有限公司）

中国恒天新能源汽车研发及产业化基地项目　中国汽车工业工程有限公司

三等奖

青岛高新热电有限公司燃气－蒸汽联合循环冷热电联产项目　中国中元国际工程有限公司

国机精工（贵州）磨料磨具有限公司产业发展规划　机械工业第六设计研究院有限公司

博爱益达新能源有限公司 LNG 燃气动力汽车改装及配套服务项目一期工程可行性研究报告　机械工业第六设计研究院有限公司

韩城高端铸造产业园总体规划　机械工业第六设计研究院有限公司

毕节市新能源汽车充电设施建设规划　机械工业第六设计研究院有限公司

天昌国际烟草有限公司天昌复烤厂易地技术改造项目申请报告　机械工业第六设计研究院有限公司

2. 勘察奖

二等奖

机械工业第四设计研究院前区改造工程（一期）勘察　中国汽车工业工程有限公司

三等奖

中航瑞赛置业有限公司航空城中心广场勘察　中国汽车工业工程有限公司

3. 设计奖

一等奖

赤峰市利用工业余热供热节能示范工程　中国中元国际工程有限公司

西双版纳国际旅游度假区傣秀剧场　中国中元国际工程有限公司

兴化市人民医院新址建设门急诊医技病房综合楼　中国中元国际工程有限公司

中国检验检疫科学研究院综合科研楼　中国中元国际工程有限公司

北京康复中心改扩建一期工程医疗综合楼、工伤康复楼　中国中元国际工程有限公司

华晨宝马汽车有限公司新工厂建设项目　中国汽车工业工程有限公司

二等奖

顺丰华南转运中心　中国中元国际工程有限公司

华润万象城购物中心（一期）和华润大厦　中国中元国际工程有限公司

南宁市五象湖综合配套工程　中国中元国际工程有限公司

国际种子联合会第 75 届世界种子大会五星级酒店项目　中国中元国际工程有限公司

燕翔饭店改扩建项目　中国中元国际工程有限公司

当代大厦商务酒店　中国中元国际工程有限公司

中国航信中央企业（嘉兴）共用信息（灾备）服务中心一期工程　中国中元国际工程有限公司

上汽通用五菱汽车股份有限公司第三基地（重庆）工程建设项目　中国汽车工业工程有限公司

三等奖

粤北人民医院门急诊医技综合楼　中国中元

国际工程有限公司

陕西省核工业二一五医院　中国中元国际工程有限公司

红树山谷二期项目　中国中元国际工程有限公司

达码格利国际购物中心　中国汽车工业工程有限公司

北汽（广州）汽车有限公司自主品牌乘用车技术改造项目涂装车间工艺设备项目　中国汽车工业工程有限公司

五、机械工业优秀工程咨询勘察设计奖

一等奖

哈尔滨锅炉厂有限责任公司燃烧试验中心建设项目　中国联合工程公司

中化泉州 1 200 万 t/a 炼油工程动力站项目　中国联合工程公司

云阳县市民文化活动中心　中国联合工程公司（中机中联工程有限公司）

瓦锡兰玉柴发动机有限公司瓦锡兰玉柴中速发动机制造项目　中国联合工程公司（中机中联工程有限公司）

博思格建筑系统（西安）有限公司新建工厂工程　机械工业第六设计研究院有限公司

0.12 ～ 0.20mm 优质超薄热镀锌带钢连续生产线　中国重型机械研究院股份公司

神华宁夏煤业集团煤化工公司锅炉、烟气脱硫、脱硝及除尘技改项目可行性研究报告　中国联合工程公司

欢乐东方主题乐园项目核准申请报告　中国联合工程公司（中联西北工程设计研究院有限公司）

芙蓉新天地　中国联合工程公司（中联西北工程设计研究院有限公司）

斯里兰卡普塔勒姆 3×300MW 燃煤电站工程岩　机械工业勘察设计研究院有限公司

陕西中烟工业有限责任公司澄城卷烟厂易地技术改造项目申请报告　机械工业第六设计研究院有限公司

二等奖

核主泵全流量测试台项目　中国联合工程公司

MS 工业 CCL 生产线项目　中国联合工程公司

山西阳煤丰喜化工机械有限公司现代煤化工装备太原研发制造基地　中国联合工程公司

重庆晏家表面处理工业园废水集中处理升级改造工程　中国联合工程公司（中机中联工程有限公司）

黑龙江烟草工业有限责任公司哈尔滨卷烟厂“十一五”易地搬迁技术改造项目　机械工业第六设计研究院有限公司

湖北省烟草公司武汉市公司卷烟物流配送中心工程联合厂房　机械工业第六设计研究院有限公司

河南中烟工业有限责任公司许昌卷烟厂易地技术改造项目　机械工业第六设计研究院有限公司

高效低能耗工业铝型材挤压生产关键技术与应用　中国重型机械研究院股份公司

哈尔滨汽轮机厂有限责任公司核电汽轮机核心能力建设技术改造项目可行性研究报告　中国联合工程公司

亨特·道格拉斯建筑产品西安生产基地　中国联合工程公司（中联西北工程设计研究院有限公司）

沣东第三小学项目　中国联合工程公司（中联西北工程设计研究院有限公司）

雁翔广场　中国联合工程公司（中联西北工程设计研究院有限公司）

陕西重型机械制造有限公司泾阳产业基地新厂区建设项目　中国联合工程公司（中联西北工程设计研究院有限公司）

南京造币有限公司扩建 962 品生产线暨科技信息中心建设项目可行性研究报告　机械工业勘察设计研究院有限公司

宁夏回族自治区同心县同心清真大寺局部病害岩土工程勘察　机械工业勘察设计研究院有限公司

三等奖

杭州杭氧低温容器有限公司年产大型空分设备　中国联合工程公司

乙烯冷箱和低温容器 14920t 能力生产项目宜昌三峡物流园项目　中国联合工程公司

中国石油化工股份有限公司广州分公司热电站 CFB 烟气脱硫脱硝改造工程　中国联合工程公司

东方电气集团东方锅炉股份有限公司大型一炉四用台车式热处理炉项目　中国联合工程公司

华电青岛环保技术有限公司火力发电厂脱硝催化剂生产项目　中国联合工程公司

核电示范工程高温气冷堆主氦风机试验台项目　中国联合工程公司

物联网产业园感知中心项目　中国联合工程公司

和家园 B 组团（御园）　中国联合工程公司

徐州徐工挖掘机械有限公司 3 万台挖掘机产能提升项目　中国联合工程公司（中机中联工程有限公司）

中煤张家口煤矿机械有限责任公司煤机装备产业园建设项目　机械工业第六设计研究院有限公司

节能高产陶瓷磨具干燥烧成设备　机械工业第六设计研究院有限公司

煤矿机械绿色涂装生产线　机械工业第六设计研究院有限公司

含高挥发成分制品高温热处理共性技术研究及装备研制　机械工业第六设计研究院有限公司

杭州市建兰中学（抚宁巷校区）改扩建工程 中国联合工程公司

沈鼓集团核电主泵多功能全流量试验台建设项目资金申请报告　中国联合工程公司

轨道交通及高速列车信号传输系列电缆产业化升级改造项目可行性研究报告　中国联合工程公司

华能秦岭公司一期 10MWP 分成式光伏发电项目规划选址论证报告　中国联合工程公司（中联西北工程设计研究院有限公司）

协广定边 50MW 光伏发电项目可行性研究报告　中国联合工程公司（中联西北工程设计研究院有限公司）

西恩温泉奥特莱斯　中国联合工程公司（中联西北工程设计研究院有限公司）

高科．绿水东城　中国联合工程公司（中联西北工程设计研究院有限公司）

中煤陕西榆林能源化工有限公司甲醇醋酸系列深加工及综合利用项目钢筋混凝土灌注桩试验　机械工业勘察设计研究院有限公司

陕西博安投资有限公司西安西藏大厦基坑支护及降水工程设计　机械工业勘察设计研究院有限公司

安哥拉 CuandoKubango Longa 水田农场项目地形测量　机械工业勘察设计研究院有限公司

六、第六届中国建筑学会优秀暖通空调工程设计奖

二等奖

国际种子联合会第 75 届世界种子大会五星级酒店项目　中国中元国际工程有限公司

北京电力医院改扩建项目门诊医技病房楼　中国中元国际工程有限公司

北京市密云县医院新建项目医疗综合楼　中国中元国际工程有限公司

三等奖

中国农业科学院哈尔滨兽医研究所综合科研楼项目　中国中元国际工程有限公司

南宁市五象湖综合配套工程（北区）　中国中元国际工程有限公司

西双版纳国际度假区傣秀剧场　中国中元国际工程有限公司

陕西省核工业二一五医院整体迁建项目　中国中元国际工程有限公司

中国北车集团大连机辆有限公司大连机车旅顺基地建设项目——城轨车辆车体厂房铝合金车体车间焊接烟气净化空调系统设计　机械工业第六设计研究院有限公司

重庆机床（集团）有限责任公司环保搬迁工程——大型、精密、数控机床产业化基地建设项目空调设计　机械工业第六设计研究院有限公司

浙江中烟工业公司杭州制造部“十一五”易地技术改造项目　机械工业第六设计研究院有限公司

七、第五届中国建筑学会优秀给水排水设计奖

三等奖

北京协和医院门急诊楼及手术科室楼改扩建工程　中国中元国际工程有限公司

西双版纳国际旅游度假区傣秀剧场项目　中国中元国际工程有限公司

中国农业科学院哈尔滨兽医研究所综合科研楼项目　中国中元国际工程有限公司

南宁市五象湖综合配套工程（北区）　中国中元国际工程有限公司

八、机械行业优秀工程项目管理和工程总承包奖

一等奖

浙江省海外高层次人才创新园首期项目　中国联合工程公司

中国机械工业集团机械装备研发中心项目　中国联合工程公司

二等奖

中化泉州 1 200 万 t/a 炼油项目动力站工程　中国联合工程公司

杭州市东部 LNG 应急气源站项目　中国联合工程公司

昆明新机场冷热源供应中心工程　中国中元国际工程有限公司

云内动力工业项目　中国联合工程公司（中机中联工程有限公司）

三等奖

浙江海运大厦项目　中国联合工程公司

衢海大厦（余政储出（2012）60 号地块）1-4# 楼及地下室工程　中国联合工程公司

塔吉克斯坦国家商务娱乐中心机电安装 EPC 工程　中国中元国际工程有限公司

沃尔沃汽车（成都）涂装车间 M+E+U 工程总承包项目　中国汽车工业工程有限公司

九、电子信息行业电子工程优秀设计奖

一等奖

西安曲江秦汉唐文化商业有限公司 芙蓉新天地商业区　中国联合工程公司（中联西北工程设计研究院有限公司）

中投科技西安服务外包基地　中国联合工程公司（中联西北工程设计研究院有限公司）

二等奖

西永综保区富士康重庆科技园二期　中国联合工程公司（中机中联工程有限公司）

龙旗通信产业研发生产项目　中国联合工程公司（中联西北工程设计研究院有限公司）

陕西煤业化工集团研发中心　中国联合工程公司（中联西北工程设计研究院有限公司）

安康市儿童医院——门急诊医技综合楼　中国联合工程公司（中联西北工程设计研究院有限公司）

三等奖

重庆保税港区空港功能区 IT 产业生产基地（南区）B01 厂房　中国联合工程公司（中机中联工程有限公司）

达丰（重庆）电脑生产基地（F3\F4\F5\F6）建设项目　中国联合工程公司（中机中联工程有限公司）

亨特·道格拉斯建筑产品西安生产基地　中国联合工程公司（中联西北工程设计研究院有限公司）

雁翔广场　中国联合工程公司（中联西北工程设计研究院有限公司）

西恩奥特莱斯　中国联合工程公司（中联西北工程设计研究院有限公司）

十、中国安装之星

通州老城区供热资源整合竹木厂锅炉房工程安装工程　中国机械工业建设集团有限公司、中国机械工业第四建设工程有限公司

钢筋机械连接制安 QC 小组　中国机械工业第五建设有限公司

烟台万华管道焊接质量控制 QC 小组　中国机械工业机械工程有限公司

十一、全国优秀焊接奖

工程奖

陆虎汽车临海基地机电安装工程　中国机械工业第二建设工程有限公司

一等奖

宁波爱思开合成橡胶有限公司 5 万 t/a 乙丙橡胶项目　中国机械工业机械工程有限公司

优秀奖

成都地铁 7 号线市政配套一品天下大街跨线桥工程　中国机械工业第一建设有限公司

十二、最美中国海外项目奖

巴基斯坦 TENAGA 风电项目　中国机械设备工程股份有限公司

十三、中国施工企业管理协会科技创新奖二等奖

狭小空间内的大型镍铁冶炼设备安装施工技术　中国机械工业机械工程有限公司

省、自治区、直辖市奖项

一、北京市建筑长城杯奖

1. 结构

金质奖

朝阳区六里屯商业办公及住宅项目 B1 住宅楼等 8 项　中国电力工程有限公司（北京兴电国际工程管理有限公司）

中国国际贸易中心三期 B 阶段　中国电力工程有限公司（北京兴电国际工程管理有限公司）

朝阳区六里屯商业办公及住宅项目 A1 办公楼等 13 项　中国电力工程有限公司（北京兴电国际工程管理有限公司）

华为北京环保园无线终端研发中心三期项目　中国电力工程有限公司（北京兴电国际工程管理有限公司）

泰康健康管理研究中心　中国电力工程有限公司（北京兴电国际工程管理有限公司）

银质奖

昌平区中关村科技园昌平园东区二期、泰康燕园二期　中国电力工程有限公司（北京兴电国际工程管理有限公司）

瑞河兰乔花园 30# 商住楼　中国电力工程有限公司（北京兴电国际工程管理有限公司）

清河镇住宅二期工程 B4 区 2# 及 6# 住宅楼　中国电力工程有限公司（北京兴电国际工程管理有限公司）

清河镇住宅二期工程 B4 区 3# 及 5# 住宅楼　中国机械设备工程股份有限公司

2. 竣工

金质奖

中共北京市委党校综合教学楼　中国电力工程有限公司（北京兴电国际工程管理有限公司）

华为环保园 J01、J05 地块数据通信研发中

心　中国电力工程有限公司（北京兴电国际工程管理有限公司）

银质奖

中国质量大厦改扩建工程　中国电力工程有限公司（北京兴电国际工程管理有限公司）

北京市精品工程——华润橡树湾B4区住宅及配套项目园林景观　中国电力工程有限公司（北京兴电国际工程管理有限公司）

二、北京市优秀工程咨询成果三等奖

援坦桑尼亚达雷斯萨达姆大学中国图书馆项目立项建议书　中国中元国际工程有限公司

三、浙江省优秀工程勘察设计奖

一等奖

青特集团有限公司青特工业园驱动桥项目　中国联合工程公司

衢海大厦　中国联合工程公司

凡尔顿世纪广场(杭政储出(2005)16号地块)　中国联合工程公司

二等奖

监控智能产业化基地　中国联合工程公司

宜昌三峡物流园高架桥工程　中国联合工程公司

三等奖

梦想小镇配套多功能中心项目　中国联合工程公司

四、河北省优秀工程勘察设计奖

一等奖

长城汽车股份有限公司新技术中心建设项目研发中心及停车库　中国汽车工业工程有限公司

五、天津市优秀工程设计奖

一等奖

卡特彼勒（天津）有限公司3500发动机及发电机组组装厂项目　中国汽车工业工程有限公司

六、重庆市优秀工程勘察设计奖

一等奖

珠江太阳城A-1-2区及B区二期项目B1、B2号楼（珠江国际・鎏嘉码头）　中国联合工程公司（中机中联工程有限公司）

二等奖

云阳县市民文化活动中心　中国联合工程公司（中机中联工程有限公司）

两江大道道路工程　中国联合工程公司（中机中联工程有限公司）

汽车技术研发与测试基地建设项目　中国联合工程公司（中机中联工程有限公司）

三等奖

徐工重庆公司工程机械生产基地（二期）技术改造项目　中国联合工程公司（中机中联工程有限公司）

功能材料产业化基地建设项目研发中心　中国联合工程公司（中机中联工程有限公司）

保利生态体育公园配套设施——保利皇冠假日酒店　中国联合工程公司（中机中联工程有限公司）

七、重庆市优秀工程咨询成果奖

三等奖

高铝硅超薄触摸屏特种玻璃浮法研发生产基地项目环境影响报告书　中国联合工程公司（中机中联工程有限公司）

八、陕西省优秀工程

1. 咨询奖

二等奖

西安沣京工业园集中供热项目供热中心及配套管网工程可行性研究报告　中国联合工程公司（中联西北工程设计研究院有限公司）

欢乐东方主题乐园项目核准申请报告　中国联合工程公司（中联西北工程设计研究院有限公司）

西电集团医院门诊综合楼建设项目可行性研究报告　中国联合工程公司（中联西北工程设计研究院有限公司）

中金建设西安重钢基地项目可行性研究报告　中国联合工程公司（中联西北工程设计研究院有限公司）

2. 设计奖

一等奖

陕西重型机械制造有限公司泾阳产业基地新厂区建设项目　中国联合工程公司（中联西北工

程设计研究院有限公司）

二等奖

C919飞机电源项目　中国联合工程公司（中联西北工程设计研究院有限公司）

三等奖

西安高新区信息产业园1#楼　中国联合工程公司（中联西北工程设计研究院有限公司）

九、陕西省建筑专项工程设计奖

二等奖

泾河新城崇文重点镇项目崇文中学工程设计　机械工业勘察设计研究院有限公司

三等奖

渭南市合阳县第四初级中学方案规划设计　机械工业勘察设计研究院有限公司

西乡县人民医院整体迁建项目（含精神病院建设）　机械工业勘察设计研究院有限公司

十、河南省工程勘察设计行业首届BIM技术大赛奖

一等奖

正弘国际广场项目　机械工业第六设计研究院有限公司

上海烟草浦东科技创新园区建设项目（北区）工厂三维信息模型设计　机械工业第六设计研究院有限公司

二等奖

河南歌舞演艺集团、河南省京剧艺术中心新建剧场项目　机械工业第六设计研究院有限公司

郑州市轨道交通2号线一期工程农业路站项目　机械工业第六设计研究院有限公司

优秀奖

阜外华中心血管病医院（河南省心血管病医院）建设项目　机械工业第六设计研究院有限公司

嵩山论坛生态文化示范区规划展示中心EPC项目　机械工业第六设计研究院有限公司

最佳拓展应用奖

国家烟草质量监督检验中心科研实验中心建设项目　机械工业第六设计研究院有限公司

最佳工程全生命周期奖

重庆烟草工业有限责任公司涪陵分厂易地技术改造项目　机械工业第六设计研究院有限公司

十一、四川省优秀安装质量奖（蜀安杯）

泸州鑫福化工PCE综合利用及配套技改项目安装工程　中国机械工业第一建设有限公司

十二、浙江省优秀城乡规划三等奖

建德市乾潭镇码头区块城市设计及控制性详细规划　中国联合工程公司

十三、浙江省建设工程钱江杯优质工程（设计单位）

湖州师范学院新建项目数字图书馆、三号公共教学楼工程　中国联合工程公司

十四、“沈长哈”三市优质工程金杯奖

华润置地沈阳万象汇　中国电力工程有限公司（北京兴电国际工程管理有限公司）

十五、贸易奖/排名

1. 中国汽车经销商集团百强排行榜第六名　国机汽车股份有限公司

2. 中国汽车流通行业企业品牌最具影响力奖　国机汽车股份有限公司

十六、其他

1. “美丽海外中国—‘一带一路’中国企业社会责任影像志”活动“最美中国海外项目奖”

CMEC“巴基斯坦TENAGA风电项目”　中国机械设备工程股份有限公司

2. “美丽海外中国—‘一带一路’中国企业社会责任影像志”活动“主题类——和谐与繁荣”优秀奖CMEC白俄罗斯卢克木里400MW联合循环电站　中国机械设备工程股份有限公司

3. “美丽海外中国—‘一带一路’中国企业社会责任影像志”活动“主题类——绿色与自然”三等奖CMEC刚果（布）英布鲁水电枢纽工程　中国机械设备工程股份有限公司

4. “美丽海外中国—‘一带一路’中国企业社会责任影像志”活动“最具人气奖”CMEC斯里兰卡普特拉姆3×300MW燃煤电站　中国机械设备工程股份有限公司

人物风采

全国工程设计大师

舒世安

2016年12月30日，住房城乡建设部公布了国家第八批全国勘察设计大师名单，中国中元国际工程有限公司舒世安榜上有名。

舒世安曾任中国中元副总经理、总工程师，现任中国中元顾问总工程师、教授级高工，国家注册咨询（投资）工程师，国家注册公用设备工程师，国家注册一级建造师（市政专业），国家注册压力容器、压力管道工程师（审批资格），中国安装协会专家等职务，以及中国动力工程学会常务理事、全国建筑设计标准动力专家委员会主任。

舒世安是全国动力设计领域领军人物，在专业供热工程设计方面主持了多项全国大型供热工程设计，一直引领中国集中供热领域的发展。他多次获得国家优秀设计金奖、银奖，省部级优秀设计奖，科技进步奖，尤其是他设计的《燃煤、燃气（油）锅炉房工程设计施工图》荣获“全国工程勘察设计行业国庆60周年作用显著标准设计项目大奖”。

舒世安是国家规范《氧气站设计规范》《锅炉房设计规范》《物流建筑设计规范》主编和编写人，担任建设部《民用工程设计统一技术措施》“暖通动力篇”和“节能篇”主审；长期担任全国工程建设标准设计动力专家委员会主任，积极组织主持和参与国家工程设计标准图的设计编制，为中国标准化设计建设，以及提高动力行业设计水平、设计质量和设计效率作出了重大贡献。

他主持了多项国家级重大设计项目工作。2003年，受北京市政府之命担任建设北京市小汤山非典医院技术负责人，带领中元团队奋战七天七夜完成任务，创造了世界建筑史上的奇迹，为战胜非典疫情作出了巨大贡献。他还主持了全国第一座最高等级P4武汉实验室设计工作，该项目虽只有几千平方米建筑物，但以其重要性、高尖端性要求，以及绝对安全性被列为国家大科学项目，历经10年完成，该项目将为中国生物实验、生物科技发展奠定基础。他还主持了国家重大科学项目——天眼工程（Fast）可研性研究和初步设计工作；主持和负责11项2008年北京奥运项目设计，被北京市评为“奥运工程先进个人”。

舒世安还是工程项目复合型高层次专家，除咨询、设计外，对工程建设援外工程成套项目、国际工程项目都有很深的造诣。身为建造师和安装专家，以及国机集团工法评审组组长和北京市勘察设计协会、工程管理和工程总承包工作委员会主任，他主持过多项EPC项目和国际工程，并举办多项工程管理和工程总承包经验介绍和推广讲座，为设计咨询单位开展工程建设项目全过程服务和管理经验总结，作出了积极贡献。

全国工程勘察设计大师

郑建国

合肥工业大学工学学士、理学硕士，浙江大学工学博士，香港科技大学博士后。现任机械工业勘察设计研究院副总经理兼总工程师，教授级高级工程师。曾获陕西省工程勘察设计大师、陕西省三秦学者、国家级有突出贡献中青年专家等荣誉称号，享受国务院政府特殊津贴。2016年12月被评为“全国工程勘察设计大师”。

参加工作以来，共主持岩土工程勘察、测试项目160余项，获得省部级以上优秀工程勘察设计奖36项，国家科技进步奖二等奖1项，省部级科技进步奖 5 项，发明专利和实用新型专利 15 项，主编国家及地方标准 3 项，参编国家及行业标准 8 项。

郑建国同志结合重大工程项目开展科研工作。在湿陷性黄土研究方面，他首次提出“增湿变形”的概念，并应用增湿变形模型研究湿陷性黄土的湿陷特征；提出了湿陷性不连续土层湿陷变形的具体分析评价方法，取得了较好的效果，对我国黄土力学的发展起到了重要推动作用。

在岩土测试技术开发方面，重点研究了桩基础的测试技术。自 20 世纪 90 年代开始，他主持开发了用于桩基础摩阻力测试的滑动测微测试技术，取得了一系列创新成果，获得了多项发明和实用新型专利，并主编了《滑动测微测试规程》，使该项技术在黄土地区乃至全国得到了广泛应用，取得了显著的经济效益和社会效益。

郑建国同志在解决重大工程技术难题方面成绩突出。他主持完成的“西安地铁二号线施工沉降与运行振动对西安城墙、钟楼影响专题研究”，科学评估了文物建筑的现状，提出了地铁建设过程中保护文物建筑的具体措施，获得了专家们的一致好评，认为该项研究成果达到了国际先进水平，为西安地铁的顺利开建作出了突出贡献。

近年来，机勘院的勘察设计业务开始走出国门，郑建国作为总工程师多次到现场指导开展了非洲湿陷性红砂、膨胀岩土以及东南亚软质灰岩地基的工程性质研究，取得的科研成果解决了大量工程技术难题，使我国的岩土工程勘察技术水平在国际上赢得了声誉。

全国五一劳动奖章获得者

李江

现任合肥通用机械研究院院长助理、合肥通用机电产品检测院（简称检测院）院长，教授级高工。担任检测院院长以来，努力提升企业检测服务能力，积极拓展市场业务，不断推进商业模式创新，为全院检测业务连续增长做出了重大贡献。2016 年荣获全国五一劳动奖章。

以质量促经济增长。质量是企业生存的根本，在李江同志的带领下，检测院通过加强内部管理和检测能力建设，技术服务品质不断提升。通过强化队伍的自律意识，树立了廉洁公正的行业形象；通过优化检测业务流程，建立了科学灵活的内部运行机制；充分发挥在标准和检测方面的优势，创立了“一站式增值服务”的检测新模式，服务领域逐步由中间生产客户向终端使用客户延伸。近年来，在行业经济下行压力不断加大的情况，检测院依然实现了业务收入和利润的稳步增长，2016 年实现利润 1.8 亿元。

以诚信促行业发展。诚信是企业发展的灵魂，李江同志积极倡导和组织建立了“GCCA 诚信认证”联盟，联盟企业自愿接受诚信检查和评价。目前已有制冷空调、空压机等行业的近 200 家企业加入诚信联盟认证。诚信联盟的建立对引领行业健康有序发展，促进行业技术进步和重服务、重信誉等方面都发挥了积极的推动作用。

以认证助行业“走出去”。李江同志积极响应国家“走出去”战略，带领团队不断加强与国际检测机构和行业组织间的合作，使检测院的检测技术和服务质量得到了国际同行的认可。检测院先后获得国际电工委员会的 IECEE CB 实验室的授权和认可；通过了德国 VDE 压缩机产品检测资格的评审，获得 VDE 检测授权；与美国 AHRI 实现全面战略合作，成为美国 AHRI 亚太地区检测中心。通过加强国际合作，使我国企业制造的产品在国内就能够完成国际认可的产品检测和认证，不仅减轻了企业的经济负担，而且大大缩短了产品检测周期，为企业赢得了宝贵的时间，有力地支持了国内企业走向世界。检测院在不断拓展国际业务的同时，也已逐步发展成为国际知名的权威检测机构。

李江还担任全国填料静密封标准化技术委员会主任委员、合肥市人大常委会常委，是国务院特殊津贴专家、安徽优秀科技工作者，先后获国家科技进步奖二等奖 1 项，中国人民解放军全军科技进步奖二等奖 2 项、三等奖 1 项，机械工业科学技术奖二等奖 2 项、三等奖 1 项，国机集团科学技术进步奖二等奖 1 项，2012 ～ 2016 年连续 5 年荣获合肥通用机械研究院特殊贡献奖。

第六篇

重大经营项目汇编

工程承包

（2016年完工，合同金额5 000万美元以上）

一、深圳市城市轨道交通11号线工程第三方监测11214B标

1. 承建单位：中国机械设备工程股份有限公司（机械工业勘察设计研究院有限公司）

2. 签约时间：2012年11月

3. 项目概况：该工程总投资313亿元，起于福田站，止于碧头站及站后折返线，正线长51.7km，其中地下线长39.4km，高架线长11.0km，过渡段1.3km。11号线共设置18座车站，其中地下站14座、高架站4座；全线设置4座主变所。中国机械设备工程股份有限公司（机械工业勘察设计研究院有限公司）承担的11 214B标起于前海站，止于线路终点碧头站，并包括机场北停车场及其出入线、松岗车辆段及其出入线段，以及与11号线同步实施的工程。

4. 经济或社会效益：深圳市城市轨道交通11号线连接福田中心区、车公庙、欢乐海岸、深圳湾超级总部基地、后海、南山中心区、前海、空港、松岗等9个片区，与8条地铁线、1条城际线换乘，与惠莞深城际铁路、深茂高铁、深港西部快轨接驳，便捷联系港澳、广州、东莞、中山等地。它的建成通车将有力推动深圳现代化国际化创新型城市建设，加速特区内外一体化进程，促进前海蛇口自贸区开发，巩固深圳在珠三角的中心城市地位。

二、赞比亚公路项目

1. 承建单位：中工国际工程股份有限公司

2. 签约时间：2011年4月15日

3. 项目概况：该项目于2011年4月15日签署商务合同，2011年8月中工国际收到赞比亚政府支付的预付款。2011年9月20日赞比亚政府换届，项目处于停滞状态，融资评审暂停。赞比亚道路局（项目业主）于2012年4月份下达开工令，要求于2012年4月18日正式开工，先行施工从姆巴拉开始18.035km道路工程。中工国际及时组建项目组，调遣机械设备人员进场施工，2013年12月31日前完成道路工程。2014年4月30日项目融资落实，为全额优惠贷款，项目全面生效，合同工期参照原合同工期，按照要求全面展开剩余部分工程的施工，项目于2016年6月19日竣工。该工程的特点是：线路点多面长；地材资源匮乏、质量不达标，材料陆路运输较远，成本较高；项目进度紧迫。

4. 经济或社会效益：赞比亚政府高度重视交通运输基础设施建设，视其为经济社会发展的核心因素。2011年赞比亚PF政党上台执政，颁布“连接赞比亚8 000项目”，即在赞比亚建设8 000km道路。该项目作为赞比亚政府极力推动的具有造血功能的基础设施项目之一，得到赞比亚现任政府的高度重视。该项目的建成，对促进大湖区交通往来、活跃地区经济以及促进中赞经贸合作产生了极大的推动作用。

三、玻利维亚糖厂项目

1. 承建单位：中工国际工程股份有限公司

2. 签约时间：2012年3月5日

3. 项目概况：2012年3月5日中工国际联合体与业主单位EASBA签署玻利维亚圣布埃纳文图拉糖厂总包合同，合同工期自业主签发开工

令下达后30个月。2013年6月6日，与业主签署补充协议，将桩基工程纳入总包合同。总工期至2016年9月30日临时验收，自业主签发开工令起计算。2012年9月6日业主颁发开工令，正式起算工期。2014年6月16日，桩基工程完工；2015年7月12日，开始单机调试，2015年9月29日，全部设备安装完成。联动调试验收从2016年8月26日开始，总共投料3次，投料共生产55个编号的白砂糖，除10个编号色值超过300IU外，其他理化指标均合格，业主于2016年11月8日颁发临时验收证书。该工程的特点是：施工方对渗出器不熟悉；项目复杂，工期较为紧张；水泥货源较紧张，钢筋需要从周边国家进口。

4. 经济或社会效益：该糖厂是拉巴斯省第一个糖厂，每年甘蔗需求量91万t，生产白砂糖约为82.万t，生产酒精1.3万L，将为圣布埃纳文图拉当地政府带来可观的税收和良好的就业形势，将直接解决就业人口约400人、间接就业人员近5 000人。糖厂投产后将提供玻利维亚国内约10%的白糖市场份额，将有效解决白糖供给不足，同时能平抑糖价，为玻利维亚消费者带来实惠。

四、尼加拉瓜油料分配厂项目

1. 承建单位：中工国际工程股份有限公司

2. 签约时间：2012年4月27日

3. 项目概况：2013年4月10日土建、安装分包商确认，并签订分包合同。2013年6月11日业主签发开工函，2013年7月26日基础工程开工。2013年9月23日消防水罐开始安装，2013年11月8日消防水罐安装完成，2014年2月25日GLP球罐开始安装，2014年5月22日雨水系统地下部分完成，2014年9月22日液化气球罐安装完成，2014年11月22日灌装岛主体及结构完成，2015年7月20日变电站所有电气设备安装完成，2015年7月25日全厂机械设备安装完成，2016年1月4日电仪调试完成。该工程的特点是：项目按照美国标准执行，HSE要求高，球罐焊接难度大。

4. 经济或社会效益：该油料分配厂建成后，将成为尼加拉瓜重要的战略储备库，不仅能满足该国对燃料的需求，更能辐射到周边其他国家。此外，项目为当地直接和间接地提供了上千人的就业机会，对当地经济发展有积极影响。

五、厄瓜多尔索夫拉瓜医院建设项目

1. 承建单位：中工国际工程股份有限公司

2. 签约时间：2013年2月28日

3. 项目概况：2013年4月15日临建施工完成，2013年10月14日桩基施工完成，2014年3月18日基础施工完成，2014年8月11日结构施工完成，2015年7月20日砌体施工完成，2016年4月22日外部装饰完成，2016年10月6日强电施工完成，2016年10月20日给排水施工完成。2017年1月17日医院开业。该工程的特点是：季节性施工，施工项目多；各专业穿插作业，机电安装工程是重点；国际标准同当地标准、习惯相结合。

4. 经济或社会效益：提高了当地医疗水平，改善了当地医疗环境，受到当地民众一致好评。

六、委内瑞拉瓜里科河灌溉项目

1. 承建单位：中工国际工程股份有限公司

2. 签约时间：2010年12月3日

3. 项目概况：该项目2011年5月正式启动。2011年9月15日，项目的勘测设计完成。2011年9月30日国内设备材料采购完成。2011年12月10日项目所有道路完工。2013年11月20日米粉条厂建成。2014年8月15日园区污水处理厂完工。2014年9月30日，园区水、电、路公用工程完工。2016年8月15日粮仓施工完毕，大米加工厂建成。截至2016年12月31日完成工程承包额10 059万元，完成比例100%。项目设备试运行及移交工作全部完成。该工程的特点是：项目工期紧张，原定工期24个月，建设过程中业主多次延期；项目内容庞杂，当地资源缺乏。

4.经济或社会效益：该项目有效改善了当地的农业灌溉设施，提升了其粮食加工水平，提高了当地的粮食产量。

七、委内瑞拉比西亚联合循环电站项目

1.承建单位：中工国际工程股份有限公司

2.签约时间：2010 年 9 月 3 日

3.项目概况：2011 年 9 月 2 日项目正式开工，2011 年 10 月 10 日基本设计获得业主批准。2012 年 1 月 11 日 1# 燃机运抵现场，2012 年 11 月 5 日 2# 燃机运抵现场。2012 年 7 月 31 日 2# 燃机基础混凝土浇筑完成。2012 年 8 月 30 日 2# 余热锅炉基础混凝土浇筑完成。2013 年 6 月 28 日 1# 燃机相关系统试运调试完成。2013 年 11 月 26 日 2# 燃机机组带 95% 负荷运行成功，2# 燃机机组竣工。2014 年 8 月 9 日 2# 余热锅炉水压试验完成，2015 年 1 月 26 日联合调试并网发电，2015 年 11 月 29 日全厂辅助系统（BOP）完工。2016 年 9 月 30 日，项目 3 台机组获业主最终接收函；2016 年 12 月 9 日，全厂辅助系统（BOP）获业主最终接收函。该工程的特点是：技术和资金密集程度高；技术管理要求高，采用美国标准和业主接受的国际标准；当地水泥供应紧张；工期较紧张。

4.经济或社会效益：截至 2016 年 12 月，比西亚电站项目 3 台机组总发电量累计约 7 000GW·h，有效缓解了委内瑞拉西部地区供电紧张局面。项目荣获委内瑞拉国家电力公司 2015 年度优秀项目二等奖。

八、宏发韦立氧化铝公司印尼 200 万 t 氧化铝项目

1. 承建单位：中国机械工业建设集团有限公司

2. 签约时间：该项目合同分为两部分：（1）桩基工程，合同暂定总金额 1.5 亿元，签订时间 2013 年 3 月 1 日；土建、安装及装饰装修总承包工程，合同暂定金额 1.68 亿美元，签订时间 2013 年 9 月 15 日。合同签订日期即为生效时间。

3. 项目概况：该项目由山东魏桥创业集团的关联上市公司中国宏桥与韦立投资（香港）公司、印尼哈利达集团共同投资建设，项目地址位于印尼西加里曼丹省吉大帮县肯达旺甘镇。该项目设计规模为年产 200 万 t 氧化铝生产线，计划总投资额 11.5 亿美元，分两期建成：一期年产 100 万 t 氧化铝工程包括二期厂区码头、电厂、输煤输矿、供水及原料堆场等公用工程；二期工程计划 2017 年年底启动，2018 年年底建成。

中国机械工业建设集团有限公司作为主要施工总承包单位承担该项目一期工程 70% 以上的施工任务。工作范围及内容：桩基工程；原料系统、分解系统、沉降系统、煤气站、焙烧系统、赤泥系统以及输矿输煤系统、滕家河取水口、10kV 外线等子项全部土建及安装工程。

2013 年 9 月 1 日，氧化铝项目试桩及桩基开工；2014 年 5 月 15 日总承包项目土建、安装及装饰装修工程开工；2015 年桩基工程进入收尾阶段，土建、安装工程进入全面施工高峰；2016 年 4 月 10 日正式投料试运行，5 月 21 日举行盛大竣工投产仪式。

4. 经济效益或社会效益：该项目是印尼第一条也是单条生产能力最大的氧化铝生产线，于 2013 年 7 月 17 日举行奠基仪式。该项目得到了中国政府和印尼政府的高度重视和关注，2013 年 10 月 3 日，国家主席习近平访问印尼期间，与印尼时任总统苏西洛共同见证项目签约仪式。2014 年 11 月 10 日，APEC 领导人峰会上，该项目再次被确定为中国、印尼领导进行经济合作交流的三大项目之一。

该项目完全由中国自主设计、建造及施工，技术标准全部采用中国标准，所有设备全部为中国设备。该项目是中资企业响应国家“一带一路”倡议，实施“走出去”战略的重要举措。2 200 余名中国施工人员和技术工程人员参与该项目建设。项目施工阶段为当地民众提供 3 500 余个工作岗位，项目投产后提供就业岗位 2 000 余个。该项目的高效、优质建成，得到当地政府及民众的一致好评，有力促进了两国之间经济技术交往与合作。该项目的投产，增强了中资企业在当地的投资信心，带动了当地经济及产业发展，实现了中印双方互惠互利，产生了积极而深远的影响。

九、中国建设白俄罗斯纸浆项目

1. 承建单位：中国机械工业建设集团有限公司

2. 签约时间：土建工程，2013 年 4 月签约；安装工程，2014 年 1 月 30 日签约

3. 项目概况：土建工程合同签约额 1.78 亿元，于 2013 年 4 月开工；安装工程合同签约额 5.56 亿元，于 2014 年 7 月开工。2015 年 8 月，基本完成土建工程和安装工程，完成单机调试和空载联动调试，预计 2017 年完成工艺调试和投产运行。中国建设承担了白俄罗斯纸浆厂项目 30% 的土建工程和 80% 的安装工程（制浆造纸的核心工程全部由中国建设施工）。此项目是中国建设迄今为止承建施工的最大单体安装工程。

4. 经济和社会效益：该项目投资 8 亿美元，处于“一带一路”重要位置（白俄罗斯），带动上百家中国设备、材料生产厂家，近 1 000 种产品实现出口，带动 2 000 多名中国施工和工程技术人员参与国际项目建设。通过该项目的成功建设和带动，中国建设在白俄罗斯先后承建了吉利汽车项目、白俄罗斯综合体育项目的施工；中工国际也通过此项目的影响力顺利承接了芬兰 40 万 t 纸浆项目等，取得了较好的经济效益和社会效益。

十、科特迪瓦高速公路项目

1. 承建单位：中国机械工业建设集团有限公司

2. 签约时间：2012 年 9 月 25 日

3. 项目概况：该项目合同金额 47 884.24 万元。项目于 2013 年 3 月全面展开施工，并于 2015 年 5 月完工。该项目业主为科特迪瓦基础部，项目总包方为中国机械设备工程股份有限公司。工程位于西非科特迪瓦共和国阿比让市和大巴萨姆市地区。项目分 3 个路段：第一段为长 10.68km 的扩建施工城市路段；第二段为长 17.44km 的新建市际路段；第三段为长 14.04km 的既有老路罩面加固。主要工程量：路基填砂 52 万 m^3、路基填土 42 万 m^3、水泥稳定土摊铺 25 万 m^3、沥青路面摊铺 86 万 m^2。

4. 经济或社会效益：该项目投入 180 名国内工程管理和技术人员，投入工机具 123 台（套），机械设备均从中国进口，有效带动了国内产品出口和制造业的海外发展。同时，在施工过程中雇佣当地劳务和购买当地材料，带动了当地产业发展。新路通车实现中科经贸合作双赢，大大改善了当地交通状况，得到了科方业主、政府和当地民众的好评，为中科友谊增添了新的篇章。

十一、柬埔寨农村电网改造（二期）工程 EPC 项目

1. 承建单位：中国重型机械有限公司

2. 签约时间：2014 年 3 月 10 日

3. 项目概况：该项目合同金额 4 957 万美元，合同工期 36 个月，利用中国政府提供优惠买方信贷建设。项目范围覆盖柬埔寨国公、菩萨、磅清扬、磅湛、干拉、桔井、暹粒、西哈努克 8 个省份。

该项目合同于 2014 年 12 月 4 日生效，2015 年 1 月 28 日开工，2016 年 9 月 28 日获柬埔寨国家电力公司（EDC）签发的项目工程完工证书，比合同工期提前 1 年零 3 个月竣工并移交 EDC 投入运行。

该项目共建设约 515km 的 22kV 配电线路、235km 的 35kV 配电线路、50km 的地下电缆和 15km 的水下电缆，600 台柱上变压器及其附件安装，200 台柱上开关设备安装。

4. 经济或社会效益：该项目的竣工有助于柬政府“村村通电”战略实施，也为中国重机在柬埔寨电力市场的进一步发展奠定了良好的基础。

十二、上汽通用五菱汽车股份有限公司宝骏二期涂装车间 M+E+U1

1. 承包单位：中国汽车工业工程有限公司

2. 签约时间：2014 年 12 月 18 日

3. 项目概述：2015 年 4 月 6 日设备进场安装；2015 年 10 月 8 日电泳投槽及喷房投漆；2015 年 11 月 2 日，第一台全工艺合格车下线；2016 年 12 月 15 日，双线开始批量生产；取得 8 个月完成从设备安装到 SOP 生产的最快纪录。该项目工程体量大、空间利用率高、施工难度大，技术先进，项目要求高：喷房采用国际先进的水性漆 3C1B 工艺，国际上首次采用电泳烘干无橇转挂，配置 UBC 机器人、内喷机器人、开门机器人和外喷机器人，首次使用自行研发的油水分离槽系统（配置撇油器），除油效率得到提升，新型文丘里喷漆室、摩擦滚床及新型 IMC 输送设备达到国际领先技术水平。

4. 经济或社会效益：截至 2016 年 12 月 31 日，车间生产下线合格车身 345 626 台。车身一次下线合格率 92%，在中汽工程和 SGMW 的合作中再创佳绩。同时，获得 2016 年度中汽工程总承包管理奖二等奖。

十三、江西昌河汽车有限责任公司年产 30 万辆整车和 30 万台发动机技术改造项目一期一阶段建设工程项目

1. 承建单位：中国汽车工业工程有限公司

2. 签约时间：2014 年 11 月

3. 项目概述：项目于 2014 年 7 月 14 日奠基投入建设，2015 年 12 月 26 日投产下线。中汽工程承担项目可研报告编制、实施方案设计、工程施工图设计、现场施工配合、工程竣工验收，项目涂装车间为总承包工程。新工厂整体制造工艺及设备选型参照北京现代工厂，选用高性价比、高柔性、节能环保的装备，遵循智能化、信息化和经济实用原则，满足制造精度和多车型柔性化生产的要求，打造集整车生产、零部件制造和物流服务于一身的产业链形态，工厂整体的生产制造实力处于行业前列。

4. 经济或社会效益：自 2016 年年初开始量产运营以来，全年完成 Q25 型、Q35 型 SUV 车约 4 万辆产销任务，这对新投产工厂来说已取得了较好的经济收益。项目可行性研究报告获得 2015 年机械工业优秀工程咨询勘察设计二等奖。后续将申报优秀工程设计奖。

十四、华晨宝马汽车有限公司研发中心建设项目二期设计项目

1. 承包单位：中国汽车工业工程有限公司

2. 签约时间：2014 年 12 月

3. 项目概述：华晨宝马汽车有限公司根据中国市场发展战略，在中国设立研发中心，负责合资公司自主品牌本地产品研发和德国宝马产品的本地化研发。该项目为研发中心新增研发办公楼和试验车间提供设计服务。新增研发办公楼占地面积 4 000m^2，建筑面积 11 000 m^2；新增试验车间占地面积 4 600 m^2，建筑面积 7 700 m^2；合计新增建筑面积 18 700 m^2。2015 年 1 月开始设计，2015 年 8 月开始建设，2017 年 3 月正式建成投产。

4. 经济或社会效益：宝马汽车以其优秀的性能和良好的质量闻名世界。该项目的建成投产，为中国乘用车研发试制建立了新标杆，对推动中国从汽车生产大国转变为汽车研发强国具有重要意义。

十五、南乐县寺庄乡 70MW 设施农业光伏项目 EPC 总承包合同

1. 承包单位：中国浦发机械工业股份有限公司

2. 签约时间：2016 年 6 月 27 日

3. 工程概述：2016 年 6 月 27 日，中机国能电力工程有限公司与河南鼎宏光伏科技有限公司签订 EPC 合同，合同金额 55 300 万元。该项目 2016 年 11 月份投产。项目的特点是：工期要求紧迫，对工程建设管理人员和生产准备人员整体素质要求高。

4. 经济或社会效益：该项目符合国家的产业政策，生产的电能安全可靠，无噪声，无污染排放物。

十六、安阳翰霖蒋村镇 100MW 光伏发电项目 EPC 总承包合同

1. 承包单位：中国浦发机械工业股份有限公司

2. 签约时间：2016 年 8 月 1 日

3. 工程概述：2016 年 8 月 1 日，中机国能电力工程有限公司与微山县天沐新能源科技有限公司签订 EPC 合同，合同金额 79 000 万元。该项目 2016 年 12 月份投产。项目的特点是：工期要求紧迫，对工程建设管理人员和生产准备人员整体素质要求高。

4. 经济或社会效益：该项目符合国家的产业政策，生产的电能安全可靠，无噪声，无污染排放物。

十七、中天合创鄂尔多斯煤炭深加工示范项目循环水装置

1. 承包单位：中国浦发机械工业股份有限公司

2. 签约时间：2014 年 4 月 15 日

3. 工程概述：2014 年 4 月 15 日，天津辰鑫石化工程设计有限公司与中天合创能源有限责任公司签订中天合创鄂尔多斯煤炭深加工示范项目循环水装置的 EPC 总承包合同，同金额 39 551.78 万元。2014 年 5 月开工建设，2016 年 8 月 20 完成。项目特点：一是工程难度大、技术要求高。项目装置规模宏大，工艺流程复杂，新型能源项目对工程建设管理人员和生产准备人员整体素质要求高；工期要求紧迫，项目分包商众多，工程管理难度大；同时北方的气候特点给工程带来极为不利的影响。二是项目代表性强、成绩突出。中天合创鄂尔多斯煤炭深加工示范项目是当前国内集煤炭、电力、煤化工产品生产为一体的规模最大的煤化工项目，同时也是国家能源替代战略示范项目。该项目是中天合创鄂尔多斯煤炭深加工示范项目的重要组成部分。项目的第二循环水场，设计规模 45 000m^3/h，供回水温度 30/40℃，采用 38 套闭式循环水系统（联合式空冷器），在气温 15℃以下停止喷淋水，全干式运行，是亚洲最大的闭式空冷系统。

4. 经济或社会效益：项目推动了国家能源替代战略的落地实施，改善了当地投资环境，有效带动了当地电信、交通运输等相关产业的发展；项目的实施及技术推广，代表着循环水系统的设计趋势；闭式空冷循环水系统的应用，不仅节约用地、用水，降低电耗，减少排污量，而且提高了工艺换热设备传热效率和寿命。该项目为闭式空冷循环冷却水系统在国内大型循环水场的应用实践提供了宝贵的经验。

十八、韩城市铸造产业园项目

1. 承建单位：机械工业第六设计研究院有限公司

2. 签约时间：2016 年 5 月 27 日

3. 项目概况：该项目是陕西省“十三五”重点建设项目之一，规划面积 200 万 m^2（3 000 亩），投资 30 亿元，设计产能 32 万 t/a，可实现工业总产值约 50 亿元。

4. 经济或社会效益：该项目按照高端定位，顶层设计要求，依托德国先进的铸造技术及本地充足的生铁、电力和煤层气资源，以科技为动力，以市场为导向，以发展装备零部件产业为方向，坚持科技、绿色、效益的理念，打造资源节约型、环境友好型、经济效益型和持续发展型的绿色园区。

十九、郑州恒丰电子产业园

1. 承建单位：机械工业第六设计研究院有限公司

2. 签约时间：2016 年 6 月 27 日

3. 项目概况：该项目位于郑州新郑综合保税区海关围网内，总投资 12 亿元，占地面积 33.3 万 m^2（500 亩），建筑面积约 32 万 m^2，主要建设单层钢结构标准化厂房、多层标准化厂房、多层物流仓储及其他配套设施。

4. 经济或社会效益：项目建成后，阿里巴巴菜鸟网、准时达物流、富士康电子科技等著名企业将入驻园区，将带来极大的社会和经济效益。

二十、云南烟叶复烤有限责任公司石林复烤厂

1. 承建单位：机械工业第六设计研究院有限公司

2. 签约时间：2016 年 5 月 12 日

3. 项目概况：该项目位于云南省昆明市石林县城东大屯，占地面积约 27.6 万 m^2（414.5 亩），总投资约 51 242 万元。

4. 经济或社会效益：该项目是云南烟叶复烤有限责任公司重点技改项目之一，旨在提高石林复烤厂的装备技术水平，改善仓储、物流设施配置水平，提升企业服务水平，打造“国内一流、国际先进”现代化复烤加工企业，全面满足卷烟工业企业大配方、大品牌加工需求和“卷烟上水平”对原料加工保障需求。

二十一、安徽中烟工业有限责任公司阜阳卷烟厂

1. 承建单位：机械工业第六设计研究院有限公司

2. 签约时间：2015 年 12 月 31 日

3. 项目概况：该项目总建筑面积 113 000m^2，总投资约 14.3 亿元，按照生产卷烟 200 亿支（40 万箱）/ 年的生产规模进行总体规划。

4. 经济或社会效益：此次易地技改以体现黄山特色工艺为主线，以提升技术装备水平为重心，以国内一流、国际先进为建设目标，以系统化设计、精细化加工、集约化生产为建设方向，以高水平、高质量施工为建设标准，力争 3 年内把阜烟建设成一个具有安全、优质、高效、环保、低成本等特征的现代化卷烟工厂。

二十二、眉山城市五馆一中心

1. 承建单位：机械工业第六设计研究院有限公司

2. 签约时间：2016 年 5 月 6 日

3. 项目概况：该项目位于眉州大道与岷东大道交叉口东北角，包含文化馆、图书馆、博物馆、规划展馆、科技馆和青少年活动中心，项目占地约 15.3 万 m^2（229 亩），总建筑面积逾 12 万 m^2。

4. 经济或社会效益：该项目是眉山市重点文化建设项目，集标志性、功能性、文化性、生态性、实用性于一体，又处在岷东新区中部组团地域的中心位置，建成后将成为岷东新区的标志性建筑，有利于提升眉山的城市形象和核心竞争力，凝聚新区人气加速城市开发建设，丰富人民群众的精神生活和文体生活，“点亮”整个岷东新区。

二十三、卢氏县中医院、县二院合并搬迁新建项目

1. 承建单位：机械工业第六设计研究院有限公司

2. 签约时间：2015 年 10 月 24 日

3. 项目概况：该项目总投资估算约 7.18 亿元，设置床位 750 张（拟建设床位 1 000 张以上），占地面积 81 640 m^2（122.42 亩），建筑物 8 栋，总建筑面积 132 231.65 万 m^2，建设内容主要有门诊医技综合楼、病房综合楼、传染病专科病区、精神病专科病区等。建成后，年门诊、急诊可服务病人 18 万人次以上，收治各类住院病人 12 000 人次以上，年中西医综合康复诊疗 3 000 人次以上，年健康体检 2 万人次以上。

4. 经济或社会效益：该项目是卢氏县的重点民生工程，将加快卢氏县医疗卫生事业的发展，促进医疗卫生服务建设登上新台阶，对全县的发展将起到巨大的推动作用。

二十四、援多哥体育场维修项目

1. 承建单位：机械工业第六设计研究院有限公司

2. 签约时间：2016 年 10 月 30 日

3. 项目概况：占地 14.5hm^2，总建筑面积 36 104 m^2，建设规模 3 万人座，是多哥国家体育场，地位非常重要。

4. 经济或社会效益：此次维修实行“全过程项目管理＋施工总承包”建设模式，中机六院作为项目的管理公司，将对其全面维修进行专业考察、深化设计、施工详图审查以及全过程项目管理。

二十五、浏阳市人民医院整体搬迁建设项目

1. 承建单位：机械工业第六设计研究院有限公司

2. 签约时间：2015 年 8 月 31 日

3. 项目概况：总建筑面积约 14.06 万 m^2，设计床位数 1 480 个，为当地最大的三级甲等医院。

4. 经济或社会效益：该项目的建设能进一步体现公立医院品牌和技术优势，强化政府公共卫生基本职能，优化医疗卫生资源配置，完善浏阳市医疗服务功能，具有显著的社会效益。

二十六、中共商丘市委党校新校区

1. 承建单位：机械工业第六设计研究院有限公司

2. 签约时间：2016 年 8 月 3 日

3. 项目概况：该项目为 2016 年商丘市重点建设工程项目，项目总用地面积 15.7 万 m^2（236 亩），总投资超过 3 亿元。项目内容：功能分区包括行政教学区、学员生活区、体育运动区、景观绿化区、辅助办公区；整体建筑风格在现代简约明快的基础上吸取古代建筑的精粹，展现中国文化的博大精深。

4. 经济或社会效益：项目建成后，将有效改善学员学习环境，大大提高学校的综合实力，进一步提升市委党校在豫东地区的整体社会影响力。

二十七、北非 305 客户的冰箱塑料模具

1. 承包单位：中国电器科学研究院

2. 签约时间：2016 年 5 月 28 日

3. 项目概况：签约金额 5 256 万元。这批模具是基于给客户开发设计的双门冰箱产品的塑料模具，共 200 套模具，根据客户产品投入市场的优先顺序分 5 个投入时间段，双方协商按照对应的优先顺序启动模具制作，分 5 批发运相关模具。客户在 2016 年 9 月 18 日开出合同总额的即期信用证，模具发运之后收取其货款的 90% 金额，剩余 10% 在客户工厂验收之后凭验收单支付。客户按照欧洲标准验收，因为前期需要满足客户提供的所有技术规格和条件，不同于一般的模具制造，材料要求高档，各种配件及加工必须达到精致精细程度；验模不仅是针对产品本身的外观尺寸与图样的一致性，同时要求模具本身的加工和结构必须符合装配简单、维修简易、寿命较长等要求，并且安排专业的第三方验模机构进行多次反复验模和对 CPK 及全尺寸报告进行质量管控分析和评估等，因此整个模具的生产和验证过程非常烦琐并且周期比常规项目要长很多。

4. 经济或社会效益：对公司整体质量和设计思维有很大程度的提升，也对公司外协厂的管理和质量要求达到了一个新的高度，为后续项目的推进和管理提供了经验，为公司更深层次接触欧洲高端市场提供了更可靠的支持。

二十八、唐山燕山钢铁有限公司炼钢二厂 3#、4# 板坯连铸机改造工程总承包项目

1. 承包单位：中国重型机械研究院

2. 签约时间：2015 年 2 月 3 日

3. 项目概况：该项目是 2014 年 12 月初中国重型院与燕钢进行技术交流后，做出的详尽可行的设计方案，最终在和国内几家大型设计院的竞标中，凭借优良的技术和业绩一举中标。2015 年 2 月 3 日合同签字生效。该项目包括 2 台 230mm×1 550mm 两机两流板坯连铸机，主供 1 580mm 轧机坯料，是工艺技术、设备及其配套设施的工程设计、制造、安装总承包项目。由于该项目是在原有连铸车间内新建 2 台连铸机，中国重型院在设计过程中充分考虑原有设备及车间管网的布置，设备安装过程中保证了车间内现有的 3 台连铸机正常生产。2015 年 6 月完成设计，2015 年 12 月开始安装调试，2016 年 4 月 20 日 3# 连铸机一次热试成功，6 月 21 日 4#

连铸机再一次热试成功。该项目的特点是：2台两机两流板坯连铸机均为直弧型连铸机，铸机半径9.5m，铸坯规格（180mm、200mm、230mm）×（700～1 550）mm。该连铸机采用中国重型院独创的辊列设计和中间包升降平衡动态调节、结晶器液面检测、结晶器漏钢预报、结晶器液压振动、二冷电磁搅拌、扇形段远程调辊缝及动态轻压下、二冷气雾冷却及动态控制功能等自主研发的先进技术，整体装机水平达到国内领先。

4．经济或社会效益：燕钢3#、4#连铸机装机水平高，设备性能稳定可靠，自动化程度高。该项目的顺利建成投产，拓展了企业高品质品种钢的连铸生产，使得国内民营钢铁企业的产品性能上了一个大台阶，使工厂的生产环境得到重大改善，更加节能环保，为企业拓宽了市场并带来良好的经济效益，同时为其他钢铁企业的同类生产线的建设起到了示范作用。

二十九、防城港钢铁基2030冷轧项目1#、2#重卷检查机组

1.承包单位：中国重型院

2．签约时间：2014年8月25日

3．工程概况：中国重型院与广西钢铁集团有限公司于2014年8月签订防城港钢铁基2030冷轧项目1#、2#重卷检查机组设备供货合同。该合同设备于2015年9月交货并开始安装调试，2016年1月投入试生产。该项目的特点是：机组创造性地将汽车板的重卷、拉矫、剖分、检查等生产集中到1条机组上，最大限度地挖掘机组潜能，提高生产率。涉及的创新点：高品质汽车板剖分拉矫重卷检查机组用于带钢精整处理，可在1条机组上实现汽车板的重卷、拉矫、切边、中剖、检查、涂油、分卷等生产。

4.经济或社会效益：该机组具有完全自主知识产权，综合性能达到国外先进机组的水平，有些单项技术指标超过国外先进机组。该机组的成功投产实现了高水平冶金重型装备的国产化，使中国重型院在板带精整装备领域的技术水平保持领先。

三十、大型铝扁管27MN单动挤压生产线

1.承包单位：中国重型院

2.签约时间：2014年8月4日

3.项目概况：2014年8月，中国重型院与国机集团所属蓝科高新全资子公司签约大型铝扁管27MN单动挤压生产线项目，2014年12月完成相关设计工作，并申报发明专利7项，获得授权3项，申报并授权实用新型专利8项。2015年7月，设备完成出厂总装及试车，通过用户出厂验收。2015年12月进行安装调试。2016年10月19日，一次热试成功并挤出合格大型铝扁管产品，一次热负荷试车成功，正式投入试生产。该项目的特点是：项目为国内首条大型铝扁管专用挤压生产线，主要用于大型铝合金扁管的挤压加工。挤制大型铝扁管产品的卷曲设备系中国重型院首次研发，中国重型院攻克了因产品宽厚比和变形比很大而成形困难、尺寸精度要求高等难题。该设备能够稳定生产出厚5mm、宽200mm、含有20个孔、各处壁厚仅为0.8mm、尺寸偏差不大于0.08mm的铝扁管，推进了中国挤压设备和挤压工艺的技术进步。

4.经济或社会效益：该项目产品为钢铝复合扁管的新型替代品，在石油化工热交换器方面具有广泛的应用前景。该项目是国机集团内部协作项目，它的投产既是中国重型院加强与集团内部企业协作的成功实施，也将改变中国热交换器扁管的落后工艺技术，对用户进一步提高产品市场占有率具有重要意义。

三十一、WG-10-HLS型温轧管机项目

1.承包单位：中国重型院

2.签约时间：2016年4月20日

3.项目概况：该项目供货设备用于钼及钼合金核电包壳管的生产，中国重型院与金堆城钼业股份有限公司于2016年4月签订合同。钼作为核燃料容错关键材料，其管材的生产不能采用传统的冷轧方式生产，必须加热到一定温度，使其

具备一定的塑性之后，才能进行轧制。项目组依托多年管材生产设备的设计经验，针对钼包壳管生产的特殊要求，开发 WG-10-HLS 温轧管机，于 2016 年 5 月进行工艺试验，2016 年 8 月开始安装调试，2016 年 9 月试车成功并进入生产阶段。该项目的特点是：供货的 WG-10-HLS 温轧管机为中国重型院设计成套的国内首套两辊温轧管机，应用精密温控技术、回转送进伺服控制技术、惯性力平衡技术、管材成型弹塑性模拟仿真技术、工模具及软件系统设计等关键创新技术。投产设备生产效率高、自动化程度高，可生产高精度的钼及钼合金管材，完全满足核电包壳管质量要求。

4．经济或社会效益：该项目成功生产的钼及钼合金核电包壳管，将广泛应用于国内各核电厂，产生巨大的经济效益。该项目的成功实施将推动中国核电关键材料研发与产业化进程，提高核电包壳管的安全性与经济性，为研制出中国具有自主知识产权的核电事故容错包壳燃料奠定坚实基础。

三十二、湖北金盛兰 LT 干法除尘系统

1. 承包单位：中国重型院

2．签约时间：2016 年 3 月 10 日

3．项目概况：中国重型院于 2016 年 3 月与湖北金盛兰冶金科技有限公司签订 120t 转炉煤气干法回收净化系统总承包合同，2016 年 8 月 22 日项目投产。从项目签约到投产，只 100 多天时间，打破了中国重型院同类项目用时最短纪录，也创造了国内最快纪录，赢得业主的高度评价。该项目的特点是：项目整个过程采用干法工艺。转炉煤气干法净化回收技术是当今国际钢铁行业中的先进技术，中国重型院通过系统的技术研发及自主创新，·开发出适合中国钢铁行业的技术，并通过示范工程的应用改进完善，最终拥有了具有自主知识产权的转炉煤气干法净化回收系统技术。该项目系统放散粉尘排放浓度≤ 15mg/m^3，回收煤气浓度 10mg/m^3，无任何废水废气等二次污染。

4．经济或社会效益：随着国家新环保法的实施，转炉煤气干法净化回收系统既有的节能减排优势进一步显现，降低了水电成本，提高了煤气和粉尘的回收量等，为用户带来显著的经济效益和社会效益，已为国内钢铁公司提供 60 多套系统及设备。

三十三、宝钢特钢韶关有限公司机械泵系统 130t VD 项目

1．承包单位：中国重型院

2. 签约时间：2016 年 7 月 13 日

3．项目概况：中国重型院与宝钢特钢韶关有限公司于 2016 年 7 月签订新建 130t VD 炉工程总承包 EPC 合同。该项目 2016 年 9 月 26 日开工，历时 3 个月，于 2016 年 12 月 31 日一次性热试成功并投产。该项目的特点是：项目采用国内大型三级全干式机械真空泵，具有能耗低、操作灵活、真空脱气能力强、精炼钢种多等特点。设备主要由真空管道系统、除尘系统、机械真空泵系统和在线钢包加揭盖系统等组成，在线钢包加揭盖系统是中国重型院独立创新。自项目投产以来，系统各设备运转正常，抽气时间小于 4.5min，抽速大于 200 000m^3/h，压力小于 67Pa，吨钢电耗小于 2.5kW·h。

4．经济或社会效益：项目设备可有效地改善钢液的纯净度，提高成品钢的质量，满足该钢厂各 VD 钢种工艺要求，使用户更加灵活适应市场需求，增加经济效益。

三十四、唐山瑞丰 950mm 酸洗—冷连轧机组

1. 承包单位：中国重型院

2．签约时间：2014 年 12 月 24 日

3．项目概况：2014 年底，中国重型院从众多国内冷连轧领域实力较强的投标企业中脱颖而出，中标“唐山瑞丰钢铁（集团）有限公司酸轧项目”，中国重型院承担最核心机组——冷连轧机组及卷取段设备的成套设计、供货、调试。2015 年 12 月 10 日开始安装设备，2016 年 3 月

30日进行单动调试，2016年5月8日热负荷调试成功、第一卷冷轧钢卷下线。该项目的特点是：项目机组装机水平较高，五机架冷轧机全为六辊UCM机型，卷取机为卡罗塞尔式双卷筒卷取机，设置进口测厚仪、进口张力计、进口板型仪系统。产品精度、最大宽度、轧制最薄厚度、机组最高速度都超过设计指标，机组设计产能50万t，实际产能逾60万t，为用户创造了可观的经济效益。

4. 经济或社会效益：该项目是中国重型院在酸轧领域的第一条生产线，项目的成功实施，标志着中国重型院板带轧制装备从单机架、全连续冷轧机组成功拓展到酸连轧机组，在中国中宽带钢冷轧领域具有示范作用。

三十五、天津赛瑞 φ323-200MPa 超高压水压试验机

1. 承包单位：中国重型院

2. 签约时间：2015年3月2日

3. 项目概况：中国重型院与天津赛瑞机器设备有限公司于2015年3月签订 φ323-200MPa 超高压水压试验机设备供货合同。经过开发团队对多项超高压关键技术的开发研究，于2015年12月初在印度现场开始安装调试，2015年12月底投产验收。该项目的特点是：项目为当前国内外压力最高的钢管水压实验装备，主要的技术要点包括超高压增压器与充水装置集成的钢管水压试验超高压增压技术、200MPa 超高压钢管水压试验分步增压技术、200MPa 超高压钢管端部10～15mm 间隙的模具密封、钢管水压试验压力精度达0.5%的200MPa 超高压控制技术。

4. 经济或社会效益：该项目的成功研制突破了高端油管压力检测的技术瓶颈，实现钢管200MPa 超高压水压试验的自动化、连续化、批量生产，提高了国内钢管企业的综合竞争能力，极大地缓解了中国陆上油气开采用高强度管紧缺的现状，满足了中国海洋油气开采、特别是深海油气开采的需求。

设计、咨询、勘察项目

（合同金额500万元以上）

一、南县人民医院整体搬迁工程规划建筑设计项目

1. 承包单位：中国机械设备工程股份有限公司（中机国际工程设计研究院有限责任公司）

2. 签约时间：2015年4月22日

3. 项目概况：项目位于湖南南县县城西南部，为整体新建项目，总建筑面积138 424.68 m^2，住院床位数1 313床。包含门急诊医技综合楼（4层）及会议中心（1层）；1栋人字形的高层包括2支15层高的住院楼和1支12层高的康复楼，1栋5层的行政办公楼和1栋3层的后勤楼及1栋2层高的“感染楼”。

4. 经济或社会效益：该项目为湖南南县重点工程项目，建成后将成为南县城区的标志性建筑。

二、邵阳市第一中学搬迁建设项目

1. 承包单位：中国机械设备工程股份有限公司（中机国际工程设计研究院有限责任公司）

2. 签约时间：2015年4月3日

3. 项目概况：邵阳市第一中学新校区位于邵阳市十井铺街区，东临城市主干道昭阳路，西傍跃进路，北毗中学路，南靠立新路，距邵阳大道约 500m，交通十分便捷，校址周边环境优美。该新校区设计以建设一个具有浓厚文化底蕴、开放、独立、高效的 21 世纪新校园为出发点，借鉴中国传统书院格局，力求体现邵阳市第一中学“严谨务实、团结进取”的办学精神以及“育人为本、和谐兴校”的办学理念，同时结合新时代特征，打造现代化气息浓厚的高标准校园。

4. 经济或社会效益：新校区设计融合中国古代书院中轴对称、纵深多进院落的特点，尝试以严谨而富有变化的建筑群形成传统空间序列的整体格局。造型上具有标志性，能够成为大众关注的对象，能够产生很好的经济和社会效益。

三、节能环保产业园工业地产项目

1. 承包单位：中国机械设备工程股份有限公司 (中机国际工程设计研究院有限责任公司)

2. 签约时间：2015 年 1 月 16 日

3. 项目概况：项目建设地点位于长沙高新技术产业开发区西侧，岳麓大道以南，许龙路以东。规划总用地面积 12.1 万 m^2（182 亩），净用地面积 113 442.19m^2，规划总建筑面积 315 455.65 m^2，主要含 6 栋高层孵化器厂房、6 栋多层加速器厂房、8 栋独栋厂房、1 栋 24 层的检测试验中心、1 栋多层配套用房、1 栋高层倒班宿舍和 2 个地下室。

4. 经济或社会效益：该园区以高端、现代为设计主题，充分表达高科技产业的特色，展示充满活力、富有朝气的现代企业形象，成为新城中最具代表特色的园区。

四、伊拉克 SAMAN 50MW 重油电站

1. 承包单位：中国机械设备工程股份有限公司 (中机国际工程设计研究院有限责任公司)

2. 签约时间：2016 年 8 月 30 日

3. 项目概况：该项目主机采用德国 MAN 的 18V3240，共 6 台，总装机容量约 50MW，为 SAMAN 水泥厂提供电力支持。项目总包方为苏州中材，设备成套由葛洲坝能源重工负责，中国机械设备工程股份有限公司（中机国际）负责电站的所有设计工作。该项目特点：水泥厂施工安装接近尾声，电站项目要满足水泥厂电力需求，工期非常紧张；水泥厂和电站属于伊拉克同一个业主，设计要求需沿用水泥厂的设计标准、格式等；施工图需要中材审核，并由业主方邀请的国际咨询监理审查；项目场地位于戈壁，岩质地基，对基础设计和电气接地均非常不利；需要中英文对照图纸。

4. 经济或社会效益：该项目为“一带一路”沿线项目，为中国机械设备工程股份有限公司 (中机国际) 进驻葛洲坝能源重工的第一个项目，有重要的社会效应。该项目在执行期间得到业主好评，为后续项目奠定了基础。

五、渭南高新区新能源汽车电池产业园一期工程设计

1. 承包单位：中国机械设备工程股份有限公司（机械工业勘察设计研究院有限公司）

2. 签约时间：2015 年 1 月

3. 项目概况：该项目属工业项目，位于渭南高新区东风大街与秦裕路十字西南角。一期规划建设用地 135 090m^2，规划总建筑面积约 135 930 m^2，包括标准厂房约 101 950m^2；生活辅助用房 15 480 m^2（含研发及生产调度楼 1 栋、职工倒班宿舍 1 栋、餐厅及活动用房 1 栋、设备用房及其他）。于 2014 年 12 月起开始方案设计，2016 年 7 月项目竣工并通过验收，已投产使用。

4. 经济或社会效益：该项目符合工业布局规律，有助于科学技术的进步和劳动者素质的提高，对加快渭南市工业化、城市化进程，实现经济结构的调整、优化和升级具有特别重要的意义。渭南高新区新能源汽车电池产业园建设也势必将成为渭南高新区经济发展新的增长点，其产生的社会效益、经济效益、科技效益不可估量。

六、春城十八里小区项目设计

1. 承包单位：中国机械设备工程股份有限公司（机械工业勘察设计研究院有限公司）

2. 签约时间：2015 年 8 月

3. 项目概况：项目地块位于兰池大道入口，18km 渭河景观带，南邻渭河河堤路，北邻兰池大道，交通便捷。项目总占地面积 15.5 万 m^2（233.05 亩），总建面积 333 057.67 m^2，绿地率 31.13%，容积率 1.25，总户数 1 059 户，1878 个车位，一期主要开发的住宅产品为 200 ～ 300 m^2 的联排住宅和合院住宅共 177 套。项目主打 1∶1 面积赠送，主要有下沉式庭院（含车库地下室）以及露台的赠送，产品采取全套房私密设计，1 户 1 电梯的人性化配置。

4. 经济或社会效益：该项目充分利用区域优势，打造具备典型地域文化特色以及历史情怀的高档居住区；充分利用项目周边的地形地貌和环境优势，营造更加具备人居环境的住区；利用产品的档次和特殊性，创造具备怡人环境和精神归属的新型住区，合理利用地形高差关系和产品附加值，形成具备典型产品差异化和竞争力的高档居住区。

七、西乡县人民医院整体迁建（含新建精神病院）项目设计

1. 承包单位：中国机械设备工程股份有限公司（机械工业勘察设计研究院有限公司）

2. 签约时间：2016 年 2 月

3. 项目概况：该工程地上总建筑面积约 90 000m^2，分 2 期建设。一期建筑面积 67 000 m^2，包括门诊楼（4F）、急诊楼（3F）、内科住院楼（11F）、外科住院楼（11F）、精神病院（3F）、职工食堂 / 活动中心（2F）。建筑总高度 43.8m，使用功能为医疗、检验、手术、后勤部分等。二期建筑面积 23 000m^2，包括康复住院楼（9F）、职工公寓（4F）、高压氧治疗中心（1F）、放疗中心（1F）。建筑总高度 32.4m^2，使用功能为康复、治疗、后勤部分等。

4. 经济或社会效益：该项目完成后，医院的占地面积、业务用房、科室设置、医疗流程、整体布局、环境绿化、功能等将发生很大变化，既可改善看病难、住院难问题，还可满足不同层次医疗需求，解决周边五县没有精神病院的历史。同时，将按国家卫计委要求，提升县级医院的综合能力，解决急危重症的抢救、疑难病诊疗、肿瘤诊断及放化疗、透析治疗、心脑血管介入治疗、人工关节植入等难题，达到大病不出县的“医改”目标，完善各项检查拓展诊疗项目等。迁建后的医院规划 200 张床位，以“医养结合”的模式，破解老人就医养老难题。

医院迁建后功能将更加完善，医疗技术水平和设备配置进一步提升，从而使门诊和住院病人大幅增加，全年业务收入预测超过 2 亿元。该项目建筑专业获得 2016 年度陕西省建筑专项奖二等奖。

八、华晨宝马汽车有限公司铁西工厂三期扩改建设计项目

1. 承包单位：中国汽车工业工程有限公司

2. 签约时间：2014 年 12 月

3. 项目概述：该项目包括为华晨宝马汽车有限公司铁西工厂三期扩建配套建设的物流车间扩建和新增第二化学品库设计，以及将原有物流车间改造为总装扩展区域所需要的土建和公用改造设计。其中新增占地面积 40 000m^2，新增建筑面积 45 000m^2。在原有的 25 万 m^2 生产厂房内改造部分工位的公用点位，使铁西工厂具有完善的 60JPH 生产能力。项目 2014 年 12 月开始设计，2015 年年底建设完成，2016 年 7 月建成投产。

4. 经济或社会效益：华晨宝马汽车有限公司铁西工厂三期扩建修改设计项目的完成，使华晨宝马铁西工厂完全达到了年产 40 万辆生产能力，在行业内树立了新标杆，取得了良好的经济效益和社会效益。

九、京山县京城投资有限公司智能制造产业园

1. 承包单位：机械工业第六设计研究院有限公司

2. 签约时间：2016 年 2 月 3 日

3. 项目概况：该项目位于京山经济开发区，总用地面积 83.4 万 m^2（1250.36 亩），总建筑面积约 49 万 m^2，项目建设投资 123 636 万元。产业园实行公司化管理，按照“入驻企业高新化、产业高端化、生产智能化、建筑绿色化”的理念进行规划设计，将园区打造成为湖北省一流的智能制造产业园区和一流的智慧化管理园区。

4. 经济或社会效益：园区搭建智能制造研发孵化平台和政府“放管服”改革平台，为京山县产业转型升级和县域经济发展提供支撑，园区全部建成达产后，可引进智能制造相关企业 30 余家，实现年主营业务收入 270 亿元以上。

十、四川烟叶复烤有限责任公司泸州复烤厂

1. 承包单位：机械工业第六设计研究院有限公司

2. 签约时间：2015 年 12 月 30 日

3. 项目概况：该项目位于叙永县龙凤工业园区，占地面积约 18 万 m^2（270 亩），总投资约 60 060 万元。该项目是泸州市叙永县重点建设项目，旨在通过此次总体规划设计，实现烟叶仓储设施的合理布局，优化物流路线，整合现有资源，完善功能配置，将四川烟叶复烤有限责任公司泸州复烤厂建设成为国内优秀打叶复烤企业。

4. 经济或社会效益：项目建成投产后将达到年复烤加工烟叶 45 万担，解决就业人口 1 000 人以上，对完善当地园区产业布局，促进泸州叙永烤烟产业可持续发展，将起到积极的推动作用。

十一、援津巴布韦议会大厦

1. 承包单位：机械工业第六设计研究院有限公司

2. 签约时间：2016 年 8 月 2 日

3. 项目概况：该项目建设用地范围约 6hm^2，建筑用地面积 60 000m^2，建筑面积 29 050 m^2。

4. 经济或社会效益：该项目是中国近年对津巴布韦最大的援助项目，以维多利亚瀑布、大津巴遗址为设计灵感，同时配以现代建筑元素，力求达到与当地自然、历史相呼应，建成后将成为当地集议会、公众活动、外事接待等功能于一体的地标性建筑。

十二、郑州市第七人民医院滨河院区

1. 承包单位：机械工业第六设计研究院有限公司

2. 签约时间：2016 年 4 月 25 日

3. 项目概况：该项目总占地面积约 11.9 万 m^2（179 亩），其中建设用地面积 8 万 m^2，建设规模约 12 万 m^2，设置床位 1 000 张。项目以“自然－建筑－自然”的圈层式结构设计，充分体现中国传统院落空间的神韵——层层递进、秩序井然、空间序列规整。

4. 经济或社会效益：项目以打造集绿色医院、人文医院和智能医院等特征于一体的智慧化医院为目标，贯彻“枝状有机生长式”的空间设计概念和模块化的功能布局方式，院落和建筑相互交融，形成有机的医院建筑群落。

十三、汝州市中医院病房综合楼建设项目

1. 承包单位：机械工业第六设计研究院有限公司

2. 签约时间：2016 年 6 月 21 日

3. 项目概况：该项目位于汝州市东部，占地面积约 6 万 m^2（90 亩），总建筑面积约 13 万 m^2，项目设计包括方案设计、初步设计、施工图设计。项目建设内容主要有门急诊楼、医技楼、病房楼、保障楼、综合办公室楼、制剂中心、感染楼等。

4. 经济或社会效益：该项目建成后，将成为汝州市集预防、医疗、中医保健、养老康复于一体的区域预防医疗中心。

十四、襄城县中医院整体搬迁项目

1. 承包单位：机械工业第六设计研究院有限公司

2. 签约时间：2016 年 8 月 30 日

3. 项目概况：项目建设用地 10 万 m^2（150 亩），总建筑面积约 14.5 万 m^2，整体规划床位 1 000 张。建筑造型采用中式建筑风格，体现中国传统的中医文化特点；整体规划采用庭院式的环境布局设计，处处体现出人与自然的相互交融；庭院景观相互渗透，营造幽静、和谐、灵动的医疗环境，处处体现对医护人员和病人的人文关怀。

4.经济或社会效益：项目建成后，将成为集“医疗、教学、预防、保健、健康教育”于一体的花园式中医综合医院，同时也是中原地区规模最大的县级中医院。

十五、北汽（镇江）汽车有限公司技术改造项目

1.承包单位：中国汽车工业工程有限公司

2.签约时间：2014 年 9 月

3.项目概述：中汽工程承担该项目全部工程设计工作。北汽（镇江）汽车有限公司作为北汽集团八大乘用车基地之一，规划用地 177 万 m^2（2 650 亩），总投资 150 亿元，一次规划分期实施。此次工程设计为一期工程，建筑面积约 23 万 m^2，固定资产投资 30 亿元。生产设备采用国际一流的技术与工艺，注重规划的前瞻性和可扩容性。一期产能 15 万辆，生产自主品牌 SUV、MPV、新能源汽车等高端乘用车及相关汽车零部件；二期总产能 30 万辆，主要生产轿车等车型。该项目于 2014 年 5 月开工建设，2016 年 8 月正式投产。

4.经济或社会效益：该项目建成投产将为北汽集团在华东建成整车生产基地，从而完善区域布局，调整产品结构，扩大生产能力，提升经济效益。同时，为镇江当地提供大量就业岗位，引进高端技术管理人才，提升当地文化水平，增加财政收入，具有较好的经济效益和社会效益。

十六、德龙镍业印尼肯达里发电项目

1.设计单位：中机国能电力工程有限公司

2.签约时间：2015 年 3 月 18 日

3.项目概况：2015 年 3 月，中机国能电力工程有限公司与江苏德龙镍业有限公司签订设计合同，合同金额 1 050 万元。项日地点为印度尼西亚肯达里，2016 年 6 月完成设计。项目特点：工程采用中国标准，包括电站总平面布置、厂区绿化规划、厂区道路、地下设施、4×60MW 机组 +2×31MW 机组等。

4.经济或社会效益：推动中国标准走向世界，带动国内机电设备出口。

十七、恒逸（文莱）PMB 石油化工项目燃煤电站初步设计工程（中机电力）

1.设计单位：中机国能电力工程有限公司

2.签约时间：2015 年 12 月 23 日

3.工程概况：合同金额 605 万元（80.09 万美元）。2015 年 12 月，中机国能电力工程有限公司与恒逸实业（文莱）有限公司签订初步设计合同，项目地点为文莱达鲁萨兰国大摩拉岛，2016 年 8 月完成设计。项目特点：工程采用中国标准，包括电站总平面布置、总体规划（厂区照明、厂区绿化规划等）、厂区道路、检修场地、地下设施、4×55W 机组 +5×380t/h 循环流化床锅炉。

4.经济或社会效益：推动中国标准走向世界，带动国内机电设备出口。

贸易项目

（2016 年完成，合同金额 5 000 万元以上）

一、捷豹路虎进口汽车项目

1.实施单位：中国进口汽车贸易有限公司

2.签约时间：2016 年 7 月 1 日

3.项目概述：中进汽贸完成与捷豹路虎汽车

贸易（上海）有限公司（以下简称捷豹路虎）的进口物流服务合同续约，为其提供车辆进口、自理/代理清关、仓储、物流服务。2016 年，中进汽贸在软件、硬件和人员方面都做了扩展和提升，升级完善了进口汽车物流系统平台、移动终端仓库管理系统，新增了运输电子签收系统。启用新仓库，并进行了仓库的 PDI 改建和仓库监控系统改造，配合厂家完成经销商库存车辆的管理和维护，提升了各项关键绩效达标率，获得捷豹路虎认可。

4. 经济或社会效益：2016 年，中进汽贸国际化、专业化的服务为捷豹路虎在中国汽车市场的迅速扩张起到良好的支撑作用。2016 年 9 月，完成捷豹路虎 8•12 爆炸车辆的无代价抵偿审批；至 2016 年 10 月中旬，完成 3 754 台受损车辆的退运工作；并于 2016 年 11 月初开始进口无代价抵偿车辆。通过中进汽贸的工作，捷豹路虎挽回 12 多亿元损失。捷豹路虎也成为天津港 8•12 事件受损车辆中唯一成功申请无代价抵偿方式处理的品牌。在困境中，双方加深了互信和理解，中进汽贸也凭借高质量的服务，逐渐确立了与捷豹路虎的长期战略合作伙伴关系。

2016 年，共销售捷豹路虎汽车 8634 台，实现营业收入 57.67 亿元，贸易服务收入 1 亿元。

二、菲克进口汽车项目

1. 实施单位：中国进口汽车贸易有限公司

2. 签约时间：2013 年 1 月 1 日（有效期为 12 个月，每年到期无异议则自动顺延 12 个月）

3. 项目概述：2016 年继续将“港口服务、批发贸易、零售管理”三大业务串联，打造汽车服务完整业务链，坚持打造各业务板块互为支撑、互为推动的业务格局，提升项目整体竞争力。港口服务方面：积极调整港口服务结构，深化提升港口服务核心竞争力。进一步巩固提升天津港和上海港整车进口全链条港口服务能力体系，并于 2016 年 12 月实现 2650 台菲克进口车试靠广州港南沙汽车码头。发挥三港联动优势，协调厂家调配各港口进口比例，充分利用各港口产能，不断提高作业质量，巩固提升港口服务核心竞争力，实现服务品质升级。批发贸易方面：配合厂家完成二级批发目标，推进 8•12 受影响车辆处置工作，缩短 8•12 事件对整体批售业务的影响周期。继续稳步推进中进融资业务，缜密分析新常态下经销商运营特点，结合业务操作实际，加强融资风险管控。零售管理方面：发挥“批发 + 零售”联动优势，强化品牌协同、区域资源整合，积极推进人才交流互动，取长补短，提升品牌整体终端零售能力和盈利能力。

4. 经济或社会效益：2016 年，销售菲克进口车 4.2 万台，项目实现营业收入 120.6 亿元。

三、国产车批售项目

1. 实施单位：中国进口汽车贸易有限公司

2. 签约时间：长安铃木天语 SX4 项目协议 2015 年 6 月 30 日签订，2016 年跟进执行；北京现代索八项目协议 2016 年 5 月签订，北京现代瑞奕项目协议 2016 年 7 月签订。

3. 项目概述：积极探索国产车批售合作模式，推进合资/自主品牌合作车辆销售。已开展的业务有“中进 + 厂商 + 第三方销售平台”“中进 + 厂商 + 分销商”2 种业务模式。

4. 经济或社会效益：“中进 + 厂商 + 第三方销售平台”模式，2016 年长安铃木天语 SX4 项目实现车辆销售 1 256 台，销售收入 8 777 万元；项目累计实现车辆销售 2 581 台，销售收入 1.8 亿元。“中进 + 厂商 + 分销商”模式，2016 年采购 478 台北京现代索八和 5 000 台北京现代瑞奕车辆，将车辆分批次销售给分销商，年内完成全部 5 478 台车辆销售，销售收入 3.1 亿元。

四、大众进口汽车项目

1. 实施单位：中国进口汽车贸易有限公司

2. 签约时间：2013 年 12 月 31 日（期限“2+1”年）；2016 年 11 月 24 日（2017 年 1 月 1 日生效，有效期至 2017 年 6 月 30 日）

3. 项目概述：2013 年 12 月 31 日，中进汽贸与进口大众完成合作期限为“2+1”年的大众批发业务合作协议签署，并于 2014 年 1 月 1 日生效，为进口大众提供 12 大类 47 项服务。2015 年年底，中进汽贸与大众“2+1 年”批发合同到期，因双方均未提出修订合同条款的要求，合同自 2016 年起自动顺延 1 年。2016 年 11 月 24 日，将原批发合作协议有效期延续至 2017 年 6 月 30 日，以保证原有业务与服务继续进行。

2016 年，中进汽贸持续配合大众中国批售管理要求的提升，在上下游资金支持、返利实施、批售政策执行、经销商服务等方面，继续加强管理建设。不断加强资金风险、合同风险、融资风险管控，增强与上下游的黏性，增加利润增长点。在不断提升能力和服务水平的基础上，努力推进合作协议的续签。

4. 经济或社会效益：2016 年，实现大众进口汽车批售 51 931 台，营业收入 154.5 亿元。

五、福特进口整车分销项目

1. 实施单位：中进汽贸 (天津) 进口汽车贸易有限公司

2. 签约时间：2014 年 11 月 18 日（2015 年 01 月 01 日至 2017 年 12 月 31 日，届时双方如无异议，合同有效期自动延后 1 年）

3. 项目概述：2014 年 11 月 18 日，中进汽贸与福特中国就双方 2015 年起至未来 4 年的合作模式达成协议，并签署为期 4 年的福特中国全系进口车国内独家分销合同。即自 2015 年 1 月 1 日起，中进汽贸在未来 4 年间将继续为福特中国提供全系进口车型的分销与服务业务。

2016 年，中进汽贸作为探险者 3.5T、探险者 2.3T、福克斯 ST、福克斯 RS、嘉年华 ST、玛斯丹、C-max 等 7 款进口车型国内唯一分销商和服务代理商，为福特汽车及福特中国提供包括市场调研、认证支持、报关报检、港口服务、仓储整备、整车分销、金融服务、物流运输、市场推广、车辆上牌等在内的全方位全链条服务。

4. 经济或社会效益：2016 年，福特品牌进口车累计 16 874 台，营业收入近 65 亿元。

六、北京信威亚辰项目

1. 实施单位：汇益融资租赁（天津）有限公司

2. 签约时间：2016 年 2 月

3. 项目概述：2016 年 2 月，汇益融资租赁（天津）有限公司（简称汇益融资）与北京信威亚辰网络信息服务有限公司（简称信威亚辰）开展 2 亿元售后回租项目。

4. 经济或社会效益：信威亚辰在北京市政府和市经信委的支持下，着手实施北京无线宽带政企共网项目，该项目获得市经信委、无线电管理局授权使用 1 795 ～ 1 800MHz 频段（2015 年颁布京无管频〔2015〕3 号文件），纳入“宽带北京行动计划”。信威亚辰申请基于此项目相关设备开展 2 亿元售后回租项目，资金用途为“北京市无线宽带政企共网”建设。该项目预计为汇益融资创造利润 700 多万元。

七、全国首单境内外币结算售后回租项目

1. 实施单位：汇益融资租赁（天津）有限公司

2. 签约时间：2016 年 3 月

3. 项目概述：2016 年 3 月，在天津东疆保税港区管委会及外汇局滨海中心支局的大力支持和帮助下，汇益融资成功办理全国首单境内来源外币资金支付租赁设备价款业务，开展境内售后回租业务，合同金额逾 2 亿美元。

4. 经济或社会效益：此业务采用境内来源外币资金支付境内回租设备价款模式，一方面有利于降低企业汇兑损失、节约财务成本，另一方面有利于调节交易双方负债结构，控制企业资产负债期限和币种错配风险。该项目在无风险、无实际资金投放的前提下，预计为汇益融资创造利润 600 万元，直接为客户合理降本 4 000 多万元。

天津电视台在天津自贸区成立一周年专题节目中，就此项业务做了正式报道。

八、合肥苏阳光伏发电项目

1. 实施单位：汇益融资租赁（天津）有限公司

2. 签约时间：2016 年 4 月

3. 项目概述：2016 年 4 月，汇益融资向合肥苏阳光伏发电有限公司（简称合肥苏阳）提供售后回租服务。汇益融资以 28 000 万元购买合肥苏阳拥有的光伏设备等物件，再出租给合肥苏阳使用，租期 96 个月，租赁本金 28 000 万元。租赁期满，合肥苏阳付清所有应付款项后，有权以 100 元的名义价格留购租赁物，至此租赁业务结束。

4. 经济或社会效益：汇益融资拓展的新业务领域，有利于提升公司业绩，实现国机集团内部单位协同共赢。该项目预计为汇益融资创造利润 4 000 多万元。

九、中科资源保理池项目

1. 实施单位：汇益融资租赁（天津）有限公司

2. 签约时间：2016 年 6 月

3. 项目概述：2016 年 6 月，汇益融资成功取得开展保理业务的资质，并且在资质取得后成功投放自成立以来第一笔保理业务，标志着汇益融资业务模式更加多元化，业务创新能力再上一个新台阶。

该项目针对保理申请人的业务特点，创新地采用应收账款池模式，基于卖方（销货方）将其下游买方的应收账款整体转让汇益融资，以应收账款的回款为保障，向卖方提供一定比例的融资业务。该项目产品特点是不根据单笔合同及发票的期限设定融资金额及期限，而是基于卖方将其对特定卖方或所有卖方的应收账款整体转让。该业务模式下汇益融资设计产品可盘活企业账面资产，降低企业成本，增加企业流动资金，并且避免了烦琐的融资手续，采用一次授信模式，在一次授信模式下规定额度有效期，并且授信额度随着对方质押应收账款（物业租金）的减少而减少，保障了汇益融资资金安全。

4. 经济或社会效益：该项目累计投放 1.5 亿元，预计为汇益融资创造利润 400 多万元。

十、中建材信息项目

1. 实施单位：汇益融资租赁（天津）有限公司

2. 签约时间：2016 年 9 月

3. 项目概述：2016 年 9 月，汇益融资给予中建信息 50 200 万元总融资额度，利率 5.4%，中建材进出口公司提供担保，保理金额 5 亿元，一次性提款用款期限 6 个月，租赁金额 200 万元，一次性提款，用款期限 1 年，用于借款人补充流动资金、向上游采购商品。

4. 经济或社会效益：尝试与优质央企国企集团探讨战略性合作模式，逐步培育几个重点可长期合作的集团级优质企业客户，是汇益融资 2016 年重点业务开拓方向之一。该项目预计为汇益融资创造利润 270 多万元。

十一、辽宁省朝阳市城市供热有限公司换热站设备及二次管网材料采购项目

1. 实施单位：中国中元国际工程有限公司

2. 签约时间：2015 年

3. 项目概况：2016 年 1 月验收完成的供货类贸易项目，合同额 5 990 万元。

4. 经济或社会效益：该项目的成功执行，为后续辽宁省朝阳市城市供热有限公司利用世界银行贷款进行建设的城市集中供热工程打下良好基础。完工后辽宁省朝阳市将实现其供热规划目标。同时，完成了世界银行贷款辽宁省城市基础设施建设三期项目供热供气子项目，该合同额约 7 500 万元，工程内容包括采购换热机组、水处理设备及其他相关配套设备及安装服务。

另：利用德国复兴信贷银行贷款新疆伊犁南岗余热发电设备采购项目完成供货，合同额 1567 万欧元。该项目将余热发电与水泥技改 2 个完全不同的专业总合成 1 个包，技术难度大。中国中元利用自身技术优势，结合新疆当地地域特点及项目特点，制定投标方案，最终在竞标中胜出。建成后成为新疆余热发电项目标志性工程。

第七篇

大事记

2016 年中国机械工业集团有限公司大事记

1 月 8 日

国家科学技术奖励大会在京召开，中国机械工业集团有限公司（简称国机集团）所属 4 家企业分别获技术发明奖二等奖 1 项、科技进步奖二等奖 3 项。由中国科学院院士、国机集团北京飞机强度研究所所长闫楚良主持完成的“二十二种型号飞机载荷谱关键技术及应用”获技术发明奖二等奖；由中国重型机械研究院股份公司完成的“12 000吨航空级铝合金板材张力拉伸机装备”、无锡钻探工具厂有限公司完成的“2 000m 以内全液压地质岩心钻探装备及关键器具”、天津电气科学研究院有限公司完成的“特大型水轮机控制系统关键技术、成套装备与产业化”获科技进步奖二等奖。

1 月 20 日

国机集团召开 2016 年工作会议。2015 年国机集团整体实现利润总额 83 亿元，其中原国机集团（不含中国第二重型机械集团公司）实现利润 85 亿元、比上年增长 0.6 亿元。中国第二重型机械集团公司通过债务重组、扭亏脱困等工作，实现大幅减亏，由 2014 年亏损 84 亿元减少至 2015 年亏损 4 856 万元。国机集团实现经济增加值（EVA） 41 亿元、比上年增加 30.5 亿元，上缴税费 120 亿元。连续第七年保持国资委经营业绩考核 A 级。任洪斌董事长首次提出“不畏艰难、务实行动、争取胜利”的丹棱精神，鼓励全体国机人在新常态下，以积极的心态和实干精神攻坚克难，再创辉煌。

2 月 16 日

国家知识产权局公布了第二批国家知识产权专家库专家共 155 人，国机集团 2 名专家入选国家知识产权专家库。分别为桂林电器科学研究院有限公司的冯俊杰、中国一拖集团有限公司的林敏。

2 月 23 日

任洪斌董事长到四川广元市朝天区调研扶贫工作。2016 年以来，国机集团积极响应中央号召，认真贯彻落实习近平总书记“五个一批”指示精神，通过选派干部挂职、加大扶贫投资、打造教育扶贫的“国机模式”，生产支持、技术帮扶等科学有效的方式，让精准扶贫实实在在落地。扶贫资金预算从 2015 年的 180 万元增加到 2016 年的 1 050 万元，集团系统职工也广泛参与到对口帮扶工作中，形成合力，显著提高了贫困地区人民的收入和生活水平。

3 月 30 日

经中国证监会核准，国机集团于 2016 年成功发行了总额 20 亿元人民币、五年期固息公司债券，票面年利率 3.39%。

4 月 17 日

第二十二届全国企业管理现代化创新成果正式发布，国机集团以任洪斌董事长为主创人的《中央企业以提升科学决策水平为核心的董事会建设》荣获“国家级企业管理现代化创新成果”一等奖。

4 月 26 日

国机集团隆重召开劳动模范和先进集体表彰大会，对 20 名劳动模范及 20 个先进集体予以表彰。

4 月 26 日

国机集团召开“学党章党规、学系列讲话，做合格党员”学习教育动员部署会。

5 月 6 日

国机集团与国家行政学院签署战略合作框架

协议。

5月26日

2015年中国机械工业100强企业名单发布，国机集团以2 227亿元的主营业务收入再次蝉联中国机械工业100强企业首位。

6月1日

中国对外经济贸易统计学会发布"2016年（第七届）中国对外贸易500强"名单，国机集团位列第16位。

6月13日

国机集团与北京国家会计学院、中国石油签署战略合作框架协议。

6月18日

国务院国资委公布2015年度中央企业负责人经营业绩考核结果，国机集团连续第八次荣获A级序列。

6月18日

在中国国家主席习近平和塞尔维亚总统尼科利奇的见证下，CMEC、保利集团同塞尔维亚签署了《关于融资和建设塞尔维亚垃圾发电厂的议定书》，并同塞尔维亚贝尔格莱德市签署了《贝尔格莱德市污水厂项目谅解备忘录》。

7月13日

任洪斌董事长出席第十一届中欧工商峰会并在全体会议上发表演讲。

7月18日

国机智能科技有限公司与苏州电加工机床研究所有限公司重组。

7月20日

《财富》杂志面向全球同步发布2016年世界500强企业名单，国机集团以351.34亿美元的营业收入位列第293位。

8月3日

美国《工程新闻记录》(ENR)公布了"全球最大国际承包商250强"及"国际工程设计公司225强"2016年度最新排名，国机集团分别位列第23位、第58位，两项排名均比上年提升4位。

8月5日

寻寰中主席率领新一届国有大型企业监事会正式进驻国机集团。

8月10日

中国一拖集团有限公司和中国农业机械化科学研究院签署洛阳中收增资扩股协议，中国一拖集团有限公司对洛阳中收现金增资约1.95亿元。

8月18日

国机集团与白俄罗斯明斯克拖拉机厂签署合作备忘录。

9月2日

国机集团牵头承担的国家"十三五"重点研发计划"智能农机装备"重点专项"新型节能环保农用发动机开发"项目启动会在洛阳召开。

9月3日

任洪斌董事长作为二十国集团工商界活动（B20）基础设施工作组主席，全程出席在杭州举行的二十国集团工商峰会（简称B20峰会）的各场会议活动。

9月5日

大型纪录片《一带一路》在CCTV1黄金时段正式推出。经国资委宣传局推荐，国机集团成为该纪录片节目组采访、拍摄的对象之一。作为中国最早走出去的企业之一，国机集团积极参与"一带一路"建设，在沿线64个国家和地区中（不含中国），共有39个国家的317个项目正在执行，合同总金额达到198.5亿美元。

9月18日

世界上技术难度最高、规模最大的升船机——三峡升船机正式进入试通航阶段。

9月21日

任洪斌董事长作为中方企业家代表出席中日经济界代表团座谈会。

10月12日

CMEC与伊拉克卡尔电力公司在国机集团总部签署《伊拉克巴士拉650MW燃机联合循环电

站扩建项目施工总承包合同》，合同总金额为10.01亿美元。

10月13日

习近平主席与洪森首相共同见证中国重型机械有限公司签署柬埔寨国家电网230kV输变电二期项目EPC合同。

11月4日

北京起重运输机械设计研究院重组进入中国中元国际工程有限公司。

11月13日

由国机集团工会主办、国机智能科技有限公司承办的首届“国机智能杯”工业机器人技能大赛在广州召开。

11月19日

中央电视台《新闻联播》栏目头条报道了国家主席习近平在基多同厄瓜多尔总统科雷亚共同视频连线由中工国际工程股份有限公司承建援建的乔内医院奠基仪式。

11月24日

国机集团与中国广核集团有限公司在京签署战略合作协议。

12月1日

国机集团与中国远洋海运集团有限公司在上海签署战略合作协议。

12月1日

国机集团与中保投资有限责任公司在上海签署战略合作协议。

12月1日

第九届中国企业社会责任报告国际研讨会在上海召开，《国机集团2015年社会责任报告》获评“金蜜蜂2016优秀企业社会责任报告·领袖企业奖”。

12月15日

中国电器科学研究院有限公司员工持股试点启动大会在广州召开。这标志着作为国务院国资委首批十家中央企业子公司试点单位之一的中国电器科学研究院有限公司，迈开了企业体制改革的新步伐。

12月17日

中国第二重型机械集团公司与恒力石化（大连）炼化有限公司成功签订2 000万t/a炼化一体化项目中6台加氢反应器的供货合同，设备总重量8 600t，合同金额近6亿元。加氢反应器单体重量等级国内最大。

12月22日

国机集团与中国航空发动机集团在京签署战略合作协议。

12月23日

中国第二重型机械集团公司与浙江石油化工有限公司签订500万t/a渣油加氢装置一、二期建设共10台渣油加氢反应器制造合同，合同金额7亿余元，创下近年来合同“设备数量最多、金额最大”的新纪录。

第八篇

附录

关于进一步完善国有企业法人治理结构的指导意见

国办发〔2017〕36号

完善国有企业法人治理结构是全面推进依法治企、推进国家治理体系和治理能力现代化的内在要求，是新一轮国有企业改革的重要任务。当前，多数国有企业已初步建立现代企业制度，但从实践情况看，现代企业制度仍不完善，部分企业尚未形成有效的法人治理结构，权责不清、约束不够、缺乏制衡等问题较为突出，一些董事会形同虚设，未能发挥应有作用。根据《中共中央 国务院关于深化国有企业改革的指导意见》等文件精神，为改进国有企业法人治理结构，完善国有企业现代企业制度，经国务院同意，现提出以下意见：

一、总体要求

（一）指导思想

全面贯彻党的十八大和十八届三中、四中、五中、六中全会精神，深入贯彻习近平总书记系列重要讲话精神和治国理政新理念新思想新战略，认真落实党中央、国务院决策部署，统筹推进“五位一体”总体布局和协调推进“四个全面”战略布局，牢固树立和贯彻落实创新、协调、绿色、开放、共享的发展理念，从国有企业实际情况出发，以建立健全产权清晰、权责明确、政企分开、管理科学的现代企业制度为方向，积极适应国有企业改革的新形势新要求，坚持党的领导、加强党的建设，完善体制机制，依法规范权责，根据功能分类，把握重点，进一步健全各司其职、各负其责、协调运转、有效制衡的国有企业法人治理结构。

（二）基本原则

1. 坚持深化改革　尊重企业市场主体地位，遵循市场经济规律和企业发展规律，以规范决策机制和完善制衡机制为重点，坚持激励机制与约束机制相结合，体现效率原则与公平原则，充分调动企业家积极性，提升企业的市场化、现代化经营水平。

2. 坚持党的领导　落实全面从严治党战略部署，把加强党的领导和完善公司治理统一起来，明确国有企业党组织在法人治理结构中的法定地位，发挥国有企业党组织的领导核心和政治核心作用，保证党组织把方向、管大局、保落实。坚持党管干部原则与董事会依法选择经营管理者、经营管理者依法行使用人权相结合，积极探索有效实现形式，完善反腐倡廉制度体系。

3. 坚持依法治企　依据《中华人民共和国公司法》《中华人民共和国企业国有资产法》等法律法规，以公司章程为行为准则，规范权责定位和行权方式；法无授权，任何政府部门和机构不得干预企业正常生产经营活动，实现深化改革与依法治企的有机统一。

4. 坚持权责对等　坚持权利义务责任相统一，规范权力运行、强化权利责任对等，改革国有资本授权经营体制，深化权力运行和监督机制改革，构建符合国情的监管体系，完善履职评价和责任追究机制，对失职、渎职行为严格追责，建立决策、执行和监督环节的终身责任追究制度。

（三）主要目标

2017年年底前，国有企业公司制改革基本完成。到2020年，党组织在国有企业法人治理结构中的法定地位更加牢固，充分发挥公司章程在企业治理中的基础作用，国有独资、全资公司全面建立外部董事占多数的董事会，国有控股企业实行外部董事派出制度，完成外派监事会改革；充分发挥企业家作用，造就一大批政治坚定、善于经营、充满活力的董事长和职业经理人，培育一支德才兼备、业务精通、勇于担当的董事、监事队伍；党风廉政建设主体责任和监督责任全面落实，企业民主监督和管理明显改善；遵循市场经济规律和企业发展规律，使国有企业成为依法自主经营、自负盈亏、自担风险、自我约束、自我发展的市场主体。

二、规范主体权责

健全以公司章程为核心的企业制度体系，充分发挥公司章程在企业治理中的基础作用，依照法律法规和公司章程，严格规范履行出资人职责的机构（以下简称出资人机构）、股东会（包括股东大会，下同）、董事会、经理层、监事会、党组织和职工代表大会的权责，强化权利责任对等，保障有效履职，完善符合市场经济规律和我国国情的国有企业法人治理结构，进一步提升国有企业运行效率。

（一）理顺出资人职责，转变监管方式

1. 股东会是公司的权力机构 股东会主要依据法律法规和公司章程，通过委派或更换董事、监事（不含职工代表），审核批准董事会、监事会年度工作报告，批准公司财务预决算、利润分配方案等方式，对董事会、监事会以及董事、监事的履职情况进行评价和监督。出资人机构根据本级人民政府授权对国家出资企业依法享有股东权利。

2. 国有独资公司不设股东会，由出资人机构依法行使股东会职权 以管资本为主改革国有资本授权经营体制，对直接出资的国有独资公司，出资人机构重点管好国有资本布局、规范资本运作、强化资本约束、提高资本回报、维护资本安全。对国有全资公司、国有控股企业，出资人机构主要依据股权份额通过参加股东会议、审核需由股东决定的事项、与其他股东协商作出决议等方式履行职责，除法律法规或公司章程另有规定外，不得干预企业自主经营活动。

3. 出资人机构依据法律法规和公司章程规定行使股东权利、履行股东义务，有关监管内容应依法纳入公司章程 按照以管资本为主的要求，出资人机构要转变工作职能、改进工作方式，加强公司章程管理，清理有关规章、规范性文件，研究提出出资人机构审批事项清单，建立对董事会重大决策的合规性审查机制，制定监事会建设、责任追究等具体措施，适时制定国有资本优先股和国家特殊管理股管理办法。

（二）加强董事会建设，落实董事会职权。

1. 董事会是公司的决策机构，要对股东会负责，执行股东会决定，依照法定程序和公司章程授权决定公司重大事项，接受股东会、监事会监督，认真履行决策把关、内部管理、防范风险、深化改革等职责。国有独资公司要依法落实和维护董事会行使重大决策、选人用人、薪酬分配等权利，增强董事会的独立性和权威性，落实董事会年度工作报告制度；董事会应与党组织充分沟通，有序开展国有独资公司董事会选聘经理层试点，加强对经理层的管理和监督。

2. 优化董事会组成结构 国有独资、全资公司的董事长、总经理原则上分设，应均为内部执行董事，定期向董事会报告工作。国有独资公司的董事长作为企业法定代表人，对企业改革发展负首要责任，要及时向董事会和国有股东报告重大经营问题和经营风险。国有独资公司的董事对出资人机构负责，接受出资人机构指导，其中外部董事人选由出资人机构会商有关部门提名，并按照法定程序任命。国有全资公司、国有控股企业的董事由相关股东依据股权份额推荐派出，由股东会选举或更换，国有股东派出的董事要积极维护国有资本权益；国有全资公司的外部董事人选由控股股东会商其他股东推荐，由股东会选举或更换；国有控股企业应有一定比例的外部董事，由股东会选举或更换。

3. 规范董事会议事规则　董事会要严格实行集体审议、独立表决、个人负责的决策制度，平等充分发表意见，一人一票表决，建立规范透明的重大事项信息公开和对外披露制度，保障董事会会议记录和提案资料的完整性，建立董事会决议跟踪落实以及后评估制度，做好与其他治理主体的联系沟通。董事会应当设立提名委员会、薪酬与考核委员会、审计委员会等专门委员会，为董事会决策提供咨询，其中薪酬与考核委员会、审计委员会应由外部董事组成。改进董事会和董事评价办法，完善年度和任期考核制度，逐步形成符合企业特点的考核评价体系及激励机制。

4. 加强董事队伍建设　开展董事任前和任期培训，做好董事派出和任期管理工作。建立完善外部董事选聘和管理制度，严格资格认定和考试考察程序，拓宽外部董事来源渠道，扩大专职外部董事队伍，选聘一批现职国有企业负责人转任专职外部董事，定期报告外部董事履职情况。国有独资公司要健全外部董事召集人制度，召集人由外部董事定期推选产生。外部董事要与出资人机构加强沟通。

（三）维护经营自主权，激发经理层活力

1. 经理层是公司的执行机构，依法由董事会聘任或解聘，接受董事会管理和监事会监督。总经理对董事会负责，依法行使管理生产经营、组织实施董事会决议等职权，向董事会报告工作，董事会闭会期间向董事长报告工作。

2. 建立规范的经理层授权管理制度，对经理层成员实行与选任方式相匹配、与企业功能性质相适应、与经营业绩相挂钩的差异化薪酬分配制度，国有独资公司经理层逐步实行任期制和契约化管理。根据企业产权结构、市场化程度等不同情况，有序推进职业经理人制度建设，逐步扩大职业经理人队伍，有序实行市场化薪酬，探索完善中长期激励机制，研究出台相关指导意见。国有独资公司要积极探索推行职业经理人制度，实行内部培养和外部引进相结合，畅通企业经理层成员与职业经理人的身份转换通道。开展出资人机构委派国有独资公司总会计师试点。

（四）发挥监督作用，完善问责机制

1. 监事会是公司的监督机构，依照有关法律法规和公司章程设立，对董事会、经理层成员的职务行为进行监督。要提高专职监事比例，增强监事会的独立性和权威性。对国有资产监管机构所出资企业依法实行外派监事会制度。外派监事会由政府派出，负责检查企业财务，监督企业重大决策和关键环节以及董事会、经理层履职情况，不参与、不干预企业经营管理活动。

2. 健全以职工代表大会为基本形式的企业民主管理制度，支持和保证职工代表大会依法行使职权，加强职工民主管理与监督，维护职工合法权益。国有独资、全资公司的董事会、监事会中须有职工董事和职工监事。建立国有企业重大事项信息公开和对外披露制度。

3. 强化责任意识，明确权责边界，建立与治理主体履职相适应的责任追究制度。董事、监事、经理层成员应当遵守法律法规和公司章程，对公司负有忠实义务和勤勉义务；要将其信用记录纳入全国信用信息共享平台，违约失信的按规定在“信用中国”网站公开。董事应当出席董事会会议，对董事会决议承担责任；董事会决议违反法律法规或公司章程、股东会决议，致使公司遭受严重损失的，应依法追究有关董事责任。经理层成员违反法律法规或公司章程，致使公司遭受损失的，应依法追究有关经理层成员责任。执行董事和经理层成员未及时向董事会或国有股东报告重大经营问题和经营风险的，应依法追究相关人员责任。企业党组织成员履职过程中有重大失误和失职、渎职行为的，应按照党组织有关规定严格追究责任。按照“三个区分开来”的要求，建立必要的改革容错纠错机制，激励企业领导人员干事创业。

（五）坚持党的领导，发挥政治优势

1. 坚持党的领导、加强党的建设是国有企业的独特优势。要明确党组织在国有企业法人治理结构中的法定地位，将党建工作总体要求纳入国有企业章程，明确党组织在企业决策、执行、监督各环节的权责和工作方式，使党组织成为企业法人治理结构的有机组成部分。要充分发挥党组织的领导核心和政治核心作用，领导企业思想政治工作，支持董事会、监事会、经理层依法履行职责，保证党和国家方针政策的贯彻执行。

2.充分发挥纪检监察、巡视、审计等监督作用，国有企业董事、监事、经理层中的党员每年要定期向党组（党委）报告个人履职和廉洁自律情况。上级党组织对国有企业纪检组组长（纪委书记）实行委派制度和定期轮岗制度，纪检组组长（纪委书记）要坚持原则、强化监督。纪检组组长（纪委书记）可列席董事会和董事会专门委员会的会议。

3.积极探索党管干部原则与董事会选聘经营管理人员有机结合的途径和方法。坚持和完善双向进入、交叉任职的领导体制，符合条件的国有企业党组（党委）领导班子成员可以通过法定程序进入董事会、监事会、经理层，董事会、监事会、经理层成员中符合条件的党员可以依照有关规定和程序进入党组（党委）；党组（党委）书记、董事长一般由一人担任，推进中央企业党组（党委）专职副书记进入董事会。在董事会选聘经理层成员工作中，上级党组织及其组织部门、国有资产监管机构党委应当发挥确定标准、规范程序、参与考察、推荐人选等作用。积极探索董事会通过差额方式选聘经理层成员。

三、做好组织实施

（一）及时总结经验，分层有序实施

在国有企业建设规范董事会试点基础上，总结经验、完善制度，国务院国资委监管的中央企业要依法改制为国有独资公司或国有控股公司，全面建立规范的董事会。国有资本投资、运营公司法人治理结构要“一企一策”地在公司章程中予以细化。其他中央企业和地方国有企业要根据自身实际，由出资人机构负责完善国有企业法人治理结构。

（二）精心规范运作，做好相互衔接

国有企业要按照完善法人治理结构的要求，全面推进依法治企，完善公司章程，明确内部组织机构的权利、义务、责任，实现各负其责、规范运作、相互衔接、有效制衡。国务院国资委要会同有关部门和单位抓紧制定国有企业公司章程审核和批准管理办法。

金融、文化等国有企业的改革，中央另有规定的依其规定执行。

国务院办公厅

2017 年 4 月 24 日

〔来源：中国政府网〕

关于推动中央企业结构调整与重组的指导意见

国办发〔2016〕56 号

近年来，中央企业积极推进结构调整与重组，布局结构不断优化，规模实力显著增强，发展质量明显提升，各项改革发展工作取得了积极成效。但总的来看，中央企业产业分布过广、企业层级过多等结构性问题仍然较为突出，资源配置效率亟待提高、企业创新能力亟待增强。为贯彻落实党中央、国务院关于深化国有企业改革的决策部署，进一步优化国有资本配置，促进中央企业转型升级，经国务院同意，现就推动中央企业结构调整与重组提出以下意见。

一、总体要求

（一）指导思想

全面贯彻党的十八大和十八届三中、四中、五中全会精神，深入学习领会习近平总书记系列重要讲话精神，认真贯彻落实“四个全面”战略布局和党中央、国务院决策部署，牢固树立创新、协调、绿色、开放、共享的发展理念，推进供给侧结构性改革，坚持公有制主体地位，发挥国有经济主导作用，以优化国有资本配置为中心，着力深化改革，调整结构，加强科技创新，加快转型升级，加大国际化经营力度，提升中央企业发展质量和效益，推动中央企业在市场竞争中不断发展壮大，更好发挥中央企业在保障国民经济持续健康安全发展中的骨干中坚作用。

（二）基本原则

坚持服务国家战略。中央企业结构调整与重组，要服务国家发展目标，落实国家发展战略，贯彻国家产业政策，以管资本为主加强国资监管，不断推动国有资本优化配置。

坚持尊重市场规律。遵循市场经济规律和企业发展规律，维护市场公平竞争秩序，以市场为导向，以企业为主体，以主业为主，因地制宜、因业制宜、因企制宜，有进有退、有所为有所不为，不断提升中央企业市场竞争力。

坚持与改革相结合。在调整重组中深化企业内部改革，建立健全现代企业制度，形成崭新的体制机制，打造充满生机活力的新型企业。加强党的领导，确保党的建设与调整重组同步推进，实现体制、机制、制度和工作的有效对接。

坚持严格依法规范。严格按照有关法律法规推进中央企业结构调整与重组，切实保护各类股东、债权人和职工等相关方的合法权益。加强国有资产交易监管，防止逃废金融债务，防范国有资产流失。

坚持统筹协调推进。突出问题导向，处理好中央企业改革、发展、稳定的关系，把握好调整重组的重点、节奏与力度，统筹好巩固加强、创新发展、重组整合和清理退出等工作。

二、主要目标

到 2020 年，中央企业战略定位更加准确，功能作用有效发挥；总体结构更趋合理，国有资本配置效率显著提高；发展质量明显提升，形成一批具有创新能力和国际竞争力的世界一流跨国公司。具体目标是：

功能作用有效发挥。在国防、能源、交通、粮食、信息、生态等关系国家安全的领域保障能力显著提升；在重大基础设施、重要资源以及公共服务等关系国计民生和国民经济命脉的重要行业控制力明显增强；在重大装备、信息通信、生物医药、海洋工程、节能环保等行业的影响力进一步提高；在新能源、新材料、航空航天、智能制造等产业的带动力更加凸显。

资源配置更趋合理。通过兼并重组、创新合作、淘汰落后产能、化解过剩产能、处置低效无效资产等途径，形成国有资本有进有退、合理流动的机制。中央企业纵向调整加快推进，产业链上下游资源配置不断优化，从价值链中低端向中高端转变取得明显进展，整体竞争力大幅提升。中央企业间的横向整合基本完成，协同经营平台建设加快推进，同质化经营、重复建设、无序竞争等问题得到有效化解。

发展质量明显提升。企业发展战略更加明晰，主业优势更加突出，资产负债规模更趋合理，企业治理更加规范，经营机制更加灵活，创新驱动发展富有成效，国际化经营稳步推进，风险管控能力显著增强，国有资本效益明显提高，实现由注重规模扩张向注重提升质量效益转变，从国内经营为主向国内外经营并重转变。

三、重点工作

（一）巩固加强一批

巩固安全保障功能。对主业处于关系国家安全、国民经济命脉的重要行业和关键领域、主要承担国家重大专项任务的中央企业，要保证国有资本投入，增强保障国家安全和国民经济运行能力，保持国有资本控股地位，支持非国有资本参股。对重要通信基础设施、重要江河流域控制性水利水电航电枢纽等领域，粮食、棉花、石油、天然气等国家战略物资储备领域，实行国有独资或控股。对战略性矿产资源开发利用，石油天然气主干管网、电网等自然垄断环节的管网，核电、重要公共技术平台、地质等基础数据采集利用领域，国防军工等特殊产业中从事战略武器装备科研生产、关系国家战略安全和涉及国家核心机密的核心军工能力领域，实行国有独资或绝对控股。对其他服务国家战略目标、重要前瞻性战略性产业、生态环境保护、共用技术平台等重要行业和关键领域，加大国有资本投资力度，发挥国有资本引导和带动作用。

（二）创新发展一批

搭建调整重组平台。改组组建国有资本投资、运营公司，探索有效的运营模式，通过开展投资融资、产业培育、资本整合，推动产业集聚和转型升级，优化中央企业国有资本布局结构；通过股权运作、价值管理、有序进退，促进国有资本合理流动。将中央企业中的低效无效资产以及户数较多、规模较小、产业集中度低、产能严重过剩行业中的中央企业，适度集中至国有资本投资、运营公司，做好增量、盘活存量、主动减量。

搭建科技创新平台。强化科技研发平台建设，加强应用基础研究，完善研发体系，突破企业技术瓶颈，提升自主创新能力。构建行业协同创新平台，推进产业创新联盟建设，建立和完善开放高效的技术创新体系，突破产业发展短板，提升集成创新能力。建设“互联网+”平台，推动产业互联网发展，促进跨界创新融合。建立支持创新的金融平台，充分用好各种创投基金支持中央企业创新发展，通过市场化方式设立各类中央企业科技创新投资基金，促进科技成果转化和新兴产业培育。把握世界科技发展趋势，搭建国际科技合作平台，积极融入全球创新网络。鼓励企业搭建创新创业孵化和服务平台，支持员工和社会创新创业，推动战略性新兴产业发展，加快形成新的经济增长点。鼓励优势产业集团与中央科研院所企业重组。

搭建国际化经营平台。以优势企业为核心，通过市场化运作方式，搭建优势产业上下游携手走出去平台、高效产能国际合作平台、商产融结合平台和跨国并购平台，增强中央企业联合参与国际市场竞争的能力。加快境外经济合作园区建设，形成走出去企业集群发展优势，降低国际化经营风险。充分发挥现有各类国际合作基金的作用，鼓励以市场化方式发起设立相关基金，组合引入非国有资本、优秀管理人才、先进管理机制和增值服务能力，提高中央企业国际化经营水平。

（三）重组整合一批

推进强强联合。统筹走出去参与国际竞争和维护国内市场公平竞争的需要，稳妥推进装备制造、建筑工程、电力、钢铁、有色金属、航运、建材、旅游和航空服务等领域企业重组，集中资源形成合力，减少无序竞争和同质化经营，有效化解相关行业产能过剩。鼓励煤炭、电力、冶金等产业链上下游中央企业进行重组，打造全产业链竞争优势，更好发挥协同效应。

推动专业化整合。在国家产业政策和行业发展规划指导下，支持中央企业之间通过资产重组、股权合作、资产置换、无偿划转、战略联盟、联合开发等方式，将资源向优势企业和主业企业集中。鼓励通信、电力、汽车、新材料、新能源、油气管道、海工装备、航空货运等领域相关中央企业共同出资组建股份制专业化平台，加大新技术、新产品、新市场联合开发力度，减少无序竞争，提升资源配置效率。

加快推进企业内部资源整合。鼓励中央企业依托资本市场，通过培育注资、业务重组、吸收合并等方式，利用普通股、优先股、定向发行可转换债券等工具，推进专业化整合，增强持续发展能力。压缩企业管理层级，对五级以下企业进行清理整合，将投资决策权向三级以上企业集中，积极推进管控模式与组织架构调整、流程再造，构建功能定位明确、责权关系清晰、层级设置合理的管控体系。

积极稳妥开展并购重组。鼓励中央企业围绕发展战略，以获取关键技术、核心资源、知名品牌、市场渠道等为重点，积极开展并购重组，提高产业集中度，推动质量品牌提升。建立健全重组评估机制，加强并购后企业的联动与整合，推进管理、业务、技术、市场、文化和人力资源等方面的协同与融合，确保实现并购预期目标。并购重组中要充分发挥各企业的专业化优势和比较优势，尊重市场规律，加强沟通协调，防止无序竞争。

（四）清理退出一批

大力化解过剩产能。严格按照国家能耗、环保、质量、安全等标准要求，以钢铁、煤炭行业为重点，大力压缩过剩产能，加快淘汰落后产能。对产能严重过剩行业，按照减量置换原则从严控制新项目投资。对高负债企业，以不推高资产负债率为原则严格控制投资规模。

加大清理长期亏损、扭亏无望企业和低效无效资产力度。通过资产重组、破产清算等方式，解决持续亏损三年以上且不符合布局结构调整方向的企业退出问题。通过产权转让、资产变现、无偿划转等方式，解决三年以上无效益且未来两年生产经营难以好转的低效无效资产处置问题。

下大力气退出一批不具有发展优势的非主营业务。梳理企业非主营业务和资产，对与主业无互补性、协同性的低效业务和资产，加大清理退出力度，实现国有资本形态转换。变现的国有资本除按有关要求用于安置职工、解决历史遗留问题外，集中投向国有资本更需要集中的领域和行业。

加快剥离企业办社会职能和解决历史遗留问题。稳步推进中央企业职工家属区“三供一业”分离移交，实现社会化管理。对中央企业所办医疗、教育、市政、消防、社区管理等公共服务机构，采取移交、撤并、改制或专业化管理、政府购买服务等多种方式分类进行剥离。加快推进厂办大集体改革。对中央企业退休人员统一实行社会化管理。

四、保障措施

（一）加强组织领导

国务院国资委要会同有关部门根据国家战略要求，结合行业体制改革和产业政策，提出有关中央企业实施重组的具体方案，报国务院批准后稳步推进。中央企业结合实际制定本企业结构调整与重组的具体实施方案，报国务院国资委备案后组织实施，其中涉及国家安全领域的，须经相关行业主管部门审核同意。中央企业在结构调整与重组过程中要切实加强党的领导，建立责任清晰、分工明确的专项工作机制，由主要负责人负总责，加大组织协调力度，切实依法依规操作。同时发挥工会和有关社团组织的作用，做好干部职工的思想政治工作。

（二）加强行业指导

各有关部门要根据实现“两个一百年”奋斗目标、国家重大战略布局以及统筹国内国际两个市场等需要，明确国有资本分行业、分区域布局的基本要求，作为中央企业布局结构调整的重要依据，同时结合各自职责，配套出台相关产业管理政策，保障国有资本投入规模科学合理，确保中央企业结构调整与重组有利于增强国有经济主导能力、维护市场公平竞争秩序。

（三）加大政策支持

各有关部门要研究出台财政、金融、人才、科技、薪酬分配、业绩考核等支持政策，并切实落实相关税收优惠政策，为中央企业结构调整与重组创造良好环境。要充分发挥各类基金的作用，积极稳妥引入各类社会资本参与和支持中央企业结构调整与重组。

（四）完善配套措施

健全企业退出机制，完善相关退出政策，依法妥善处理劳动关系调整、社会保险关系接续等问题，切实维护好企业职工合法权益。建立完善政府和企业合理分担成本的机制，多渠道筹措资金，妥善解决中央企业历史遗留问题，为中央企业公平参与市场竞争创造条件。

金融、文化等中央企业的结构调整与重组，中央另有规定的依其规定执行。

国务院办公厅

2016 年 7 月 17 日

〔来源：中国政府网〕

关于建立国有企业违规经营投资责任追究制度的意见

国办发〔2016〕63 号

根据《中共中央 国务院关于深化国有企业改革的指导意见》、《国务院办公厅关于加强和改进企业国有资产监督防止国有资产流失的意见》（国办发〔2015〕79 号）等要求，为落实国有资本保值增值责任，完善国有资产监管，防止国有资产流失，经国务院同意，现就建立国有企业违规经营投资责任追究制度提出以下意见。

一、总体要求

（一）指导思想

全面贯彻党的十八大和十八届三中、四中、五中全会精神，按照“五位一体”总体布局和“四个全面”战略布局，牢固树立和贯彻落实创新、协调、绿色、开放、共享的发展理念，深入贯彻习近平总书记系列重要讲话精神，认真落实党中央、国务院决策部署，坚持社会主义市场经济改革方向，按照完善现代企业制度的要求，以提高国有企业运行质量和经济效益为目标，以强化对权力集中、资金密集、资源富集、资产聚集部门和岗位的监督为重点，严格问责、完善机制，构建权责清晰、约束有效的经营投资责任体系，全面推进依法治企，健全协调运转、有效制衡的法人治理结构，提高国有资本效率、增强国有企业活力、防止国有资产流失，实现国有资本保值增值。

（二）基本原则

1. 依法合规、违规必究 以国家法律法规为准绳，严格执行企业内部管理规定，对违反规定、未履行或未正确履行职责造成国有资产损失以及其他严重不良后果的国有企业经营管理有关人员，严格界定违规经营投资责任，严肃追究问责，实行重大决策终身责任追究制度。

2. 分级组织、分类处理 履行出资人职责的机构和国有企业按照国有资产分级管理要求和干部管理权限，分别组织开展责任追究工作。对违纪违法行为，严格依纪依法处理。

3. 客观公正、责罚适当 在充分调查核实和责任认定的基础上，既考虑量的标准也考虑质的不同，实事求是地确定资产损失程度和责任追究范围，恰当公正地处理相关责任人。

4. 惩教结合、纠建并举 在严肃追究违规经营投资责任的同时，加强案例总结和警示教育，不断完善规章制度，及时堵塞经营管理漏洞，建立问责长效机制，提高国有企业经营管理水平。

（三）主要目标

在2017年年底前，国有企业违规经营投资责任追究制度和责任倒查机制基本形成，责任追究的范围、标准、程序和方式清晰规范，责任追究工作实现有章可循。在2020年年底前，全面建立覆盖各级履行出资人职责的机构及国有企业的责任追究工作体系，形成职责明确、流程清晰、规范有序的责任追究工作机制，对相关责任人及时追究问责，国有企业经营投资责任意识和责任约束显著增强。

二、责任追究范围

国有企业经营管理有关人员违反国家法律法规和企业内部管理规定，未履行或未正确履行职责致使发生下列情形造成国有资产损失以及其他严重不良后果的，应当追究责任：

（一）集团管控方面

所属子企业发生重大违纪违法问题，造成重大资产损失，影响其持续经营能力或造成严重不良后果；未履行或未正确履行职责致使集团发生较大资产损失，对生产经营、财务状况产生重大影响；对集团重大风险隐患、内控缺陷等问题失察，或虽发现但没有及时报告、处理，造成重大风险等。

（二）购销管理方面

未按照规定订立、履行合同，未履行或未正确履行职责致使合同标的价格明显不公允；交易行为虚假或违规开展“空转”贸易；利用关联交易输送利益；未按照规定进行招标或未执行招标结果；违反规定提供赊销信用、资质、担保（含抵押、质押等）或预付款项，利用业务预付或物资交易等方式变相融资或投资；违规开展商品期货、期权等衍生业务；未按规定对应收款项及时追索或采取有效保全措施等。

（三）工程承包建设方面

未按规定对合同标的进行调查论证，未经授权或超越授权投标，中标价格严重低于成本，造成企业资产损失；违反规定擅自签订或变更合同，合同约定未经严格审查，存在重大疏漏；工程物资未按规定招标；违反规定转包、分包；工程组织管理混乱，致使工程质量不达标，工程成本严重超支；违反合同约定超计价、超进度付款等。

（四）转让产权、上市公司股权和资产方面

未按规定履行决策和审批程序或超越授权范围转让；财务审计和资产评估违反相关规定；组织提供和披露虚假信息，操纵中介机构出具虚假财务审计、资产评估鉴证结果；未按相关规定执行回避制度，造成资产损失；违反相关规定和公开公平交易原则，低价转让企业产权、上市公司股权和资产等。

（五）固定资产投资方面

未按规定进行可行性研究或风险分析；项目概算未经严格审查，严重偏离实际；未按规定履行决策和审批程序擅自投资，造成资产损失；购建项目未按规定招标，干预或操纵招标；外部环境发生重大变化，未按规定及时调整投资方案并采取止损措施；擅自变更工程设计、建设内容；项目管理混乱，致使建设严重拖期、成本明显高于同类项目等。

（六）投资并购方面

投资并购未按规定开展尽职调查，或尽职调查未进行风险分析等，存在重大疏漏；财务审计、资产评估或估值违反相关规定，或投资并购过程中授意、指使中介机构或有关单位出具虚假报告；未按规定履行决策和审批程序，决策未充分考虑重大风险因素，未制定风险防范预案；违规以各种形式为其他合资合作方提供垫资，或通过高溢价并购等手段向关联方输送利益；投资合同、协议及标的企业公司章程中国有权益保护条款缺失，对标的企业管理失控；投资参股后未行使股东权利，发生重大变化未及时采取止损措施；违反合同约定提前支付并购价款等。

（七）改组改制方面

未按规定履行决策和审批程序；未按规定组织开展清产核资、财务审计和资产评估；故意转移、隐匿国有资产或向中介机构提供虚假信息，操纵中介机构出具虚假清产核资、财务审计与资产评估鉴证结果；将国有资产以明显不公允低价折股、出售或无偿分给其他单位或个人；在发展混合所有制经济、实施员工持股计划等改组改制过程中变相套取、私分国有股权；未按规定收取国有资产转让价款；改制后的公司章程中国有权益保护条款缺失等。

（八）资金管理方面

违反决策和审批程序或超越权限批准资金支出；设立“小金库”；违规集资、发行股票（债券）、捐赠、担保、委托理财、拆借资金或开立信用证、办理银行票据；虚列支出套取资金；违规以个人名义留存资金、收支结算、开立银行账户；违规超发、滥发职工薪酬福利；因财务内控缺失，发生侵占、盗取、欺诈等。

（九）风险管理方面

内控及风险管理制度缺失，内控流程存在重大缺陷或内部控制执行不力；对经营投资重大风险未能及时分析、识别、评估、预警和应对；对企业规章制度、经济合同和重要决策的法律审核不到位；过度负债危及企业持续经营，恶意逃废金融债务；瞒报、漏报重大风险及风险损失事件，指使编制虚假财务报告，企业账实严重不符等。

（十）其他违反规定，应当追究责任的情形

三、资产损失认定

对国有企业经营投资发生的资产损失，应当在调查核实的基础上，依据有关规定认定损失金额及影响。

（一）资产损失包括直接损失和间接损失

直接损失是与相关人员行为有直接因果关系的损失金额及影响。间接损失是由相关人员行为引发或导致的，除直接损失外、能够确认计量的其他损失金额及影响。

（二）资产损失分为一般资产损失、较大资产损失和重大资产损失

涉及违纪违法和犯罪行为查处的损失标准，遵照相关党内法规和国家法律法规的规定执行；涉及其他责任追究处理的，由履行出资人职责的机构和国有企业根据实际情况制定资产损失程度划分标准。

（三）资产损失的金额及影响，可根据司法、行政机关出具的书面文件，具有相应资质的会计师事务所、资产评估机构、律师事务所等中介机构出具的专项审计、评估或鉴证报告，以及企业内部证明材料等进行综合研判认定。相关经营投资虽尚未形成事实损失，经中介机构评估在可预见未来将发生的损失，可以认定为或有资产损失。

四、经营投资责任认定

国有企业经营管理有关人员任职期间违反规定，未履行或未正确履行职责造成国有资产损失以及其他严重不良后果的，应当追究其相应责任；已调任其他岗位或退休的，应当纳入责任追究范围，实行重大决策终身责任追究制度。经营投资责任根据工作职责划分为直接责任、主管责任和领导责任。

（一）直接责任是指相关人员在其工作职责范围内，违反规定，未履行或未正确履行职责，对造成的资产损失或其他不良后果起决定性直接作用时应当承担的责任。

企业负责人存在以下情形的，应当承担直接责任：本人或与他人共同违反国家法律法规和企业内部管理规定；授意、指使、强令、纵容、包庇下属人员违反国家法律法规和企业内部管理规定；未经民主决策、相关会议讨论或文件传签、报审等规定程序，直接决定、批准、组织实施重大经济事项，并造成重大资产损失或其他严重不良后果；主持相关会议讨论或以文件传签等其他方式研究时，在多数人不同意的情况下，直接决定、批准、组织实施重大经济事项，造成重大资产损失或其他严重不良后果；将按有关法律法规制度应作为第一责任人（总负责）的事项、签订的有关目标责任事项或应

当履行的其他重要职责，授权（委托）其他领导干部决策且决策不当或决策失误造成重大资产损失或其他严重不良后果；其他失职、渎职和应当承担直接责任的行为。

（二）主管责任是指相关人员在其直接主管（分管）工作职责范围内，违反规定，未履行或未正确履行职责，对造成的资产损失或不良后果应当承担的责任。

（三）领导责任是指主要负责人在其工作职责范围内，违反规定，未履行或未正确履行职责，对造成的资产损失或不良后果应当承担的责任。

五、责任追究处理

（一）根据资产损失程度、问题性质等，对相关责任人采取组织处理、扣减薪酬、禁入限制、纪律处分、移送司法机关等方式处理。

1. 组织处理 包括批评教育、责令书面检查、通报批评、诫勉、停职、调离工作岗位、降职、改任非领导职务、责令辞职、免职等。

2. 扣减薪酬 扣减和追索绩效年薪或任期激励收入，终止或收回中长期激励收益，取消参加中长期激励资格等。

3. 禁入限制 五年内直至终身不得担任国有企业董事、监事、高级管理人员。

4. 纪律处分 由相应的纪检监察机关依法依规查处。

5. 移送司法机关处理 依据国家有关法律规定，移送司法机关依法查处。

以上处理方式可以单独使用，也可以合并使用。

（二）国有企业发生资产损失，经过查证核实和责任认定后，除依据有关规定移送司法机关处理外，应当按以下方式处理：

1. 发生较大资产损失的，对直接责任人和主管责任人给予通报批评、诫勉、停职、调离工作岗位、降职等处理，同时按照以下标准扣减薪酬：扣减和追索责任认定年度 50% ～ 100% 的绩效年薪、扣减和追索责任认定年度（含）前三年 50% ～ 100% 的任期激励收入并延期支付绩效年薪，终止尚未行使的中长期激励权益、上缴责任认定年度及前一年度的全部中长期激励收益、五年内不得参加企业新的中长期激励。

对领导责任人给予通报批评、诫勉、停职、调离工作岗位等处理，同时按照以下标准扣减薪酬：扣减和追索责任认定年度 30% ～ 70% 的绩效年薪、扣减和追索责任认定年度（含）前三年 30% ～ 70% 的任期激励收入并延期支付绩效年薪，终止尚未行使的中长期激励权益、三年内不得参加企业新的中长期激励。

2. 发生重大资产损失的，对直接责任人和主管责任人给予降职、改任非领导职务、责令辞职、免职和禁入限制等处理，同时按照以下标准扣减薪酬：扣减和追索责任认定年度 100% 的绩效年薪、扣减和追索责任认定年度（含）前三年 100% 的任期激励收入并延期支付绩效年薪，终止尚未行使的中长期激励权益、上缴责任认定年度（含）前三年的全部中长期激励收益、不得参加企业新的中长期激励。

对领导责任人给予调离工作岗位、降职、改任非领导职务、责令辞职、免职和禁入限制等处理，同时按照以下标准扣减薪酬：扣减和追索责任认定年度 70% ～ 100% 的绩效年薪、扣减和追索责任认定年度（含）前三年 70% ～ 100% 的任期激励收入并延期支付绩效年薪，终止尚未行使的中长期激励权益、上缴责任认定年度（含）前三年的全部中长期激励收益、五年内不得参加企业新的中长期激励。

3. 责任人在责任认定年度已不在本企业领取绩效年薪的，按离职前一年度全部绩效年薪及前三年任期激励收入总和计算，参照上述标准追索扣回其薪酬。

4. 对同一事件、同一责任人的薪酬扣减和追索，按照党纪政纪处分、责任追究等扣减薪酬处理的最高标准执行，但不合并使用。

（三）对资产损失频繁发生、金额巨大、后果严重、影响恶劣的，未及时采取措施或措施不力导致资产损失扩大的，以及瞒报、谎报资产损失的，应当从重处理。对及时采取措施减少、挽回损失并消除不良影响的，可以适当从轻处理。

（四）国有企业违规经营投资责任追究处理的具体标准，由各级履行出资人职责的机构根据资产损失程度、应当承担责任等情况，依照本意见制定。

六、责任追究工作的组织实施

（一）开展国有企业违规经营投资责任追究工作，应当遵循以下程序：

1. 受理　资产损失一经发现，应当立即按管辖规定及相关程序报告。受理部门应当对掌握的资产损失线索进行初步核实，属于责任追究范围的，应当及时启动责任追究工作。

2. 调查　受理部门应当按照职责权限及时组织开展调查，核查资产损失及相关业务情况、核实损失金额和损失情形、查清损失原因、认定相应责任、提出整改措施等，必要时可经批准组成联合调查组进行核查，并出具资产损失情况调查报告。

3. 处理　根据调查事实，依照管辖规定移送有关部门，按照管理权限和相关程序对相关责任人追究责任。相关责任人对处理决定有异议的，有权提出申诉，但申诉期间不停止原处理决定的执行。责任追究调查情况及处理结果在一定范围内公开。

4. 整改　发生资产损失的国有企业应当认真总结吸取教训，落实整改措施，堵塞管理漏洞，建立健全防范损失的长效机制。

（二）责任追究工作原则上按照干部管理权限组织开展，一般资产损失由本企业依据相关规定自行开展责任追究工作，上级企业或履行出资人职责的机构认为有必要的，可直接组织开展；达到较大或重大资产损失标准的，应当由上级企业或履行出资人职责的机构开展责任追究工作；多次发生重大资产损失或造成其他严重不良影响、资产损失金额特别巨大且危及企业生存发展的，应当由履行出资人职责的机构开展责任追究工作。

（三）对违反规定，未履行或未正确履行职责造成国有资产损失的董事，除依法承担赔偿责任外，应当依照公司法、公司章程及本意见规定对其进行处理。对重大资产损失负有直接责任的董事，应及时调整或解聘。

（四）经营投资责任调查期间，对相关责任人未支付或兑现的绩效年薪、任期激励收入、中长期激励收益等均应暂停支付或兑现；对有可能影响调查工作顺利开展的相关责任人，可视情采取停职、调离工作岗位、免职等措施。

（五）对发生安全生产、环境污染责任事故和重大不稳定事件的，按照国家有关规定另行处理。

七、工作要求

（一）各级履行出资人职责的机构要明确所出资企业负责人在经营投资活动中须履行的职责，引导其树立责任意识和风险意识，依法经营，廉洁从业，坚持职业操守，履职尽责，规范经营投资决策，维护国有资产安全。国有企业要依据公司法规定完善公司章程，建立健全重大决策评估、决策事项履职记录、决策过错认定等配套制度，细化各类经营投资责任清单，明确岗位职责和履职程序，不断提高经营投资责任管理的规范化、科学化水平。履行出资人职责的机构和国有企业应在有关外聘董事、职业经理人聘任合同中，明确违规经营投资责任追究的原则要求。

（二）各级履行出资人职责的机构和国有企业要按照本意见要求，建立健全违规经营投资责任追究制度，细化经营投资责任追究的原则、范围、依据、启动机制、程序、方式、标准和职责，保障违规经营投资责任追究工作有章可循、规范有序。国有企业违规经营投资责任追究制度应当报履行出资人职责的机构备案。

（三）国有企业要充分发挥党组织、审计、财务、法律、人力资源、巡视、纪检监察等部门的监督作用，形成联合实施、协同联动、规范有序的责任追究工作机制，重要情况和问题及时向履行出资人职责的机构报告。履行出资人职责的机构要加强与外派监事会、巡视组、审计机关、纪检监察机关、司法机关的协同配合，共同做好国有企业违规经营投资责任追究工作。对国有企业违规经营投资等重大违法违纪违规问题应当发现而未发现或敷衍不追、隐匿不报、查处不力的，严格追究企业和履行出资人职责的机构有关人员的失职渎职责任。

（四）各级履行出资人职责的机构和国有企业要做好国有企业违规经营投资责任追究相关制度的宣传解释工作，凝聚社会共识，为深入开展责任追究工作营造良好氛围；要结合对具体案例的调查处理，在适当范围进行总结和通报，探索向社会公开调查处理情况，接受社会监督，充分发挥警示教育作用。

本意见适用于国有及国有控股企业违规经营投资责任追究工作。金融、文化等国有企业违规经营投资责任追究工作，中央另有规定的依其规定执行。

国务院办公厅

2016年8月2日

〔来源：中国政府网〕

国务院国资委以管资本为主推进职能转变方案

国办发〔2017〕38号

党的十八大以来，国务院国资委认真贯彻落实党中央、国务院关于深化国有企业改革的决策部署，准确把握国有资产监管机构的出资人代表职责定位，坚定不移深化国有企业改革，探索完善国有资产监管体制机制，积极推进国有企业结构调整、创新发展，为实现国有资产保值增值、防止国有资产流失、发展壮大国有经济作出了积极贡献。但与此同时，国有资产监督机制尚不健全，国有资产监管中越位、缺位、错位问题依然存在，亟需加快调整优化监管职能和方式，推进国有资产监管机构职能转变，进一步提高国有资本运营和配置效率。按照《中共中央 国务院关于深化国有企业改革的指导意见》、《国务院关于改革和完善国有资产管理体制的若干意见》（国发〔2015〕63号）有关要求，制定本方案。

一、总体要求

（一）指导思想

全面贯彻党的十八大和十八届二中、三中、四中、五中、六中全会精神，深入学习贯彻习近平总书记系列重要讲话精神和治国理政新理念新思想新战略，坚持党的领导不动摇，统筹推进“五位一体”总体布局和协调推进“四个全面”战略布局，牢固树立和贯彻落实创新、协调、绿色、开放、共享的发展理念，按照深化简政放权、放管结合、优化服务改革的要求，依法履行职责，以管资本为主加强国有资产监管，以提高国有资本效率、增强国有企业活力为中心，明确监管重点，精简监管事项，优化部门职能，改进监管方式，全面加强党的建设，进一步提高监管的科学性、针对性和有效性，加快实现以管企业为主向以管资本为主的转变。

（二）基本原则

坚持准确定位。按照政企分开、政资分开、所有权与经营权分离要求，科学界定国有资产出资人监管的边界，国务院国资委作为国务院直属特设机构，根据授权代表国务院依法履行出资人职责，专司国有资产监管，不行使社会公共管理职能，不干预企业依法行使自主经营权。

坚持依法监管。按照有关法律法规规定，建立和完善出资人监管的权力和责任清单，健全监管制度体系，重点管好国有资本布局、规范资本运作、提高资本回报、维护资本安全。全面加强国有资产监督，充实监督力量，完善监督机制，严格责任追究，切实防止国有资产流失。

坚持搞活企业。遵循市场经济规律和企业发展规律，突出权责一致，确保责任落实，将精简监管事项与完善国有企业法人治理结构相结合，依法落实企业法人财产权和经营自主权，激发企业活力、创造力和市场竞争力，打造适应市场竞争要求、以提高核心竞争力和资源配置效率为目标的现代企业。

坚持提高效能。明确国有资产监管重点，调整优化监管职能配置和组织设置，改进监管方式和手段，整合监管资源，优化监管流程，提高监管效率，加强监管协同，推进监管信息共享和动态监管，实现依法监管、分类监管、阳光监管。

坚持党的领导。坚持党对国有企业政治领导、思想领导、组织领导的有机统一，发挥国有企业党组织的领导核心和政治核心作用，把方向、管大局、保落实。健全完善党建工作责任制，落实党建工作主体责任，为国有企业改革发展提供坚强有力的政治保证、组织保证和人才支撑。

二、调整优化监管职能

按照职权法定、规范行权的要求，调整、精简、优化监管职能，将强化出资人监管与落实管党治党责任相结合、落实保值增值责任与搞活企业相结合，做好整合监管职能与优化机构设置的衔接，强化3项管资本职能，精简43项监管事项，整合三方面相关职能。加大简政放权力度，更好维护企业市场主体地位，推动完善现代企业制度，健全各司其职、各负其责、协调运转、有效制衡的国有企业法人治理结构。坚持权力和责任相统一、相匹配，层层建立权力和责任清单，确保企业接住管好精简的监管事项，体现国资监管要求，落实保值增值责任。按照全面从严治党战略部署，严格落实管党治党责任，全面加强国有企业党的建设，保证党和国家方针政策、重大部署在国有企业贯彻执行。

（一）强化管资本职能，落实保值增值责任

完善规划投资监管。服从国家战略和重大决策，落实国家产业政策和重点产业发展总体要求，调整优化国有资本布局，加大对中央企业投资的规划引导力度，加强对发展战略和规划的审核，制定并落实中央企业国有资本布局结构整体规划。改进投资监管方式，通过制定中央企业投资负面清单、强化主业管理、核定非主业投资比例等方式，管好投资方向，根据投资负面清单探索对部分企业和投资项目实施特别监管制度。落实企业投资主体责任，完善投资监管制度，开展投资项目第三方评估，防止重大违规投资，依法依规追究违规责任。加强对中央企业国际化经营的指导，强化境外投资监管体系建设，加大审核把关力度，严控投资风险。

突出国有资本运营。围绕服务国家战略目标和优化国有资本布局结构，推动国有资本优化配置，提升国有资本运营效率和回报水平。牵头改组组建国有资本投资、运营公司，实施资本运作，采取市场化方式推动设立国有企业结构调整基金、国有资本风险投资基金、中央企业创新发展投资引导基金等相关投资基金。建立健全国有资本运作机制，组织、指导和监督国有资本运作平台开展资本运营，鼓励国有企业追求长远收益，推动国有资本向关系国家安全、国民经济命脉和国计民生的重要行业和关键领域、重点基础设施集中，向前瞻性战略性产业集中，向具有核心竞争力的优势企业集中。

强化激励约束。实现业绩考核与薪酬分配协同联动，进一步发挥考核分配对企业发展的导向作用，实现“业绩升、薪酬升，业绩降、薪酬降”。改进考核体系和办法，突出质量效益与推动转型升级相结合，强化目标管理、对标考核、分类考核，对不同功能定位、不同行业领域、不同发展阶段的企业实行差异化考核。严格贯彻落实国有企业负责人薪酬制度改革相关政策，建立与选任方式相匹配、与企业功能性质相适应、与经营业绩相挂钩的差异化薪酬分配办法。

（二）加强国有资产监督，防止国有资产流失

坚持出资人管理和监督的有机统一。健全规范国有资本运作、防止国有资产流失的监管制度，加强对制度执行情况的监督检查。增加监督专门力量，分类处置和督办发现的问题，组织开展国有资产重大损失调查，形成发现、调查、处理问题的监督工作闭环。进一步强化监督成果在业绩考核、薪酬分配、干部管理等方面的运用。

强化外派监事会监督。进一步加强和改进监事会监督，完善监督工作体制机制，明确外派监事会由政府派出、作为出资人监督专门力量的职责定位。突出监督重点，围绕企业财务和重大决策、运营过程中可能造成国有资产流失的事项和关键环节以及董事会和经理层依法依规履职情况等重点，着力强化当期和事中监督。改进监事会监督方式，落实外派监事会纠正违规决策、罢免或者调整领导人员的建议权，建立外派监事会可追溯、可量化、可考核、可问责的履职记录制度，提升监督效能。

严格落实责任。建立健全违法违规经营投资责任追究制度体系，完善责任倒查和追究机制，构建权责清晰、约束有效的经营投资责任体系。加大对违法违规经营投资责任的追究力度，综合运用组织处理、经济处罚、禁入限制、党纪政纪处分和追究刑事责任等手段，依法依规查办违法违规经营投资导致国有资产重大损失的案件。

（三）精简监管事项，增强企业活力

取消一批监管事项。严格按照出资关系界定监管范围。减少对企业内部改制重组的直接管理，不再直接规范上市公司国有股东行为，推动中央企业严格遵守证券监管规定。减少薪酬管理事项，取消中央企业年金方案、中央企业子企业分红权激励方案审批，重点加强事后备案和规范指导。减少财务管理事项，取消与借款费用、股份支付、应付债券等会计事项相关的会计政策和会计估计变更事前备案，重点管控企业整体财务状况。取消中央企业职工监事选举结果、工会组织成立和工会主席选举等事项审批，由企业依法自主决策。

下放一批监管事项。将延伸到中央企业子企业和地方国有企业的管理事项，原则上归位于企业集团和地方国资委。将中央企业所持有部分非上市股份有限公司的国有股权管理方案和股权变动事项，企业集团内部国有股东所持有上市公司股份流转、国有股东与上市公司非重大资产重组、国有股东通过证券交易系统转让一定比例或数量范围内所持有上市公司股份等事项以及中央企业子企业股权激励方案的审批权限，下放给企业集团。国有企业要进一步明确各治理主体行权履职边界，层层落实责任，确保国有资产保值增值。落实国家所有、分别代表原则，将地方国有上市公司的国有股权管理事项的审批权限下放给省级国资委。

授权一批监管事项。结合落实董事会职权等试点工作，将出资人的部分权利授权试点企业董事会行使，同时健全完善制度规范，切实加强备案管理和事后监督。依法将中央企业五年发展战略规划制定权授予试点企业董事会，进一步落实试点企业董事会对经理层成员选聘、业绩考核、薪酬管理以及企业职工工资总额管控、重大财务事项管理的职权，充分发挥董事会的决策作用。

试点企业董事会要进一步健全和规范决策制度，明确授权事项在企业内部的决策、执行、监督机制，落实相应责任，严格责任追究。

移交一批社会公共管理事项。落实政资分开原则，立足国有资产出资人代表职责定位，全面梳理配合承担的社会公共管理职能，结合工作实际，提出分类处理建议，交由相关部门和单位行使。

（四）整合相关职能，提高监管效能

整合国有企业改革职能。对承担的企业重组整合、结构优化、改制上市、规范董事会建设以及解决历史遗留问题等职能进行统筹整合，集中力量加大对改革改制、管理创新和商业模式创新的指导服务力度，加快完善现代企业制度。

整合经济运行监测职能。集中统一开展财务动态监测和经济运行分析，综合分析行业与企业情况、经营与财务情况，及时、准确提供运行数据，全面掌握中央企业运行状况，为国家宏观调控和国有资产监管工作提供基础支撑。

整合推动科技创新职能。明确中央企业科技创新方向和重点任务，整合新兴产业培育、知识产权保护、企业品牌建设等职能，推动企业完善技术创新体系，组建产业协同发展平台，协调落实重大科技政策和项目，更好发挥中央企业在大众创业、万众创新中的引领带动作用。

（五）全面加强党的建设，强化管党治党责任

建立健全党建工作责任制。强化中央企业党建工作考核，落实“四同步”、“四对接”要求，加强基层党组织和党员队伍建设，保证党组织工作机构健全、党务工作者队伍稳定、党组织和党员作用得到有效发挥。注重加强混合所有制企业党建工作。

加强党的领导与完善公司治理相统一。明确和落实党组织在国有企业法人治理结构中的法定地位，把党建工作总体要求写入公司章程，健全党组织参与重大问题决策的规则和程序，使党组织发挥作用组织化、制度化、具体化。处理好党组织和其他治理主体的关系，明确权责边界，做到无缝衔接。

坚持党管干部原则与市场化机制相结合。保证党对干部人事工作的领导权和对重要干部的管理权，严格执行国有企业领导人员对党忠诚、勇于创新、治企有方、兴企有为、清正廉洁的选任标准，党组织要在确定标准、规范程序、参与考察、推荐人选等方面把好关，按照市场规律对经理层进行管理，建立科学合理的考核评价体系，为国有企业领导人员树立正向激励的鲜明导向。

加大纪检监察工作力度。深入推进党风廉政建设和反腐败斗争。认真落实《中国共产党问责条例》等规定，加大对中央企业党委（党组）和党员领导人员履行管党治党责任不力的问责力度。对国务院国资委党委管理主要负责人的中央企业开展巡视监督，加强对中央企业开展内部巡视的领导和指导。

三、改进监管方式手段

按照事前制度规范、事中跟踪监控、事后监督问责的要求，积极适应监管职能转变和增强企业活力、强化监督管理的需要，创新监管方式和手段，更多采用市场化、法治化、信息化监管方式，提高监管的针对性、实效性。

（一）强化依法监管

严格依据公司法、企业国有资产法、企业国有资产监督管理暂行条例等法律法规规定的权限和程序行权履职。健全完善国有资产监管法规制度体系，建立出资人监管的权力和责任清单，清单以外的事项由企业依法自主决策。加强公司章程管理，规范董事会运作，严格选派、管理股东代表和董事、监事，注重通过国有企业法人治理结构依法履行出资人职责。

（二）实施分类监管

针对商业类和公益类国有企业的不同战略定位和发展目标，研究制定差异化的监管目标、

监管重点和监管措施，因企施策推动企业改革发展，促进经济效益和社会效益有机统一。在战略规划制定、资本运作模式、人员选用机制、经营业绩考核等方面，实施更加精准有效的分类监管。

（三）推进阳光监管

依法推进国有资产监管信息公开，主动接受社会监督。健全信息公开制度，加强信息公开平台建设，依法向社会公开国有资本整体运营情况、企业国有资产保值增值及经营业绩考核总体情况、国有资产监管制度和监督检查情况。指导中央企业加大信息公开力度，依法依规公开治理结构、财务状况、关联交易、负责人薪酬等信息，积极打造阳光企业。

（四）优化监管流程

按照程序简化、管理精细、时限明确的原则，深入推进分事行权、分岗设权、分级授权和定期轮岗，科学设置内设机构和岗位职责权限，确保权力运行协调顺畅。推进监管信息化建设，整合信息资源，统一工作平台，畅通共享渠道，健全中央企业产权、投资、财务等监管信息系统，实现动态监测，提升整体监管效能。

四、切实抓好组织实施

国务院国资委要依据本方案全面梳理并优化调整具体监管职能，相应调整内设机构，明确取消、下放、授权的监管事项，加快制定出资人监管的权力和责任清单，按程序报批后向社会公开。要坚持试点先行，结合企业实际，继续推进简政放权、放管结合、优化服务改革，分类放权、分步实施，确保放得下、接得住、管得好。要积极适应职能转变要求，及时清理完善涉及的国有资产监管法规和政策文件。

各地区可参照本方案要求，结合实际情况，制定本地区国有资产监管机构的职能转变方案。

附件：精简的国资监管事项（共43项）

附件

精简的国资监管事项（共43项）

（一）取消事项（共26项）

序号	事项内容
1	直接规范上市公司国有股东行为
2	指导中央企业评估机构选聘
3	中央企业境外产权管理状况检查
4	审批中央企业子企业分红权激励方案
5	审批中央企业年金方案
6	审批中央企业重组改制中离退休和内退人员相关费用预提方案
7	审批中央企业住房补贴整体方案和负责人异地调动住房补贴方案
8	对中央企业账销案存的事前备案
9	与借款费用、股份支付、应付债券等12个会计事项相关的会计政策和会计估计变更事前备案
10	指导中央企业内部资源整合与合作

（续）

序号	事项内容
11	联合开展全国企业管理现代化创新成果评审和推广
12	指导地方国有企业重组改制上市管理
13	指导中央企业所属科研院所等事业单位改制
14	审批中央企业职工监事选举结果
15	指导中央企业内设监事会工作
16	中央企业职工董事履职管理
17	组织中国技能大赛、中央企业职工技能比赛
18	批复中央企业工会组织成立和工会主席选举有关事项
19	评比表彰中央企业企业文化示范单位
20	指导地方国资委新闻宣传工作
21	直接开展中央企业高级政工师任职资格评定
22	要求中介机构提供对中央企业国有资本经营决算的审计报告
23	指导和监督中央企业开展全员业绩考核工作
24	中央企业信息工作评价
25	中央企业信息化水平评价
26	指导中央企业档案工作

（二）下放事项（共9项）

序号	事项内容
1	审批地方国资委监管企业的上市公司国有股权管理事项
2	审批中央企业所持有非上市股份有限公司的国有股权管理方案和股权变动事项（主业涉及国家安全和国民经济命脉的重要行业和关键领域、主要承担重大专项任务的子企业除外）
3	审批中央企业子企业股权激励方案
4	审批国有股东通过证券交易系统转让一定比例或数量范围内所持有上市公司股份事项
5	审批本企业集团内部的国有股东所持有上市公司股份的无偿划转、非公开协议转让事项
6	审批未导致国有控股股东持股比例低于合理持股比例的公开征集转让、国有股东发行可交换公司债券及所控股上市公司发行证券事项
7	审批国有参股股东所持有上市公司国有股权公开征集转让、发行可交换公司债券事项
8	审批未导致上市公司控股权转移的国有股东通过证券交易系统增持、协议受让、认购上市公司发行股票等事项
9	审批未触及证监会规定的重大资产重组标准的国有股东与所控股上市公司进行资产重组事项

（三）授权事项（共8项）

序号	事项内容
1	制定中央企业五年发展战略规划和年度投资计划
2	经理层成员选聘
3	经理层成员业绩考核
4	经理层成员薪酬管理
5	职工工资总额审批
6	中央企业子企业以非公开协议方式增资及相应的资产评估
7	国有参股企业与非国有控股上市公司重组
8	大额预算外捐赠、重大担保管理和债务风险管控

说明：1. 本表适用于国务院国资委监管范围内中央企业。

2. 下放事项中，第1项下放给地方国资委，第2、3项下放给中央企业，第4—9项下放给国家出资企业。

3. 授权事项将根据企业实际情况，授予落实董事会职权试点企业，国有资本投资、运营公司试点企业。

〔来源：中国政府网〕

关于推进工业文化发展的指导意见

工信部联产业〔2016〕446号

工业是强国之本，文化是民族之魂。工业文化是伴随着工业化进程而形成的、渗透到工业发展中的物质文化、制度文化和精神文化的总和，对推动工业由大变强具有基础性、长期性、关键性的影响。为贯彻落实《中国制造2025》，推进工业文化加快发展，现提出以下意见。

一、深刻认识工业文化发展的战略意义

我国在推进工业化的探索实践中，孕育了大庆、“两弹一星”、载人航天等工业文化典型，形成了自力更生、艰苦奋斗、无私奉献、爱国敬业等中国特色的工业精神，涌现了一大批彰显工业文化力量的优秀企业，也留下了一大批承载工业文化的物质财富，为工业发展提供了巨大的精神动力。

当前，我国已经跃居世界第一制造大国，但工业大而不强的问题仍然突出，这与工业文化发展相对滞后密切相关，集中表现为创新不足、专注不深、诚信不够、实业精神弱化等问题，严重制约了我国工业的转型升级和提质增效。

工业文化在工业化进程中衍生、积淀和升华，时刻影响着人们的思维模式、社会行为及价值取向，是工业进步最直接、最根本的思想源泉，是制造强国建设的强大精神动力，是打造国家软实力的重要内容。在着力推进制造强国和网络强国战略的关键时期，既需要技术发展的刚性推动，也需要文化力量的柔性支撑。大力发展工业文化，是提升中国工业综合竞争力的重要手段，是塑造中国工业新形象的战略选择，是推动中国制造向中国创造转变的有力支撑。

二、总体要求

（一）指导思想

全面贯彻党的十八大和十八届三中、四中、五中、六中全会精神，深入贯彻习近平总书记系列重要讲话精神，牢固树立创新、协调、绿色、开放、共享的发展理念，践行社会主义核心价值观，以推进实施《中国制造 2025》为主线，大力弘扬中国工业精神，夯实工业文化发展基础，不断壮大工业文化产业，培育有中国特色的工业文化，提升国家工业形象和全民工业文化素养，推动工业大国向工业强国转变。

（二）基本原则

坚持传承创新。充分吸收中华优秀传统文化元素，广泛借鉴世界工业文化精髓，在保护中发展、在传承中创新，推动新时期我国工业文化的全面发展。

坚持融合提升。发挥硬实力的载体作用，推动软实力的延伸与拓展，促进其相互渗透与融合，最大限度地发挥综合优势与最佳效能。

坚持协同推进。凝聚发展工业文化的社会共识，整合工业文化各类资源，加强与相关部门协同，培育和发展工业文化产业，建设各类主体共同参与工业文化发展的良好环境。

坚持重点突破。聚焦突出问题，重点抓好工业设计、工业遗产、工业旅游、企业征信以及质量品牌、企业文化建设等领域工作，形成竞争新优势。

（三）主要目标

传承和培育中国特色工业精神，树立工业发展新理念，提高全民工业文化素养，打造经济增长新动能。通过 5 ～ 10 年时间，涌现一批体现时代精神的大国工匠和优秀企业；工业产品的文化元素充分展现，工业文化产业成为经济增长的新亮点；中国制造的品质内涵和美誉度显著提升。

三、主要任务

（一）发扬中国工业精神

弘扬工匠精神。培育一批尊崇工匠精神的高素质产业工人，引导企业建立高技能人才奖励机制，树立“大国工匠”标杆，发挥模范带动作用，使工匠精神成为生产者的行为准则和消费者的价值取向。引导企业“十年磨一剑”，长期专注于产品的质量提升和品牌培育，将工匠精神融入现代工业生产与管理实践。

践行创新精神。提高工业企业创新意识，鼓励企业通过“众创”等新型方式激发创新活力，建设一批创新创业示范基地，统筹推进科技、管理、品牌、组织、商业模式创新，把创新的理念融入企业的核心价值观。组织开展创新创业大赛、成果展示、技术沙龙等丰富多彩的创新活动，树立一批创新典型，激发全社会的创新激情和活力。

倡导诚信精神。传承“言必信、行必果”的诚信精神，推进工业诚信体系建设，推动部门间企业信息共享，发展工业征信服务，适时发布失信企业名单，形成诚信光荣、失信可耻的社会环境，让诚信担当成为自觉行动。

培育企业家精神。倡导实业兴国的发展理念，树立开放、合作、共赢的博大胸怀，强化创业兴业的价值导向。通过创业训练营、行业领军人才培训等活动，培育一批敢于担当、勇于作为、把握时代脉搏、具有全球视野的企业家队伍。

（二）夯实工业文化发展基础

强化工业文化理论支撑。鼓励开展工业文化基础研究，形成工业文化理论体系。开展工业文化对工业软实力提升和制造强国建设支撑作用的研究。探索建立工业文化发展指数，对我国工业文化发展情况进行全面评估。

统筹利用各类工业文化资源。开展工业文化资源调查，梳理和挖掘工业遗产、工业旅游、工艺美术、工业精神及专业人才等资源，建立工业文化资源库。加强各类资源的统筹协调，推动资源的保护和开放共享，创新使用模式。

健全政策标准体系。组织开展相关政策研究，推动形成支持工业文化发展的产业、财税、人才等政策体系。发挥行业组织和企业的积极作用，完善基础制度和标准体系，建立科学的工业遗产等级评估标准。

（三）发展工业文化产业

推动工业设计创新发展。强化创新设计引领，推动工业设计从产品设计向高端综合设计服务转变。鼓励企业工业设计中心与设计机构协同发展，壮大工业设计产业。建设开放共享、专业高效的创新设计公共服务平台和具有国际影响力的设计集群。鼓励发展体现中国实力和文化魅力的设计产品和设计服务。

促进工艺美术特色化和品牌化发展。加强对传统工艺美术品种、技艺的保护与传承，推出一批工艺美术珍品。积极引导企业运用新技术、新工艺、新材料、新设计，创新发展工艺美术产业。培育一批示范性创新创业工艺美术特色区域和大师工作室，打造工艺美术特色区域品牌。

推动工业遗产保护和利用。开展调查摸底，建立工业遗产名录和分级保护机制，保护一批工业遗产，抢救濒危工业文化资源。引导社会资本进入工业遗产保护领域，合理开发利用工业遗存，鼓励有条件的地区利用老旧厂房、设备等依法建设工业博物馆。

大力发展工业旅游。倡导绿色发展理念，鼓励各地利用工业博物馆、工业遗址、产业园区及现代工厂等资源，打造具有鲜明地域特色的工业旅游产品。加强与相关部门协同，促进工业旅游与传统观光旅游、工业科普教育相结合。鼓励企业通过开放生产车间、设立用户体验中心等形式进行产品展示和品牌宣传，建设一批具有社会公益功能的工业旅游示范点。

支持工业文化新业态发展。利用数字技术、网络技术、虚拟现实技术等现代技术手段，推动工业文化创新发展。推动工业文化与数字媒体、可穿戴设备、机器人、智能汽车等新领域的融合发展，催生一批新技术、新工艺、新产品、新业态。结合区域优势和

地方特色，打造一批工业创意园区和工业文化特色小镇。

（四）加大工业文化传播推广力度

完善工业文化传播机制。充分发挥全社会各方力量，构建运行高效、支撑有力的工业文化传播体系，不断增加传承载体，拓展传播渠道，使公众更好地理解、掌握、运用和参与工业文化建设和发展。

推动工业文化教育。鼓励开展工业文化进校园、技能人才进课堂等活动，支持企业、工业园区等设立工业实训基地、青少年工业文化教育示范基地，开展多层次的工业文化教育活动。

开展工业文明科普活动。支持企业和社会组织提高工业文明科普服务能力，举办中国工业主题日等形式多样的科普活动。针对社会关注的重点行业和热点领域，普及工业知识，提高全民对工业发展的认知水平。

加强工业文化宣传。综合利用传统媒体、新媒体等多种传播途径，扩大工业文化宣传。通过博览会、讲坛、大赛等活动，展示工业文化成果，营造发展氛围。支持创作工业题材的文化作品，弘扬中国工业精神，传播当代工业价值观。

（五）塑造国家工业新形象

强化绿色工业理念。推进落实绿色制造，构建高效、清洁的绿色制造体系，发展绿色工业。加强企业履行社会责任的效能和水准，强化安全、环保、节能意识，开展产品全生命周期绿色管理，打造中国制造绿色形象。

培育国家工业品牌。实施质量品牌提升专项行动，提高工业品的质量和文化内涵。强化品牌意识，坚持增强科技研发能力与实施品牌战略并重，调动各类创新主体的积极性，打造具有国际竞争力的工业企业和工业品牌。

推动产业迈向中高端。促进工业文化发展与科技实力、制造能力的同步提升，丰富中国制造

的文化内涵，推动中国制造向高端化、智能化、绿色化、服务化方向发展，提高我国工业的综合竞争力。

树立中国制造国际形象。多角度、立体化传播和塑造国家工业形象，展现工业整体实力，提高国民对中国工业产品的认同感，增强国外公众对中国工业产品的认可度，提升中国制造美誉度。

四、保障措施

（一）完善支撑服务体系

引导各类行业组织参与工业文化建设，支持成立相关行业组织。培育一批业务能力强、服务质量高的工业文化中介服务机构，打造一批工业文化领域综合服务平台。探索开展工业文化产业市场监测和经济运行分析。

（二）加大政策支持力度

加强产业政策与财税等政策的协同。健全完善政府支持引导、全社会参与的多元化投融资机制。探索采取政府和社会资本合作（PPP）模式建设综合服务平台、工业博物馆，促进工业遗产保护与利用等。鼓励各类资本设立工业文化发展基金。鼓励各地在推进实施《中国制造 2025》过程中，统筹加强工业文化建设。鼓励各地设立专项资金支持工业文化发展。

（三）加强人才培养

加强产业工人的职业精神培育，推进产学研协同育人，培养一批具有工匠精神的人才队伍。鼓励各类机构在创新设计、工业遗产、质量品牌等方面开展职业教育和培训，加强专业人才培养。大力培养工业文化理论研究人才，打造一批素质过硬的宣传队伍。支持行业组织研究开展从业水平认定。

（四）加强示范引领与交流合作

建设工业文化产业基地，有序推进工业文化城市、园区和企业试点示范，选树一批行业与企业文化标杆。鼓励政产学研商等各界加强交流，共同推动工业文化发展。支持各地围绕工业文化发展理念、质量品牌建设、企业文化等举办多层次、多领域的交流活动，结合建设“一带一路”等国家战略，打造若干具有广泛影响的国际性工业文化活动，促进工业文化的国际交流与合作。

（五）加强组织实施

加强规划统筹，积极与相关部门沟通协调，建立有利于工业文化发展的协同工作机制。各地工业和信息化主管部门、财政部门要明确推动工业文化发展的责任，结合实际制订实施方案，推动各项任务和措施落到实处。

工业和信息化部

财政部

2016 年 12 月 30 日

〔来源：工业和信息化部官网〕

国资委修订发布《中央企业投资监督管理办法》和《中央企业境外投资监督管理办法》

近日，国务院国资委发布了《中央企业投资监督管理办法》（国资委令第 34 号）和《中央企业境外投资监督管理办法》（国资委令第 35 号）。

34 号令、35 号令是国资委贯彻落实十八届三中全会精神，按照党中央、国务院深化国有企业和国有资产监管体制改革的总体部署，针对中央企业投资监管面临的新形势、新任务、新要求和中央企业投资中出现的问题，在继承以往有效经验和做法的基础上，从依法履行出资人职责定位、实现以管企业为主向以管资本为主转变的要求出发，对2006年发布的《中央企业投资监督管理暂行办法》（国资委令第16号）和2012年发布的《中央企业境外投资监督管理暂行办法》（国资委令第28号）进行的修订和完善。两个办法贯彻以管资本为主加强国有资产监管的要求，重点从“管投向、管程序、管风险、管回报”四个方面，努力构建权责对等、运行规范、信息对称、风险控制有力的投资监督管理体系，促进中央企业加强投资管理，规范投资行为，强化风险管控，提高国有资本效率，防止国有资产流失，实现国有资本保值增值。

两个办法主要有四个方面的特点：一是强调依法监管，注重厘清国资委与中央企业的权责边界。准确把握依法履行出资人职责定位，对按法律法规和政策规定该由国资委履行的投资监管职责，制定了更为严格的监管措施，进一步加强监管；对依法应由中央企业自主作出投资决策的事项，由企业按照企业发展战略和规划自主决策、自担责任，国资委加强监管。二是强调全方位监管，注重加强投资监管体系建设。通过建立健全投资管理制度、优化投资管理信息系统、实施投资项目负面清单、强化投资监管联动等，实现对企业投资活动全方位监管。三是强调全过程监管，注重事前事中事后监管并重。强调事前加强规范、事中注重监控、事后强化问责，实现对投资全过程监管。四是探索创新监管，试行投资项目负面清单管理。明确出资人投资监管底线，划定中央企业投资行为红线。投资项目负面清单的内容保持相对稳定，并适时动态调整。

为提高境外投资监管的针对性，防范境外投资风险，国资委延续了制定专门境外投资监管办法的做法。在保持监管理念、监管方式与境内办法基本一致的前提下，更加强调战略规划引领、坚持聚焦主业，更加强调境外风险防控、保障境外资产安全。

新修订的两个办法施行后，《中央企业投资监督管理暂行办法》（国资委令第16号）和《中央企业境外投资监督管理暂行办法》（国资委令第28号）同时废止。

〔来源：国务院国有资产监督管理委员会官网〕

关于机械工业发展服务型制造的指导意见

中国机械工业联合会

为贯彻落实《发展服务型制造专项行动指南》（以下简称《行动指南》），加快机械工业发展服务型制造，促进机械工业转型升级、提质增效，特制订本指导意见。

一、重要意义

我国机械工业总体上是以生产、加工、组装为主体并以产品销售为主要业务形式的生产型制造业。当今世界，信息技术日益融入制造业各个环节，加工自动化、数字化、智能化程度不断提升，客户需求个性化要求愈加突出，生产型制造越来越难以适应时代发展和科技进步的要求。信息技术与制造技术融合、以“产品+服务”为主体的服务型制造，已成为机械工业转型升级的方向，提质增效的途径。

发展服务型制造，是机械工业贯彻落实《中国制造2025》的需要，是机械工业调结构、促转型、增效益，加快供给侧结构性改革的重点领域和重要举措。

发展服务型制造，加大制造技术与信息技术的深度融合，充分应用互联网、云计算、大数据等新一代信息技术，全面创新制造和生产经营模式，构建起机械工业适应信息时代的“产品＋服务”的产业体系。

发展服务型制造，以需求为导向，转变经营理念，更好地与客户的需求紧密结合，为客户提供整体解决方案，能有效改变机械工业在客户中的形象，提升机械工业市场竞争力。

发展服务型制造，促进机械工业与生产性服务业跨界融合，通过机械工业的各个业务环节逐步实现专业化服务，从而提高机械工业专业化水平和效率、效益，重塑制造业价值链，培育产业发展新动能。

二、指导思想、推进原则、目标

（一）指导思想

全面贯彻落实党的十八大和十八届五中全会精神，按照《中国制造2025》的战略部署，以实施《行动指南》为遵循，以两化深度融合为主线，以客户增值为宗旨，以提质增效和市场竞争力为目标，结合实际、勇于创新、积极推进、不懈努力，大力推进机械工业步入服务型制造的发展轨道。

（二）推进原则

分类指导，分层推进。机械工业行业众多，各行业之间的产品、制造工艺、生产组织和服务对象差异极大；对不同行业、不同层次的企业，须采取不同的类型和方式，遵循分类指导、分层推进的基本原则。

因企制宜，创新模式。机械行业企业开展服务型制造，必须结合企业自身实际，探索和创造适合本企业的模式，推动企业服务型制造新的模式不断涌现。

延伸拓展，集成整合。企业要在已有业务领域的基础上向相关服务领域延伸，具有一定优势的业务领域，要逐步向其他行业拓展，形成机械企业的新业务和新的增长点。有效整合分散于各处的制造资源，成为价值链和产业链的组织者，大幅提高整个产业的资源利用率和效益。

服务客户，协同双赢。机械企业要利用自身制造优势，集成社会资源，与用户协同，为用户提供各类先进适用的产品和服务，努力为用户实现增值，进而提升企业自身效能和市场竞争力。

（三）目标

到2020年，骨干企业和重点骨干企业服务收入在销售收入中的占比分别达到20%和30%以上，形成一批具有较高专业水准、服务于装备制造业的现代制造服务企业。

机械工业通过发展服务型制造实现转型升级、提质增效的理念全面深入，并在全行业初步形成努力推进服务型制造的局面。

三、大力发展各类服务型制造业务

机械工业行业门类众多、生产工艺复杂、产品覆盖面广，这一特征，决定了机械工业服务型制造业务的多样性和复杂性。综合分析近年来国内外机械企业开展服务型制造的各种业务活动，根据不同行业的特点，今后几年应着力发展以下业务。

1. 创新设计 要充分利用专业设计机构，提高产品设计效率和技术水平。要注重将客户的情感、文化元素等融入产品的设计中。有条件的企业，还可以将设计部门独立，面向行业、面向社会开展设计。运用“互联网＋”方式，探索开展众包设计、用户参与设计、云设计、协同设计等设计方式，支持机械工业创新设计的发展，支撑创新驱动的实现。

2. 供应链管理 机械制造企业要强化供应链管理思维，应用管理优化的方法和技术，不断提升供应链管理的信息化、智能化水平，积极发展供应链管理的专业化服务。企业一方面要在内部健全管理、优化流程；另一方面，要积极开展精益生产方式、积极引入第三方物流和第四方物流的服务，帮助企业实现降本增效、提高供应链的管理水平和市场响应速度，增强企业竞争力。

3. 整体解决方案 机械工业企业要从以销售产品为主，向为客户提供“产品＋服务”的各种解决方案转型。尽可能向客户提供保障产品精度、效率和一致性的生产线，产品制造的数字化车间或工厂，力争实行以工程总承包的形式给客户提供整体解决方案。探索实施建设—移交、建设—运营—移交、建设—拥有—运营等多种服务模式，从单纯生产企业向整体解决方案提供商发展。注重研究客户工艺、为客户提供咨询、与客户利益一致，满足客户的需求。

4. 融资租赁 借鉴工业发达国家和国内较早开展融资租赁业务的行业所取得的经验，在机床、重型机械、工程机械、通用机械等行业开展融资租赁业务；并加快相关标准和规范的制定和实施，探索合理规避风险的业务模式，促进融资租赁业务健康可持续发展。

5. 大批量定制 为满足客户个性化需求，当今世界先进制造业的生产模式已经由大批量规模化生产向大批量定制转变。汽车、机床、工程机械等行业，为满足客户的个性化要求，应进行个性化设计、模块化设计，提高柔性化制造水平，改变生产工艺、调整生产组织和销售方式，在自动生产线上实现混流生产，实现大批量定制。从而改变原有的生产模式，获得更进一步发展。

机械企业要利用大数据、云计算等技术，分析把握客户需求动向和市场走向，采用3D打印等技术和装备为客户开展定制服务，快速响应市场、引导市场、创造市场。

6. 计价服务 对于加工复杂度高，单件产品价值大的整机和零部件产品，企业可开展按功能计费的服务模式。发挥装备制造企业对产品性能的掌握和运行维护经验丰富的优势，为客户提供按产品的功能和运行时间计费的模式，对产品进行全生命周期管理。鼓励大型工程机械、特种设备和车辆等整机制造企业，冶金轧辊等关键零部件制造企业与客户探索开展按功能时间计价服务；减轻客户投资压力的同时，提高产品的附加值，向客户提供“产品＋服务”。

7. 远程监测 鼓励发电设备、大型工程机械、大型农业机械、升降机、重型机械、矿山机械、大型机床、环保设备等制造生产企业，运用互联网、大数据、云计算等信息技术，开展远程在线监测、监控及诊断，及早发现问题，提供预警；对不宜人工作业的特殊工况和作业环境，进行远程监控／监测。推动远程监测／诊断业务与呼叫中心业务结合，成立相应机构，开展“7×24”服务，建立前台应答、后台专家系统分析服务的模式，及时发现问题、解决问题，做到线上监控和线下生产调度相结合。

8. 运维服务 随着专业化的发展和专业队伍能力的提升，关注制造企业生产环节的业务“外包”，延伸业务内容，拓展服务领域。工模具制造企业跟踪汽车、摩托车、注塑机等客户，对他们所需的工模具实行全程服务，提高其效能；仪器仪表企业，重点关注石油化工、制药、造纸等客户，开展点检、年检、运维、系统升级等运维服务；刀具制造企业，针对汽车、摩托车、内燃机企业的某个车间、工段所需的刀具开展全程运维“保姆式”服务。

9. 试验和试制服务 以生产某类专用试验／试制设备向客户开展服务。从出售产品向为客户提供“产品＋服务”的试验和试制解决方案。试验设备生产企业，利用自制试验设备，根据客户需求，拓展成立产品试验室、专业试验公司，为客户提供专业性的试验服务，最大程度发挥试验设备的利用率，发展连锁经营的试验室。生产3D打印设备的企业，建立服务中心和客户体验中心，为客户提供小批量零部件试制；生产冲裁设备的企业，可建立冲裁中心，按客户要求生产，并及时配送。其他如样件试制中心等，均有发展空间。

10. 再制造 在内燃机、工程、重型、机床等行业要积极推进再制造业务。在做好在役产品退役、再制造产品市场准入等方面的规范和标准的前提下，发展再制造产业。做好再制造产品的回收和逆向物流，建立回收、销售、溯源等信息管理系统。

四、努力做好六项重点工作

1. 加强指导，大力培育专业化增值服务企业 中国机械工业联合会成立推进服务型制造指导委员会，加强对机械工业开展服务型制造的指导，及时向工业和信息化部等政府机构反映进展情况和企业诉求。组织各种会议和论坛、展会，大力宣传服务型制造，促进企业加快转型。

2. 整合制造资源的各类平台为企业开展服务 为缓解机械行业制造资源丰富但又利用率低的突出矛盾，在工业和信息化部等政府部门的支持下，连接供和需、整机和配套等各方面的信息和合作，积极搭建整合制造资源的各类平台，促进跨界合作，利用信息技术减少和缩短中间环节，提高资源利用率。

3. 培育遴选服务型制造示范企业和示范项目 为配合《行动指南》的任务，“到 2018 年培育一批服务型制造示范企业和示范项目”，在机械工业第一批现代制造服务业示范企业的基础上，继续开展调研，了解机械工业企业推进服务型制造的状况，发现典型，及时总结交流，培育示范企业和示范项目。

4. 建立机械工业服务型制造信息统计系统 研究确定机械工业服务型制造统计方法和数据采集范围，建立统计口径和统计渠道；结合对重点联系企业抽样调查，建立服务型制造信息统计体系，及时了解服务型制造动态。

5. 建立服务型制造人才培养机制 围绕机械行业开展服务型制造业务的各种人才需求，定期发布服务型制造产业发展人才需求报告，制定并分类指导各类人才培养计划。与有关高校和职业技术学院合作，建立服务型制造人才培养机制，通过各种方式，对发展服务型制造的专业机构和企业所需人才要求不定期开展培训，以缓解企业人才供应不足的矛盾。

6. 加强标准研究制订 发展和推进服务型制造，须标准先行。为此要加快建立服务型制造标准体系。要尽快成立全国服务型制造标准化委员会，从研究制订机械工业服务型制造标准体系框架入手，加快开展标准的制修订工作。

〔来源：机经网〕

2016 年中国机械工业营业收入 100 强企业名单

序号	企业名称	省、区、市	主要产品	营业收入（万元）
1	中国机械工业集团有限公司	北京市	机械装备制造与研发，工程承包	21 481 780
2	潍柴控股集团有限公司	山东省	内燃机，内燃机配件	13 409 876
3	天津百利机械装备集团有限公司	天津市	大型液压机，电梯	11 759 860
4	上海电气（集团）总公司	上海市	电站设备，电梯，机床，机械设备	9 780 429
5	徐州工程机械集团有限公司	江苏省	起重机械，铲运机械	7 711 016

（续）

序号	企业名称	省、区、市	主要产品	营业收入（万元）
6	三一集团有限公司	湖南省	混凝土机械，挖掘机械	6 375 794
7	盾安控股集团有限公司	浙江省	中央空调主机，制冷配件	5 252 832
8	中联重科股份有限公司	湖南省	起重机械，铲运机械，混凝土机械	5 026 920
9	新疆特变电工集团有限公司	新疆维吾尔自治区	变压器、电抗器、互感器、开关、电线电缆，电子铝箔、电极箔	4 901 487
10	中国东方电气集团有限公司	四川省	发电设备	3 745 774
11	山东时风（集团）有限责任公司	山东省	三轮汽车，拖拉机	3 557 631
12	哈尔滨电气集团公司	黑龙江省	发电设备，电站锅炉，电站汽轮	3 349 252
13	远东控股集团有限公司	江苏省	交联电缆，控制电缆	3 272 223
14	白云电气集团有限公司	广东省	交直流钢化玻璃绝缘子、电容器组、互感器等，交流套管、隔离开关等	2 852 977
15	广西玉柴机器集团有限公司	广西壮族自治区	柴油机	2 712 698
16	广州广日集团有限公司	广东省	电梯及扶梯，电机	2 665 472
17	新疆金风科技股份有限公司	新疆维吾尔自治区	1.5MW 风力发电机组，2.5MW 风力发电机组	2 639 583
18	正泰集团股份有限公司	浙江省	低压电器、输配电，新能源电站	2 623 580
19	雷沃重工股份有限公司	山东省	收获机械，拖拉机，工程机械	1 924 429
20	三花控股集团有限公司	浙江省	四通换向阀，电子膨胀阀	1 920 315
21	山东五征集团	山东省	农用车，载货汽车，拖拉机	1 909 945
22	大全集团有限公司	江苏省	高低压成套电器，智能元器件、封闭母线、母线槽、变压器	1 756 566
23	太原重型机械集团有限公司	山西省	起重设备，矿山设备，轧钢设备	1 700 028
24	许继集团有限公司	河南省	智能输配电设备，电力电子产品	1 656 939
25	中国西电集团公司	陕西省	变压器，全封闭组合电器	1 645 666
26	沈阳机床（集团）有限责任公司	辽宁省	金属切削机床，数控系统	1 550 430
27	湘电集团有限公司	湖南省	风力发电机及机组，交、直流电动机	1 539 492
28	广西柳工集团有限公司	广西壮族自治区	土方机械，桩工机械，预应力产品	1 525 995
29	人本集团有限公司	浙江省	轴承	1 461 382
30	临沂临工机械集团	山东省	装载机，挖掘机	1 332 425
31	北京京城机电控股有限责任公司	北京市	数控机床，气体储运，环保产业等	1 260 649
32	海天塑机集团有限公司	浙江省	注塑机，数控机床	1 239 161
33	江苏上上电缆集团有限公司	江苏省	电线电缆	1 221 410
34	山东华兴机械股份有限公司	山东省	石材加工机械，农业机械	1 122 627
35	德力西集团有限公司	浙江省	低压电器，仪器仪表	1 119 331
36	大连冰山集团有限公司	辽宁省	制冷空调设备，食品冷冻冷藏设备	1 112 689

（续）

序号	企业名称	省、区、市	主要产品	营业收入（万元）
37	中信重工机械股份有限公司	河南省	矿山设备，建材水泥设备	1 102 436
38	广州电气装备集团有限公司	广东省	大重型机械装备、能源动力，超高压输配电设备	1 091 906
39	平高集团有限公司	河南省	封闭式组合电器，断路器	1 023 951
40	北方重工集团有限公司	辽宁省	矿山机械设备，输送机械设备	1 012 107
41	兰州兰石集团有限公司	甘肃省	石油钻采机械，炼油化工设备	1 010 376
42	卫华集团有限公司	河南省	起重机，工程建筑	1 008 697
43	中国四联仪器仪表集团有限公司	重庆市	工业自动化仪表及控制系统，电子器件	989 223
44	日立建机(中国)有限公司	安徽省	挖掘机，起重机	979 202
45	杭叉集团	浙江省	叉车	803 583
46	安徽天康(集团)股份有限公司	安徽省	电线电缆，仪器仪表	715 241
47	沈阳鼓风机集团股份有限公司	辽宁省	风机，泵类，往复式压缩机	703 249
48	福建龙净环保股份有限公司	福建省	电除尘设备，高、低压设备	669 846
49	安徽蓝德集团股份有限公司	安徽省	电线电缆光缆，仪器仪表，桥架	667 890
50	大连重工·起重集团有限公司	辽宁省	冶金机械，装卸机械，起重机械	644 952
51	安徽叉车集团有限责任公司	安徽省	叉车	644 544
52	杭州制氧机集团有限公司	浙江省	气体、液体分离及纯净设备，风机、风扇	613 886
53	风帆有限责任公司	河北省	铅酸蓄电池	606 412
54	青岛汉河集团股份有限公司	山东省	电力电缆，电缆附件	586 794
55	山推工程机械股份有限公司	山东省	推土机	564 225
56	天津大桥焊材集团有限公司	天津市	焊条，焊丝	552 770
57	瓦房店轴承集团有限责任公司	辽宁省	轴承	538 716
58	中国铁建重工集团有限公司	湖南省	全断面隧道掘进机，全电脑凿岩台车	537 235
59	烟台冰轮集团有限公司	山东省	制冷空调设备，环保制热设备	500 021
60	天津市金桥焊材集团有限公司	天津市	焊条，焊丝	478 221
61	秦川机床工具集团	陕西省	金属切削机床，金属切削刀具	469 601
62	杭州东华链条集团有限公司	浙江省	链传动产品，农业机械	452 794
63	陕西鼓风机(集团)有限公司	陕西省	风机，工矿配件，仪表，锅炉	442 920
64	济南二机床集团有限公司	山东省	金属成形机床，金属切削机床	441 558
65	洛阳 LYC 轴承有限公司	河南省	滚动轴承	435 273
66	豫飞重工集团有限公司	河南省	起重机械	427 910
67	人民电器集团有限公司	浙江省	低压电器元件，低压电器一般元器件	427 332
68	江麓机电集团有限公司	湖南省	工程机械，传动机械，特殊用途装备	408 296
69	昆明云内动力股份有限公司	云南省	柴油发动机	392 205

（续）

序号	企业名称	省、区、市	主要产品	营业收入（万元）
70	杭州汽轮动力集团有限公司	浙江省	工业汽轮机	372 480
71	浙江菲达环保科技股份有限公司	浙江省	电除尘器	354 322
72	杭州电缆股份有限公司	浙江省	导线，电线电缆	322 037
73	厦门厦工机械股份有限公司	福建省	装载机，挖掘机	319 036
74	北京 ABB 电气传动系统有限公司	北京市	变压器，变频器	315 705
75	上海凯泉泵业(集团)有限公司	上海市	泵	313 485
76	福建南平太阳电缆股份有限公司	福建省	电力电缆，电气装备用电线	302 451
77	安徽全柴集团有限公司	安徽省	柴油发动机	298 542
78	南京汽轮电机(集团)有限责任公司	江苏省	燃气轮机，汽轮机，燃（汽）轮发电机	295 300
79	安徽电缆股份有限公司	安徽省	电力电缆	293 100
80	青岛捷能汽轮机集团股份有限公司	山东省	发电机，汽轮机	282 804
81	四川空分设备(集团)有限责任公司	四川省	气体分离及液化设备，低温液体贮运设备	274 737
82	上海富士施乐有限公司	上海市	数码多功能一体机	273 758
83	开山集团	浙江省	压缩机械制造，螺杆膨胀发电站	269 945
84	广东鸿图科技股份有限公司	广东省	铝合金压铸件	267 823
85	重庆康明斯发动机有限公司	重庆市	各种系列发动机	254 146
86	北京电力设备总厂有限公司	北京市	ZGM 型中速辊式磨煤机，特高压平波电抗器	249 317
87	扬力集团股份有限公司	江苏省	压力机，折弯机	243 777
88	山东金马工业集团股份有限公司	山东省	汽车配件，型材	234 803
89	国营芜湖机械厂	安徽省	轻钢结构，工艺装备制造，航空产品修理，软管、钢管	230 863
90	常柴股份有限公司	江苏省	柴油发动机	223 293
91	常州东风农机集团有限公司	江苏省	各类手扶拖拉机，各类轮式拖拉机	217 611
92	安徽皖南电机股份有限公司	安徽省	电动机	205 100
93	沈阳新松机器人自动化股份有限公司	辽宁省	工业机器人，移动机器人	203 348
94	山河智能装备股份有限公司	湖南省	旋挖钻机，静力压桩机，挖掘机，凿岩设备	202 772
95	杭州锅炉集团股份有限公司	浙江省	余热锅炉，电站锅炉	197 045
96	华立科技股份有限公司	浙江省	仪器仪表，仪表元器件	182 647
97	常熟开关制造有限公司(原常熟开关厂)	江苏省	CM 系列塑料外壳式断路器，CW 系列智能型万能式断路器	178 463
98	黄山金马股份有限公司	安徽省	汽车仪表，摩托车仪表	169 350
99	安徽应流机电股份有限公司	安徽省	燃气轮机高温合金叶片，硅溶胶产品	154 461
100	杭州前进齿轮箱集团股份有限公司	浙江省	船用齿轮箱，工程变速箱	154 331

〔来源：中国机械工业联合会机经网〕

2016 年度中国机械工业 100 强分析

一、2016 年机械工业 100 强企业基本情况

1. 2016 年机械工业 100 强企业规模情况

2016 年入选机械工业 100 强企业的营业收入总额为 16 992 亿元，比上年增长 2.58%，与 2015 年的 -3.99% 相比，增幅由负转正，上升 6.57 个百分点。其中：有 42 家企业营业收入规模超过 100 亿元，8 家企业超过 500 亿元，3 家超过 1 000 亿元。入选的企业中，有 70 家企业的营业收入同比增长，30 家同比下降。2004—2016 年 100 强企业的营业收入及增幅见图 1。

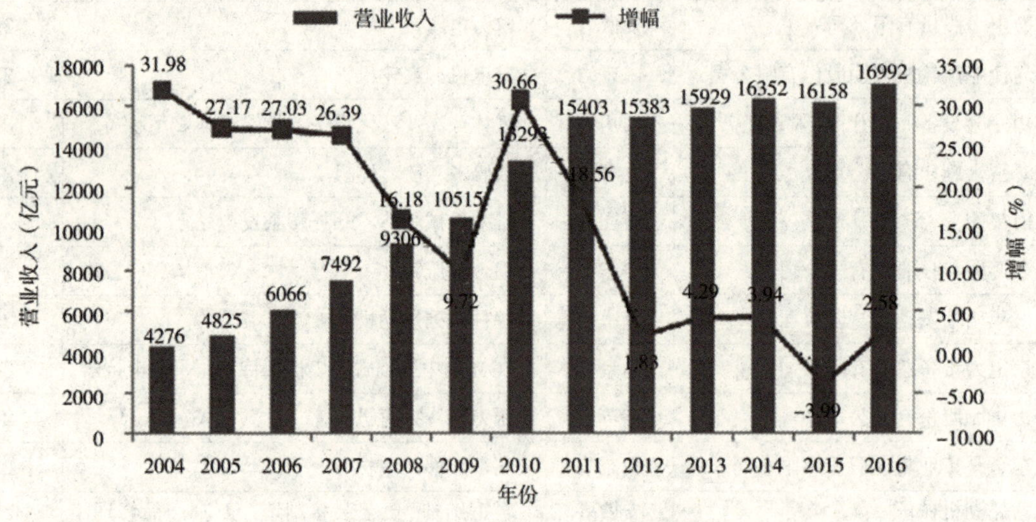

图 1 2004—2016 年 100 强企业的营业收入及增幅

2016 年机械工业 100 强企业排名前 5 位的分别是：中国机械工业集团有限公司，营业收入达 2 148 亿元，继续蝉联机械工业 100 强榜首，连续 6 年进入世界 500 强；潍柴控股集团有限公司实现营业收入 1 341 亿元，继续保持第 2 位；天津百利机械装备集团有限公司实现营业收入 1 176 亿元，跃居第 3 位；上海电气（集团）总公司实现营业收入 978 亿元，居第 4 位；徐州工程机械集团有限公司实现营业收入 771 亿元，居第 5 位。

2. 2016 年机械工业 100 强企业盈利情况

2016 年入选机械工业 100 强企业的利润总额为 670 亿元，比上年下降 9.65%，下降幅度比 2015 年的 3.06% 继续加大。其中：63 家企业的利润额同比增长，37 家同比下滑。2004—2016 年机械工业 100 强企业利润总额和增幅见图 2。

3.2016 年机械工业 100 强企业行业分布情况

2016 年机械工业 100 强企业的行业分布格局基本稳定，电工电器行业继续稳居榜首，工程机械、石化通用机械行业分列第二、第三位。2016 年机械工业 100 强企业的行业分布情况见图 3。

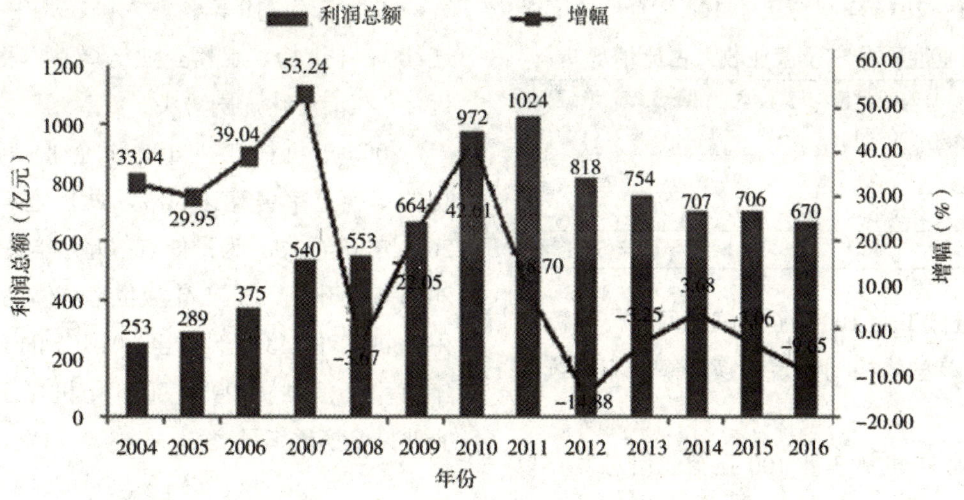

图 2 2004—2016 年机械工业 100 强企业利润总额和增幅

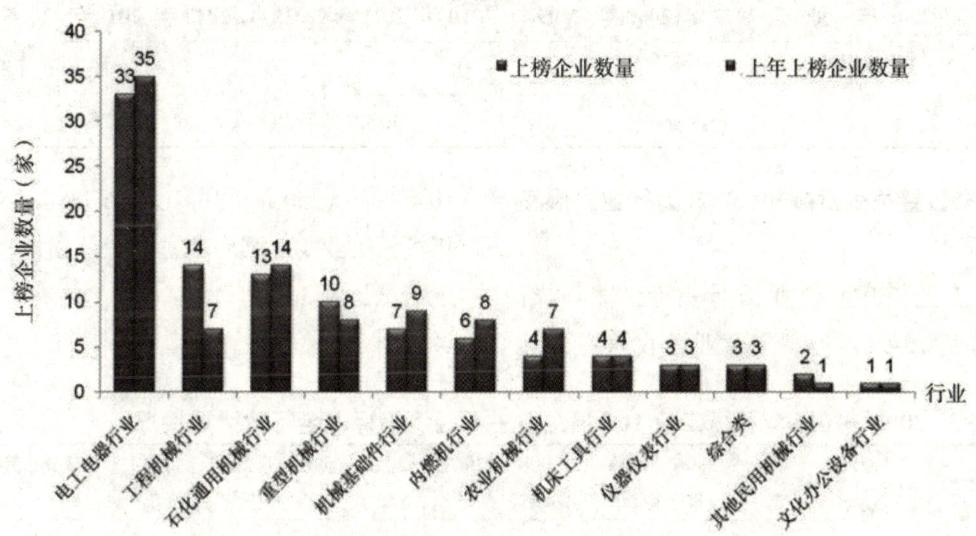

图 3 2016 年机械工业 100 强企业的行业分布情况

4. 2016 年机械工业 100 强企业地区分布情况

从地区分布看，2016 年机械工业 100 强企业仍然以经济活动最为活跃的东部地区为主。2015 年东部地区上榜企业 63 家，合计营业收入比上年增长 3.67%；中部地区上榜企业 24 家，合计营业收入比上年增长 0.55%；西部地区上榜企业 13 家，合计营业收入比上年下降 0.57%。

从经济圈分布来看，长江三角洲地区上榜企业 29 家，珠江三角洲地区上榜企业 4 家，环渤海湾地区上榜企业 27 家，三大经济圈入围企业共 60 家。

从省（市）分布来看，入围机械工业 100 强企业的前三甲分别是浙江省、山东省和安徽省，其中，浙江省上榜企业 17 家，名列第一；其次分别是山东省 12 家，安徽省 10 家。2016 年安徽省替代江苏省，进入前三甲。

5.2016 年机械工业 100 强企业按企业性质分布

2016 年机械工业 100 强企业按企业性质分布及营业收入占比情况见表 1。

表 1　2016 年机械工业 100 强企业按企业性质分布及营业收入占比情况

企业性质	入围数量（家）	营业收入占比（%）	增幅（%）
国有企业	34	57.96	3.65
民营企业	58	38.63	0.77
三资企业	8	3.41	5.66

二、机械工业 100 强企业发展回顾与分析

1. 榜单总体格局稳定，换位率近年持续回升

自 2004 年机械工业 100 强企业信息发布以来，先后共有 219 家企业入围，其中 28 家企业连续 13 年上榜。上榜企业格局基本稳定，不过近几年又有分化加剧势头。

2005 年机械工业 100 强企业信息发布之初的年换位率曾高达 32%，此后逐年下降，至 2012 年降至 6%，为最低点；近几年又逐渐上升，2016 年上升至 22%。5 年换位率总体呈下降趋势，由 2009 年的 43% 下降至 2016 年的 26%，2015 年有小幅波动。2005—2016 年机械工业 100 强企业排名换位率见表 2。

表 2　2005—2016 年机械工业 100 强企业排名换位率　（单位：%）

	2005 年	2006 年	2007 年	2008 年	2009 年	2010 年	2011 年	2012 年	2013 年	2014 年	2015 年	2016 年
年换位率	32	15	13	11	14	14	7	6	8	10	13	22
五年换位率	—	—	—	—	43	37	32	26	26	26	29	26

2. 厂家数量虽少贡献却大，成为行业发展重要支柱

机械工业 100 强企业数量占全部机械行业比重为仅 0.14%，但其主营业务收入占比达 10.49%，利润总额占比达 6.73%。2004—2016 年机械工业 100 强企业主要经济指标占全行业比重情况见表 3。

表 3　2004—2016 年机械工业 100 强企业主要经济指标占全行业比重情况　（单位：%）

	2004 年	2005 年	2006 年	2007 年	2008 年	2009 年	2010 年	2011 年	2012 年	2013 年	2014 年	2015 年	2016 年
企业数量占比	0.20	0.21	0.19	0.16	0.12	0.11	0.11	0.16	0.15	0.15	0.15	0.14	0.14
主营业业收入占比	18.67	16.95	16.15	14.88	14.01	14.24	13.79	13.31	12.21	11.31	10.74	10.33	10.49
利润总额占比	20.05	17.56	16.70	16.50	12.27	12.98	12.56	11.75	9.32	8.50	7.52	7.27	6.73

3. 入围机械工业 100 强企业的门槛有所回升，企业规模再创新高

机械工业 100 强企业信息发布 13 年来，入围企业总体上呈现了持续增长、发展壮大的趋势。近几年，在总体环境严峻、需求明显回落的情况下，大多数企业主动应对市场变化、调整经营策略、加快结构调整、收缩发展速度，机械工业 100 强企业的营业收入、最大规模、总规模和平均规模等入围标准有所波动。2016 年除最大规模指标外，其他指标均显现回升态势，总规模、平均规模创历史新高。

2016 年机械工业 100 强企业入围规模为 15.4 亿元，比上届有所回升；总规模达 16 992 亿元、平均规模达 169.92 亿元，都较上届回升，并创新高；最大规模达 2148 亿元，连续两届有所下降。

4. 特大企业波动增长，超大企业稳中有升

自首届机械工业 100 强企业发布以来，榜单中规模超过百亿元的特大型企业数量总体呈增长态势，2004 年特大型企业为 6 家，“十一五”时期得到快速增长，“十二五”时期平稳波动，

2016 年为 42 家，比上一届增加了 3 家。规模超千亿的大型企业从无到有：2004 年 0 家，2009 年有 1 家，2012 年升为 2 家，2016 年升为 3 家。

（续）

2004—2016 年机械工业 100 强企业规模分布变化情况见图 4。2004—2016 年机械工业 100 强中特大型企业和超大型企业数量变化情况见图 5。

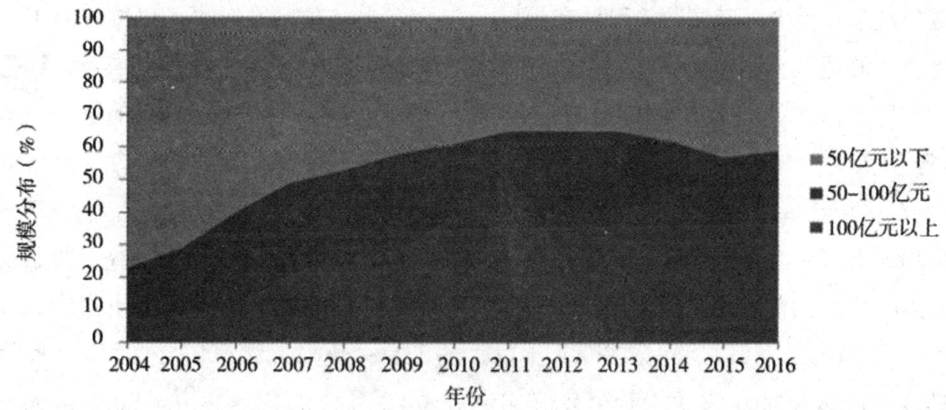

图 4　2004—2016 年机械工业 100 强企业规模分布变化情况

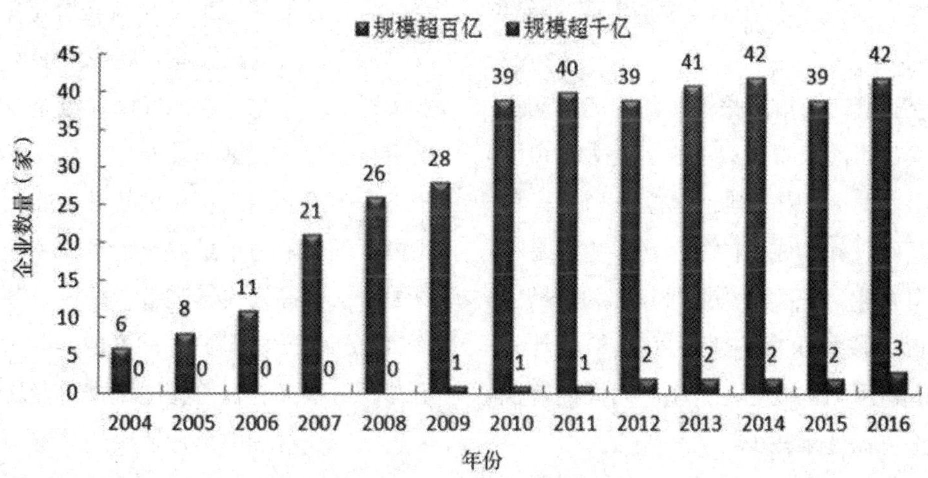

图 5　2004—2016 年机械工业 100 强中特大型企业和超大型企业数量变化情况

5. 行业分布稳中有变，四大行业占比七成

由于行业特点不同，并非每个行业都容易产生大型企业。榜单发布 13 年来，入围企业行业分布总体稳定略有变化，主要集中在电工电器、石化通用机械、汽车、农业机械、内燃机、工程机械、重型机械、基础件等行业中。仪器仪表、文化办公设备、食品包装机械、其他民用机械等行业上榜企业很少甚至没有企业上榜。

机械工业 100 强企业行业分布，按入围数量可分为三个梯队：

第一梯队为电工电器行业，入围企业在 30 家以上，入围企业数最多年份达 39 家，2016 年入围数量为 33 家。

第二梯队入围企业数量在 10 ～ 30 家之间。其中，石化通用机械行业，入围数量波动上升，2016 年入围 13 家；工程机械行业，入围数量在 10 ～ 14 家间波动，2016 年入围 14 家；重型机械行业，2010 年之前均在 10 家以上，“十二五”期间退至 10 家以下，2016 年又上升至 10 家。

第三梯队为农业机械、内燃机、机床工具、机械基础件、仪器仪表、文办设备和其他民用机械行业，入围企业数量均在 10 家以下。

第一、二梯队的四大行业——电工电器、石化通用、工程机械、重型机械历年入围企业数量合计占整个机械工业100强榜单的七成左右。2016年合计入围70家，占比7成。

6. 地域分布东多西少，区域政策引导变化

从入围企业的地区分布看，区域经济发达和活跃的东部地区入围企业数量占大多数，每年入围都在60家以上，中、西部地区合计入围企业数在30余家，区域格局基本稳定。

从发展趋势看，区域格局逐渐向政策预期方向调整和发展：中、西部地区入围企业数量总体呈上升趋势，东部则呈下降趋势。自2004年以来，中部地区由最初入围的12家上升至2016年的24家，西部地区由10家上升至2016年的13家，东部地区入围企业由2004年的78家下降至2016年的63家。

从入围企业所在都市圈来看，长江三角洲都市圈和环渤湾都市圈表现最为突出，两大都市圈都位于东部沿海地区，因其政治地位、开放程度、完善的城市基础设施和成熟的经济环境更容易吸引和造就大型企业。三大经济圈每年都为机械工业100强贡献6成以上的企业，2016年合计入围60家。随着中、西部发展提速，三大经济圈合计入围数量也在逐年减少

从省（市）分布来看，机械工业100强企业的省市分布总体基本稳定，个别省（市）小幅波动。2016年机械工业100强企业来自全国22个省、市、自治区。入围企业数量前三甲分别是浙江省、山东省和安徽省，上榜企业都在10家以上（分别为17、12、10家），三省合计39家，占比近4成。安徽省超过江苏省，进入前三甲。

7. 国有企业平稳波动，民营企业波动上升

十余年来，入围机械工业100强的国有企业数量有波动但总体稳定，基本在30～35家之间波动，占全部机械工业100强的三成多，2015年国有企业上榜上榜数量降至26家，2016年企业数量为34家；民营企业的入围数量波动上升，由2004年43家升至2016年58家；三资企业入围数量波动下降，由2004年33家降为2015年8家。

8. 地位提升仍有差距，加快推进由大到强

自榜单发布以来，机械工业100强企业都在快速成长，无论是规模、效益，还是科技创新、国际竞争力，都有了长足的进步，与世界同类企业的差距不断缩小，成长性和运营效率都有较好表现。

榜单发布的前几年机械工业还没有进入世界500强的企业。2011年国机集团成为我国机械工业首个进入世界500强的企业，此后连续6年入围并且位次快速提升，2011年列434位，2014年升至最高为278位，近两年因营业收入下降导致排名略有下降，2016年排名降至第293位。

尽管我国机械企业发展成绩斐然，国际地位不断提高，但与世界同行中顶级企业相比，仍存在明显差距：关键基础材料、核心基础零部件、先进基础工艺和产业技术基础发展相对滞后；企业自主创新能力不足；一批重大关键技术和产品缺失；部分高端关键装备、短板设备依然受制于进口；知识产权保护严重不足；自主品牌培育滞后等。这些都是目前我国机械工业转型升级、由大到强转变过程中亟待解决的关键问题。

目前仅有国机集团1家进入世界500强行列，尽管排名总体来看有所提高，但仍处于中游行列。

2017年是实施“十三五”规划的重要一年，也是供给侧结构性改革的深化之年。随着“十三五”规划、“中国制造2025”各项工作的深入推进，“强基工程”“智能制造”等专项以及重大技术改造升级工程的实施，产业政策对机械工业的发展和经济运行的带动作用进一步释放。

国务院发布的“机械工业调结构促转型增效益的指导意见”，瞄准了机械工业发展中的短板和矛盾症结，为机械工业发展进一步指明了方向，提供了良好的政策环境。

〔来源：中国机械工业联合会机经网〕

2017年中国企业500强前100强名单

2017年中国500强上榜公司的总营业收入达到了33.54万亿元，较上年大涨9%；净利润达2.8万亿元，同比增长约2.2%；营业收入和利润增幅较上年均有明显回升。2017年企业上榜的年营收门槛为113.23亿元，首次突破百亿。

榜单头部依然是三足鼎立：中国石油化工股份有限公司、中国石油天然气股份有限公司和中国建筑股份有限公司，其中前两者的营业收入之和超过了全部500家上榜公司收入的十分之一。紧随榜单三巨头的上海汽车集团股份有限公司继续保持并扩大了国内车企销量冠军的优势。继2016年首次进入前10位，2017年中国平安保险（集团）股份有限公司排位继续升至第5名，蝉联保险业第1名和非国有企业第1名。

新上榜企业中包括部分新上市的重要中国公司。绿地控股集团股份有限公司正式登陆A股后，凭借2016年业绩登上榜单，并成为房地产行业冠军。另一家众人瞩目的公司第一次登上榜单就名列第112位的就是拥有庞大快递网络的顺丰。

行业方面，互联网服务行业累计收入同比增长36.7%。房地产行业上榜公司数量增加了8家，在今年500强中占比超过10%。

虽然在所有上市公司中，最赚钱的依然是中国工商银行股份有限公司，实现净利润2782.49亿元，比上年增长0.4%。但是，最赚钱公司的第10~20位中出现了两家民营公司——腾讯控股有限公司和阿里巴巴集团控股有限公司。其中腾讯控股有限公司的利润率高达27%，在利润率子榜上也位列前40名。

中金公司财富研究部解读了榜单中所反映的三大行业趋势：

1. 受益于2016年楼市繁荣，房企排名明显提升　“买房”毫无疑问是2016年的经济关键词之一，从一二线城市到三四线城市，全国楼市销售一片火热，房地产企业从本轮地产上行周期中受益良多。根据《财富》杂志的行业分类标准，2017年的中国500强榜单共有房地产企业56家，其中新上榜企业12家，使得房企上榜公司数量占比超过10%。从收入和排名的角度看，2016年收入增速超过30%的房企达24家，大多数房企排名较2015年有所提升。

2. 经济转型持续深化，新经济行业表现靓丽　在我国经济转型的深化过程中，“互联网+”在各行业加速渗透，居民消费的升级趋势同样明显，以互联网服务、传媒文化为代表的“新经济”行业充分受益，表现靓丽。2017年入选中国500强榜单的互联网服务公司，其累计收入同比增长36.7%，整体排名明显提升，强势不减。传媒文化行业的上榜企业，其2016年累计净利润同比增长23.8%，明显好于上榜企业整体水平。

3. 传统行业形势各有不同，供给侧改革成效明显　由于产业政策和供需格局各异，传统行业的形势各有不同。受益于供给侧改革和需求端复苏，煤炭行业2016年运行情况明显改善，上榜的13家煤炭企业2016年收入均有所增长，累计收入同比增长13.7%，扭转了此前的下滑趋势。供给侧改革力度同样较大的钢铁行业，多数上榜企业也取得收入正增长。而船舶行业4家上榜的龙头公司，2016年的收入和排名则均有所下滑，显示船舶行业依然整体承压。2017年中国企业500强前100强名单见表1。

表 1 2017 年中国企业 500 强前 100 强名单

排名	上年排名	公司名称	营业收入（百万元）	利润（百万元）
1	1	中国石油化工股份有限公司	1 930 911.0	46 416.0
2	2	中国石油天然气股份有限公司	1 616 903.0	7 900.0
3	3	中国建筑股份有限公司	959 765.49	29 870.1
4	5	上海汽车集团股份有限公司	756 416.17	32 008.61
5	8	中国平安保险（集团）股份有限公司	712 453.0	62 394.0
6	6	中国移动有限公司	708 421.0	108 741.0
7	4	中国工商银行股份有限公司	675 891.0	278 249.0
8	7	中国中铁股份有限公司	643 357.32	12 509.16
9	10	中国铁建股份有限公司	629 327.09	13 999.61
10	9	中国建设银行股份有限公司	605 090.0	231 460.0
11	12	中国人寿保险股份有限公司	549 771.0	19 127.0
12	11	中国农业银行股份有限公司	506 016.0	183 941.0
13	13	中国银行股份有限公司	483 630.0	164 578.0
14	14	中国人民保险集团股份有限公司	443 323.0	14 245.0
15	15	中国交通建设股份有限公司	431 743.43	16 743.07
16	17	中国电信股份有限公司	352 285.0	18 004.0
17	16	中国中信股份有限公司	325 907.47	28 054.84
18	18	联想控股股份有限公司	294 745.71	4 851.98
19	19	中国联合网络通信股份有限公司	274 196.78	154.07
20	20	中国太平洋保险（集团）股份有限公司	267 014.0	12 057.0
21	31	京东商城电子商务有限公司	260 121.64	−3 806.79
22	22	国药控股股份有限公司	258 387.69	4 647.34
23	—	绿地控股集团股份有限公司	247 400.15	7 207.3
24	27	万科企业股份有限公司	240 477.24	21 022.61
25	24	中国电力建设股份有限公司	238 968.36	6 771.81
26	21	中国中车股份有限公司	229 722.15	11 295.6
27	25	中国能源建设股份有限公司	222 171.02	4 281.29
28	23	中国冶金科工股份有限公司	219 557.58	5 375.86
29	43	中国恒大集团	211 444.0	5 091.0
30	26	招商银行股份有限公司	209 025.0	62 081.0
31	30	物产中大集团股份有限公司	207 172.43	2 154.32

（续）

排名	上年排名	公司名称	营业收入（百万元）	利润（百万元）
32	29	江西铜业股份有限公司	202 308.22	787.54
33	28	交通银行股份有限公司	193 129.0	67 210.0
34	--	中国邮政储蓄银行股份有限公司	189 602.0	39 801.0
35	34	宝山钢铁股份有限公司	185 710.29	8 965.51
36	32	中国神华能源股份有限公司	183 127.0	22 712.0
37	38	上海浦东发展银行股份有限公司	160 792.0	53 099.0
38	39	美的集团股份有限公司	159 841.7	14684.36
39	37	兴业银行股份有限公司	157 060.0	53 850.0
40	36	中国民生银行股份有限公司	155 211.0	47 843.0
41	51	保利房地产（集团）股份有限公司	154 773.28	12 421.55
42	52	碧桂园控股有限公司	153 086.98	11 516.82
43	57	腾讯控股有限公司	151 938.0	41 095.0
44	41	苏宁云商集团股份有限公司	148 585.33	704.41
45	33	中国海洋石油有限公司	146 490.0	637.0
46	35	新华人寿保险股份有限公司	146 173.0	4 942.0
47	45	厦门建发股份有限公司	145 590.89	2 854.66
48	50	中国铝业股份有限公司	144 065.52	402.49
49	62	阿里巴巴集团控股有限公司	143 878.0	38 393.0
50	40	万洲国际有限公司	143 035.29	6 881.42
51	42	中国太平保险控股有限公司	142 489.5	4 085.8
52	—	广汇汽车服务股份公司	135 422.26	2 802.9
53	—	华润医药集团有限公司	134 108.31	2 414.56
54	47	上海建工集团股份有限公司	133 656.54	2 095.5
55	46	东风汽车集团股份有限公司	122 422.0	13 355.0
56	55	上海医药集团股份有限公司	120 764.66	3 196.39
57	98	厦门象屿股份有限公司	119 066.86	426.44
58	65	青岛海尔股份有限公司	119 065.83	5 036.65
59	69	北京汽车股份有限公司	116 198.98	6 366.93
60	53	中国南方航空股份有限公司	114 792.0	5 055.0
61	54	中国国际航空股份有限公司	113 963.99	6 814.02
62	44	华能国际电力股份有限公司	113 814.24	8 814.29

（续）

排名	上年排名	公司名称	营业收入（百万元）	利润（百万元）
63	58	珠海格力电器股份有限公司	110 113.1	15 420.96
64	56	TCL 集团股份有限公司	106 617.86	1 602.13
65	72	比亚迪股份有限公司	103 470.0	5 052.15
66	84	兖州煤业股份有限公司	101 982.21	2 064.58
67	59	中国建材股份有限公司	101 546.78	1 058.17
68	60	中兴通讯股份有限公司	101 233.18	−2 357.42
69	70	中国葛洲坝集团股份有限公司	100 254.15	3 395.31
70	76	长城汽车股份有限公司	98 615.7	10 551.16
71	63	中国东方航空股份有限公司	98 560.0	4 508.0
72	90	厦门国贸集团股份有限公司	98 076.57	1 043.2
73	77	中国华融资产管理股份有限公司	95 207.72	19 613.46
74	64	中国光大银行股份有限公司	94 037.0	30 329.0
75	67	华润置地有限公司	93 562.5	16 688.85
76	79	潍柴动力股份有限公司	93 183.52	2 441.19
77	68	中国再保险（集团）股份有限公司	92 364.44	5 146.05
78	74	中国信达资产管理股份有限公司	91 657.23	15 512.16
79	71	中国通信服务股份有限公司	88 449.36	2 536.25
80	66	铜陵有色金属集团股份有限公司	86 674.1	180.32
81	75	上海电气集团股份有限公司	79 078.36	2 060.17
82	78	紫金矿业集团股份有限公司	78 851.14	1 839.8
83	86	重庆长安汽车股份有限公司	78 542.44	10 285.28
84	105	中国航油（新加坡）股份有限公司	77 736.11	590.55
85	89	国美电器控股有限公司	76 695.02	325.14
86	83	中国粮油控股有限公司	76 305.27	1 214.5
87	112	远大产业控股股份有限公司	75 752.13	390.94
88	80	河钢股份有限公司	74 551.01	1 555.48
89	73	复星国际有限公司	73 966.56	10 268.18
90	102	中升集团控股有限公司	71 599.22	1 860.23
91	108	中远海运控股股份有限公司	71 160.18	−9 906.0
92	87	百度股份有限公司	70 549.36	11 632.27
93	163	昆仑能源有限公司	70 074.62	563.97

（续）

排名	上年排名	公司名称	营业收入（百万元）	利润（百万元）
94	81	中国长城科技集团股份有限公司	69 128.16	33.15
95	127	京东方科技集团股份有限公司	68 895.66	1 882.57
96	88	四川长虹电器股份有限公司	67 175.34	554.78
97	111	庞大汽贸集团股份有限公司	66 009.4	381.69
98	103	华夏银行股份有限公司	64 025.0	19 677.0
99	124	招商局蛇口工业区控股股份有限公司	63 572.83	9 581.42
100	82	华电国际电力股份有限公司	63 346.05	3 344.44

注：1. 中国企业 500 强排行榜由中金公司财富管理部与《财富》(中文版)杂志合作编制完成。

2. 本排行榜覆盖范围包括在中国境内（外）上市的所有中国公司。

3. 本排行榜所依据数据为上市公司在各证券交易所正式披露信息。

本榜以人民币为统一计价标准；除另有注明外，营业收入与利润所涉及人民币汇率均按 2016 年平均汇率（中国人民银行公布的交易中间价）换算，其中：1 港币 =0.855 8 元人民币；1 美元 =6.642 3 元人民币；1 新加坡元 =4.812 0 元人民币；总资产与股东权益所涉及人民币汇率均按 2016 年 12 月 31 日中国人民银行公布的交易中间价换算。

5. 本排行榜所采用财务数据，以该公司公布的中国国内会计准则核算之数据为首选，以国际会计准则核算之数据为候选。

6. 本排行榜所采用的市值数据以该公司 2016 年 12 月 31 日收盘价数据为准，对于多地上市公司，区分不同地区上市的股份价格和股份数量分别计算市值，然后加总。2017 年新上市公司，采用上市首日收盘价计算市值。

7. 本排行榜排名不构成对相关公司二级市场的任何操作建议。

8. 凡财务年度截至日非 12 月 31 日的公司均按其季报及中报数据调整为自然年度对应数据。

9. 因创维数码，中国燃气没有季度数据，因此统计口径调整为 2015 年 10 月 1 日至 2016 年 9 月 30 日；因百丽国际没有季度数据，因此统计口径调整为 2016 年 3 月 1 日至 2017 年 2 月 28 日。

10. 本排行榜统计截止日为 2017 年 5 月 31 日，部分上年上榜公司，如魏桥纺织，中国宏桥等因延发年报未纳入统计范围。

11. 上市公司市值仅供参考。

〔来源：财富中文网〕

2017 年《财富》世界 500 强的中国上榜企业名单

我国入围世界 500 强的公司数量，继 2016 年达到 110 家后，2017 年继续增长至 115 家，连续第 14 年增长。中美世界 500 强上榜公司的数量差距继续缩小。10 家中国公司首次上榜，他们是：安邦保险集团、恒力集团、阳光金控投资集团有限公司、阿里巴巴集团、碧桂园控股有限公司、腾讯控股有限公司、苏宁云商集团、厦门建发集团有限公司、厦门国贸控股集团有限公司和新疆广汇实业投资（集团）有限责任公司。新上榜公司最多的行业是贸易（3 家），其次是两家来自互联网服务和零售的公司——阿里巴巴集团和腾讯控股有限公司，碧桂园控股有限公司是唯一新上榜的房地产企业。值得一提的是：随着阿里巴巴集团、腾讯控股有限公司上榜，加上 2016 年首次上榜的京东，全球 6 家互联网服务大公司中国和美国各占一半。美国的 3 家互联网公司为亚马逊、谷歌母公司 Alphabet，以及 2017 年新上榜的社交媒体巨头 Facebook。

2017 年美国有 132 家公司，日本有 51 家上榜。虽然中国在上榜公司数量上远远超越排在第 3 位的日本，但是除了金融业，日本上榜的主体是 10 家电子和通信行业公司以及 10 家汽车制造业公司，是来自具备创新能力的优势行业；作为对比，中国除了金融业，最多的行业分布是 19 家能源、炼油、采矿公司、14 家房地产公司和工程与建筑公司。2017 年世界 500 强的中国上榜企业名单见表 1。

表 1 2017 年世界 500 强的中国上榜企业名单

排名	上年排名	公司名称（中英文）	营业收入（百万美元）	总部所在城市
2	2	国家电网公司（STATE GRID）	315 198.6	北京
3	4	中国石油化工集团公司（SINOPEC GROUP）	267 518.0	北京
4	3	中国石油天然气集团公司（CHINA NATIONAL PETROLEUM）	262 572.6	北京
22	15	中国工商银行（INDU STRIAL & COMMERCIAL BANK OF CHINA）	147 675.1	北京
24	27	中国建筑股份有限公司（CHINA STATE CONSTRUCTION ENGINEERING）	144 505.2	北京
27	25	鸿海精密工业股份有限公司（HON HAI PRECISION INDUSTRY）	135 128.8	台北
28	22	中国建设银行（CHINA CONSTRUCTION BANK）	135 093.3	北京
38	29	中国农业银行（AGRICULTURAL BANK OF CHINA）	117 274.9	北京
39	41	中国平安保险（集团）股份有限公司（PING AN INSURANCE）	116 581.1	深圳
41	46	上海汽车集团股份有限公司（SAIC MOTOR）	113 860.8	上海
42	35	中国银行（BANK OF CHINA）	113 708.2	北京
47	45	中国移动通信集团公司（CHINA MOBILE COMMUNICATIONS）	107 116.5	北京
51	54	中国人寿保险（集团）公司（CHINA LIFE INSURANCE）	104 818.2	北京
55	57	中国铁路工程总公司（CHINA RAILWAY ENGINEERING）	96 978.5	北京
58	62	中国铁道建筑总公司（CHINA RAILWAY CONSTRUCTION）	94 876.5	北京
68	81	东风汽车公司（DONGFENG MOTOR）	86 193.5	武汉
83	129	华为投资控股有限公司（HUAWEI INVESTMENT & HOLDING）	78 510.8	深圳
86	91	中国华润总公司（CHINA RESOURCES NATIONAL）	75 776.3	香港
89	99	太平洋建设集团（PACIFIC CONSTRUCTION GROUP）	74 629.0	南京
100	95	中国南方电网有限责任公司（CHINA SOUTHERN POWER GRID）	71 241.5	广州
101	102	中国南方工业集团公司（CHINA SOUTH INDUSTRIES GROUP）	71 150.5	北京
103	110	中国交通建设集团有限公司（CHINA COMMUNICATIONS CONSTRUCTION）	70 750.8	北京
114	119	中国人民保险集团股份有限公司（PEOPLE'S INSURANCE CO. OF CHINA）	66 731.9	北京
115	109	中国海洋石油总公司（CHINA NATIONAL OFFSHORE OIL）	65 891.7	北京
119	105	中国邮政集团公司（CHINA POST GROUP）	65 605.0	北京
120	323	中国五矿集团公司（CHINA MINMETALS）	65 546.9	北京
125	130	中国第一汽车集团公司（CHINA FAW GROUP）	64 783.9	长春

（续）

排名	上年排名	公司名称（中英文）	营业收入（百万美元）	总部所在城市
129	122	天津物产集团有限公司（TEWOO GROUP）	63 324.2	天津
133	132	中国电信集团公司（CHINA TELECOMMUNICATIONS）	62 387.0	北京
135	134	中国兵器工业集团公司（CHINA NORTH INDUSTRIES GROUP）	61 325.5	北京
136	121	中粮集团有限公司（COFCO）	61 265.3	北京
137	160	北京汽车集团（BEIJING AUTOMOTIVE GROUP）	61 129.5	北京
139	--	安邦保险集团（ANBANG INSURANCE GROUP）	60 799.8	北京
143	139	中国中化集团公司（SINOCHEM GROUP）	59 532.6	北京
159	163	山东魏桥创业集团有限公司（SHANDONG WEIQIAO PIONEERING GROUP）	56 174.0	滨州
162	143	中国航空工业集团公司（AVIATION INDUSTRY CORP. OF CHINA）	55 306.2	北京
170	353	海航集团（HNA GROUP）	53 035.3	海口
171	153	交通银行（BANK OF COMMUNICATIONS）	52 989.6	上海
172	156	中国中信集团有限公司（CITIC GROUP）	52 852.0	北京
183	190	正威国际集团（AMER INTERNATIONAL GROUP）	49 676.7	深圳
190	200	中国电力建设集团有限公司（POWERCHINA）	48 868.8	北京
199	205	中国医药集团（SINOPHARM）	47 809.7	北京
204	275	中国宝武钢铁集团（CHINA BAOWU STEEL GROUP）	46 606.2	上海
205	116	来宝集团（NOBLE GROUP）	46 528.3	香港
211	234	中国化工集团公司（CHEMCHINA）	45 177.2	北京
216	189	招商银行（CHINA MERCHANTS BANK）	44 551.8	深圳
221	201	河钢集团（HBIS GROUP）	43 768.9	石家庄
222	229	中国华信能源有限公司（CEFC CHINA ENERGY）	43 743.3	上海
226	202	联想集团（LENOVO GROUP）	43 034.7	香港
230	195	兴业银行（INDUSTRIAL BANK）	42 621.6	福州
233	281	中国船舶重工集团公司（CHINA SHIPBUILDING INDUSTRY）	42 149.2	北京
238	303	广州汽车工业集团（GUANGZHOU AUTOMOBILE INDUSTRY GROUP）	41 560.4	广州
241	207	中国联合网络通信股份有限公司（CHINA UNITED NETWORK COMMUNICATIONS）	41 273.9	北京
245	227	上海浦东发展银行股份有限公司（SHANGHAI PUDONG DEVELOPMENT BANK）	40 688.7	上海
248	262	中国铝业公司（ALUMINUM CORP. OF CHINA）	40 278.0	北京
251	221	中国民生银行（CHINA MINSHENG BANKING）	40 234.3	北京
252	251	中国太平洋保险（集团）股份有限公司（CHINA PACIFIC INSURANCE (GROUP)）	40 192.7	上海
259	327	中国建材集团（CHINA NATIONAL BUILDING MATERIAL GROUP）	39 322.6	北京
261	366	京东（JD.COM）	39 155.3	北京
268	--	恒力集团（HENGLI GROUP）	37 879.7	苏州

（续）

排名	上年排名	公司名称（中英文）	营业收入（百万美元）	总部所在城市
274	217	中国华能集团公司（CHINA HUANENG GROUP）	37 542.6	北京
276	270	神华集团（SHENHUA GROUP）	37 321.5	北京
277	311	绿地控股集团有限公司（GREENLAND HOLDING GROUP）	37 240.3	上海
279	273	怡和集团（JARDINE MATHESON）	37 051.0	香港
296	259	和硕（PEGATRON）	35 891.2	台北
307	356	万科企业股份有限公司（CHINA VANKE）	34 458.0	深圳
312	309	中国能源建设集团有限公司（CHINA ENERGY ENGINEERING GROUP）	33 929.8	北京
318	266	中国中车股份有限公司（CRRC）	33 738.7	北京
319	473	长江和记实业有限公司（CK HUTCHISON HOLDINGS）	33 475.0	香港
320	267	冀中能源集团（JIZHONG ENERGY GROUP）	33 365.5	邢台
322	318	新兴际华集团（XINXING CATHAY INTERNATIONAL GROUP）	33 173.8	北京
326	325	陕西延长石油（集团）有限责任公司（SHAANXI YANCHANG PETROLEUM (GROUP)）	32 652.3	西安
329	313	中国光大集团（CHINA EVERBRIGHT GROUP）	32 460.5	北京
334	293	中国机械工业集团有限公司（SINOMACH）	32 237.0	北京
336	344	中国航天科技集团公司（CHINA AEROSPACE SCIENCE & TECHNOLOGY）	32 093.8	北京
337	347	陕西煤业化工集团（SHAANXI COAL & CHEMICAL INDUSTRY）	31 926.0	西安
338	496	中国恒大集团（CHINA EVERGRANDE GROUP）	31 828.0	广州
339	328	江西铜业集团公司（JIANGXI COPPER）	31 679.8	贵溪
341	401	中国保利集团（CHINA POLY GROUP）	31 508.3	北京
343	410	浙江吉利控股集团（ZHEJIANG GEELY HOLDING GROUP）	31 429.8	杭州
348	359	物产中大集团（WUCHAN ZHONGDA GROUP）	31 185.0	杭州
355	381	中国航天科工集团公司（CHINA AEROSPACE SCIENCE & INDUSTRY）	30 581.9	北京
362	329	中国电子信息产业集团有限公司（CHINA ELECTRONICS）	30 009.7	北京
364	349	中国船舶工业集团公司（CHINA STATE SHIPBUILDING）	29 876.8	北京
365	314	江苏沙钢集团（JIANGSU SHAGANG GROUP）	29 862.2	张家港
366	465	中国远洋海运集团有限公司（CHINA COSCO SHIPPING）	29 743.1	上海
368	342	国家电力投资集团公司（STATE POWER INVESTMENT）	29 493.4	北京
369	403	台积电（TAIWAN SEMICONDUCTOR MANUFACTURING）	29 387.9	新竹
372	426	山东能源集团有限公司（SHANDONG ENERGY GROUP）	29 298.6	济南
380	385	大连万达集团（DALIAN WANDA GROUP）	28 482.8	北京
382	331	中国华电集团公司（CHINA HUADIAN）	28 204.3	北京
383	456	友邦保险（AIA GROUP）	28 196.0	香港
390	326	广达电脑（QUANTA COMPUTER）	27 715.1	桃园

（续）

排名	上年排名	公司名称（中英文）	营业收入（百万美元）	总部所在城市
397	345	中国国电集团公司（CHINA GUODIAN）	27 315.1	北京
400	408	中国电子科技集团公司（CHINA ELECTRONICS TECHNOLOGY GROUP）	27 291.7	北京
411	468	国泰人寿保险股份有限公司（CATHAY LIFE INSURANCE）	26 291.7	台北
430	322	大同煤矿集团有限责任公司（DATONG COAL MINE GROUP）	25 630.0	大同
433	337	山西焦煤集团有限责任公司（SHANXI COKING COAL GROUP）	25 122.5	太原
439	484	中国航空油料集团公司（CHINA NATIONAL AVIATION FUEL GROUP）	24 588.1	北京
445	374	山西阳泉煤业（集团）有限责任公司（YANGQUAN COAL INDUSTRY GROUP）	24 284.1	阳泉
448	370	潞安集团（SHANXI LUAN MINING GROUP）	24 087.3	长治
450	481	美的集团股份有限公司（MIDEA GROUP）	24 060.4	佛山
454	406	中国大唐集团公司（CHINA DATANG）	23 871.0	北京
458	400	仁宝电脑（COMPAL ELECTRONICS）	23 772.5	台北
459	—	阳光金控投资集团有限公司（YANGO FINANCIAL HOLDING）	23 657.0	福州
462	—	阿里巴巴集团（ALIBABA GROUP HOLDING）	23 517.3	杭州
467	—	碧桂园控股有限公司（COUNTRY GARDEN HOLDINGS）	23 043.7	佛山
476	384	山西晋城无烟煤矿业集团有限责任公司（SHANXI JINCHENG ANTHRACITE COAL MINING GROUP）	22 874.6	晋城
478	—	腾讯控股有限公司（TENCENT HOLDINGS）	22 870.7	深圳
485	—	苏宁云商集团（SUNING COMMERCE GROUP）	22 366.1	南京
488	—	厦门建发集团有限公司（XIAMEN C&D）	22 145.0	厦门
490	383	中国通用技术（集团）控股有限责任公司（CHINA GENERAL TECHNOLOGY）	22 113.1	北京
494	—	厦门国贸控股集团有限公司（XIAMEN ITG HOLDING GROUP）	21 929.6	厦门
495	—	新疆广汇实业投资（集团）有限责任公司（XINJIANG GUANGHUI INDUSTRY INVESTMENT）	21 919.3	乌鲁木齐
497	427	新华人寿保险股份有限公司（NEW CHINA LIFE INSURANCE）	21 795.7	北京

〔来源：财富中文网〕

2017 年度 ENR 全球最大 250 家国际承包商中国企业名单

2017 年度（ENR）全球最大 250 家国际承包商榜单揭晓，共有 65 家中国内地企业上榜，上榜企业数量与 2016 年持平，居各国首位；内地上榜企业的国际营业额达到 989.3 亿美元，较上年增加 4.6%，占所有上榜企业国际营业总额的 21.1%。

过去四年全球经济放缓，国际石油和矿产金属资源价格保持低位，部分国家政治和金融局势出现动荡，全球承包工程市场持续低迷，250 家上榜企业 2016 年国际营业总额为 4 681.2 亿美元，较上年下降 6.4%，这是连续第 4 年出现下降。51.1% 的上榜企业国际营业额出现下降，为近 5 年来的最高比例。250 家上榜企业新签合同额共计 5071 亿美元，比上年下降 2.3%；国内营业额共计 9729 亿美元，较上年增长 3.4%。按企业所属国统计，上榜中国企业的业务量占比保持第 1 位，达到 21.1%，较上年提高 1.8%。西班牙以 589.9 亿美元排第 2 位，占比 12.6%；美国以 418.7 亿美元排第 3 位，占比 8.9%；法国以 417.4 亿美元排第 4 位，占比 8.9%。

在全球经济总体下滑、国际工程市场萎缩、超半数承包商国际业务下滑的大背景下，“中国军团”整体业务仍取得了进步。进入榜单的中国企业数量达 65 家，与上年持平，继续蝉联各国榜首；上榜中国企业的国际营业额总计达 987.2 亿美元，较上年增长 5.4%。2017 年度中国能源建设股份有限公司（含葛洲坝集团和中国能建天津电建公司）首次参评，中国铁建股份有限公司和中国土木工程有限公司合并参评。2017 年度入围的中国企业呈现以下特点：

1. 中国承包商在多个业务领域和市场保持领先地位 中国交通建设集团有限公司稳居第 3 位，与第 2 位德国豪赫蒂夫公司的差距由上年的 52.5 亿美元缩小到 17 亿美元；中国电力建设股份有限公司首次跻身前 10 名，位列国际营业额排名第 10 位。9 家中国企业进入前 50 强。

在各业务领域排名前 10 的企业榜单中，中国企业在 8 个领域榜上有名，仅缺席石油化工领域。浙江省建设投资集团股份有限公司首次登上通讯工程领域榜单，排第 4 位；哈尔滨电气国际工程有限责任公司首次登上电力工程领域榜单，排第 8 位；中地海外集团有限公司在污水处理领域榜单首次登上第 10 位。中国交通建设集团有限公司在交通运输建设领域排名第 1；中国建筑股份有限公司在房屋建筑领域位列第 3；中国电力建设集团有限公司、中国能源建设股份有限公司、中国机械工业集团有限公司在电力工程领域，分别位列第 1、第 2 和第 7 名；中国冶金科工集团有限公司、中钢设备有限公司在工业领域分别排第 2 位和第 9 位；中国电力建设集团有限公司、中国交通建设集团有限公司、中国机械工业集团有限公司和中地海外集团有限公司在水利建设领域分别位列第 3、第 6、第 9 和第 10 位；中国交通建设集团有限公司在制造业位列第 1；中国电力建设集团有限公司、中国能源建设股份有限公司在废水物处理领域排名第 7 和第 8 名。

在各地区市场业务排名前 10 位的企业榜单中，中国企业除未能进入欧洲、北美市场前 10 榜单外，在其他市场榜单均占有席位，中国部分企业的排名如下：中国交通建设集团有限公司（非洲，第 1 位；亚洲，第 1 位；拉美和加勒比地区，第 6 位）；中国电力建设集团有限公司（非洲，第 2 位；亚洲，第 7 位；拉美及加勒比地区，第 7 位；中东地区，第 10 位）；中国建筑股份有限公司（非洲，第 5 位；亚洲，第 4 位）；中信建设有限责任公司（拉美及加勒比；第 5 位）。在非洲前 10 榜单中，中国企业包揽了前 5 名，除中国交通建设集团有限公司和中国电力建设集团有限公司外，中国铁建股份有限公司、中国中铁股份有限公司、中国建筑股份有限公司也榜上有名。其余 5 家分别为意大利 SAIPEM 公司、法国 TECHNIP 公司、埃及 ORASCOM 公司、法国 VINCI 公司以及韩国 DAEWOO 公司。

在 ENR 发布的全球最大 250 家承包商榜单（即按照承包商国内和国际营业额之和进行排名）中，中国建筑股份有限公司、中国中铁股份有限公司、中国铁建股份有限公司、中国交通建设集团有限公司、中国电力建设集团有限公司包揽前 5 名，加上中国冶金科工集团有限公司、上海建工集团股份有限公司共 7 家中国企业进入前 10

位，体现了中国企业在全球基建市场的重要地位。

2. 中国企业业务仍主要集中在亚非地区，在北美和欧洲地区仍较其他国家有一定差距　中国企业在各地区市场占有率分别出现了不同的发展趋势：在非洲市场占有率为56.2%，同比提升1.3%；在亚洲和大洋洲市场业务占比为31.8%，同比提升6.8%；在拉美和加勒比地区市场占有率为22.8%，提升9.1%。在中东、北美和欧洲市场均有不同程度的下降，中东降至16.0%，下降1.2%，低于韩国企业18.3%的市场占有率；在美国市场占有率为3.7%，低于西班牙企业的31%，德国企业的20.9%和日本企业的14.3%。欧洲市场占有率仅为2.8%，而法国国际承包商则占22%。

3. 国际化水平有所提高但距离顶尖国外同行仍存有较大差距　上榜中国企业的国际平均营业额为15.2亿美元，较上年增长5.6%，而250家上榜企业的平均营业额为18.7亿美元（比上年下降4.0%），3.5亿美元差额相较上年5.1亿美元的差额进一步缩小。中国领军企业的国际化水平仍与国际顶尖同行存有较大差距。上榜的前10家中国企业平均国际营业额为64.7亿美元，平均国际化水平（国际营业额 / 全球营业额）为30.5%。而榜单前10位的外国承包商平均国际营业额高达149.4亿美元，平均国际化水平为74.4%。

2017年ENR全球最大250家国际承包商中国企业名单见表1。

表1　2017年ENR全球最大250家国际承包商中国企业名单

序号	2017年排名	2016年排名	企业名称
1	3	3	中国交通建设集团有限公司
2	10	11	中国电力建设集团有限公司
3	11	14	中国建筑股份有限公司
4	21	20	中国中铁股份有限公司
5	23	55	中国铁建股份有限公司
6	27		中国能源建设股份有限公司
7	31	23	中国机械工业集团有限公司
8	48	49	中国冶金科工集团有限公司
9	50	67	中国化学工程股份有限公司
10	53	75	中石化炼化工程（集团）股份有限公司
11	56	58	中信建设有限责任公司
12	64	77	青建集团股份公司
13	67	88	哈尔滨电气国际工程有限责任公司
14	73	84	中国石油工程建设公司
15	83	74	中国水利电力对外公司
16	84		特变电工股份有限公司
17	88	68	中国石油天然气管道局
18	90	103	中国江西国际经济技术合作公司
19	93	128	中国电力技术装备有限公司
20	94	117	浙江省建设投资集团股份有限公司
21	95	111	江西中煤建设集团有限公司

（续）

序号	2017 年排名	2016 年排名	企业名称
22	96	109	中国中原对外工程有限公司
23	102	97	中地海外集团有限公司
24	103	112	北方国际合作股份有限公司
25	104	92	通用技术集团控股有限责任公司
26	106	129	中国有色金属建设股份有限公司
27	108	116	新疆生产建设兵团建设工程（集团）有限责任公司
28	115	95	中国江苏国际经济技术合作集团有限公司
29	116	145	安徽省外经建设（集团）有限公司
30	117	105	上海建工集团股份有限公司
31	124	125	中石化中原石油工程公司
32	126	124	中国地质工程集团公司
33	127	131	中鼎国际工程有限责任公司
34	129	160	中钢设备有限公司
35	131	168	中国武夷实业股份有限公司
36	132	107	中国东方电气集团有限公司
37	133	119	中国寰球工程公司
38	139	167	中国山东对外经济技术合作集团有限公司
39	141	249	上海电气集团股份有限公司
40	142	115	北京建工集团有限责任公司
41	143	150	江苏南通三建集团股份有限公司
42	146	183	烟建集团有限公司
43	147	127	安徽建工集团有限公司
44	149	153	沈阳远大铝业工程有限公司
45	150	130	中国河南国际合作集团有限公司
46	153	144	上海城建（集团）公司
47	159	186	云南省建设投资控股集团有限公司
48	160	176	中石化胜利石油工程有限公司
49	163	179	中国成套设备进出口（集团）总公司
50	171		中国核工业建设股份有限公司
51	177		山东德建集团有限公司
52	179	185	南通建工集团股份有限公司
53	180	171	北京城建集团有限责任公司
54	181	194	中国大连国际经济技术合作集团有限公司
55	185	204	江苏南通六建建设集团有限公司
56	193	196	中国甘肃国际经济技术合作总公司
57	202	211	烟台国际经济技术合作集团有限公司
58	203	213	重庆对外建设（集团）有限公司

（续）

序号	2017 年排名	2016 年排名	企业名称
59	210	218	浙江交工集团股份有限公司
60	220		平高集团国际工程有限公司
61	228		江苏中南建筑产业集团有限责任公司
62	229	189	山东淄建集团有限公司
63	230		中国建材国际工程集团有限公司
64	240		北京住总集团有限责任公司
65	245		中铝国际工程股份有限公司

〔来源：中国对外承包工程商会官网〕

2016 年机械工业经济运行总体趋势及 2017 展望

2016 年是实施“十三五”规划的开局之年，机械工业认真贯彻落实党中央、国务院的战略部署，面对复杂多变的国内外经济环境，积极探索行业发展的新路径。在《中国制造 2025》及相关政策的引领下，增长速度出现回升，发展态势总体平稳。与此同时，随着结构调整的深入推进，行业发展面对的市场环境依然严峻，行业内部深层次的矛盾愈加突出，产业转型升级的任务更加繁重。

展望 2017 年，机械工业将全面贯彻落实党的十八大和十八届三中、四中、五中、六中全会精神，认真落实中央经济工作会议决策部署，坚持稳中求进工作总基调，深化创新驱动，在实施供给侧结构性改革过程中，稳步提高行业经济效益水平，全面提升行业发展质量，迎接党的十九大胜利召开。

一、2016 年机械工业经济运行情况

（一）主要经济指标增速回升

2016 年以来机械工业主要经济指标增速在上年较低水平基础上普遍回升，增长速度超年初预期。

1. 工业增加值增速高于工业平均水平　2016 年工业增加值增速呈现逐月攀升的态势，同比增长 9.6%，增速比上年提高 4.1 个百分点，高于同期全国工业增速 3.6 个百分点。

2. 主营业务收入增速提升　2016 年机械工业累计实现主营业务收入 24.55 万亿元，同比增长 7.44%，比上年同期提高 4.12 个百分点，高于同期全国工业 2.53 个百分点。从全年走势看，增速逐月提升且始终高于同期全国工业平均水平。

3. 利润总额继续增长　2016 年机械工业实现利润总额 1.68 万亿元，同比增长 5.54%，高于上年同期 3.08 个百分点，但低于同期主营业务收入增速，也低于全国工业利润平均增速。主营业务收入利润率为 6.87%，较上年下降 0.12 个百分点，连续两年下滑。企业亏损面 11.91%，比上年提高 0.41 个百分点；亏损额增长 6.25%。

（二）多数产品产量保持增长

在国家统计局公布的 64 种主要机械产品中，产量实现增长的有 41 种，占比为 64.1%；产量下降的 23 种，占比为 35.9%。实现产量增长的

产品比重较上年提高了 36 个百分点。

（三）投资增速回落过快

2016 年机械工业固定资产投资延续了近年来增速持续回落的态势，当年累计完成投资 5.01 万亿元，同比仅增长 1.7%，分别低于全社会及制造业投资增速 6.4 和 2.5 个百分点，与上年机械工业投资增幅相比大幅回落 8 个百分点，增速连续 5 年回落。

（四）订货形势仍不稳定

2016 年机械工业市场需求疲软的态势没有明显改善，1 ～ 12 月机械工业重点联系企业累计订货额同比增长 10.37%，数据虽比上年有所回升，但订货形势仍不稳定，工程、重型、矿山、石油机械等相关行业的企业订单明显不足，同时订单质量有所下降。

（五）外贸进出口总额持续下降

2016 年机械工业对外贸易延续了上年的疲软态势，外贸总额持续负增长。全年累计实现进出口总额 6 474.55 亿美元，同比下降 2.86%；其中进口 2 727 亿美元，同比下降 1.82%，降幅较上年收窄；出口 3 748 亿美元，同比下降 3.6%，连续两年负增长。全年实现贸易顺差 1 021 亿美元。

（六）产品价格指数略有回升

2016 年机械工业产品价格总体延续了近年来的疲软下行趋势，机械工业生产者出厂价格指数全年均低于 100。从趋势看，机械产品价格指数的降幅在收窄，12 月价格指数为 99.8，较年初提高 1.5 个百分点。但与同期工业生产者购进价格指数上升幅度相比（上升 12.1 个百分点），机械产品价格回升艰难。

二、结构调整积极推进

（一）产品结构调整升级

1. 顺应市场变化，产品产销增减分化 工程机械产品销售触底回升，据统计 10 种主要产品中有 8 种实现正增长。而农业机械产品经历多年快速增长后高位下滑，据统计 10 种主要产品中 8 种产品产量下降。汽车产销快速增长，据中国汽车工业协会统计，2016 年汽车产销分别为 2 812 万辆和 2 802 万辆，同比分别增长 14.5% 和 13.7%，产销双双突破 2 800 万辆，再创历史新高，连续八年蝉联全球第一。发电设备产量稳居世界首位，据机械工业发电设备中心统计，2016 年发电设备产量 1.15 亿 kW，同比增长 8.4%。

2. 符合国家政策导向的产品稳定增长 在严峻的市场竞争中，企业顺应国家产业结构调整方向，努力发展适销对路产品，发展势头良好。

一是与消费、环境保护关系密切的产品产量保持增长。乘用车全年产销分别完成 2 442 万辆、2 438 万辆，同比增长 15.5%、14.9%。环保产品增长突出，2016 年环境污染防治专用设备同比增长 30.3%，其中大气污染防治设备同比增长 29.65%，水质污染防治设备同比增长 37.04%；与物流仓储消费相关的内燃叉车同比增长 7.68%，电动叉车同比增长 4.28%，收获后处理机械同比增长 16.69%。

二是与新能源、智能制造相关的产品销售快速增长。全年新能源汽车产销量分别为 51.7 万辆和 50.7 万辆，同比分别增长 51.7% 和 53%；电工仪器仪表同比增长 18.54%。

（二）自主研发亮点频现

在《中国制造 2025》强国战略等相关产业政策的引导下，机械工业转型升级、创新发展持续推进。

大型核电、水电、火电和风电设备、特高压交直流及柔性直流输变电设备、油气长输管线关键装备、大型煤化工关键设备、高档数控机床等高端设备自主研发取得突破。如世界首台大断面马蹄形盾构掘进机在陕西正式开机掘进，北京和利时系统工程有限公司参与联合研制的核电站数字化仪控系统平台项目通过验收，上海电气核电设备有限公司自主研制的全球首座第四代核电站反应堆压力容器在华能石岛湾核电厂吊装成功，哈电集团C4项目反应堆冷却剂泵组设备通过验收，中国一拖研制成功具有国内领先水平的拖拉机性能试验用的200kN负荷车，特高压输变电装备关键零部件技术取得新突破。

（三）创新能力建设受到重视

“创新驱动、创新引领”已成为越来越多企业的自主选择，对创新能力建设的实际投入持续提升。大型压缩机试验台、水轮模型试验台、电站安全阀试验台等新产品研发的基础试验检测平台相继建成。同时还有一批具备世界先进水平的试验检测平台陆续开始建设，如全球最高电压等级 ±1 100kV 变压器类产品的试验条件已在建设。

（四）智能制造开始起步

在相关产业政策的引导下，我国传统制造领域的数字化改造持续进行，涵盖企业生产、运营、管理全过程的信息化建设步伐加快。同时融合了互联网、云计算等信息技术，现代传感技术，高精度控制技术和数字化制造技术的智能制造已在部分领域开始起步。以工业机器人为例，据中国机器人产业联盟统计数据显示，我国已连续三年成为全球第一大工业机器人消费市场。其中，搬运是机器人的首要应用领域，特别是在铸造等工况条件较为恶劣的领域，工业机器人的使用量迅速攀升。预计2016年中国市场机器人销量仍将位居全球第一位。

（五）积极探索转型发展新路径

机械企业积极探索发展的新路径，新业态、新模式不断涌现。为推动传统行业向制造服务业发展，中国机械工业联合会发布了《关于机械工业发展服务型制造的指导意见》，鼓励企业积极探索发展的新路径。目前机械工业服务型制造已全面延伸到所有大行业，实现从研发设计到产品回收处理和再制造等各个环节完备的服务链条，并涌现出陕西鼓风机集团、潍柴动力集团、杭州制氧机集团、浙江中控技术股份有限公司等一批典型与示范企业。发展服务型制造已成为机械工业企业转型升级的重要途径。

三、2017年机械工业发展展望

国际市场，2017年在全球贸易保护主义抬头和反全球化倾向增强的背景下，世界经济总体虽有望保持复苏态势，但面临增长动力不足、需求不振、金融市场反复动荡、贸易和投资持续低迷等多重风险和挑战。在此形势下，机械工业对外贸易、对外合作、资本配置都必将面临一种新的、更为复杂多变的形势。行业需要积极探索新的发展方式，借力“一带一路”战略，保持与提升我国机械工业在全球市场中的地位。

国内市场，中央经济工作会议指出，2017年是供给侧结构性改革的深化之年，要着力振兴实体经济，要坚持以提高质量和核心竞争力为中心，坚持创新驱动发展，扩大高质量产品和服务供给。这对机械工业是最大的利好。同时，随着《中国制造2025》各项工作的深入推进，“强基工程”“智能制造”等专项以及重大技术改造升级工程的实施，产业政策对机械工业的发展和经济运行的带动作用将进一步释放。此外，机械工业调结构促转型增效益重点任务和保障措施的实施，既是对“十二五”机械工业调整振兴规划政策的延续，也是对“十三五”机械工业发展的具体部署和要求，瞄准了机械工业发展中的短板和矛盾症结，指导性、针对性、操作性很强，为机械工业发展提供了良好的政策环境，提振了全行业的信心和决心。

但应该看到，经济运行下行压力依然很大，机械产品内需市场疲软的态势短期内难以明显改善，机械工业主要服务的钢铁、煤炭、电力、石油、化工等行业普遍处于产业结构的深度调整期，能源装备短期内需求难以大幅增长。此外经过多年的高速发展，各类机械产品的社会保有量均已达到相当规模，对在役设备的更新改造维护已成为需求中的重要部分，这既减轻增速波动下行的幅度，同时也增加了增量回升的难度。

综合分析，预计2017年机械工业将延续上年趋稳向好的态势，行业运行保持平稳增长，但增速将低于 2016 年。具体而言，预计全年机械工业增加值增速在 7% 左右，实现主营业务收入和利润增速在 6% 左右，对外贸易出口总额降幅力争不超过上年水平。

〔来源：中国机械工业联合会机经网〕

2016 年度中国机械工业科学技术奖奖励项目

2016 年度中国机械工业科学技术奖特等奖项目（1 项）

项目编号	项目名称	完成单位
1609047	复杂铸件无模复合成形制造关键技术与装备	机械科学研究总院、广西玉柴机器股份有限公司、一汽铸造有限公司、第一拖拉机股份有限公司、泰安康平纳机械有限公司

2016 年度中国机械工业科学技术奖一等奖项目（35 项）

项目编号	项目名称	完成单位
1601012	高性能数控系统关键技术及应用	华中科技大学、武汉华中数控股份有限公司、大连机床集团有限责任公司、中航工业沈阳飞机工业（集团）有限公司、上海航天设备制造总厂、四川普什宁江机床有限公司、宝鸡机床集团有限公司、东莞劲胜精密组件股份有限公司、武汉登奇机电技术有限公司、武汉华大新型电机科技股份有限公司
1601023	面向新能源等行业的数控超重型桥式龙门五轴联动车铣复合系列机床	北京北一机床股份有限公司、北京工业大学
1601030	高档数控机床可靠性工程关键技术及应用	重庆大学、国家机床质量监督检验中心、四川普什宁江机床有限公司
1602006	GW8 系列智能型高性能小体积万能式断路 器的研究与应用	北京人民电器厂有限公司
1602009	1 000MW 发电机组可靠性预测的关键技术及应用	上海发电设备成套设计研究院、国家能源局电力可靠性管理中心、上海电气电站设备有限公司、中核核电运行管理有限公司、上海上发院发电成套设备工程有限公司
1602018	特高压直流输电工程用 ±800kV 级高端换流变压器国产化研究及应用	西安西电变压器有限责任公司、常州西电变压器有限责任公司
1602019	超、特高压交流断路器操作过电压抑制及智能操作关键技术研究	沈阳工业大学、平高集团有限公司、机械工业北京电工技术经济研究所
1602046	有载调容调压配电变压器关键技术、系列设备与工程应用	中国电力科学研究院、北京南瑞电研华源电力技术有限公司、北京博瑞莱智能科技集团有限公司、辽宁金立电力电器有限公司、山东电工电气集团智能电气有限公司、平高集团智能电气有限公司

（续）

项目编号	项目名称	完成单位
1602074	自主技术的工业过程控制系统开发及应用	天津电气科学研究院有限公司
1602082	LED 照明驱动电源系统关键技术及应用	华南理工大学、东莞市石龙富华电子有限公司、广东创电科技有限公司、深圳桑达国际电源科技有限公司
1603005	高磁场核磁共振成像系统关键技术与成套设备	中国科学院电工研究所、宁波健信核磁技术有限公司、深圳市贝斯达医疗股份有限公司、武汉工程大学、浙江大学、南京医科大学、北京汇影互联科技有限公司
1603013	超低频标准振动台系统关键技术及应用	浙江大学、中国计量科学研究院
1603043	高温环境下热防护材料可视化在线测试技术与装置	清华大学、中国航天空气动力技术研究院、中国空气动力研究与发展中心超高速空气动力研究所
1604027	0.12～0.20mm 优质超薄热镀锌带钢连续生产线	中国重型机械研究院股份公司、山东舜鑫达新型建材有限公司、西安理工大学
1604029	LG720 冷轧管机组成套设备研制	太原重工股份有限公司、太原科技大学
1604047	综采智能高效大流量集成供液系统	北京天地玛珂电液控制系统有限公司
1605017	动力换挡拖拉机传动系制造成套工艺研发	中国一拖集团有限公司、第一拖拉机股份有限公司
1606025	特大型混流泵和轴流泵节能关键技术研究与应用	扬州大学、上海凯泉泵业（集团）有限公司、江苏航天水力设备有限公司、江苏省水利勘测设计研究院有限公司
1606028	40～48 寸 Class900 高压大口径全焊接球阀	成都成高阀门有限公司
1606034	燃煤电厂环保核心设备关键技术研究及应用	大唐环境产业集团股份有限公司
1606038	绿色智能大型纯二板式塑料注射成型装备的研发及产业化	海天塑机集团有限公司、北京化工大学
1606063	年产 60 万 t 天然气液化装置用双混合冷剂离心压缩机组研制	沈阳鼓风机集团股份有限公司、沈阳透平机械股份有限公司、中国寰球工程公司、西安交通大学、大连理工大学
1606086	大型往复压缩机流量无级调节系统关键技术及应用	合肥通用机械研究院、台州环天机械有限公司、沈阳透平机械股份有限公司、中国石化股份有限公司广州分公司
1607012	核电站反应堆压力容器主密封成套技术自主开发及应用	宁波天生密封件有限公司、中国核动力研究设计院、上海核工程研究设计院、中国第一重型机械集团大连加氢反应器制造有限公司、清华大学
1607040	高铁列车用高可靠齿轮传动系统	中车戚墅堰机车车辆工艺研究所有限公司、大连理工大学、北京工业大学
1609025	大口径厚壁油气钢管优质高效预精焊关键技术及成套装备	机械科学研究院哈尔滨焊接研究所、清华大学、中冶陕压重工设备有限公司、中石化石油工程机械有限公司沙市钢管厂、中油宝世顺（秦皇岛）钢管有限公司、番禺珠江钢管（珠海）有限公司、江苏玉龙钢管股份有限公司、四川惊雷科技股份有限公司、巨龙钢管有限公司、宝鸡钢管克拉玛依有限公司
1609026	材料自然环境腐蚀野外科学观测平台建设与试验技术工程应用	北京科技大学、武汉材料保护研究所、钢铁研究总院青岛海洋腐蚀研究所

（续）

项目编号	项目名称	完成单位
1609036	原位纳米强化铝合金及其构件成形关键技术研究与工程应用	江苏大学、江苏苏美达集团有限公司、江苏豪然喷射成形合金有限公司、江苏亚太轻合金科技股份有限公司江苏中联铝业有限公司、江苏省大亚铝基复合材料工程技术研究中心有限公司
1609082	高功率激光精准焊接质量控制关键技术及应用	上海交通大学、华东理工大学、上海航天精密机械研究所、上海宝山钢铁股份有限公司、上海纳铁福传动系统有限公司、南京中科煜宸激光技术有限公司、上海拖拉机内燃机有限公司
1610031	步履式液压挖掘机关键技术研究及产业化	徐工集团工程机械股份有限公司道路机械分公司
1610041	环保高效干式道路清扫装备关键技术及产业化	中联重科股份有限公司
1611007	柴油甲醇组合燃烧技术	天津大学
1611012	上汽 NLE 系列发动机开发	上海汽车集团股份有限公司乘用车分公司
1611023	D19 系列车用柴油机开发及整车应用标定	昆明云内动力股份有限公司、昆明理工大学
1613023	气动元件关键共性检测技术的研究及应用	北京航空航天大学、北京理工大学、国家气动产品质量监督检验中心

2016 年度中国机械工业科学技术奖

二等奖项目（119 项）

项目编号	项目名称	完成单位
1601001	大尺寸高硬特殊旋转曲面精密磨削新方法、新技术及其应用	上海交通大学、航天长征化学工程股份有限公司
601003	HT630×120/120L－NC 数控重型卧式车床	齐重数控装备股份有限公司
1601006	ECK2150A 数控活塞变椭圆车床	长沙一派数控股份有限公司
1601008	NJ-CH6140 喷油器体柱面成形和螺纹滚压加工高精度复合数控车削中心	四川普什宁江机床有限公司
1601013	内齿轮高效加工关键技术及装备	宜昌长机科技有限责任公司、湖北工业大学
1602002	热缩材料正压扩张机及其应用	长园集团股份有限公司、清华大学、长园电子（集团）有限公司
1602003	功率型储能系统提升新能源发电调控技术研究及工程示范	中国电力科学研究院
1602011	GGL 低压成套开关设备开发及应用	天津电气科学研究院有限公司、天津天传电控配电有限公司、山东爱普电气设备有限公司、常熟开关制造有限公司（原常熟开关厂）、杭州杭开电气有限公司、宁波天安（集团）股份有限公司、北京普瑞斯玛电气技术有限公司
1602029	智能电网高压输电线路成套保护装置研制及应用	许继集团有限公司、许继电气股份有限公司、国网山东省电力公司、国网陕西省电力公司
1602036	1 000MW 超超临界单列高压加热器研制	东方电气集团东方锅炉股份有限公司
1602042	采用单断口断路器的 550kV 紧凑型 GIS 关键技术的研究及应用	河南平芝高压开关有限公司、平高集团有限公司
1602049	特高压串补设备 PLW2-1100/252 旁路开关的研制	西安西电高压开关有限责任公司

（续）

项目编号	项目名称	完成单位
1602052	区域电网智能保护控制系统成套设备研制及应用	许继集团有限公司
1602055	智能电网高压主设备保护装置研制及应用	许继集团有限公司、许继电气股份有限公司
1602061	智能电网高压母线保护装置研制及应用	许继集团有限公司、许继电气股份有限公司
1602066	新型异步电机风力发电并网机组的关键技术研究	江苏大学、南京航空航天大学、镇江亚东高压电器厂
1602067	焊接转子技术路线在百万千瓦超超临界汽轮机中的运用	上海电气电站设备有限公司、清华大学、上海交通大学
1602068	柔性直流输电换流阀例行试验及型式试验的技术研究和回路建设	西安西电电力系统有限公司
1602071	620℃高效超超临界 660MW 四缸四排汽凝汽式汽轮机	上海电气电站设备有限公司
1602072	F 级一拖一型可调整抽汽汽轮机机组系列化研制	上海电气电站设备有限公司
1602073	±800kV/5 000A 特高压直流输电换流阀研制	西安西电电力系统有限公司
1602079	HSW6-8 000 万能式断路器	杭州之江开关股份有限公司
1602089	660MW 高效超超临界锅炉研制及产业化	哈尔滨锅炉厂有限责任公司、华能长兴电厂
1602090	V0 级无卤阻燃聚酯树脂关键技术及产业化研究	四川东材科技集团股份有限公司、国家绝缘材料工程技术研究中心
1602115	AP1000 核电蒸汽发生器研制	上海电气核电设备有限公司
1603003	高性能全谱型光谱分析仪器研制及产业化	聚光科技（杭州）股份有限公司、上海理工大学、浙江省地质矿产研究所、浙江工业大学
1603012	资源替代型高性能钨铼热电偶材料及产业化关键技术研究	重庆材料研究院有限公司
1603024	大型螺旋桨全液压静平衡智能检测装置关键技术研究	江苏大学、镇江中船瓦锡兰螺旋桨有限公司
1603031	高加速寿命试验和应力筛选系统	苏州苏试试验仪器股份有限公司
1603038	超声水计量检测技术研究及其产业化	宁波水表股份有限公司、宁波大学
1603041	多层结构消声装置声学性能测试关键技术及其应用	上海工程技术大学、上海幸福摩托车有限公司
1604008	25 000kN 大型伺服闭式四点压力机研制	中国第一重型机械股份公司、上海交通大学、安徽江淮汽车股份有限公司、燕山大学、郑州机械研究所
1604009	多元合金化锻钢支承辊研制	中国第一重型机械股份公司、天津重型装备工程研究有限公司
1604010	冷热轧带钢卷取及开卷关键工艺模型与缺陷治理技术开发	燕山大学
1604018	复杂地形双向双料输送关键技术研究及应用	华电重工股份有限公司
1604020	基于精益生产管理的起重机先进制造技术与应用	北京起重运输机械设计研究院
1604023	MG1100/2860-WD 大功率大采高电牵引采煤机的研究与应用	太重煤机有限公司、山西潞安环保能源开发股份有限公司

（续）

项目编号	项目名称	完成单位
1604025	工业铝材高效节能挤压生产关键技术与应用研究	中国重型机械研究院股份公司、重庆大学、上海重型机器厂有限公司、山东兖矿轻合金有限公司
1604033	基于物联网技术的十二绳防摇摆集装箱门式起重机	河南卫华重型机械股份有限公司
1604034	大型球团带式焙烧机成套装备	北方重工集团有限公司
1604035	提升钢丝绳运行安全保障技术及装备研究	太原理工大学、北京建筑大学、太原科技大学、中国矿业大学、山西科为感控技术有限公司、上海华菱电站成套设备有限公司、武汉市云竹机电新技术开发有限公司
1604041	装备结构轻量化关键技术研究与应用	上海理工大学、三一海洋重工有限公司、上海延锋江森座椅有限公司
1605001	4YZ-6 智能化玉米籽粒联合收割机关键技术研发及产业化	山东时风（集团）有限责任公司
1605005	拖拉机双离合器自动变速器关键技术研究及应用	河南科技大学、第一拖拉机股份有限公司、燕京理工学院
1605011	畜禽养殖废弃物高效环保堆肥工艺及成套装备	中国农业机械化科学研究院、中机华丰（北京）科技有限公司
1605019	5HZD-5.0 型水稻种子干燥装备及工艺研发	酒泉奥凯种子机械股份有限公司、国家种子加工装备工程技术研究中心、农业部种子加工技术装备重点实验室
1606010	大庆油田高效环保多段机械细分压裂技术	大庆油田有限责任公司采油工程研究院、东北石油大学
1606019	丁二烯螺杆压缩机组国产化研制	中国船舶重工集团公司第七一一研究所
1606036	600MW 超临界循环流化床电站关键配套设备高压高速大型离心风机	南通大通宝富风机有限公司、西安交通大学
1606041	大面积连续磁控溅射真空镀膜成套装备关键技术与产业化	湘潭宏大真空技术股份有限公司
1606042	同步回转机械与同步回转油气混输泵	西安交通大学、大丰丰泰流体科技有限公司
1606043	电子膨胀阀节流风冷管道式空调机组开发	南京天加空调设备有限公司
1606044	燃煤锅炉烟气净化新技术研究与工程应用	江苏大学、江苏太湖锅炉股份有限公司、宜兴市苏哈电力设备有限公司
1606045	水冷全封闭变频螺杆式冷水机组	顿汉布什（中国）工业有限公司
1606066	先进陶瓷泵（ACP）关键技术研发	沈阳第一水泵有限责任公司、辽宁科英耐火材料有限公司
1606073	GE2M-G 高速多轴向经编机（玻纤）	常州市第八纺织机械有限公司
1606079	新型氨制冷设备开发和检测关键技术研究与应用	合肥通用机械研究院、大连冷冻机股份有限公司、合肥通用环境控制技术有限责任公司、江森自控楼宇设备科技（无锡）有限公司
1606090	城市河道景观水体修复技术研究及工程应用	中国通用机械工程有限公司
1606093	光伏直驱变频离心机系统	珠海格力电器股份有限公司、南车株洲电力机车研究所有限公司、珠海格力节能环保制冷技术研究中心有限公司、株洲变流技术国家工程研究中心有限公司

（续）

项目编号	项目名称	完成单位
1606095	煤气化工艺用高压高温灰水循环泵的研制	北京航天动力研究所
1606098	35 000m^3/h 全提取空分装置研发	开封空分集团有限公司
1606099	大型空分设备自动变负荷优化控制系统	杭州杭氧股份有限公司、浙江大学
1607001	汽车燃油系统（塑料油箱及加油管）多层吹塑模具	宁波方正汽车模具有限公司
1607003	GT25000 燃机主轴承研制	中航工业哈尔滨轴承有限公司
1607007	圆锥滚子凸度贯穿式超精研关键技术	河南科技大学
1607011	电液伺服比例插装阀技术研发	山东泰丰液压股份有限公司
1607015	航空发动机桨轴轴承研制	洛阳 LYC 轴承有限公司
1607019	管道式换热器集液管整体级进冲压成形与模具 技术研究与应用	祥鑫科技股份有限公司、华南理工大学
1607031	低噪声高速精密主轴轴承研制	洛阳轴研科技股份有限公司
1607032	直升机用斜撑式超越离合器开发研制及产业化	洛阳轴研科技股份有限公司
1607042	铁路大型养路机械 YH350 液力变速器研发及应用	杭州前进齿轮箱集团股份有限公司
1608004	河南中烟工业有限责任公司许昌卷烟厂易地技术改造项目	机械工业第六设计研究院有限公司
1608007	西双版纳国际旅游度假区傣秀剧场	中国中元国际工程有限公司
1608010	核主泵全流量测试台项目	中国联合工程公司、上海电气凯士比核电泵阀有限公司
1608017	东风汽车有限公司大连工厂乘用车 24 万辆产能建设项目	东风设计研究院有限公司、东风汽车有限公司东风日产乘用车公司
1608022	重庆机电控股铸造有限公司 12t/h 热法砂再生线及自动化控制项目	中机中联工程有限公司
1609001	大涵道比涡扇航空发动机大叶片关键制造技术研究及应用	无锡透平叶片有限公司
1609005	巨型子午胎超宽幅胶胚挤出成型关键工艺及装备	山东时风（集团）有限责任公司、北京化工大学
1609006	超音速火焰喷涂碳化钨涂层替代电镀硬铬层成套技术及应用	中国民航大学
1609008	激光诱导电弧低能耗高效焊接技术、装备及应用	大连理工大学、中国船舶重工集团公司、第七二四研究所沈阳飞机工业（集团）有限公司
1609016	关键基础部件双金属复合材料设计及制造技术开发应用	河南科技大学驻马店恒久机械制造有限公司、中信重工机械股份有限公司
1609018	航空发动机高端铝合金壳体铸件关键铸造技术	沈阳铸造研究所
1609019	航空航天用耐高温低膨胀合金关键部件精密成形技术及应用	沈阳铸造研究所
1609021	外场辅助高功率激光宏观加工关键技术及其装备研发	温州大学、江苏大学、上海团结普瑞玛激光设备有限公司、温州冠盛汽车零部件集团股份有限公司、奔腾激光（温州）有限公司、苏州领创激光科技有限公司
1609023	高速重载码垛机器人关键技术及应用	北京航空航天大学、北京赛佰特科技有限公司

（续）

项目编号	项目名称	完成单位
1609024	超大厚度钢锭火焰切割设备	机械科学研究院哈尔滨焊接研究所、中国第一重型机械集团公司、哈尔滨理工大学
1609028	乘用车底盘性能开发关键技术研究及应用	广州汽车集团股份有限公司
1609033	危化品气瓶动态监管公共平台关键技术及应用	常州大学、常州祥康电子有限公司
1609037	机械零部件表面主动设计制造关键技术与装备	江苏大学
1609042	纳米粒子气雾射流微量润滑关键技术及应用	青岛理工大学、上海金兆节能科技有限公司、长沙理工大学、青岛博捷环保工程有限公司、青岛青锻锻压机械有限公司、青岛滨海学院
1609050	高速列车用超低温高韧性铁素体球墨铸铁的研发与应用	常州华德机械有限公司、江苏理工学院
1609055	核电厂蒸汽发生器管板及封口焊缝损伤现场修复技术开发及应用	中广核工程有限公司、东方电气（广州）重型机器有限公司、上海电气核电设备有限公司
1609089	基于多智能体的电动汽车整车能量优化控制技术研发及应用	长春工业大学、吉林大学、吉林市吉汽一龙山汽车底盘有限公司、吉林省通用机械有限责任公司
1610008	液压挖掘机动态性能定制化设计与仿真平台及应用	同济大学、山重建机有限公司
1610022	高速多轴车辆自适应转向技术研究及应用	徐州重型机械有限公司
1610023	工程机械高效环保气力输送关键技术研究及产业化应用	徐州工程机械集团有限公司
1610037	大型全地面起重机重载转场技术研究及应用	徐州重型机械有限公司
1610038	新一代高性能全液压推土机产品化关键技术	山推工程机械股份有限公司、同济大学
1610043	细粒矿物高精度气力与筛分分选技术及应用	中联重科股份有限公司
1611003	满足中国排放标准的车用尿素水溶液技术（质量）管理体系研究应用	中国第一汽车股份有限公司技术中心、天津悦泰石化科技有限公司、辽宁润迪汽车环保科技股份有限公司、四川美丰化工股份有限公司、中国内燃机工业协会
1611013	M26 系列节能环保高速大功率柴油机关键技术及产业化	潍柴动力股份有限公司
1611018	中重型车用柴油机低噪声研发与应用	中国重型汽车集团有限公司
1611026	CA6DM 重型柴油机冷试工艺研究及批产应用	一汽解放汽车有限公司无锡柴油机厂
1611034	重型柴油机先进制造技术研究及产业化	一汽解放汽车有限公司无锡柴油机厂
1612008	生产线电动拧紧机拧紧异常无线识别报警装置	一汽轿车股份有限公司
1612012	道依茨电控柴油机试验工艺的创新与应用	道依茨一汽（大连）柴油机有限公司
1612029	AP1000 核电半速汽轮发电机定子线圈模具装配技术	哈尔滨电机厂有限责任公司
1613001	《电动机系统节能改造规范》（标准号 GB/T 29314—2012）	上海电器科学研究所（集团）有限公司、上海电机系统节能工程技术研究中心有限公司
1613003	《小型垂直轴风力发电机组》（标准号 GB/T 29494—2013）	中国农业机械化科学研究院呼和浩特分院、中国农业机械工业协会风力机械分会、北京鉴衡认证中心、上海麟风风能科技有限公司、广州红鹰能源科技股份有限公司、深圳市泰玛风光能源科技有限公司、兰州理工大学
1613005	厂（场）内机动车辆风险评估方法研究	机械科学研究院工程机械军用改装车试验场（国家工程机械质量监督检验中心）、太原科技大学

（续）

项目编号	项目名称	完成单位
1613008	低风速垂直轴风力发电机检测技术研究	低风速风电技术河南省工程实验室（河南科技大学）
1613020	《气动葫芦》（JB/T 11963—2014）	北京起重运输机械设计研究院、北京双泰气动设备有限公司、南京今明机械工程有限公司
1613021	光学薄膜滤光片系列国家标准GB/T 26332.1—2010、GB/T 26331—2010、GB/T 26328—2010	沈阳仪表科学研究院有限公司、国家仪器仪表元器件质量监督检验中心
1613031	水冷冷水机组装置用主要部件系列标准（JB/T 7659.2~3—2011 及 JB/T 3548—2013）	合肥通用机械研究院、合肥通用环境控制技术有限责任公司、珠海格力电器股份有限公司、合肥天鹅科技制冷有限公司、杭州赛富特设备有限公司、浙江三花股份有限公司、浙江盾安人工环境股份有限公司
1613032	《机械安全 空气传播的有害物质排放的评估》系列国家标准	机械科学研究总院、南京林业大学光机电仪工程研究所、金陵科技学院、深圳市华测检测技术股份有限公司、广西柳工机械股份有限公司
1613039	GB 28526—2012《机械电气安全 安全相关电气、电子和可编程电子控制系统的功能安全》	国家机床质量监督检验中心、中国科学院沈阳计算机技术研究所有限公司、固高科技（深圳）有限公司、北京凯恩帝数控技术有限责任公司、济南凌康数控技术有限公司、苏州市华测检测技术有限公司、浙江凯达机床股份有限公司
1614007	《科技论文规范写作与编辑》（第 2 版）	机械工业信息研究院、清华大学出版社有限公司
1614009	《空间微系统与微纳卫星》（第 1 版）	清华大学、国防工业出版社
1614016	《机械原理》（第 1 版）	北京航空航天大学、机械工业出版社

2016 年度中国机械工业科学技术奖 三等奖项目（189 项）

项目编号	项目名称	完成单位
1601007	UN650MG Ⅱ半固态镁合金注射成型机	广东伊之密精密机械股份有限公司
1601010	木工数控铣磨复合加工机床关键技术研发及产业化	广东威德力机械实业股份有限公司
1601014	高端拉削装备及智能生产线	浙江畅尔智能装备股份有限公司、杭州电子科技大学
1601017	CLR0418 超大幅面地轨式激光切割机	济南铸造锻压机械研究所有限公司
1601019	带 AB 轴的高速五轴联动加工中心	沈阳机床（集团）有限责任公司
1601022	LED 衬底加工用金刚石研磨液制造技术研究及应用	郑州磨料磨具磨削研究所有限公司
1601027	大型数控高精动梁龙门加工中心技术与装备	苏州江源精密机械有限公司、苏州大学
1602005	LW30A-800/Y6300-63 户外高压 SF_6 罐式断路器	山东泰开高压开关有限公司
1602012	轻型抗蠕变塔筒用阻燃电力电缆	江苏上上电缆集团有限公司
1602014	高可靠高效率并网逆变器关键技术及应用	盐城工学院、江苏桑力太阳能产业有限公司
1602015	核电站控制棒驱动机构电源系统	上海发电设备成套设计研究院、上海科达机电控制有限公司
1602021	面向智能电网的新型智能开关柜	杭州恒信电气有限公司

（续）

项目编号	项 目 名 称	完 成 单 位
1602028	高集成度的新一代智能变电站自动化系统关键设备研制及工程应用	许继集团有限公司、国网陕西省电力公司、国网山东省电力公司
1602030	钢芯高导电率铝绞线的研制	特变电工（德阳）电缆股份有限公司
1602031	基于水压胀形壳体密封的 12kV 柱上真空开关 关键技术研究	平高集团有限公司
1602032	特高压自主化开关设备关键技术研究及工程应 用	平高集团有限公司、河南平高电气股份有限公司
1602035	沙特拉比格 835MV・A/60Hz 汽轮发电机研制	东方电气集团东方电机有限公司、 广东省粤电集团有限公司
1602041	126kV/252kV 集成式智能隔离断路器	平高集团有限公司、河南平高电气股份有限公司
1602044	40.5kV 可选相投切电容器组高寿命 SF_6 开关技术研究	平高集团有限公司
1602045	台风型风力发电机组的研发与产业化	浙江运达风电股份有限公司
1602048	800kV 系列化高压交流隔离开关和接地开关技术研究及产业化	西安西电高压开关有限责任公司
1602051	72.5 ～ 1100kV 系列 SF_6 气体绝缘电磁式电压 互感器研究及产业化	西安西电高压开关有限责任公司
1602053	高压直流换流站测量控制装置研制与应用	许继集团有限公司
1602076	大型发电机定子线圈装配模块化的设计和制造技术	上海电气电站设备有限公司
1602092	GYF 型防爆电加热器	江苏裕兴电器有限公司
1602093	城市轨道交通新型智能化保护控制系统的研制及应用	南京南瑞继保电气有限公司
1602094	多电平静止无功发生器系统关键技术、设备研制及工程应用	南京南瑞继保电气有限公司、 常州博瑞电力自动化设备有限公司
1602095	YQJ-90-4-H-GW 型舰艇用高温低噪声水冷电机	江苏远东电机制造有限公司、泰州职业技术学院
1602096	新型环保合金护套贯通地线产品关键技术及设 备	江苏亨通线缆科技有限公司 苏州工业职业技术学院
1602099	126kV/252kV 集成式智能隔离断路器	西安西电开关电气有限公司、 西安西电高压开关有限责任公司
1602100	252kVGIS 隔离开关自动化装配工艺研究及应 用	西安西电开关电气有限公司
1602102	5×3 500MV・A 冲击发电机电源系统	苏州电器科学研究院股份有限公司
1602104	A-Entry 平台车用 QFZ13918 系列散热器风扇总 成	上海马陆日用友捷汽车电气有限公司
1602109	小型化 800kV 气体绝缘金属封闭开关设备研制	河南平高电气股份有限公司
1602111	多通道迷宫盘高压节流技术研究	上海理工大学、上海平安高压调节阀门有限公司
1602116	多介质融合的智能配用电网通信关键技术研究与工程应用	国网辽宁省电力有限公司大连供电公司
1602127	碟簧储能液压操动机构核心元件关键制造技术开发及应用	河南平高电气股份有限公司
1602130	110 ～ 1 000kV 高压电力互感器移动集成检测技术与全系列装备	国网江苏省电力公司电力科学研究院、中国电力科学研究院、 江苏省电力公司检修分公司、国网江苏省电力公司常州供电公司、苏州华电电气股份有限公司

（续）

项目编号	项目名称	完成单位
1603004	水环境污染物的荧光光纤式检测技术及系统的研究	燕山大学
1603006	全谱等离子体光谱仪	钢研纳克检测技术有限公司
1603021	燃煤锅炉烟气二氧化硫吸收液监测系统	北京华科仪科技股份有限公司
1603023	具有自适应抗干扰数据采集技术的用电信息采集系统及产业化	浙江万胜智能科技股份有限公司
1603025	基于电量与用电环境信息的建筑节能控制系统开发	上海电器科学研究所（集团）有限公司
1603026	基于云平台的船舶机舱智能报警分析系统	江苏科技大学、江苏舾普泰克自动化科技有限公司
1603028	LC 系列 -/B 型智能一体化椭圆齿轮流量计	合肥精大仪表股份有限公司
1603033	油气临界分流取样多相计量装置及工程应用	中国石油大学（华东）、中石化中原石油工程设计有限公司、中国石化股份有限公司胜利油田分公司石油工程技术研究院
1603034	基于人工智能的矿热炉综合节能系统	许继集团有限公司、北京科技大学、宁夏英利特化工股份有限公司
1603037	商用车 CAN 网络平台开发	安徽江淮汽车集团股份有限公司
1603040	智能变压器在线监测系统	山东电力设备有限公司
1603042	高精度非接触平晶检定仪	上海理工大学、苏州慧利仪器有限责任公司
1604004	带式输送机安全节能运行关键设备的开发与应用	山东科大机电科技股份有限公司
1604005	中部双向水平喷射式酸洗槽	北京中冶设备研究设计总院有限公司
1604011	井下现场混装乳化炸药车技术	山西惠丰特种汽车有限公司、酒钢集团甘肃兴安民爆器材有限公司嘉峪关分公司、贵州盘江民爆有限公司
1604012	多伸位托盘仓储系统研发	山西东杰智能物流装备股份有限公司
1604014	预切槽隧道施工成套设备关键技术研究	中国铁建重工集团有限公司
1604016	JK(H) 系列单绳缠绕式矿井提升机和提升绞车	洛阳中重自动化工程有限责任公司、中信重工机械股份有限公司
1604017	海洋石油自升式钻井平台升降系统	广东精铟海洋工程股份有限公司
1604028	5 000mm 宽厚板辊式全液压系列矫直机研制	太原重工股份有限公司、唐山文丰机械设备有限公司
1604031	船艇搬运起重机	纽科伦（新乡）起重机有限公司
1604042	曳引式电梯智能化关键技术及产业化应用	上海理工大学、森赫电梯股份有限公司、宁波欣达电梯配件厂、天津大学、宁波欧菱电梯配件有限公司
1604043	AP1000 装换料设备制造技术	上海起重运输机械厂有限公司
1605004	秸秆切割揉碎压捆一体技术与装备研究	中国农业机械化科学研究院呼和浩特分院
1605010	全天候智能化土壤 - 植物 - 机器工况模拟系统的研究	中国农业机械化科学研究院
1605013	3WZ-500L 型自走式风送喷雾机	山东永佳动力股份有限公司
1605014	柔性顶膜车库式干发酵技术研究与装备开发	农业部南京农业机械化研究所、江苏省农业科学院、江苏田娘农业科技有限公司
1606004	ML 系列模块化大型减速器	山东华成中德传动设备有限公司

（续）

项目编号	项目名称	完成单位
1606012	电厂乏汽冷凝热直接回收大型第一类溴化锂吸收式热泵机组	双良节能系统股份有限公司
1606014	智能低耗全新风印刷烘干热泵系统的研发及产业化	广东芬尼克兹节能设备有限公司
1606020	核电火电大容量水环真空泵成套机组研究开发	淄博水环真空泵厂有限公司
1606022	农用生态型斑马膜智能装备	广东金明精机股份有限公司
1606023	全井场远程自动控制固井成套装备的研究与产业化	烟台杰瑞石油装备技术有限公司、烟台杰瑞石油服务集团股份有限公司
1606024	XMN-320×(5-50)Y 啮合型密闭式炼胶机	大连橡胶塑料机械有限公司
1606031	节能型 3.3 m 幅宽双轴定向聚苯乙烯薄膜生产线研制	桂林电器科学研究院有限公司
1606033	污泥焚烧高温高湿脉冲除尘器	科林环保装备股份有限公司
1606039	深海海底取样装置及阀门	超达阀门集团股份有限公司
1606047	ZJ80/5850D 直流电驱动超深井钻机	兰州兰石石油装备工程有限公司
1606049	MVR 蒸汽压缩机组的开发与应用	西安陕鼓动力股份有限公司
1606050	烧结余热与高炉顶压能量回收机组技术	西安陕鼓动力股份有限公司
1606051	渣油加氢装置用热高分油能量回收透平	利欧集团股份有限公司、利欧（大连）工业泵技术中心有限公司、中国石油化工股份有限公司长岭分公司
1606054	余热回收高温热泵 / 蒸汽热泵压缩机研发与应用	上海汉钟精机股份有限公司
1606057	极高压力氧气阀	兰州高压阀门有限公司
1606059	高效可靠大流量双吸离心泵关键技术研究与应用	山东双轮股份有限公司、江苏大学
1606062	210 万 t/a 延迟焦化高压水泵	浙江科尔泵业股份有限公司
1606072	高效生活垃圾焚烧炉排炉及配套烟气净化成套技术与装备	江苏天楹环保能源有限公司、盐城工学院、南通天蓝环保能源成套设备有限公司
1606075	超（超）临界火电机组安全阀	哈电集团哈尔滨电站阀门有限公司
1606077	超大型二板式智能注塑装备	博创智能装备股份有限公司
1606078	基于工业 4.0 控制技术的 SVP/3 系列伺服驱动注射机	佛山市顺德区震德塑料机械有限公司
1606080	数字节能模切机关键技术研究及其应用	北京印刷学院、唐山瑞可达科技有限公司
1606089	烧结烟气新型钙法脱硫技术	北京中冶设备研究设计总院有限公司
1606092	超大规模污泥高温好氧发酵工业化处理成套技术及示范	机科发展科技股份有限公司、机械工业第一设计研究院、沈阳振兴污泥处置有限公司
1606097	特高压变压器绝缘干燥工艺及装备	中山凯旋真空技术工程有限公司
1607006	RLB-25B 系列燃油增压泵轴承改进设计	中航工业哈尔滨轴承有限公司
1607008	内外抽芯式 PC 透明背椅系列模具研制	揭阳市大立模具厂有限公司
1607009	107 系列低噪声全液压转向器	镇江液压股份有限公司
1607013	高性能密封轴承气密性检测装备	人本集团有限公司、上海思博特轴承技术研发有限公司、上海人本集团有限公司
1607016	摩擦焊接机主轴用精密三排组合转盘轴承的研制	洛阳 LYC 轴承有限公司
1607017	负载传感与压力补偿电液比例多路阀	江苏国瑞液压机械有限公司

（续）

项目编号	项 目 名 称	完 成 单 位
1607024	多工位节能变频电机铁芯级进模具关键技术研究与产业化	宁波震裕科技股份有限公司、国网浙江省电力公司宁波供电公司、国网浙江宁海县供电公司
1607026	HFC DTF630 双离合自动变速器产品开发	安徽江淮汽车集团股份有限公司
1607035	螺杆压缩机用高转速精密圆锥滚子轴承	浙江环宇轴承有限公司
1607041	自调心液压分离轴承分泵单元的研制	南京轴承有限公司、南京农业大学
1607046	印刷机械圆锥偏心组合轴承	山东鑫兴精密轴承科技有限公司
1608005	节能高产陶瓷磨具干燥烧成设备	机械工业第六设计研究院有限公司
1608006	煤矿机械绿色涂装生产线	机械工业第六设计研究院有限公司
1608009	神华集团公司榆神工业区清水煤化学工业园动力供应与高纯洁净气体项目动力装置	中国联合工程公司
1608011	中国长江动力公司(集团)搬迁改造建设项目	中国联合工程公司、中国长江动力集团有限公司
1608014	大跨距智能机械手及多层立体料架	中国联合工程公司
1608016	北汽（广州）汽车有限公司自主品牌乘用车技术改造项目涂装设备	中国汽车工业工程有限公司、北汽（广州）汽车有限公司
1608020	一汽解放汽车有限公司 MV3 整车生产线技术改造项目	机械工业第九设计研究院有限公司、一汽解放汽车有限公司
1608021	中联重科环境产业园洗扫、扫路车精益示范线项目	中机中联工程有限公司
1608029	汽车工厂生产控制系统研究与应用	机械工业第九设计研究院有限公司
1609002	汽车 NVH 性能关键技术研究及应用	南京工程学院、江苏卡威汽车工业集团有限公司、南京依维柯汽车有限公司、南京理工大学紫金学院
1609009	高平坦度纳米级大尺寸蓝宝石衬底的超精密加工技术研发及产业化应用	盐城工学院、江苏吉星新材料有限公司
1609013	废旧机电产品典型零部件激光再制造关键技术及应用研究	沈阳工业大学 沈阳大陆激光技术有限公司
1609014	减振降噪关键技术及应用	沈阳工业大学、辽宁科技学院、沈阳化工大学
1609020	船用燃气轮机关键铸件制造技术	沈阳铸造研究所
1609022	管线钢系列配套用焊接材料研究	四川大西洋焊接材料股份有限公司
1609027	含高挥发成分制品高温热处理共性技术研究及装备研制	机械工业第六设计研究院有限公司、台州齐合天地金属有限公司、汉江弘源襄阳碳化硅特种陶瓷有限责任公司、苏州东南碳制品有限公司
1609029	高效散热器的高可靠钎焊工艺	郑州机械研究所 机械科学研究院、哈尔滨焊接研究所、江苏大学、浙江银轮机械股份有限公司
1609034	面向泵阀铸件的先进成型技术及自动化生产线	浙江省机电设计研究院有限公司
1609038	轻质合金搅拌摩擦点焊装备与关键技术	上海航天设备制造总厂
1609040	高速高精度运动控制器关键技术及产业化	固高科技(深圳)有限公司、深圳大学
1609041	面向汽车白车身制造领域的多车型共线柔性总拼技术研究与产业化	广州明珞汽车装备有限公司
1609044	乘用车混流装配线零部件精准配送系统	湖北工业大学 湖北机电院装备制造有限责任公司
1609046	智能工业机器人成套装备及应用	沈阳新松机器人自动化股份有限公司

（续）

项目编号	项目名称	完成单位
1609051	汽车发动机高效加工系列刀具的研发	成都工具研究所有限公司
1609059	家用空调智能工厂系统建设及推广应用	广东美的制冷设备有限公司
1609060	热压电阻焊显微焊接设备	广州微点焊设备有限公司
1609068	大型空分设备用高压板翅式热交换器翅片自动化生产线开发和应用	机械科学研究院浙江分院有限公司、杭州杭氧股份有限公司
1609071	高性能等温淬火球墨铸铁材料在汽车零部件上的开发与应用	一汽铸造有限公司
1609076	弹簧床网高速全自动一体化制造技术及装备研发	佛山市源田床具机械有限公司
1609078	基于节能减排的锌制零件绿色制造关键技术开发与应用	上海工程技术大学
1609084	高效智能喷砂装备技术研发与应用	盐城工学院、江苏新金达机械制造有限公司、南京工程学院
1609091	生物发酵液的大型连续节能柔性流化床造粒包衣干燥机关键技术研发及产业化	扬州日发干燥工程有限公司、南京农业大学
1610001	新型轮式液压挖掘机关键技术研发	贵州詹阳动力重工有限公司、太原科技大学
1610002	非公路车辆翻车保护技术及应用	吉林大学 徐工集团工程机械有限公司
1610005	“高品质、低成本、低能耗”绿色汽车涂装技术的研究及应用	中国第一汽车股份有限公司技术中心
1610006	LG953N 轮胎式装载机开发	山东临工工程机械有限公司
1610012	装载机智能变速控制关键技术研究及产业化	广西柳工机械股份有限公司
1610013	节能高效型 1 ～ 7t 电动叉车研发	安徽合力股份有限公司
1610017	FN 系列轮胎式装载机	徐工集团工程机械股份有限公司科技分公司
1610025	超大米数泵车核心技术研究及产业化	徐州徐工施维英机械有限公司
1610029	XZJ5161TYH 路面养护车研发及产业化	徐州徐工筑路机械有限公司
1610030	9 ～ 12m 大型高效能摊铺机研制及产业化	徐工集团工程机械股份有限公司道路机械分公司
1610033	BDJY38F 双臂手轮履复合式救援工程机器人	江苏八达重工机械股份有限公司
1610035	SQS500A 随车起重机	徐州徐工随车起重机有限公司
1611001	电液控制紧凑型可变截面增压器（IVGT）	康跃科技股份有限公司
1611004	GW4C20 增压直喷汽油机产品开发与应用	长城汽车股份有限公司
1611006	低碳节能喷涂气缸套	中原内配集团股份有限公司、河南中原吉凯恩气缸套有限公司
1611010	高功率密度发动机压铸活塞关键制造技术及其装备	山东滨州渤海活塞股份有限公司
1611014	基于工程机械动力系统总成的机电液一体化仿真平台开发及应用	潍柴动力股份有限公司
1611017	搅拌车专用动力产品开发与应用	潍柴动力股份有限公司
1611019	基于 ATV 车辆的大排量电喷发动机自主研发与产业化	江苏林海动力机械集团有限公司、林海股份有限公司
1611025	新能源汽车动力系统电力测功器试验设备	南通常测机电设备有限公司

（续）

项目编号	项 目 名 称	完 成 单 位
1611028	内燃机用类金刚石涂层活塞环研发	安徽环新集团有限公司
1611030	某 V 型 20 缸柴油机超长轴设计与加工关键技术	河南柴油机重工有限责任公司
1612001	柴油机四气门缸盖导管孔深孔加工机床升级改造	广西玉柴机器股份有限公司
1612007	物流实物配送品质保证体系的创新设计与制作	四川一汽丰田汽车有限公司、长春丰越公司
1612015	工业现场多功能诊断仪器	一汽－大众汽车有限公司
1612016	一种负压式吸污设备	北京现代汽车有限公司
1612017	激光寻点器开发与应用	一汽轿车股份有限公司
1612019	数控机床按需自动供油润滑方法设计与应用	一汽解放有限公司轴齿中心
1612022	汽车冷冲压模具自动退件装置的研发及应用	一汽解放汽车有限公司
1612024	管柱式电动转向系统样件试制试验开发	博世华域转向系统有限公司
1612027	基于 3D 打印技术的汽车检具样板制作方法研究	吉林长春一汽－大众汽车有限公司
1612031	田湾核电定子扇形双片复式冲模的装配	哈尔滨电机厂有限责任公司
1612032	一种拔卸装置	北京现代汽车有限公司
1612034	一种机油冷却器旁通阀安装、拆卸装置	一汽解放汽车有限公司无锡柴油机厂
1612038	一种智能型低压断路装置的开发与应用	国网浙江宁海县供电公司、合肥合开防爆电器有限公司
1613002	《回转支承》（JB/T 2300—2011）	天津工程机械研究院、徐州罗特艾德回转支承有限公司、山东信远集团有限公司
1613004	光伏发电并网逆变器技术规范	上海电器设备检测所、机械工业北京电工技术经济研究所
1613007	核安全设备 LOCA 试验装置	上海发电设备成套设计研究院
1613009	内燃机性能检测质量控制关键技术与应用	上海机械工业内燃机检测所、中国机械工业联合会、中国合格评定国家认可中心、无锡油泵油嘴研究所、洛阳西苑车辆与动力检验所有限公司
1613011	《消防给水及消火栓系统技术规范》GB 50974—2014	中国中元国际工程有限公司、公安部天津消防研究所、上海市公安消防总队、辽宁省公安消防总队、北京市公安消防总队
1613012	《板式热交换器机组标准》（标准号：GB/T 29466—2012）	甘肃蓝科石化高新装备股份有限公司、睿能太宇（沈阳）能源技术有限公司、廊坊市欣瑞科能换热设备有限公司、四平市巨元瀚洋板式换热器有限公司、上海艾克森集团有限公司
1613018	自动化油液检测与智能质量控制系统	广州机械科学研究院有限公司
1613019	中国内燃机再制造产业战略实施方案	中国内燃机工业协会、天津大学、山东大学、北京信息科技大学、上海内燃机研究所
1613028	工业锅炉及系统热工性能指标与测试方法研究	中国特种设备检测研究院、上海工业锅炉研究所、沈阳特种设备检测研究院、辽宁省安全科学研究院
1613036	《能源系统需求开发的智能电网方法》（标准号 GB/Z 28805—2012）	中国电力科学研究院、中机生产力促进中心、国网河北省电力公司电力科学研究院、武汉国测恒通智能仪器有限公司、国网山西省电力公司电力科学研究院

（续）

项目编号	项 目 名 称	完 成 单 位
1613040	《电能质量 电压暂降与短时中断》（GB/T 30137—2013）	国网福建省电力有限公司、国网福建省电力有限公司电力科学研究院、中机生产力促进中心、华北电力大学、西安博宇电气有限公司
1613043	电工及机械产品环境条件、试验方法与技术要求系列标准	中国电器科学研究院有限公司（原：广州电器科学研究院）、威凯检测技术有限公司（原：广州威凯检测技术研究 院）、广州大学、无锡苏南试验设备有限公司
1613044	海上风力发电机变流器及主控制系统关键技术系列标准	上海电气集团股份有限公司输配电分公司、机械工业北京电工技术经济研究所、许昌开普检测技术有限公司、华锐风电科技（集团）股份有限公司
1613045	镁合金锻件	北京机电研究所、贵州安大航空锻造有限责任公司
1613051	低环境温度空气源多联式热泵（空调）机组	珠海格力电器股份有限公司、合肥通用机械研究院、深圳麦克维尔空调有限公司、大金空调（上海）有限公司
1613052	家用电子开关安全和性能标准制定（标准号 GB 16915.2、JB/T 11899）	中国电器科学研究院有限公司、施耐德电气（中国）有限公司深圳分公司、浙江正泰建筑电器有限公司、霍尼韦尔朗能电器系统技术（广东）有限公司、杭州鸿雁电器有限公司
1614002	《非谐振设计理论与齿轮超声加工》（第 1 版）	太原理工大学、中北大学、中国科技出版传媒股份有限公司
1614008	《机械优化设计方法》（第 4 版）	北京科技大学、冶金工业出版社
1614011	惯性圆锥破碎机（第一版）	北京矿冶研究总院、冶金工业出版社
1614014	机械制造自动化技术（第 3 版）	扬州大学、河海大学、淮阴工学院、机械工业出版社
1614017	GIS 卡魅科技制作课程及综合应用平台	清华大学、机械工业出版社、同科典动（北京）教育科技有限公司

第九篇

企业风采

树立国机之品牌 展示企业之风采

国机集团 | 中国机械设备工程股份有限公司 China Machinery Engineering Corporation

BELT AND ROAD

一带一路

欧洲
俄罗斯
中亚
中国
地中海
波斯湾
西亚
南亚
东南亚
印度洋
南太平洋
南美洲

中国机械设备工程股份有限公司（CMEC）,由中国机械设备进出口总公司通过整体改制更名，于2012年在中国香港成功上市。公司成立于1978年，是中国大型的工贸公司，隶属于中国机械工业集团有限公司。

CMEC是以工程承包为核心业务，以贸易、投资、研发及国际服务为主营业务的大型国际化综合性企业，是国际知名的工程承包商。工程承包业务范围涉及到电力能源、交通运输及电子通讯、房屋建筑、工厂建设、环境保护、采矿以及资源勘探等多个领域。

CMEC承接的国际工程承包业务和一般国际贸易已经遍及世界五大洲150多个国家和地区。

CMEC1980年开始从事国际工程承包业务，是率先“走出去”的中国承包商。

为践行“一带一路”构想，CMEC积极作为，加强对“一带一路”沿线国家的开发力度。业务范围与“一带一路”国家高度契合，在17个沿线国家拥有分支机构，21个沿线国家拥有完工项目，具有多年深厚的市场基础。目前已经形成了巴基斯坦、白俄、斯里兰卡、缅甸、泰国、伊拉克、土耳其、马来西亚、马尔代夫等十余个核心市场。

中工国际工程股份有限公司
CHINA CAMC ENGINEERING CO., LTD.

中白工业园

传递中国工程价值

奉献 诚信 执着 创新

中工国际工程股份有限公司（简称中工国际）隶属于中国机械工业集团有限公司，成立于2001年5月，并于2006年6月在深圳证券交易所挂牌上市，是中国股市实施全流通股改后率先获准发行新股（IPO）的公司。

中工国际核心业务是国际工程总承包、海内外投资和贸易，具有丰富的国际工程总承包管理经验。截至目前，已完成近百个大型交钥匙工程和成套设备出口项目，业务范围涉及亚洲、非洲、美洲和东欧地区，业务领域涵盖工业工程、农业工程、水务工程、电力工程、交通工程、石化工程及矿业工程等，已完成的项目获得了所在国家业主的广泛认可和好评。

中工国际拥有广泛的信息获取渠道和高效的管理团队，拥有长期而稳定的战略合作伙伴和良好的融资能力。

展望未来，在广阔的工程、投资及贸易领域，中工国际将积极进取、开拓创新，创造更加辉煌的明天！

中白工业园

白俄罗斯40万t纸浆厂项目

斯里兰卡延河农业灌溉项目

厄瓜多尔911应急指挥中心基多站

中国福马机械集团有限公司是中国专用设备研发、制造、销售的大型企业，是中国林业机械协会的会长单位。中国福马以“动力装备、林业装备、工程与贸易”为三大主业，形成了汽油机及配套机械、柴油机及配套机械、新能源动力及配套机械、人造板机械、造纸机械、森林种植采伐机械、机电产品贸易与工程总承包等七大业务板块。中国福马积累了小动力机械、摩托车制造及人造板机械制造几十年的生产经营经验，生产制造的各类人造板机械产品处于国内先进地位，是全国大型的摩托车发动机定点生产企业和摩托车上目录企业，公司产品处于国内领先水平，多次被中国质量协会用户委员会认定为“全国用户满意产品”。产品出口到美国、加拿大、日本、德国、东南亚等130多个国家和地区，享有较高市场声誉。

中国福马机械集团有限公司

地址：北京市朝阳区安苑路20号世纪兴源大厦　邮政编码：100029

电话：010-84898622、84898187　传真：010-84898421　网址：www.chinafoma.com

中国海洋航空集团有限公司
CHINA OCEAN AVIATION GROUP LIMITED

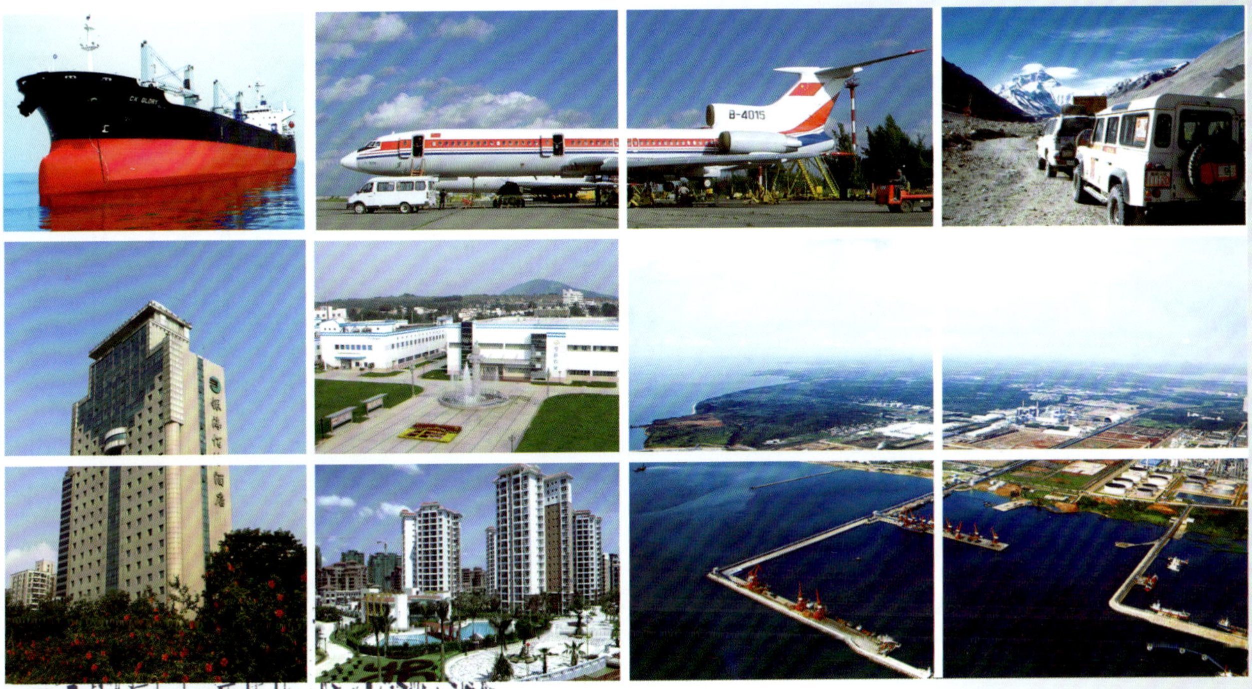

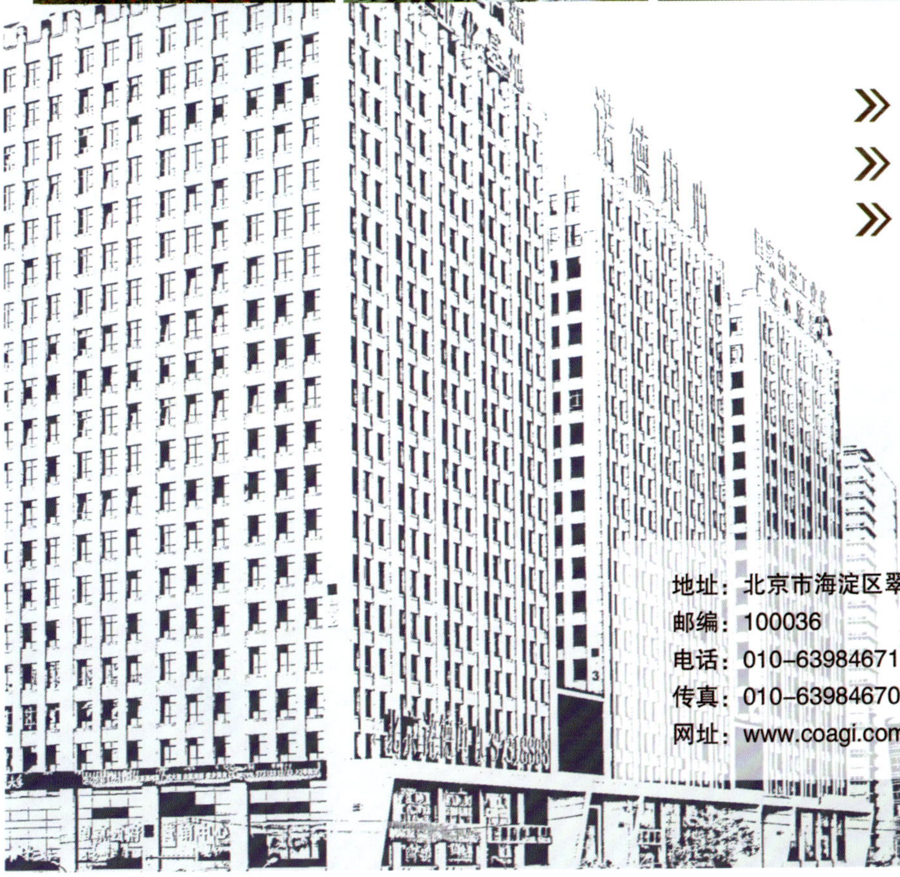

» 工程成套 » 国际经贸
» 航运航空 » 酒店旅游
» 区域开发 » 研发制造

地址：北京市海淀区翠微路36号
邮编：100036
电话：010-63984671
传真：010-63984670
网址：www.coagi.com.cn

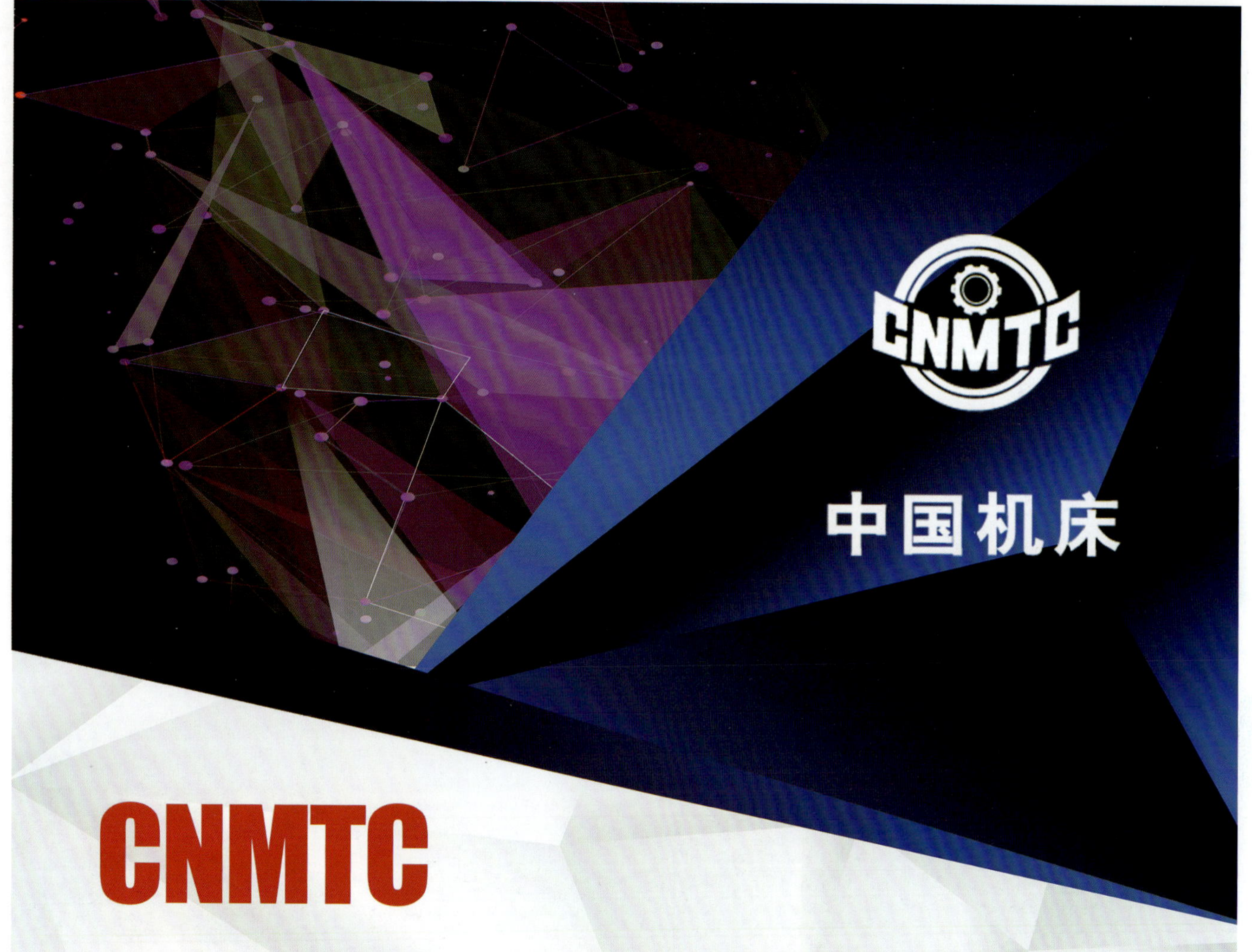

CNMTC

我公司主要从事机床、工具及相关产品的进出口贸易和国内营销业务，展会业务，并一直致力于机械工程项目技术设备成套承包和服务。三十余年来，我们与世界上80多个国家和地区的客商建立了稳定的贸易关系，具有广泛的客户群和较强的组织国外技术、设备资源的能力。共承接了二百余个重点成套项目，主要分布在汽车、兵器、船舶、航空、电子、化工等行业，其中有国家重点大型建设项目16个，在成套服务领域取得了很高声誉。在经营活动中，逐步形成了"信息-技术-开发-生产-贸易-服务"一体化的新格局，并培养出一支高素质、高效率，既专业又团结的业务队伍。2003年公司通过了ISO9001：2000质量体系的认证，使公司的管理更科学化，运营更规范化。

作为中国机床行业的龙头企业，为贯彻落实"中国制造2025"战略部署、促进中国机床进出口贸易增长、提高中国机电产品的国际竞争力、实现中国机床行业产业升级，我公司致力于打造中国机床工具行业云平台(简称"机电云平台")。

机电云平台面向全产业链，具备大型的综合性和开放性。通过平台实现上传下达、信息共享和需求对接，为全行业调整结构、释放资源、提高效率服务。

国机集团 | CHMC 中国重型机械有限公司 CHINA NATIONAL HEAVY MACHINERY CORPORATION

中国重型机械有限公司成立于1980年，是以工程总承包、带资运营、贸易和服务为主营业务的工程总承包综合服务企业，业务领域覆盖冶金、矿山、交通、建材、电力、水务、环保、化工、生物能源、农产品仓储及加工等行业领域。

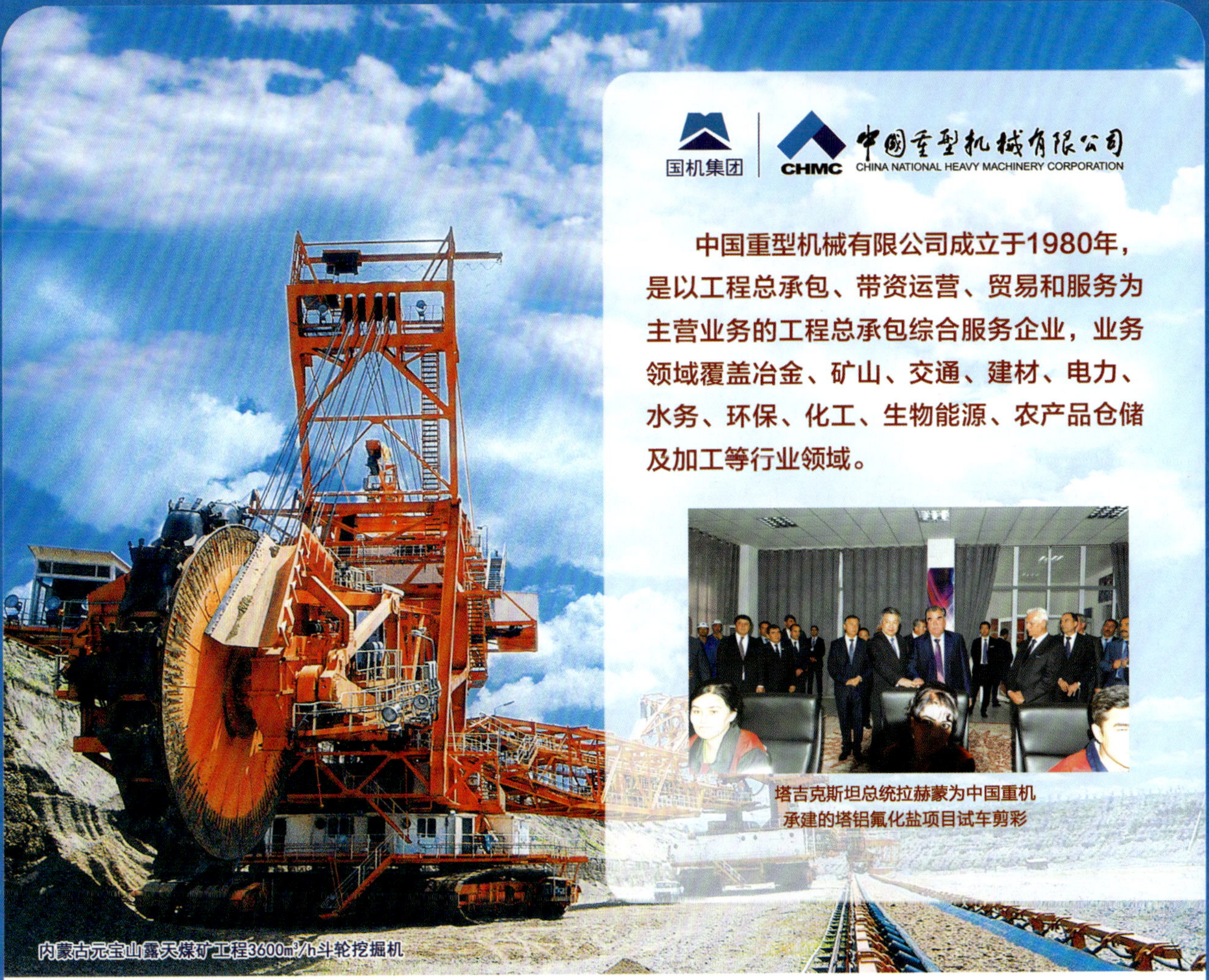
塔吉克斯坦总统拉赫蒙为中国重机承建的塔铝氟化盐项目试车剪彩

内蒙古元宝山露天煤矿工程3600m³/h斗轮挖掘机

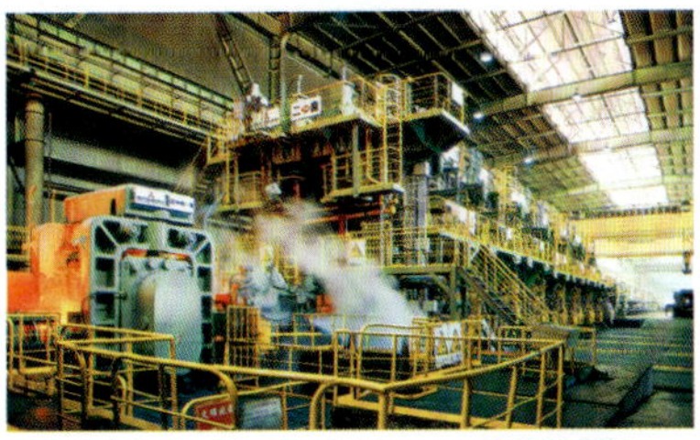
上海宝山钢铁（集团）公司1 580mm热连轧机组

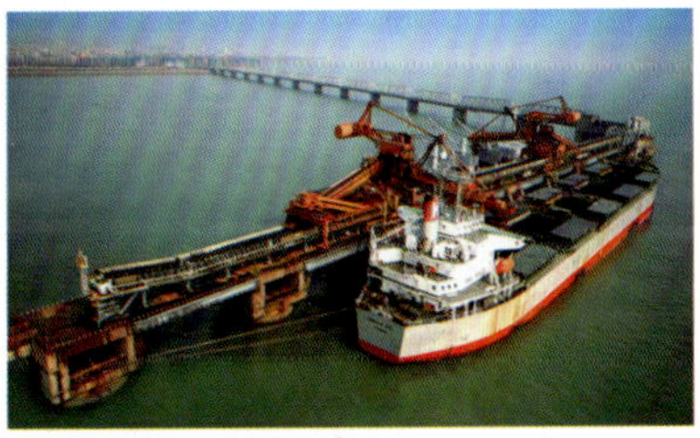
日照港站桥式煤码头卸船机

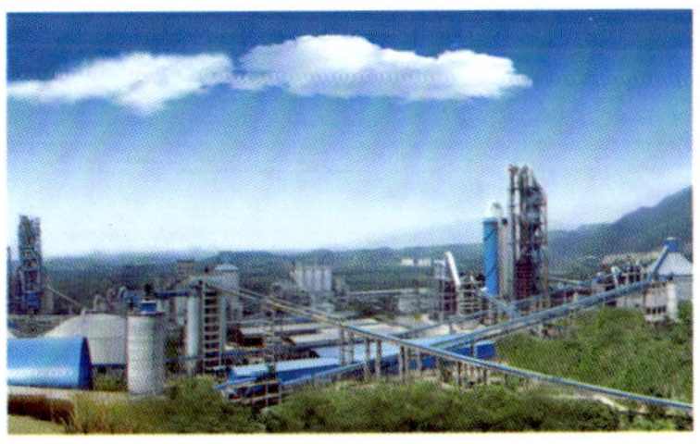
海南华润日产6 000t水泥厂

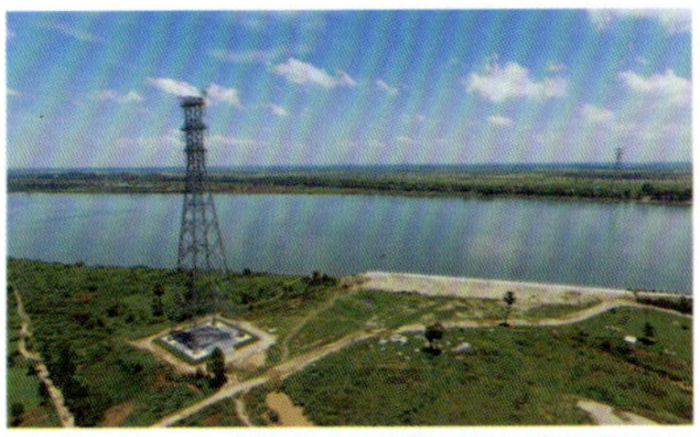
柬埔寨金边-巴威输变电项目湄公河大跨越铁塔

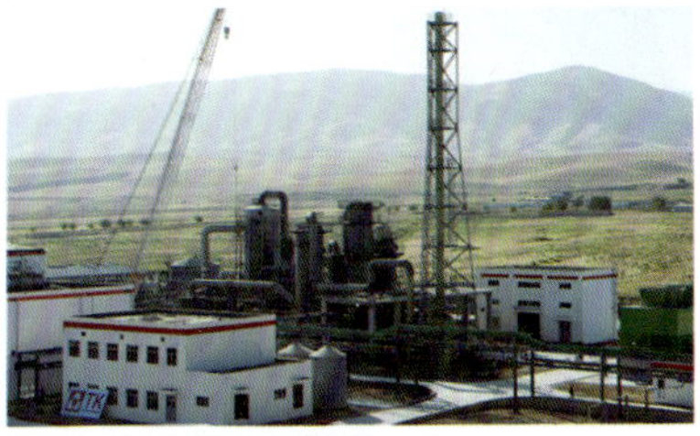
塔吉克斯坦塔铝项目硫酸工厂

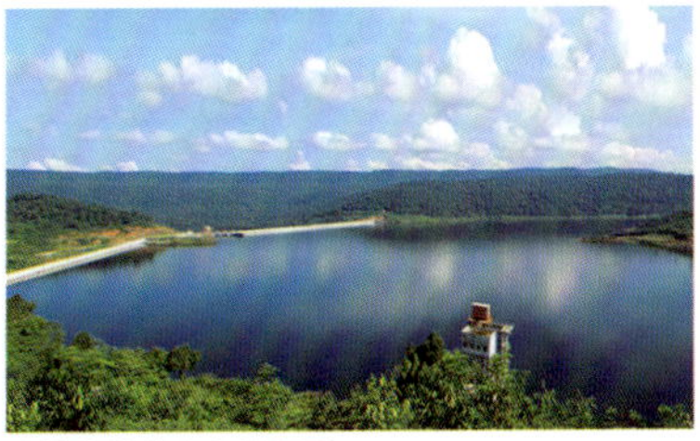
柬埔寨达岱水电站库区

地址：中国 · 北京公主坟复兴路甲23号　**邮政编码：**100036
电话：0086-10-68211861 68296001　**传真：**0086-10-68217772　68296106
电子信箱：chmc@chmc.cc　http：//www.chmc.cc

中國通用機械工程有限公司

China National General Machinery Engineering Corporation

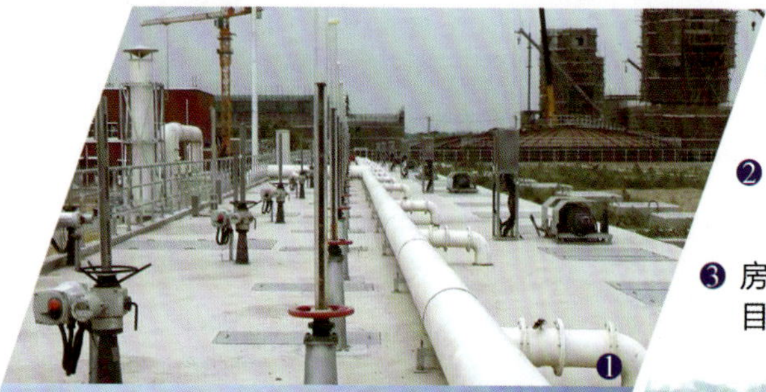

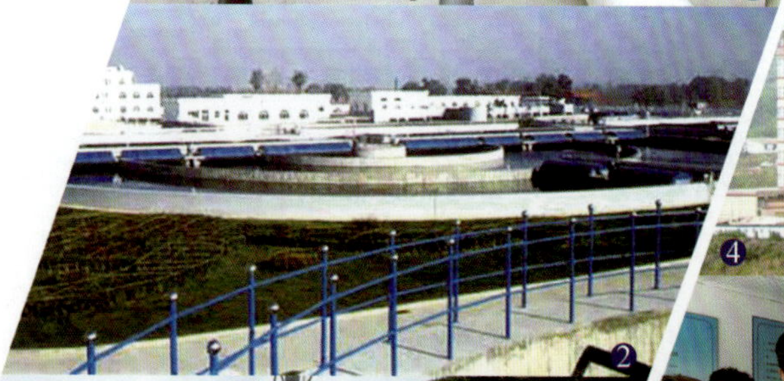

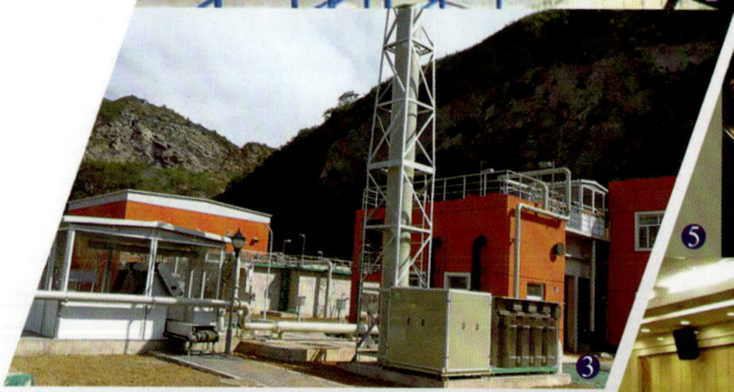

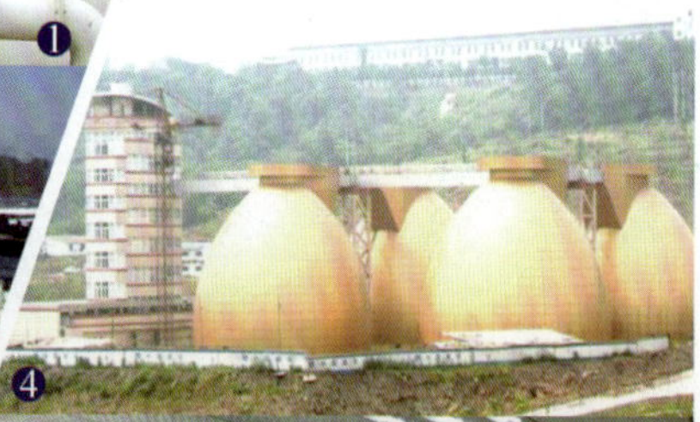

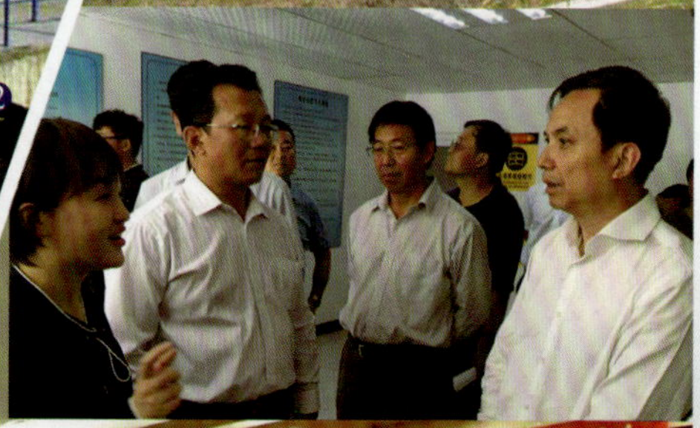

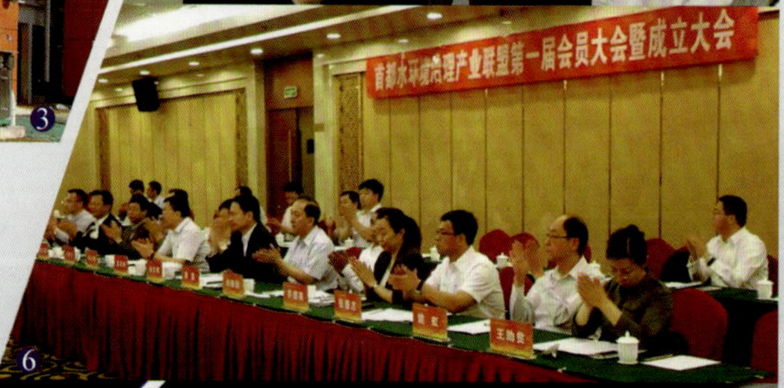

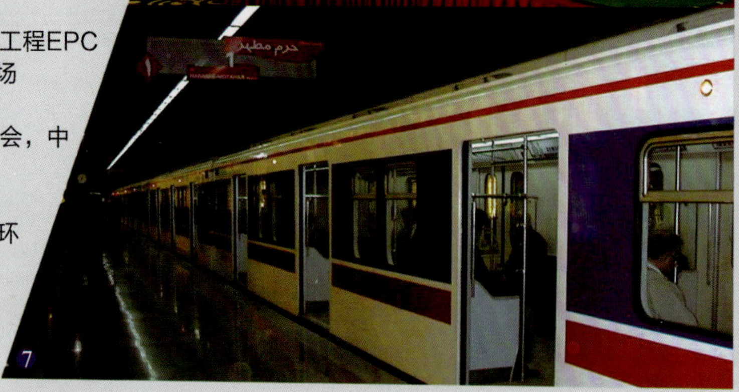

❶ 高安屯再生水厂项目现场

❷ 廊坊污水处理设备国际化示范工程现场

❸ 房山区乡镇污水处理厂建设运营项目河北镇污水处理厂工程现场

❹ 重庆鸡冠石污水处理厂三期扩建项目工艺设备总承包项目现场

❺ 通州区宋庄镇黑臭水体综合治理工程EPC总承包项目管头村污水处理站现场

❻ 首都水环境治理产业联盟成立大会，中通公司为联盟副理事长单位

❼ 伊朗德黑兰地铁1号线和2号线环控通风工程

地址：北京市西城区太平街甲2号 邮编：100050 电话：010-83132008 传真：010-83132001

日照钢铁集团管控中心项目

安哥拉220kV架空线路2 FUBEN ►

中广核云南元江羊岔街风电场 ►

▼ 张掖大剧院

▲ 合肥金源热电厂氨法烟气脱硫副本

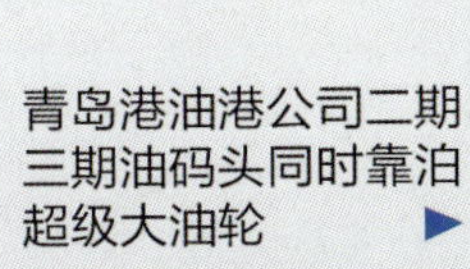

青岛港油港公司二期、三期油码头同时靠泊超级大油轮 ►

中国自动化控制系统总公司（以下简称“中国自控”）成立于1981年，隶属于中国机械工业集团有限公司（以下简称“国机集团”），是集科、工、贸、金于一体的国有独资公司。

中国自控自成立以来，凭借自身雄厚的技术研发实力、丰富的工程实践和项目管理经验，完成了国内外各种项目数千余项，与80多个国家和地区建立工程和贸易往来。曾荣获国家相关部门颁发的国家技术装备研制成果特等奖、突出贡献奖等嘉奖，以及省、市等各级项目单位的奖励与表彰。

中国自控秉承“诚信、和谐、创新、发展”的企业文化理念和核心价值观，致力于为全球多门类工程领域客户提供全方位优质的服务，实现公司、合作伙伴及社会各方的多赢合作及长远发展。

中国自动化控制系统总公司

China National Automation Control System Corp.

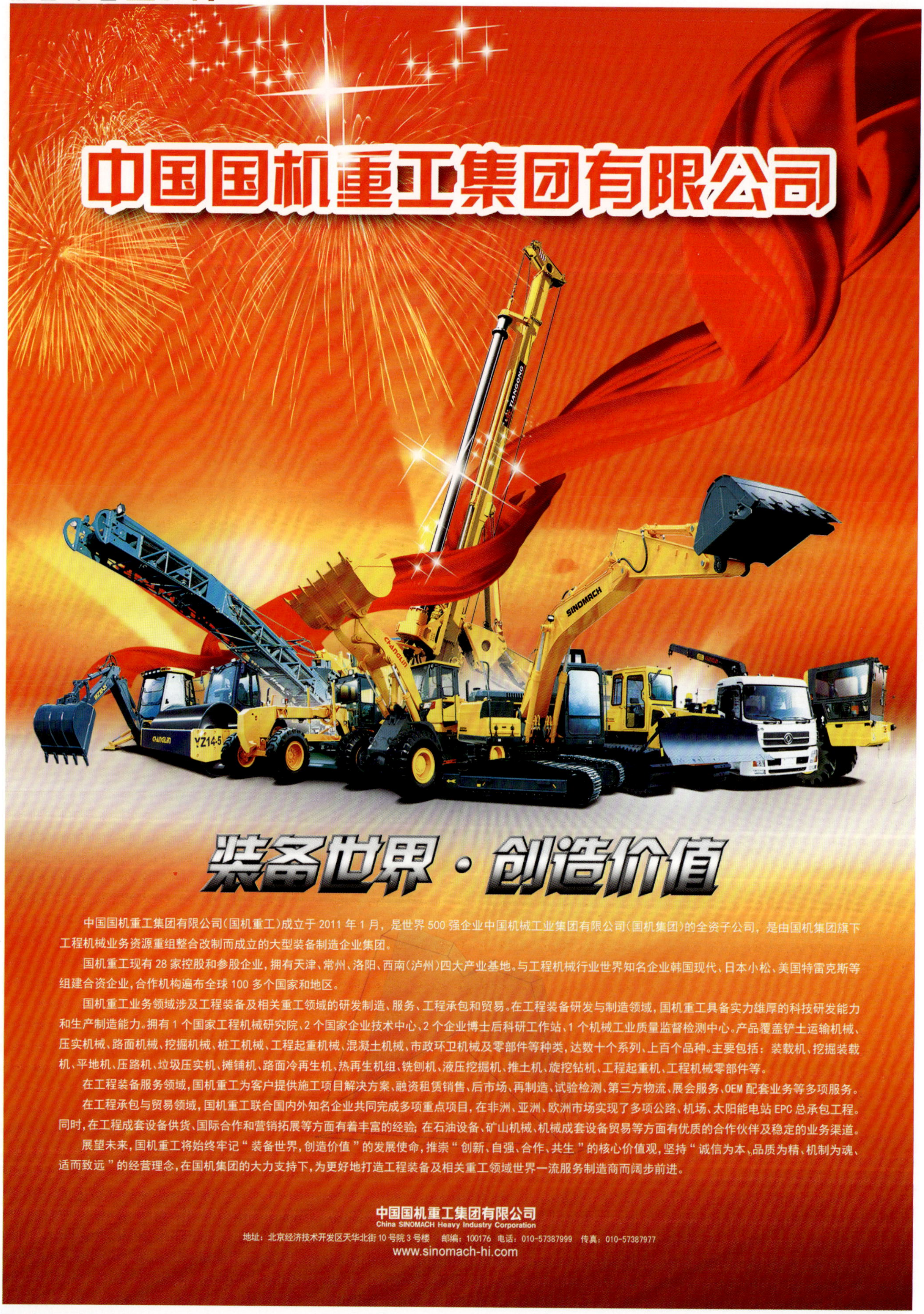
中国国机重工集团有限公司
装备世界·创造价值
中国国机重工集团有限公司(国机重工)成立于 2011 年 1 月，是世界 500 强企业中国机械工业集团有限公司(国机集团)的全资子公司，是由国机集团旗下工程机械业务资源重组整合改制而成立的大型装备制造企业集团。
国机重工现有 28 家控股和参股企业，拥有天津、常州、洛阳、西南(泸州)四大产业基地。与工程机械行业世界知名企业韩国现代、日本小松、美国特雷克斯等组建合资企业，合作机构遍布全球 100 多个国家和地区。
国机重工业务领域涉及工程装备及相关重工领域的研发制造、服务、工程承包和贸易。在工程装备研发与制造领域，国机重工具备实力雄厚的科技研发能力和生产制造能力。拥有 1 个国家工程机械研究院、2 个国家企业技术中心、2 个企业博士后科研工作站、1 个机械工业质量监督检测中心。产品覆盖铲土运输机械、压实机械、路面机械、挖掘机械、桩工机械、工程起重机械、混凝土机械、市政环卫机械及零部件等种类，达数十个系列、上百个品种。主要包括：装载机、挖掘装载机、平地机、压路机、垃圾压实机、摊铺机、路面冷再生机、热再生机组、铣刨机、液压挖掘机、推土机、旋挖钻机、工程起重机、工程机械零部件等。
在工程装备服务领域，国机重工为客户提供施工项目解决方案、融资租赁销售、后市场、再制造、试验检测、第三方物流、展会服务、OEM 配套业务等多项服务。
在工程承包与贸易领域，国机重工联合国内外知名企业共同完成多项重点项目，在非洲、亚洲、欧洲市场实现了多项公路、机场、太阳能电站 EPC 总承包工程。同时，在工程成套设备供货、国际合作和营销拓展等方面有着丰富的经验；在石油设备、矿山机械、机械成套设备贸易等方面有优质的合作伙伴及稳定的业务渠道。
展望未来，国机重工将始终牢记“装备世界，创造价值”的发展使命，推崇“创新、自强、合作、共生”的核心价值观，坚持“诚信为本、品质为精、机制为魂、适而致远”的经营理念，在国机集团的大力支持下，为更好地打造工程装备及相关重工领域世界一流服务制造商而阔步前进。
中国国机重工集团有限公司
China SINOMACH Heavy Industry Corporation
地址：北京经济技术开发区天华北街 10 号院 3 号楼　邮编：100176　电话：010-57387999　传真：010-57387977
www.sinomach-hi.com

国机财务有限责任公司

国机财务有限责任公司（以下简称国机财务）是于2003年7月经中国银行业监督管理委员会批准成立的非银行金融机构。公司股东为中国机械工业集团有限公司（以下简称国机集团）及26家国机集团成员单位，注册资本为15亿元。

国机财务紧跟集团改革发展步伐，坚持“依托集团资源，服务集团发展”，积极推进转型升级和二次创业，坚持产业链金融综合服务商的发展战略，着力培育资金结算与管理中心、客户服务与产业链金融中心以及投资与资产管理中心（“三个中心”），充分发挥“1+N”的团队服务模式功能，对内挖潜，对外增收，沿产业链支持国机集团及成员企业实体经济发展。

地址：北京市海淀区丹棱街3号A座　邮编：100080
电话：010-82606800　　传真：010-82606805

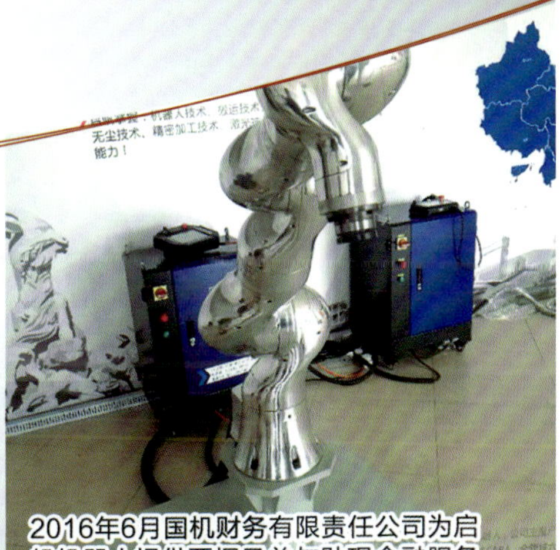

2016年6月国机财务有限责任公司为启帆机器人提供票据承兑与贴现金融服务的项目现场

2016年5月国机财务有限责任公司为三磨所郑州分布式光伏发电项目提供担保和设备融资租赁支持的项目竣工现场

2016年12月国机财务有限责任公司为苏美达出口德国的20.8万t散货船提供预付款保函支持的船舶交付现场

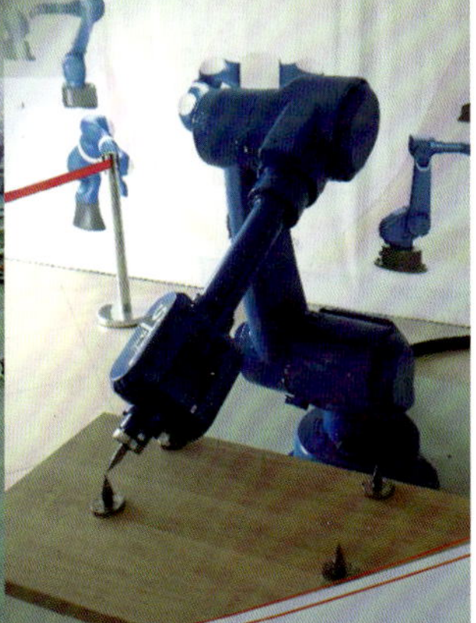

2016年5月国机财务有限责任公司为启帆机器人提供票据承兑与贴现金融服务的项目现场

公司概况

国机汽车股份有限公司（以下简称 公司）是世界500强企业中国机械工业集团有限公司（以下简称 国机集团）旗下一家大型汽车综合服务企业。在中国汽车流通协会发布的“中国汽车经销商集团百强排行榜”中，公司位列第六；在财富中国发布的中国上市公司500强排名中，位居第91位。

2011年10月，根据发展战略，国机集团通过资产置换方式，将其所属中国进口汽车贸易有限公司资产，整体注入上市公司，并成立国机汽车（股票代码：600335）。公司股本总数10.3亿股，注册资本10.3亿元。

凭借20余年专注于进口汽车市场的丰富经验，公司自重组上市以来，逐步构建起以进口汽车贸易服务为核心业务，汽车零售、汽车后市场为重点拓展业务的全新业务结构；培育出覆盖进口汽车贸易服务全链条的核心能力体系，先后与克莱斯勒、进口大众、通用、福特、捷豹路虎、雷诺等跨国汽车公司建立起了良好合作关系。

2016年，公司实现销售收入505.85亿元；利润总额8.02亿元，归属于上市公司股东的净利润6.14亿元，每股收益0.63元。

公司以完善的治理结构、高质量的信息披露、良好的投资者关系管理体系、高效的资本运作能力赢得了监管机构及资本市场的广泛认可，树立了合规、透明、高效的“标杆公司”的良好形象及公司在行业及资本市场的地位与影响力。

2016年，国机汽车入选上海证券交易所上证100指数，并继续位列上证380指数样本股、公司治理指数样本股、上证社会责任指数样本股，以及融资融券和沪港通标的股；此外，还荣获中国汽车流通行业企业品牌具有影响力奖、汽车物流行业突出贡献企业、董事会价值创造奖、中国上市公司诚信企业百佳等多项殊荣；获得上海证券交易所上市公司信息披露A级评价，并先后入选“2016年中国上市公司百强排行榜”，入围中国上市公司协会“上市公司监事会最佳实践评选”。

未来，公司将继续秉承“为造车人服务，为卖车人服务，为用车人服务”的理念，以“让汽车生活更美好”为企业使命，致力于成为“科、工、贸、金一体的汽车集团”和“优秀的上市公司”，持续为合作伙伴、为员工、为社会创造价值。

第 6 位
中国汽车经销商集团百强排行榜

第 91 位
中国上市公司500强排名

利润总额 8.02亿元

上证100指数 上证380指数

上证公司治理指数样本股

上证社会责任指数样本股

信息披露A级评价

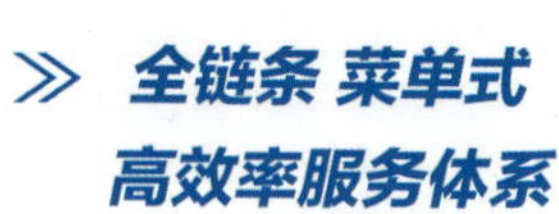

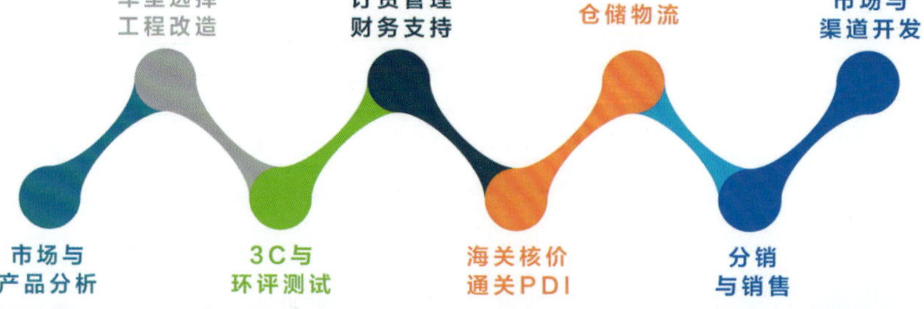

主营业务

汽车批发及贸易服务业务

汽车批售服务是公司的核心业务。多年来，不断创新合作模式，已成为克莱斯勒、进口大众、通用、福特、捷豹路虎、林肯、Tesla等多家知名跨国汽车企业的重要合作伙伴。公司已全面具备为跨国汽车企业提供战略资讯、市场分析、车型选择、工程改造、资金融通、认证协助、报关仓储、物流分销等八大模块、全链条贸易服务能力体系。专业化、精细化、高效率服务为客户带来更快速的市场反应、更高效的市场运作、更良好的经济效益。为更好地服务客户，公司还加大硬件体系建设，在天津、上海、广州兴建物流、仓储、分拨中心等，打造软硬件相结合的港口贸易服务综合平台。

汽车零售服务业务

起步于2005年，立足于推进品牌“投资人战略”，通过“批发+零售”模式，着眼于高端品牌的导入。截至2016年，公司参、控股4S店60余家，代理汽车品牌20余个，其中豪华品牌、进口品牌、合资品牌包括：捷豹路虎、宝马、奥迪、雷克萨斯、英菲尼迪、进口大众、克莱斯勒、Jeep、道奇、三菱、雷诺、福特、本田、丰田等。目前，公司旗下4S店主要集中在京津唐、黑吉辽、长三角等具有增长红利的地区，初步形成了区域规模效应。同时，公司还通过“园区+零售”模式来打造4S店集群，发挥综合优势，推行集群式发展。公司以“为用车人服务”为理念，注重精细化管理，为消费者提供从选车、购车、用车到维修保养等全过程、高品质服务，营造更美好的汽车生活。

汽车后市场业务

积极拓展业务领域，增强全链条服务能力。目前，后市场服务领域主要涉及汽车零部件、汽车租赁、二手车、汽车改装、汽车电子商务、汽车信息服务等，涵盖汽车流通的全生命周期，初步形成汽车全链条服务体系，实现了体系内各项业务相互促进的良性发展局面。

国机汽车股份有限公司
地址：北京海淀区中关村南三街6号
邮编：100190
电话：8610-82169288
http://www.sinomach-auto.com

中国机械国际合作有限公司（中机国际）是大型中央企业集团、世界500强企业——中国机械工业集团有限公司的控股子公司。公司主要从事商业会展和贸易成套相关业务。

中机国际拥有20多家子公司及投资企业。近年，公司连续多次获“中国会展业十大影响力会展公司”等荣誉，已经发展成为中国会展界规模大、实力强的中央企业。

商业会展是中机国际的核心主业，公司拥有多年的办展经验和专业的办展团队。经过多年努力，中机国际已形成境内外自主办展、代理出国展览、展览工程服务等完整的展览业务体系。每年在国内30多个大中城市举办了40多场大型展会，总展览面积近 300 万m^2。特别是参与主承办的“北京国际汽车展览会”和“上海国际汽车零配件、维修检测诊断设备及服务用品展览会”双双跻身2016年世界商展100强排行榜前30名。在境外100多个国家，承办了160多个代理展和自办展，每年专业观众35万人次。

在贸易成套领域，中机国际积极开展全球性经济技术合作。国际贸易业务主要从事汽车整车、零部件以及其他机电类产品的进出口贸易，市场范围遍及亚洲、欧洲、拉丁美洲和非洲等众多国家和地区。公司在汽车整车出口和关键零部件进口方面具有较强的市场竞争优势。工程成套业务结合国家“一带一路”倡议的实施，继续深耕印度电站市场，开发国内外汽车设备成套业务，以及以汽车为主题的文化园区、产业园区的建设项目。

秉承"责任、创新、协同"的核心价值观，中机国际坚持商业会展与贸易成套“双擎驱动”，以机械装备领域会展，以及差异化的汽车和机械设备贸易、成套为主业，进一步发现产业价值点，拓展产业价值链，努力探索展贸互动、展贸联动的特色发展道路。中机国际致力于成为国内领先、国际知名，以现代会展服务和国际贸易为主体的综合性展览贸易服务商。

伴随着世界经济一体化、竞争全球化的进程，中机国际愿与社会各界加强合作，为中国和世界经济的繁荣作出贡献。

地址：北京市海淀区中关村丹棱街3号A座 邮编：100080
Add: No3 Danling Street , Haidian District, Beijing 100080,P.R. China

电话（Tel）：(010) 82606899 传真（Fax）：(010) 82606999 Http://www.sinomachint.com Email: office@sinomachint.com

国机资产管理公司

国机资产管理公司（简称国机资产）成立于2011年1月26日，定位为国机集团的资产管理平台，是以资产管理、资产运营、资产投资为核心主业，涵盖国际贸易、产权经纪、不动产管理等增值业务的综合性资产管理公司。全资拥有江苏华隆兴机械工程有限公司、厦门华隆进出口公司、国机时代置业（北京）有限公司等10家实际管理子公司，控股莱州华汽机械有限公司、长沙汽电汽车零部件有限公司等6家托管子企业，参股万向钱潮股份有限公司、福建龙溪轴承（集团）股份有限公司、光大银行、万向钱潮传动轴有限公司、国机资本控股有限公司、江苏苏美达资本控股有限公司和长春机械科学研究院有限公司等多家企业。

根据国机集团“十三五”发展规划金融与投资板块中资产管理业务定位，国机资产“十三五”规划立足国机集团，遵循“服务产业、前瞻布局、创新发展”的总体发展思路，坚持“服务”和“发展”两条主线，明晰以资产管理平台为核心开展资产管理、资产运营、资产投资等多元化业务的同心多元化战略选择。

▲2016年11月2日，宣布任命新一届领导班子大会在公司总部召开

2016年12月30日，公司通过北京产权交易所成功受让二重成都物业公司100%股权，配合中国二重改革振兴。图为国机西南大厦概貌▼

▲2016年5月11日，集团将公司指定为系统内部代理国有产权交易业务的首选经纪机构

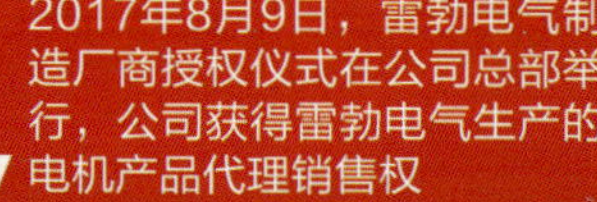

2017年8月9日，雷勃电气制造厂商授权仪式在公司总部举行，公司获得雷勃电气生产的电机产品代理销售权▼

▲2016年6月13日，公司总经理张弘接待孟加拉国议员HAQUE BHUIYAN先生，双方进行贸易会谈

▲2016年7月29日，公司举办“爱我国机资产，践行发展战略”主题知识竞赛，宣贯集团及公司战略规划

▲2016年6月29日，公司党委组织“严守党规党章，永做合格党员”专题党课，助推“两学一做”

▲2017年9月28日，公司选手摘得集团羽毛球赛男单桂冠

地址：北京市朝阳区朝外大街19号华普国际大厦11层　邮编：100020
电话：010-65802288　传真：010-65802010
http://www.sino-capital.com.cn

中国农业机械化科学研究院
Chinese Academy of Agricultural Mechanization Sciences

农业全程机械化云服务平台暨希望田野APP

推动中国农业机械技术进步及产业升级

·高端装备·农业工程·信息技术与服务

2016年10月23日，中国农业机械化科学研究院（以下简称中国农机院）成立60周年。60年来，中国农机院科研硕果累累，勇立改革潮头，1999年由科研事业单位整体转制成为中央直属科技企业，成为国内科研院所科研体制改革中的佼佼者，培育了若干具有相当产业规模、技术引领行业发展的产业实体；2009年进入中国机械工业集团有限公司。

六十载不忘初心，一甲子继往开来。中国农机院将以打造“价值型农机院”为引领，致力于建设“创新农机院、智慧农机院、幸福农机院”，致力于提供有价值的产品与服务，实现资本与技术双轮驱动；在“一带一路”的国家倡议引领下，推动实施农业走出去，成为国际一流的科技企业。

青贮饲料收割机

飞机牵引车

SP系列超大型摊铺机

智能挂面干燥系统

超高温真空环境力学性能试验装置

地址：北京市朝阳区德胜门外北沙滩一号（100083）电话：010-64882223 传真：010-64877326 网址:www.caams.org.cn

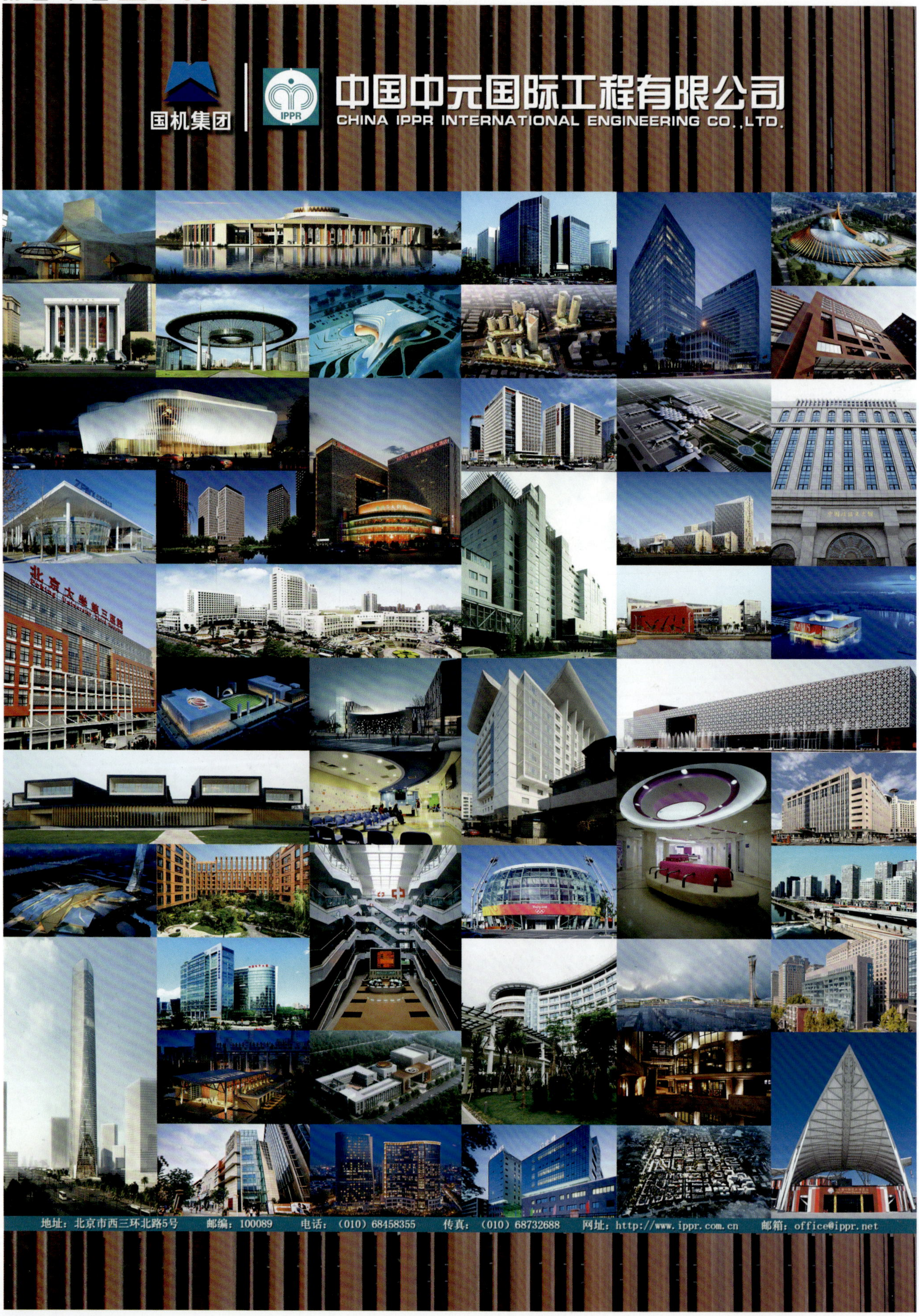
国机集团
IPPR
中国中元国际工程有限公司
CHINA IPPR INTERNATIONAL ENGINEERING CO., LTD.
地址：北京市西三环北路5号 邮编：100089 电话：（010）68458355 传真：（010）68732688 网址：http://www.ippr.com.cn 邮箱：office@ippr.net

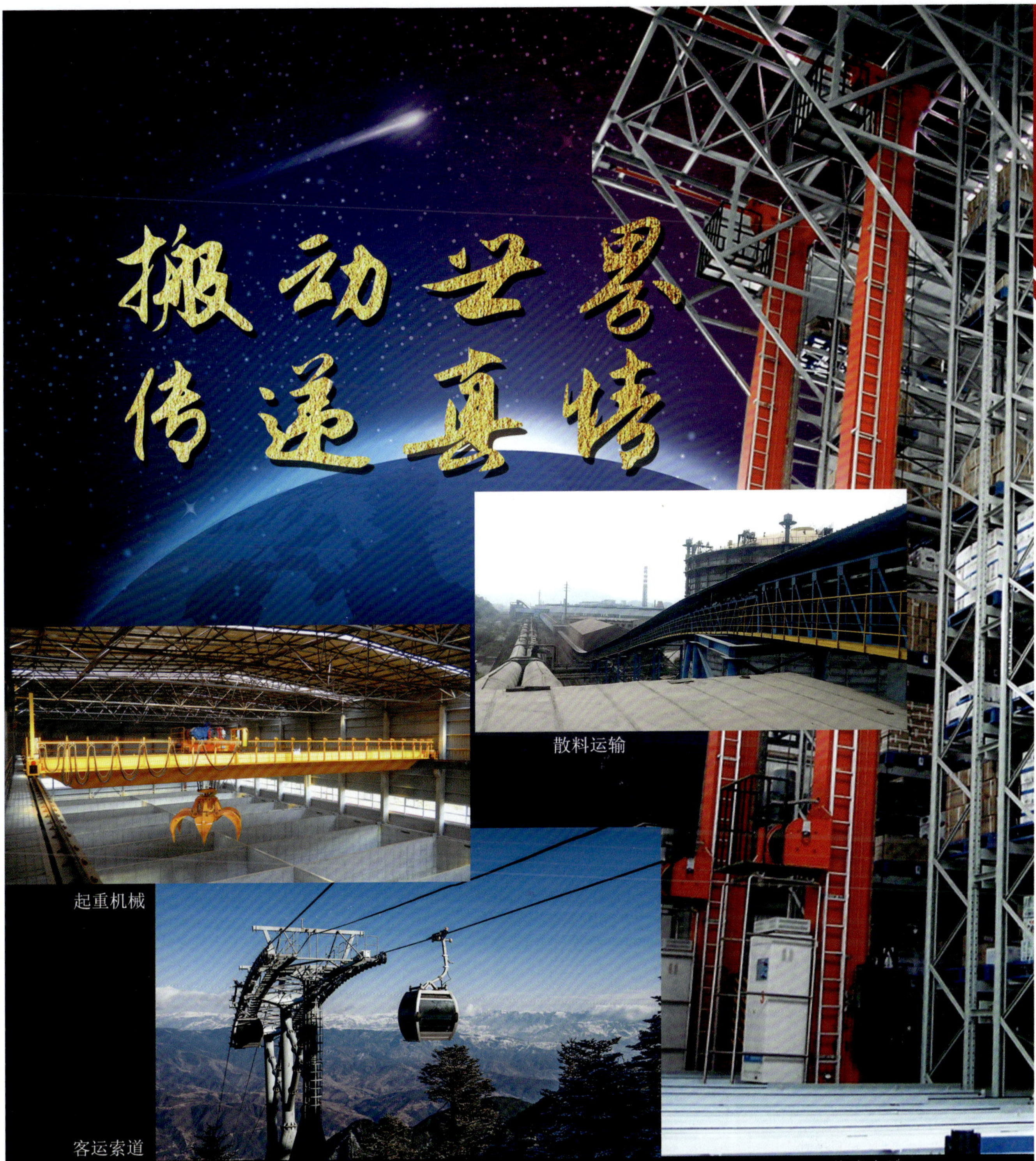

北京起重运输机械设计研究院，成立于1958年，经过半个多世纪的发展，由原国家起重运输机械行业技术归口研究所发展成为集科研、设计、生产制造、安装调试、工程承包、检验检测、咨询监理服务为一体的国有科技型企业，隶属于世界500强企业中国机械工业集团有限公司所属中国中元国际工程有限公司。

该院具有客运索道、自动化物流仓储、起重机械、散料运输四大工程业务板块，承包建设的各类工程近2 000项，获得300余项国家及省部级科技成果奖。并提供液力液压技术产品和设备监理监造服务。综合技术实力在我国起重运输机械行业名列前茅。

中国第二重型机械集团公司（简称中国二重）始建于1958年，是中国机械工业集团有限公司（简称国机集团）所属的重大技术装备制造企业和中国重要的重大技术装备制造基地。近60年来，中国二重先后为中国及世界市场提供了超过两百万吨的重大技术装备。

中国二重具备一次提供900t钢水、700t钢锭、500t铸钢件、400t锻钢件的能力，是世界重大技术装备领域少数具备极限制造能力的企业。中国二重主业涵盖大型成台(套)装备和大型铸锻件、大型压力容器、大型模锻件、大型传动件装备制造，可为冶金、矿山、能源、交通、汽车、石油化工、航空航天等重要行业提供系统的装备制造与服务。

在成台(套)装备制造领域，中国二重是冶金成台(套)装备和智能化锻造装备工程总包的核心供应（服务）商；在大型铸锻件领域，中国二重是AP1000、华龙一号、CAP1400为代表的第三代核电机型全套铸锻件和关键零部件重要供应商，是中国能够提供“三峡级”70万kW水电机组全套铸锻件和批量生产百万千瓦级超超临界火电机组关键成套铸锻件的供应商；在重型压力容器领域，中国二重具备单体2 500吨级以上超大、超厚重型压力容器整体装备制造能力，是中国大型核电、化工重型压力容器的骨干供应商；在大型传动件领域，中国二重是大型冶金、水利传动件装备制造的优势企业和中国主要的大型风电增速机、风机主轴和风机偏航变桨系统制造基地；在航空航天领域，中国二重是中国航空模锻件产品的主要供应商和航天基础装备制造功勋企业。

进入新时代,中国二重将以党的十九大精神为指引，以习近平新时代中国特色社会主义思想为行动指南,不忘初心，牢记使命，开启新征程，在国机集团二次创业，“再造一个海外新国机”战略引领下，改革创新，奋力推进企业可持续有质量发展，将中国二重打造成为“国内第一、世界一流”的重大技术装备制造企业。

中国二重制造的咸宁AP1000核电蒸汽发生器锻件过渡锥体

中国二重为乌东德水电项目生产制造的世界领先的862MW混流式水电机组上冠

中国二重为阳江核电站制造的175kW第三代核电高压外缸体

中国二重制造的自主三代核电华龙一号百万千瓦级核电转轴走出国门，发往巴基斯坦卡拉奇核电K2项目

中国二重为中石化金陵分公司承制的双超加氢反应器

中国二重制造的世界领先的华龙一号稳压器堆芯补水箱

中国二重自主设计制造、具有自主知识产权的拉伸机大力神30MN智能拉伸机在用户现场负荷试车一次成功

国机集团
中国一拖

上市股票：A股/一拖股份 601038
H股/第一拖拉机00038

LF2204

中国浦发机械工业股份有限公司
China Perfect Machinery Industry Corp.,Ltd.

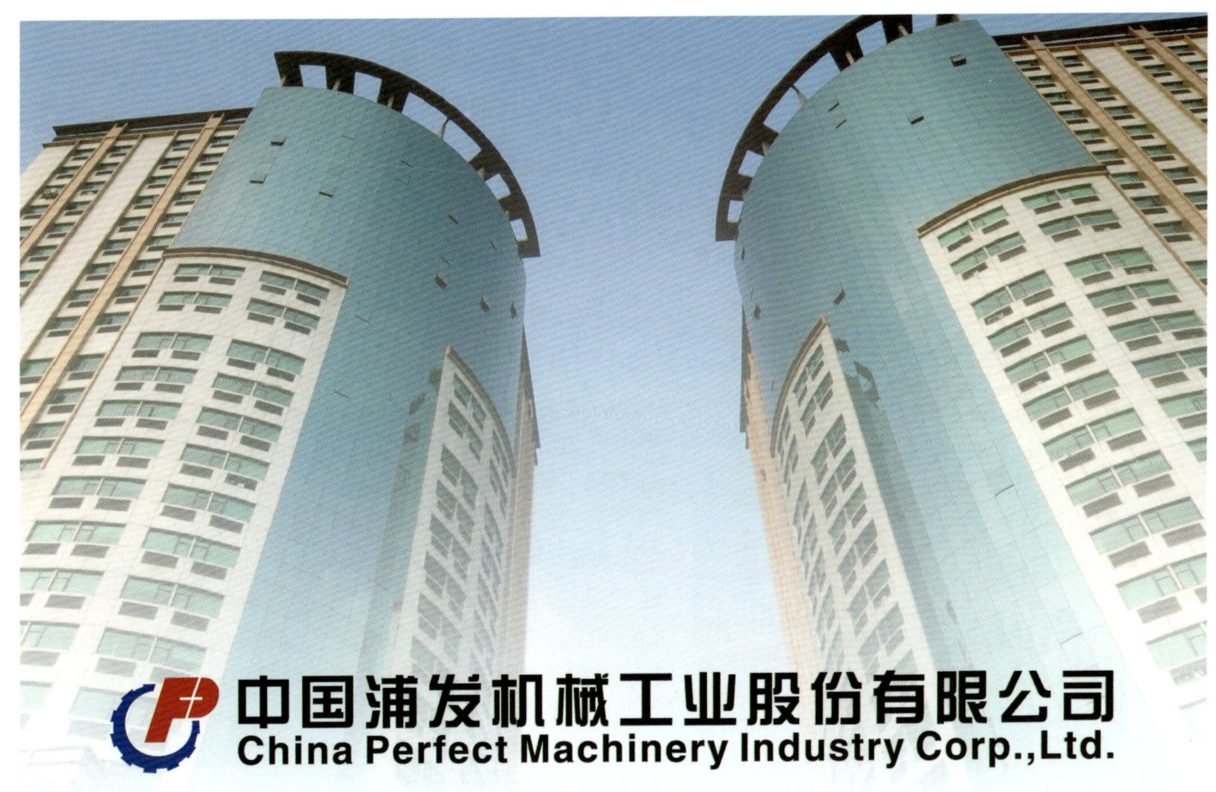

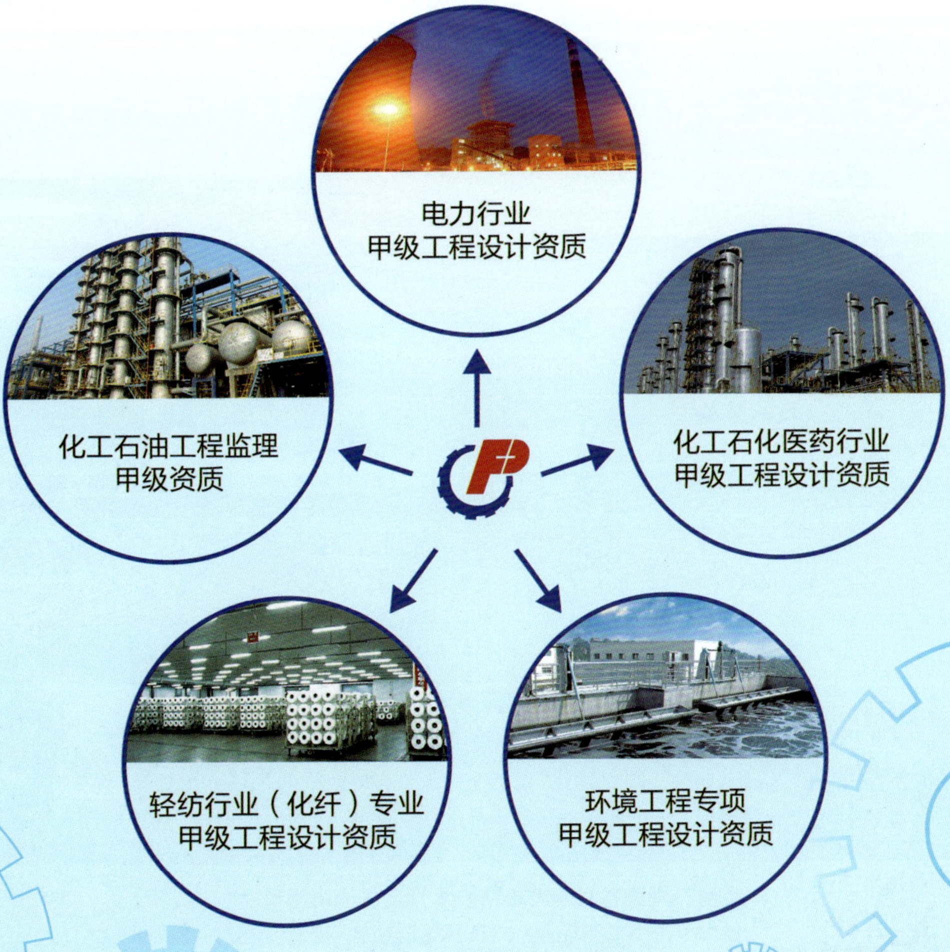
电力行业
甲级工程设计资质
化工石油工程监理
甲级资质
化工石化医药行业
甲级工程设计资质
轻纺行业（化纤）专业
甲级工程设计资质
环境工程专项
甲级工程设计资质

杭州国际会议中心

浙江美术馆(EPC总承包)

工程相联 价值相合

中国联合工程公司是以原机械工业第二设计研究院为核心，联合多家国家甲级勘察设计单位组建的大型科技型工程公司，隶属于中央大型企业集团、世界五百强企业——中国机械工业集团有限公司，总部设在杭州。

公司员工6000多人，专业技术人员占95%以上，曾有7名院士在公司工作，现在职1名，全国勘察设计大师7人、“新世纪百千万人才工程”人选1人、享受政府特殊津贴专家90人、高级技术职称专家1 000多名（含教授级146名）、各类国家一级注册人员1 300多人次。

作为我国早期组建的国家大型综合性设计单位之一，公司设计了以三大动力基地为代表的一大批国家装备制造业骨干企业，设计了300多座电厂，在省内承接了杭州大厦、杭州国际会议中心、凯德·来福士广场等数以千计的标志性民用建筑，服务领域涵盖二十多个行业，是国内先期获得工程设计综合甲级资质的企业。

在继续做精做强设计咨询业务的同时，公司大力提升EPC总承包能力，是浙江省早期EPC工程总承包试点企业，先后承接了浙江美术馆、浙江海外高层次人才创新园、杭州钱江世纪城学军中学附属文渊中学、温州浙南科技城、宁波前洋E商小镇等EPC总承包项目。公司积极参与国际竞争，重点开拓南美、东南亚等总承包市场。

公司具有工程设计综合甲级资质、工程总承包资格、房屋建筑施工总承包一级资质；具有多个行业的工程咨询甲级资质、城市规划编制甲级资质和多个专项设计甲级资质；具有直接对外经营权，多年来完成了20 000多项工程；主编、参编标准、规范100余项；获得国家科技进步奖28项（一等奖 2项）、国家各类工程技术奖100余项、各类省部级奖1 000多项。

公司连年被授予“重合同守信用”企业称号，获得AAA企业信用评定等级。在住建部对全国一万多家勘察设计单位综合实力和营业收入排名中，连年进入百强榜；在美国ENR对中国工程设计企业60强的统计排名中，连年榜上有名。

公司将凭借强大的综合优势，竭诚为国内外业主提供各类工程建设全方位、全过程服务。

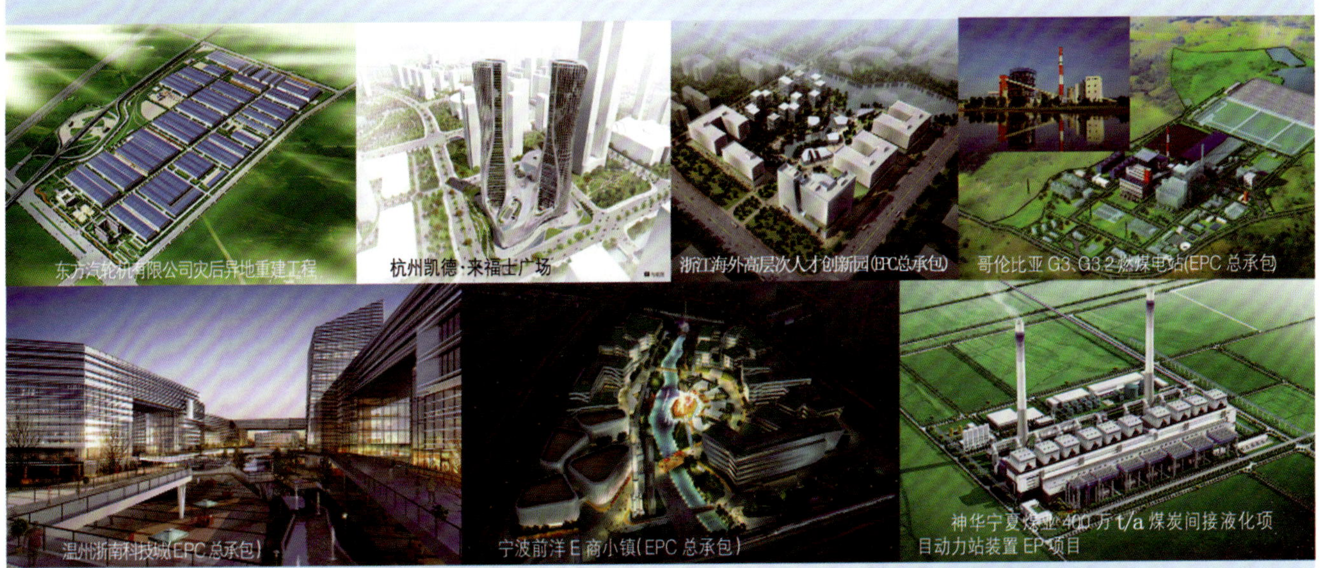
东方汽轮机有限公司灾后异地重建工程
杭州凯德·来福士广场
浙江海外高层次人才创新园(EPC总承包)
哥伦比亚G3、G3.2燃煤电站(EPC总承包)
温州浙南科技城(EPC总承包)
宁波前洋E商小镇(EPC总承包)
神华宁夏煤业400万t/a煤炭间接液化项目动力站装置EP项目

总部地址：中国杭州市滨江区滨安路1060号　邮编：310052
联系电话：0571-88151842　传真：0571-88137083　公司网址：www.chinacuc.com

公司总部办公大楼

西青新型高端汽车涂装设备和汽车后服务基地

静海焊装、总装装备制造基地

中汽昌兴（洛阳）机电设备工程有限公司

中国汽车工业工程有限公司(以下简称中汽工程)成立于2005年10月，隶属于中央大型企业集团——世界500强的中国机械工业集团有限公司，总部设在天津，现有职工4 000余人，其中技术人员近3 000人。

现拥有国家颁发的工程设计综合甲级资质，及咨询、勘察、监理、施工总承包、环评、造价等涵盖建设工程全领域的国家高等级资质证书，是中国机械行业规模大、业务链全的工程公司。

凭借国内领先的技术水平和人才优势，长期以来一直为合资企业和国内各大汽车集团提供技术服务，承担整体工程设计、技术改造、工程总承包、生产线供货、工程建设管理、监理，在国内汽车工程建设领域享有很高的声誉。公司业务已进入国内一流大汽车集团和国际品牌的高端客户，成功承接了奔驰、宝马、路虎（捷豹）、大众、沃尔沃、通用等世界知名品牌的国内合资项目。

秉承“为顾客创造价值”的发展理念，中汽工程将以打造“国际知名的工程系统服务商”为企业发展目标，全面推进业务升级、管理转型，增强价值竞争能力，努力成为核心业务突出、行业领先、具有强劲持久竞争力的专业化工程公司。

中国汽车工业工程有限公司

地　址：天津市南开区长江道591号
邮　编：300113
电　话：022-87869308
传　真：022-87869666

◀ 浏阳市人民医院整体搬迁建设项目

眉山城市五馆一中心 ▶

▲ 四川烟叶复烤有限责任公司泸州复烤厂

◀ 援津巴布韦议会大厦

郑州恒丰电子产业园 ▶

▲ 四川烟叶复烤有限责任公司泸州复烤厂

机械工业第六设计研究院有限公司（以下简称中机六院）创建于1951年，是拥有工程设计综合甲级资质的国家大型综合设计研究院，隶属世界500强企业、中央大型企业集团—中国机械工业集团有限公司。

中机六院现有工业、民用、市政、工程管理、智能与信息5个工程中心，7个职能管理部门、25个工程院、3个分院、5个子公司，近3 000名员工，其中中国工程院院士1人、中国工程设计大师1人、享受政府特殊津贴专家23人、研究员级高级工程师101人、高级工程师447人、各类国家注册工程师884人次。

六十余年来，中机六院完成大中型工程项目20 000余项，主编、参编国家和行业标准、规范32项；荣获国家科技发明奖二等奖1项、中国土木工程创新奖詹天佑奖1项、鲁班奖18项、国家科技进步奖及优秀工程设计金、银、铜奖25项、省部级奖400余项；获得国家授权专利88项，其中发明专利15项；软件著作权登记86项。

中机六院拥有工程设计综合甲级资质、工程监理综合资质、房屋建筑工程施工总承包一级资质、工程造价咨询甲级资质、建筑智能化工程设计与施工一级资质等一系列资质。

中机六院可承接工程设计全部21个行业和8个专项资质范围内的所有工程咨询、设计、工程总承包、项目管理和工程监理业务。工业工程涵盖机床工具、铸造、无机非金属材料、重矿机械、轻工烟草、石化机械、轨道交通装备、新能源装备、轻纺机械、工程机械、通用机械、农用机械、电工电器、仪器仪表、标准件、汽车及汽车零部件、军工等20多个行业，涵盖16大类机械行业。

民用工程涵盖大型公用建筑、会展、文化、体育、交通、办公、商业、金融、医疗、教育、宾馆、酒店、住宅等，尤其是在大型公用建筑、高层建筑、高智能化建筑等方面具有突出的技术优势。

市政与环境工程涵盖市政道路、市政桥梁、市政景观、市政照明、城市给排水、城市污水处理、城市垃圾处理、城市污泥处理、城市供热、城市道路、商业物流等方面的工程。

中机六院秉承“务实创新，拼搏共赢”的企业精神，竭力“打造中国著名的国际化工程服务公司”，为国内外客户提供工程建设领域的全过程、全方位服务，为社会、客户、员工创造更大价值！

机械工业第六设计研究院有限公司

地址：河南省郑州市中原中路191号　　邮编：450007
电话：0371-67606004 67606087 67606088　　传真：0371-67639571
http: //www.sippr.cn

沈阳仪表科学研究院有限公司

沈阳仪表科学研究院有限公司（简称沈阳仪表院）是辽宁省高新技术企业、辽宁省“守合同重信用”单位，是全国模范职工之家、先进基层党组织。

沈阳仪表院是全国仪器仪表元器件和仪表工艺的归口单位，传感器国家工程研究中心“国家仪器仪表元器件质量监督检验中心、国家照相机质量检验中心、国家真空设备质量监督检验中心，机械工业仪器仪表元器件标准化技术委员会，中国仪器仪表学会仪表工艺分会、仪表元件分会，中国仪器仪表行业协会传感器分会均设在沈阳仪表院。

经过半个多世纪的发展，沈阳仪表院科研开发实力逐步增强，共完成科研项目1778项，获得国家、部、省、市等各项奖励396项，其中国家发明奖和国家科技进步奖11项，省部级科技进步奖115项。获得授权专利354项，其中发明专利72项；主持和参与国家和行业标准444项，其中国家标准86项。作为重点协作配套单位，研制生产多项军工产品，成功应用于“神舟”系列宇宙飞船、“嫦娥”探月工程、“天宫”系列空间实验室以及承担发射任务的“长征”系列运载火箭等重点工程和任务。

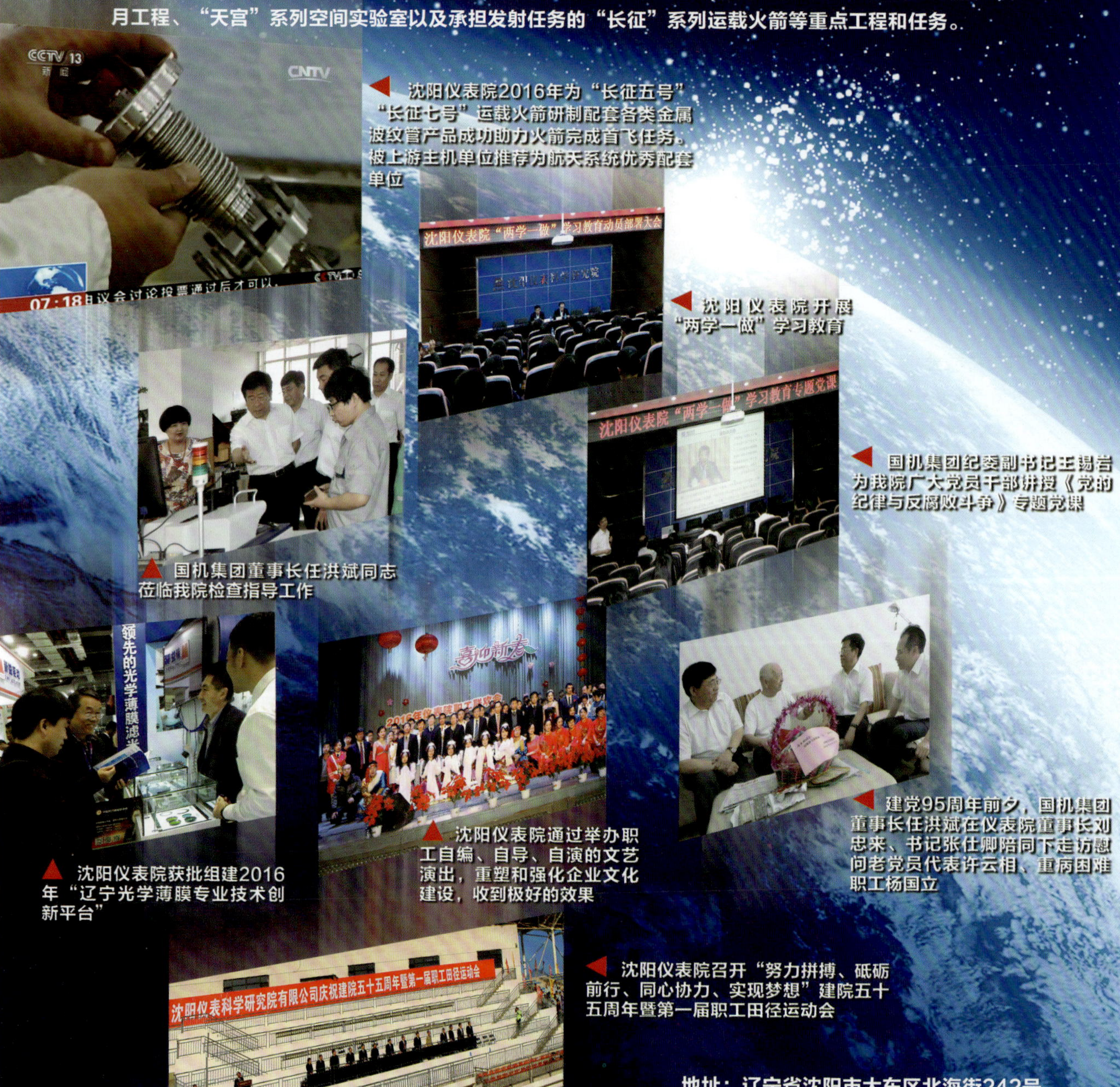

沈阳仪表院2016年为“长征五号”“长征七号”运载火箭研制配套各类金属波纹管产品成功助力火箭完成首飞任务，被上游主机单位推荐为航天系统优秀配套单位

沈阳仪表院开展“两学一做”学习教育

国机集团纪委副书记王锡岩为我院广大党员干部讲授《党的纪律与反腐败斗争》专题党课

国机集团董事长任洪斌同志莅临我院检查指导工作

沈阳仪表院获批组建2016年“辽宁光学薄膜专业技术创新平台”

沈阳仪表院通过举办职工自编、自导、自演的文艺演出，重塑和强化企业文化建设，收到极好的效果

建党95周年前夕，国机集团董事长任洪斌在仪表院董事长刘忠来、书记张仕卿陪同下走访慰问老党员代表许云相、重病困难职工杨国立

沈阳仪表院召开“努力拼搏、砥砺前行、同心协力、实现梦想”建院五十五周年暨第一届职工田径运动会

地址：辽宁省沈阳市大东区北海街242号
电话：024-88713979
邮编：110043

60TH 1956-2016

国机集团 MRI

合肥通用机械研究院
Hefei General Machinery Research Institute

合肥通用机械研究院（简称合肥通用院）1956年成立于北京，1969年搬迁至合肥，1999年转制为科技型企业，是多专业、综合性国家一类科研院所。主要从事石化、能源、冶金、燃气、环保、国防军工等行业通用机械及化工设备的设计、开发、研制、检测、监理、工程承包、设备成套和职业教育等，工程技术研发涵盖压力容器与管道、流体机械、包装食品机械及石油装备等领域20多个专业。全院占地面积40余万m²，资产总额25亿元，拥有包含“国机通用”（股票代码：600444）在内的15家控股及全资子公司。

合肥通用院是国家创新型企业、国家技术创新示范企业、国家火炬计划重点高新技术企业、国家企业技术中心，是国家压力容器与管道安全工程技术研究中心、压缩机技术国家重点实验室、国家国际科技合作基地（国际联合研究中心）、国家中小企业公共服务示范平台依托单位，入选国家第二批科技服务业行业试点，是国家“极端环境重大承压设备设计制造与维护技术创新战略联盟”的理事长单位。设有压缩机制冷设备、泵阀和密封件产品等3个国家质检中心，1个国际标委会（ISO/TC86/SC4）、10个全国标委会和4个全国标委会分会，拥有20余个省部级科研平台，以及可独立招生的博士后科研工作站和企业院士工作站，是中国机械工程学会压力容器分会、流体工程分会等10余个行业学协会秘书处的挂靠单位。

建院60年来，累计取得各类科研成果3 000余项，其中获得国家科技奖励46项、省部级科技进步奖400余项，项目成果均已在石化、能源、冶金、燃气、环保、国防军工等领域得到广泛应用。

地址：中国安徽省合肥市长江西路888号
网址(Website)：www.hgmri.com
ADD: 888 West Changjiang Road Hefei,Anhui,China
邮编：230031 联系电话：0551-65335681

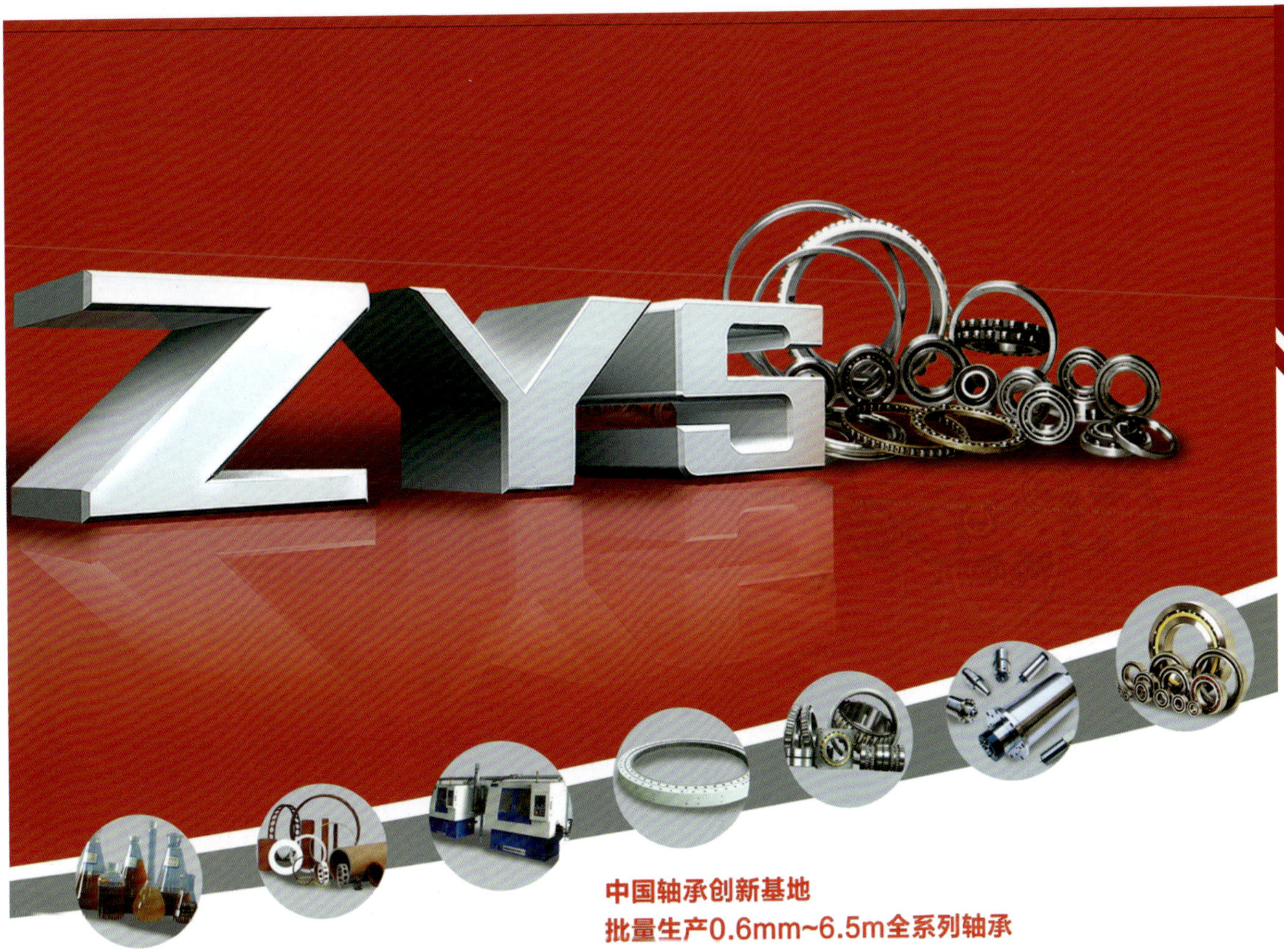

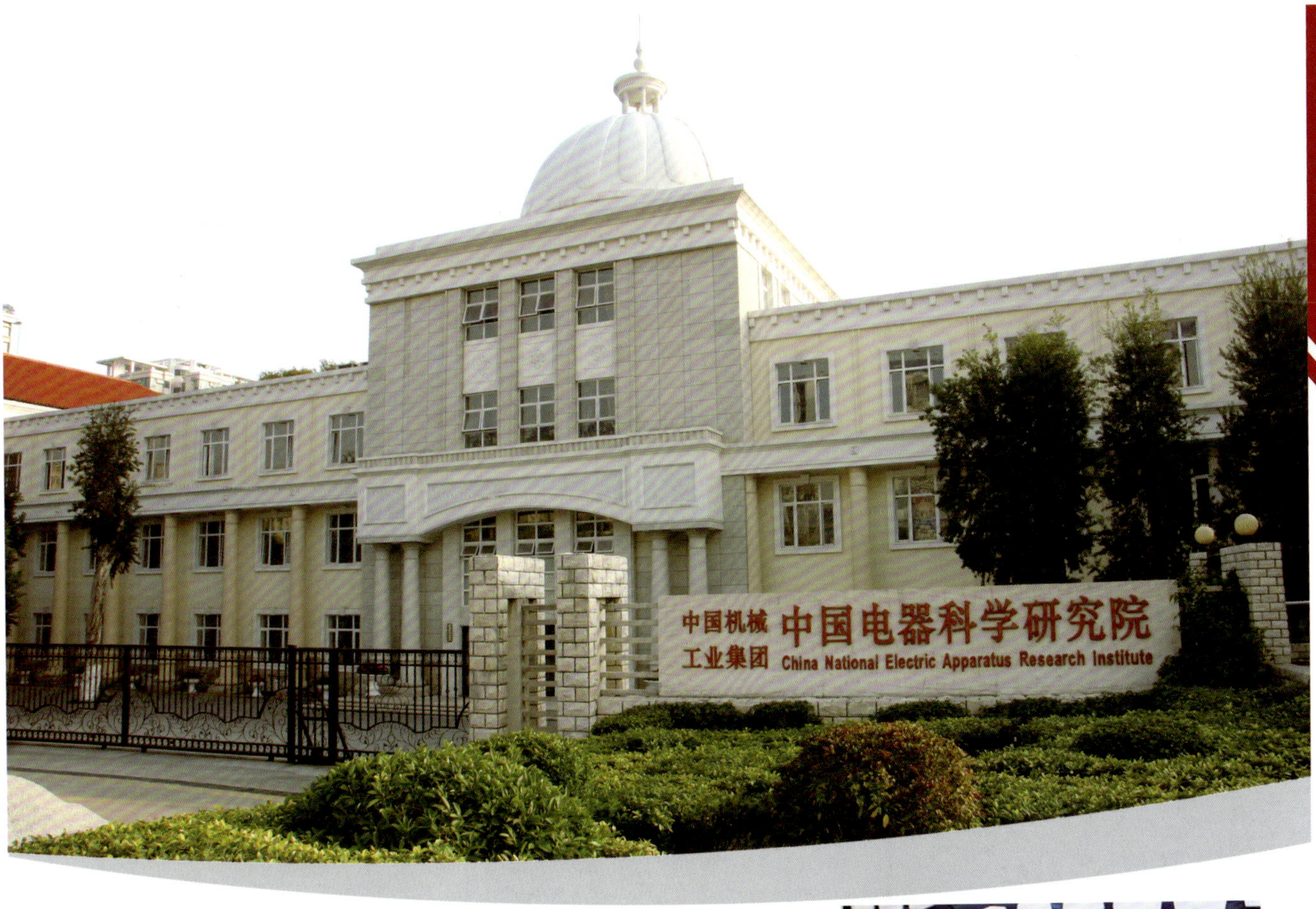

中国电器科学研究院有限公司（简称中国电器院，CEI）始建于1958年，是国家科研机构，隶属于中国机械工业集团有限公司。经过50多年发展，现已成为集科技研发、科技服务和科技产业为一体的拥有近2 000名科技人员的国家创新型企业。

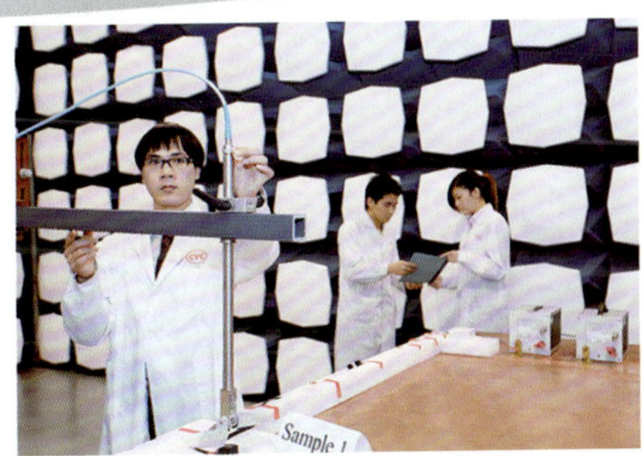

科技研发（环境科学 材料科学 评价科学 能源科学 工程科学 智能科学）

科技产业（能源领域 工程领域 材料领域 电子领域）

国家检测（产品认证 产品质量监督仲裁与鉴定 委托测试 管理体系认证与审核仪器 设备计量与校准）

CEI 中国电器科学研究院有限公司
China National Electric Apparatus Research Institute Co.,Ltd.

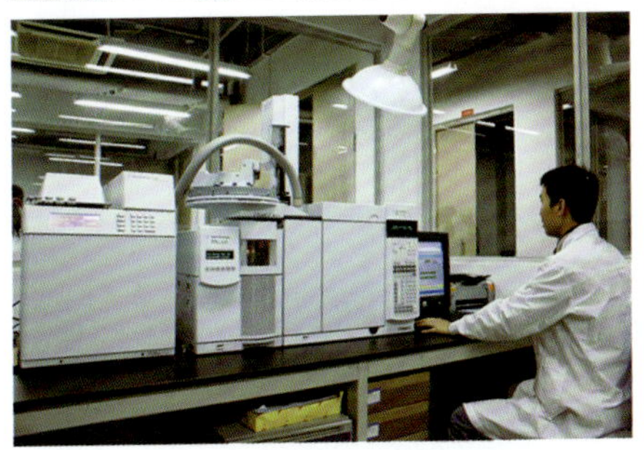

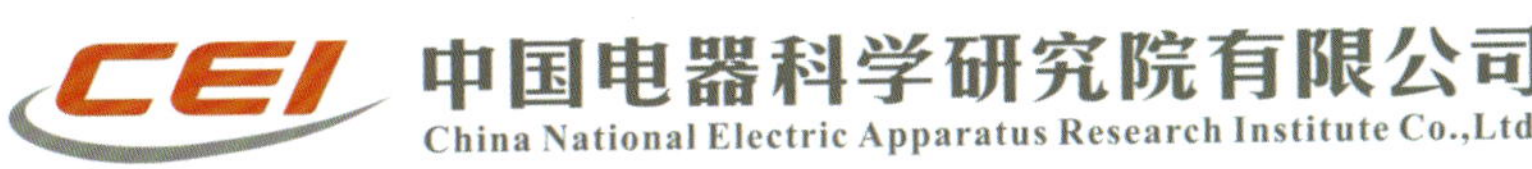

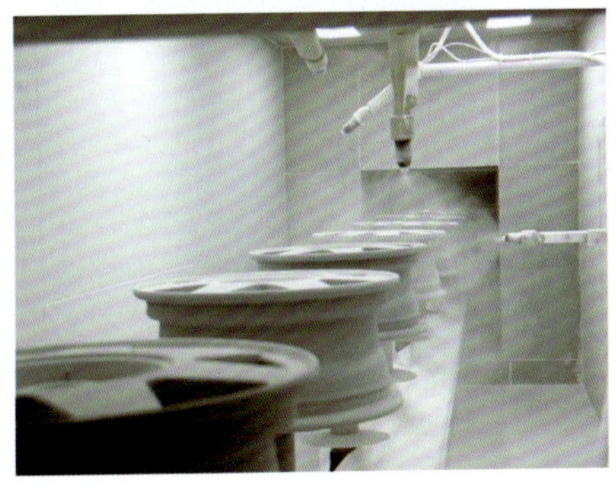

地址：广东省广州市新港西路204号
邮编：510300
电话：020-89050888
传真：020-84451516

国机智能科技有限公司，以创建于1959年的广州机械科学研究院为主体，由中国机械工业集团有限公司与广州市政府共同投资组建，于2015年12月25日揭牌成立，注册资本10亿元。

国机智能科技有限公司将致力于研究和发展机器人及关键零部件、智能装备、智能制造技术和产品，为工业客户提供系统的解决方案。

三大业务板块

智能板块

智能工厂(北京)、精密功能件(广州)、特种智能加工机床(苏州)、工业机器人及系统(广州、北京)

检测板块

国家机器人检测与评定中心、汽车零部件检测(广州、苏州、长沙)、设备润滑状态检测

三基板块

密封(国家工程技术中心)、胶业、润滑、液压

智能产业

- 形成机器人用精密减速机、控制器、伺服驱动器等核心零部件的研发能力；
- 掌握机器人控制算法、嵌入式软件系统、离线编程、机器视觉等核心技术，具备全系统集成及工程化能力；
- 从三轴到六轴、固定到移动、普通到特种的全系列机器人产品开发能力；
- 行业版智能工厂制造运行系统的开发能力，能够为应用企业提供智能生产线、智能车间和智能工厂的一体化解决方案。

■ 2016年03月 "国家橡塑密封工程技术研究中心"顺利通过验收

国家认证认可监督管理委员会

国认实函〔2016〕69号

国家认监委关于同意筹建国家自动化装备质量监督检验中心的批复

广州机械科学研究院有限公司：

你单位关于筹建国家机器人产品质量监督检验中心（广州）的申请收悉，经研究论证，同意在你单位基础上筹建"国家自动化装

■ 2016年08月 "国家自动化装备质量监督检验中心"批准筹建

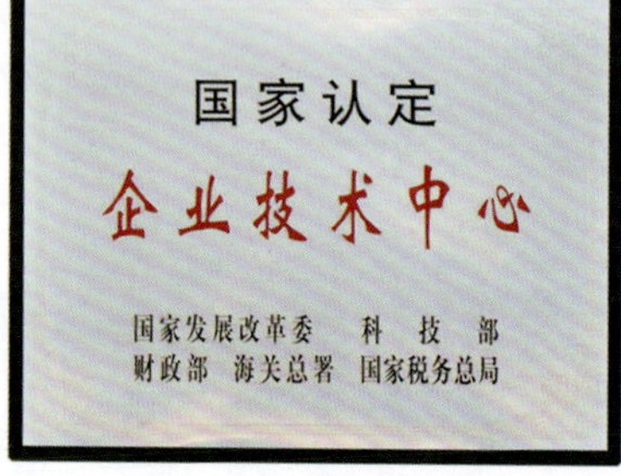

■ 2016年12月 被认定为"国家企业技术中心"

■ 2016年11月 与西门子（中国）签订协议，共建国机智能-西门子联合研发中心

■ 2016年11月 完成对苏州电加工机床研究所有限公司的重组整合

让智能科技更好地为人类服务

国机智能科技有限公司
SINOMACH Intelligence Technology Co.,Ltd.

地址：广东省广州市黄埔区科学城新瑞路2号　网址：www.sinomach-it.com
电话：020-32388303　传真：020-32389135　邮箱：gmeri@gmeri.com

JFMI 捷迈机械

济南铸造锻压机械研究所有限公司

JINAN FOUNDRY&METALFORMING MACHINERY RESEARCH INSTITUTE CO,.LTD.

济南铸造锻压机械研究所有限公司（以下简称济南铸锻所）前身为济南铸造锻压机械研究所，始建于1956年，是机械工业部门直属专业从事铸造机械、锻压机械、液压技术等多专业综合性应用技术研究、开发和行业归口管理的国家一类科研机构。

1999年7月，根据国务院对国家所属242家重点科研院所改革方案，转制为科技型企业，成为中国机械工业集团有限公司的成员企业。2009年12月，由中国机械工业集团有限公司和中国宝武钢集团有限公司、中国重型机械研究院股份公司、中国浦发机械工业股份有限公司、中机中联工程有限公司共同发起，以增资扩股方式，将济南铸锻所改制为各方共同持股的有限责任公司——济南铸造锻压机械研究所有限公司。

济南铸锻所具有教授级高级工程师20余名，高级工程师50余名，已累计完成国家和省市等科技项目3 100余项，其中科研与新产品开发项目达1 500多项，获国家批准专利180余项，有170多项成果获得国家、省部级科技进步奖和发明奖。主要从事铸造机械及铸造工程机械化、自动化成套技术及装备；锻压机械及锻压工程机械化、自动化成套技术及装备；数控锻压和激光加工技术及设备、数控板材加工成套装备；各种大型闭式通用和专用机械压力机、液压机及自动化生产线；液压元件及系统的新技术、新产品开发、设计、制造；铸造锻压机械产品质量检测；相关技术的咨询服务。产品主要应用于汽车、钢铁、电力、船舶、能源、航空航天、军工等领域，技术水平国内领先，部分产品达到或接近国际水平。

济南铸锻所还承担着国家铸锻机械行业技术组织和技术服务工作，包括国家铸造锻压机械质量监督检验中心、国际铸造机械技术委员会（ISO）、全国铸造机械标准化技术委员会、全国锻压机械标准化技术委员会、中国机床工具工业协会铸造机械分会、中国机床工具工业协会锻压机械分会，以及中国机械工程学会塑性工程分会锻压设备学术委员会、国家数控成型冲压装备产业技术创新战略联盟等行业机构，并面向国内外公开发行《中国铸造装备与技术》《锻压装备与制造技术》等科技核心期刊。

济南铸锻所是我国铸锻机械行业协会理事长单位，承担着我国铸锻机械行业科技发展规划编制建议、“高端数控机床与基础制造装备”国家重大专项需求建议、全国铸锻机械行业标准规划制订等重大工作。

济南铸锻所秉承“为顾客创造价值，为卓越不懈追求”的经营理念，以发展高端铸锻机械成套装备为目标，以振兴中国装备制造业为己任，竭诚为国内外新老用户提供铸造机械、数控锻压机械和板材加工领域完整的解决方案及成套加工装备，致力于降低消耗，提高效率和铸锻机械行业可持续发展。

五大产业

▲清洁高效绿色铸造成套设备

▲高档数控开卷校平生产线

▲数控冲剪折设备

▲高端汽车纵梁成套装备

▲数控激光加工设备

地址：山东省济南市长清区凤凰路500号
邮编：250306
电话：0531-87979115
传真：0531-87964055
邮箱：zds@zds.com.cn
网址：www.zds.com.cn

重庆材料研究院有限公司（原名：重庆仪表材料研究所）创建于1961年，是机械工业部门直属一类研究所，1999年转制进入中国机械工业集团有限公司。

公司是我国专门从事功能材料共性基础技术、工程化技术研究与产业化开发的综合性研究机构，先后经国家批准建立了材料物理与化学博士学位授予点、博士后科研工作站，国家仪表功能材料工程技术研究中心，全国仪表功能材料标准化技术委员会，院士工作站，海智基地。

公司是全国仪表功能材料行业自律性组织和学术、技术组织的挂靠单位。主办的《功能材料》中文核心期刊（EI收录）、《功能材料信息》技术期刊、“中国功能材料网”网站和“中国功能材料及其应用”大型系列学术会议已成为我国功能材料领域具有较高权威性和品牌地位的核心服务平台。

公司持续保持了ISO9001质量管理体系认证和GJB 9001A、GJB/Z 9001A军工质量管理体系认证注册资格。

成立五十多年来，共形成金属功能材料及制品、贵金属材料及制品、测温材料、元件及装置、传感器敏感材料及元件、难熔金属材料、特种陶瓷材料及制品、磁性材料及器件等六条中试工艺生产线。测温材料、特种合金、工程仪表三大优势专业领域处于国内领先地位。共取得科技成果近1 000项，先后获得国家奖励12项，部、省级科技成果奖200余项，这些成果已广泛应用于机械、汽车、电子、能源、石化、冶金、轻工、舰船、航空、航天等众多领域，解决了国家一系列重点工程、重大设备配套所需的关键材料与元件，为我国国民经济的发展和技术进步作出了卓越贡献。

公司大力打造产品品牌，连续3年在中国仪器仪表行业协会仪表材料分会的全国同类产品评选中获得市场占有率前列。近3年，公司先后获得重庆市“守合同重信用单位”“重庆市创新型试点企业”、重庆市北碚区“二十强工业企业”“突出贡献企业”“重点成长型企业”等荣誉称号，提升了企业形象影响力，提高了产品品牌知名度。

重庆材料研究院有限公司

地址：重庆市北培区蔡家岗镇嘉德大街8号　邮编：400707
电话：023-68863921　传真：023-68863932

地址：四川省成都市新都区工业大道东段601号　邮编：610500
电话：028-83243828　传真:028-83932220　网址:www.ctri.cn

主要从事精密切削刀具、精密测量仪器和表面改性技术三大类机械产品共性技术研究及其高新技术产品的开发与生产。已形成了以硬质合金石油管螺纹梳刀为主导并逐步发展了轴承刀具、超硬刀具、数控刀具、深孔加工刀具、汽车刀具、精密复杂硬质合金成型刀具、配套刀具、齿轮测量仪器、主动量仪、激光干涉仪、工具专机，以及PVD、CVD、PCVD涂层技术服务、第二代QPQ盐浴复合处理技术与装备等多种产品并存的产业结构。建立了材料研发、工艺实验、装备改造、产品质量控制、市场推广和技术服务等完善的经营管理体系，有较强的技术创新能力。

螺纹加工刀具

成型槽加工方案专家

汽车发动机加工专用刀具

特殊异形刀具

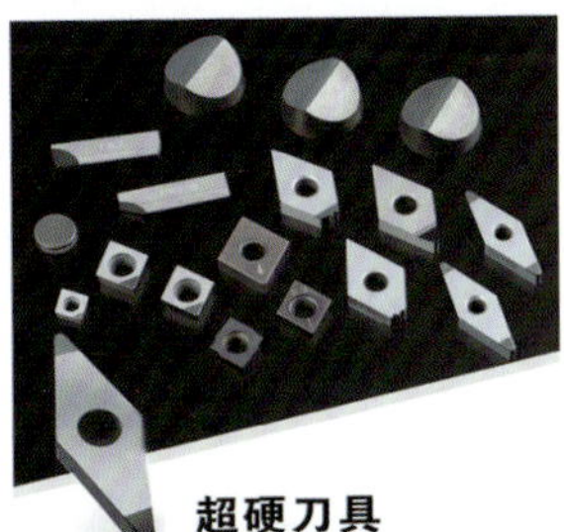
超硬刀具

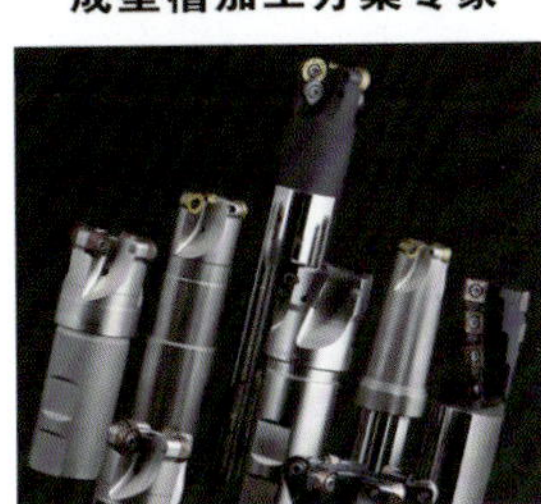
高温合金加工刀具

型线刀具

焊管加工刀具

轴承刀具

深孔加工刀具（深孔钻）

❶ 27MN单动挤压生产线投产，国内大型铝扁管专用挤压生产线，2016年投产
❷ Φ50-150mm两辊棒材矫直机，2016年投产
❸ 伊朗穆巴拉克连铸机，2016年投产
❹ 中子吸收板轧制机组，2016年投产

中国重型机械研究院股份公司迎来六十华诞
六十年艰苦奋斗　一甲子铸就辉煌

1956年在北京成立，1961年迁建于西安，经过六十年的发展，中国重型院已成为冶金装备、重型锻造/挤压装备、环保装备和油气输送装备等综合性装备技术研发、设计、工程成套及咨询的现代化科技创新型企业。年技术推广成交额在国家转制院所中名列前茅。现有从业人员1 000余人，科研人员占员工总数70%以上。下设15个专业研究所、7个子公司、2个工厂、5个分院。已建成19个国家、地方和行业研发平台。获得上级单位命名的创新基地和团队13个，覆盖精炼、连铸、轧制、锻压、环保、煤化工等专业技术领域。具有国家颁发的建筑、钢铁、市政公用（燃气热力）工程咨询甲级资质，国家建设部门颁发的建筑行业（建筑工程）工程设计甲级资质，环境工程（大气污染防治）、市政工程（热力、城镇燃气）、冶金行业工程设计乙级资质。

主营业务涵盖：采矿、钢铁冶炼、二次精炼、连续铸造、板（带箔）管（棒）型材轧制、精整处理、金属锻造/挤压、拉伸塑性成型、工业烟气净化回收、油页岩炼油与油气输送等所需各种大型、高端工艺装备的研发设计、成套和工程承包，并承担规划、信息、质检和工程监理等行业技术工作。

建院60年，研究开发的近350项重大科研成果获国家和省部级科技奖励，其中2项获国家科技进步奖一等奖，13项获国家科技进步奖二等奖，9项获国家科技进步奖三等奖；授权发明和实用新型专利1 100多件，发表重要科技论文1 300余篇，200多项重点科技攻关成果和重大技术装备实现零的突破；开发研制并向市场提供了2 000多台（套）设备，为我国冶金、机械、军工、电力、石化、汽车、船舶、高铁、航空、航天等工业做出重要贡献。

60年似白驹过隙，站在新的起点，中国重型院将一如既往地秉承“溯源、惟新、尚德、大成”的企业精神，坚持不懈地实施“技术+资本两轮驱动做强，管理机制创新增长健康，（以）工程服务优势赢得市场”的创新发展战略，更好地担负起“开发创新、装备中国、走向世界”的历史使命，创造更加辉煌的明天。

中国重型机械研究院股份公司

地址：中国•陕西•西安市未央区东元路209号
邮编：710032
电话：(029) 86322399　传真：(029) 86713965
http://www.sino-heavymach.com　E-mail:office@sino-heavymach.com

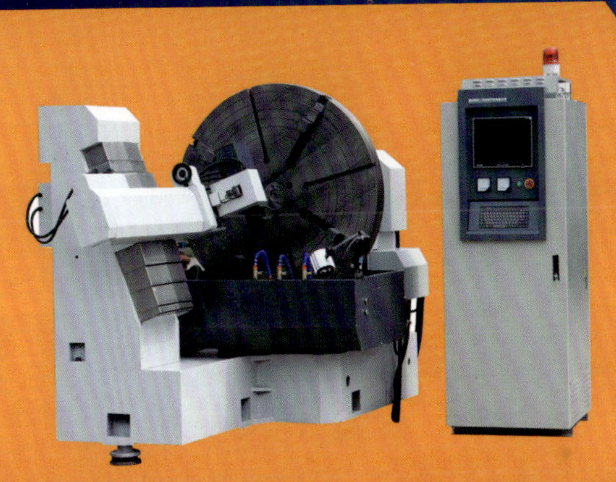

SE-LC006M五轴数控精密轮胎模电火花加工专用设备

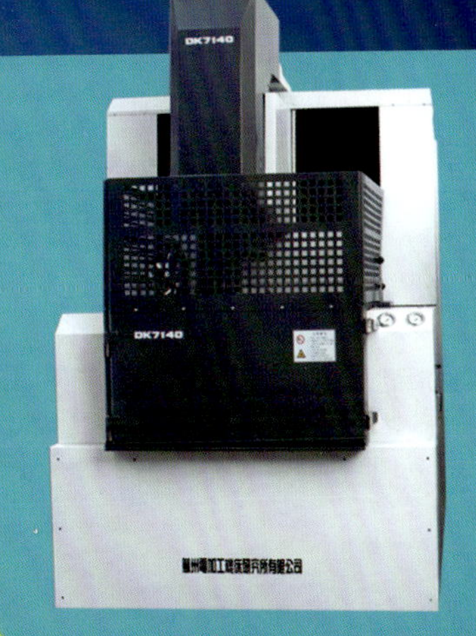

五轴联动精密数控电火花成形机床

DCS-002Da数控硬质合金轧辊

苏州电加工机床研究所有限公司（以下简称苏州电加工）创建于1958年。1999年7月，根据国家科研体制改革要求实施转企改制，进入中国机械工业集团有限公司。

苏州电加工是中国特种加工行业归口所和行业研发、信息和服务中心，具有所有电加工核心技术的研发能力，是国内电加工行业综合研发机构，是国家认定的高新技术企业和江苏省科技创新型企业。

苏州电加工主要从事电加工、特种加工技术与装备的研发、生产和销售，技术及产品主要应用于航天、航空、军工、汽车、精密模具、能源装备、电子通讯、钢材生产等重要制造领域。

苏州电加工机床研究所有限公司

地址：江苏省苏州市高新技术开发区金山东路180号 邮编：215011

电话：0512-68251291 传真：0512-68253876

http: //www.sino-edm.com E-mail: edm@sino-edm.com